SAMMLUNG TUSCULUM

AILIANOS

VERMISCHTE FORSCHUNG

Griechisch–deutsch

Herausgegeben und übersetzt
von Kai Brodersen

DE GRUYTER

ISBN 978-3-11-057638-2
e-ISBN (PDF) 978-3-11-057685-6

Library of Congress Cataloging-in-Publication Data
A CIP catalog record for this book has been applied for
at the Library of Congress.

Bibliografische Information der Deutschen Nationalbibliothek
Die Deutsche Nationalbibliothek verzeichnet diese Publikation in der Deutschen Nationalbibliografie; detaillierte bibliografische Daten sind im Internet über http://dnb.dnb.de abrufbar.

Für Einbandgestaltung verwendete Abbildungen:
Cologny (Genève), Fondation Martin Bodmer, Cod. Bodmer 5: 3v/4r
(www.e-codices.unifr.ch)

Satz: Kai Brodersen, Erfurt
Druck und Bindung: Hubert & Co. GmbH & Co. KG, Göttingen

∞ Gedruckt auf säurefreiem Papier
Printed in Germany

MIX
Papier aus verantwortungsvollen Quellen
FSC® C016439
FSC www.fsc.org

www.degruyter.com

INHALT

EINFÜHRUNG

Ein Journalist?

> Die sieben Weltwunder waren einst in ein paar Zeilen aufgezählt worden, damit die Kinder sie lernten. … Aber nun macht ein gewisser Philon ein rhetorisches Schmuckstück daraus: eine wirkliche Beschreibung der Kunstwerke, die er nie gesehen hat, beabsichtigt er gar nicht. Ein Rhetor Polyainos widmet den Kaisern Marcus und Verus eine aus billigen Büchern zusammengestoppelte Sammlung von Kriegslisten: die unausstehliche Ziererei seiner Rede ist das einzige, was er dazu tut; in Wahrheit hat er gar kein sachliches Interesse. Den Gipfel der Abgeschmacktheit erreicht … Älian (er war aus Praeneste und nie auf griechischem Boden gewesen) mit seiner *Bunten Geschichte* … Das ist das Schicksal, dem der Wissensschatz der hellenistischen Periode verfällt. Die Journalisten verschneiden den alten schweren Stoff, den die Gelehrten mit saurer Arbeit einst gewoben hatten, zu den Läppchen ihrer Essays und Artikelchen und bilden sich ein, er gehörte ihnen, weil sie ihm von sich ein paar Flitter und Schleifen aufsetzen, wenn's Glück gut ist, einen Similibrillanten.
>
> (von Wilamowitz-Moellendorff 1905, 151 = 1907, 153)

So urteilte der einflussreiche Philologe Ulrich von Wilamowitz-Moellendorff (1848–1931) in seiner Gesamtdarstellung der griechischen Literatur des Altertums – und hatte mit dieser Einschätzung zumindest insoweit Erfolg, als sich die Forschung mit den von ihm abgewerteten Schriften lange kaum noch befasst hat. Gerade das im Folgenden vorzustellende Werk des Ailianos (Älian) entspricht mit seinen bunten, unsystematisch präsentierten Kapiteln keinem Fachbuch, sondern am ehesten dem, was noch heute in Zeitungen und Internet-Magazinen die Rubrik »Vermischtes« füllt.

Allerdings hat man inzwischen gesehen, dass den »Journalisten« unter den antiken Autoren einige Bedeutung bei der Vermittlung antiker Texte zukommt: Während einige Werke der Autoren mit dem »alten schweren Stoff« später nicht mehr abgeschrieben wurden und so verloren gegangen sind, verdanken wir Schriftstellern wie den genannten die Überlieferung sonst nicht erhaltener literarischer Zitate und historischer Nachrichten. Um das Vorgehen der Autoren und damit auch den Wert des von ihnen Bewahrten richtig einschätzen zu können, genügt es also nicht, sie als »Läppchen« abzuwerten; vielmehr muss man die Werke als eigenständige Leistungen zu verstehen versuchen, um ihnen gerecht zu werden.

Außerdem bereitet vielen auch heute wieder die Lektüre von »Essays und Artikelchen« von Journalisten einiges Vergnügen, zumal wenn die Sprache »Flitter und Schleifen« oder gar einen »Similibrillanten«, also einen Kunstedelstein bietet. Ailianos hat es also wohl verdient, neu entdeckt zu werden!

Autor

Der Autor, dessen *Vermischte Forschung* dieser Band vorstellt, war Ailianos von Praeneste (lateinisch »Aelianus«, eingedeutscht auch als »Älian« bekannt). Erhalten sind zwei umfangreiche Werke, ein naturkundliches über *Eigenarten der Tiere* in 17 Büchern und die hier vorgestellte *Vermischte Forschung* in 14 Büchern, ferner 20 kurze, literarisch gestaltete erotische Briefe von Landleuten und einige Fragmente.

Was wir über diesen Ailianos wissen, entnehmen wir – abgesehen von wenigen Selbstäußerungen in seinen erhaltenen Werken – vor allem zwei Zeugnissen: den biographischen Angaben in den *Leben der Sophisten* des griechischen Gelehrten Philostratos aus dem 2./3. Jh. n. Chr. und einem kurzen Eintrag im *Suda* genannten Lexikon aus dem 10. Jh. n. Chr.; beide Texte sind in die-

ser Ausgabe als Testimonien zum Autor (S. 428ff.) abgedruckt. Sie geben an, dass Ailianos aus Praeneste (heute Palestrina, etwa 35 km östlich von Rom) stammte, Römer war und auch den römischen Namen Claudius nutzte; vielleicht stammten seine Vorfahren aus der griechischsprachigen Welt und waren unter Kaiser Claudius (10 v. Chr. – 54 n. Chr., Kaiser seit 41) römische Bürger geworden. Ein Indiz für Ailianos' eigne Lebenszeit ist die bei Philostratos überlieferte Anekdote, er habe eine Schmähschrift gegen einen Tyrannen auf dem römischen Kaiserthron nach dessen Tod verfasst und diesen als *Gynnis* (»Weichling«; vgl. 12.12 und 14.46a) bezeichnet; gemeint sein wird damit Elagabal (Kaiser 218–222 n. Chr.). Da Ailianos laut derselben Quelle über 60 Jahre alt geworden ist, kann man auf eine Lebenszeit von etwa 165 bis etwa 225 n. Chr. schließen.

Ailianos selbst beherrschte das klassische Griechisch außerordentlich gut. Er war ein Schüler des Redners Pausanias von Kaisareia und ein Bewunderer des Redners Herodes Atticus (von denen Philostratos in seinen *Leben der Sophisten* 2.11 bzw. 2.1 handelt) und gehörte zum Kreis der gelehrten Rhetoren, die man mit Philostratos als »Zweite Sophisten« bezeichnet. Sein Stil wurde unter anderem mit dem des Dion von Prusa (um 40–115 n. Chr.) verglichen, der auch unter dem Beinamen *Chrysostomos* (»Goldmund«) bekannt war. Ailianos selbst erhielt der *Suda* zufolge die Beinamen *Meliglossos* (»Honigzunge«) und *Meliphthongos* (»Honigkehle«). Laut Philostratos wirkte er in Rom in der Zeit nach Hadrianos von Tyros, der *Suda* zufolge übernahm er auch Ehrenämter wie das des Oberpriesters eines nicht näher bestimmten Kultes (dazu passt die Betonung des Wertes von öffentlichem Engagement, die Ailianos in seiner *Vermischten Forschung* 3.17 vorträgt). Er trat aber – so jedenfalls Philostratos – weniger als Redner denn vielmehr als Schriftsteller in Erscheinung.

In seiner *Vermischten Forschung* steht Ailianos wiederholt zu seinem Römersein (2.38; 12.25; 14.45). Philostratos gibt an, Ailianos habe Italien nie verlassen, während andere der in den *Leben der*

Sophisten behandelten Redner viele Vortragsreisen unternommen hätten. Allerdings lässt sich eine Angabe in Ailianos' Werk über die *Eigenarten der Tiere* (11.40) so verstehen, dass er zumindest einmal nach Alexandreia in Ägypten gereist ist, freilich nicht als Redner.

Im 16. Jh. hat man sogar geglaubt, das Wohnhaus des Ailianos, die *Villa Aeliani*, im Vorort *Tre Fontane* bei der *Basilica San Paolo al Martirio* etwa 6 km südlich des Stadtzentrums von Rom identifizieren zu können. Dort nämlich hatten die gelehrten Humanisten Pirro Ligorio (1514–1583) und Fulvio Orsini (1529–1600) zwei Hermen – also einst mit einer Porträtbüste versehene Steinsäulen – entdeckt, auf denen sie Inschriften mit griechischen Epigrammen über den Epiker Homer und den Komödiendichter Menandros lasen (*Inscriptiones Graecae Urbis Romae* IV 1532 und 1526). Von diesen nennt nur die (nicht erhaltene) Homer-Herme einen Ailianos als Autor des Epigramms; die beiden Humanisten wiesen die Villa deshalb dem Schriftsteller Ailianos zu. Allerdings ist dieser Zusammenhang nicht zwingend – ja, mehr noch: Die Inschrift zu Homer war möglicherweise eine gelehrte Fälschung aus der Zeit ihrer »Entdeckung« (s. Culasso Gastaldi 2014)!

Werk

> Indem ich mit der Buntheit der Lektüre das Anziehende verfolgte und dem Gräuel davonlief, das sich aus Eintönigkeit ergibt, glaubte ich, wie eine Wiese oder einen mit vielen Farben schön bunten Kranz – so, als würden die vielen Lebewesen ihre Blüten beitragen – diese Schrift weben und verbinden zu sollen.
>
> (Ailianos, *Eigenarten der Tiere*, Epilog)

Was Ailianos hier über sein Werk zur Tierkunde schreibt, gilt sicher auch für seine *Vermischte Forschung*. Allerdings ist letztere in der uns überlieferten Form ein ungewöhnliches Werk. Sie bietet uns weder Einleitung noch Schluss, sondern beginnt mit 15 Kapiteln aus der

Tierkunde (die eher zu seinem anderen erhaltenen Werk passen); zudem ist der Umfang der einzelnen Kapitel ganz unterschiedlich.

Ja, nicht einmal der Titel des Werks ist eindeutig überliefert. Während ihn die erhaltenen mittelalterlichen Kopien, deren älteste erhaltene aus dem 13. Jh. stammt, mit *Poikile Historia* (*Bunte Forschung* oder *Bunte Historie*) angeben, nennen spätantike Auszüge aus dem Werk, die Johannes Stobaios in seiner *Anthologia* im 5. Jh. anfertigte, andere Werktitel, nämlich *Historiai* (*Forschungen* oder *Historien*) oder *Symmiktos Historia* (*Vermischte Forschung*). Aus Ailianos bietet Stobaios nämlich insgesamt 18 Exzerpte (die in diesem Band S. 424ff. als Testimonien zum Text vorgestellt werden). Insgesamt 13 dieser Auszüge entsprechen Passagen, die in den Ailianos-Abschriften auch direkt überliefert sind, und zwar ausschließlich in seiner *Vermischten Forschung*; die übrigen fünf können deshalb plausibel ebenfalls einer zu Stobaios' Zeit offenbar noch umfangreicher überlieferten Version jenes Werks zugewiesen werden. In vier auch sonst belegten Passagen heißt es bei Stobaios, sie seien aus Ailianos' *Historiai* entnommen (Stobaios 3.22.33; 4.44.62; 4.44.63; 4.51.22), in vier (3.17.29; 3.22.6; 4.25.39; 4.32a.10) sowie in drei Fragmenten (3.17.28; 4.25.38; 4.55.10), dass seine *Symmiktos Historia* die Vorlage geboten habe, während bei fünf auch direkt überlieferten Passagen (2.46.14; 3.12.19; 3.13.67; 3.29.60; 4.8.24) sowie zwei Fragmenten (2.31.38; 3.29.59) nur der Autorname erscheint.

Im 6. Jh. zitiert Stephanos von Byzantion in seinem *Ethnika* betitelten Lexikon beim Stichwort »Cherronesos« aus 2.33 (s. u. S. 426f.) und nennt das Werk dabei *Historike Dialexis* (*Forschungs-Erörterung* oder *Historische Erörterung*). In den Schriften des Arethas von Kaisareia (um 860 – nach 944) klingt eine Passage zu Megabyzos (17 p. 190 Westerink) an 2.2 an und eine zur Verspottung des Sokrates in der Komödie (42 p. 302) an 2.13 und 5.8; bei Arethas werden allerdings weder Ailianos noch eines seiner Werke genannt. Das im 10. Jh. entstandene Lexikon *Suda* gibt einmal als Titel *Peri Poikiles Aphegeseos* (*Über bunte Darlegung*) an (Frg. 5), während Johannes Tzetzes im

12. Jh. in seinen *Chiliades* zweimal ohne Nennung von Autor und Titel auf das Werk Bezug nimmt (4.132.269–272 ≈ 1.13; 4.135,318–323 ≈ 13.46) und Eustathios von Thessaloniki (12. Jh.) nur gelegentlich den Autornamen, nie aber das Werk nennt (Ailianos Frg. 191–194).

Der ursprüngliche Titel von Ailianos' Werk ist also nicht mehr zu ermitteln, da er in den Zeugnissen, die ihn überhaupt nennen, ganz offenbar nicht einheitlich wiedergegeben wird. Es spricht aber nichts dagegen, dass der vom Autor gewählte Titel in der Tat *Poikile* oder *Symmiktos Historia* (*Bunte* oder *Vermischte Forschung*) lautete; letzterer soll jedenfalls für die vorliegende Ausgabe genutzt werden.

Die offenkundige Unpoliertheit des Werkes und die Tatsache, dass bei Stobaios gelegentlich (vor allem zu 3.13.67 ≈ 14.3b; 3.29.60 ≈ 7.7b; 4.25.39 ≈ 9.33b) ein größerer als der direkt überlieferte Textbestand erhalten ist (diese Abweichungen zu verfolgen ermöglichen die unten S. 424ff. abgedruckten Testimonien zum Text), hat man in der Forschung auf zwei Weisen zu erklären versucht: Einerseits hat man angenommen, dass das uns Überlieferte eine Rohfassung war – teils schon ausgearbeitet, teils Materialsammlung –, die Ailianos nicht mehr fertigstellen konnte, die aber seine Nachlassverwalter dann doch für publikationswürdig hielten. So ließen sich, meint man, auch die überlieferten Wiederholungen (z. B. 2.26 und 4.17; 2.43 und 11.9; 34.28 und 5.2; 6.10 und 13.24 Teil 2; 6.11 und 13.37) und Doppelfassungen erklären (so 14.34–37, die 12.4–6 und 2 wiederholen und in den beiden Textzeugen V und x – dazu s. u. S. 27 – belegt sind, sowie 14.46a–d, 14.47a–b und 14.48a, die 12.12–16, 22 und 29 wiederholen, aber nur in V – 12.13 auch in Φ – erhalten sind).

Andererseits hat man gemeint, dass uns ein später erstelltes Exzerpt aus dem einst umfangreicheren Werk überliefert ist, was sich neben dem etwas größeren Textbestand auch sonst erhaltener Passagen bei Stobaios auch daran zeige, dass es bei Stobaios und außerdem in der *Suda* Texte gibt, die im überlieferten Bestand völlig fehlen (und deshalb als Fragmente einer längeren Fassung gelten

müssen, wie sie u. S. 420ff. vorgestellt werden) und dass nicht wenige Kapitel mit dem für Exzerpte typischen Markierungswort *hoti* (»dass« – im Sinne von »Man liest, dass«) beginnen.

Für beide Erklärungen gibt es hinreichende Anhaltspunkte. Plausibel scheint freilich am ehesten eine Kombination der beiden Auffassungen: Das erhaltene Werk *Vermischte Forschung* ist offenbar unfertig und zudem Ergebnis einer späteren Verkürzung.

Vorlagen

Für seine *Vermischte Forschung* zog Ailianos eine Vielzahl von Vorlagen heran; er nennt viele Autorennamen und bewahrt auf diese Weise Zitate aus Werken, die sonst verloren sind. Allerdings spricht nicht viel dafür, dass er alle diese Werke aus erster Hand nutzte. In der Übersetzung wird für diese Fragmente die heute übliche Zählung angegeben, so dass man bei Interesse anhand der im Anhang (u. S. 440ff.) genannten Fragmentsammlungen mehr über den jeweiligen Autor und seine Werke in Erfahrung bringen kann.

Zwei Autoren, deren Werke uns erhalten sind, nennt Ailianos allerdings nicht: Plutarchos von Chaironeia (um 45 – um 125 n. Chr.), der zahlreiche moralphilosophische Schriften (*Moralia*) und Biographien schuf, sowie Athenaios von Naukratis (wohl ein Zeitgenosse des Ailianos), dessen Werk *Deipnosophistai* (»Gelehrte beim Gastmahl«) ähnlich vermischte Forschungen vorlegt wie Ailianos und diesem etwa in den Angaben zu Wein und Trinken so nahe steht, dass man eine direkte Benutzung der *Deipnosophistai* durch Ailianos nicht ausschließen möchte.

In dieser Ausgabe sind von der altertumswissenschaftlichen Forschung identifizierte mögliche Vorlagen jeweils gleich nach dem Kapitel bei Ailianos angeführt; dort finden sich auch weitere Erläuterungen, sofern dies über das im nächsten Abschnitt dieser Einführung Gesagte hinaus notwendig erschien.

Voraussetzungen

Ailianos kann bei seiner zeitgenössischen Leserschaft einiges Wissen um die Antike voraussetzen; damit auch ein heutiges Lesepublikum das Werk ohne viele Anmerkungen verstehen kann, sind nachstehend die wichtigsten Aspekte zu Alltag und Politik, Geschichte, Kunst, Literatur, Philosophie und Sport zusammengestellt. Auf diese Abschnitte wird in der Übersetzung mit einem hochgestellten Buchstaben verwiesen. Alle weiteren Erläuterungen stehen in der Übersetzung selbst in runden Klammern oder unter dem jeweiligen Kapitel.

A – Alltag und Politik

Ailianos nennt die wichtigsten griechischen von Männern wie Frauen getragenen Kleidungsstücke, nämlich den *Chiton*, ein meist aus Leinen oder Wolle gefertigtes einfaches Untergewand, das *Himation*, eine Stoffbahn, die als Obergewand drapiert (oder einfach als Decke verwendet) wurde, ferner den *Tribon* genannten Umhang und die *Chlamys*, die vor allem Soldaten und insbesondere Feldherren trugen.

Für die Maßangaben ist als Längenmaß der *Fuß* (etwa 30 cm) die Grundlage. Er besteht aus 4 *Handbreit*. 6 Fuß bilden eine *Orgyie*, 100 ein *Plethron*, 600 ein *Stadion*. Ein Hohlmaß für Trockengut ist der *Medimnos* (Scheffel, gut 50 l), der aus 48 *Choinikes* besteht; Flüssigkeiten kann man in *Chous* (je etwa 3¼ l) messen. Bei den Gewichten ist das Grundmaß die *Drachme*, die aus 6 *Obolen* besteht. 2 Drachmen bilden einen *Stater*, 100 Drachmen eine *Mine*, 6000 Drachmen (oder 60 Minen) ein *Talent*. Das Gewicht einer Drachme war uneinheitlich; wurde Silber zu Münzen geprägt, wog eine Drachme zwischen 4½ g und 6 g. Auch die Monatsnamen waren ungleich; so kannte man in Athen im Frühjahr den Monat *Thargelion* (2.25), in Makedonien im Herbst den Monat *Dios* (3.23).

In der meist von *Archonten* geleiteten griechischen *Polis* (Stadt), in deren Mitte die *Agora* als Markt- und Versammlungsplatz lag, wohnten Bürger, *Metöken* (freie zugewanderte Fremde ohne Voll-

bürgerrecht) und Unfreie zusammen; zu letzteren gehörten auch die Sklaven, von denen manche als *Pädagogen* Kinder zur Schule begleiteten und zu Hause unterrichteten (14.20). Als *Hetären* bezeichnete man prostituierte Hostessen, die häufig über eine hohe Bildung verfügten. Unter *Sykophanten* verstand man Denunzianten, die sich die allgemeine Anklagebefugnis dadurch zunutze machten, dass sie mit Gewinnabsicht Verleumdungen oder Anklagen in die Welt setzten. Viele Menschen sahen sich der Schicksalsgöttin *Tyche* unterworfen.

Gemeinsame Aufgaben in der Polis wie die Kosten für ein Kriegsschiff oder für Theateraufführungen wurden durch die sogenannte *Leiturgie* von Wohlhabenden (und dafür Geehrten) finanziert. Fußsoldaten mit schweren Waffen (*hopla*) bezeichnete man als *Hopliten*, ein Kriegsschiff mit drei Ruderreihen übereinander als *Triëre*.

G – Geschichte

Die von Ailianos genannten historischen Persönlichkeiten und Ereignisse sind mit Ausnahme von Augustus ausschließlich in die Zeit v. Chr. zu datieren; deshalb wird nachstehend (und in den Anmerkungen zur Übersetzung) auf den Zusatz »v. Chr.« verzichtet. Besondere Bedeutung kommt bei Ailianos offenbar der klassischen Zeit Griechenland im 5. und 4. Jh.s zu.

Das Reich der *Perser*, das von *Großkönigen* beherrscht und von *Satrapen* verwaltet wurde, wird von Ailianos immer wieder genannt. Begründet wurde es von *Kyros II.* (König 559–529), der durch seinen Sieg über den sprichwörtlich reichen *Kroisos* von Lydien (König 560–546) das Perserreich um Kleinasien erweiterte, wie dann Kyros' Nachfolger *Kambyses II.* (König 529–522) um Ägypten. Nach dessen Tod ergriff *Dareios I.* (König 522–486) die Macht (Ailianos' Angabe 12.43 zur niederen Herkunft ist falsch); sein Angriff auf Griechenland endete 490 mit der Niederlage bei Marathon. Auch Dareios' Nachfolger *Xerxes* (König 486–465) gelang die Eroberung Griechenlands nicht. Ailianos erwähnt Xerxes' Nachfolger *Artaxerxes I.* (König 465–424) und die Wirren nach dessen Tod nicht, nennt aber

den nächsten länger herrschenden Perserkönig *Dareios II.* (König 423–404) und seine Söhne *Kyros d. J.* und *Artaxerxes II. Mnemon* (König 404–358), der Kyros 401 besiegte und 387/86 einen Frieden schloss; dieser sagte den griechischen Städte Autonomie zu, sofern sie die Perserherrschaft in Kleinasien akzeptierten. Seinen ältesten Sohn *Dareios* ließ er 362/61 als Verschwörer töten (9.42), sein Nachfolger wurde sein Sohn *Artaxerxes III. Ochos* (König 358–337), den schließlich sein Vertrauter *Bagoas* ermordete. Ailianos erwähnt den von diesem zum Perserkönig erhobenen *Arses* nicht, wohl aber dessen Nachfolger *Dareios III.* (König 336–330; auch hier treffen Ailianos' Angaben 12.43 zu einer niederen Herkunft nicht zu), der 331 Alexandros d. Gr. (s. u. S. 18) unterlag.

Aus *Athens* Frühzeit erwähnt Ailianos den Gesetzgeber *Drakon* (7. Jh.) und dann wiederholt *Solon* (um 640–560), dessen Reformen 594 die Grundlage für den Aufstieg Athens legten, *Peisistratos* (um 600–528/27), der wohl 561 durch einen bewaffneten Staatsstreich zum Begründer der Tyrannis in Athen wurde, und seine Söhne und Nachfolger *Hipparchos* und *Hippias*, die 514 von Harmodios und Aristogeiton, den später gefeierten Tyrannenmördern, beseitigt wurden. Wenig später setzte sich *Kleisthenes* (um 570 – nach 507) durch und führte Reformen ein, die den Beginn der Demokratisierung Athens bedeuteten; Ailianos schreibt ihm auch die Einführung des *Ostrakismos* (Scherbengerichts) zu (13.24), durch den ein Politiker, der zu viel individuelle Macht zu gewinnen schien, Athen auf Zeit verlassen musste. Aus der Zeit der Perserkriege nennt Ailianos sodann *Miltiades d. J.* (um 550–489), den Sieger der Schlacht bei Marathon 490, und *Themistokles* (um 524–459), den Sieger der Seeschlacht bei Salamis 480 und Urheber der Vorherrschaft Athens, sowie dessen Konkurrenten *Aristeides* den Gerechten (um 550–467). Aus Athens großer Zeit erscheinen *Ephialtes* († 461 oder 457), der Urheber weitergehender demokratischer Reformen, *Perikles* (um 490–429), der wohl einflussreichste athenische Politiker jener Jahre, sein Unterstützer *Kallias* (um 500–432), *Kleon* († 422), der demagogische Politiker

und Heerführer, und *Alkibiades* (um 450–404), der als Militär und Politiker Athen und Sparta gegeneinander auszuspielen versuchte und mehrfach die Seiten wechselte. Die Niederlage Athens im sog. Peloponnesischen Krieg führte 404 für acht Monate zur Machtübernahme durch die sog. *30 Tyrannen*, eine Oligarchengruppe, die Sparta eingesetzt hatte. Aus der Welt des wieder erstarkten Athen im 4. Jh. nennt Ailianos sodann *Timotheos* († 354), der im sog. Zweiten Attischen Seebund als Politiker und Stratege Einfluss hatte, aus der Zeit der Auseinandersetzung mit dem Makedonenkönig Philippos II. (s. u. S. 18) dann insbesondere den Feldherren und Politiker *Phokion* (um 402–318) und mehrere Redner (s. u. S. 20).

Sparta (*Lakedaimon*) in *Lakonien* war im 5. Jh. Athens wichtigster Konkurrent. Es wurde von zwei gemeinsam herrschenden Königen regiert, die von fünf Jahresbeamten, den sog. *Ephoren* (Aufsehern), kontrolliert wurden, und war durch die Militarisierung der Oberschicht (*Spartiaten*) und die Unterdrückung und Ausbeutung einer Hörigenschicht namens *Heloten* geprägt; als *Mothakes* wurden Kinder von Vätern der Oberschicht und dieser nicht zugehörigen Müttern bezeichnet. Als mythischer Gründer der Verfassung Spartas galt *Lykurgos*; an historischen Persönlichkeiten nennt Ailianos u. a. die Könige *Kleomenes I.* († 489) und *Leonidas*, der 480 im Perserkrieg mit 300 Spartiaten die Stellung an den Thermopylen zu verteidigen suchte, sowie den Feldherren *Pausanias*, dem 479 in der Schlacht von Plataiai der Erfolg der Griechen gegen die Perser verdankt wurde. Aus der Zeit des Peloponnesischen Kriegs (s. o.) nennt Ailianos den spartanischen Staatsmann und Feldherren *Lysandros* († 395) und König *Agesilaos II.* (um 443–358), der die Niederlage Spartas gegen Theben in der Schlacht bei Leuktra 371 mitverantwortete.

Theben hatte unter den Feldherren und Politikern *Pelopidas* (um 410–364) und insbesondere *Epameinondas* (418–362) eine Führungsrolle in Griechenland übernommen, die erst nach etwa einem Jahrzehnt 362 mit einer Niederlage bei Mantineia und dem Tod des Epameinondas endete.

Häufig spricht Ailianos von der sizilischen Stadt *Syrakus* und ihren Herrschern, so von *Gelon* von Syrakus (und Gela; um 540–478, Tyrann seit 491) und dessen Bruder und Nachfolger *Hieron I.* († 466). Seit 405 war *Dionysios I.* (um 430–367) Tyrann von Syrakus. Nach seinem Tod übernahm sein Sohn *Dionysios II.* (um 396 – nach 337) 367 die Tyrannis. *Dion*, der Schwager und Schwiegersohn des Dionysios I., hatte seinen Freund, den Philosophen Platon (s. u. S. 23) seit dessen erstem Aufenthalt 388 mehrfach nach Syrakus eingeladen, um eine Verfassungsänderung vorzubereiten. Auch Dionysios II. zeigte sich zunächst aufgeschlossen, schickte Platon später aber fort. Bald durch seine Grausamkeiten verhasst, wurde Dionysios II. zwar 357 von Dion vertrieben, riss aber nach dessen Ermordung 347 die Herrschaft wieder an sich, bis er 344 erneut gestürzt wurde.

Ebenso häufig bezieht sich Ailianos auf *Makedonien*, beginnend mit *Archelaos*, der 413–399 das makedonische Reich ausbaute, dann *Amyntas II.*, der mit Unterbrechungen 393–369 als König herrschte, und insbesondere *Philippos II.* von Makedonien (382–336), der als König seit 359 die Machtstellung Makedoniens begründete und Thrakien eroberte. Sein Expansionsstreben richtete sich auch gegen Griechenland; bei Verhandlungen mit Athen 446 gewann er den Redner Aischines (s. u. S. 22) für eine Verständigung, während der Redner Demosthenes (s. u. S. 22) am Widerstand gegen Makedonien festhielt. 338 besiegte Philippos bei Chaironeia die griechischen Poleis entscheidend, wurde aber 336 ermordet. Nachfolger wurde sein junger Sohn *Alexandros III. d. Gr.* (356–323), der 335 einen Aufstand gegen die makedonische Herrschaft in Thrakien niederschlug und 334 einen Feldzug gegen die Perser begann; bereits 331 wurden die Perser unter ihrem König Dareios III. (s. o. S. 16) bei Gaugamela (Arbela) endgültig besiegt. Bei dessen Verfolgung eroberte Alexandros auch Baktrien; ein weiterer Feldzug führte das Heer 327 bis nach Indien. 324 starb sein Freund *Hephaistion*. Zur Versöhnung zwischen Persern und Makedonen feierte Alexandros 324 eine Massenhochzeit (8.7); im Jahr darauf starb er in Babylon.

Von den Diadochen, Alexandros' Nachfolgern, nennt Ailianos den *Antipatros* (398–319), der die Herrschaft im makedonischen Kernland übernahm, sowie Alexandros' Gefährten *Perdikkas* (um 365–321) und *Lysimachos* (um 355–281) und die drei wichtigsten Dynastien: die Antigoniden, die Seleukiden und die Ptolemaier. Von den Antigoniden nennt er *Antigonos I. Monophthalmos* (um 380–301), dessen Sohn *Demetrios Poliorketes* (um 336–283) und wiederum dessen Sohn *Antigonos II. Gonatas* (um 319–239). Von den Seleukiden erscheinen nur der Dynastiegründer *Seleukos I. Nikator* (um 356–281) und vier spätere Herrscher, nämlich *Antiochos II. Theos* (286–246, König seit 261), *Antiochos III. d. Gr.* (um 242–187, König seit 223), *Antiochos IV. Ephiphanes* (um 215–164, König seit 175) und *Antiochos VII. Sidetes*, der 130/29 in einer Schlacht gegen die Parther unter Arsakes fiel. Von den Ptolemaiern erwähnt Ailianos mehrere Herrscher, beginnend mit dem Dynastiegründer *Ptolemaios I. Soter* (um 367–283), für den der zunächst als makedonischer Statthalter in Athen wirkende *Demetrios von Phaleron* (um 350–283) seit 307 tätig war, u. a. als Leiter der Bibliothek von Alexandreia, sodann *Ptolemaios II. Philadelphos* (308–246, König sei 285), *Ptolemaios III. Euergetes* (um 284–222, König seit 246), *Ptolemaios IV. Philopator* (245–204, König seit 222) sowie *Ptolemaios VI. Philometor* und seinen Bruder *Ptolemaios VIII. Euergetes II.*, die seit 170 mit ihrer Mutter herrschten.

Persönlichkeiten der *römischen Geschichte* erscheinen bei Ailianos hingegen recht selten. Auf *Romulus*, den ersten, *Tullius Hostilius*, den dritten, und *Servius Tullius*, den sechsten König Roms im 8. bzw. 7. Jh. sowie *Cloelia*, die 508 dem Etruskerkönig Porsenna als Geisel gestellt worden war und ihm entkam, indem sie durch den Tiber schwamm, folgen dann erst Römer, die im 2. Jh. von Bedeutung waren, nämlich Lucius *Aemilius Paullus* (um 229–160), der 168 bei Pydna König Perseus von Makedonien besiegte, Marcus Porcius *Cato* (234–149), der vor allem durch seine Forderung nach Zerstörung Karthagos berühmt war, sowie Publius Cornelius *Scipio* (185–129), der diese Stadt 146 eroberte, und seine Tochter *Cornelia*, die als Mutter der Gracchen

bekannt wurde. Aus der Zeit der römischen Bürgerkriege im 2./1. Jh. erwähnt Ailianos den Gaius *Marius* (156–86), ferner je einmal *Porcia*, die Schwester des Marcus Porcius *Cato* Uticensis, dann *Gnaeus Pompeius* (106–48), Gaius Iulius *Caesar* (100–44) sowie *Lucius Licinius* (um 117–57), Marcus Tullius *Cicero* (106–43), Gaius Cilnius *Maecenas* (68–8) und *Augustus* (63 v. Chr.–14 n. Chr.). Aus der römischen Kaiserzeit führt Ailianos überhaupt keine Persönlichkeiten an.

K – Kunst

Besonders häufig erwähnt Ailianos *Maler*, so aus dem 6. Jh. *Kimon*, aus dem 5. Jh. *Dionysios*, *Parrhasios*, *Pauson*, *Polygnotos* und *Zeuxis*, aus dem 4. Jh. *Apelles* (den Hofmaler des Alexandros d. Gr.), *Nikias*, *Nikomachos*, *Protogenes* und *Theon* und aus dem 3. Jh. *Galaton* aus Alexandreia. Auch Bildhauer werden genannt, so *Kallikrates* und *Myrmekides* sowie *Polykleitos*, ebenso Musiker, darunter nicht nur der sagenhafte *Olympos*, sondern auch aus der klassischen und nachklassischen Zeit die Flötenspieler *Hippomachos*, *Ismenias*, *Satyros* und *Theodoros,* die Kitharaspieler *Laodokos*, *Nikostratos* und *Stratonikos* sowie die Kitharoiden (Sänger zur Kithara) *Amoibeus* und *Glauke*. Ferner werden die Tragödienschauspieler *Diogenes* und *Theodoros* erwähnt.

L – Literatur

Ailianos setzt bei seiner Leserschaft auf eine große Vertrautheit mit *Homer* voraus, dessen wohl im 8. Jh. entstandene Epen *Ilias* und *Odyssee* wiederholt zitiert werden. Er erwähnt ferner als aus vorhomerischer Zeit stammend die *Kypria* (dass Homer deren Autor sei, bezweifelte aber bereits Herodot 2.117) sowie die sagenhaften Dichter *Oiagros* und *Dares*; unter Dares' Namen ist in lateinischer Sprache eine spätantike Geschichte vom Untergang Trojas erhalten, die vielleicht auf ein (Ailianos bekanntes?) älteres griechisches Werk zurückgeht. Um 700 datiert man *Hesiod*, dessen *Theogonie* sowie dessen *Werke und Tage* Ailianos als bekannt voraussetzt.

Auch auf die frühe griechische *Dichtung* wird immer wieder Bezug genommen, so auf Dichter des 7. Jh.s wie auf die in Sparta wirkenden Dichter *Alkman*, *Terpandros* und *Tyrtaios*, auf den aus Paros stammenden *Archilochos*, dann auf *Mimnermos*, *Sappho* und *Thelatas*. In das frühe 6. Jh. datiert man die Lyriker *Xanthos* und seinen berühmteren Nachfolger *Stesichoros* (der entgegen der Angabe 10.18 wohl keine Hirtenlieder schrieb), in das spätere 6. Jh. dann die Lyriker *Anakreon* aus Teos, *Hipponax* und *Lasos*. Mit *Leoprepes*, seinem berühmten (und von Ailianos wiederholt genannten) Sohn *Simonides* (um 556–468) und dessen Neffen *Bakchylides* (um 505–450) beginnt die Reihe der Dichter aus dem 6./5. Jh., in die auch *Archestratos*, *Diagoras*, *Epicharmos*, *Ion*, *Kinesias* und *Timokreon* gehören, die Dichterin *Korinna* (die andere in die Zeit um 200 datieren) sowie insbesondere der bedeutende Chorlyriker *Pindar* (um 518–446), den Ailianos mehrfach anführt. Ferner erwähnt wird der Dichter *Philoxenos* (435/34–380/79), dessen Werk *Kyklops oder Galatea* von Aristophanes in der Komödie *Plutos* parodiert wurde, dessen Verurteilung durch Dionysios I. (12.44) aber nicht gesichert ist. Im 3. Jh. wirkten *Amoibeus*, *Antagoras* (am Hof von Antigonos II.), *Poseidippos* und nicht zuletzt der einflussreiche Dichter *Kallimachos* (um 300–240).

Ailianos' Leserschaft kennt die großen *Tragödiendichter Aischylos* (525–456) und *Euripides* (um 480–406), der besonders häufig angeführt wird, und dessen Konkurrenten *Xenokles* (2.8) sowie *Agathon* (um 447–nach 405), ferner *Phrynichos*, dessen 494 in Athen aufgeführte Tragödie über die Eroberung von Milet durch die Perser große Emotionen geweckt haben soll (Herodot 6.21), *Meletos* (den Vater des gleichnamigen Anklägers des Sokrates) und *Theodoros*.

An *Komödiendichtern* erscheinen *Aristophanes* (um 445–386), der in den *Wolken* die Methoden der Sophisten und des Sokrates angriff, dessen Konkurrenten *Sannyrion*, ferner *Kratinos* (um 520–423) und *Eupolis* (446–nach 412) mit seiner (uns verlorenen) Komödie *Marikas*, dann *Anaxilas*, ein Zeitgenosse des Platon (s. u. S. 23), *Alexis* und nicht zuletzt der noch heute bekannte *Menandros* (um 347–290; s. o. S. 10).

Nicht nur einzelne *Logoi* (Worte, Geschichten; Singular *Logos*), sondern auch die Werke der klassischen *Geschichtsschreibung* kann Ailianos anführen, beginnend mit *Hekataios* (Ende 6. Jh.) und dem berühmten *Herodot* (um 484–425), weiter mit dem Historiker des Peloponnesischen Krieges, *Thukydides* (um 460–400), und *Xenophon* (um 430–354), der 401 am Zug des Kyros d. J. beteiligt war und nach dem Scheitern des Unternehmens die griechischen Söldner zurück nach Thrakien führte. Von anderen der bei Ailianos erwähnten Historiker liegen uns allenfalls Fragmente vor, so aus dem 4. Jh. von *Charon* und seinem Werk über die Perserkriege, *Androtion* und seiner Geschichte Attikas, *Deinon, Ephoros, Epitimides, Eumenes* und dem von Ailianos mehrfach genannten *Theopompos* (um 377 – nach 320); auch die Geschichte Siziliens des *Timaios* (um 356–260) und die Geschichte von Byzantion des *Damon* sind uns weitgehend verloren.

Rhetorik und Redner kennt Ailianos' Leserschaft ebenfalls, so den berühmten *Isokrates* (436–338) und *Polykrates* (um 440–370), den Verfasser einer fingierten Anklageschrift gegen Sokrates sowie *Zoïlos* (4. Jh.), dessen Kritik an Homer ihm den Beinamen »Homergeißel« eintrug, dann *Hypereides* (390–322) und seinen Gegner *Philippides*, *Aischines* (389–314), *Demades* (um 380–319) und vor allem *Demosthenes* (384–322), den Ailianos wiederholt nennt, sowie dessen Neffen *Demochares*. Der jüngste genannte Redner ist *Apollonios Molon*, bei dem im Jahr 78/77 Marcus Tullius *Cicero* (s. o. S. 20) studierte.

Schließlich erscheinen bei Ailianos einige Wissenschaftler, so die in der zweiten Hälfte des 5. Jh.s wirkenden Astronomen (und Astrologen) *Meton* und *Oinopides* sowie der berühmte Gelehrte *Eudoxos* (um 408–355) und nicht zuletzt der Philologe *Aristophanes* von Byzantion (um 257–180), der an der Bibliothek von Alexandreia wirkte.

P – Philosophie

Ailianos' Leserschaft war offenbar mit den wichtigsten Denkrichtungen und Persönlichkeiten der griechischen Philosophie gut vertraut. Aus der Reihe der (heute) sogenannten Vorsokratiker nennt er etwa

die sog. *Sieben Weisen* (3.17), Naturphilosophen wie *Pherekydes* (Mitte 6. Jh.), *Anaxagoras* (500–428) und *Demokritos*, der die Welt als aus unteilbaren (*atoma*) Teilchen bestehend ansah, Sophisten wie *Gorgias* (um 485–380) und *Protagoras* (um 485–415) sowie recht häufig den aus Samos stammenden, in Unteritalien wirkenden *Pythagoras* (540–500) und seine Schule, zu der u. a. auch der politisch und militärisch tätige *Archytas* aus Tarent (um 400–365) gehörte.

Im Zentrum stehen aber *Sokrates* (469–399) – auch seine Frau *Xanthippe* erscheint – und sein Schüler *Platon* (427–347), dessen Onkel *Kritias* (um 460–403) ebenfalls Schüler des Sokrates war und 404 zu den *30 Tyrannen* (s. o. S. 17) gehörte. Im Hain des Heros Akademos vor den Toren Athens richtete Platon seine deshalb als *Akademie* benannte Philosophenschule ein, die nach seinem Tod 347–339 *Speusippos* leitete, dann 339–312 *Xenokrates* aus Chalkedon, später u. a. *Arkesilaos* (um 315–240) und dann dessen Schüler *Lakydes* († um 207). Platons Schüler *Aristoteles* (384–322) gründete um 335 eine eigene Philosophenschule, die der nach dem gemeinsamen Flanieren (*peripatos*) benannten *Peripatetiker* im *Lykeion*, einem Bezirk nordöstlich von Athen mit einem Heiligtum des Apollon Lykeios. Zu diesem Kreis gehörte u. a. sein Schüler *Theophrastos* (373–288).

An weiteren Philosophenschulen erwähnt Ailianos die der *Kyniker*, die sich auf den Sokratesschüler *Antisthenes* (um 455–360) zurückführte und das Ideal der Bedürfnislosigkeit vertrat – der am häufigsten von Ailianos genannte Vertreter dieser Denkrichtung ist *Diogenes* (um 412–323) – sowie die der *Kyrenaiker*, die der Sokratesschüler *Aristippos* (um 435–355) begründete und die Lust und Genuss zum höchsten Ziel des Menschen erklärte. Unter später entstandenen Schulen hebt Ailianos die der *Epikureer* hervor, die nach *Epikuros* (342–271) benannt war und als Ziel menschlichen Strebens die seelische Ruhe und den geistigen Genuss sah, die der *Skeptiker*, vertreten durch *Timon* von Phlius (um 320–230), und vor allem die der *Stoiker*, die nach der *Stoa Poikile* (einer gemäldegeschmückten und daher »bunten« Säulenhalle) in Athen benannt und von *Zenon* (um 335–262) begründet wurde,

dann von *Kleanthes* (331/0–232/1) und danach von *Chrysippos* von Soloi († 208/4) geleitet wurde. Zenons Schüler *Persaios* folgte 276 einem Ruf an den Hof des Antigonos II. (s. o. S. 19).

S – Sport
Neben den städtischen *Gymnasia*, in denen man trainierte, nennt Ailianos die vier wichtigsten panhellenischen, also von allen Griechen besuchten und periodisch wiederkehrenden Wettspiele der klassischen und nachklassischen Zeit: die in *Olympia*, dem Zeus-Heiligtum in Elis an der Westküste der Peloponnes, gefeierten Olympischen Spiele, die Pythischen in *Delphi*, die Isthmischen am *Isthmos* von Korinth und die Nemeïschen in *Nemea* auf der Peloponnes. Die Sportart *Pankration* bezieht sich dabei auf eine Verbindung von Faust- und Ringkampf. Olympiasieger erscheinen wiederholt, beginnend mit *Kimon* (dem Vater des Miltiades d. J.), dessen Viergespann 532, 528 und 524 siegte, und *Milon*, dem erfolgreichsten Ringer der Antike, der wiederholt zwischen 532 und 516 in Olympia siegte. An Siegern aus dem 5. Jh. erscheinen *Euthymos* (der zwischen 484 und 472 dreimal siegte), *Taurosthenes* (wohl 444), *Exainetos* (416) und *Eubatas* (408); Ailianos erwähnt dann noch *Pherenike* (um 400), die bei Olympischen Spielen hatte zuschauen dürfen (10.1). An späteren Olympiasiegern nennt Ailianos den Athener *Dioxippos*, der dann Alexandros d. Gr. auf seinem Indienfeldzug begleitete, und *Straton*, der im Jahr 68 siegte. Ferner erwähnt Ailianos den Faustkämpfer *Nikodotos*, den Pankration-Kämpfer (s. o.) *Herakleides*, den Trainer *Hippomachos* (2.6; als Flötenspieler erscheint er 14.8) sowie die Ringkämpfer *Ikkos* (5. Jh.), *Demokrates* und *Kleitomachos* (beide 3. Jh.).

Wirkung

Zwar kann man, wie der britische Gelehrte Nigel Wilson (2006) festgestellt hat, an manchen sprachlichen Details vielleicht erken-

nen, dass Ailianos im Alltag Latein sprach, doch ist das hohe Lob, das schon ein Zeitgenosse wie Philostratos für den gelungenen griechischen Stil des Ailianos aussprach (s. o. S. 9), nicht gering zu schätzen. Tatsächlich hat auch 1493 der gelehrte Humanist Angelo AMBROGINI, genannt POLIZIANO (1454–1494), in seinem Werk *Miscellaneorum Centuria Secunda* Ailianos' *Vermischte Forschung* wegen ihres griechischen Stils gelobt (vgl. BEVEGNI 2008). 1545 erschien dann in Rom die – von Camillo PERUSCHI (PERUSCUS) – besorgte erste Druckausgabe des Originaltexts, fünf Jahre später eine Übersetzung ins Italienische von Giacobo LAVREO (Jacopo LORIO) und 1576 eine ins Englische von Abraham FLEMING.

Editionen des griechischen Textes wurden wiederholt vorgelegt, so von Conrad GESNER (1556), Justus VULTEJUS (1587 und öfter), Johannes SCHEFFER (1647 und 1662), Tanaquil FABER (1668), Joachim KÜHN (1685), Jacobus PERIZONIUS (1701), Abraham GRONOVIUS (1731), Carl Gottlob KÜHN (1780) und Gottlieb Benjamin LEHNERT (1794). Dem im 18. Jh. angestiegenen Interesse an dem Werk kamen auch neue Übersetzungen entgegen, so ins Französische von Jean Henri Samuel FORMEY (1764) und Bon-Joseph DACIER (1772) und ins Deutsche von Johann Heinrich Friedrich MEINEKE (1775, 2. Aufl. 1787).

Das gute Griechisch des Werkes führte dann auch dazu, dass Ailianos' *Vermischte Forschung* zur Schullektüre avancierte. So brachte der seinerzeit als Lehrer am Luther-Gymnasium in Halle wirkende Wilhelm LANGE (1767–1831) 1797 eine Schulausgabe unter dem Titel *Griechisches Lesebuch* heraus, *enthaltend die interessantesten Erzählungen aus Aelians vierzehn Büchern der Vermischten Geschichte; mit Grammatischen und anderen Anmerkungen und einem vollständigen Wortregister*. Er schrieb darin:

> Aelian schien mir … in Absicht der Sachen so wohl als der Sprache, recht eigentlich für die Jugend gemacht zu seyn. Einige Geschichten sind unterhaltend, lehrreicht und mannigfaltig, und die Sprache rein-Attisch, leicht und deutlich. (LANGE 1797, vi)

Und als der aus der griechischen Stadt Smyrna (İzmir) im Osmanischen Reich stammende Grieche Adamantios KORAIS (1748–1833), der seit 1788 in Paris lebte und sich für die Gründung eines griechischen Nationalstaats engagierte, 1805 eine neue Buchreihe begründete, mit der er den seinerzeit verstreut in verschiedenen Staaten lebenden Griechen ihre antike Literatur neu vertraut machen wollte, wählte er für deren ersten Band Ailianos' *Vermischte Forschung*. Er begründete dies so:

> Vielleicht wird jemand nicht verstehen, dass ich den Ailianos für so strikt (im guten Altgriechisch) beurteile, den seine Zeitgenossen »Honigkehle«, »Honigzunge« und einen strengen Attizisten genannt haben. Anders kann ich dem Leser gegenüber mein Urteil nicht rechtfertigen, als dass ich ihn dazu auffordere, die *Vermischte Forschung* des Ailianos mit irgendeiner anderen historischen Schrift der berühmten Schriftsteller Griechenlands zu vergleichen, etwa mit der *Kyropädie* oder den *Memorabilien* des Xenophon. Wenn man diese gelesen hat, wird man mehr Vergnügen bei der Lektüre des Ailianos empfinden.
>
> (KORAIS 1805, ρνβ)

Seither sind gleich drei wissenschaftliche Editionen von Rudolf HERCHER herausgebracht worden (1858, 1866, 1870). Die heute maßgebliche Ausgabe wird Mervin R. DILTS (1974) verdankt, einige jüngere Verbesserungen hat Nigel G. WILSON (1996 und 1997) gesammelt, andere sind einzeln publiziert worden (s. u. S. 443ff. im Literaturverzeichnis).

Zu dieser Ausgabe

Der Text der *Vermischten Forschung* des Ailianos ist – wie alle literarischen Werk der Antike – nicht im Autograph des Autors erhalten; vielmehr verdanken wir unsere Kenntnis wiederholten Abschriften, die das Werke bis in die Zeit des Buchdrucks gerettet haben. Wie Mervin R. DILTS (1965 und 1971) gezeigt hat, sind die für die Wie-

derherstellung des antiken Textes aus solchen Kopien wichtigsten mittelalterlichen Handschriften einerseits der *Codex Parisinus* suppl. gr. 352, der um 1200 entstand (man verweist auf ihn mit dem Kürzel »V«), andererseits eine zwar verlorene Abschrift (»x«), deren Textgestalt sich aber aus vier erhaltenen Kopien rekonstruieren lässt. Zudem überliefert der *Codex Vaticanus* gr. 96 aus dem 12. Jh. (»Φ«) eine Epitome (einen Auszug).

Der Codex V lag bis 1797 als *Codex Vaticanus* gr. 997 im Vatikan, wurde dann aber nach der Eroberung der Stadt durch Napoleon nach Paris verbracht und nie zurückgegeben. Er bietet einen fast vollständigen Text; es fehlen nur 12.17 und 12.44. Codex x ist bis 1522 im Vatikan nachgewiesen und ging anschließend offenbar verloren, vielleicht beim »Sacco di Roma«, der Plünderung Roms durch Söldnerheere 1527. Nach Ausweis der erhaltenen Abschriften fehlten in ihm 14.46a–d, 14.47a–b und 14.48a. Die Epitome im Codex Φ wiederum bewahrt nur Auszüge, darunter aber sowohl Passagen, die in V fehlen, als auch solche, die in x fehlen, sowie einzelne Wörter und Textteile.

Der Text der *Vermischten Forschung* ist daher aus den Textzeugen V, x und Φ zu rekonstruieren. Die davon unabhängige Parallelüberlieferung bei Stobaios und anderen Testimonien für den Text (s. u. S. 424ff.) ist gesondert zu berücksichtigen. Der griechische Lesetext im vorliegenden Band beruht im Wesentlichen auf der maßgeblichen Edition von Mervin R. Dilts (1974); die Abweichungen der *Tusculum*-Ausgabe sind im Anhang (s. u. S. 433ff.) zusammengestellt.

Für die Übersetzung sind deutsche Versionen aus dem 18. (Johann Heinrich Friedrich Meineke), 19. (Ernst Karl Friedrich Wunderlich) und 20. Jh. (Hadwig Helms) ebenso verglichen worden wie die ebenfalls im 20. Jh. publizierten englischen (James DeVoto, Diane Ostrom Johnson, Nigel Wilson), französischen (Alessandra Lukinovich und Anne-France Morand) und italienischen (Claudio Bevegni) Übersetzungen.

Die (moderne) Interpunktion der griechischen Texte wurde dem heute Üblichen angepasst: Wörter, Überschriften und andere Passagen, die von späteren Bearbeitern in den Text eingetragen wurden, stehen in eckigen Klammern (und bleiben in der Regel unübersetzt), mit drei Punkten werden Lücken im überlieferten Text markiert, spitze Klammern umfassen notwendige Ergänzungen des Textes (und werden übersetzt). Rückverweise auf die Einführung (o. S. 14ff.) sind durch hochgestellte Buchstaben markiert.

Welcher König war in einen Baum verliebt (2.14)? Wer hat die Königsherrschaft als »ehrenvolle Sklaverei« bezeichnet (2.20)? Wo durften Frauen keinen Wein trinken (2.38)? Gab es eine antike Utopia (3.18)? Wo badete man nur dreimal im Leben (4.1)? Wo kam Faulheit vor Gericht (4.1)? Wo stand Kunst, die ihren Gegenstand hässlicher erscheinen ließ, als er war, unter Strafe (4.4)? Wer war der erste »Trainspotter« (4.25)? Wer hat das Katapult erfunden (6.12)? Welcher Tyrann wurde nach seinem Sturz Grundschullehrer (6.12)? Wo galt ein Leben ohne Musik als Strafe (7.15)? Warum erweisen einen gefärbte Haare als Lügner (7.20)? Wer stellte Grabsteine für Haustiere auf (8.4)? Wo ist erstmals eine Brieftaube belegt (9.2)? Wer beriet sich mit einem in Honig eingelegten Kopf (12.8)? Gab es in der Antike so etwas wie den »Fluch der Pharaonen« (13.3)? Wer war das Aschenputtel des Altertums (13.33)? Wie vertrieb sich ein Perserkönig, der Analphabet war, auf langen Reisen die Zeit (14.12)? Wenn Sie Antworten auf derart vermischte Fragen suchen, dann lesen Sie die *Vermischte Forschung* des Ailianos!

Für die Aufnahme des Bandes in die Reihe danke ich Niklas Holzberg und Bernhard Zimmermann, für guten Rat bei der Erstellung der Druckvorlage Katharina Legutke und Florian Ruppenstein und für das Mitlesen der Korrekturen Cordula Bachmann, Lucas Rischkau, Otto Ritter und meiner lieben Frau Christiane.

Universität Erfurt, im Oktober 2017 Kai Brodersen

TEXT UND ÜBERSETZUNG

ΑΙΛΙΑΝΟΥ
ΠΟΙΚΙΛΗ ΙΣΤΟΡΙΑ

Α

1.1. Δεινοὶ κατὰ κοιλίαν εἰσὶν οἱ πολύποδες καὶ πᾶν ὁτιοῦν φαγεῖν ἄμαχοι. πολλάκις οὖν οὐδὲ ἀλλήλων ἀπέχονται, ἀλλὰ τῷ μείζονι ὁ βραχύτερος ἁλοὺς καὶ ἐμπεσὼν τοῖς ἀνδρειοτέροις θηράτροις τοῖς καλουμένοις τοῦ ἰχθύος πλοκάμοις, εἶτα αὐτῷ γίνεται δεῖπνον. ἐλλοχῶσι δὲ οἱ πολύποδες καὶ τοὺς ἰχθῦς τὸν τρόπον τοῦτον· ὑπὸ ταῖς πέτραις κάθηνται καὶ ἑαυτοὺς εἰς τὴν ἐκείνων μεταμορφοῦσι χροιὰν καὶ τοῦτο εἶναι δοκοῦσιν ὅπερ οὖν καὶ πεφύκασιν αἱ πέτραι. οἱ τοίνυν ἰχθῦς προσνέουσιν οἱονεὶ τῇ πέτρᾳ τοῖς πολύποσιν, οἱ δὲ ἀφυλάκτους ὄντας αὐτοὺς περιβάλλουσι ταῖς ἐξ ἑαυτῶν ἄρκυσι ταῖς πλεκτάναις.

1.2. Ὑφαντικὴν καὶ ὑφαίνειν, [καὶ] δῶρα Ἐργάνης δαίμονος, οὔτε ἴσασιν αἱ φάλαγγες οὔτε εἰδέναι βούλονται. ἢ τί ποτ' ἂν καὶ χρήσαιτο τῷ τοιῷδε ἐσθήματι τὸ τοιοῦτον θηρίον; τὸ δὲ ἄρα <ἀράχνιον> πάγη καὶ οἱονεὶ κύρτος ἐστὶ τοῖς ἐμπίπτουσι. καὶ ἡ μὲν ἀρκυωρεῖ πάνυ σφόδρα ἀτρεμοῦσα, καὶ ἔοικεν ἀκινήτῳ· καὶ τὸ μὲν ἐνέπεσεν, ὅ τί ποτέ ἐστι τὸ ἐμπεσόν, ἡ δὲ ἔχει δαῖτα. τοσοῦτον δ' ἐμπίπτει, ὅσον καὶ τὸ ὕφασμα κατέχειν δυνατόν ἐστι καὶ ἐκείνῃ δειπνεῖν ἀπόχρη.

1.3. Σοφόν τι ἄρα χρῆμα ἦν γένος βατράχων Αἰγυπτίων, καὶ οὖν καὶ τῶν ἄλλων ὑπερφέρουσι κατὰ πολύ. ἐὰν γὰρ ὕδρῳ

AILIANOS
VERMISCHTE FORSCHUNG

I

1.1. Gewaltig im Magen sind die Polypen; darin, alles Beliebige zu fressen, sind sie unübertroffen. Oft machen sie nicht einmal voreinander halt, sondern wenn vom größeren der kleinere (Polyp) gefangen wird und in dessen kräftigere Fangnetze gerät, die bei diesem Fisch *plokamoi* (Tentakel) heißen, wird er für diesen zur Mahlzeit. Die Polypen lauern den Fischen auch auf folgende Weise auf: Unter Felsen sitzen sie still, verwandeln sich in deren Farbe und scheinen so mit den Felsen verwachsen zu sein. Wenn nun die Fische an den Polypen vorbeischwimmen, als seien es Felsen, sind sie achtlos, jene aber umschließen sie mit ihren Netzen, d. h. mit ihren Fangarmen.

1.2. Von Webkunst und Weben, den Geschenken der Göttin Ergane, wissen die Spinnen nichts, und sie wollen auch nichts davon wissen. Was sollte mit einem solchen Gewand so ein Tier schon anfangen? Das Spinngewebe ist ein Fallstrick, sozusagen das Netz für alles, was hineingerät. Die Spinne wartet völlig regungslos in ihrem Netz und gleicht etwas Unbewegtem. Was hineinfällt, was auch immer es ist, nimmt sie als Speise. So groß ist das, was hineinfällt, wie das Gewebe zu tragen vermag und wie sie als Nahrung braucht. *Ergane war der Beiname der Göttin Athene als Schutzgöttin des Handwerks und insbesondere des Webens. Eine andere Meinung zur Fähigkeit der Spinnen vertritt Ailianos in seiner* Tierkunde *6.57.*

1.3. Eine kluge Sache ist die Art der ägyptischen Frösche; sie übertreffen auch die anderen bei weitem. Wenn nämlich ein Frosch auf

περιπέσῃ Νείλου θρέμματι βάτραχος, καλάμου τρύφος ἐνδακὼν πλάγιον φέρει καὶ ἀπρὶξ ἔχεται καὶ οὐκ ἀνίησι κατὰ τὸ καρτερόν. ὁ δὲ ἀμηχανεῖ καταπιεῖν αὐτὸν αὐτῷ καλάμῳ· οὐ γάρ οἱ χωρεῖ περιλαβεῖν τοσοῦτον τὸ στόμα, ὅσον ὁ κάλαμος διείργει. καὶ ἐκ τούτου περιγίνονται τῆς ῥώμης τῶν ὕδρων οἱ βάτραχοι τῇ σοφίᾳ.

1.4. Καὶ ἐκεῖνο δὲ κυνὸς Αἰγυπτίου τι σοφόν· οὐκ ἀθρόως οὐδὲ ἀνέδην οὐδὲ ἐλευθέρως ἐκ τοῦ ποταμοῦ πίνουσιν ἐπικύπτοντες ἅμα καὶ ὅσον διψῶσι λάπτοντες· ὑφορῶνται γὰρ τὰ ἐν αὐτῷ θηρία. παραθέουσι δὲ τὴν ὄχθην καὶ παρακλέπτοντες πίνουσιν ὅσον ἁρπάσαι, <πάλιν> καὶ πάλιν. εἶτα οὕτως ἐκ διαλειμμάτων ἐκορέσθησαν, οὐ μὴν ἀπώλοντο, καὶ οὖν καὶ ἠκέσαντο τὸ δίψος.

1.5. Ἡ ἀλώπηξ, οὐ μόνον τὸ χερσαῖον θηρίον δολερόν ἐστιν, ἀλλὰ καὶ ἡ θαλαττία πανοῦργός ἐστι. τὸ μὲν γὰρ δέλεαρ οὐχ ὑφορᾶται οὐδὲ μὴν φυλάττεται διὰ τὴν ἀκρασίαν τοῦτο, τοῦ δὲ ἀγκίστρου καταφρονεῖ καὶ πάνυ ἡ ἀλώπηξ. πρὶν ἢ γὰρ τὸν ἀσπαλιέα σπάσαι τὸν κάλαμον ἡ δὲ ἀνέθορε καὶ ἀπέκειρε τὴν ὁρμιὰν καὶ νήχεται αὖθις. πολλάκις γοῦν καὶ δύο καὶ τρία κατέπιεν ἄγκιστρα, ὁ δ' ἁλιεὺς ἐκείνην οὐκ ἐδείπνησε προϊοῦσαν τῆς θαλάσσης.

1.6. Αἱ χελῶναι αἱ θαλάττιαι ἐν τῇ γῇ τίκτουσι, τεκοῦσαι δὲ παραχρῆμα κατέχωσαν ἐν τῇ γῇ τὰ ᾠά, εἶτα ὑποστρέψασαι ὀπίσω εἰς ἤθη τὰ ἑαυτῶν νήχονται. εἰσὶ δὲ εἰς τοσοῦτον λογιστικαί, ὥστε ἐφ' ἑαυτῶν ἐκλογίζεσθαι τὰς ἡμέρας τὰς τετταράκοντα,

eine Wasserschlange, wie sie im Nil lebten, fällt, beißt er ein Stück Rohr ab, nimmt es quer in sein Maul, hält es fest und lässt es nicht los, so kräftig er kann. Die (Wasserschlange) aber kann unmöglich den Frosch mitsamt dem Rohr verschlingen; sie kann nämlich ihr Maul nicht so breit öffnen, wie das Rohr lang ist. Dadurch sind die Frösche der Kraft der Wasserschlangen durch ihre Klugheit überlegen.

1.4. Auch folgendes Verhalten der ägyptischen Hunde ist etwas Kluges: Nicht einfach, ungehemmt und frei beugen sie sich zum Fluss und trinken in einem Zug, bis ihr Durst gestillt ist; sie fürchten nämlich die Tiere im Fluss. Sie laufen vielmehr am Ufer entlang und trinken dabei so viel, wie sie in der Eile rauben können, und dies wieder und wieder. So wird ihr Durst nur mit Unterbrechungen gestillt, aber sie kommen nicht um und sind trotzdem nicht durstig.
Das Kapitel entspricht weitestgehend Ailianos, Tierkunde *6.53.*

1.5. Der Fuchs – nicht nur derjenige, der auf dem Land lebt, sondern auch der Meeresfuchs – ist listig. Den Köder fürchtet er nicht und nimmt sich vor ihm auch nicht in acht wegen seiner Gefräßigkeit. Den Angelhaken aber missachtet der Fuchs ganz und gar. Bevor nämlich der Fischer die Angelrute aus dem Wasser zieht, springt er in die Höhe, beißt die Angelschnur ab und schwimmt wieder fort. Oft verschluckt er sogar zwei oder drei Angelhaken; aber der Fischer zieht ihn nicht aus dem Meer und verspeist ihn nicht.
Vgl. Ailianos, Tierkunde *9.12; s. auch Aristoteles,* Tierkunde *621a12.*

1.6. Die Meeresschildkröten gebären (legen ihre Eier) an Land; kaum haben sie geboren, vergraben sie die Eier in der Erde. Dann kehren sie wieder in ihr gewohntes Element zurück und schwimmen fort. Sie können so weit rechnen, dass sie von allein die 40 Tage

ἐν αἷς τὰ ἔγγονα αὐταῖς τῶν ᾠῶν συμπαγέντων ζῷα γίνεται. ὑποστρέψασαι οὖν αὖθις εἰς τὸν χῶρον, ἐν ᾧ κατέθεντο κρύψασαι τὰ ἑαυτῶν βρέφη, ἀνώρυξαν τὴν γῆν, ἣν ἐπέβαλον, καὶ κινουμένους ἤδη τοὺς νεοττοὺς <καὶ> ἕπεσθαι δυναμένους αὐταῖς ἀπάγουσιν.

1.7. Ἦσαν ἄρα οἱ σῦς οἱ ἄγριοι καὶ θεραπείας ἅμα καὶ ἰατρικῆς οὐκ ἀπαίδευτοι. οὗτοι γοῦν ὅταν αὐτοὺς λαθόντες ὑοσκυάμου φάγωσι, τὰ ἐξόπισθεν ἐφέλκουσι, παρειμένως ἔχοντες [οὕτως] αὐτῶν. εἶτα σπώμενοι ὅμως ἐπὶ τὰ ὕδατα παραγίνονται, καὶ ἐνταῦθα τῶν καρκίνων ἀναλέγουσι καὶ ἐσθίουσι προθυμότατα. γίνονται δὲ αὐτοῖς οὗτοι τοῦ πάθους φάρμακον καὶ ἐργάζονται ὑγιεῖς αὐτοὺς αὖθις.

1.8. Φαλάγγιον ἐλάφοις τοσοῦτόν ἐστι κακὸν ὅσον καὶ ἀνθρώποις, καὶ κινδυνεύουσιν ἀπολέσθαι διὰ ταχέων. ἐὰν μέντοι κιττοῦ γεύσωνται, ἐλύπησεν αὐτοὺς τὸ δῆγμα οὐδέν. δεῖ δὲ εἶναι τὸν κιττὸν ἄγριον.

1.9. Λέοντα δὲ νοσοῦντα τῶν μὲν ἄλλων οὐδὲν ὀνίνησι, φάρμακον δέ ἐστιν αὐτῷ τῆς νόσου βρωθεὶς πίθηκος.

1.10. Οἱ Κρῆτές εἰσι τοξεύειν ἀγαθοί, καὶ οὖν καὶ τὰς αἶγας βάλλουσιν ἐπ' ἄκροις νεμομένας τοῖς ὄρεσιν. αἱ δὲ βληθεῖσαι παραχρῆμα τῆς δικτάμνου βοτάνης διέτραγον, καὶ ἅμα τῷ γεύσασθαι ὅλα ἐκείναις τὰ βέλη ἐκπίπτει.

1.11. Ἦσαν δ' ἄρα μαντικώτατοι τῶν ζῴων καὶ μύες· γηρώσης γὰρ οἰκίας ἤδη καὶ μελλούσης κατολισθαίνειν αἰσθάνονται πρῶτοι, καὶ ἀπολιπόντες τὰς μυωπίας τὰς αὐτῶν καὶ τὰς ἐξ ἀρχῆς διατριβάς, ᾗ ποδῶν ἔχουσιν ἀποδιδράσκουσι καὶ μετοικίζονται.

abzählen, nach deren Verlauf die Eier ausgebrütet und die Jungen ausgeschlüpft sind. Nun kehren sie wieder an den Platz zurück, an dem sie ihre Brut abgelegt und verborgen haben. Sie graben die Erde auf, die sie darüber geworfen hatten, und führen die Jungen, die sich schon bewegen und ihnen folgen können, mit sich fort.

1.7. Es waren die Wildschweine in der Heilkunst und Medizin nicht ungebildet. Wenn sie etwa unbemerkt Bilsenkraut gefressen haben, schleppen sie ihr Hinterteil nach, da es erschlafft. Trotz dieser Krämpfe begeben sie sich zum Wasser und suchen dort Krebse, die sie gierig verschlingen. Diese Krebse sind für sie das Heilmittel gegen das Leiden und bewirken, dass sie wieder gesund werden.

1.8. Die Giftspinne ist für Hirsche genauso gefährlich wie für Menschen, und sie laufen Gefahr, umzukommen. Wenn sie aber Efeu fressen, schadet ihnen der Biss nicht. Es muss aber wilder Efeu sein.
Vgl. unten 13.35.

1.9. Einem kranken Löwen hilft nichts von den anderen, das einzige Heilmittel gegen seine Krankheit ist, dass er einen Affen frisst.

1.10. Die Kreter sind gut im Bogenschießen; so treffen sie mit ihren Pfeilen auch die Ziegen, die auf den Berggipfeln weiden. Wenn die Ziegen getroffen wurden, fraßen sie sofort vom *Diktamnon*-Kraut, und sobald sie davon gekostet haben, fielen ihnen die Pfeile ab.
Zur Heilwirkung des Krauts vgl. etwa Aristoteles, Tierkunde *612a3.*

1.11. Es waren unter den Tieren mit sehr großer Sehergabe auch Mäuse. Wenn ein Haus alt geworden ist und einzustürzen droht, bemerken sie es nämlich als erste, verlassen ihre Mauselöcher, ihre bisherigen Aufenthaltsorte, laufen so schnell sie können davon und ziehen in ein neues Haus.

1.12. Ἔχουσι δὲ καὶ οἱ μύρμηκες, ὡς ἀκούω, μαντικῆς τινα αἴσθησιν. ὅταν γὰρ μέλλῃ λιμὸς ἔσεσθαι, δεινῶς εἰσι φιλόπονοι πρὸς τὸ θησαυρίσαι καὶ ἑαυτοῖς ἀποταμιεύσασθαι τοὺς πυροὺς καὶ τὰ λοιπὰ τῶν σπερμάτων, ὅσα μυρμήκων δεῖπνόν ἐστιν.

1.13. Ὁ Συρακούσιος Γέλων ὄναρ ἐβέβλητο κεραυνῷ καὶ διὰ τοῦτο ἐβόα οὐκ ἀμυδρὸν οὐδ' ἀσθενὲς ὡς ἐν ὀνείρῳ, ἀλλ' ἀνδρικῶς ἅτε δεινῶς ἐκπλαγεὶς ὑπὸ τοῦ δέους. ὁ δὲ κύων, ὅσπερ οὖν αὐτῷ παρεκάθευδεν, ἐκ τῆς βοῆς διεταράχθη καὶ περιβὰς αὐτὸν ὑλάκτει πάνυ σφοδρῶς ἀπειλητικὸν καὶ σύντονον, καὶ ἐκ τούτων ὁ Γέλων ἅμα τε ἀφυπνίσθη καὶ τοῦ δέους ἀφείθη.

1.14. Λέγει Ἀριστοτέλης τὸν κύκνον καλλίπαιδα εἶναι καὶ πολύπαιδα, ἔχειν γε μὴν καὶ θυμόν. πολλάκις γοῦν εἰς ὀργὴν καὶ μάχην προελθόντες καὶ ἀλλήλους ἀπέκτειναν οἱ κύκνοι. λέγει δὲ ὁ αὐτὸς καὶ μάχεσθαι τοὺς κύκνους τοῖς ἀετοῖς· ἀμύνεσθαί γε μὴν αὐτούς, ἀλλ' οὐκ ἄρχειν ἀδίκων. ὅτι δέ εἰσι φιλῳδοί, τοῦτο μὲν ἤδη καὶ τεθρύληται. ἐγὼ δὲ ᾄδοντος κύκνου οὐκ ἤκουσα, ἴσως δὲ οὐδὲ ἄλλος· πεπίστευται <δ'> οὖν ὅτι ᾄδει. καὶ λέγουσί γε αὐτὸν μάλιστα <κατ'> ἐκεῖνον εἶναι τὸν χρόνον εὐφωνότατόν τε καὶ ᾠδικώτατον, ὅταν ᾖ περὶ τὴν καταστροφὴν τοῦ βίου. διαβαίνουσι δὲ καὶ πέλαγος, καὶ πέτονται [καὶ] κατὰ θαλάσσης, καὶ αὐτοῖς οὐ κάμνει τὸ πτερόν.

Ailianos, Tierkunde *11.19, bietet ein Beispiel für diese Fähigkeit im Zusammenhang mit einem Erdbeben in Helike auf der Peloponnes (das sich im Jahr 373 ereignete). Vgl. auch Ailianos,* Tierkunde *6.41.*

1.12. Es haben auch die Ameisen, wie ich höre, einen gewissen seherischen Sinn: Wenn eine Hungersnot droht, sind sie eifrig bemüht, Vorräte zusammenzutragen und für sich Weizen und die anderen Körner zu horten, wie sie den Ameisen als Nahrung dienen.

1.13. Gelon[G] von Syrakus sah in einem Traum, dass er von einem Blitz getroffen wird, und schrie deshalb auf, doch nicht leise und mit schwacher Stimme, wie im Traum, sondern laut, da er aus Furcht gewaltig erschrocken war. Sein Hund, der neben ihm schlief, wurde von dem Schrei aufgeschreckt, lief um seinen Herrn herum und weckte ihn mit seinem heftig drohenden und anhaltenden Bellen. Davon wachte Gelon auf und wurde von seiner Angst befreit.
Ailianos, Tierkunde *6.62 erzählt dasselbe.*

1.14. Aristoteles[P] (Frg. 344 Rose) sagt, dass der Schwan schöne und zahlreiche Junge habe, doch auch streitbar sei. So geraten die Schwäne oft in Wut, kommen zu einer Schlacht gegeneinander und töten sich gegenseitig. Er sagt auch, dass die Schwäne mit den Adlern kämpfen; sie würden sich aber nur verteidigen und nicht mit den Untaten anfangen. Dass sie Gesang lieben, darüber ist zwar auch schon viel geschwätzt worden, doch ich habe noch keinen Schwan singen hören, vielleicht auch sonst niemand. Aber man glaubt daran, dass er singt. Ferner sagt man, gerade wenn das Ende seines Lebens nahe, habe er die lieblichste Stimme und singe am schönsten. Die Schwäne überqueren auch die See und sie fliegen über das Meer, ohne dass ihnen der Flügel ermattet.
Auch Ailianos, Tierkunde *17.24 spricht vom Kampf zwischen Schwänen und Adlern.*

1.15. Ἐκ διαδοχῆς φασιν ἐπῳάζειν τὰς περιστεράς. εἶτα τῶν νεοττῶν γενομένων ὁ ἄρρην ἐμπτύει αὐτοῖς, ἀπελαύνων αὐτῶν τὸν φθόνον, φασίν, ἵνα μὴ βασκανθῶσι· δέδιε ἄρα τοῦτο. τίκτει δὲ ᾠὰ δύο ἡ θήλεια, ὧν τὸ μὲν πρῶτον ἄρρεν ποιεῖ πάντως, τὸ δὲ δεύτερον θῆλυ. τίκτουσι δὲ αἱ περιστεραὶ κατὰ πᾶσαν ὥραν τοῦ ἔτους· ἔνθεν τοι καὶ δεκάκις τοῦ ἔτους ὠδίνουσι. λόγος δέ τις περίεισιν Αἰγύπτιος λέγων δωδεκάκις τὰς ἐν Αἰγύπτῳ τίκτειν.

Λέγει δὲ Ἀριστοτέλης καὶ διάφορον εἶναι τῆς περιστερᾶς τὴν πελειάδα· τὴν μὲν γὰρ περιστερὰν εἶναι μείζονα, τὴν δὲ πελειάδα βραχυτέραν, καὶ τὴν μὲν περιστερὰν τιθασὸν γίνεσθαι, τὴν δὲ οὔ. λέγει δὲ ὁ αὐτὸς μὴ πρότερον ἀναβαίνειν τὸν ἄρρενα τὴν θήλειαν πρὶν ἢ φιλῆσαι αὐτήν· μὴ γὰρ ἀνέχεσθαι τὰς θηλείας τὴν τῶν ἀρρένων ὁμιλίαν τοῦ φιλήματος ἔρημον. προστίθησι τούτοις καὶ ἐκεῖνα, ὅτι καὶ αἱ θήλειαι ἀλλήλας ἀναβαίνουσιν, ὅταν τῆς πρὸς ἄρρενα μίξεως ἀτυχήσωσι· καὶ οὐδὲν μὲν εἰς ἀλλήλας προΐενται, τίκτουσι δὲ ᾠά, ἐξ ὧν νεοττοὶ οὐ γίνονται αὐταῖς. εἰ δέ τι Καλλιμάχῳ χρὴ προσέχειν, φάσσαν καὶ πυραλλίδα καὶ περιστερὰν καὶ τρυγόνα φησὶ μηδὲν ἀλλήλαις ἐοικέναι.

Ἰνδοὶ δέ φασι λόγοι περιστερὰς ἐν Ἰνδοῖς γίνεσθαι μηλίνας τὴν χρόαν. Χάρων δὲ ὁ Λαμψακηνὸς περὶ τὸν Ἄθω φανῆναι περιστερὰς λευκὰς λέγει, ὅτε ἐνταῦθα ἀπώλοντο αἱ τῶν Περσῶν τριήρεις περικάμπτουσαι τὸν Ἄθω.

Ἐν Ἔρυκι δὲ τῆς Σικελίας ἔνθα ἐστὶν ὁ τῆς Ἀφροδίτης νεὼς σεμνός τε καὶ ἅγιος, [ἔνθα] κατά τινα καιρὸν θύουσιν οἱ Ἐρυκινοὶ τὰ Ἀναγώγια καὶ λέγουσι τὴν Ἀφροδίτην εἰς Λιβύην ἐκ Σικελίας ἀνάγεσθαι. <τότ’ οὖν> ἀφανεῖς ἐκ τοῦ χώρου αἱ περιστεραὶ γίνονται, ὥσπερ οὖν τῇ θεῷ συναποδημοῦσαι. κατά γε μὴν

1.15. Die Tauben wechseln sich, sagt man, beim Ausbrüten der Eier ab. Wenn dann die Jungen ausgeschlüpft sind, spuckt das Männchen sie an, um sie vor Neid zu schützen und, wie man sagt, vor Verleumdung zu bewahren; dies nämlich fürchtet es. Das Weibchen legt zwei Eier, von denen das erste stets ein Männchen wird, das zweite ein Weibchen. Es gebären die Tauben das ganze Jahr über, wodurch sie sogar zehnmal im Jahr Junge ausbrüten. Doch gibt es einen *Logos*[L] bei den Ägyptern, dass dort die Tauben zwölfmal gebären.

Aristoteles[P] (*Tierkunde* 544b1) sagt, es gebe auch einen Unterschied zwischen Haus- und Wildtauben. Die Haustaube sei nämlich größer, die Wildtaube kleiner, und die Haustaube sei zahm, die andere nicht. Er (Aristoteles, *Tierkunde* 560b25) sagt ferner, dass das Männchen das Weibchen nicht besteige, bevor sie sich nicht geschnäbelt hätten, denn das Weibchen dulde die Begattung nicht, bevor es geküsst sei. Er fügt auch das hinzu, dass auch die Weibchen sich gegenseitig besteigen, wenn ihnen der Verkehr mit einem Männchen fehlt. Zwar befruchten sie einander nicht, legen aber Eier, aus denen ihnen jedoch keine Jungen ausschlüpfen. Wenn man auf Kallimachos[L] (Frg. 416 Pfeiffer) hören darf, dann haben, wie er sagt, die Ringeltaube, die *Pyrallis* (eine unbekannte Taubenart), die Haus- und die Turteltaube keine Ähnlichkeit miteinander.

Die Inder sagen, es gebe dort Tauben von einer quittengelben Farbe. Charon[L] aus Lampsakos (*FGrHist* 262 F 3 b) sagt, dass um den Athos weiße Tauben erschienen seien, als dort (während der Perserkriege; vgl. Herodot 6.44) die persischen Triëren[A] untergingen, die den Athos umsegeln wollten.

Auf dem Berg Eryx (Erice) auf Sizilien, wo der ehrwürdige heilige Tempel der Aphrodite steht, feiern zu einer gewissen Zeit die Bewohner des Eryx die *Anagogia* (das »Ausfahrtfest«) und sagen, dass Aphrodite nach Libyen (Afrika) aus Sizilien gebracht werde. Dann also verschwinden von dem Ort die Tauben, als ob sie die Göttin auf ihrer Reise begleiteten. Dass es in der übrigen Zeit um

τὸν λοιπὸν χρόνον πάμπολύ τι πλῆθος τῶνδε τῶν ὀρνίθων ἐπιπολάζειν τῷ νεῷ τῆς θεοῦ ὡμολόγηται.

Ἀχαϊκοὶ δὲ αὖ πάλιν λέγουσι λόγοι καὶ τὸν Δία αὐτὸν μεταβαλεῖν τὴν μορφὴν εἰς περιστεράν, ἐρασθέντα παρθένου Φθίας ὄνομα. ἐν Αἰγίῳ δὲ ᾤκει ἡ Φθία αὕτη.

1.16. Ὅτε ἧκεν ἡ ναῦς ἡ ἐκ Δήλου καὶ ἔδει Σωκράτην ἀποθνῄσκειν, ἀφίκετο εἰς τὸ δεσμωτήριον Ἀπολλόδωρος ὁ τοῦ Σωκράτους ἑταῖρος, χιτῶνά τε αὐτῷ φέρων ἐρίων πολυτελῆ καὶ εὐήτριον καὶ ἱμάτιον τοιοῦτο. καὶ ἠξίου ἐνδύντα αὐτὸν τὸν χιτῶνα καὶ θοἰμάτιον περιβαλόμενον εἶτα οὕτω πιεῖν τὸ φάρμακον. ἔλεγε γὰρ αὐτῷ καλῶν ἐνταφίων μὴ ἀμοιρήσειν, εἰ ἐν αὐτοῖς ἀποθάνοι· καὶ γὰρ οὖν καὶ προκείσεσθαι σὺν τῷ κόσμῳ τὸν νεκρὸν οὐ πάνυ τι ἀδόξως. ταῦτα τὸν Σωκράτην ὁ Ἀπολλόδωρος· ὁ δὲ οὐκ ἠνέσχετο, ἀλλ' ἔφη πρὸς τοὺς ἀμφὶ τὸν Κρίτωνα καὶ Σιμμίαν καὶ Φαίδωνα· »καὶ πῶς ὑπὲρ ἡμῶν καλῶς Ἀπολλόδωρος οὕτω δοξάζει, εἴ γε αὐτὸς πεπίστευκεν ὅτι μετὰ τὴν ἐξ Ἀθηναίων φιλοτησίαν καὶ τὸ τοῦ φαρμάκου πόμα ἔτι οὕτως ὄψεται Σωκράτην; εἰ γὰρ οἴεται τὸν ὀλίγῳ ὕστερον ἐρριμμένον ἐν ποσὶ καὶ κεισόμενόν γε εἶναι ἐμέ, δῆλός ἐστί με οὐκ εἰδώς.«

1.17. Ταῦτα ἄρα ἐστὶ τὰ θαυμαζόμενα Μυρμηκίδου τοῦ Μιλησίου καὶ Καλλικράτους τοῦ Λακεδαιμονίου τὰ μικρὰ ἔργα. τέθριππα μὲν ἐποίησαν ὑπὸ μυίας καλυπτόμενα, καὶ ἐν σησάμῳ δίστιχον ἐλεγεῖον χρυσοῖς γράμμασιν ἐπέγραψαν. ὧν, ἐμοὶ δοκεῖν, ὁ

den Tempel eine große Anzahl von diesen Vögeln gibt, ist allgemein bekannt.

Man erzählt wiederum auch *Logoi*[L] der Achaier, dass auch Zeus sich in die Gestalt einer Taube verwandelt habe, als er eine Jungfrau namens Phthia liebte. In Aigion wohnte diese Phthia.
Ailianos folgt hier offenbar Athenaios 394b–395a. Mit den Anagogia *als »Ausfahrtfest« vgl. Ailianos,* Tierkunde *4.2 zu den* Katagogia *als »Rückkehrfest«.*

1.16. Als das Schiff aus Delos kam und Sokrates[P] sterben sollte, kam in das Gefängnis Apollodoros, der Gefährte des Sokrates, und brachte ihm einen kostbaren Chiton[A] aus feingewebter Wolle und ein Himation[A] von solcher Art. Er bat ihn, den Chiton und das Himation anzulegen und so das Gift zu trinken. Er sagte, er dürfe nicht ohne ein schönes Totengewand sein, wenn er darin stürbe; mit diesem Schmuck nämlich werde auch der Leichnam nicht ganz ohne Ruhm sein. Dies (sagte) Apollodoros zu Sokrates. Der aber ließ das nicht zu, sondern sagte zu denen um Kriton, Simmias und Phaidon: »Wie hat über uns Apollodoros nicht eine schöne Meinung, wenn er geglaubt hat, dass nach dem Liebesbeweis der Athener und dem Gifttrank Sokrates noch so zu sehen ist? Wenn er nämlich meint, dass derjenige, der ein wenig später hingestreckt zu seinen Füßen liegen wird, ich sei, ist offenbar, dass er mich nicht kennt.«
Laut Platon, Phaidon *58a–c, entsandten die Athener zur Erinnerung an den Sieg des Theseus über den Minotauros alljährlich ein Schiff zum Apollontempel nach Delos; bis zu seiner Rückkehr wurden keine Hinrichtungen durchgeführt.*

1.17. Das sind die bewunderten Werke des Myrmekides[K] aus Milet und des Kallikrates[K] aus Lakedaimon: Sie machten ein Viergespann, das von einer Fliege verdeckt wird, und auf ein Sesamkorn schrieben sie ein elegisches Distichon mit goldenen Buchstaben. Keines

σπουδαῖος οὐδέτερον ἐπαινέσεται· τί γὰρ ἄλλο ἐστὶ ταῦτα ἢ χρόνου παρανάλωμα;

1.18. Πῶς δὲ οὐ διέρρεον ὑπὸ τρυφῆς πολλαὶ τῶν τότε γυναικῶν; ἐπὶ μὲν γὰρ τῆς κεφαλῆς στεφάνην ἐπετίθεντο ὑψηλήν, τοὺς δὲ πόδας σανδάλοις ὑπεδοῦντο, ἐκ δὲ τῶν ὤτων αὐταῖς ἐνώτια μακρὰ ἀπεκρέμαντο, τῶν δὲ χιτώνων τὰ περὶ τοὺς ὤμους ἄχρι τῶν χειρῶν οὐ συνέρραπτον, ἀλλὰ περόναις χρυσαῖς καὶ ἀργυραῖς συνεχέσι κατελάμβανον. καὶ ταῦτα αἱ πάνυ παλαιαί· τῶν δὲ Ἀττικῶν γυναικῶν τὴν τρυφὴν Ἀριστοφάνης λεγέτω.

1.19. Ὁ μὲν δημώδης λόγος καὶ εἰς πάντας ἐκφοιτήσας λέγει Συβαρίταις καὶ αὐτῇ τῇ Συβάρει αἰτίαν τῆς ἀπωλείας γενέσθαι τὴν πολλὴν τρυφήν. ἃ δὲ οὐκ ἔστι τοῖς πολλοῖς γνώριμα, ταῦτα ἐγὼ ἐρῶ. Κολοφωνίους φασὶ καὶ αὐτοὺς διὰ τὴν πάνυ τρυφὴν ἀπολέσθαι· καὶ γάρ τοι καὶ οὗτοι ἐσθῆτι πολυτελεῖ ἐθρύπτοντο, καὶ τραπέζης ἀσωτίᾳ καὶ ὑπὲρ τὴν χρείαν χρώμενοι ὕβριζον. καὶ ἡ τῶν Βακχιαδῶν δὲ τῶν ἐν Κορίνθῳ ἀρχή, ἐπὶ μέγα δυνάμεως προελθοῦσα, ὅμως διὰ τὴν τρυφὴν τὴν ἔξω τοῦ μέτρου καὶ αὐτὴ κατελύθη.

1.20. Διονύσιος ἐξ ἁπάντων τῶν ἐν Συρακούσαις ἱερῶν ἐσύλησε τὰ χρήματα. τοῦ δὲ ἀγάλματος τοῦ Διὸς περιεῖλε τὴν ἐσθῆτα

von beiden wird, wie ich meine, ein Vernünftiger loben: Was ist das anderes als Zeitverschwendung?
Myrmekides und Kallikrates sind nicht datierbar; im 1. Jh. v. Chr. gibt Varro, De lingua Latina *7.1, aber an, er habe ein Werk des Myrmekides gesehen.*

1.18. Zu welchem Luxus verstiegen sich viele der damaligen Frauen? Sie trugen auf dem Kopf einen hohen Kranz, unter die Füße banden sie sich Sandalen, von den Ohren hingen ihnen lange Ohrgehänge, die beiden Teile der Chitones[A] nähten sie von den Schultern an bis zu den Händen nicht aneinander, sondern hielten sie mit goldenen und silbernen Spangen zusammen. Dies (taten) die Frauen, die vor alten Zeiten lebten. Den Luxus der attischen Frauen aber soll Aristophanes[L] (Frg. 332 Kassel/Austin) erzählen.
Ailianos bezieht sich offenbar auf eine (uns verlorene) Komödie des Aristophanes, die Zweiten Thesmophoriazusen, *die er bei seiner Leserschaft noch als bekannt voraussetzen kann.*

1.19. Ein volkstümlicher und überall verbreiteter *Logos*[L] besagt, dass für die Sybariten und die Stadt Sybaris selbst (in Unteritalien) der maßlose Luxus Grund für den Untergang war. Was aber den meisten nicht bekannt ist, das will ich erzählen: Auch die Leute von Kolophon (in Westkleinasien), sagt man, gingen durch großen Luxus unter; auch sie brüsteten sich nämlich mit kostbaren Gewändern, kannten in der Schlemmerei bei Tisch kein Maß und führten ein ausschweifendes Leben. Auch die Herrschaft der Bakchiaden in Korinth wurde, als sie zu großer Macht gelangt war, dennoch durch ihren über alle Maße großen Luxus vernichtet.
In Korinth herrschte die Sippe der Bakchiaden als Oligarchen bis 657 (oder 620), als sie vom Tyrannen Kypselos vertrieben wurden.

1.20. Dionysios (I.)[G] plünderte aus allen Tempeln in Syrakus die Schätze. Vom Standbild des Zeus entfernte er das Gewand und

καὶ τὸν κόσμον, ὃς ἦν, φασι, χρυσίου πέντε καὶ ὀγδοήκοντα ταλάντων. ὀκνούντων δὲ τῶν δημιουργῶν ἅψασθαι, ὁ δὲ πρῶτος ἔκρουσε τὸ ἄγαλμα. καὶ τὸ ἄγαλμα δὲ τοῦ Ἀπόλλωνος περιεσύλησεν, ἔχον καὶ αὐτὸ χρυσοῦς βοστρύχους, κελεύσας ἀποκεῖραί τινα αὐτούς. πλεύσας δὲ εἰς Τυρρηνούς, τὰ τοῦ Ἀπόλλωνος καὶ τῆς Λευκοθέας ἅπαντα ἐσύλησε χρήματα, τὴν παρακειμένην ἀργυρᾶν τῷ Ἀπόλλωνι τράπεζαν κελεύσας ἀφελεῖν, ἀγαθοῦ δαίμονος τῷ θεῷ διδόντας πρόποσιν.

I.21. Ἰσμηνίου τοῦ Θηβαίου σοφὸν ἅμα καὶ Ἑλληνικὸν οὐκ ἂν ἀποκρυψαίμην ἔργον. πρεσβεύων οὗτος ὑπὲρ τῆς πατρίδος πρὸς <τὸν> βασιλέα τῶν Περσῶν ἀφίκετο μέν, ἐβούλετο δὲ αὐτὸς ὑπὲρ ὧν ἧκεν ἐντυχεῖν τῷ Πέρσῃ. ἔφατο οὖν πρὸς αὐτὸν ὁ χιλίαρχος ὁ καὶ τὰς ἀγγελίας εἰσκομίζων τῷ βασιλεῖ καὶ τοὺς δεομένους εἰσάγων· »ἀλλ', ὦ ξένε Θηβαῖε« – ἔλεγε δὲ ταῦτα περσίζων δι' ἑρμηνέως, Τιθραύστης δὲ ἦν ὄνομα τῷ χιλιάρχῳ –, »νόμος ἐστὶν ἐπιχώριος Πέρσαις, τὸν εἰς ὀφθαλμοὺς ἐλθόντα τοῦ βασιλέως μὴ πρότερον λόγου μεταλαγχάνειν πρὶν ἢ προσκυνῆσαι αὐτόν. εἰ τοίνυν αὐτὸς δι' ἑαυτοῦ συγγενέσθαι θέλεις αὐτῷ, ὥρα σοι τὰ ἐκ τοῦ νόμου δρᾶν· εἰ δὲ μή, τὸ αὐτό σοι τοῦτο καὶ δι' ἡμῶν ἀνυσθήσεται καὶ μὴ προσκυνήσαντι.« ὁ τοίνυν Ἰσμηνίας »ἄγε με« εἶπε, καὶ προσελθὼν καὶ ἐμφανὴς τῷ βασιλεῖ γενόμενος, περιελόμενος τὸν δακτύλιον <ὃν ἔτυχε φορῶν> ἔρριψεν ἀδήλως παρὰ τοὺς πόδας [ὃν ἔτυχε φορῶν] καὶ ταχέως ἐπικύψας, ὡς δὴ προσκυνῶν, πάλιν ἀνείλετο αὐτόν· καὶ δόξαν μὲν ἀπέστειλε τῷ Πέρσῃ προσκυνήσεως, οὐ μὴν ἔδρασεν οὐδὲν τῶν ἐν τοῖς Ἕλλησιν αἰσχύνην φερόντων. πάντα δ' οὖν ὅσα ἠβουλήθη κατεπράξατο, οὐδὲ ἠτύχησέ τι ἐκ τοῦ Πέρσου.

den Schmuck, der, wie man sagt, 85 Talente[A] Gold betrug. Als die Handwerker zögerten, das Götterbild anzutasten, schlug er als erster auf es ein. Auch die Statue des Apollon beraubte er, deren Haare ebenfalls aus Gold waren, indem er befahl, dass einer sie abschere. Als er zu den Tyrrhenern (Etruskern) segelte, raubte er dort alles, was Apollon und Leukothea an Schätzen besaßen; er befahl, den vor Apollon stehenden silbernen Tisch aufzuheben und auf das Wohl des »guten Gottes« zu trinken.
Mit dem Trunk auf den »guten Gott« endete gewöhnlich ein Gastmahl.

1.21. Des Ismenias aus Theben kluge und zugleich ganz griechische Tat will ich nicht übergehen. Er war als Gesandter für seine Heimatstadt zum König der Perser gekommen und wollte persönlich über die Angelegenheiten, derentwegen er gekommen war, mit dem Perser sprechen. Es sagte zu ihm aber der Chiliarch (»Befehlshaber einer Tausendschaft«, Leibwächter), der dem König die Botschaften zu überbringen und die Bittsteller vorzustellen hatte: »Aber, Gast aus Theben,« – er sagte das auf Persisch durch einen Dolmetscher; Tithraustes war der Name des Chiliarchen – »es gibt bei den Persern ein einheimisches Gesetz: Wer vor des Königs Augen tritt, ergreift erst dann das Wort, wenn er die Proskynese durchgeführt hat. Wenn du nun in eigener Person mit ihm verhandeln willst, dann musst du nach diesem Gesetz handeln; anderenfalls wird dasselbe für dich auch durch uns erledigt, ohne dass du die Proskynese durchführst.« Ismenias sagte darauf: »Führe mich!«, und als er hereinkam und vor den König trat, zog er seinen Ring, den er gerade trug, vom Finger, warf ihn unbemerkt vor seine Füße, bückte sich schnell, als ob er die Proskynese durchführe, und hob ihn wieder auf. So ließ er zwar den Perser in dem Glauben, er habe die Proskynese durchgeführt, tat aber nichts, was den Griechen Schande macht. In der Tat erreichte er alles, was er wollte, und nichts wurde ihm vom Perser verweigert.

1.22. Δῶρα τὰ ἐκ βασιλέως διδόμενα τοῖς παρ' αὐτὸν ἥκουσι πρεσβευταῖς, εἴτε παρὰ τῶν Ἑλλήνων ἀφίκοιντο εἴτε ἑτέρωθεν, ταῦτ' ἦν· τάλαντον μὲν ἑκάστῳ Βαβυλώνιον ἐπισήμου ἀργυρίου, ταλαντιαῖαι δὲ φιάλαι δύο ἀργυραῖ. δύναται δὲ τὸ τάλαντον τὸ Βαβυλώνιον δύο καὶ ἑβδομήκοντα μνᾶς Ἀττικάς. ψέλλιά τε καὶ ἀκινάκην ἐδίδου καὶ στρεπτόν, χιλίων δαρεικῶν ἄξια ταῦτα, καὶ στολὴν ἐπ' αὐτοῖς Μηδικήν· ὄνομα δὲ τῇ στολῇ δωροφορική.

1.23. Ἐν τοῖς Ἕλλησι τοῖς πάλαι μακρᾷ τῇ δόξῃ διέπρεπε Γοργίας ὁ Λεοντῖνος Φιλολάου καὶ Πρωταγόρας Δημοκρίτου, τῇ δὲ σοφίᾳ τοσοῦτον ἐλείποντο ὅσον ἀνδρῶν παῖδες. ἔοικε γάρ πως ἡ δόξα μὴ πάνυ τι ἀκριβὲς μήτε ὁρᾶν μήτε ἀκούειν· ἔνθεν τοι καὶ πολλὰ σφάλλεται, καὶ τὰ μὲν καταχαρίζεται, τὰ δὲ ψεύδεται.

1.24. Καύκωνος τοῦ Ποσειδῶνος καὶ Ἀστυδαμείας τῆς Φόρβαντος γίνεται παῖς Λεπρεύς, ὅσπερ συνεβούλευσε τῷ Αὐγέᾳ δῆσαι τὸν Ἡρακλῆ, ὅτε αὐτὸν ἀπήτει τὸν ὑπὲρ τοῦ ἄθλου μισθὸν Ἡρακλῆς. ἦν οὖν οἷα εἰκὸς πολέμιος τῷ Ἡρακλεῖ ὁ Λεπρεὺς ἐκ τῆς τοιαύτης συμβουλῆς. χρόνῳ δὲ ὕστερον ὁ μὲν τοῦ Διὸς παῖς εἰς Καύκωνος ἀφίκετο, δεηθείσης δὲ τῆς Ἀστυδαμείας διαλύεται τὴν πρὸς τὸν Λεπρέα ὁ Ἡρακλῆς ἔχθραν. φιλονεικία δ' οὖν αὐτοῖς

Vgl. Plutarch, Artaxerxes *22.8. Die Proskynese war eine Verehrungsgeste gegenüber dem Perserkönig und umfasste einen Knie- oder Fußfall; sie galt als Inbegriff der für »Barbaren« (Nicht-Griechen) typischen Unterwürfigkeit.*

1.22. Die Geschenke, die der Großkönig[G] den Gesandten überreichte, die zu ihm kamen, ob nun von den Griechen oder anderswoher, waren folgende: Jeder erhielt 1 babylonisches Talent[A] in geprägtem Silber und zwei silberne Phialen (Trinkschalen), die je 1 Talent wogen; das babylonische Talent entspricht 72 attischen Minen[A]. Ferner schenkte er ein Armband, einen persischen Säbel und eine Halskette, insgesamt im Wert von 1000 Dareios[G]-Stateren[A], schließlich noch ein medisches Gewand; dieses Gewand wird *Dorophorike* (»Geschenkgabe«) genannt.

1.23. Bei den Griechen in alter Zeit genoss Gorgias[P] von Leontinoi weitaus größeren Ruhm als Philolaos[P], Protagoras[P] weitaus größeren als Demokritos[P], in ihrer Weisheit jedoch waren sie so weit unterlegen wie Knaben erwachsenen Männern. Irgendwie scheint es so, als ob der Ruhm weder sehr genau sehen noch hören kann; daher täuscht er sich auch häufig; bald schmeichelt er aus Gefälligkeit und bald verleumdet er.
Die Personifikation des Ruhms (griechisch doxa*) mag Ailianos' Leserschaft an die Personifikation der* fama *in Vergil,* Aeneis *4.173–188, erinnert haben.*

1.24. Von Kaukon, Sohn des Poseidon, und Astydameia, Tochter des Phorbas, stammt ein Sohn namens Lepreus. Dieser gab dem Augias den Rat, den Herakles zu fesseln, als Herakles von ihm den Lohn für seine Arbeit forderte. Es waren erwartungsgemäß Herakles und Lepreus wegen dieses Ratschlags verfeindet. Einige Zeit später kam Herakles, Sohn des Zeus, zu Kaukon; auf Bitten der Astydameia gab er seinen Hass gegen Lepreus auf. In ihrem ju-

ἐμπίπτει νεανικὴ καὶ ἐρίζουσιν ἀλλήλοις περὶ δίσκου καὶ ὕδατος ἀντλήσεως καὶ τίς καταδειπνήσει ταῦρον πρότερος· καὶ ἐν πᾶσι τούτοις ἡττᾶται Λεπρεύς. καὶ ὑπὲρ πολυποσίας ἀγὼν αὐτοῖς ἐγένετο καὶ ἐνταῦθα πάλιν ὁ Ἡρακλῆς ἐκράτει. διανιώμενος δὲ ὁ Λεπρεύς, λαβὼν ὅπλα εἰς μονομαχίαν προκαλεῖται τὸν Ἡρακλῆ. καὶ οὖν καὶ ἔτισε δίκας ὑπὲρ τῶν παρ᾽ Αὐγέᾳ· μαχόμενος γὰρ ἀποθνῄσκει.

1.25. Ἀλέξανδρος ὁ Φιλίππου – εἰ δέ τῳ δοκεῖ, ὁ τοῦ Διός, ἐμοὶ γὰρ οὐδὲν διαφέρει – Φωκίωνι μόνῳ, φασί, τῷ Ἀθηναίων στρατηγῷ γράφων προσετίθει τὸ χαίρειν· οὕτως ἄρα ᾑρήκει τὸν Μακεδόνα ὁ Φωκίων. ἀλλὰ καὶ τάλαντα αὐτῷ ἀργυρίου ἔπεμψεν ἑκατὸν καὶ πόλεις τέτταρας ὠνόμασεν, ὧν ἠξίου μίαν ἣν βούλεται προελέσθαι αὐτόν, ἵνα ἔχοι καρποῦσθαι τὰς ἐκεῖθεν προσόδους. ἦσαν δὲ αἱ πόλεις αἵδε Κίος Ἐλαία Μύλασα Πάταρα. ὁ μὲν οὖν Ἀλέξανδρος μεγαλοφρόνως ταῦτα καὶ μεγαλοπρεπῶς· ἔτι γε μὴν μεγαλοφρονέστερον ὁ Φωκίων, μήτε τὸ ἀργύριον προσιέμενος μήτε τὴν πόλιν. ὡς δὲ μὴ δοκοίη πάντῃ ὑπερφρονεῖν τοῦ Ἀλεξάνδρου, ἐτίμησεν αὐτὸν κατὰ τοῦτο· τοὺς ἐν τῇ ἄκρᾳ τῇ ἐν Σάρδεσι δεδεμένους ἄνδρας ἠξίωσεν αὐτὸν ἀφεῖναι ἐλευθέρους αὐτῷ, Ἐχεκρατίδην τὸν σοφιστὴν καὶ Ἀθηνόδωρον τὸν Ἴμβριον καὶ Δημάρατον <καὶ Σπάρτωνα>. ἀδελφὼ δὲ ἄρα ἤστην οὗτοι Ῥοδίω.

1.26. Γυναῖκα ἀκούω σαλπίσαι καὶ τοῦτο ἔργον ἔχειν ἅμα καὶ τέχνην, Ἀγλαΐδα ὄνομα, τὴν Μεγακλέους παῖδα· περίθετον δὲ εἶχε κόμην καὶ λόφον ἐπὶ τῆς κεφαλῆς. καὶ ὁμολογεῖ Ποσείδιππος ταῦτα. δεῖπνον δὲ ἦν ἄρα αὐτῇ κρεῶν μὲν μναῖ δώδεκα, ἄρτων δὲ χοίνικες τέτταρες· ἔπινε δὲ οἴνου χοᾶ.

gendlichen Wetteifer maßen sie sich im Diskoswerfen, im Wasserschöpfen und darin, wer schneller einen Stier verspeise. Und in all dem war Lepreus unterlegen. Dann gab es einen Wettkampf, wer am meisten trinke, und wieder siegte Herakles. Darüber wütend griff Lepreus zu den Waffen und forderte Herakles zum Zweikampf. Und nun zahlte er die Strafe für seinen Rat bei Augias, denn in diesem Kampf starb er.

Vgl. auch Athenaios 412a–b. Im Mythos war eine der Arbeiten des Herakles die Reinigung des Stalls des Augias.

1.25. Alexandros (d. Gr.)[G], Sohn des Philippos (II.)[G] – oder wenn einer meint, Sohn des Zeus, das ist mir gleichgültig – fügte, so sagt man, allein in seinen Briefen an den athenischen Feldherren Phokion[G] das »Sei gegrüßt« hinzu; so sehr hatte Phokion den Makedonen für sich eingenommen. Alexandros schickte ihm auch 100 Talente[A] Silber, ferner nannte er vier Städte (in Kleinasien) und forderte ihn auf, eine beliebige davon auszuwählen, deren Einkünfte er einnehmen solle; es waren die Städte Kios, Elaia, Mylasa und Patara. Alexandros also (handelte) edelmütig und großzügig, noch edelmütiger aber Phokion, denn er nahm weder das Silber an noch die Stadt. Doch um nicht den Eindruck zu erwecken, als ob ihm Alexandros gar nichts bedeute, ehrte er ihn auf folgende Weise: Er bat ihn, ihm zuliebe die in Sardeis im Gefängnis gehaltenen Männer freizulassen, nämlich den Sophisten Echekratidas, den Athenodoros aus Imbros sowie Demaratos und Sparton, zwei Brüder, die aus Rhodos stammten.

Vgl. Plutarch, Phokion *17.10–18.7.*

1.26. Eine Frau war, wie ich höre, Trompeterin und hatte dies als Kunst und Gewerbe; ihr Name war Aglaïs, Tochter des Megakles. Auf dem Kopf trug sie eine Perücke und einen Federbusch, was Poseidippos[P] (Frg. 3 Schott) bezeugt. Ihr Essen waren 12 Minen[A] Fleisch und 4 Choinikes[A] Brot; sie trank 1 Choa[A] Wein

1.27. Ἀδηφάγους λέγουσιν ἀνθρώπους γεγονέναι Λιτυέρσαν τὸν Φρύγα καὶ Κάμβλητα τὸν Λυδὸν καὶ Θῦν τὸν Παφλαγόνα καὶ Χαρίλαν καὶ Κλεώνυμον καὶ Πείσανδρον καὶ Χάριππον καὶ Μιθριδάτην τὸν Ποντικὸν καὶ Καλαμόδρυν τὸν Κυζικηνὸν καὶ Τιμοκρέοντα τὸν Ῥόδιον, τὸν ἀθλητὴν ἅμα καὶ ποιητήν, καὶ Καντίβαριν τὸν Πέρσην καὶ Ἐρυσίχθονα τὸν Μυρμιδόνος, ἔνθεν τοι καὶ Αἴθων ἐκλήθη οὗτος. λέγεται δὲ καὶ ἐν Σικελίᾳ Ἀδηφαγίας ἱερὸν εἶναι καὶ Σιτοῦς ἄγαλμα Δήμητρος. ὁμολογεῖ δὲ καὶ Ἀλκμὰν ὁ ποιητὴς ἑαυτὸν πολυβορώτατον γεγονέναι. καὶ Κτησίαν δέ φησί τινα Ἀναξίλας ὁ τῆς κωμῳδίας ποιητὴς πολλὰ ἐσθίειν.

1.28. Ἀλλὰ ἔγωγε ὑμῖν ἐθέλω εἰπεῖν Ῥοδίων δόξαν. ἐν Ῥόδῳ φασὶ τὸν μὲν εἰς τοὺς ἰχθῦς ὁρῶντα καὶ θαυμάζοντα αὐτοὺς καὶ ὄντα τῶν ἄλλων ὀψοφαγίστατον, ἀλλὰ τοῦτόν γε ὡς ἐλευθέριον ὑπὸ τῶν δημοτῶν ἐπαινεῖσθαι· τόν γε μὴν πρὸς τὰ κρέα ἀπονεύοντα ὡς φορτικὸν καὶ γάστριν διαβάλλουσι Ῥόδιοι. εἴτε δὲ ἐκεῖνοι ὀρθῶς εἴτε οὗτοι φλαύρως, ὑπερφρονῶ τοῦτο ἐξετάζειν.

1.29. Λέγουσι Κῴων παῖδες ἐν Κῷ τεκεῖν ἔν τινι ποίμνῃ Νικίου τοῦ τυράννου ὄιν· τεκεῖν δὲ οὐκ ἄρνα ἀλλὰ λέοντα. καὶ οὖν καὶ τὸ σημεῖον τοῦτο τῷ Νικίᾳ τὴν τυραννίδα τὴν μέλλουσαν αὐτῷ μαντεύσασθαι ἰδιώτῃ ἔτι ὄντι.

Vgl. Athenaios 415a–b, der dies im Zusammenhang mit einer Prozession in Alexandreia im 3. Jh. erwähnt.

1.27. Gefräßige Leute waren, wie man erzählt, Lityerses aus Phrygien, Kambles aus Lydien, Thys aus Paphlagonien, Charilas, Kleonymos, Peisandros, Charippos, Mithridates aus Pontos, Kalamodrys aus Kyzikos und Timokreon aus Rhodos – er war zugleich Athlet und Dichter –, der Perser Kantibaris und Erysichthon, Sohn des Myrmidon; dieser wurde daher auch *Aithon* (»der Heißhungrige«) genannt. Auf Sizilien soll es sogar ein Heiligtum der Gefräßigkeit und eine Statue der Demeter Sitos (»Getreidespenderin«) geben. Auch der Dichter Alkman[L] (Frg. 17 Page) räumt ein, ein sehr großer Vielfraß gewesen zu sein, und ein gewisser Ktesias hat, wie der Komödiendichter Anaxilas[L] (Frg. 30 Kassel/Austin) sagt, ebenfalls viel gegessen.
Vgl. Athenaios 415b–416e. Das Adjektiv aithon *(»heißhungrig«) verwendet Kallimachos,* Hymnos *6.67 für Erysichthon.*

1.28. Ich will euch von einem Vorurteil der Rhodier berichten: In Rhodos, sagt man, wird, wer auf Fische aus ist, sie besonders schätzt und allen anderen Speisen vorzieht, von seinen Mitbürgern als ein vornehmer Mensch gerühmt. Wer aber lieber Fleisch isst, den verachten die Rhodier als pöbelhaft und gefräßig. Ob nun jene recht und diese unrecht haben, das zu untersuchen habe ich nicht vor.

1.29. Die Kinder der Koër erzählen, auf Kos habe in einer Herde des Tyrannen Nikias einmal ein Schaf ein Junges geboren, doch nicht ein Lamm, sondern einen Löwen. Und durch dieses Zeichen sei dem Nikias, der damals noch Privatmann war, die künftige Tyrannis prophezeit worden.
Nikias wurde 41/40 von Marcus Antonius als Tyrann eingesetzt; dies ist eines der jüngsten Ereignisse, die Ailianos erwähnt.

1.30. Πτολεμαῖος ὁ βασιλεὺς ἐρώμενον εἶχε Γαλέστην ὄνομα, ἰδεῖν κάλλιστον. ἀμείνων δὲ ἦν ἄρα τούτῳ τῷ μειρακίῳ ἡ γνώμη τῆς μορφῆς. πολλάκις γοῦν αὐτῷ καὶ ὁ Πτολεμαῖος ἐμαρτύρει καὶ ἔλεγεν· »ὦ ἀγαθὴ κεφαλή, κακοῦ μὲν οὐδεπώποτε οὐδενὶ γέγονας αἴτιος, πολλοῖς δὲ καὶ πολλὰ ἀγαθὰ προὐξένησας.« ὁ μὲν ἵππευε σὺν τῷ βασιλεῖ τὸ μειράκιον· ἰδὼν δὲ πόρρωθεν ἀγομένους τινὰς ἐπὶ θανάτῳ, οὐ ῥᾳθύμως εἶδεν, ἀλλ᾽ ἔφη πρὸς τὸν Πτολεμαῖον· »ὦ βασιλεῦ, ἐπεὶ κατά τινα δαίμονα τῶν ἀγομένων ἀγαθὸν ἐπὶ ἵππων ἐτύχομεν ὄντες, φέρε, εἴ σοι δοκεῖ, τὴν ἔλασιν ἐπιτείναντες καὶ συντονώτερον ἐπιδιώξαντες Διόσκοροι τοῖς δειλαίοις γενώμεθα,

σωτῆρες ἔνθα κἀγαθοὶ παραστάται,

τοῦτο δὴ τὸ λεγόμενον ἐπὶ τῶν θεῶν τούτων.« ὁ δὲ ὑπερησθεὶς αὐτοῦ τῇ χρηστότητι καὶ τὸ φιλοίκτιρμον ὑπερφιλήσας, καὶ ἐκείνους ἔσωσε καὶ ἐπὶ πλέον προσέθηκε τῷ φίλτρῳ τοῦ κατ᾽ αὐτὸν ἔρωτος.

1.31. Νόμος οὗτος Περσικὸς ἐν τοῖς μάλιστα ὑπ᾽ αὐτῶν φυλαττόμενος. ὅταν εἰς Πέρσας ἐλαύνῃ βασιλεύς, πάντες αὐτῷ Πέρσαι κατὰ τὴν ἑαυτοῦ δύναμιν ἕκαστός <τι> προσκομίζει. ἅτε δὲ ὄντες ἐν γεωργίᾳ καὶ περὶ γῆν πονούμενοι καὶ αὐτουργοὶ πεφυκότες οὐδὲν τῶν ὑβρισμένων οὐδὲ τῶν ἄγαν πολυτελῶν προσφέρουσιν, ἀλλ᾽ ἢ βοῦς ἢ ὄις, οἱ δὲ σῖτον, καὶ οἶνον ἄλλοι. παρεξιόντι δ᾽ αὐτῷ καὶ παρελαύνοντι ταῦτα ὑπὸ ἑκάστου πρόκειται καὶ ὀνομάζεται δῶρα καὶ δοκεῖ [τούτῳ]. οἱ δὲ ἔτι τούτων ἐνδεέστεροι τὸν βίον καὶ γάλα καὶ φοίνικας αὐτῷ καὶ τυρὸν προσφέρουσι καὶ τρωκτὰ ὡραῖα καὶ τὰς ἄλλας ἀπαρχὰς τῶν ἐπιχωρίων.

1.30. König Ptolemaios (VI. Philometor)[G] hatte einen Geliebten namens Galestes, der war sehr schön anzusehen. Schöner aber noch als die Gestalt des Jünglings war sein Charakter. Ptolemaios bestätigte ihm dies auch häufig und sagte: »O schönes Haupt, niemandem hast du jemals Grund zur Klage gegeben, doch vielen hast du viel Freude bereitet.« – Es ritt der junge Mann mit dem König zusammen; da sah er von Ferne Leute, die zur Hinrichtung geführt wurden. Er sah dies nicht ohne Mitgefühl, also sagte er zu Ptolemaios: »O König, da wir zu einem guten Daimon für die dort Geführten gerade auf Pferden sitzen, auf, wenn es dir recht ist, lass uns die Pferde antreiben und schnell hinterherreiten, damit wir den Unglücklichen als Dioskuren erscheinen, als

›Retter dort und gute Helfer‹ (*TrGF* Adespotum Tragicum 14);

so heißt es ja von diesen Göttern.« Er (Ptolemaios) nahm die Tüchtigkeit und das Mitgefühl wahr und freute sich sehr, rettete jene und fügte dies zum Liebeselixier für seine Liebe (zu Galestes) hinzu.

Vgl. Diodoros 33.20 und 22. Die Dioskuren Kastor und Polydeukes (Castor und Pollux) galten als Nothelfer.

1.31. Folgender persischer Brauch wird von ihnen besonders gepflegt: Wenn der Großkönig[G] nach *Persai* (Persepolis) fährt, bringen ihm alle Perser, ein jeder entsprechend seinem Vermögen, etwas als Geschenk. Doch da die Perser Landwirtschaft betreiben und mit eigener Hand den Boden bebauen, bringen sie keine luxuriösen, nicht einmal allzu kostbare Gaben, sondern ein Rind, ein Schaf, andere wiederum Getreide oder auch Wein. Wenn der König auf seiner Reise vorbeikommt, werden ihm von jedem diese Gaben vorgelegt, die als Geschenk bezeichnet und angesehen werden. Wer aber noch ärmlicher sein Leben fristet, bringt Milch, Datteln, Käse und Früchte, wie sie die Jahreszeit bietet, und andere einheimische Erstlingsgaben.

Zu Persai *als Name der Stadt Persepolis s. Wackernagel 1925, 40–43 (– 1955, 848–851).*

1.32. Λόγος οὖν καὶ οὗτος Περσικός. φασὶν ἄνδρα Πέρσην, ᾧ ὄνομα ἦν Σιναίτης, πόρρω τῆς ἐπαύλεως τῆς ἑαυτοῦ ἐντυχεῖν Ἀρταξέρξῃ τῷ ἐπικαλουμένῳ Μνήμονι. ἀποληφθέντα οὖν θορυβηθῆναι δέει τοῦ νόμου καὶ αἰδοῖ τοῦ βασιλέως. οὐκ ἔχων δὲ ὅ τι χρήσεται τῷ παρόντι, ἡττηθῆναι τῶν ἄλλων Περσῶν μὴ φέρων μηδὲ ἄτιμος δόξαι τῷ μὴ δωροφορῆσαι βασιλεῖ, ἀλλ' οὗτός γε πρὸς τὸν ποταμὸν τὸν πλησίον παραρρέοντα, ᾧ Κῦρός ἐστιν ὄνομα, ἐλθὼν σὺν σπουδῇ καὶ ᾗ ποδῶν εἶχε [μάλιστα], ἐπικύψας ἀμφοτέραις ταῖς χερσὶν ἀρυσάμενος τοῦ ὕδατος »βασιλεῦ« φησιν »Ἀρταξέρξη, δι' αἰῶνος βασιλεύοις. νῦν μὲν οὖν σε ὅπῃ τε καὶ ὅπως ἔχω τιμῶ, ὡς ἂν μὴ ἀγέραστος τὸ γοῦν ἐμὸν καὶ τὸ κατ' ἐμὲ παρέλθῃς, τιμῶ δέ σε Κύρου ποταμοῦ ὕδατι· ὅταν δὲ ἐπὶ τὸν σταθμὸν τὸν σὸν παραγένῃ, οἴκοθεν, ὡς ἂν [μάλιστα] ἐμαυτοῦ κράτιστα καὶ πολυτελέστατα χορηγήσαιμι, οὕτω τιμήσω σε, καὶ δὴ οὐδὲν <ἂν> ἐλάττων γενοίμην τινὸς τῶν ἄλλων τῶν ἤδη σε δεξιωσαμένων τοῖς δώροις.« ἐπὶ τούτοις ὁ Ἀρταξέρξης ἥσθη καὶ »δέχομαι ἡδέως« φησὶν »ἄνθρωπε, τὸ δῶρον καὶ τιμῶμαί γε αὐτὸ τῶν πάνυ πολυτελῶν καὶ ἰσοστάσιον ἐκείνοις λέγω· πρῶτον μέν, ὅτι ὕδωρ ἐστὶ τὸ πάντων ἄριστον, δεύτερον δέ, ὅτι Κύρου ὄνομα ἐν ἑαυτῷ φέρει. καὶ σὺ δέ μοι καταλύοντι ἐν τῷ σταθμῷ πάντως ἐπιφάνηθι.« ταῦτα εἰπὼν προσέταξε τοὺς εὐνούχους λαβεῖν τὸ ἐξ αὐτοῦ δῶρον· οἱ δὲ τὴν ταχίστην προσδραμόντες εἰς χρυσῆν φιάλην ἐδέξαντο ἐκ τῶν χειρῶν αὐτοῦ τὸ ὕδωρ. ἐλθὼν δὲ ἔνθα κατέλυεν ὁ βασιλεὺς ἔπεμψε τῷ ἀνδρὶ τῷ Πέρσῃ στολὴν Περσικὴν καὶ φιάλην χρυσῆν καὶ χιλίους δαρεικούς, καὶ προσέταξε τὸν κομίζοντα αὐτὰ εἰπεῖν τῷ λαμβάνοντι· »κελεύει σε βασιλεὺς ἐκ μὲν τούτου τοῦ χρυσίου εὐφραίνειν τὴν σεαυτοῦ ψυχήν, ἐπεὶ καὶ σὺ τὴν ἐκείνου εὔφρανας, μὴ αὐτὴν ἀγέραστον μηδὲ ἄτιμον ἐάσας, ἀλλ' ὡς ἤδη ἐχώρει ταύτῃ τιμήσας. βούλεται

I.32. Auch dieser *Logos*[L] ist ein persischer. Man sagt, ein Perser, dessen Namen Sinaïtes war, begegnete fern von seinem Hof dem König Artaxerxes (II.)[G] mit dem Beinamen Mnemon. In seiner Hilflosigkeit packte ihn – aus Angst wegen des Gesetzes und aus Ehrfurcht vor dem Großkönig[G] – große Bestürzung, denn er wusste in dem Moment nicht, was er machen sollte. Da er den anderen Persern nicht nachstehen und nicht ehrlos werden wollte, weil er dem König kein Geschenk brachte, lief er rasch, so schnell ihn die Füße trugen, zu dem in der Nähe vorbeifließenden Fluss, der den Namen Kyros (Kura) trägt. Er bückte sich, schöpfte mit beiden Händen Wasser und sagte: »König Artaxerxes, in Ewigkeit mögest du König sein! Für jetzt ehre ich dich, so gut ich es kann, damit du nicht ohne ein Ehrengeschenk von mir gehst, soweit es an mir liegt. Ich ehre dich mit dem Wasser des Kyros; wenn du aber zu deinem Lager kommst, nach Hause, werde ich das Beste und Kostbarste aus meinem Hause bereitstellen und dich so ehren, und ich werde gewiss nicht hinter irgendeinem der anderen zurückstehen, die dich schon mit Geschenken begrüßt haben.« Darüber freute sich Artaxerxes und sagte: »Gern nehme ich, Mensch, das Geschenk an, und ich schätze es ebenso wie die kostbaren Gaben und bezeichne es als ihnen gleichwertig. Erstens nämlich ist Wasser das Beste von allem (vgl. Pindar, *Olympische Oden* I.I) und zweitens trägt dieses Wasser den Namen Kyros. Doch wenn ich in meinem Lager Rast mache, zeige dich auf jeden Fall!« Als er dies gesagt hatte, befahl er den Eunuchen, das Geschenk entgegenzunehmen. Diese liefen eilig herbei und fingen in einer goldenen Phiale (Trinkschale) aus seinen Händen das Wasser auf. Als dann der König angekommen war, schickte er dem Perser ein persisches Gewand, eine goldene Phiale und 1000 Dareios[G]-Statere[A] und befahl dem Überbringer, folgende Worte dem Empfänger zu sagen: »Der König befiehlt, dass du mit diesem Goldgefäß deiner Seele eine Freude machst, da auch du seiner eine Freude gemacht hast, als du ihn nicht ohne Geschenk und Ehrung lassen wolltest, sondern ihn so, wie es gerade möglich war,

δέ σε καὶ τῇ φιάλῃ ταύτῃ ἀρυόμενον πίνειν ἐξ ἐκείνου τοῦ ὕδατος.«

1.33. Ῥοιὰν ἐπὶ λίκνου μεγίστην Ὠμίσης Ἀρταξέρξῃ τῷ βασιλεῖ ἐλαύνοντι τὴν Περσίδα προσεκόμισε. τὸ μέγεθος οὖν αὐτῆς ὑπερεκπλαγεὶς ὁ βασιλεὺς »ἐκ ποίου παραδείσου« φησὶ »λαβὼν φέρεις μοι τὸ δῶρον τοῦτο;« τοῦ δὲ εἰπόντος ὅτι οἴκοθεν καὶ ἐκ τῆς αὐτοῦ γεωργίας, ὑπερήσθη καὶ δῶρα μὲν αὐτῷ βασιλικὰ ἔπεμψε καὶ ἐπεῖπε· »νὴ τὸν Μίθραν, ἀνὴρ οὗτος ἐκ τῆς ἐπιμελείας ταύτης δυνήσεται καὶ πόλιν κατά γε τὴν ἐμὴν κρίσιν ἐκ μικρᾶς μεγάλην ποιῆσαι.« ἔοικε δὲ ὁ λόγος ὁμολογεῖν οὗτος ὅτι πάντα ἐκ τῆς ἐπιμελείας καὶ τῆς διαρκοῦς φροντίδος καὶ τῆς σπουδῆς τῆς ἀνελλιποῦς καὶ τῶν κατὰ φύσιν δύναιτο ἂν κρείττονα γενέσθαι.

1.34. Ἀνὴρ γένει Μάρδος, ὄνομα Ῥακώκης, παῖδας εἶχεν ἑπτά. ἀλλὰ τούτων ὁ νεώτατος ἐκαλεῖτο Καρτώμης, κακὰ δὲ πολλὰ τοὺς ἄλλους εἰργάζετο. καὶ τὰ μὲν πρῶτα ἐπειρᾶτο αὐτὸν ὁ πατὴρ παιδεύειν καὶ ῥυθμίζειν λόγῳ· ἐπεὶ δὲ οὐκ ἐπείθετο, τῶν δικαστῶν τῶν περιχώρων ἀφικομένων ἔνθα ᾤκει ὁ τοῦ νεανίσκου πατήρ, ἀλλ᾽ ἐκεῖνός γε συλλαβὼν τὸ παιδίον καὶ τὼ χεῖρε ὀπίσω περιαγαγὼν αὐτοῦ, πρὸς τοὺς δικαστὰς ἤγαγε καὶ ὅσα αὐτῷ τετόλμητο πάντα ἀκριβῶς κατηγόρησε καὶ ᾔτει παρὰ τῶν δικαστῶν ἀποκτεῖναι τὸν νεανίσκον. οἱ δὲ ἐξεπλάγησαν καὶ αὐτοὶ μὲν ἐφ᾽ ἑαυτῶν οὐκ ἔκριναν τὴν καταδικάζουσαν ἀγαγεῖν ψῆφον, ἀμφοτέρους δὲ ἐπὶ τὸν βασιλέα τῶν Περσῶν τὸν Ἀρταξέρξην ἤγαγον. τὰ αὐτὰ δὲ λέγοντος τοῦ Μάρδου ὑπολαβὼν ὁ βασιλεὺς ἔφη· »εἶτα τολμήσεις τοῖς ὀφθαλμοῖς τοῖς ἑαυτοῦ τὸν υἱὸν ἀποθνῄσκοντα ὑπομεῖναι;« ὁ δὲ ἔφη· »πάντων μάλιστα· ἐπεὶ καὶ ἐν τῷ κήπῳ ὅταν τῶν φυομένων θριδακινῶν τὰς ἐκφύσεις τὰς πικρὰς ἀποκλῶ καὶ ἀφαιρῶ, οὐδὲν ἡ μήτηρ

geehrt hast. Er will, dass du mit dieser Phiale jenes Wasser schöpfst und davon trinkst.«

1.33. Einen sehr großen Granatapfel übergab Omises dem König Artaxerxes (II.)[G], als dieser durch Persien reiste. Über dessen Größe ganz erstaunt sagte der König: »Aus welchem Garten hast du dieses Geschenk, das du mir da bringst?« Als der sagte, dass er es von zu Hause und seinem eigenen Grund und Boden habe, war er sehr erfreut, schickte ihm königliche Geschenke und sagte dazu: »Bei Mithras, dieser Mann könnte mit diesem Fleiß auch eine Polis[A], wie ich meine, von einer kleinen zu einer großen machen!« Es schien dieser *Logos*[L] zu besagen, dass durch Sorgfalt, ausreichendes Nachdenken und nicht nachlassenden Eifer alles stärker gemacht werden könne, als die Natur es geschaffen hat.
Vgl. Plutarch, Artaxerxes *4.5.*

1.34. Ein Bewohner von Mardien (im Perserreich) namens Rhakokes hatte sieben Kinder. Von diesen hieß der jüngste Kartomes; der fügte den anderen viel Böses zu. Anfangs versuchte der Vater noch, ihn zu erziehen und ihn mit Worten zurechtzuweisen. Da er aber nicht gehorchte, kamen nun die Richter des Umlands dorthin, wo der Vater des Jungen wohnte; er nahm das Kind, band ihm die Hände auf den Rücken und brachte es vor die Richter. Dort führte er genaue Klage über alles, was der Junge gewagt hatte, und forderte von den Richtern, dass der junge Mann hingerichtet werde. Die Richter waren entsetzt und entschieden, dass sie nicht auf sich gestellt das Todesurteil sprechen könnten. Sie führten die beiden vor Artaxerxes (I.)[G], den König der Perser. Als der Mann aus Mardien wieder dasselbe vorbrachte, unterbrach ihn der König und sagte: »Dann würdest du es also wagen, mit deinen Augen zu sehen, wie dein eigener Sohn stirbt?« Er sagte: »Gewiss doch; auch im Garten ist es ja so: Wenn ich die bitteren Auswüchse der heranwachsenden Salattriebe abschneide und entferne, leidet deren Mutter, die

αὐτῶν ἡ θριδακίνη λυπεῖται, ἀλλὰ θάλλει μᾶλλον καὶ μείζων καὶ γλυκίων γίνεται. οὕτω καὶ ἐγώ, ὦ βασιλεῦ, τὸν βλάπτοντα τὴν ἐμὴν οἰκίαν καὶ τὸν τῶν ἀδελφῶν βίον [εἶπε] θεωρῶν ἀπολλύμενον καὶ τῆς κακουργίας τῆς εἰς αὐτοὺς παυόμενον, καὶ αὐτὸς αὐξηθήσομαι καὶ τοῖς λοιποῖς τοῖς κατὰ γένος συνείσομαι τὰ αὐτὰ ἐμοὶ εὖ πάσχουσιν.« ὧν ἀκούσας Ἀρταξέρξης ἐπῄνεσε μὲν τὸν Ῥακώκην καὶ τῶν βασιλικῶν δικαστῶν ἐποίησεν ἕνα, εἰπὼν πρὸς τοὺς παρόντας ὅτι ὁ περὶ τῶν ἰδίων παίδων οὕτω δικαίως ἀποφαινόμενος πάντως καὶ ἐν τοῖς ἀλλοτρίοις ἀκριβὴς ἔσται δικαστὴς καὶ ἀδέκαστος· ἀφῆκε δὲ καὶ τὸν νεανίαν τῆς παρούσης τιμωρίας, ἀπειλῶν αὐτῷ θανάτου τρόπον βαρύτατον, ἐὰν ἐπὶ τοῖς φθάσασιν ἀδικῶν φωραθῇ ἕτερα.

Salatpflanze, nicht darunter, sondern gedeiht besser und wird kräftiger und lieblicher. So werde auch ich gestärkt, wenn ich sehe, wie derjenige, der meiner Familie und dem Leben seiner Geschwister schadet, stirbt und keine Übeltaten mehr gegen sie begehen kann. Ich werde mit meinen übrigen Kindern zusammen leben, und ihnen wird es ebenso gut gehen wie mir.« Als Artaxerxes das hörte, lobte er Rhakokes und machte ihn zu einem seiner königlichen Richter, wobei er zu den Anwesenden sagte, wer so gerecht über die eigenen Kinder urteile, werde auf jeden Fall auch bei fremden ein genauer und unbestechlicher Richter sein. Er erließ aber auch dem Jungen die Strafe für die vorliegende Klage, drohte ihm jedoch die schwerste Todesstrafe an, falls man ihn noch einmal bei einem anderen Unrecht ertappe.

B

2.1. Καὶ ταῦτα Σωκράτους πρὸς Ἀλκιβιάδην. ὁ μὲν ἠγωνία καὶ ἐδεδίει πάνυ σφόδρα εἰς τὸν δῆμον παρελθεῖν τὸ μειράκιον· ἐπιθαρσύνων δὲ αὐτὸν καὶ ἐγείρων ὁ Σωκράτης »οὐ καταφρονεῖς« εἶπεν »ἐκείνου τοῦ σκυτοτόμου;« τὸ ὄνομα εἰπὼν αὐτοῦ. φήσαντος δὲ τοῦ Ἀλκιβιάδου ὑπολαβὼν πάλιν ὁ Σωκράτης· »ἔτι δὲ ἐκείνου τοῦ ἐν τοῖς κύκλοις κηρύττοντος ἢ ἐκείνου τοῦ σκηνορράφου;« ὁμολογοῦντος δὲ τοῦ Κλεινίου μειρακίου »οὐκοῦν« ἔφη ὁ Σωκράτης »ὁ δῆμος ὁ Ἀθηναίων ἐκ τοιούτων ἤθροισται· καὶ εἰ τῶν καθ' ἕνα καταφρονεῖς, καταφρονητέον ἄρα καὶ τῶν ἠθροισμένων,« μεγαλοφρόνως ταῦτα ὁ τοῦ Σωφρονίσκου καὶ τῆς Φαιναρέτης τὸν τοῦ Κλεινίου καὶ τῆς Δεινομάχης διδάσκων.

2.2. Μεγαβύζου ποτὲ ἐπαινοῦντος γραφὰς εὐτελεῖς καὶ ἀτέχνους, ἑτέρας δὲ σπουδαίως ἐκπεπονημένας διαψέγοντος, τὰ παιδάρια τὰ τοῦ Ζεύξιδος <τὰ> τὴν Μηλίδα τρίβοντα κατεγέλα. ὁ τοίνυν Ζεῦξις ἔφατο· »ὅταν μὲν σιωπᾷς, ὦ Μεγάβυζε, θαυμάζει σε τὰ παιδάρια ταῦτα· ὁρᾷ γάρ σου τὴν ἐσθῆτα καὶ τὴν θεραπείαν τὴν περὶ σέ· ὅταν γε μὴν τεχνικόν τι θέλῃς εἰπεῖν, καταφρονεῖ σου. φύλαττε τοίνυν σεαυτὸν εἰς τοὺς ἐπαινουμένους, κρατῶν τῆς γλώττης καὶ ὑπὲρ μηδενὸς τῶν μηδέν σοι προσηκόντων φιλοτεχνῶν.«

2

2.1. Auch das Folgende (ist) von Sokrates[P] an Alkibiades[G]: Den jungen Mann hatten Scheu und sehr viel Angst davor ergriffen, in der Volksversammlung aufzutreten. Um ihm Mut zu machen und ihn aufzurichten, sagte Sokrates: »Du hältst doch wenig von jenem Schuhmacher?« Dabei nannte er dessen Namen. Als Alkibiades das bejahte, fragte Sokrates wieder: »Und von jenem Marktschreier oder jenem Zeltmacher?« Als (Alkibiades,) Sohn des Kleinias, das bejahte, sagte Sokrates: »Also: Das Volk der Athener ist aus solchen Leuten zusammengesetzt; wenn du aber jeden einzelnen verachtest, dann gilt das doch auch für die Versammelten!« Großmütig lehrte dies (Sokrates,) Sohn des Sophroniskos und der Phainarete, den (Alkibiades,) Sohn des Kleinias und der Deinomache.

Vgl. Xenophon, Memorabilien *3.7.6–7; s. auch Gigon 1946, 149f.*

2.2. Als Megabyzos einmal billige und kunstlose Bilder lobte, andere mit Sorgfalt gut ausgearbeitete aber tadelte, verlachten ihn die Sklaven des Zeuxis[K], die gerade Melische Erde (die gelb färbte) zerrieben. Zeuxis aber meinte: »Wenn du schweigst, Megabyzos, bewundern dich diese Sklaven; sie sehen ja auf deine Kleidung und die Dienerschaft in deiner Begleitung. Wenn du aber etwas zur Kunst sagen willst, verachten sie dich. Sieh also zu, dass man dich lobt, hüte deine Zunge und rede nicht über die Kunstliebe, die dir nicht zugänglich ist!«

Megabyzos war ein persischer Satrap (Statthalter) zur Zeit des Alexandros d. Gr., kann also mit Zeuxis (um 435 – 390) nicht gesprochen haben. Plutarch, Moralia *58d und 471f–472a bietet diese Geschichte chronologisch plausibler über den Maler Apelles (um 375 – um 300).*

2.3. Ἀλέξανδρος θεασάμενος τὴν ἐν Ἐφέσῳ εἰκόνα ἑαυτοῦ τὴν ὑπὸ Ἀπελλοῦ γραφεῖσαν οὐκ ἐπῄνεσε κατὰ τὴν ἀξίαν τοῦ γράμματος. εἰσαχθέντος δὲ τοῦ ἵππου καὶ χρεμετίσαντος πρὸς τὸν ἵππον τὸν ἐν τῇ εἰκόνι ὡς πρὸς ἀληθινὸν καὶ ἐκεῖνον »ὦ βασιλεῦ« εἶπεν ὁ Ἀπελλῆς »ἀλλ᾽ ὅ γε ἵππος ἔοικέ σου γραφικώτερος εἶναι κατὰ πολύ.«

2.4. Φαλάριδος ὑμῖν ἔργον οὐ μάλα ἐκείνῳ σύνηθες εἰπεῖν ἐθέλω· τὸ δὲ ἔργον φιλανθρωπίαν ἄμαχον ὁμολογεῖ καὶ διὰ τοῦτο ἀλλότριον ἐκείνου δοκεῖ. Χαρίτων ἦν Ἀκραγαντῖνος φιλόκαλος ἄνθρωπος καὶ περὶ τὴν ὥραν τὴν τῶν νέων ἐσπουδακὼς δαιμονίως· διαπύρως δὲ ἠράσθη μάλιστα Μελανίππου, Ἀκραγαντίνου καὶ ἐκείνου, καὶ τὴν ψυχὴν ἀγαθοῦ καὶ τὸ κάλλος διαφέροντος. τοῦτον ἐλύπησέ τι Φάλαρις τὸν Μελάνιππον· δικαζομένῳ γὰρ αὐτῷ πρός τινα τῶν ἑταίρων αὐτοῦ τοῦ Φαλάριδος προσέταξεν ὁ τύραννος τὴν γραφὴν καταθέσθαι. τοῦ δὲ μὴ πειθομένου ὁ δὲ ἠπείλησε τὰ ἔσχατα δράσειν αὐτὸν μὴ ὑπακούσαντα. καὶ ἐκεῖνος μὲν παρὰ τὴν δίκην ἐκράτησεν τῇ ἀνάγκῃ προστάξαντος τοῦ Φαλάριδος, οἱ δὲ ἄρχοντες τὴν γραφὴν τοῦ ἀγῶνος ἠφάνισαν. βαρέως δ᾽ ἐπὶ τούτοις ὁ νεανίσκος ἤνεγκεν ὑβρίσθαι λέγων, καὶ ὡμολόγει τὴν ὀργὴν τὴν ἑαυτοῦ πρὸς τὸν ἐραστὴν ὁ Μελάνιππος καὶ ἠξίου κοινωνὸν αὐτὸν γενέσθαι τῆς ἐπιθέσεως τῆς κατὰ τοῦ τυράννου καὶ ἄλλους δὲ ἔσπευδε προσλαβεῖν τῶν νεανίσκων, οὓς μάλιστα ᾔδει περὶ τὴν τοιαύτην πρᾶξιν θερμοτάτους. ὁρῶν δὲ αὐτὸν ὁ Χαρίτων ἐνθουσιῶντα καὶ ὑπὸ τῆς ὀργῆς ἀναφλεγόμενον καὶ γινώσκων ὅτι τῶν πολιτῶν οὐδεὶς αὐτοῖς συλλήψεται δέει τῷ ἐκ τοῦ τυράννου, καὶ αὐτὸς ἔφη πάλαι τοῦτο ἐπιθυμεῖν καὶ σπεύδειν ἐκ παντὸς τὴν πατρίδα ῥύσασθαι τῆς δουλείας τῆς καταλαβούσης· ἀσφαλὲς δὲ μὴ εἶναι πρὸς πολλοὺς τὰ τοιαῦτα ἐκφέρειν. ἠξίου δὴ τὸν Μελάνιππόν οἱ συγχωρῆσαι ἀκριβέστερον ὑπὲρ τούτων

2.3 Alexandros (d. Gr.)[G] betrachtete einmal in Ephesos das Bild, das Apelles[K] von ihm gemalt hatte, und lobte das Gemälde nicht entsprechend seines Wertes. Als aber sein Pferd (Bukephalos) hereingeführt wurde und dem auf dem Bild dargestellten Tier zuwieherte, als hätte es ein echtes Pferd vor sich, sagte Apelles: »O König, das Pferd scheint weit mehr von Malerei zu verstehen als du.«
Vgl. Plinius, Naturkunde *35.95.*

2.4. Von Phalaris will ich euch eine Tat erzählen, die ganz ungewöhnlich für ihn ist; die Tat zeugt von unbestreitbarer Menschenliebe und scheint deswegen nicht zu ihm zu passen. Chariton aus Akragas war ein Freund des Schönen, und wie durch einen Daimon zog ihn der Reiz schöner Jünglinge an. Besonders heiß aber liebte er Melanippos, der ebenfalls aus Akragas stammte und der sich durch eine schöne Seele und seine (körperliche) Schönheit auszeichnete. Diesen Melanippos kränkte Phalaris: Bei einem Prozess, den er gegen einen der Gefährten des Phalaris führte, hatte ihm der Tyrann befohlen, er solle seine Anklage zurückziehen. Als der sich weigerte, drohte er ihm die äußersten Strafen an, wenn er nicht gehorche. Jener (Gefährte des Tyrannen Phalaris) gewann gegen Recht und Gesetz den Prozess, da Phalaris dies mit Zwang befahl, und die Archonten[A] vernichteten die Anklageschrift. Empört hierüber beklagte er (Melanippos) sich, ihm sei Unrecht geschehen, und der junge Mann teilte seinen Zorn seinem Liebhaber mit und bat diesen, sich an einem Anschlag gegen den Tyrannen zu beteiligen. Er wollte auch noch andere junge Männer gewinnen, von denen er wusste, dass sie bei solch einem Unternehmen sehr glühend dabei wären. Als Chariton sah, wie begeistert Melanippos war und vor Zorn brannte, gleichzeitig aber auch erkannte, dass keiner von den Mitbürgern helfen werde, aus Furcht vor dem Tyrannen, sagte er, dass auch er schon lange dies wolle und sich mit allen Mitteln bemühe, das Vaterland aus der Sklaverei zu befreien, die es ergriffen habe; es sei aber nicht sicher, wenn man viele Personen in so etwas

διασκέψασθαι καὶ ἐᾶσαι παραφυλάξαι τὸν χρόνον τὸν ἐπιτήδειον εἰς τὴν πρᾶξιν. συνεχώρησε τὸ μειράκιον. ἐφ' ἑαυτοῦ τοίνυν ὁ Χαρίτων βαλόμενος τὸ πᾶν τόλμημα καὶ κοινωνὸν αὐτοῦ μὴ θελήσας παραλαβεῖν τὸν ἐρώμενον, ἵν', εἰ καταφωραθείη, αὐτὸς ὑπέχοι τὴν δίκην, ἀλλὰ μὴ καὶ ἐκεῖνον εἰς ταὐτὰ ἐμβάλοι, ἡνίκα οἱ ἐδόκει καλῶς ἔχειν, ἐγχειρίδιον λαβὼν ὡρμᾶτο ἐπὶ τὸν τύραννον. οὐ μὴν ἔλαθε, κατεφωράθη δέ, πάνυ σφόδρα ἀκριβῶς τῶν δορυφόρων τὰ τοιαῦτα φυλαττόντων. ἐμβληθεὶς δὲ ὑπὸ τοῦ Φαλάριδος εἰς τὸ δεσμωτήριον καὶ στρεβλούμενος ἵν' εἴπῃ τοὺς συνεγνωκότας, ὁ δὲ ἐνεκαρτέρει καὶ ἐνήθλει ταῖς βασάνοις. ἐπεὶ δὲ μακρὸν τοῦτο ἦν, ὁ Μελάνιππος ἧκεν ἐπὶ τὸν Φάλαριν καὶ ὡμολόγησεν οὐ μόνον κοινωνὸς εἶναι τῷ Χαρίτωνι [τῆς βουλῆς] ἀλλὰ καὶ αὐτὸς ἄρξαι τῆς ἐπιβουλῆς. τοῦ δὲ πυνθανομένου τὴν αἰτίαν, εἶπε τὸν ἐξ ἀρχῆς λόγον καὶ τὴν τῆς γραφῆς ἄρσιν, καὶ ἐπὶ τούτοις ὡμολόγει περιαλγῆσαι. θαυμάσας οὖν <ὁ Φάλαρις> ἀμφοτέρους ἀφῆκε τῆς τιμωρίας, προστάξας αὐθημερὸν ἀπελθεῖν μὴ μόνον τῆς Ἀκραγαντίνων πόλεως ἀλλὰ καὶ τῆς Σικελίας· συνεχώρησε δὲ αὐτοῖς τὰ ἴδια δίκαια καρποῦσθαι. τούτους ὕστερον ἡ Πυθία καὶ τὴν φιλίαν αὐτῶν ὕμνησε διὰ τούτων τῶν ἐπῶν·

θείας ἡγητῆρες ἐφημερίοις φιλότητος
 εὐδαίμων Χαρίτων καὶ Μελάνιππος ἔφυν,

τοῦ θεοῦ τὸν ἔρωτα αὐτῶν θείαν ὀνομάσαντος φιλίαν.

2.5. Λακεδαιμόνιοι δεινὴν ἐποιοῦντο τοῦ χρόνου τὴν φειδώ, ταμιευόμενοι πανταχόθεν αὐτὸν εἰς τὰ ἐπειγόμενα καὶ μηδενὶ τῶν πολιτῶν ἐπιτρέποντες μήτε ῥᾳστωνεύειν μήτε ῥᾳθυμεῖν εἰς αὐτόν, ὡς ἂν μὴ πρὸς τὰ ἔξω τῆς ἀρετῆς ἀναλισκόμενος εἶτα μάτην διαφθείροιτο. μαρτύριον τούτου πρὸς τοῖς ἄλλοις καὶ

einweihe. Er bat Melanippos also, ihm zu gestatten, genauer darüber nachdenken zu dürfen und ihn den geeigneten Termin für die Ausführung wählen zu lassen. Dies gestand der junge Mann zu. So nahm Chariton das ganze Risiko allein auf sich; er wollte nicht, dass sein Geliebter mit beteiligt sei, damit, wenn er ertappt würde, er allein bestraft und jener nicht mit hineingezogen werde. Als ihm alles gut zu sein schien, nahm er seinen Dolch und versuchte, sich auf den Tyrannen zu stürzen. Er wurde freilich ertappt, denn die Leibwache pflegt auf so etwas äußerst genau zu achten. Phalaris ließ ihn ins Gefängnis werfen und foltern, damit er die Mitverschworenen nenne. Er aber blieb standhaft und ertrug die Torturen. Diese hatten schon längere Zeit gedauert, da kam Melanippos zu Phalaris und gestand, er sei nicht nur ein Mitwirkender für Chariton gewesen, sondern habe sogar selbst den Anschlag begonnen. Als jener nach dem Grund fragte, erzählte er den *Logos*[L] von Anfang an, wie der Prozess niedergeschlagen worden sei und dass ihn dies, wie er zugeben müsse, schmerzlich getroffen habe. Beeindruckt erließ Phalaris beiden die Strafe, befahl aber, dass sie noch am selben Tag nicht nur die Stadt Akragas, sondern ganz Sizilien verlassen sollten; die Einkünfte aus ihren rechtmäßigen Besitzungen beließ er ihnen jedoch. Die Freundschaft der beiden Männer besang die Pythia (im Apollon-Orakel von Delphi) später mit folgenden Worten:

»Göttlicher Freundschaft Anzeiger für die Sterblichen
sind der selige Chariton und Melanippos geworden.«

(Parke/Wormell 1956, nr. 327)

womit die Gottheit deren Liebe eine göttliche Freundschaft nannte.
Phalaris, im 6. Jh. Tyrann von Akragas, galt als besonders grausam.

2.5. Die Lakedaimonier zeigten gewaltige Sparsamkeit im Umgang mit der Zeit und sparten sie nur für notwendige Dinge auf; keinem Bürger war es erlaubt, müßig zu sein und sorglos in den Tag zu leben. Die Zeit sollte nicht sinnlos vertan und auf Unwürdiges verschwendet werden. Ein Zeugnis dafür unter anderen ist auch

τοῦτο. ἀκούσαντες οἱ ἔφοροι Λακεδαιμονίων τοὺς Δεκέλειαν καταλαβόντας περιπάτῳ χρῆσθαι δειλινῷ, ἐπέστειλαν αὐτοῖς· »μὴ περιπατεῖτε,« ὡς τρυφώντων αὐτῶν μᾶλλον ἢ τὸ σῶμα ἐκπονούντων. δεῖν γὰρ Λακεδαιμονίους οὐ διὰ τοῦ περιπάτου ἀλλὰ διὰ τῶν γυμνασίων τὴν ὑγείαν πορίζεσθαι.

2.6. Ἱππόμαχος, φασίν, ὁ γυμναστής, ἐπεὶ πάλαισμά τι ὁ ἀθλητὴς ὁ ὑπ᾿ αὐτῷ γυμναζόμενος ἐπάλαισεν, εἶτα ὁ πᾶς ὄχλος ὁ περιεστὼς ἐξεβόησε, καθίκετο αὐτοῦ τῇ ῥάβδῳ ὁ Ἱππόμαχος καὶ εἶπεν· »ἀλλὰ σύ γε κακῶς καὶ οὐχ ὡς ἐχρῆν ἐποίησας ὅπερ ἐχρῆν ἄμεινον γενέσθαι· οὐ γὰρ ἂν ἐπῄνεσαν οὗτοι τεχνικόν σε δράσαντά τι,« αἰνιττόμενος ὅτι τοὺς εὖ καὶ καλῶς ἕκαστα δρῶντας οὐ τοῖς πολλοῖς ἀλλὰ τοῖς ἔχουσιν νοῦν θεωρητικὸν τῶν δρωμένων ἀρέσκειν δεῖ.

Ἔοικε δὲ καὶ Σωκράτης τὴν τῶν πολλῶν ἐκφαυλίζειν κρίσιν ἐν τῇ συνουσίᾳ τῇ πρὸς Κρίτωνα, ὅτε ἀφίκετο ὁ Κρίτων εἰς τὸ δεσμωτήριον καὶ δὴ ἔπειθεν αὐτὸν ἀποδρᾶναι καὶ τὴν τῶν Ἀθηναίων τὴν κατ᾿ αὐτοῦ κρίσιν διαφθεῖραι.

2.7. Νόμος οὗτος Θηβαϊκὸς ὀρθῶς ἅμα καὶ φιλανθρώπως κείμενος ἐν τοῖς μάλιστα ὅτι οὐκ ἔξεστιν ἀνδρὶ Θηβαίῳ ἐκθεῖναι παιδίον οὐδὲ εἰς ἐρημίαν αὐτὸ ῥῖψαι θάνατον αὐτοῦ καταψηφισάμενον, ἀλλ᾿ ἐὰν ᾖ πένης εἰς τὰ ἔσχατα ὁ τοῦ παιδὸς πατήρ, εἴτε ἄρρεν τοῦτο εἴτε θῆλύ ἐστιν, ἐπὶ τὰς ἀρχὰς κομίζειν ἐξ ὠδίνων τῶν μητρῴων σὺν τοῖς σπαργάνοις αὐτό· αἱ δὲ παραλαβοῦσαι ἀποδίδονται τὸ βρέφος τῷ τιμὴν ἐλαχίστην

Folgendes: Als die Ephoren[G] der Lakedaimonier hörten, dass die Besatzung von Dekeleia nachmittags flanieren gehe, schickten sie ihnen den Befehl: »Nicht flanieren gehen sollt ihr!«, da sie es ihrer Meinung nach mehr aus Luxus als zur körperlichen Übung taten. Lakedaimonier sollen sich nämlich nicht durch Flanieren, sondern durch Trainieren gesund erhalten.
Die Spartaner hatten 413 im Peloponnesischen Krieg die Festung Dekeleia nördlich von Athen besetzt.

2.6. Hippomachos[S], der Trainer, sagt man, schlug, als der von ihm trainierte Athlet einen Ringkampf ausfocht und dabei die ganze umstehende Menge ihn anfeuerte – da also schlug Hippomachos ihn mit dem Stock und sagte: »Du hast deine Sache schlecht und nicht, wie nötig, gemacht, da es nötig gewesen wäre, besser zu sein. Nicht nämlich hätten diese dich gelobt, wenn du nach allen Regeln der Kunst gekämpft hättest.« Damit deutete er an, dass, wer alles gut und richtig macht, nicht der Masse gefallen müsse, sondern den Leuten, die etwas von der Sache verstehen.

Es schien auch Sokrates[P] in seiner Unterredung mit Kriton das Urteil der Masse zu verachten, als Kriton zu ihm ins Gefängnis kam und ihn überreden wollte, zu fliehen und so das Urteil, das die Athener gegen ihn gefällt hatten, wirkungslos zu machen.
Zu Sokrates im Gefängnis vgl. Platon, Kriton *44c–d.*

2.7. Dieses Gesetz in Theben, das von größter Gerechtigkeit und Menschenliebe zeugt, (besagt,) dass es keinem Thebaner erlaubt ist, ein Kind auszusetzen oder es in einsamen Gegenden seinem Schicksal zu überlassen, damit es zum Tod verurteilt sei. Wenn der Vater des Kindes – sei es nun Junge oder Mädchen – sehr arm ist, muss er es, gleich nachdem die Mutter es geboren hat, in den Windeln zu den Behörden bringen. Die nehmen den Säugling in Empfang und geben ihn dem, der den geringsten Preis dafür verlangt. Mit dem Käufer wird ein Vertrag und eine Vereinbarung geschlossen, dass er

λαβόντι. ῥήτρα τε πρὸς αὐτὸν καὶ ὁμολογία γίνεται ἦ μὴν τρέφειν τὸ βρέφος καὶ αὐξηθὲν ἔχειν δοῦλον ἢ δούλην, θρεπτήρια αὐτοῦ τὴν ὑπηρεσίαν λαμβάνοντα.

2.8. Κατὰ τὴν πρώτην καὶ ἐνενηκοστὴν Ὀλυμπιάδα, καθ' ἣν ἐνίκα Ἐξαίνετος ὁ Ἀκραγαντῖνος στάδιον, ἀντηγωνίσαντο ἀλλήλοις Ξενοκλῆς καὶ Εὐριπίδης. καὶ πρῶτός γε ἦν Ξενοκλῆς, ὅστις ποτὲ οὗτός ἐστιν, Οἰδίποδι καὶ Λυκάονι καὶ Βάκχαις καὶ Ἀθάμαντι Σατυρικῷ. τούτου δεύτερος Εὐριπίδης ἦν Ἀλεξάνδρῳ καὶ Παλαμήδει καὶ Τρωάσι καὶ Σισύφῳ Σατυρικῷ. γελοῖον δὲ – οὐ γάρ; – Ξενοκλέα μὲν νικᾶν, Εὐριπίδην δὲ ἡττᾶσθαι, καὶ ταῦτα τοιούτοις δράμασι. τῶν δύο τοίνυν τὸ ἕτερον· ἢ ἀνόητοι ἦσαν οἱ τῆς ψήφου κύριοι καὶ ἀμαθεῖς καὶ πόρρω κρίσεως ὀρθῆς, ἢ ἐδεκάσθησαν. ἄτοπον δὲ ἑκάτερον καὶ Ἀθηναίων ἥκιστα ἄξιον.

2.9. Οἷα ἐψηφίσαντο Ἀθηναῖοι, καὶ ταῦτα ἐν δημοκρατίᾳ, Αἰγινητῶν μὲν ἑκάστου τὸν μέγαν ἀποκόψαι τῆς χειρὸς δάκτυλον τῆς δεξιᾶς, ἵνα δόρυ μὲν βαστάζειν μὴ δύνωνται, κώπην δὲ ἐλαύνειν δύνωνται· Μιτυληναίους δὲ ἡβηδὸν ἀποσφάξαι καὶ τοῦτο ἐψηφίσαντο εἰσηγησαμένου Κλέωνος τοῦ Κλεαινέτου. τούς γε μὴν ἁλισκομένους αἰχμαλώτους Σαμίων στίζειν κατὰ τοῦ προσώπου καὶ εἶναι τὸ στίγμα γλαῦκα καὶ τοῦτο Ἀττικὸν ψήφισμα. οὐκ ἐβουλόμην δὲ αὐτὰ οὔτε Ἀθήνησι κεκυρῶσθαι οὔτε ὑπὲρ Ἀθηναίων λέγεσθαι, ὦ Πολιὰς Ἀθηνᾶ καὶ Ἐλευθέριε Ζεῦ καὶ [οἱ] Ἑλλήνων θεοὶ πάντες.

das Kind auch wirklich aufziehen werde, es dafür, wenn es herangewachsen ist, als Sklaven oder Sklavin verwenden werde und so als Lohn für das Aufziehen seine Dienste in Anspruch nehmen könne.
Im Mythos war Theben der Ort, an dem Oidipus als Kind ausgesetzt worden war. Die Historizität des Gesetzes ist unwahrscheinlich.

2.8. Zur Zeit der 91. Olympiade (416), in der Exainetos[S] aus Akragas Sieger im Stadion(lauf) wurde, kämpften Xenokles[L] und Euripides[L] (im Tragödienwettbewerb). Erster wurde Xenokles – wer auch immer das sein mag – mit (den Tragödien) *Oidipus, Lykaon, Bakchen* und dem Satyrspiel *Athamas*. Zweiter nach ihm war Euripides mit (den Tragödien) *Alexandros, Palamedes, Troërinnen* und dem Satyrspiel *Sisyphos*. Es ist lächerlich – nicht wahr? –, dass Xenokles siegte, Euripides aber unterlag, und das mit solchen Dramen! Eines von beiden muss der Grund gewesen sein: Entweder waren die Preisrichter unverständig, ungebildet und zu einem richtigen Urteil nicht fähig oder sie waren bestochen. Schmachvoll ist beides und der Athener ganz und gar nicht würdig.
Von den genannten Werken sind nur Euripides' Troërinnen *erhalten.*

2.9. Was für Beschlüsse haben die Athener gefasst – und das in einer Demokratie –, dass jedem Aigineten der Daumen der rechten Hand abzuschlagen sei, so dass sie zwar nicht mehr die Lanze tragen, wohl aber das Ruder handhaben könnten. Dass die waffenfähige Jugend von Mitylene getötet werde – auch das beschlossen sie, wie von Kleon, Sohn des Kleainetos, beantragt. Auch, dass die im Krieg gefangenen Samier im Gesicht gebrandmarkt werden, und zwar mit dem Zeichen der Eule, war ein attischer Beschluss! Weder, so wünschte ich, hätte man in Athen solche Beschlüsse gefasst, noch müsste ich dies über Athener berichten! O Athena Polias, o Zeus Eleutherios und Götter der Griechen!
Die Ereignisse gehören in die Zeit des Ersten Attischen Seebunds: Aigina war 458 von Athen erobert worden. Mitylene hatte sich 428 gegen

2.10. Τιμόθεον ἀκούω τὸν Κόνωνος τὸν Ἀθηναίων στρατηγόν, ὅτε ἐν ἀκμῇ τῆς εὐτυχίας ἦν καὶ ᾕρει τὰς πόλεις ῥᾷστα, καὶ οὐκ εἶχον Ἀθηναῖοι ὅποι ποτὲ αὐτὸν κατάθωνται ὑπὸ θαύματος τοῦ περὶ τὸν ἄνδρα, ἀλλὰ τοῦτόν γε Πλάτωνι τῷ Ἀρίστωνος περιτυχόντα βαδίζοντι ἔξω τοῦ τείχους μετά τινων γνωρίμων καὶ ἰδόντα σεμνὸν μὲν ἰδεῖν τὸν Πλάτωνα, ἵλεων δὲ τῷ προσώπῳ, διαλεγόμενον δὲ οὐχὶ περὶ εἰσφορᾶς χρημάτων οὐδὲ ὑπὲρ τριήρων, οὐδὲ ὑπὲρ ναυτικῶν χρειῶν οὐδὲ ὑπὲρ πληρωμάτων, οὐδὲ ὑπὲρ τοῦ δεῖν βοηθεῖν οὐδὲ ὑπὲρ φόρου τοῦ τῶν συμμάχων, οὐδὲ ὑπὲρ τῶν νησιωτῶν ἢ ὑπὲρ ἄλλου τινὸς τοιούτου φληνάφου, ὑπὲρ ἐκείνων δέ, ὧν ἔλεγε Πλάτων καὶ ὑπὲρ ὧν εἴθιστο σπουδάζειν, ἐπιστάντα τὸν Τιμόθεον τὸν τοῦ Κόνωνος εἰπεῖν· »<ὢ> τοῦ βίου καὶ τῆς ὄντως εὐδαιμονίας.« ἐκ τούτων οὖν δῆλον ὡς ἑαυτὸν οὐ πάνυ τι εὐδαίμονα ἀπέφαινεν ὁ Τιμόθεος, ὅτι μὴ ἐν τούτοις ἀλλ' ἐν τῇ παρ' Ἀθηναίων δόξῃ καὶ τιμῇ ἦν.

2.11. Σωκράτης ἰδὼν κατὰ τὴν ἀρχὴν τῶν τριάκοντα τοὺς ἐνδόξους ἀναιρουμένους καὶ τοὺς βαθύτατα πλουτοῦντας ὑπὸ τῶν τυράννων ἐπιβουλευομένους, Ἀντισθένει φασὶ περιτυχόντα εἰπεῖν· »μή τί σοι μεταμέλει ὅτι μέγα καὶ σεμνὸν οὐδὲν ἐγενόμεθα ἐν τῷ βίῳ καὶ τοιοῦτοι οἵους ἐν τῇ τραγῳδίᾳ τοὺς μονάρχας ὁρῶμεν, Ἀτρέας τε ἐκείνους καὶ Θυέστας καὶ Ἀγαμέμνονας καὶ

Athen erhoben (vgl. Thukydides 3.2–50; dass die Volksversammlung am Folgetag ihren Beschluss widerrief, erwähnt Ailianos nicht), Samos war 441–439 von Athen abgefallen. Die Zerstörung des abgefallenen Melos, die Thukydides im berühmten Melierdialog (5.84–116) thematisiert, nennt Ailianos nicht.

2.10. Timotheos[G], Sohn des Konon, höre ich, der athenische Feldherr, als er auf dem Höhepunkt seines Glückes stand und mühelos die Städte eroberte und die Athener vor lauter Bewunderung für den Mann nicht wussten, wie sie ihn noch ehren sollten – dieser also begegnete einmal dem Platon[P], Sohn des Ariston, als der außerhalb der Mauer mit einigen seiner Bekannten auf und ab ging, und sah, dass Platon zwar würdig aussah, doch eine freundliche Miene zeigte, sich nicht über *Eisphorai* (Umlagen zur Finanzierung von öffentlichen Aufgaben) unterhielt, auch nicht über (durch Leiturgien[A] finanzierte) Trieren[A] oder die Belange von Schiffen und deren Besatzung, nicht über die Notwendigkeit der Hilfe oder die *Phoroi* (Abgaben) der Bundesgenossen, auch nicht über die Bewohner der Inseln oder anderes Geschwätz dieser Art. Nein, Platon sprach, worüber er sich gewöhnlich unterhielt, und Timotheos, Sohn des Konon, bliebt stehen und sagte: »Ja, das ist Leben und wahres Glück!« Daraus wird deutlich, dass Timotheos sein Glück nicht für vollkommen hielt, da sein Denken und Tun nicht auf derlei Dinge gerichtet war, sondern auf seinen Ruhm und sein Ansehen bei den Athenern.

2.11. Sokrates[P] sah, wie unter der Herrschaft der 30 (Tyrannen)[G] die angesehensten Leute getötet und diejenigen, die den größten Reichtum besaßen, von den Tyrannen verfolgt wurden. Dem Antisthenes[P] (Frg. 167 Decleva Caizzi = 16 Prince), dem er begegnete, sagte er, wie es heißt: »Du ärgerst dich doch nicht etwa, dass wir in unserem Leben nicht so geworden sind wie die Alleinherrscher, die wir in der Tragödie sehen, jene Atreuse, Thyeste, Agamemnone

Αἰγίσθους; οὗτοι μὲν γὰρ ἀποσφαττόμενοι καὶ ἐκτραγῳδούμενοι καὶ πονηρὰ δεῖπνα δειπνίζοντες [καὶ ἐσθίοντες] ἑκάστοτε ἐκκαλύπτονται· οὐδεὶς δὲ οὕτως ἐγένετο τολμηρὸς οὐδὲ ἀναίσχυντος τραγῳδίας ποιητής, ὥστε εἰσαγαγεῖν εἰς δρᾶμα ἀποσφαττόμενον χορόν.«

2.12. Θεμιστοκλέους τοῦ Νεοκλέους οὐκ οἶδα εἰ ἐπαινεῖν χρὴ τοῦτο. ἐπεὶ γὰρ τῆς ἀσωτίας ἐπαύσατο Θεμιστοκλῆς ἀποκηρυχθεὶς ὑπὸ τοῦ πατρός, καὶ ὑπήρχετό πως τοῦ σωφρονεῖν καὶ τῶν μὲν ἑταιρῶν ἀπέστη, ἤρα δὲ ἔρωτα ἕτερον τὸν τῆς πολιτείας τῶν Ἀθηναίων καὶ θερμότατα ἐπεχείρει ταῖς ἀρχαῖς καὶ ἑαυτὸν ἔσπευδεν εἶναι πρῶτον, ἔλεγε, φασί, πρὸς τοὺς γνωρίμους· »τί δ' ἂν ἐμοῦ δοίητε, ὃς οὔπω φθονοῦμαι;« ὅστις δὲ ἐρᾷ φθονεῖσθαι, τοῦτο δή που τὸ τοῦ Εὐριπίδου, περιβλέπεσθαι σπεύδει. ὅτι δὲ τοῦτο ἔστι κενόν, ὁ αὐτὸς Εὐριπίδης φησίν.

Vgl. Suda *s. v. Hyperxan (Y 433); s. u. S. 428f. Testimonien zum Text.*

2.13. Ἐπετίθεντο τῷ Σωκράτει καὶ ἐπεβούλευον οἱ ἀμφὶ τὸν Ἄνυτον ὧν χάριν καὶ δι' ἃς αἰτίας λέλεκται πάλαι. ὑφορώμενοι δὲ τοὺς Ἀθηναίους καὶ δεδιότες ὅπως ποτὲ ἕξουσι πρὸς τὴν κατηγορίαν του ἀνδρός – πολὺ γὰρ ἦν τὸ τοῦ Σωκράτους ὄνομα διά τε τὰ ἄλλα καὶ ὅτι τοὺς σοφιστὰς ἤλεγχεν οὐδὲν ὑγιὲς ὄντας οὐδέ τι σπουδαῖον ἢ εἰδότας ἢ λέγοντας –, ἐκ τούτων οὖν ἐβουλήθησαν πεῖραν καθεῖναι ὑπὲρ τῆς κατ' αὐτοῦ διαβολῆς. τὸ μὲν γὰρ ἄντικρυς ἀπενέγκασθαι γραφὴν κατ' αὐτοῦ παραχρῆμα οὐκ ἐδοκίμαζον δι' ἃ προεῖπον καὶ δι' ἐκεῖνα δέ, μή ποτε ἄρα ἀγριάναντες οἱ φίλοι οἱ τοῦ Σωκράτους ἐξάψωσι κατ' αὐτῶν τοὺς δικαστάς, εἶτα <αὐτοί> τι πάθωσι κακὸν ἀνήκεστον, ἅτε

und Aigisthosse? Diese werden ja jedes Mal als hingeschlachtet, tragisch und grauenvolle Mahlzeiten essend präsentiert. Dagegen wäre kein Tragödiendichter je so kühn und unverfroren gewesen, einen Chor, der getötet wird, in ein Drama einzuführen.«
Der Mythos von Atreus, der die Söhne seines Bruders Thyestes ermordete und ihm als Mahlzeit vorsetzte, war Tragödienstoff; erhalten ist allerdings nur der Thyestes *des Seneca.*

2.12. Ob man Themistokles[G], Sohn des Neokles, wegen Folgendem loben soll, weiß ich nicht: Nachdem Themistokles von seinen verschwenderischen Vergnügungen abgelassen hatte, da er von seinem Vater enterbt worden war, züchtig zu werden begann und sich von den Hetären[A] zurückzog, packte ihn eine andere Liebe: die zum Gemeinwesen der Athener; mit aller Leidenschaft strebte er nach Ämtern und hatte es darauf abgesehen, erster im Staat zu werden. Er fragte, sagt man, seine Bekannten: »Was bin ich euch schon wert, jetzt, wo ich noch keine Neider habe?« Wer aber Neid erregen will, der wünscht das »Angesehensein« des Euripides[L] (*Iphigenie in Aulis* 428–429), doch ist dies eitler Wahn, wie Euripides selbst (*Phoinizierinnen* 551) sagt.

2.13. Es setzten dem Sokrates[P] die Leute um Anytos zu und intrigierten gegen ihn; aus welchem Grund, ist längst gesagt: Sie hatten Bedenken und hatten Sorge, wie die Athener die Anklage des Mannes aufnehmen würden – groß nämlich war der Name des Sokrates, unter anderem, weil er die Sophisten beschuldigte, sie hätten keinen Geist und seien zu keinem vernünftigen Gedanken oder Wort fähig. Deshalb wollten sie erst einmal einen Versuch mit Verleumdung machen. Sofort offen Anklage zu erheben, hielten sie aus dem eben genannten Grund nicht für geraten, aber auch, um zu vermeiden, dass die Freunde des Sokrates sich ereiferten, die Richter gegen sie aufstachelten und sie selbst dann bitter dafür büßen müssten, falsche Anklage gegen einen Mann erhoben zu ha-

συκοφαντοῦντες ἄνδρα οὐ μόνον οὐδενὸς αἴτιον κακοῦ τῇ πόλει, ἐκ δὲ τῶν ἐναντίων καὶ κόσμον ταῖς Ἀθήναις ὄντα.

Τί οὖν ἐπινοοῦσιν; Ἀριστοφάνην τὸν τῆς κωμῳδίας ποιητήν, βωμολόχον ἄνδρα καὶ γελοῖον ὄντα καὶ εἶναι σπεύδοντα, ἀναπείθουσι κωμῳδῆσαι τὸν Σωκράτη, ταῦτα δήπου τὰ περιφερόμενα, ὡς ἦν ἀδολέσχης, λέγων τε αὖ καὶ τὸν ἥττω λόγον ἀπέφαινε κρείττονα, καὶ εἰσῆγε ξένους δαίμονας καὶ οὐκ ᾔδει θεοὺς οὐδ' ἐτίμα, τὰ δὲ αὐτὰ ταῦτα καὶ τοὺς προσιόντας αὐτῷ ἐδίδασκέ τε καὶ εἰδέναι ἀνέπειθεν. ὁ δὲ Ἀριστοφάνης λαβόμενος ὑποθέσεως εὖ μάλα ἀνδρικῶς, ὑποσπείρας γέλωτα καὶ τὸ ἐκ τῶν μέτρων αἱμύλον καὶ τὸν ἄριστον τῶν Ἑλλήνων λαβὼν ὑπόθεσιν – οὐ γάρ οἱ κατὰ Κλέωνος ἦν τὸ δρᾶμα, οὐδὲ ἐκωμῴδει Λακεδαιμονίους ἢ Θηβαίους ἢ Περικλέα αὐτόν, ἀλλ' ἄνδρα τοῖς τε ἄλλοις θεοῖς φίλον καὶ δὴ καὶ μάλιστα τῷ Ἀπόλλωνι –, ἅτε οὖν ἄηθες πρᾶγμα καὶ ὅραμα παράδοξον ἐν σκηνῇ καὶ κωμῳδίᾳ Σωκράτης, πρῶτον μὲν ἐξέπληξεν ἡ κωμῳδία τῷ ἀδοκήτῳ τοὺς Ἀθηναίους, εἶτα [δὲ] καὶ φύσει φθονεροὺς ὄντας καὶ τοῖς ἀρίστοις βασκαίνειν προῃρημένους, οὐ μόνον τοῖς ἐν τῇ πολιτείᾳ καὶ ταῖς ἀρχαῖς ἀλλ' ἔτι καὶ πλέον τοῖς εὐδοκιμοῦσιν ἢ ἐν λόγοις ἀγαθοῖς ἢ ἐν βίου σεμνότητι, ἄκουσμα ἔδοξεν ἥδιστον αἵδε αἱ Νεφέλαι καὶ ἐκρότουν τὸν ποιητὴν ὡς οὔποτε ἄλλοτε καὶ ἐβόων νικᾶν καὶ προσέταττον τοῖς κριταῖς ἄνωθεν Ἀριστοφάνην ἀλλὰ μὴ ἄλλον γράφειν. καὶ τὰ μὲν τοῦ δράματος τοιαῦτα.

Ὁ δὲ Σωκράτης σπάνιον μὲν ἐπεφοίτα τοῖς θεάτροις, εἴ ποτε δὲ Εὐριπίδης ὁ τῆς τραγῳδίας ποιητὴς ἠγωνίζετο καινοῖς τραγῳδοῖς, τότε γε ἀφικνεῖτο. καὶ Πειραιοῖ δὲ ἀγωνιζομένου τοῦ Εὐριπίδου καὶ ἐκεῖ κατῄει· ἔχαιρε γὰρ τῷ ἀνδρὶ δηλονότι διά τε τὴν σοφίαν αὐτοῦ καὶ τὴν ἐν τοῖς μέτροις ἀρετήν. ἤδη δέ ποτε αὐτὸν ἐρεσχελῶν Ἀλκιβιάδης ὁ Κλεινίου καὶ Κριτίας ὁ Καλλαίσχρου καὶ κωμῳδῶν ἀκοῦσαι παρελθόντα εἰς τὸ θέατρον

ben, der nicht nur keine Ursache für Übel für die Stadt bedeute, sondern im Gegenteil eine Zierde für Athen sei.

Was dachten sie sich nun aus? Sie verleiteten den Komödiendichter Aristophanes[L], der ein Ränkeschmied und Spaßmacher war und sein wollte, dazu, Sokrates in einer Komödie lächerlich zu machen, und zwar mit dem Gerede, das über ihn umging: Er sei ein Schwätzer und mache durch seine Worte auch die schwächere Sache wieder zur stärkeren, er führe fremde Daimonen ein und kenne und verehre keine Götter; das lehre er auch seine Schüler und verführe sie zu dieser Auffassung. Aristophanes hielt sich ganz tapfer an die Vorgabe und nahm mit komischen Späßen und einschmeichelnden Versen in seinem Stück den besten der Griechen aufs Korn. Sein Drama richtete sich nämlich nicht (wie seine Komödie *Ritter*) gegen Kleon, auch verspottete er nicht Lakedaimonier oder Thebaner oder selbst Perikles[G], sondern einen Mann, der den Göttern, besonders aber Apollon, lieb war! Weil es nun eine ungewohnte Sache war, Sokrates in einer Komödie auf die Bühne gebracht zu sehen, erschreckte die Komödie durch ihre unerwartete Art anfangs die Athener, doch da sie von Natur aus gehässig sind und sogar den besten Leuten gern Schlechtes nachreden – nicht nur den Besten in Staat und Behörden, sondern mehr noch denen, die wegen guter Lehren oder eines ehrenwerten Lebenswandels geachtet sind –, erschienen ihnen diese *Wolken* bald als der lieblichste Ohrenschmaus, und sie klatschten dem Dichter Beifall wie nie. Sie riefen, er habe gesiegt, und forderten von den Preisrichtern, sie sollten Aristophanes und keinem anderen den ersten Platz zusprechen. So war das mit dem Drama.

Sokrates aber ging nur selten in die Theateraufführungen. Wenn jedoch einmal der Dichter Euripides[L] neue Tragödien aufführen ließ, dann kam er, und selbst wenn eine Aufführung des Euripides in Piräus stattfand, ging er auch dorthin. Der Mann gefiel ihm nämlich wegen seiner Weisheit und der Vollkommenheit seiner Verse. Einmal schon hatten Alkibiades[G], Sohn des Kleinias, und Kritias[P], Sohn des Kallaischros, ihn durch Neckereien dazu getrieben, ins Theater

ἐξεβιάσαντο. ὁ δὲ αὐτοῖς οὐκ ἠρέσκετο, ἀλλὰ δεινῶς κατεφρόνει, ἅτε ἀνὴρ σώφρων καὶ δίκαιος καὶ ἀγαθὸς καὶ ἐπὶ τούτοις σοφός, ἀνδρῶν κερτόμων καὶ ὑβριστῶν καὶ ὑγιὲς λεγόντων οὐδέν· ἅπερ ἐλύπει δεινῶς αὐτούς.

Καὶ ταῦτα οὖν τῆς κωμῳδίας ἦν αὐτῷ τὰ σπέρματα, ἀλλ' οὐ μόνον ἃ παρὰ τοῦ Ἀνύτου καὶ Μελήτου ὡμολόγηται. εἰκὸς δὲ καὶ χρηματίσασθαι ὑπὲρ τούτων Ἀριστοφάνην. καὶ γὰρ βουλομένων, μᾶλλον δὲ ἐκ παντὸς συκοφαντῆσαι τὸν Σωκράτη σπευδόντων ἐκείνων, καὶ αὐτὸν [δὲ] πένητα ἅμα καὶ κατάρατον ὄντα, τί παράδοξον ἦν ἀργύριον λαβεῖν ἐπ' οὐδενὶ ὑγιεῖ; καὶ ὑπὲρ μὲν τούτων αὐτὸς οἶδεν. εὐδοκίμει δ' οὖν αὐτῷ τὸ δρᾶμα, καὶ γάρ τοι καὶ τὸ τοῦ Κρατίνου τοῦτο συνέβη εἴ ποτε ἄλλοτε καὶ τότε, τῷ θεάτρῳ νοσῆσαι τὰς φρένας. καὶ ἅτε ὄντων Διονυσίων πάμπολύ τι χρῆμα τῶν Ἑλλήνων σπουδῇ τῆς θέας ἀφίκετο. περιφερομένου τοίνυν ἐν τῇ σκηνῇ τοῦ Σωκράτους καὶ ὀνομαζομένου πολλάκις, οὐκ ἂν δὲ θαυμάσαιμι εἰ καὶ βλεπομένου ἐν τοῖς ὑποκριταῖς – δῆλα γὰρ δὴ ὅτι καὶ οἱ σκευοποιοὶ ἔπλασαν αὐτὸν ὡς ὅτι μάλιστα ἐξεικάσαντες –, ἀλλ' οἵ γε ξένοι – τὸν γὰρ κωμῳδούμενον ἠγνόουν – θροῦς παρ' αὐτῶν ἐπανίστατο, καὶ ἐζήτουν ὅστις ποτὲ οὗτος ὁ Σωκράτης ἐστίν. ὅπερ οὖν ἐκεῖνος αἰσθόμενος – καὶ γάρ τοι καὶ παρῆν οὐκ ἄλλως οὐδὲ ἐκ τύχης, εἰδὼς δὲ ὅτι κωμῳδοῦσιν αὐτόν· καὶ δὴ καὶ ἐν καλῷ τοῦ θεάτρου ἐκάθητο –, ἵνα οὖν λύσῃ τὴν τῶν ξένων ἀπορίαν, ἐξαναστὰς παρ' ὅλον τὸ δρᾶμα ἀγωνιζομένων τῶν ὑποκριτῶν ἑστὼς ἐβλέπετο. τοσοῦτον ἄρα περιῆν τῷ Σωκράτει τοῦ κωμῳδίας καὶ Ἀθηναίων καταφρονεῖν.

zu gehen und sich auch einmal Komödiendichter anzuhören. Sokrates aber hatte kein Gefallen an ihnen gefunden. Züchtig, gerecht und gut und dazu noch klug, wie er war, verachtete er ihre Spottlust und Überheblichkeit und meinte, sie sprächen kein gesundes Wort; das ärgerte diese sehr.

Und das war der Anlass, dass er in der Komödie verspottet wurde, nicht nur die bekannten Aussagen des Anytos und Meletos[L]. Es ist zu erwarten, dass Aristophanes dafür auch Geld genommen hat, denn weil jene es wollten, ja sogar darauf drängten, als Sykophanten[A] Sokrates mit allen Mitteln zu verleumden – ist es da paradox, dass er (Aristophanes), der zugleich arm und charakterlos war, Geld nahm für eine ungesunde Sache? Darüber weiß nur er allein Bescheid. Anklang fand sein Drama; in der Tat, wenn überhaupt einmal, dann traf damals der Ausspruch des Kratinos[L] (Frg. 395 Kassel/Austin) zu, dass im Theater der Verstand krank ist. Es waren gerade die Dionysien, und eine große Menge Griechen war zum Schauspiel gekommen. Als nun Sokrates auf der Bühne durchgehechelt und oft genannt wurde und, was mich nicht wundern würde, er auch unter den Schauspielern zu erkennen war – denn es ist klar, dass die Maskenbildner den Schauspieler Sokrates möglichst ähnlich zurechtgemacht hatten –, erhoben die Fremden, die den Verspotteten ja nicht kannten, ein Geschrei und fragten, wer denn dieser Sokrates sei. Jener hörte das – er war nämlich auch anwesend, nicht bloß durch Zufall, sondern weil er wusste, dass man ihn verspotten werde; er saß sogar auf einem guten Platz im Theater – und stand auf, um die Unklarheit bei den Fremden zu klären. So blieb er das ganze Stück über, während die Darsteller spielten, allen Blicken ausgesetzt stehen. So gering schätzte Sokrates den Spott der Komödie und die Athener.

Die Anekdote zu Sokrates, die wohl auf einer Fehldeutung von Platon, Apologie *18a beruht (vgl. Süß 1911, 17–18), kann nicht historisch sein, da die (Sokrates karikierenden)* Wolken *des Aristophanes 423 aufgeführt wurden, Sokrates' Prozess aber erst 399 stattfand. In der Alten*

2.14. Γελοῖος ἐκεῖνος ὁ Ξέρξης ἦν εἴ γε θαλάσσης μὲν καὶ γῆς κατεφρόνει τῆς Διὸς τέχνης, ἑαυτῷ δὲ εἰργάζετο καινὰς ὁδοὺς καὶ πλοῦν ἀήθη, δεδούλωτο δὲ πλατάνῳ καὶ ἐθαύμαζε τὸ δένδρον. ἐν Λυδίᾳ γοῦν, φασίν, ἰδὼν φυτὸν εὐμέγεθες πλατάνου καὶ τὴν ἡμέραν ἐκείνην κατέμεινεν οὐδέν τι δεόμενος καὶ ἐχρήσατο σταθμῷ τῇ ἐρημίᾳ τῇ περὶ τὴν πλάτανον. ἀλλὰ καὶ ἐξῆψεν αὐτῆς κόσμον πολυτελῆ, στρεπτοῖς καὶ ψελλίοις τιμῶν τοὺς κλάδους, καὶ μελεδωνὸν αὐτῇ κατέλιπεν, ὥσπερ ἐρωμένῃ φύλακα καὶ φρουρόν. ἐκ δὲ τούτων τί τῷ δένδρῳ καλὸν ἀπήντησεν; ὁ μὲν γὰρ κόσμος ὁ ἐπίκτητος καὶ μηδὲν αὐτῷ προσήκων ἄλλως ἐκρέματο καὶ συνεμάχετο εἰς ὥραν οὐδέν, ἐπεὶ τοῦ φυτοῦ κάλλος ἐκεῖνό ἐστιν· εὐγενεῖς οἱ κλάδοι καὶ ἡ κόμη πολλὴ καὶ στερεὸν τὸ πρέμνον καὶ αἱ ῥίζαι ἐν βάθει καὶ διασείοντες οἱ ἄνεμοι καὶ ἀμφιλαφὴς ἡ ἐξ αὐτοῦ σκιὰ καὶ ἀναστρέφουσαι αἱ ὧραι καὶ ὕδωρ τὸ μὲν διὰ τῶν ὀχετῶν ἐκτρέφον, τὸ δὲ ἐξ οὐρανοῦ ἐπάρδον· χλαμύδες δὲ αἱ Ξέρξου καὶ χρυσὸς ὁ τοῦ βαρβάρου καὶ τὰ ἄλλα δῶρα οὔτε πρὸς τὴν πλάτανον οὔτε πρὸς ἄλλο δένδρον εὐγενὲς ἦν.

2.15. Κλαζομενίων τινὲς εἰς τὴν Σπάρτην ἀφικόμενοι καὶ ὕβρει καὶ ἀλαζονείᾳ χρώμενοι τοὺς τῶν ἐφόρων θρόνους, ἔνθα εἰώθασι καθήμενοι χρηματίζειν καὶ τῶν πολιτικῶν ἕκαστα διατάττειν, ἀλλὰ τούτους γε τοὺς θρόνους ἀσβόλῳ κατέχρισαν. μαθόντες

Komödie wurden im übrigen nicht erst seither Prominente verspottet; vgl. Marshall 2016.

2.14. Lächerlich war jener berühmte Xerxes[G], wenn er sich, der sogar die Werke des Zeus – Erde und Meer – nicht achtete und sich neue Wege zu Land und zu Wasser schuf, vor einer Platane verneigte und diesen Baum verehrte! In Lydien, sagt man, sah er eine herrlich hochgewachsene Platane und blieb, obwohl ihn nichts dazu zwang, den ganzen Tag über dort und schlug auch dort in der Einsamkeit um die Platane herum sein Lager auf. Er behängte sie mit kostbarem Schmuck und ehrte mit Ketten und Armbändern ihre Zweige. Sogar einen Posten ließ er zurück, als ob er eine Geliebte zu behüten und zu bewachen habe. Welchen Nutzen aber hatte davon der Baum? Der neugewonnene Schmuck, der in keiner Weise zu ihm passte, war ein nutzloses Anhängsel, das nichts zu seiner natürlichen Schönheit beitrug. Die Schönheit eines Baumes besteht ja in seinen wohlgewachsenen Zweigen, dem dichten Laub, einem kräftigen Stamm, tiefen Wurzeln, auch darin, dass die Winde ihn schütteln, sein Schatten weit reicht, die Jahreszeiten wechseln und das Wasser ihn durch seine feinen Adern nährt oder ihn vom Himmel herab benetzt. Doch die Chlamydes[A] des Xerxes, das Gold des Barbaren und die anderen Geschenke passten weder zu der Platane noch zu irgendeinem anderen Baum.
Die Verachtung von Erde und Meer durch Xerxes bezieht sich auf dessen Kanalbau durch die Landenge am Berg Athos (vgl. Herodot 7.22–24) und die Überbrückung des Hellespont (ebenda 7.33–38) im Jahr 480. Den Baum erwähnt Herodot 7.31.

2.15. Einige Leute aus Klazomenai (in Kleinasien), die nach Sparta gekommen waren, beschmierten aus Übermut und Prahlerei die Stühle der Ephoren[G], auf denen diese bei Verhandlungen und allen Entscheidungen in Staatsangelegenheiten zu sitzen pflegten – diese Stühle also beschmierten sie mit Ruß. Als die Ephoren dies bemerkten, waren

δὲ οἱ ἔφοροι οὐκ ἠγανάκτησαν, ἀλλὰ τὸν δημόσιον κήρυκα καλέσαντες προσέταξαν αὐτὸν δημοσίᾳ κηρύξαι τοῦτο δὴ τὸ θαυμαζόμενον· »ἐξέστω Κλαζομενίοις ἀσχημονεῖν.«

2.16. Φωκίωνος δὲ τοῦ Φώκου καὶ τοῦτο ἔγωγε ἔγνων καλόν· παρελθὼν γὰρ εἰς τοὺς Ἀθηναίους ἐκκλησίας οὔσης, ἐπεί τι αὐτοῖς ἐμέμφετο ἀγνωμονοῦσι, πάνυ σφόδρα πεπαιδευμένως καὶ πληκτικῶς εἶπε· »βούλομαι μᾶλλόν τι ὑφ' ὑμῶν παθεῖν κακὸν αὐτὸς ἢ αὐτός τι ὑμᾶς κακῶς δρᾶσαι.«

2.17. Ἡ τῶν ἐν Πέρσαις μάγων σοφία τά τε ἄλλα οἶδεν ὁπόσα αὐτοῖς εἰδέναι θέμις καὶ οὖν καὶ μαντεύεσθαι. οἵπερ οὖν καὶ προεῖπον τὴν τοῦ Ὤχου περὶ τοὺς ὑπηκόους ἀγριότητα καὶ τὸ φονικὸν αὐτοῦ, διά τινων ἀπορρήτων συμβόλων καταγνόντες τοῦτο. ὅτε γὰρ Ἀρταξέρξου τοῦ πατρὸς αὐτοῦ τελευτήσαντος εἰς τὴν βασιλείαν τῶν Περσῶν ὁ Ὦχος παρῆλθεν, οἱ μάγοι προσέταξαν τῶν εὐνούχων τινὶ τῶν πλησίον παρεστώτων φυλάξαι τὸν Ὦχον τῆς τραπέζης παρατεθείσης τίνι πρῶτον τῶν παρακειμένων ἐπιχειρεῖ. καὶ ὁ μὲν εἱστήκει τηρῶν τοῦτο, ὁ δὲ Ὦχος τὰς χεῖρας ἐκτείνας τῇ μὲν δεξιᾷ τῶν μαχαιρίων τῶν παρακειμένων ἓν ἔλαβε, τῇ δὲ ἑτέρᾳ τὸν μέγιστον τῶν ἄρτων προσειλκύσατο, καὶ ἐπιθεὶς ἐπ' αὐτὸν τῶν κρεῶν, εἶτα τέμνων ἤσθιεν ἀφειδῶς. ἅπερ ἀκούσαντες οἱ μάγοι δύο ταῦτα ἐμαντεύσαντο, εὐετηρίαν τὴν ἐξ ὡρῶν καὶ εὐφορίαν [τὴν] παρὰ τὸν τῆς ἀρχῆς αὐτοῦ χρόνον καὶ πολλοὺς φόνους. καὶ οὐ διεψεύσαντο.

2.18. Τιμόθεος ὁ Κόνωνος <ὁ> στρατηγὸς τῶν Ἀθηναίων ἀποστάς ποτε τῶν δείπνων τῶν πολυτελῶν καὶ τῶν ἑστιάσεων τῶν στρατηγικῶν ἐκείνων, παραληφθεὶς ὑπὸ Πλάτωνος εἰς τὸ ἐν Ἀκαδημίᾳ συμπόσιον καὶ ἑστιαθεὶς ἀφελῶς ἅμα καὶ μουσικῶς

sie nicht ungehalten, sondern riefen den gemeindlichen Herold und befahlen ihm, folgenden erstaunlichen Erlass bekannt zu geben: »Es sei den Klazomeniern gestattet, sich schlecht zu benehmen!«
Vgl. Plutarch, Moralia *232f–233a, der Ähnliches über Besucher aus Chios angibt.*

2.16. Von Phokion[G], Sohn des Phokos, ist mir auch folgendes Schöne bekannt: Er trat vor die Athener, als eine Versammlung stattfand, und machte ihnen den Vorwurf, sie seien undankbar; er sagte dabei sehr klug und treffend: »Ich will lieber Unrecht von euch erleiden als selber euch ein Unrecht antun!«

2.17. Die Weisheit der persischen Magier beherrschte neben anderem, was für sie zu wissen recht war, auch die Wahrsagekunst. So waren sie es auch, die über die Grausamkeit des (Artaxerxes III.)[G] Ochos gegen seine Untertanen und seine Mordlust sprachen, was sie aus gewissen geheimen Zeichen erkannten. Als nämlich Ochos nach dem Tod seines Vaters Artaxerxes (II.)[G] die Königsherrschaft über die Perser antrat, beauftragten die Magier einen von den Eunuchen, die dicht neben dem König zu stehen pflegten, aufzupassen, nach welcher der vorgesetzten Speisen er zuerst greifen werde, wenn das Mahl aufgetragen sei. Der also stand da und beobachtete; Ochos streckte die Hände aus, ergriff mit der Rechten eines der bereitliegenden Messer, mit der anderen zog er das größte Brot zu sich heran, legte Fleisch darauf, zerschnitt es und aß es gierig auf. Dies hörten die Magier und sagten daraus zweierlei vorher: einen Überfluss an Lebensmitteln aus den Ernten und Fruchtbarkeit während der Zeit seiner Herrschaft, aber auch viele Morde. Und sie täuschten sich nicht.

2.18. Timotheos[G], Sohn des Konon, der Feldherr der Athener, verzichtete einst auf seine aufwendige Feldherrentafel, weil er von Platon[P] zu einem Symposion in der Akademie[P] geladen worden war und die Bewirtung dort zugleich einfach und musisch gebildet

ἔφη πρὸς τοὺς οἰκείους ἐπανελθὼν ὅτι ἄρα οἱ παρὰ Πλάτωνι δειπνοῦντες καὶ τῇ ὑστεραίᾳ καλῶς διάγουσιν. ἐκ δὴ τούτου διέβαλλε Τιμόθεος τὰ πολυτελῆ δεῖπνα καὶ φορτικὰ ὡς πάντως εἰς τὴν ὑστεραίαν οὐκ εὐφραίνοντα. λόγος δὲ καὶ ἐκεῖνος ἀδελφὸς τῷ προειρημένῳ καὶ ταὐτὸν νοῶν, οὐ μὴν τὰ αὐτὰ λέγων περίεισιν, ὅτι ἄρα τῇ ὑστεραίᾳ ὁ Τιμόθεος περιτυχὼν τῷ Πλάτωνι εἶπεν· »ὑμεῖς, ὦ Πλάτων, εὖ δειπνεῖτε μᾶλλον εἰς τὴν ὑστεραίαν ἢ εἰς τὴν παροῦσαν.«

2.19. Ἀλέξανδρος ὅτε ἐνίκησε Δαρεῖον καὶ τὴν Περσῶν ἀρχὴν κατεκτήσατο, μέγα ἐφ᾽ ἑαυτῷ φρονῶν καὶ ὑπὸ τῆς εὐτυχίας τῆς περιλαβούσης αὐτὸν τότε ἐκθεούμενος, ἐπέστειλε τοῖς Ἕλλησι θεὸν αὐτὸν ψηφίσασθαι. γελοίως γε· οὐ γὰρ ἅπερ οὖν ἐκ τῆς φύσεως οὐκ εἶχε, ταῦτα ἐκ τῶν ἀνθρώπων αἰτῶν ἐκεῖνος ἐκέρδαινεν. ἄλλοι μὲν οὖν ἄλλα ἐψηφίσαντο, Λακεδαιμόνιοι δὲ ἐκεῖνα· »ἐπειδὴ Ἀλέξανδρος βούλεται θεὸς εἶναι, ἔστω θεός,« Λακωνικῶς τε ἅμα καὶ κατὰ τὸν ἐπιχώριόν σφισι τρόπον ἐλέγξαντες τὴν ἔμπληξιν οἱ Λακεδαιμόνιοι τοῦ Ἀλεξάνδρου.

2.20. Ἀντίγονόν φασι τὸν βασιλέα δημοτικὸν καὶ πρᾶον γενέσθαι. καὶ ὅτῳ μὲν σχολὴ τὰ κατ᾽ αὐτὸν εἰδέναι καὶ αὐτὰ ἕκαστα ἐξετάζειν ὑπὲρ τοῦ ἀνδρός, εἴσεται ἑτέρωθεν· εἰρήσεται δ᾽ οὖν αὐτοῦ καὶ πάνυ πρᾶον καὶ ἄτυφον ὃ μέλλω λέγειν. ὁ Ἀντίγονος οὗτος ὁρῶν τὸν υἱὸν τοῖς ὑπηκόοις χρώμενον βιαιότερόν τε καὶ θρασύτερον »οὐκ οἶσθα,« εἶπεν »ὦ παῖ, τὴν βασιλείαν ἡμῶν ἔνδοξον εἶναι δουλείαν;« καὶ τὰ μὲν τοῦ Ἀντιγόνου πρὸς τὸν

war. Als er nach Hause kam, erklärte er seinen Hausgenossen, wer bei Platon speise, fühle sich auch am nächsten Tage wohl. Damit machte Timotheos den üppigen und prahlerischen Gastmählern den Vorwurf, dass sie am nächsten Tag jedenfalls kein Vergnügen mehr bereiten. Es gibt auch noch einen *Logos*[L], der dem eben genannten ähnlich ist und dasselbe meint, aber nicht mit denselben Worten, nämlich dass Timotheos, als er am nächsten Tag Platon traf, sagte: »Eure Gastmähler, Platon, sind am zweiten Tag besser als am ersten!«

Vgl. Athenaios 419c–d, dem Ailianos in beiden Teilen dieses Kapitels sehr nahe steht.

2.19. Als Alexandros (d. Gr.)[G] Dareios (III.)[G] besiegt und die Herrschaft über Persien erlangt hatte, wurde er überheblich und maßte sich in seinem Glück, das ihn damals begünstigte, Göttlichkeit an; er ließ den Griechen mitteilen, sie sollten beschließen, dass er ein Gott sei. Lächerlich! Was er nämlich von Natur aus nicht besaß, das bekam er auch nicht auf seine Forderung hin von den Menschen. Die einen beschlossen dies, die anderen das, die Lakedaimonier aber Folgendes: »Da Alexandros ein Gott sein will, so sei er ein Gott!« Lakonisch, wie bei ihnen üblich ist, zeigten die Lakedaimonier ihre abschätzige Meinung über die Unvernunft des Alexandros.

Zur Vergöttlichung des Alexandros d. Gr. vgl. u. 5.12 und 9.37.

2.20. Man sagt, König Antigonos (II.)[G] sei volksfreundlich und gütig gewesen. Und wer Muße hat, über ihn etwas zu erfahren und alle Einzelheiten über den Mann zu prüfen, wird sie von anderer Seite erfahren. Berichtet werden soll über ihn, wie äußerst gütig und bescheiden er war, was ich ja sagen will. Als dieser Antigonos sah, dass sein Sohn mit den Untertanen allzu gewalttätig und rücksichtslos umging, sagte er: »Weißt du nicht, mein Sohn, dass unsere Königsherrschaft eine ehrenvolle Sklaverei ist?« Was Antigonos

παῖδα πάνυ ἡμέρως ἔχει καὶ φιλανθρώπως· ὅτῳ δὲ οὐ δοκεῖ ταύτῃ, ἀλλ' ἐκεῖνός γε οὐ δοκεῖ μοι βασιλικὸν ἄνδρα εἰδέναι οὐδὲ πολιτικόν, τυραννικῷ δὲ συμβιῶσαι μᾶλλον.

2.21. Ἀγάθωνος ἤρα τοῦ ποιητοῦ Παυσανίας ὁ ἐκ Κεραμέων. καὶ τοῦτο μὲν διατεθρύληται· ὃ δὲ μὴ εἰς πάντας πεφοίτηκεν, ἀλλ' ἐγὼ ἐρῶ. εἰς Ἀρχελάου ποτὲ ἀφίκοντο ὅ τε ἐραστὴς καὶ ὁ ἐρώμενος οὗτοι. ἦν δὲ ἄρα ὁ Ἀρχέλαος ἐρωτικὸς οὐχ ἧττον ἢ καὶ φιλόμουσος. ἐπεὶ τοίνυν ἑώρα διαφερομένους πρὸς ἀλλήλους τόν τε Παυσανίαν καὶ τὸν Ἀγάθωνα πολλάκις, οἰόμενος τὸν ἐραστὴν ὑπὸ τῶν παιδικῶν παρορᾶσθαι, ἤρετο ἄρα τὸν Ἀγάθωνα ὁ Ἀρχέλαος τί βουλόμενος οὕτω πυκνὰ ἀπεχθάνεται τῷ πάντων μάλιστα φιλοῦντι αὐτόν. ὁ δὲ »ἐγώ σοι« ἔφη »φράσω, βασιλεῦ. οὔτε γάρ εἰμι πρὸς αὐτὸν δύσερις, οὔτε ἀγροικίᾳ πράττω τοῦτο· εἰ δέ τι καὶ ἐγὼ ἠθῶν ἐπαΐω τῇ τε ἄλλῃ καὶ ἐκ ποιητικῆς, ἥδιστον εὑρίσκω εἶναι τοῖς ἐρῶσι πρὸς τὰ παιδικὰ ἐκ διαφορᾶς καταλλάσσεσθαι, καὶ πεπίστευκα οὐδὲν αὐτοῖς οὕτως ἀπαντᾶν τερπνόν. τούτου γοῦν τοῦ ἡδέος πολλάκις αὐτῷ μεταδίδωμι, ἐρίζων πρὸς αὐτὸν πλεονάκις· εὐφραίνεται γὰρ καταλυομένου μου τὴν πρὸς αὐτὸν ἔριν συνεχῶς, ὁμαλῶς δὲ καὶ συνήθως προσιόντος οὐκ εἴσεται τὴν διαφορότητα.« ἐπῄνεσε ταῦτα ὁ Ἀρχέλαος, ὡς λόγος.

Ἤρα δέ, φασι, τοῦ αὐτοῦ Ἀγάθωνος τούτου καὶ Εὐριπίδης ὁ ποιητής, καὶ τὸν Χρύσιππον τὸ δρᾶμα αὐτῷ χαριζόμενος λέγεται διαφροντίσαι. καὶ εἰ μὲν σαφὲς τοῦτο, ἀποφήνασθαι οὐκ οἶδα, λεγόμενον δ' οὖν αὐτὸ οἶδα ἐν τοῖς μάλιστα.
Vgl. Suda *s. v. Diaphorotes (Δ 832); s. u. S. 426f. Testimonien zum Text.*

seinem Sohn sagte, zeugt von großer Milde und Menschenfreundlichkeit. Sollte jemandem das nicht so scheinen, hat er offenbar noch keinen König oder Politiker kennengelernt, sondern vielmehr unter einem Tyrannen gelebt.

2.21. Dass Pausanias aus dem (attischen Demos) Kerameikos den Dichter Agathon[L] liebte, das ist allgemein bekannt. Was aber nicht überall verbreitet ist, davon will ich sprechen: Zu (König) Archelaos[G] kamen einmal diese beiden, der Liebhaber und der Geliebte, Archelaos war nicht weniger ein Freund der Liebe als der Musen. Er sah nun, wie Pausanias und Agathon häufig miteinander stritten, und war der Meinung, der Liebhaber werde von dem Geliebten schlecht behandelt. Er fragte also den Agathon, warum er so oft Streit mit dem suche, der ihn doch so sehr liebe. Der aber sagte: »Das werde ich dir erklären, König. Ich bin nämlich weder launisch ihm gegenüber noch handle ich aus Grobheit so. Wenn ich jedoch etwas Menschenkenntnis besitze, unter anderem aus der Dichtung, finde ich, dass es für Verliebte nichts Süßeres gibt, als sich nach einem Streit wieder mit dem Geliebten zu versöhnen. Ja, ich bin überzeugt, dass ihnen nichts anderes so viel Freude macht. Deshalb gönne ich Pausanias häufig dieses Vergnügen, indem ich oft mit ihm streite. Jedes Mal nämlich, wenn ich mich mit ihm versöhne, freut er sich. Wäre ich aber gleichmäßig freundlich zu ihm, würde er die Differenz gar nicht kennen.« Das lobte, wie der *Logos*[L] geht, Archelaos.

Es liebte, sagt man, denselben Agathon aber auch der Dichter Euripides[L]; man sagt, er habe sein Drama *Chrysippos* ihm zu Ehren verfasst. Ob dies wahr ist, vermag ich zwar nicht zu beurteilen, doch weiß ich, dass es sehr verbreitet ist.

Zu »den Unterschied kennen« vgl. Terenz, Andria 555. *Euripides'* Chrysippos *ist verloren.*

2.22. Εὐνομωτάτους γενέσθαι καὶ Μαντινέας ἀκούω οὐδὲν ἧττον Λοκρῶν οὐδὲ Κρητῶν οὐδὲ Λακεδαιμονίων αὐτῶν οὐδ' Ἀθηναίων· σεμνὸν γάρ τι χρῆμα καὶ τὸ Σόλωνος ἐγένετο, εἰ καὶ μετὰ ταῦτα Ἀθηναῖοι κατὰ μικρὸν τῶν νόμων τινὰς τῶν ἐξ αὐτοῦ γραφέντων αὐτοῖς διέφθειραν.

2.23. Νικόδωρος δὲ ὁ πύκτης ἐν τοῖς εὐδοκιμωτάτοις Μαντινέων γενόμενος, ἀλλὰ ὀψὲ τῆς ἡλικίας καὶ μετὰ τὴν ἄθλησιν νομοθέτης αὐτοῖς ἐγένετο, μακρῷ τοῦτο ἄμεινον πολιτευσάμενος τῇ πατρίδι τῶν κηρυγμάτων τῶν ἐν τοῖς σταδίοις. φασὶ δὲ αὐτῷ Διαγόραν τὸν Μήλιον συνθεῖναι τοὺς νόμους ἐραστὴν γενόμενον.

Εἶχον <δέ> τι καὶ περαιτέρω ὑπὲρ Νικοδώρου εἰπεῖν· ὡς δ' ἂν μὴ δοκοίην καὶ τὸν ἔπαινον τὸν τοῦ Διαγόρου προσπαραλαμβάνειν, εἰς τοσοῦτον διηνύσθω τὰ τοῦ λόγου. θεοῖς γὰρ ἐχθρὸς Διαγόρας, καὶ οὔ μοι ἥδιον ἐπὶ πλέον μεμνῆσθαι αὐτοῦ.

2.24. Ἤδη τινὲς τὴν Μίλωνος τοῦ Κροτωνιάτου περιφερομένην ῥώμην ἐξέβαλον, τοιαῦτα ὑπὲρ αὐτοῦ λέγοντες. Μίλωνος τούτου τὴν ῥοιάν, ἣν ἐν τῇ χειρὶ κατεῖχεν, οὐδεὶς τῶν ἀντιπάλων ἑλεῖν ἐδύνατο· ἡ δὲ ἐρωμένη αὐτοῦ ῥᾷστα αὐτὴν ἐξῄρει, φιλονικοῦσα πρὸς αὐτὸν πολλάκις. ἐκ δὴ τούτου νοεῖν ἔσται ὅτι ὁ Μίλων ἰσχυρὸς μὲν τὸ σῶμα ἦν, ἀνδρεῖος δὲ τὴν ψυχὴν οὐκ ἦν.

2.25. Τὴν ἕκτην τοῦ μηνὸς τοῦ Θαργηλιῶνος πολλῶν καὶ ἀγαθῶν αἰτίαν γενέσθαι λέγουσιν οὐ μόνον τοῖς Ἀθηναίοις ἀλλὰ καὶ ἄλλοις πολλοῖς. αὐτίκα γοῦν Σωκράτης ἐν ταύτῃ ἐγένετο, καὶ Πέρσαι δὲ ἡττήθησαν τῇ ἡμέρᾳ ταύτῃ, καὶ Ἀθηναῖοι δὲ τῇ Ἀγροτέρᾳ ἀποθύουσι τὰς χιμαίρας τὰς τριακοσίας, κατὰ τὴν εὐχὴν τοῦ Μιλτιάδου δρῶντες τοῦτο. τοῦ δ' αὐτοῦ μηνὸς ἕκτῃ ἱσταμένου καὶ τὴν ἐν Πλαταιαῖς μάχην φασὶ γενέσθαι

2.22. Äußerst gesetzestreu waren, wie ich höre, die Mantineer nicht weniger als die Lokrer, die Kreter, ja selbst die Lakedaimonier oder die Athener. Eine ehrbare Sache nämlich war das, was Solon[G] tat, wenn auch die Athener allmählich manche der Gesetze, die von ihm geschrieben worden waren, aufhoben.

2.23. Der Faustkämpfer Nikodoros[S] zählte zu den berühmtesten Mantineern, doch erst in hohem Alter, als er nicht mehr an den Wettkämpfen teilnahm, wurde er ihr Gesetzgeber. In dieser Funktion leistete er seiner Vaterstadt weit bessere Dienste als durch seine Siegerehrungen im Stadion. Allerdings soll ihm, sagt man, Diagoras[L] aus Melos die Gesetze verfasst haben; er war sein Liebhaber.

Ich könnte noch mehr über Nikodoros berichten. Doch um nicht den Eindruck zu erwecken, als wolle ich gleich noch das Lob des Diagoras singen, will ich hier mit den Sachen dieses *Logos*[L] Schluss machen. Den Göttern verhasst war ja Diagoras, und es ist mir unangenehm, ihn noch weiter zu erwähnen.

2.24. Einige Leute hielten nichts von der berühmten Stärke des Milon[S] aus Kroton und erzählten Folgendes über ihn: Den Granatapfel dieses Milon, den er in der Hand hielt, konnte keiner seiner Konkurrenten wegnehmen. Seine Geliebte aber nahm ihn ohne Mühe fort, die sich oft mit ihm balgte. Daraus kann man erkennen, dass Milon zwar einen kräftigen Körper hatte, aber nicht so tapfer in seiner Seele war.

2.25. Der 6. Tag des Monats Thargelion[A] war, wie man sagt, ein Glückstag nicht nur für die Athener, sondern auch für viele andere. So wurde, (um) gleich (ein Beispiel zu nennen,) an diesem Tag Sokrates[P] geboren und die Perser an eben diesem Tag besiegt; die Athener opfern gemäß dem Gelübde des Miltiades[G] der Agrotera die 300 Ziegen. Am 6. eben dieses Monats haben, sagt man, auch die Griechen in der Schlacht bei Plataiai gesiegt; der Kampf, den

καὶ νικῆσαι τοὺς Ἕλληνας· τὴν γὰρ προτέραν ἧτταν αὐτῶν ἧς ἐμνήσθην [τὴν] ἐπ' Ἀρτεμισίῳ γεγονέναι. καὶ τὴν ἐν Μυκάλῃ δὲ τῶν Ἑλλήνων νίκην οὐκ ἄλλης ὡμολόγηται δῶρον ἡμέρας γενέσθαι ἢ ταύτης, εἴ γε κατὰ τὴν αὐτὴν ἐνίκων καὶ ἐν Πλαταιαῖς καὶ ἐν Μυκάλῃ. καὶ Ἀλέξανδρον δὲ τὸν Μακεδόνα, τὸν Φιλίππου παῖδα, τὰς πολλὰς μυριάδας τὰς τῶν βαρβάρων φθεῖραι καὶ αὐτὸν λέγουσιν ἕκτῃ ἱσταμένου, ὅτε καὶ Δαρεῖον καθεῖλεν Ἀλέξανδρος. [καὶ ὁμολογοῦσι τοῦ αὐτοῦ μηνὸς πάντα]. καὶ αὐτὸν δὲ τὸν Ἀλέξανδρον καὶ γενέσθαι καὶ ἀπελθεῖν τοῦ βίου τῇ αὐτῇ ἡμέρᾳ πεπίστευται.

2.26. Ἀριστοτέλης λέγει ὑπὸ τῶν Κροτωνιατῶν τὸν Πυθαγόραν Ἀπόλλωνα Ὑπερβόρειον προσαγορεύεσθαι. κἀκεῖνα δὲ προσεπιλέγει ὁ τοῦ Νικομάχου, ὅτι τῆς αὐτῆς ἡμέρας ποτὲ <καὶ> κατὰ τὴν αὐτὴν ὥραν καὶ ἐν Μεταποντίῳ ὤφθη ὑπὸ πολλῶν καὶ ἐν Κρότωνι, <καὶ ἐν Ὀλυμπίᾳ δὲ ἐν> τῷ ἀγῶνι ἐξανιστάμενος, ἔνθα καὶ τῶν μηρῶν ὁ Πυθαγόρας παρέφηνε τὸν ἕτερον χρυσοῦν. λέγει δὲ ὁ αὐτὸς καὶ ὅτι ὑπὸ τοῦ Κόσα ποταμοῦ διαβαίνων προσερρήθη· καὶ πολλούς φησιν ἀκηκοέναι τὴν πρόσρησιν ταύτην.

ich (eben) erwähnt habe, in dem sie den Persern eine Niederlage beigebracht hatten, war bei Artemision geschlagen worden. Auch der Sieg der Griechen bei Mykale wurde, wie einhellig berichtet wird, an diesem und keinem anderen Tag den Griechen geschenkt, denn an ein und demselben Tag siegten sie bei Plataiai und bei Mykale. Auch bei Alexandros (d. Gr.)[G] von Makedonien, Sohn des Philippos (II.)[G], soll es gerade der 6. gewesen sein, an dem er die vielen Zehntausende Barbaren vernichtete, damals, als Alexandros den Dareios (III.)[G] (bei Gaugamela) schlug. Ja, man glaubt, dass Alexandros sogar an diesem Tag geboren und gestorben sei.

Ailianos stellt Ereignisse vor, die jeweils am 6. eines Monats geschehen sind. Der in der handschriftlichen Überlieferung offenbar später als vorletzter eingeschobene Satz (»All das ist nach allgemeiner Ansicht in diesem Monat geschehen.«) missversteht dies und ist (mit Hercher) zu tilgen. Nach Xenophon, Anabasis *3.2.12, versprachen die Athener unter Miltiades d. J. vor der Schlacht von Marathon 490 für den Fall ihres Erfolgs, alljährlich je eine Ziege für jeden gefallenen Perser zu opfern; deren große Zahl habe dann eine Beschränkung erforderlich gemacht. Die Schlacht fand am 6. Tag des Monats Boëdromion (nicht Thargelion) statt.*

2.26. Aristoteles[P] (Frg. 191 Rose) sagt, Pythagoras[P] sei von den Krotoniaten »Apollon Hyperboreios« genannt worden. Weiter berichtet (Aristoteles,) Sohn des Nikomachos, dass er (Pythagoras) am selben Tag und zur selben Stunde von vielen Leuten sowohl in Metapontion als auch in Kroton gesehen wurde. In Olympia erhob er sich während der Spiele[S] und zeigte einen goldenen Schenkel. Es sagt derselbe auch, dass er, als er einmal den Fluss Kosas (Basento) überschritt, von diesem begrüßt worden sei, und viele hätten, so sagt er, diesen Gruß gehört.

Teilweise Doppelfassung zu 4.17. Zum Fluss Kosas (den Bakchylides, Epinikia *11.118f. erwähnt) vgl. Burkert 1962, 118f. Anm. 134 (engl. 1972, 142 Anm. 122), der Kásas konjiziert, nicht Kósas. S. auch Corssen 1912, 29–38.*

2.27. Ἀννίκερις ὁ Κυρηναῖος ἐπὶ [τῇ] ἱππείᾳ μέγα ἐφρόνει καὶ ἁρμάτων ἐλάσει. καὶ οὖν ποτε καὶ ἐβουλήθη Πλάτωνι ἐπιδείξασθαι τὴν τέχνην. ζεύξας οὖν τὸ ἅρμα περιήλασεν ἐν Ἀκαδημίᾳ δρόμους παμπόλλους, οὕτως ἀκριβῶς φυλάττων τοῦ δρόμου τὸν στίβον, ὡς μὴ παραβαίνειν τὰς ἁρματοτροχιάς, ἀλλ᾽ ἀεὶ κατ᾽ αὐτὸν ἰέναι. οἱ μὲν οὖν ἄλλοι πάντες ὥσπερ εἰκὸς ἐξεπλάγησαν, ὁ δὲ Πλάτων τὴν ὑπερβάλλουσαν αὐτοῦ σπουδὴν διέβαλεν εἰπών· »ἀδύνατόν ἐστι τὸν εἰς μικρὰ οὕτω καὶ οὐδενὸς ἄξια τοσαύτην φροντίδα κατατιθέμενον ὑπὲρ μεγάλων τινῶν σπουδάσαι· πᾶσαν γὰρ αὐτῷ τὴν διάνοιαν εἰς ἐκεῖνα ἀποτεθεῖσαν ἀνάγκη ὀλιγωρεῖν τῶν ὄντως θαυμάζεσθαι δικαίων.«

2.28. Μετὰ τὴν κατὰ τῶν Περσῶν νίκην Ἀθηναῖοι νόμον ἔθεντο ἀλεκτρυόνας ἀγωνίζεσθαι δημοσίᾳ ἐν τῷ θεάτρῳ μιᾶς ἡμέρας τοῦ ἔτους· πόθεν δὲ τὴν ἀρχὴν ἔλαβεν ὅδε ὁ νόμος ἐρῶ. ὅτε Θεμιστοκλῆς ἐπὶ τοὺς βαρβάρους ἐξῆγε τὴν πολεμικὴν δύναμιν, ἀλεκτρυόνας ἐθεάσατο μαχομένους· οὐδὲ ἀργῶς αὐτοὺς εἶδεν, ἐπέστησε δὲ τὴν στρατιὰν καὶ ἔφη πρὸς αὐτούς· »ἀλλ᾽ οὗτοι μὲν οὔτε ὑπὲρ πατρίδος οὔτε ὑπὲρ πατρῴων θεῶν οὐδὲ μὴν ὑπὲρ προγονικῶν ἠρίων κακοπαθοῦσιν οὐδὲ ὑπὲρ δόξης οὐδὲ ὑπὲρ ἐλευθερίας οὐδὲ ὑπὲρ παίδων, ἀλλ᾽ ὑπὲρ τοῦ μὴ ἡττηθῆναι ἑκάτερος μηδὲ εἶξαι θατέρῳ τὸν ἕτερον.« ἅπερ οὖν εἰπὼν ἐπέρρωσε τοὺς Ἀθηναίους. τὸ τοίνυν γενόμενον αὐτοῖς σύνθημα τότε εἰς ἀρετὴν ἐβουλήθη διαφυλάττειν καὶ εἰς τὰ ὅμοια ἔργα ὑπόμνησιν.

2.29. Πιττακὸς ἐν Μιτυληνῃ κατεσκεύασεν <ἐν> τοῖς ἱεροῖς κλίμακα εἰς οὐδεμίαν μὲν χρῆσιν ἐπιτήδειον, αὐτὸ δὲ τοῦτο

2.27. Annikeris aus Kyrene war stolz auf seine Erfolge im Pferderennen und Wagenlenken. Nun wollte er auch einmal Platon[P] seine Kunst vorführen. Er spannte also den Wagen an und fuhr in der Akademie[P] (dem Hain des Akademos) zahllose Runden. Dabei hielt er den Pfad der Bahn so genau ein, dass er seinen Radspuren immer wieder genau folgte und nie davon abkam. Alle anderen waren erwartungsgemäß erstaunt, Platon aber tadelte seinen übertriebenen Ehrgeiz und sagte: »Unmöglich ist, dass einer, der so viel Sorgfalt auf solch eine unnütze Kleinigkeit verwendet, sich um irgendwelche bedeutenden Dinge kümmert. Sein ganzes Denken ist ja auf jene Nichtigkeiten gerichtet, und so muss er notgedrungen das vernachlässigen, was wirklich Bewunderung verdient.«
Laut Diogenes Laërtios 3.20 hatte Annikeris Platon freigekauft, als dieser in Sklaverei geraten war. Vgl. auch Williams 1996.

2.28. Nach ihrem Sieg über die Perser führten die Athener den Brauch ein, einen öffentlichen Hahnenkampf im Theater an einem Tag im Jahr zu veranstalten. Woher dieser Brauch seinen Ursprung hat, will ich sagen: Als Themistokles[G] gegen die Barbaren das Kriegsheer (Athens) herausführte, sah er zwei Hähne, die miteinander kämpften. Nicht unaufmerksam sah er ihnen zu, sondern ließ das Heer haltmachen und sagte zu ihnen: »Die Hähne dort nehmen Anstrengung und Schmerzen nicht für ihre Heimat auf sich, nicht für die heimischen Götter, nicht für die Gräber der Vorfahren, auch nicht für Ruhm, Freiheit oder für ihre Kinder, sondern jeder der beiden kämpft nur dafür, dass er nicht unterliegt und dem anderen weichen muss.« Mit diesen Worten ermutigte er die Athener, und das Zeichen, das ihnen damals Ansporn zur Tapferkeit gewesen war, wollte er als Mahnung zu ähnlichen Taten bewahren.

2.29. Pittakos ließ in Mitylene in den Heiligtümern Leitern aufstellen, die für keinen praktischen Zweck geeignet, sondern nur

ἀνάθημα εἶναι, αἰνιττόμενος τὴν ἐκ τῆς Τύχης ἄνω καὶ κάτω μετάπτωσιν, τρόπον τινὰ τῶν μὲν εὐτυχούντων ἀνιόντων, κατιόντων δὲ τῶν δυστυχούντων.

2.30. Πλάτων ὁ Ἀρίστωνος τὰ πρῶτα ἐπὶ ποιητικὴν ὥρμησε καὶ ἡρωϊκὰ ἔγραφε μέτρα· εἶτα αὐτὰ κατέπρησεν ὑπεριδὼν αὐτῶν, ἐπεὶ τοῖς Ὁμήρου αὐτὰ ἀντικρίνων ἑώρα κατὰ πολὺ ἡττώμενα. ἐπέθετο οὖν τραγῳδίᾳ καὶ δὴ καὶ τετραλογίαν εἰργάσατο καὶ ἔμελλεν ἀγωνιεῖσθαι, δοὺς ἤδη τοῖς ὑποκριταῖς τὰ ποιήματα. πρὸ τῶν Διονυσίων δὲ παρελθὼν ἤκουσε Σωκράτους, καὶ ἅπαξ αἱρεθεὶς ὑπὸ τῆς ἐκείνου σειρῆνος, τοῦ ἀγωνίσματος οὐ μόνον ἀπέστη τότε, ἀλλὰ καὶ τελέως τὸ γράφειν τραγῳδίαν ἀπέρριψε καὶ ἀπεδύσατο ἐπὶ φιλοσοφίαν.

2.31. Καὶ τίς οὐκ ἂν ἐπῄνεσε τὴν τῶν βαρβάρων σοφίαν; εἴ γε μηδεὶς αὐτῶν εἰς ἀθεότητα ἐξέπεσε, μηδὲ ἀμφιβάλλουσι περὶ θεῶν ἆρά γέ εἰσιν ἢ οὔκ εἰσιν, καὶ ἆρά γε ἡμῶν φροντίζουσιν ἢ οὔ. οὐδεὶς γοῦν ἔννοιαν ἔλαβε τοιαύτην οἵαν Εὐήμερος ὁ Μεσσήνιος ἢ Διογένης ὁ Φρὺξ ἢ Ἵππων ἢ Διαγόρας ἢ Σωσίας ἢ Ἐπίκουρος οὔτε Ἰνδὸς οὔτε Κελτὸς οὔτε Αἰγύπτιος. λέγουσι δὲ τῶν βαρβάρων οἱ προειρημένοι καὶ εἶναι θεοὺς καὶ προνοεῖν ἡμῶν καὶ προσημαίνειν τὰ μέλλοντα καὶ διὰ ὀρνίθων καὶ διὰ συμβόλων καὶ διὰ σπλάγχνων καὶ δι᾽ ἄλλων τινῶν μαθημάτων τε καὶ διδαγμάτων, ἅπερ οὖν ἐστι τοῖς ἀνθρώποις διδασκαλία ἐκ τῆς παρὰ τῶν θεῶν εἰς αὐτοὺς προνοίας. καὶ δι᾽ ὀνείρων δὲ λέγουσι καὶ δι᾽ αὐτῶν τῶν ἀστέρων πολλὰ προδηλοῦσθαι. καὶ

ein Weihgeschenk waren, mit dem er das Auf und Ab der (Schicksalsgöttin) Tyche[A] andeuten wollte, denn die Glücklichen steigen ja gewissermaßen hinauf, die Unglücklichen hinab.
Pittakos war im späten 6. Jh. Tyrann von Mitylene auf der Insel Lesbos; Kritik an ihm äußert etwa Alkaios, Frg. 348 Page.

2.30. Platon[P], Sohn des Ariston, befasste sich anfangs mit Dichtung und schrieb heroische Verse (in Hexametern); dann verbrannte er sie voll Verachtung, da er sah, dass sie dem Vergleich mit den Epen des Homer[L] nicht standhielten und weit schlechter waren. Nun wandte er sich der Tragödie zu und verfasste eine Tetralogie, mit der er sich am Wettbewerb beteiligen wollte; er hatte die Dichtung schon den Schauspielern übergeben, da kam er einmal, noch vor den Dionysien, dazu, als Sokrates[P] sprach, und hörte ihm zu. Sogleich war er so ergriffen von dem Zauber seiner Rede, dass er nicht nur auf seine Teilnahme am (Tragödien-)Wettbewerb verzichtete, sondern auch das Schreiben von Tragödien völlig aufgab und sich der Philosophie zuwandte.
Die wenigen in der Anthologia Palatina *dem Platon zugeschriebenen Verse stammen wohl nicht von dem Philosophen; andere sind nicht erhalten.*

2.31. Wer würde nicht die Philosophie der Barbaren loben? Keiner von ihnen ist ja zum Atheismus abgefallen, und es gibt keinen Zweifel, ob Götter existieren oder nicht und ob diese sich um uns kümmern oder nicht. Solche Ansichten, wie Euhemeros aus Messene, der Phryger Diogenes[P], Hippon, Diagoras[L], Sosias oder Epikuros[P] sie hatten, vertrat jedenfalls weder ein Inder noch ein Kelte noch ein Ägypter. Es sagen die eben genannten der Barbaren, dass es Götter gibt, und auch, dass diese für uns sorgen und die Zukunft vorhersagen, und zwar durch Vögel, Vorzeichen, Eingeweide und andere Lehren und Unterweisungen, die den Menschen Kunde von der göttlichen Vorsorge geben. Auch durch Träume und sogar durch die Sterne, sagen sie, wird vieles vorab offenbart. Und da

ὑπὲρ τούτων ἰσχυρὰν ἔχοντες τὴν πίστιν θύουσί τε καθαρῶς καὶ ἁγνεύουσιν ὁσίως, καὶ τελετὰς τελοῦσι καὶ ὀργίων φυλάττουσι νόμον, καὶ τὰ ἄλλα πράττουσιν ἐξ ὧν ὅτι τοὺς θεοὺς ἰσχυρῶς καὶ σέβουσι καὶ τιμῶσιν ὡμολόγηται.

2.32. Λέγουσί τινες λόγοι Πυθικοὶ τὸν Ἡρακλῆ τὸν Διὸς καὶ Ἀλκμήνης παῖδα ἀπὸ γενεᾶς Ἡρακλῆ μὲν οὐ κεκλῆσθαι, χρόνῳ δὲ ὕστερον ἐλθόντα εἰς Δελφοὺς διά τινα αἰτίαν δεόμενον χρησμοῦ, μήτε ὧν ἧκε χάριν ἀμοιρῆσαι, προσακοῦσαί τε ἐκείνοις καὶ ἰδίᾳ παρὰ τοῦ θεοῦ ταῦτα·

Ἡρακλῆ δέ σε Φοῖβος ἐπώνυμον ἐξονομάζει·
ἦρα γὰρ ἀνθρώποισι φέρων κλέος ἄφθιτον ἕξεις.

2.33. Τὴν τῶν ποταμῶν φύσιν καὶ τὰ ῥεῖθρα αὐτῶν ὁρῶμεν· ὅμως δὲ οἱ τιμῶντες αὐτοὺς καὶ τὰ ἀγάλματα αὐτῶν ἐργαζόμενοι οἱ μὲν ἀνθρωπομόρφους αὐτοὺς ἱδρύσαντο, οἱ δὲ βοῶν εἶδος αὐτοῖς περιέθηκαν. βουσὶ μὲν οὖν εἰκάζουσιν οἱ Στυμφάλιοι μὲν τὸν Ἐρασῖνον καὶ τὴν Μετώπην, Λακεδαιμόνιοι δὲ τὸν Εὐρώταν, Σικυώνιοι δὲ καὶ Φλιάσιοι τὸν Ἀσωπόν, Ἀργεῖοι δὲ τὸν Κηφισόν· ἐν εἴδει δὲ ἀνδρῶν Ψωφίδιοι τὸν Ἐρύμανθον, τὸν δὲ Ἀλφειὸν Ἡραιεῖς, Χερρονήσιοι δὲ οἱ ἀπὸ Κνίδου καὶ αὐτοὶ τὸν αὐτὸν ποταμὸν ὁμοίως, Ἀθηναῖοι δὲ τὸν Κηφισὸν ἄνδρα

sie einen so festen Glauben daran haben, bringen sie ihre Opfer rein dar und üben kultische Enthaltsamkeit, feiern Mysterien und bewahren die Regeln der geheimen Bräuche. Dies und anderes, was sie tun, macht eindeutig klar, dass sie mit großem Eifer die Götter achten und verehren.

Euhemeros schrieb um 300 ein heute verlorenes Werk, in dem er die Götter als erfolgreiche Menschen vorstellte, die erst Könige und dann Götter geworden seien. Diogenes und Hippon waren Naturphilosophen des 5. Jh.s.

2.32. Es sagen pythische (in Delphi überlieferte) *Logoi*[L], dass Herakles, der Sohn des Zeus und der Alkmene, seit seiner Geburt Alkaios genannt wurde; einige Zeit später jedoch, als er einmal nach Delphi kam, um aus irgendeinem Grund das (Apollon-)Orakel zu befragen, bekam er nicht nur die Antwort, derentwegen er gekommen war, sondern hörte von der Gottheit außerdem noch Folgendes, was ihn persönlich betraf:

»Herakles sei der Name, der dir von Phoibos (Apollon) gegeben;
weil du den Menschen freundlich, wirst ewigen Ruhm du haben.«

(Parke/Wormell 1956, nr. 443).

Das Orakel deutet den Namen des Herakles etymologisch als Verbindung von ēra *(»Freundlichkeit«), also nicht – wie sonst üblich – als Bezug auf die Göttin Hera, und von* kleos *(»Ruhm«).*

2.33. Wir haben die Natur der Flüsse vor Augen und sehen, wie sie fließen. Dennoch verehrt man sie mit Standbildern, denen man die Gestalt von Menschen oder das Aussehen von Rindern gibt. Einem Rind ähnlich gestalten etwa die Stymphalier den Erasinos und die Metope, die Lakedaimonier den Eurotas, die Sikyonier und die Phliasier den Asopos und die Argiver den Kephissos. In der Gestalt eines Mannes dagegen stellen die Psophidier den Erymantos dar, den Alpheios die Heraier, ebenso die Cherronesier von Knidos denselben Fluss in ähnlicher Weise. Die Athener zeigen ihren Ke-

μὲν δεικνύουσι ἐν προτομῇ, κέρατα δὲ ὑποφαίνοντα. καὶ ἐν Σικελίᾳ δὲ Συρακούσιοι μὲν τὸν Ἄναπον ἀνδρὶ εἴκασαν, τὴν δὲ Κυάνην πηγὴν γυναικὸς εἰκόνι ἐτίμησαν· Αἰγεσταῖοι δὲ τὸν Πόρπακα καὶ τὸν Κριμισὸν καὶ τὸν Τελμησσὸν ἀνδρῶν εἴδει τιμῶσιν. Ἀκραγαντῖνοι δὲ τὸν ἐπώνυμον τῆς πόλεως ποταμὸν παιδὶ ὡραίῳ εἰκάσαντες θύουσιν. οἱ δὲ αὐτοὶ καὶ ἐν Δελφοῖς ἀνέθεσαν ἐλέφαντος διαγλύψαντες ἄγαλμα, καὶ ἐπέγραψαν τὸ τοῦ ποταμοῦ ὄνομα· καὶ παιδός ἐστι τὸ ἄγαλμα.

Vgl. Stephanos von Byzantion, Ethnika *s. v. Cherronesos; s. u. S. 426f. Testimonien zum Text.*

2.34. Ἐπίχαρμόν φασι πάνυ σφόδρα πρεσβύτην ὄντα, μετά τινων ἡλικιωτῶν ἐν λέσχῃ καθήμενον, ἐπεὶ ἕκαστος τῶν παρόντων ἔλεγεν, ὁ μέν τις· »ἐμοὶ πέντε ἔτη ἀπόχρη βιῶναι,« ἄλλος δέ· »ἐμοὶ τρία,« τρίτου δὲ εἰπόντος· »ἐμοί γε τέτταρα,« ὑπολαβὼν ὁ Ἐπίχαρμος »ὦ βέλτιστοι,« εἶπε, »τί στασιάζετε καὶ διαφέρεσθε ὑπὲρ ὀλίγων ἡμερῶν; πάντες γὰρ οἱ συνελθόντες κατά τινα δαίμονα ἐπὶ δυσμαῖς ἐσμεν· ὥστε ὥρα πᾶσιν ἡμῖν τὴν ταχίστην ἀνάγεσθαι πρὸ τοῦ καί τινος ἀπολαῦσαι κακοῦ πρεσβυτικοῦ.«

2.35. Γοργίας ὁ Λεοντῖνος ἐπὶ τέρματι ὢν τοῦ βίου καὶ γεγηρακὼς εὖ μάλα ὑπό τινος ἀσθενείας καταληφθείς, κατ' ὀλίγον εἰς ὕπνον ὑπολισθαίνων ἔκειτο. ἐπεὶ δέ τις <εἰς> αὐτὸν παρῆλθε τῶν ἐπιτηδείων ἐπισκοπούμενος καὶ ἤρετο τί πράττοι, ὁ Γοργίας ἀπεκρίνατο· »ἤδη με ὁ ὕπνος ἄρχεται παρακατατίθεσθαι τῷ ἀδελφῷ.«

Vgl. Stobaios 4.51.22.

phissos mit dem Kopf eines Mannes, der jedoch Hörner trägt. Und auf Sizilien gaben die Syrakusaner dem Anapos das Aussehen eines Mannes, die Quelle Kyane aber verehren sie in dem Bild einer Frau; die Aigestaner verehren den Porpax, den Krimesos und den Telmessos in Gestalt von Männern. Die Akragantiner stellen den Fluss, der ihrer Stadt den Namen gibt, als schönen Jungen dar und bringen ihm so ihre Opfer. Sie haben auch in Delphi eine aus Elfenbein geschnitzte Statue geweiht, auf die sie den Namen des Flusses schrieben; und diese Statue zeigt einen Jungen.
Zur antiken Verehrung von Flussgottheiten, für die dieses Kapitel ein wichtiges Zeugnis ist, vgl. etwa Weiss 1984, 60–61.

2.34. Epicharmos[L] war, wie man sagt, schon ein sehr alter Mann, als er einmal mit einigen Gleichaltrigen bei einer *Lesche* (Plauderei) beisammensaß. Jeder der Anwesenden äußerte seine Meinung; einer sagte: »Mir würde es genügen, wenn ich noch fünf Jahre zu leben hätte«, ein anderer: »Mir drei«, und ein dritter: »Mir vier«. Da ergriff Epicharmos das Wort und sagte: »Ihr Besten, warum streitet ihr euch denn und könnt euch nicht einig werden um ein paar Tage? Wir alle, die wir hier gerade zusammen sind, stehen doch schon am Ende unseres Lebens. Also sollten wir uns alle beeilen, uns so schnell wie möglich davonzumachen, bevor uns noch eines der Übel des Alters ereilt.«

2.35. Gorgias[P] von Leontinoi war dem Ende seines Lebens nahe und schon sehr alt, als er von einer Krankheit ergriffen wurde, bald immer schläfriger wurde und dalag. Als einer seiner Gefährten zu ihm kam, um nach ihm zu sehen, und fragte, wie es ihm gehe, antwortete Gorgias: »Schon beginnt der Schlaf, mich seinem Bruder zu übergeben.«
Gorgias soll 100 Jahre alt geworden sein (um 480 – um 380). Der Tod als »Schlafes Bruder« erscheint schon in Homers Ilias *(14.231 und 16.672).*

2.36. Ἰσοκράτης δὲ καὶ αὐτὸς βαθύτατα γηρῶν εἶτα νόσῳ περιπεσών, ἐπεί τις αὐτὸν ἠρώτησε πῶς ἔχει, »καλῶς« εἶπε »πρὸς ἀμφότερα· ἐὰν μὲν γὰρ ζῶ, ζηλωτὰς ἕξω πλείονας· ἐὰν δὲ ἀποθάνω, ἐπαινέτας πλείονας.«

2.37. Ζαλεύκου τοῦ Λοκροῦ πολλοὶ μέν εἰσι καὶ ἄλλοι νόμοι κάλλιστα καὶ εἰς δέον κείμενοι, καὶ οὗτος δὲ οὐχ ἥκιστα. εἴ τις Λοκρῶν τῶν Ἐπιζεφυρίων νοσῶν ἔπιεν οἶνον ἄκρατον, μὴ προστάξαντος τοῦ θεραπεύοντος, εἰ καὶ περιεσώθη, θάνατος ἡ ζημία ἦν αὐτῷ, ὅτι μὴ προσταχθὲν αὐτῷ ὁ δὲ ἔπιεν.

2.38. Νόμος καὶ οὗτος Μασσαλιωτικός, γυναῖκας μὴ ὁμιλεῖν οἴνῳ, ἀλλ᾽ ὑδροποτεῖν πᾶσαν γυναικῶν ἡλικίαν. λέγει δὲ Θεόφραστος καὶ παρὰ Μιλησίοις τὸν νόμον τοῦτον ἰσχύειν καὶ <μὴ> πείθεσθαι αὐτῷ τὰς Ἰάδας, ἀλλὰ τὰς Μιλησίων γυναῖκας. τί δὲ οὐκ ἂν εἴποιμι καὶ τὸν Ῥωμαίων νόμον; καὶ πῶς οὐκ ὀφλήσω δικαίως ἀλογίαν, εἰ τὰ μὲν Λοκρῶν καὶ Μασσαλιωτῶν καὶ τὰ Μιλησίων διὰ μνήμης ἐθέμην, τὰ δὲ τῆς ἐμαυτοῦ πατρίδος ἀλόγως ἐάσω; οὐκοῦν καὶ Ῥωμαίοις ἦν ἐν τοῖς μάλιστα νόμος ὅδε ἐρρωμένος. οὔτε ἐλευθέρα γυνὴ ἔπιεν ἂν οἶνον οὔτε οἰκέτις, οὐδὲ μὴν τῶν εὖ γεγονότων οἱ ἀφ᾽ ἥβης μέχρι πέντε καὶ τριάκοντα ἐτῶν.

2.36. Isokrates[L] war ebenfalls schon sehr alt und krank geworden, als einer ihn fragte, wie es ihm gehe. »Gut«, sagte er, »in beiden möglichen Fällen: Wenn ich nämlich am Leben bleibe, werde ich noch mehr Anhänger haben, wenn ich aber sterbe, mehr Lobredner.«
Die Codices überliefern als Namen Sokrates (eine naheliegende Verschreibung). Der Redner Isokrates wurde sehr alt (436–338).

2.37. Von Zaleukos[G] von Lokroi (Locri in Süditalien) gibt es auch sonst viele sehr schöne und nutzbringende Gesetze und insbesondere nicht zuletzt dieses: Wenn einer der epizephyrischen (»westlichen«) Lokroi bei Krankheit unverdünnten Wein trank, obwohl der Heilende es nicht verordnet hatte, wurde er mit dem Tod bestraft, selbst wenn er überlebte, weil er etwas ihm nicht Verordnetes getrunken hatte.
Vgl. Athenaios 429a–b.

2.38. Ein solches Gesetz gab es bei den Leuten von Massalia, dass Frauen keinen Wein zu sich nehmen durften, sondern Frauen jeden Alters Wasser trinken sollten. Es sagte Theophrastos[P] (Frg. 579A Fortenbaugh/Huby/Sharples), auch bei den Leuten von Milet sei dieses Gesetz in Kraft, und nicht alle Ionierinnen befolgten es, sondern nur die Milesierinnen. Warum aber sollte ich nicht auch ein römisches Gesetz nennen? Schuldete ich nicht mit Recht eine Bitte um Verzeihung, wenn ich, nachdem ich die Angelegenheiten der Lokrer, der Massalioten und der Milesier in Erinnerung gerufen habe, die meines eigenen Vaterlandes stillschweigend überginge? Also, auch bei den Römern wurde dieses Gesetz mit den wichtigsten angewandt: Keine Frau – weder eine Freie noch eine Sklavin – hätte je Wein getrunken. Selbst Männer von edler Abstammung tranken nicht, bevor sie nicht das 35. Lebensjahr erreicht hatten.
Vgl. Athenaios 429ab.

2.39. Κρῆτες δὲ τοὺς παῖδας τοὺς ἐλευθέρους μανθάνειν ἐκέλευον τοὺς νόμους μετά τινος μελῳδίας, ἵνα ἐκ τῆς μουσικῆς ψυχαγωγῶνται καὶ εὐκολώτερον αὐτοὺς τῇ μνήμῃ παραλαμβάνωσι καὶ ἵνα μή τι τῶν κεκωλυμένων πράξαντες ἀγνοίᾳ πεποιηκέναι ἀπολογίαν ἔχωσι. δεύτερον δὲ μάθημα ἔταξαν τοὺς τῶν θεῶν ὕμνους μανθάνειν, τρίτον τὰ τῶν ἀγαθῶν ἀνδρῶν ἐγκώμια.

2.40. Πᾶν μὲν ὅσον ἄλογόν ἐστιν ἀλλοτρίως πρὸς οἶνον πέφυκε, μάλιστα δὲ τῶν ζῴων ἐκεῖνα, ὅσα σταφυλῆς ἢ γιγάρτων ὑπερπλησθέντα μεθύει. καὶ οἱ κόρακες δὲ τὴν καλουμένην οἰνοῦτταν βοτάνην ὅταν φάγωσι, καὶ οἱ κύνες δὲ καὶ αὐτοὶ βακχεύονται. πίθηκος δὲ καὶ ἐλέφας ἐὰν οἴνου πίωσιν, ὁ μὲν τῆς ἀλκῆς ἐπιλανθάνεται ὁ ἐλέφας, ὁ δὲ τῆς πανουργίας· καί εἰσιν αἱρεθῆναι πάνυ ἀσθενεῖς.

2.41. Φιλοπόται δὲ λέγονται γενέσθαι Διονύσιος ὁ Σικελίας τύραννος, καὶ Νυσαῖος καὶ οὗτος τύραννος, καὶ Ἀπολλοκράτης ὁ Διονυσίου τοῦ τυράννου υἱός, καὶ Ἱππαρῖνος Διονυσίου ὢν υἱὸς καὶ οὗτος, καὶ Τιμόλαος ὁ Θηβαῖος καὶ Χαρίδημος ὁ Ὠρείτης καὶ Ἀρκαδίων καὶ Ἐρασίξενος καὶ Ἀλκέτας ὁ Μακεδὼν καὶ Διότιμος ὁ Ἀθηναῖος. οὗτός τοι καὶ Χώνη ἐπεκαλεῖτο· ἐντιθέμενος γὰρ τῷ στόματι χώνην ἀδιαλείπτως ἐχώρει τὸν εἰσχεόμενον οἶνον. Κλεομένης δὲ ὁ Λακεδαιμόνιος οὐ μόνον φασὶν ὅτι πολυπότης ἦν, ἀλλὰ γὰρ προστιθέασιν αὐτῷ καὶ τοῦτο δήπου τὸ Σκυθικὸν κακόν, ὅτι ἀκρατοπότης ἐγένετο.

Καὶ Ἴωνα δὲ τὸν Χῖον τὸν ποιητὴν καὶ αὐτόν φασι περὶ τὸν οἶνον ἀκρατῶς ἔχειν.

Καὶ Ἀλέξανδρος δὲ ὁ Μακεδὼν ἐπὶ Καλανῷ τῷ Βραχμᾶνι, τῷ Ἰνδῶν σοφιστῇ, ὅτε ἑαυτὸν ἐκεῖνος κατέπρησεν, ἀγῶνα

2.39. Die Kreter ordneten an, dass die freigeborenen Kinder die Gesetze mit einer Melodie lernen, damit sie, vom Klang der Musik in der Seele geleitet, sowohl sie leichter ins Gedächtnis aufnehmen als auch später, wenn sie etwas Verbotenes täten, nicht Unwissen als Entschuldigung anführen könnten. Als zweiten Lehrgegenstand bestimmten sie das Erlernen der Götterhymnen, als dritten die Lieder zum Ruhm tapferer Männer.

2.40. Jedem vernunftlosen Wesen ist von Natur aus Wein zuwider, am meisten aber jenen Tieren, die berauscht werden, wenn sie zu viele Trauben und Weinbeeren fressen. Raben, die von der sogenannten *Oinutta*-Pflanze gefressen haben, und auch die Hunde geraten in bakchische Raserei. Wenn ein Affe oder ein Elefant Wein trinkt, verliert der Elefant seine Kraft, der andere seine Frechheit; so werden sie schwach und man kann sie fangen.
Vgl. Athenaios 429d.

2.41. Trinker waren, wie man sagt, Dionysios (I.)[G], der Tyrann Siziliens, (sein Sohn) Nysaios, auch er Tyrann, Apollokrates, Sohn des Tyrannen Dionysios (I.), und Hipparinos, auch er dessen Sohn, Timolaos aus Theben, Charidemos aus Oreos, Arkadion, Erasixenos, Alketas aus Makedonien und Diotimos aus Athen. Dieser wurde auch »Trichter« genannt; er setzte sich nämlich einen Trichter auf den Mund und trank, ohne Luft zu holen, den hineingegossenen Wein. Der Lakedaimonier Kleomenes (I.)[G] trank, wie man sagt, nicht nur viel, sondern, wie man hinzufügt, dies auch in der schlechten skythischen Art, dass er den Wein ungemischt trank.

Auch über den Dichter Ion[L] von Chios sagt man, er sei bezüglich des Weins selbst unvermischt gewesen.

Auch Alexandros (d. Gr.)[G] von Makedonien ließ für den Brahmanen Kalanos, den indischen Weisen (s. u. 5.6), weil der sich selbst verbrannt hatte, einen Wettkampf ausrichten in musischen,

μουσικῆς καὶ ἱππικῶν καὶ ἀθλητῶν διέθηκε. χαριζόμενος δὲ τοῖς Ἰνδοῖς καί τι ἐπιχώριον αὐτῶν ἀγώνισμα εἰς τιμὴν τοῦ Καλανοῦ συγκατηρίθμησε τοῖς ἄθλοις τοῖς προειρημένοις. οἰνοποσίας γοῦν ἀγωνίαν προὔθηκε, καὶ ἦν τῷ μὲν τὰ πρῶτα φερομένῳ τάλαντον τὸ γέρας, τῷ δὲ δευτέρῳ τριάκοντα μναῖ, τῷ γε μὴν τρίτῳ δέκα. ὁ δὲ τὰ νικητήρια ἀναδησάμενος ἐν αὐτοῖς ἦν Πρόμαχος.

Καὶ ἐκ Διονυσίου δὲ τῇ τῶν Χοῶν ἑορτῇ προὔκειτο ἆθλον τῷ πιόντι πλέον στέφανος χρυσοῦς. καὶ ἐνίκησε Ξενοκράτης ὁ Χαλκηδόνιος, καὶ τὸν στέφανον λαβών, ὅτε ἐπανῄει μετὰ τὸ δεῖπνον, τῷ Ἑρμῇ τῷ πρὸ τῶν θυρῶν ἑστῶτι ἐπέθηκεν αὐτὸν κατὰ τὸ ἔθος τῶν ἔμπροσθεν ἡμερῶν· καὶ γὰρ καὶ τοὺς ἀνθεινοὺς καὶ τοὺς ἐκ τῆς μυρρίνης καὶ τὸν ἐκ τοῦ κιττοῦ καὶ τὸν ἐκ τῆς δάφνης ἐνταῦθα ἀνέπαυσε καὶ ἀπέλιπε.

Καὶ Ἀνάχαρσις δὲ πάμπολυ, φασίν, ἔπιε παρὰ Περιάνδρῳ, τοῦτο μὲν καὶ οἴκοθεν ἑαυτῷ ἐπαγόμενος τὸ ἐφόδιον· Σκυθῶν γὰρ ἴδιον τὸ πίνειν ἄκρατον.

Καὶ Λακύδης δὲ καὶ Τίμων οἱ φιλόσοφοι, καὶ τούτους φασὶ πάμπολυ πιεῖν.

Καὶ Μυκερῖνος δὲ ὁ Αἰγύπτιος, ὅτε αὐτῷ τὸ ἐκ Βουτοῦς μαντεῖον ἀφίκετο προλέγον τὴν τοῦ βίου στενοχωρίαν, εἶτα ἐβουλήθη σοφίσασθαι τὸ λόγιον ἐκεῖνος, διπλασιάζων τὸν χρόνον καὶ ταῖς ἡμέραις προστιθεὶς τὰς νύκτας, διετέλει καὶ αὐτὸς ἀγρυπνῶν καὶ πίνων ἅμα. τίθει μετὰ τούτων καὶ Ἄμασιν τὸν Αἰγύπτιον, ἐπεί τοι καὶ Ἡρόδοτος ἱκανὸς τεκμηριῶσαι.

Καὶ Νικοτέλην δὲ τὸν Κορίνθιον οὐ χρὴ ἀπὸ τούτων τάττειν, καὶ Σκόπαν τὸν Κρέοντος υἱόν. καὶ Ἀντίοχον τὸν βασιλέα φασὶν οἰνεραστὴν γενέσθαι. διὰ ταῦτά τοι καὶ τὴν βασιλείαν αὐτῷ διῴκουν Ἄριστός τε καὶ Θεμίσων οἱ Κύπριοι, αὐτὸς δὲ διὰ τὴν πολυποσίαν ἐπεγέγραπτο τῇ ἀρχῇ ἄλλως. καὶ ὁ Ἐπιφανὴς δὲ

Pferde- und athletischen Disziplinen. Um den Indern einen Gefallen zu erweisen, fügte er noch einen (dort) landesüblichen zur Ehren des Kalanos zu den eben genannten Wettkämpfen hinzu: Er veranstaltete einen Wettstreit im Weintrinken. Der Preis für den ersten Sieger war 1 Talent[A], für den Zweiten 30 Minen[A], für den Dritten 10. Unter den Teilnehmern war Promachos derjenige, der den Sieg errang.

Auch war von Dionysios (I.)[G] beim Choënfest für den, der am meisten trank, ein goldener Kranz als Preis ausgesetzt worden. Sieger wurde Xenokrates aus Chalkedon. Er nahm den Kranz; nachdem er nach dem Mahl heimgekehrt war, setzte er ihn, wie gewöhnlich, der Herme (s. o. S. 10) vor seiner Tür auf; auch sonst hatte er nämlich seine Blumen-, Myrten-, Efeu- und Lorbeerkränze dort abgelegt und zurückgelassen.

Auch Anacharsis[G] trank, sagt man, bei Periandros sehr viel – eine Angewohnheit, die er aus seiner Heimat mitgebracht hatte. Den Skythen ist es nämlich eigentümlich, den Wein ungemischt zu trinken.

Auch die Philosophen Lakydes[P] und Timon[P] haben, sagt man, ebenfalls sehr viel getrunken.

Auch wollte der Ägypter Mykerinos, als für ihn aus Buto das Orakel kam, das eine nurmehr kurze Lebenszeit vorhersagte, den Orakelspruch schlau umgehen und seine Zeit verdoppeln, indem er auch die Nächte zu Tagen machte. So blieb er die ganze Zeit wach und zechte. Man fügt auch noch den Ägypter Amasis hinzu, nachdem Herodot[L] (2.174) dafür ein hinreichendes Zeugnis gibt.

Auch den Nikoteles aus Korinth darf man in der Reihe dieser Leute nicht auslassen, ebenso nicht Skopas, Sohn des Kreon. Auch König Antiochos (II.)[G] war, sagt man, ein Weinliebhaber. Deshalb verwalteten auch Aristos und Themison, beide aus Kypros (Zypern), die Königsherrschaft für ihn, während er selbst wegen seiner Trunksucht nur dem Namen nach Herrscher war. Auch Antiochos (IV.)[G], der den Beinamen Epiphanes trug und den Römern

κληθεὶς Ἀντίοχος ὁ Ῥωμαίοις δοθεὶς ὅμηρος, καὶ οὗτος ἀκρατῶς ἐδίψη οἴνου πίνειν. καὶ ὁ ὁμώνυμος δὲ τούτου Ἀντίοχος ὁ <ἐν> Μήδοις πρὸς Ἀρσάκην πολεμήσας, καὶ οὗτος ἦν τοῦ πίνειν δοῦλος. καὶ ὁ Μέγας δὲ καλούμενος Ἀντίοχος, καὶ οὗτος σὺν τούτοις τετάχθω.

Καὶ Ἄγρωνα δὲ τὸν Ἰλλυριῶν βασιλέα ἀπέκτεινεν ἡ πρὸς τὸν οἶνον ἄδικος ὁρμή, καὶ αὐτῷ πλευρῖτιν ἐνειργάσατο. καὶ ἕτερος Ἰλλυριῶν βασιλεὺς Γένθιος, πίνειν καὶ οὗτος εἴθιστο ἀκρατῶς. τόν γε μὴν Καππαδόκων βασιλέα Ὀροφέρνην τί τοῦτον ἐάσομεν, καὶ ἐκεῖνον πιεῖν γενόμενον δεινόν;

Εἰ δὲ χρὴ καὶ γυναικῶν μνημονεῦσαι, ἄτοπον μὲν γυνὴ φιλοπότις, καὶ πολυπότις ἔτι πλέον, εἰρήσθω δ' οὖν καὶ περὶ τούτων. Κλεώ, φασιν, εἰς ἅμιλλαν ἰοῦσα οὐ γυναιξὶ μόναις ἀλλὰ καὶ τοῖς ἀνδράσι τοῖς συμπόταις δεινοτάτη πιεῖν ἦν, καὶ ἐκράτει πάντων, αἴσχιστόν γε τοῦτο φερομένη τὸ νικητήριον ὥς γε ἐμοὶ κριτῇ.

2.42. Ἡ Πλάτωνος δόξα καὶ ὁ τῆς κατ' αὐτὸν ἀρετῆς λόγος καὶ εἰς Ἀρκάδας ἀφίκετο καὶ Θηβαίους, καὶ οὖν καὶ ἐδεήθησαν αὐτοῦ πρέσβεις ἀποστείλαντες σὺν τῇ ἀνωτάτω σπουδῇ ἀφικέσθαι σφίσι τὸν ἄνδρα οὐκ ἐπὶ μόνῃ τῇ τῶν νέων προστασίᾳ, οὐδ' ἵνα αὐτοῖς συγγένηται ἐπὶ τοῖς λόγοις τοῖς κατὰ φιλοσοφίαν, ἀλλὰ γὰρ καὶ τὸ ἔτι τούτων μεῖζον νομοθέτην αὐτὸν ἐκάλουν. οὔκουν

als Geisel gegeben worden war – auch er war beim Weintrinken maßlos. Auch sein Namensvetter Antiochos (VII.)[G], der in Medien (Persien) gegen Arsakes (Phraates II.) Krieg führte – auch er war sklavisch dem Trunk ergeben. Auch Antiochos (III.)[G], den man »den Großen« nennt – auch den muss man zu diesen Leuten zählen.

Auch Agron, den König der Illyrer, tötete sein sträflicher Drang zum Wein sogar, nachdem er vorher davon Seitenstechen bekommen hatte. Ein anderer Illyrerkönig, Genthios, pflegte gleichfalls unmäßig zu trinken. Warum sollten wir den Kappadokerkönig Orophernes auslassen, der auch ein gewaltiger Trinker war?

Wenn man auch Frauen in Erinnerung rufen muss – es ist zwar nicht üblich, dass eine Frau gerne trinkt, noch weniger, dass sie viel trinkt –, dann soll nun auch von ihnen die Rede sein: Kleo, sagt man, nahm es nicht nur mit weiblichen, sondern auch mit männlichen Zechkumpanen auf und war am gewaltigsten im Trinken; zwar besiegte sie alle, doch war dieser Sieg ganz schändlich, wie jedenfalls ich urteile.

Vgl. Athenaios 435d–440d. Timolaos (4. Jh.) wird von Demosthenes 18.295 erwähnt; Arkadion ist Ziel eines erhaltenen Spottepigramms (s. Page 1981, 444). Das Choënfest (»Kannenfest«) war in Athen der zweite Tag des dem Weingott Dionysos gewidmeten Anthesterien-Festes. Der ägyptische König Mykerinos wird in diesem Zusammenhang von Herodot 2.133 und 174 genannt. Könige von Illyrien waren Agron im 3. Jh. (ihn erwähnt auch Polybios 2.2.4) und Genthios 180–168. Orophernes war König von Kappadokien 158–156.

2.42. Der Ruhm des Platon[P] und der *Logos*[L] von der Tugend bei ihm kamen auch zu den Arkadern und Thebanern, und so schickten sie Gesandte zu ihm und baten ihn mit dem äußersten Eifer, er möge zu ihnen kommen, und zwar nicht nur zur Anleitung der jungen Leute, so dass er nicht nur mit ihnen philosophische Fragen erörtere, sondern auch zu einer noch größeren Aufgabe als dieser, nämlich als ihr Gesetzgeber. Doch sollten sie den Mann nicht be-

ἔμελλον ἀτυχήσειν τοῦ ἀνδρός· καὶ γὰρ ἥσθη ὁ τοῦ Ἀρίστωνος τῇ κλήσει καὶ δὴ καὶ ἔμελλεν ὑπακούσεσθαι. ἤρετο μέντοι τοὺς ἥκοντας πῶς ἔχουσι πρὸς τὸ ἴσον ἔχειν ἅπαντας. ἐπεὶ δὲ ἔμαθε παρ᾽ αὐτῶν ὅτι καὶ πάνυ ἀλλοτρίως οὐδὲ πείσει αὐτοὺς τιμᾶν τὴν ἰσονομίαν, ἀπείπατο τὴν πρὸς αὐτοὺς ἐπιδημίαν.

2.43. Πενέστατοι ἐγένοντο οἱ ἄριστοι τῶν Ἑλλήνων· Ἀριστείδης ὁ Λυσιμάχου καὶ Φωκίων ὁ Φώκου καὶ Ἐπαμεινώνδας ὁ Πολύμνιδος καὶ Πελοπίδας ὁ Θηβαῖος καὶ Λάμαχος ὁ Ἀθηναῖος καὶ Σωκράτης ὁ Σωφρονίσκου καὶ Ἐφιάλτης δὲ ὁ Σοφωνίδου καὶ ἐκεῖνος.

Vgl. Stobaios 4.32a.10.

2.44. Θέωνος τοῦ ζωγράφου πολλὰ μὲν καὶ ἄλλα ὁμολογεῖ τὴν χειρουργίαν ἀγαθὴν οὖσαν, ἀτὰρ οὖν καὶ τόδε τὸ γράμμα· ὁπλίτης ἐστὶν ἐκβοηθῶν, ἄφνω τῶν πολεμίων εἰσβαλλόντων καὶ δῃούντων ἅμα καὶ κειρόντων τὴν γῆν· ἐναργῶς δὲ [καὶ] πάνυ ἐκθύμως ὁ νεανίας ἔοικεν ὁρμῶντι εἰς τὴν μάχην, καὶ εἶπες ἂν αὐτὸν ἐνθουσιᾶν, ὥσπερ ἐξ Ἄρεος μανέντα. γοργὸν μὲν αὐτῷ βλέπουσιν οἱ ὀφθαλμοί, τὰ δὲ ὅπλα ἁρπάσας ἔοικεν ᾗ ποδῶν ἔχει ἐπὶ τοὺς πολεμίους ᾄττειν. προβάλλεται δὲ ἐντεῦθεν ἤδη τὴν ἀσπίδα καὶ γυμνὸν ἐπισείει τὸ ξίφος φονῶντι ἐοικὼς καὶ σφαγὴν βλέπων καὶ ἀπειλῶν δι᾽ ὅλου τοῦ σχήματος ὅτι μηδενὸς φείσεται. καὶ πλέον οὐδὲν περιείργασται τῷ Θέωνι, οὐ λοχίτης οὐ ταξίαρχος οὐ λοχαγὸς οὐχ ἱππεὺς οὐ τοξότης, ἀλλ᾽ ἀπέχρησέν

kommen: Zwar freute sich (Platon,) Sohn des Ariston, über die Einladung und wollte ihr bereits Folge leisten. Er fragte allerdings diejenigen, die zu ihm gekommen waren, wie sie dazu stünden, dass alle gleichen Anteil haben. Als er erfuhr, bei ihnen sei man ganz anderer Überzeugung und er werde auch sie nicht überreden, die Isonomie (Gleichheit der Anteilhabe) zu achten, lehnte er es ab, zu ihnen umzuziehen.
Platon ist sonst nicht für egalitäre Haltungen bekannt; vielleicht wurde die Geschichte ursprünglich über einen anderen Denker erzählt.

2.43. Sehr arm waren die besten der Griechen: Aristeides[G], Sohn des Lysimachos, Phokion[G], Sohn des Phokos, Epameinondas[G], Sohn des Polymnis, Pelopidas[G] aus Theben, Lamachos aus Athen, Sokrates[P], Sohn des Sophroniskos, und Ephialtes[G], Sohn des Sophonides.
Vgl. ausführlicher u. 11.9. Lamachos († 414) war ein Feldherr Athens.

2.44. Von Theon[K], dem Maler, gibt es vieles, das von seiner großen Kunstfertigkeit zeugt, besonders aber auch folgendes Bild: Ein Hoplit[A] rückt zur Hilfeleistung aus, weil plötzlich die Feinde eingefallen sind und das Land verwüsten und verheeren. Man sieht dem jungen Mann deutlich den leidenschaftlichen Mut an, mit dem er sich in den Kampf stürzt. Man könnte fast sagen, er sei in Ekstase, wie wenn Ares ihn zur Raserei getrieben habe. Kämpferisch blicken seine Augen, er hat die Waffen ergriffen und scheint, so schnell es die Füße erlauben, zu den Feinden zu stürmen. Schon hat er dort den Schild vorgehalten; das Schwert gezückt, blutgierig, mit mordlüsternem Blick schwingt er es; mit seiner ganzen Haltung droht er, keinen schonen zu wollen. Mehr hat Theon auf diesem Bild nicht ausgeführt, keinen *Lochites* (in derselben Reihe eingesetzten Soldaten), keinen *Taxiarchos* (Anführer einer Abteilung), keinen *Lochagos* (Anführer einer Reihe), keinen Reiter, keinen Bo-

οἱ καὶ ὁ εἷς ὁπλίτης οὗτος πληρῶσαι τὴν τῆς εἰκόνος ἀπαίτησιν. οὐ πρότερόν γε μὴν ὁ τεχνίτης ἐξεκάλυψε τὴν γραφὴν οὐδὲ ἔδειξε τοῖς ἐπὶ τὴν θέαν συνειλεγμένοις πρὶν ἢ σαλπιγκτὴν παρεστήσατο καὶ προσέταξεν αὐτῷ τὸ παρορμητικὸν ἐμπνεῦσαι μέλος διάτορόν τε καὶ γεγωνὸς ὅτι μάλιστα καὶ οἷον εἰς τὴν μάχην ἐγερτήριον. ἅμα τε οὖν τὸ μέλος ἠκούετο τραχὺ καὶ φοβερὸν καὶ οἷον εἰς ὁπλιτῶν ἔξοδον ταχέως ἐκβοηθούντων μελῳδοῦσι σάλπιγγες, καὶ ἐδείκνυτο ἡ γραφὴ καὶ ὁ στρατιώτης ἐβλέπετο, τοῦ μέλους ἐναργεστέραν τὴν φαντασίαν τοῦ ἐκβοηθοῦντος ἔτι καὶ μᾶλλον παραστήσαντος.

genschützen; dieser eine Hoplit genügte ihm, die Idee seines Bildes vollkommen auszudrücken. Nicht eher enthüllte der Künstler sein Gemälde und zeigte es denen, die sich zur Besichtigung eingefunden hatten, als er einen Trompeter daneben aufgestellt und ihm befohlen hatte, das Angriffssignal zu blasen, so laut und vernehmlich wie möglich, als ob es zum Kampf rufe. Sobald man nun die wilde und schreckenerregende Melodie hörte und gleichsam die Trompeten zum raschen Ausrücken der Hopliten[A] in den Kampf riefen, wurde das Bild gezeigt und man sah den Krieger, wobei die Musik den Eindruck verstärkte, einen Mann zu sehen, der zu Hilfe und weiterem Beistand ausrückt.

Γ

3.1. Φέρε οὖν καὶ τὰ καλούμενα Τέμπη τὰ Θετταλικὰ διαγράψωμεν τῷ λόγῳ καὶ διαπλάσωμεν· ὡμολόγηται γὰρ καὶ ὁ λόγος, ἐὰν ἔχῃ δύναμιν φραστικήν, μηδὲν ἀσθενέστερον ὅσα βούλεται δεικνύναι τῶν ἀνδρῶν τῶν κατὰ χειρουργίαν δεινῶν.

Ἔστι δὴ χῶρος μεταξὺ κείμενος τοῦ τε Ὀλύμπου καὶ τῆς Ὄσσης. ὄρη δὲ ταῦτά ἐστιν ὑπερύψηλα καὶ οἷον ὑπό τινος θείας φροντίδος διεσχισμένα, κατὰ μέσον δ' ἔχεται χωρίον, οὗ τὸ μὲν μῆκος ἐπὶ τετταράκοντα διήκει σταδίους, τό γε μὴν πλάτος τῇ μέν ἐστι πλέθρου, τῇ δὲ καὶ μεῖζον ὀλίγῳ. διαρρεῖ δὲ μέσου αὐτοῦ ὁ καλούμενος Πηνειός. εἰς τοῦτον δὲ καὶ οἱ λοιποὶ ποταμοὶ συρρέουσι, καὶ ἀνακοινοῦνται τὸ ὕδωρ αὐτῷ καὶ ἐργάζονται τὸν Πηνειὸν ἐκεῖνοι μέγαν.

Διατριβὰς δ' ἔχει ποικίλας καὶ παντοδαπὰς ὁ τόπος, οὐκ ἀνθρωπίνης χειρὸς ἔργα, ἀλλὰ φύσεως αὐτομάτως εἰς κάλλος τότε φιλοτιμησαμένης, ὅτε ἐλάμβανε γένεσιν ὁ χῶρος. κιττὸς μὲν γὰρ πολὺς καὶ εὖ μάλα λάσιος ἐνακμάζει καὶ τέθηλε καὶ δίκην τῶν εὐγενῶν ἀμπέλων κατὰ τῶν ὑψηλῶν δένδρων ἀνέρπει καὶ συμπέφυκεν αὐτοῖς, πολλὴ δὲ σμίλαξ [ἡ μὲν] πρὸς αὐτὸν τὸν πάγον ἀνατρέχει καὶ ἐπισκιάζει τὴν πέτραν· καὶ ἐκείνη μὲν ὑπολανθάνει, ὁρᾶται δὲ τὸ χλοάζον πᾶν, καὶ ἔστιν ὀφθαλμῶν πανήγυρις. ἐν αὐτοῖς δὲ τοῖς λείοις καὶ καθημένοις ἄλση τέ ἐστι ποικίλα καὶ ὑποδρομαὶ συνεχεῖς, ἐν ὥρᾳ θέρους καταφυγεῖν ὁδοιπόροις ἥδιστα καταγώγια, ἃ καὶ δίδωσιν ἀσμένως ψυχάσαι. διαρρέουσι δὲ καὶ κρῆναι συχναί, καὶ ἐπιρρεῖ νάματα ὑδάτων ψυχρῶν καὶ πιεῖν ἡδίστων. λέγεται δὲ τὰ ὕδατα ταῦτα καὶ τοῖς λουσαμένοις ἀγαθὸν εἶναι καὶ εἰς ὑγίειαν αὐτοῖς συμβάλλεσθαι.

3

3.1. Auf, jetzt möchte ich auch das sogenannte Tempe(tal) in Thessalien mit Worten zeichnen und nachbilden. Es besteht ja Übereinstimmung darin, dass auch das Wort, wenn es Ausdruckskraft besitzt, nicht schwächer als ein gewaltiger bildender Künstler alles, was man will, zeigen kann.

Es ist der Platz zwischen dem Olymp und dem Ossa gelegen; das sind zwei sehr hohe Gebirge, die wie durch göttliches Wollen voneinander getrennt wurden. Dazwischen befindet sich ein Platz, der sich in der Länge über 40 Stadien[A] erstreckt, in der Breite an manchen Stellen 1 Plethron[A] misst, an anderen auch ein wenig mehr. Mitten hindurch fließt der sogenannte Peneios, in den die übrigen Flüsse zusammenfließen; sie vereinen ihr Wasser mit ihm und machen den Peneios groß.

Bunte und vielfältige Aufenthaltsorte hat der Platz, nicht als Werke der Menschenhand, sondern der Natur, die einst, als dieses Gebiet seinen Ursprung hatte, ihren ganzen Ehrgeiz auf seine Schönheit verwandte. Efeu gedeiht üppig und dicht, er grünt und rankt, den edlen Reben gleich, an den Bäumen empor und ist mit ihnen verwachsen. Manch eine Eibe geht bis unmittelbar an die Kuppe des Berges hinauf und beschattet den Felsen; der ist zwar darunter verborgen, man sieht aber überall nur Grün: Das ist ein wahres Fest für die Augen! In den Ebenen selbst, im Tal, gibt es bunte Haine und überall geschützte Stellen, wo in der Hitze des Sommers Wanderer Zuflucht und den angenehmsten Aufenthalt finden, der ihnen willkommene Erfrischung bietet. Es fließen auch viele Quellen hindurch, und zu lieblichem kühlem Trunk strömt das Wasser herbei. Man sagt, diese Gewässer seien auch für diejenigen gut, die in ihnen baden, und seien der Gesundheit zuträglich.

Κατᾴδουσι δὲ καὶ ὄρνιθες ἄλλος ἄλλῃ διεσπαρμένοι, καὶ μάλιστα οἱ μουσικοί, καὶ ἑστιῶσιν εὖ μάλα τὰς ἀκοὰς καὶ παραπέμπουσιν ἀπόνως καὶ σὺν ἡδονῇ, διὰ τοῦ μέλους τὸν κάματον τῶν παριόντων ἀφανίσαντες. παρ' ἑκάτερα δὲ τοῦ ποταμοῦ αἱ διατριβαί εἰσιν αἱ προειρημέναι καὶ αἱ ἀνάπαυλαι.

Διὰ μέσων δὲ τῶν Τεμπῶν ὁ Πηνειὸς ποταμὸς ἔρχεται, σχολῇ καὶ πράως προϊὼν ἐλαίου δίκην. πολλὴ δὲ κατ' αὐτοῦ σκιὰ ἐκ τῶν παραπεφυκότων δένδρων καὶ τῶν ἐξηρτημένων κλάδων τίκτεται, ὡς ἐπὶ πλεῖστον τῆς ἡμέρας αὐτὴν προήκουσαν ἀποστέγειν τὴν ἀκτῖνα καὶ παρέχειν τοῖς πλέουσι πλεῖν κατὰ ψῦχος. πᾶς δὲ ὁ περίοικος λεὼς συνίασιν ἄλλοι σὺν ἄλλοις, καὶ θύουσι καὶ συνουσίας ποιοῦνται καὶ συμπίνουσιν. ἅτε οὖν πολλῶν ὄντων τῶν θυόντων καὶ τῶν καθαγιζόντων συνεχῶς, εἰκότως καὶ τοῖς βαδίζουσι καὶ τοῖς πλέουσιν ὀσμαὶ συμπαρομαρτοῦσιν ἥδισται· οὕτως ἄρα ἡ τιμὴ ἡ διαρκὴς ἡ περὶ τὸ κρεῖττον ἐκθεοῖ τὸν τόπον.

Ἐνταῦθά τοί φασι παῖδες Θετταλῶν καὶ τὸν Ἀπόλλωνα τὸν Πύθιον καθήρασθαι κατὰ πρόσταγμα τοῦ Διός, ὅτε τὸν Πύθωνα τὸν δράκοντα κατετόξευσεν φυλάττοντα [ἔτι] τοὺς Δελφούς, τῆς Γῆς <ἔτι> ἐχούσης τὸ μαντεῖον. στεφανωσάμενον οὖν ἐκ ταύτης τῆς δάφνης τῆς Τεμπικῆς καὶ λαβόντα κλάδον εἰς τὴν δεξιὰν χεῖρα [ἐκ τῆς αὐτῆς δάφνης] ἐλθεῖν εἰς Δελφοὺς καὶ παραλαβεῖν τὸ μαντεῖον τὸν Διὸς καὶ Λητοῦς παῖδα. ἔστι δὲ καὶ βωμὸς ἐν αὐτῷ τῷ τόπῳ, ἐν ᾧ καὶ ἐστεφανώσατο καὶ τὸν κλάδον ἀφεῖλε. καὶ ἔτι καὶ νῦν δι' ἔτους ἐνάτου οἱ Δελφοὶ παῖδας εὐγενεῖς πέμπουσι καὶ ἀρχιθέωρον ἕνα σφῶν αὐτῶν. οἱ δὲ παραγενόμενοι καὶ μεγαλοπρεπῶς θύσαντες ἐν τοῖς Τέμπεσιν ἀπίασι πάλιν στεφάνους ἀπὸ τῆς αὐτῆς δάφνης διαπλέξαντες, ἀφ' ἧσπερ ἑλὼν καὶ τότε ὁ θεὸς ἐστεφανώσατο. καὶ τὴν ὁδὸν ἐκείνην ἔρχονται, ἣ καλεῖται μὲν Πυθιάς, φέρει δὲ διὰ Θετταλίας καὶ Πελασγίας καὶ

Es singen auch Vögel, bald hier und bald da verteilt, und insbesondere die Singvögel; sie erfreuen sehr angenehm des Gehör und geben mühelos und mit Freude das Geleit, indem sie den Vorüberziehenden durch ihren Gesang die Müdigkeit vergessen lassen. Auf beiden Seiten des Flusses gibt es solche eben beschriebenen Aufenthaltsorte und Rastplätze.

In der Mitte des Tempe(tals) nimmt der Fluss Peneios seinen Lauf, ruhig und sanft dahingleitend wie Öl (vgl. Homer, *Ilias* 2.753). Viel Schatten liegt über dem Fluss, den die an seinen Ufern wachsenden Bäume mit ihren herabhängenden Zweigen hervorbringen und so für den größten Teil des Tages die vorrückenden Sonnenstrahlen abhalten und den Schiffern ermöglichen, im Kühlen zu fahren. Alle Anlieger versammeln sich, opfern, machen eine Zusammenkunft und trinken gemeinsam. Und da es viele sind, die ihre Opfer darbringen und ständig Brandopfer verbrennen, ist es verständlich, dass diejenigen, die auf und ab gehen oder mit dem Boot fahren, die lieblichsten Düfte begleiten. So heiligt die ständige Verehrung der höheren Mächte den Ort.

Hier, sagen die Kinder der Thessalier, hat auch der pythische Apollon auf Befehl des Zeus Buße getan, als er mit seinem Bogen den Drachen Python getötet hatte, der damals, als noch Ge die Herrin des Orakels war, Delphi bewachte. Er bekränzte sich mit diesem Lorbeer aus dem Tempe(tal) und nahm einen Zweig in die Rechte; so kam der Sohn des Zeus und der Leto nach Delphi und übernahm das Orakel. Es gibt auch einen Altar genau an der Stelle, wo Apollon sich bekränzt und den Zweig abgebrochen hat. Und noch jetzt schicken die Delphier in jedem neunten Jahr eine Gesandtschaft vornehmer Knaben, die von einem von ihnen geleitet wird. Wenn die Knaben angekommen sind und ein großartiges Opfer im Tempe(tal) dargebracht haben, flechten sie sich Kränze aus demselben Lorbeer, mit dem sich auch der Gott damals bekränzt hatte, und gehen wieder fort. Sie ziehen die Straße entlang, die *Pythias* (»Pythische Straße«) genannt wird; sie führt

τῆς Οἴτης καὶ τῆς Αἰνιάνων χώρας καὶ τῆς Μηλιέων καὶ Δωριέων καὶ Λοκρῶν τῶν Ἑσπερίων. οὗτοι δὲ καὶ παραπέμπουσιν αὐτοὺς σὺν αἰδοῖ καὶ τιμῇ οὐδὲν ἧττον ἤπερ οὖν ἐκεῖνοι, οἳ τοὺς ἐξ Ὑπερβορέων τὰ ἱερὰ κομίζοντας τῷ αὐτῷ θεῷ τούτῳ τιμῶσι. καὶ μὴν καὶ τοῖς Πυθίοις ἐκ ταύτης τῆς δάφνης τοὺς στεφάνους τοῖς νικῶσι διδόασιν. ὑπὲρ μὲν οὖν τῶν ἐν Θετταλίᾳ Τεμπῶν καὶ ἐμοὶ νῦν τοσαῦτα εἰρήσθω.

3.2. Ἀναξαγόρᾳ τις τῷ Κλαζομενίῳ σπουδάζοντι πρὸς τοὺς ἑταίρους προσελθὼν ἔφη τεθνηκέναι οἱ τοὺς δύο παῖδας οὕσπερ οὖν καὶ εἶχε μόνους ὁ Ἀναξαγόρας. ὁ δὲ μηδὲν διαταραχθεὶς εἶπεν· »ᾔδειν θνητοὺς γεγεννηκώς.«
Vgl. Stobaios 4.44.62.

3.3. Ξενοφῶντι θύοντι ἧκέ τις ἐκ Μαντινείας ἄγγελος, λέγων τὸν υἱὸν αὐτῷ τὸν Γρύλλον τεθνάναι· κἀκεῖνος ἀπέθετο μὲν τὸν στέφανον, διετέλει δὲ θύων. ἐπεὶ δὲ ὁ ἄγγελος προσέθηκε <τῷ πρότερον λόγῳ> καὶ ἐκεῖνον <τὸν λέγοντα> ὅτι νικῶν <μέντοι> τέθνηκε, πάλιν ὁ Ξενοφῶν ἐπέθετο <τῇ κεφαλῇ> τὸν στέφανον. ταῦτα μὲν οὖν δημώδη καὶ εἰς πολλοὺς ἐκπεφοίτηκεν.
Vgl. Stobaios 4.44.63.

3.4. Δίων δὲ ὁ Ἱππαρίνου μὲν παῖς, Πλάτωνος δὲ ὁμιλητής, ἔτυχε μὲν χρηματίζων ὑπέρ τινων δημοσίων καὶ κοινῶν πραγμάτων, ὁ δὲ παῖς αὐτῷ ἐκ τοῦ τέγους κατενεχθεὶς εἰς τὴν αὐλὴν τὸν βίον

durch Thessalien, die Pelasgiotis, das Oite(gebirge), das Gebiet der Ainianen, der Malier, der Dorier und der hesperischen Lokrer. Diese geben den Knaben ehrfürchtig das Geleit und bringen ihnen nicht weniger Verehrung entgegen als jene, welche die Abgesandten der Hyperboreer ehren, wenn diese demselben Gott ihre Opfergaben überbringen. Auch bei den Pythischen Spielen[S] überreicht man den Siegern Kränze aus diesem Lorbeer. Über das in Thessalien gelegene Tempe(tal) soll von mir damit nun genug gesagt sein.
*Das Tempetal, das Kaiser Hadrian in seiner Villa in Tivoli nachahmen ließ, war wegen seiner Schönheit berühmt. Ailianos' Schilderung geht wohl auf Theopompos (*FGrHist *115 F 80) zurück, den er 3.18 nennt. Zum Opfer der Hyperboreer (deren Wohnsitze man im fernen Norden annahm) im Apollon-Heiligtum auf Delos vgl. Herodot 4.33.*

3.2. Zu Anaxagoras[P] aus Klazomenai, der sich gerade mit seinen Gefährten beschäftigte, kam jemand und meldete ihm, dass seine zwei Söhne gestorben seien, die einzigen, die Anaxagoras hatte. Er aber war nicht erschüttert und sagte: »Ich wusste, dass ich Sterbliche gezeugt habe.«
Vgl. Ps.-Plutarch, Moralia *118d–119d.*

3.3. Zu Xenophon[L], der gerade opferte, kam ein Bote aus Mantineia, der sagte, dass sein Sohn Gryllos gestorben sei. Xenophon legte den Kranz ab, setzte aber das Opfer fort. Als aber der Bote zu dem ersten *Logos*[L] auch noch das hinzugefügte, dass er als Sieger gefallen sei, setzte Xenophon den Kranz wieder auf den Kopf. Diese Begebenheit ist freilich allgemein bekannt und weit verbreitet.
Vgl. Ps.-Plutarch, Moralia *118d–119d.*

3.4. Dion[P], Sohn des Hipparinos, der Schüler des Platon[G], war gerade mit gewissen öffentlichen Angelegenheiten beschäftigt, da stürzte sein Sohn vom Dach in den Hof und verlor sein Leben. Er

κατέστρεψεν. οὐδὲν οὖν ἐπὶ τούτοις μετεβάλετο ὁ Δίων, ἀλλ' ὅπερ οὖν ἐξ ἀρχῆς ἔπραττε, τοῦτο καὶ δρῶν διετέλεσεν.

3.5. Ἀντίγονόν γε μήν φασι τὸν δεύτερον ἐπεί τινες τὸν υἱὸν αὐτῷ ἐκ τῆς παρατάξεως ἐκόμισαν νεκρόν, εἶδε μὲν αὐτόν, οὐδὲν δὲ τρέψας τοῦ χρωτός, οὐδὲ μὴν ἐπιδακρύσας, ἐπαινέσας δὲ ὡς ἀγαθὸν στρατιώτην, θάπτειν προσέταξεν.

3.6. Κράτης ὁ Θηβαῖος τά τε ἄλλα μεγαλόφρων ὢν πεφώραται καὶ καταφρονητικὸς τῶν ὑπὸ τοῦ πλήθους θαυμαζομένων, ἀτὰρ οὖν καὶ χρημάτων καὶ πατρίδος. ὅτι μὲν οὖν τῆς οὐσίας ἀπέστη τοῖς Θηβαίοις, τοῦτο μὲν καὶ εἰς πάντας ἐξεφοίτησε· τὸ δὲ ἕτερον αὐτοῦ οὐ πᾶσι γνώριμον, ἔστι δὲ ἐκεῖνο. ἀπαλλαττόμενος τῶν Θηβῶν οἰκισθεισῶν πάλιν ἔφη· »οὐ δέομαι πόλεως, ἣν Ἀλέξανδρος κατασκάψει [ἢ] ἄλλος.«

3.7. Δημοχάρης ὁ τοῦ Δημοσθένους ἀδελφιδοῦς ἐπιδεῖξαι βουλόμενος ὅτι τῆς ἐκ τῶν πολλῶν κακοφημίας ὑπερφρονεῖ, θεασάμενός τινας καθεζομένους ἐν ἰατρείῳ ψογεροὺς καὶ κακῶς ἀγορεύειν ἐκ παντὸς τρόπου διψῶντας, »τί φατε ὑμεῖς,« εἶπε »Δυσμενίδαι;« τὸ ἦθος αὐτῶν ἅμα ἐκκαλύψας διὰ τούτου τοῦ ὀνόματος.

3.8. Φρύνιχον Ἀθηναῖοι στρατηγὸν εἵλοντο οὔτε κατὰ σπουδὰς οὔτε κατὰ τὴν τοῦ γένους ἀξίαν οὐδὲ μὴν ὅτι ἦν πλούσιος· πολλάκις γὰρ καὶ ἐκ τούτων ἐθαυμάζοντο ἐν ταῖς Ἀθήναις, καὶ τῶν ἄλλων προῃροῦντο. ἀλλ' ἐπεὶ τοῖς πυρριχισταῖς ἔν

aber veränderte sein Verhalten darüber nicht, sondern setzte das, was er zuvor getan hatte, auch weiterhin fort.
Vgl. Ps.-Plutarch, Moralia *118d–119d.*

3.5. Als man zu Antigonos II.[G], sagt man, den Sohn brachte, der in der Schlachtreihe gefallen war, sah er ihn an, wechselte aber nicht die Farbe und brach auch nicht in Tränen aus, sondern pries ihn als guten Soldaten und ordnete an, ihn zu bestatten.
Vgl. Ps.-Plutarch, Moralia *118d–119d.*

3.6. Krates von Theben hatte auch sonst Belege für seine hohe Gesinnung gegeben, besonders aber verachtete er, was die große Menge zu bewundern pflegt, darunter also auch Geld und Vaterland. Dass er seinen Besitz den Thebanern überließ, das ist freilich überall bekannt geworden, folgendes Zweite aber ist nicht allen vertraut: Als er das wiedererbaute Theben verließ, sagte er: »Ich brauche keine Stadt, die ein zweiter Alexandros (d. Gr.)[G] zerstört.«
Krates war ein Schüler des Kynikers Diogenes. Theben war 335 von Alexandros d. Gr. zerstört worden; s. auch u. 13.7.

3.7. Demochares[L], der Neffe des Demosthenes[L], wollte zeigen, dass er die üble Nachrede des Pöbels verachte. Als er bei einem Arztbesuch einige Leute von der Sorte sitzen sah, die danach dürsten, zu lästern und auf jede Weise übel zu reden, sagte er: »Was schwätzt ihr da, ihr Dysmeniden?« Ihren Charakter enthüllte er so mit dieser Bezeichnung.
»Dysmeniden« (»Übelwollende«) ist wohl eine Anspielung auf Aischylos' Tragödie Eumeniden *(»Wohlwollende«).*

3.8. Den Phrynichos[L] wählten die Athener zum Feldherren weder wegen seines Eifers noch wegen der Wertschätzung seiner Sippe und auch nicht, weil er reich gewesen wäre – oft nämlich wurde man deshalb in Athen bewundert –, sondern gaben ihm aus ande-

τινι τραγῳδίᾳ ἐπιτήδεια μέλη καὶ πολεμικὰ ἐξεπόνησεν, οὕτως ἄρα κατεκτήσατο τὸ θέατρον καὶ ἐκράτησε τῶν παρόντων, ὥστε παραχρῆμα αὐτὸν εἵλοντο στρατηγεῖν, πιστεύσαντες ὅτι τῶν πολεμικῶν ἔργων ἡγήσεται καλῶς καὶ εἰς δέον, ὅπου μὴ ἀπᾴδοντα τοῖς ἐνόπλοις ἀνδράσιν εἰργάσατο τὰ ἐν τῷ δράματι μέλη τε καὶ ποιήματα.

3.9. Ἐρῶντι ἀνδρί τις οὐκ ἐρῶν [ὅπλοις], ἐπειγούσης τῆς μάχης καὶ συνάγοντος τοῦ πολέμου, οὐκ ἂν συμμίξειεν. ὁ γὰρ ἀνέραστος φεύγει καὶ ἀποδιδράσκει τὸν ἐρωτικόν, ἅτε βέβηλος καὶ ἀτέλεστος τῷ θεῷ καὶ τοσοῦτον ἀνδρεῖος ὅσον αὐτῷ καὶ ἡ ψυχὴ χωρεῖ καὶ τὸ σῶμα ῥώμης ἔχει· δέδοικε δὲ τὸν ἕτερον, ἅτε ἐκ θεοῦ κατόχως ἐνθουσιῶντα καὶ οὐ μὰ Δία τοῦτο τὸ κοινὸν ἐξ Ἄρεος ἀλλ' ἐξ Ἔρωτος μανέντα. οἱ μὲν γὰρ ἐκ τοῦ ἑτέρου τῶν θεῶν κατειλημμένοι, ὧν ἕνα φησὶν Ὅμηρος ὅμοια τῷ Ἄρει μαίνεσθαι, ἀλλ' ἐκεῖνοί γε ἐξ ἑνὸς περιειλημμένοι δαίμονος εὖ καὶ καλῶς ἀγωνίζονται τοσοῦτον ὅσον ἐνθουσιᾶν αὐτοὺς ἅπαξ· οἱ δὲ Ἔρωτος Βάκχοι πολεμοῦντες καὶ ὑπὸ τῆς Ἄρεος ὁρμῆς καὶ ὑπὸ τῆς Ἔρωτος ἐκκαύσεως διπλῆν τὴν λατρείαν ὑπομένοντες εἰκότως κατὰ τὴν Κρητῶν ἔννοιαν καὶ κατορθοῦσι διπλᾶ. οὔκουν τῷ ἐξ Ἄρεος καὶ Ἔρωτος φονῶντι αἰτιάσαιτο ἄν τις εἰ μὴ ὑπομένοι ὁπλίτης ἀνταγωνίσασθαι ὑφ' ἑνὶ τεταγμένος θεῷ, ἀλλ' οὐχ ὑπὸ τοῖς δύο.

3.10. Περὶ τῶν ἐν Λακεδαίμονι ἐφόρων πολλὰ μὲν καὶ ἄλλα εἰπεῖν καλὰ ἔχω, ἃ δ' οὖν προῄρημαι νῦν ἐρῶ ταῦτα. ὅτε τις

ren Gründen den Vorzug. Einmal aber hatte er für die pyrrhischen (Waffen-)Tänzer in einer Tragödie passende und kriegerische Lieder verfasst und die Theaterbesucher so sehr gewonnen und überwältigt, dass sie ihn sofort zum Feldherren wählten; sie waren der Meinung, er werde ein guter und tüchtiger Heerführer sein, da er doch für die bewaffneten Männer in dem Drama so geeignete Lieder und Verse geschrieben habe.
Zum Tragödiendichter Phrynichos s. auch u. 13.17.

3.9. Mit einem liebenden Mann wird ein Nichtliebender, wenn eine Schlacht bevorsteht und es zum Kampf kommt, sich wohl nicht einlassen. Wer nämlich nicht geliebt wird, flieht und läuft vor dem Verliebten davon, da er nicht die heiligen Weihen des Gottes hat, und seine Tapferkeit ist nur so groß, wie seine Seele und die Kraft seines Körpers reichen. Er fürchtet den anderen, der von einer Gottheit besessen und begeistert ist und, beim Zeus, nicht von Ares, wie der Allgemeinplatz lautet, sondern von Eros getrieben wütet. Diejenigen, die von dem einen der beiden Götter besessen sind – Homer[L] (*Ilias* 15.605) sagt von einem solchen Mann, er rase wie Ares –, jene also, die nur der eine Gott gepackt hat, kämpfen gut und tapfer, soweit eben diese einfache Begeisterung reicht. Wer aber als Bakchos (Anhänger) des Eros in den Kampf geht und gleichzeitig von Ares getrieben und von Eros angefeuert einen zweifachen göttlichen Dienst leistet, kämpft auch verständlicherweise, wie die Kreter meinen, mit doppeltem Glück. Keineswegs wird man einem, der als Hoplit[A] nur einem Gott unterstellt ist und nicht zweien, einen Vorwurf machen, wenn er es nicht wagen sollte, gegen einen zu kämpfen, dessen Blutdurst von Ares und Eros angestachelt wird.

3.10. Über die Ephoren[G] in Lakedaimon habe ich viel anderes Schönes zu sagen, jetzt aber will ich das berichten, was ich ausgewählt habe: Als einmal einer der schönen Knaben bei ihnen den

τῶν παρ' αὐτοῖς καλῶν πλούσιον ἐραστὴν εἵλετο τοῦ χρηστοῦ πένητος, ἐπέβαλον αὐτῷ χρήματα, κολάζοντες ὡς ἔοικε τὴν φιλοχρηματίαν τῇ τῶν χρημάτων ζημίᾳ. ἄλλον δέ τινα ἄνδρα καλὸν κἀγαθὸν οὐδενὸς ἐρῶντα τῶν καλῶς πεφυκότων καὶ τοῦτον ἐζημίωσαν, ὅτι χρηστὸς ὢν οὐδενὸς ἤρα· δῆλον γὰρ ὡς ὅμοιον ἂν ἑαυτῷ κἀκεῖνον ἀπέφηνεν, ἴσως δ' ἂν καὶ ἄλλον. δεινὴ γὰρ ἡ τῶν ἐραστῶν πρὸς τὰ παιδικὰ εὔνοια ἀρετὰς ἐνεργάσασθαι, ὅταν αὐτοὶ σεμνοὶ ὦσιν· ἐπεί τοι Λακωνικὸς καὶ οὗτος νόμος, ὅταν ἁμάρτῃ μειράκιον, τῇ μὲν ἀφελείᾳ τοῦ τρόπου καὶ τῷ νεαρῷ τῆς ἡλικίας συγγινώσκουσι, τὸν δὲ ἐραστὴν ὑπὲρ αὐτοῦ κολάζουσιν, ἐπιγνώμονας αὐτοὺς καὶ ἐξεταστὰς ὧν ἐκεῖνοι πράττουσι κελεύοντες εἶναι.

3.11. Οἱ περιπατητικοί φασι μεθ' ἡμέραν θητεύουσαν τὴν ψυχὴν τῷ σώματι περιπλέκεσθαι καὶ μὴ δύνασθαι καθαρῶς τὴν ἀλήθειαν θεωρεῖν· νύκτωρ δὲ διαλυθεῖσαν τῆς περὶ τοῦτο λειτουργίας καὶ σφαιρωθεῖσαν ἐν τῷ περὶ τὸν θώρακα τόπῳ μαντικωτέραν γίνεσθαι, ἐξ ὧν τὰ ἐνύπνια.

3.12. Οὔκ εἰσι θρυπτικοὶ πρὸς τοὺς ἐραστὰς οἱ Λακεδαιμόνιοι καλοὶ οὐδὲ ἀλαζόνες, ἐπεὶ τοὐναντίον ἢ παρὰ τοῖς ἄλλοις ὡραίοις [τὰ] ἐκ τούτων καταμαθεῖν ἔστιν. αὐτοὶ γοῦν δέονται τῶν ἐραστῶν εἰσπνεῖν αὐτοῖς· Λακεδαιμονίων δέ ἐστιν αὕτη ἡ φωνή, ἐρᾶν δὴ λέγουσα. Σπαρτιάτης δὲ ἔρως αἰσχρὸν οὐκ οἶδεν· εἴτε γὰρ μειράκιον ἐτόλμησεν ὕβριν ὑπομεῖναι εἴτε ἐραστὴς ὑβρίσαι, ἀλλ' οὐδετέροις ἐλυσιτέλησε τὴν Σπάρτην καταμιᾶναι· ἢ γὰρ τῆς πατρίδος ἀπηλλάγησαν ἢ καὶ τὸ ἔτι θερμότερον [καὶ] τοῦ βίου αὐτοῦ.

reichen Liebhaber eines tüchtigen Armen abspenstig zu machen suchte, belegten sie ihn mit einer Geldstrafe, wobei es schien, dass sie auf diese Weise seine Geldgier durch eine Geldbuße bestrafen wollten. Einen anderen edlen Mann dagegen, der keinen von den schönen Knaben liebte, bestraften sie, weil er trotz seiner Tüchtigkeit keinen liebte; denn offensichtlich hätte er den Geliebten sich ähnlich gemacht, den oder vielleicht einen anderen. Gewaltig ist nämlich die Zuneigung der Liebhaber zu ihren Geliebten dafür, in diesen edle Gesinnung zu wecken, sofern die Liebhaber selbst ehrenhafte Männer sind. Daher (gibt es) auch dieses lakonische Gesetz: Wenn ein Jüngling einen Fehler gemacht hat, üben sie bei ihm wegen der jugendlichen Unerfahrenheit Nachsicht, bestrafen aber an seiner statt den Liebhaber, womit sie anordnen, dass die (Liebhaber) nämlich sich bewusst sein und prüfen sollen, was ihre Geliebten tun.

3.11. Die Peripatetiker[P] sagen, dass am Tag die dem Körper dienende Seele gefesselt und nicht in der Lage sei, ungetrübt die Wahrheit zu erkennen. Nachts aber, wenn sie von ihrem Dienst an ihm (dem Körper) befreit sei und sich gleichsam zu einer Kugel in der Gegend des Brustkorbs zusammengeballt habe, werde sie hellseherischer, woraus die Träume entstünden.

3.12. Nicht spröde gegenüber ihren Liebhabern sind die schönen Lakedaimonier und auch nicht anmaßend; dass sie grundverschieden von anderen Schönen sind, kann man aus Folgendem erkennen. Sie selbst bitten ihre Liebhaber, sie zu »beatmen«; von den Lakedaimoniern stammt dieser Begriff, der »lieben« besagt. Spartiatische Liebe aber kennt nichts Schandbares. Ob nun ein junger Mann schändliche Handlungen zu ertragen wagte oder ein Liebhaber sie durchführte, brachte beiden nicht ein, dass sie Sparta befleckt hätten. Entweder nämlich verließen sie ihr Vaterland oder, was noch ärger ist, ihr Leben.

3.13. Ὅτι φιλοινότατον ἔθνος τὸ τῶν Ταπύρων τοσοῦτον ὥστε ζῆν αὐτοὺς ἐν οἴνῳ καὶ τὸ πλεῖστον τοῦ βίου ἐν τῇ πρὸς αὐτὸν ὁμιλίᾳ καταναλίσκειν. καὶ οὐ μόνον εἰς πόμα καταχρῶνται αὐτῷ, ἀλλὰ γὰρ καὶ χρῖσμά ἐστιν αὐτοῖς ὁ οἶνος, ὥσπερ ἄλλοις τὸ ἔλαιον.

3.14. Βυζαντίους δὲ δεινῶς οἰνόφλυγας ὄντας ἐνοικεῖν τοῖς καπηλείοις λόγος ἔχει, τῶν οἰκιῶν τῶν ἰδίων καὶ τῶν δωματίων ἐξοικισθέντας καὶ τοῖς ξένοις τοῖς ἐνεπιδημοῦσι τῇ πόλει ἀπομισθώσαντας αὐτά, καὶ οὐ μόνον ἐκείνων ἀλλὰ καὶ τῶν γυναικῶν αὐτοῖς ἀποστάντας, ὡς ἐν ταὐτῷ τοὺς Βυζαντίους διπλῆν αἰτίαν φέρεσθαι καὶ οἰνοφλυγίας καὶ προαγωγείας. ἅτε δὲ ὑπὸ τῆς μέθης καὶ τοῦ οἴνου διαρρέοντες, αὐλοῦ μὲν ἀκούοντες χαίρουσι, καὶ τὸ ἔργον αὐτοῖς αὐλεῖσθαί ἐστι· σάλπιγγα δὲ οὐδὲ ἀρχὴν ὑπομένουσι. καὶ ἐκ τούτων ἔξεστι νοεῖν ὅτι καὶ πρὸς ὅπλα καὶ πρὸς πολέμους ἀλλοτριώτατα διάκεινται Βυζάντιοι.

Διὰ ταῦτά τοι καὶ Λεωνίδης ὁ στρατηγὸς αὐτῶν ἐν πολιορκίᾳ ἰσχυρᾷ, ἐπεὶ τῶν πολεμίων τοῖς τείχεσι προσβαλόντων ἐκεῖνοί γε τὰς φρουρὰς ἐκλιπόντες διημέρευον ἐν ταῖς συνήθεσι διατριβαῖς, προσέταξε τὰ καπηλεῖα ἐπὶ τῶν τειχῶν διασκηνωθῆναι αὐτοῖς.

Καὶ τοῦτο τὸ σόφισμα ἀνέπεισεν αὐτοὺς ὀψὲ καὶ βραδέως τὴν τάξιν μὴ καταλιπεῖν, ἅτε τῆς προφάσεως αὐτοῖς περιῃρημένης. λέγει δὲ ταῦτα ὑπὲρ αὐτῶν Δάμων. ὁμολογεῖν δὲ τούτοις ἔοικε καὶ ὁ Μένανδρος, ὅταν λέγῃ·

μεθύσους τοὺς ἐμπόρους ποιεῖ τὸ Βυζάντιον·
ὅλην ἐπίνομεν τὴν νύκτα.

Hinter eispnein *(»beatmen«) mag sich das Wort* eispnēlas *oder* eispnēlos *(»Liebhaber«) verbergen, das Kallimachos Frg. 169 Pfeiffer verwendet.*

3.13. (Man liest,) dass das den Wein überaus liebende Volk der Tapyrer (in Indien) den Wein so sehr schätzt, dass es geradezu im Wein lebt und die meiste Zeit des Lebens in der Gesellschaft mit ihm verbringt. Und nicht nur als Getränk nutzen sie ihn, sondern der Wein ist ihnen auch eine Einreibung so wie für andere das Öl. *Vgl. Athenaios 442b.*

3.14. Die Byzantier, die gewaltig weinsüchtig sind, wohnen in den Kneipen, wie ein *Logos*[L] besagt, wobei sie aus ihren eigenen Häusern ausziehen und sie den Fremden vermieten, die in ihre Stadt kommen, und nicht nur jene, sondern auch ihre Frauen ihnen überlassen. So machen sich damit die Byzantier gleich zweier Vergehen schuldig: der Weinsucht und der Kuppelei. Genauso, wie sie im Trinken und im Wein völlig zerfließen, freuen sie sich auch über Flötenspiel; ja, ihre ganze Tätigkeit besteht darin, sich Flöten vorspielen zu lassen. Eine Trompete hingegen können sie überhaupt nicht ertragen. Daraus kann man erkennen, dass die Byzantier auch ganz gegen Waffen und Krieg eingestellt sind.

Deshalb auch hat Leonidas, ihr Feldherr, bei einer harten Belagerung, als die Feinde schon die Mauern zu stürmen begannen und jene trotzdem ihre Posten verließen und den ganzen Tag wie üblich in den Kneipen saßen, den Befehl gegeben, dass man die Kneipen entlang der Mauer in Zelten für sie einrichte.

Dieser Trick brachte sie spät und allmählich dazu, ihre Stellung nicht mehr zu verlassen, da es nun für sie dafür keinen Grund mehr gab. Es sagt dies über sie Damon[L] (*FGrHist* 389 F 1). Zuzustimmen scheint auch Menandros[L] (Frg. 61 Körte/Thierfelder), wenn er sagt:

»Byzantion macht die Händler betrunken;
wir tranken die ganze Nacht durch.«

Vgl. Athenaios 442c–d.

3.15. Καὶ Ἀργεῖοι δὲ καὶ Τιρύνθιοι κεκωμῴδηνται καὶ οὗτοι ἀκρατέστερον τῷ οἴνῳ προσιόντες. τό γε μὴν ὑπὲρ τῶν Θρᾳκῶν, ἀλλὰ τοῦτο μὲν καὶ διαβεβόηται ἤδη καὶ διατεθρύληται, ὡς εἰσὶ πιεῖν δεινότατοι. οὐ διαπεφεύγασι δὲ ταύτην τὴν αἰτίαν οὐδὲ Ἰλλυριοί, ἀλλ' ἐκεῖνοί γε προσειλήφασι κἀκεῖνο τὸ ἐπίκλημα, ὅτι ἐφεῖται τοῖς ἐν τῷ συνδείπνῳ παροῦσι ξένοις προπίνειν ταῖς γυναιξὶν ἕκαστον, ἐὰν βούληται, κἂν μηδὲν προσήκῃ ἡ γυνὴ αὐτῷ.

3.16. Εἶτα τίς ἀμείνων ἦν στρατηγεῖν, Δημήτριος ὁ πολιορκητὴς ἢ Τιμόθεος ὁ Ἀθηναῖος; ἐγὼ μὲν ἐρῶ τὸν τῶν ἀμφοτέρων τρόπον· ἔνεστι δ' ὑμῖν προτιμῆσαι τὸν ἕτερον. Δημήτριος μὲν βίᾳ καὶ πλεονεξίᾳ καὶ λυπῶν τὰ μέγιστα καὶ ἀδικῶν ᾕρει τὰς πόλεις μηχανὰς προσάγων καὶ κατασείων καὶ ὑπορύττων τὰ τείχη, Τιμόθεος δὲ πείθων καὶ διδάσκων λόγῳ ὅτι λυσιτελέστερόν ἐστι τῶν Ἀθηναίων ἀκούειν.

3.17. Ἐπολιτεύσαντο οὖν καὶ φιλόσοφοι ἢ αὐτὸ τοῦτο μόνον τὴν διάνοιαν ἀγαθοὶ γενόμενοι ἐφ' ἡσυχίας κατεβιώσαν. ἐπηνώρθωσαν γὰρ τὰ κοινὰ Ζάλευκος μὲν τὰ ἐν Λοκροῖς, Χαρώνδας δὲ τὰ ἐν Κατάνῃ καὶ τὰ ἐν Ῥηγίῳ, ὅτε ἐκ Κατάνης ἔφευγε. Ταραντίνοις δὲ ἐγένετο ἀγαθὸν Ἀρχύτας, Σόλων δὲ Ἀθηναίοις. Βίας δὲ καὶ Θαλῆς τὴν Ἰωνίαν πολλὰ ὤνησαν, Χίλων δὲ Λακεδαιμονίους, Μιτυληναίους γε μὴν Πιττακός, Κλεόβουλος δὲ Ῥοδίους. καὶ Ἀναξίμανδρος δὲ ἡγήσατο τῆς εἰς Ἀπολλωνίαν ἐκ Μιλήτου ἀποικίας.

Ἀλλὰ καὶ Ξενοφῶν στρατιώτης ἀγαθὸς ἦν καὶ ἀμείνων στρατηγός, ὅτε Κύρῳ συνανέβη· καὶ Κῦρος μὲν καὶ οἱ σὺν αὐτῷ

3.15. Auch über die Bewohner von Argos und Tiryns macht man sich lustig, da auch sie beim Weintrinken kein Maß kennen. Von den Thrakern ist es schon bekannt und überall verbreitet, dass sie die gewaltigsten Trinker sind. Dieser Anschuldigung entgehen aber auch die Illyrer nicht; vielmehr wird jenen sogar noch vorgeworfen, bei ihnen sei es beim Gelage jedem Gast erlaubt, ganz nach Belieben den Frauen zuzutrinken, selbst wenn eine Frau nicht mit ihm verwandt ist.
Vgl. Athenaios 442d–443a.

3.16. Wer war nun der bessere Feldherr, Demetrios Poliorketes[G] oder Timotheos[G] aus Athen? Ich werde das Verhalten der beiden beschreiben; euch ist es dann möglich zu entscheiden, wem ihr den Vorzug gebt. Demetrios fügte den Städten mit Gewalt und Habsucht größtes Leid und Unrecht zu und eroberte sie, indem er mit Belagerungsmaschinen anrückte und die Mauern erschütterte oder unterminierte. Timotheos dagegen gewann sie durch Überredung, indem er ihnen erklärte, dass es vorteilhafter sei, den Athenern zu gehorchen.

3.17. Politisch tätig waren auch Philosophen[P] oder sie begnügten sich damit, dass ihr Verstand dazu fähig sei, und lebten ganz in Ruhe: Es verbesserte Zaleukos das Gemeinwesen in Lokroi, Charondas in Katane und später dann in Rhegion, als er aus Katane verbannt worden war. Den Tarentinern wurde Archytas zum Wohltäter, Solon[G] den Athenern. Bias und Thales brachten Ionien viel Nutzen, Chilon den Lakedaimoniern, den Mitylenaiern Pittakos (s. o. 2.29) und Kleobulos den Rhodiern. Anaximandros war der Anführer der milesischen Ausgründung (Kolonie) in Apollonia.

Doch auch Xenophon[L] war ein guter Soldat und ein noch besserer Feldherr, als er mit Kyros (d. J.)[G] auf der *Anabasis* (ins Innere Asiens) war; als nämlich Kyros und seine Begleiter gefallen waren

ἀπέθανον, καλούσης δὲ τῆς χρείας τὸν δυνησόμενον σῶσαι τοὺς Ἕλληνας καὶ ἀγαγεῖν τὴν ὀπίσω εἰς τὰ οἰκεῖα, οὗτος ἐκεῖνος ἦν.

Πλάτων δὲ ὁ Ἀρίστωνος Δίωνα κατήγαγεν εἰς Σικελίαν, καὶ δι' ὧν αὐτῷ συνεβούλευε καὶ ἐδίδασκε, διὰ τούτων τὴν τυραννίδα τὴν Διονυσίου κατέλυσε.

Σωκράτης δὲ τῇ μὲν Ἀθηναίων πολιτείᾳ οὐκ ἠρέσκετο· τυραννικὴν γὰρ καὶ μοναρχικὴν ἑώρα τὴν δημοκρατίαν οὖσαν, καὶ διὰ ταῦτα οὔτε ἐπεψήφισεν Ἀθηναίοις τὸν τῶν δέκα στρατηγῶν θάνατον, ἀλλ' οὐδὲ τοῖς τριάκοντα ἐκοινώνει τῶν ἀσεβημάτων. ἔνθα δὲ ἐχρῆν ὑπὲρ τῆς πατρίδος ἀγωνίζεσθαι, ἀλλ' ἐνταῦθά γε ἀπροφάσιστος ἐκεῖνος στρατιώτης ἦν. ἐστρατεύσατο γοῦν ἐπὶ Δηλίῳ καὶ εἰς Ἀμφίπολιν καὶ εἰς Ποτίδαιαν.

Ἀριστοτέλης δὲ τὴν ἑαυτοῦ πατρίδα, οὐ τὸ λεγόμενον δὴ τοῦτο εἰς γόνυ πεσοῦσαν, ἀλλ' ἐπὶ στόμα ἀνέστησεν αὖθις.

Δημήτριος δὲ ὁ Φαληρεὺς καὶ Ἀθήνησιν ἐπιφανέστατα ἐπολιτεύσατο, ἔστ' [ἂν] αὐτὸν ὁ συνήθης Ἀθηναίοις φθόνος ἐξέωσε, καὶ ἐν Αἰγύπτῳ δὲ συνὼν τῷ Πτολεμαίῳ νομοθεσίας ἦρξε.

Τίς δὲ ἀντιφήσει καὶ Περικλέα τὸν Ξανθίππου φιλόσοφον γενέσθαι καὶ Ἐπαμεινώνδαν τὸν Πολύμνιδος καὶ Φωκίωνα τὸν Φώκου καὶ Ἀριστείδην τὸν Λυσιμάχου καὶ Ἐφιάλτην τὸν Σοφωνίδου καὶ ἔτι κάτω τοῦ χρόνου Καρνεάδην καὶ Κριτόλαον, εἴ γε καὶ εἰς τὴν Ῥώμην ἀφίκοντο [καὶ] ἐκεῖνοι ὑπὲρ τῶν Ἀθηναίων πρεσβεύοντες καὶ αὐτοῖς σωτηρίαν εὕραντο; οἵπερ οὖν εἰς τοσοῦτον ἐνέτρεψαν τὴν σύγκλητον βουλὴν ὡς εἰπεῖν αὐτούς· »ἔπεμψαν Ἀθηναῖοι πρεσβεύοντας οὐ τοὺς πείσοντας ἀλλὰ γὰρ τοὺς βιασομένους ἡμᾶς δρᾶσαι ὅσα θέλουσιν.«

Ἐγὼ δὲ πολιτείαν φαίην <ἂν> καὶ τὸ Περσαίου, εἴ γε Ἀντίγονον ἐπαίδευσε, καὶ τὸ Ἀριστοτέλους, ἐπεὶ καὶ αὐτὸς σὺν Ἀλεξάνδρῳ τῷ Φιλίππου νέῳ ὄντι φιλοσοφῶν ἦν δῆλος. καὶ

und die Not nach einem Mann rief, der die Griechen rette und zurück in die Heimat führe, da war jener dieser Mann.

Platon[P], Sohn des Ariston, brachte Dion[G] zurück nach Sizilien, und durch die Ratschläge und Lehren, die er ihm gab, stürzte er die Tyrannis des Dionysios (II.)[G].

Sokrates[P] gefiel die Verfassung Athens nicht; er sah nämlich, dass die Demokratie eigentlich tyrannisch und monarchisch war. Deshalb erhob er gegen eine Abstimmung der Athener über das Todesurteil gegen die Zehn Strategen Einspruch und beteiligte sich auch nicht an den Ausschreitungen der 30 (Tyrannen)[G]. Als es aber nötig war, für das Vaterland zu kämpfen, war er ohne Bedenken bereit, als Soldat zu dienen. So kämpfte er bei Delion, Amphipolis und Poteidaia.

Aristoteles[P] richtete seine eigene Vaterstadt, die nicht nur, wie die Redewendung lautet, in die Knie gebrochen, sondern völlig zu Boden gestürzt war, wieder auf.

Demetrios von Phaleron[P] (Frg. 65 Wehrli) hatte in Athen mit größten Ehren die Regierung ausgeübt, bis ihn die für die Athener typische Missgunst vertrieb. Aber auch in Ägypten, wo er bei Ptolemaios (I.)[G] weilte, beherrschte er die Gesetzgebung.

Und wer würde leugnen, dass Perikles[G], Sohn des Xanthippos, Philosoph gewesen sei, ebenso Epameinondas[G], Sohn des Polymnis, Phokion[G], Sohn des Phokos, Aristeides[G], Sohn des Lysimachos, und Ephialtes[G], Sohn des Sophonides, oder noch später Karneades und Kritolaos[P] (Frg. 7 Wehrli), die doch als Unterhändler für die Athener nach Rom gegangen waren und für sie die Rettung gefunden hatten? Sie verschafften sich vor dem Senat derart Respekt, dass (die Senatoren) sagten: »Die Athener haben uns nicht Gesandte geschickt, die uns überzeugen, sondern die uns zwingen sollen, das zu tun, was sie wollen.«

Ich würde als Mitwirken an der Verwaltung des Staates ebenso auch die Tätigkeit des Persaios[P] (*SVF* Frg. 439) nennen, da er der Erzieher des Antigonos (II.)[G] war, und die des Aristoteles, der ja

Λῦσις δὲ ὁ γνώριμος ὁ Πυθαγόρου καὶ αὐτὸς Ἐπαμεινώνδαν ἐξεπαίδευσεν. εἴ τις οὖν ἀπράκτους λέγει τοὺς φιλοσόφους, ἀλλὰ εὐήθη γε αὐτοῦ καὶ ἀνόητα ταῦτα· ἐγὼ μὲν γὰρ τὴν σὺν αὐτοῖς ἀπραγμοσύνην καὶ τὸν τῆς ἡσυχίας ἔρωτα κἂν ἁρπάσαιμι ἐπιδραμών.

3.18. Περιηγεῖταί τινα Θεόπομπος συνουσίαν Μίδου τοῦ Φρυγὸς καὶ Σειληνοῦ. νύμφης δὲ παῖς ὁ Σειληνὸς οὗτος, θεοῦ μὲν ἀφανέστερος τὴν φύσιν, ἀνθρώπου δὲ κρείττων, εἰ καὶ ἀθάνατος ἦν. πολλὰ μὲν οὖν καὶ ἄλλα ἀλλήλοις διελέχθησαν, καὶ ὑπὲρ τούτων ὁ Σειληνὸς ἔλεγε πρὸς τὸν Μίδαν, τὴν μὲν Εὐρώπην καὶ τὴν Ἀσίαν καὶ τὴν Λιβύην νήσους εἶναι, ἃς περιρρεῖν κύκλῳ τὸν Ὠκεανόν, ἤπειρον δὲ εἶναι μόνην ἐκείνην τὴν ἔξω τούτου τοῦ κόσμου. καὶ τὸ μὲν μέγεθος αὐτῆς ἄπειρον διηγεῖτο, τρέφειν δὲ τὰ ἄλλα ζῷα μεγάλα, καὶ τοὺς ἀνθρώπους δὲ τῶν ἐνταυθοῖ διπλασίονας τὸ μέγεθος, καὶ χρόνον ζῆν αὐτοὺς οὐχ ὅσον ἡμεῖς, ἀλλὰ καὶ ἐκείνου διπλοῦν. καὶ πολλὰς μὲν εἶναι καὶ μεγάλας πόλεις καὶ βίων ἰδιότητας, καὶ νόμους αὐτοῖς τετάχθαι ἐναντίως κειμένους τοῖς παρ' ἡμῖν νομιζομένοις. δύο δὲ εἶναι πόλεις ἔλεγε μεγέθει μεγίστας, οὐδὲν δὲ ἀλλήλαις ἐοικέναι· καὶ τὴν μὲν ὀνομάζεσθαι Μάχιμον, τὴν δὲ Εὐσεβῆ. τοὺς μὲν οὖν Εὐσεβεῖς ἐν εἰρήνῃ τε διάγειν καὶ πλούτῳ βαθεῖ, καὶ λαμβάνειν τοὺς καρποὺς ἐκ τῆς γῆς χωρὶς ἀρότρων καὶ βοῶν, γεωργεῖν δὲ καὶ σπείρειν οὐδὲν αὐτοῖς ἔργον εἶναι. καὶ διατελοῦσιν, ἦ δ' ὅς, ὑγιεῖς καὶ

bekanntlich mit dem jungen Alexandros (d. Gr.)[G], Sohn des Philippos (II.)[G], philosophierte. Auch Lysis, der Bekannte des Pythagoras[P], war Erzieher, und zwar des Epameinondas[G]. Wenn also jemand sagt, die Philosophen seien nicht praktisch tätig, so ist das töricht und gedankenlos von ihm. Ich freilich würde sofort ihre Art von Tatenlosigkeit und Liebe zur Ruhe wählen, auch wenn ich beim Laufen ergriffen würde.

Vgl. u. 7.14. Solon, Bias, Thales, Chilon, Pittakos und Kleobulos aus dem 6. Jh. zählte man zu den Sieben Weisen, die als Gruppe erstmals bei Platon, Protagoras *343a erscheinen. Zu Platon, Dion und Dionysios s. Platons* Siebten Brief. *Die Zehn Strategen waren wegen unterlassener Hilfeleistung bei der Seeschlacht bei den Arginusen 406 angeklagt. Karneades und Kritolaos waren Mitglieder einer Gesandtschaft nach Rom 156/55.*

3.18. Es erzählt Theopompos[L] (*FGrHist* 115 F 75c) von einem Gespräch des Phrygers Midas mit Silen (Seilenos). Dieser Silen war Sohn einer Nymphe, seiner Natur nach zwar geringer als ein Gott, doch stärker als die Menschen, da er unsterblich war. Sie unterhielten sich über vieles miteinander, und unter anderem sagte Silen dem Midas, dass Europa, Asien und Libyen (Afrika) Inseln seien, die vom Ozean umflossen würden, das einzige Festland aber läge außerhalb unseres Kosmos. Dass dessen Größe unermesslich sei, erzählte er. Es bringe im übrigen Tiere hervor, die riesig seien, und ebenso seien die Menschen doppelt so groß wie hier bei uns und lebten nicht nur so lange wie wir, sondern ebenfalls doppelt so lange wie jene. Es gebe viele große Städte mit eigentümlicher Lebensweise, und ihre Gesetze seien ganz anders als unsere. Zwei Städte seien, wie er sagte, besonders groß, hätten aber keinerlei Ähnlichkeit miteinander. Die eine heiße *Machimos* (»die Kriegerische«), die andere *Eusebes* (»die Fromme«). Die Einwohner von *Eusebes* lebten in Frieden und großem Wohlstand; die Früchte der Erde bekämen sie, ohne mit Pflug und Rindern das Land zu bearbeiten und zu säen. Sie seien, so sagte er, immer gesund und frei von

ἄνοσοι, καὶ καταστρέφουσι τὸν ἑαυτῶν βίον γελῶντες εὖ μάλα καὶ ἡδόμενοι. οὕτω δὲ ἀναμφιλόγως εἰσὶ δίκαιοι ὡς μηδὲ τοὺς θεοὺς πολλάκις ἀπαξιοῦν ἐπιφοιτᾶν αὐτοῖς. οἱ δὲ τῆς Μαχίμου πόλεως μαχιμώτατοί γέ εἰσι καὶ αὐτοὶ καὶ γίνονται μεθ' ὅπλων, καὶ ἀεὶ πολεμοῦσι, καὶ καταστρέφονται τοὺς ὁμόρους, καὶ παμπόλλων ἐθνῶν μία πόλις κρατεῖ αὕτη. εἰσὶ δὲ οἱ οἰκήτορες οὐκ ἐλάττους δισχιλίων μυριάδων. ἀποθνῄσκουσι δὲ τὸν μὲν ἄλλον χρόνον νοσήσαντες· σπάνιον δὲ τοῦτο, ἐπεὶ τά γε πολλὰ ἐν τοῖς πολέμοις ἢ λίθοις ἢ ξύλοις παιόμενοι· ἄτρωτοι γάρ εἰσι σιδήρῳ. χρυσοῦ δὲ ἔχουσι καὶ ἀργύρου ἀφθονίαν ὡς ἀτιμότερον εἶναι παρ' αὐτοῖς τὸν χρυσὸν τοῦ παρ' ἡμῖν σιδήρου. ἐπιχειρῆσαι δέ ποτε καὶ διαβῆναι τούτους εἰς τάσδε τὰς ἡμεδαπὰς νήσους ἔλεγε, καὶ διαπλεύσαντάς γε τὸν Ὠκεανὸν μυριάσι χιλίαις ἀνθρώπων ἕως Ὑπερβορέων ἀφικέσθαι, καὶ πυθομένους τῶν παρ' ἡμῖν τούτους εἶναι τοὺς εὐδαιμονεστάτους, καταφρονῆσαι ὡς φαύλως καὶ ταπεινῶς πράττοντας, καὶ διὰ ταῦτα ἀτιμάσαι προελθεῖν περαιτέρω.

Τὸ δὲ ἔτι θαυμασιώτερον προσετίθει· μέροπάς τινας οὕτω καλουμένους ἀνθρώπους οἰκεῖν παρ' αὐτοῖς ἔφη πόλεις πολλὰς καὶ μεγάλας, ἐπ' ἐσχάτῳ δὲ τῆς χώρας αὐτῶν τόπον εἶναι καὶ ὀνομάζεσθαι Ἄνοστον, ἐοικέναι δὲ χάσματι, κατειλῆφθαι δὲ οὔτε ὑπὸ σκότους οὔτε ὑπὸ φωτός, ἀέρα δὲ ἐπικεῖσθαι ἐρυθήματι μεμιγμένον θολερῷ. δύο δὲ ποταμοὺς περὶ τοῦτον τὸν τόπον ῥεῖν, καὶ τὸν μὲν Ἡδονῆς καλεῖσθαι, τὸν δὲ Λύπης· καὶ παρ' ἑκάτερον τούτων ἑστηκέναι δένδρα τὸ μέγεθος πλατάνου μεγάλης. φέρειν δὲ καρποὺς τὰ μὲν παρὰ τὸν τῆς Λύπης ποταμὸν τοιαύτην ἔχοντας τὴν φύσιν· ἐάν τις αὐτῶν ἀπογεύσηται, τοσοῦτον ἐκβάλλει δακρύων ὥστε κατατήκεσθαι πάντα τὸν ἑαυτοῦ βίον τὸν λοιπὸν θρηνοῦντα καὶ οὕτω τελευτᾶν. τὰ δὲ ἕτερα τὰ παραπεφυκότα τῷ τῆς Ἡδονῆς ποταμῷ ἀντίπαλον ἐκφέρειν καρπόν. ὃς γὰρ ἂν γεύσηται τούτων, τῶν μὲν ἄλλων τῶν πρότερον ἐπιθυμιῶν παύεται, ἀλλὰ καὶ εἴ του ἤρα καὶ αὐτοῦ λαμβάνει λήθην, καὶ γίνεται κατὰ βραχὺ νεώτερος καὶ

Krankheit und bis zu ihrem Lebensende ganz heiter und vergnügt. So seien sie widerspruchslos gerecht, dass nicht einmal die Götter sich oft weigerten, sie zu besuchen. Die Einwohner von *Machimos* hingegen seien äußerst kriegerisch; sie würden sogar schon mit Waffen geboren, führten ständig Krieg und unterwürfen ihre Nachbarn; so herrsche eine Stadt über zahlreiche Völker. Ihre Bevölkerungszahl betrage nicht weniger als 20 000 000. Manchmal stürben die Einwohner an Krankheiten, doch sei das selten, denn meistens erschlügen sie sich in Kriegen mit Steinen und Stöcken; gegen Eisen seien sie nämlich gefeit. Gold und Silber hätten sie im Überfluss, so dass das Gold bei ihnen weniger wert sei als bei uns das Eisen. Einmal aber hätten sie den Versuch gemacht, zu unseren Inseln überzusetzen; und mit 10 000 000 Menschen seien sie über den Ozean gesegelt, bis sie zu den Hyperboreern (s. o. 3.1) kamen. Als sie erfuhren, diese seien die glücklichsten unter uns Menschen, hätten sie nur Verachtung für ihr ärmliches und kümmerliches Leben gehabt und es deshalb verschmäht, noch weiter zu fahren.

Etwas noch Erstaunlicheres fügte er hinzu: Es gebe, sagte er, bei ihnen gewisse Menschen, die sogenannten Meropen, die in zahlreichen großen Städten wohnten. Am äußersten Rand ihres Gebietes aber befinde sich eine Stelle, die *Anostos* (»ohne Wiederkehr«) heiße; sie gleiche einem gähnenden Abgrund und kenne weder Tag noch Nacht; sie sei nur von trübem rötlichem Dunst bedeckt. Zwei Flüsse flössen um diesen Ort herum, der eine heiße *Hedone* (»Freude«), der andere *Lype* (»Trauer«). An beiden Flüssen stünden Bäume von der Höhe einer großen Platane. Sie trügen Früchte, die bei den Bäumen am Fluss *Lype* folgende Eigenschaft hätten: Wenn jemand von ihnen koste, müsse er so viele Tränen weinen, dass er ganz zerfließe; für den Rest seines Lebens nur klage und so schließlich sterbe. Das Gegenteil sei die Frucht der Bäume, die am Ufer des Flusses *Hedone* wachsen: Wer nämlich davon koste, löse sich von all seinen früheren Begierden, und wenn er etwas geliebt habe, so vergesse er es; er werde allmählich jünger

τὰς φθανούσας ἡλικίας καὶ τὰς ἤδη διελθούσας ἀναλαμβάνει ὀπίσω. τὸ μὲν γὰρ γῆρας ἀπορρίψας ἐπὶ τὴν ἀκμὴν ὑποστρέφει, εἶτα ἐπὶ τὴν τῶν μειρακίων ἡλικίαν ἀναχωρεῖ, εἶτα παῖς γίνεται, εἶτα βρέφος, καὶ ἐπὶ τούτοις ἐξαναλώθη. καὶ ταῦτα εἴ τῳ πιστὸς ὁ Χῖος λέγων, πεπιστεύσθω· ἐμοὶ δὲ δεινὸς εἶναι δοκεῖ μυθολόγος καὶ ἐν τούτοις καὶ ἐν ἄλλοις δέ.

3.19. Λέγεται τὴν διαφορὰν Ἀριστοτέλους πρὸς Πλάτωνα τὴν πρώτην ἐκ τούτων γενέσθαι. οὐκ ἠρέσκετο αὐτοῦ τῷ βίῳ ὁ Πλάτων οὐδὲ τῇ κατασκευῇ τῇ περὶ τὸ σῶμα. καὶ γὰρ ἐσθῆτι ἐχρῆτο περιέργῳ ὁ Ἀριστοτέλης καὶ ὑποδέσει, καὶ κουρὰν δὲ ἐκείρετο καὶ ταύτην ἀηδῆ Πλάτωνι, καὶ δακτυλίους δὲ πολλοὺς φορῶν ἐκαλλύνετο ἐπὶ τούτῳ· καὶ μωκία δέ τις ἦν αὐτοῦ περὶ τὸ πρόσωπον, καὶ ἄκαιρος στωμυλία λαλοῦντος κατηγόρει καὶ αὕτη τὸν τρόπον αὐτοῦ. πάντα δὲ ταῦτα ὡς ἔστιν ἀλλότρια φιλοσόφου, δῆλον. ἅπερ οὖν ὁρῶν ὁ Πλάτων οὐ προσίετο τὸν ἄνδρα, προετίμα δὲ αὐτοῦ Ξενοκράτην καὶ Σπεύσιππον καὶ Ἀμύκλαν καὶ ἄλλους, τῇ τε λοιπῇ δεξιούμενος αὐτοὺς τιμῇ καὶ οὖν καὶ τῇ κοινωνίᾳ τῶν λόγων.

Ἀποδημίας δὲ γενομένης ποτὲ τῷ Ξενοκράτει εἰς τὴν πατρίδα, ἐπέθετο τῷ Πλάτωνι ὁ Ἀριστοτέλης, χορόν τινα τῶν ὁμιλητῶν τῶν ἑαυτοῦ περιστησάμενος, ὧν ἦν Μνάσων τε ὁ Φωκεὺς καὶ ἄλλοι τοιοῦτοι. ἐνόσει δὲ τότε ὁ Σπεύσιππος καὶ διὰ ταῦτα ἀδύνατος ἦν συμβαδίζειν τῷ Πλάτωνι. ὁ δὲ Πλάτων ὀγδοήκοντα ἔτη ἐγεγόνει καὶ ὁμοῦ τι διὰ τὴν ἡλικίαν ἐπιλελοίπει τὰ τῆς μνήμης αὐτόν. ἐπιθέμενος οὖν αὐτῷ καὶ ἐπιβουλεύων ὁ Ἀριστοτέλης καὶ φιλοτίμως πάνυ τὰς ἐρωτήσεις ποιούμενος καὶ τρόπον τινὰ καὶ ἐλεγκτικῶς, ἀδικῶν ἅμα καὶ ἀγνωμονῶν ἦν δῆλος· καὶ διὰ ταῦτα ἀποστὰς ὁ Πλάτων τοῦ ἔξω περιπάτου, ἔνδον ἐβάδιζε σὺν τοῖς ἑταίροις.

und komme wieder in frühere Altersstufen, die längst vergangen sind. Er werfe das Alter ab, kehre wieder in der Blütezeit seines Lebens zurück, komme dann wieder ins Jünglingsalter und werde darauf ein Knabe, schließlich ein Säugling, und danach löse er sich in Nichts auf. Das mag glauben, wer (Theopompos,) den Mann aus Chios, für einen vertrauenswürdigen Zeugen hält. Mir jedoch scheint er hier und auch sonst ein gewaltiger *Mythos*-Erzähler zu sein.

3.19. Man erzählt, die Auseinandersetzung zwischen Aristoteles[P] und Platon[P] habe ihren Anfang in dem Folgendem: Platon schätzte dessen Lebensweise nicht und auch nicht die Art, wie er sich körperlich zurechtmachte. Er verwandte nämlich viel Sorgfalt auf seine Kleider und Schuhe, und auch wie er sich frisierte, war Platon zuwider; außerdem trug er viele Ringe und protzte damit. Eine gewisse Spottsucht gab es in seinem Gesicht; Geschwätzigkeit zur unrechten Zeit verriet ebenfalls seinen Charakter. Dass all das nicht zu einem Philosophen passt, ist offenkundig, und Platon erkannte dies und wollte nichts mit dem Mann zu tun haben. Er zog ihm Xenokrates[P], Speusippos[P], Amyklas[P] und andere vor, die er mit allen Ehren empfing und sogar zu seinen Gesprächen hinzuzog.

Als Xenokrates einmal auf einer Reise in seine Heimat war, unternahm Aristoteles einen Angriff gegen Platon, indem er ihn mit einer Schar seiner Gefährten umringte, darunter Mnason aus Phokis und andere dieser Art. Speusippos war damals krank und konnte deshalb nicht mit Platon auf und ab gehen. Platon aber war 80 Jahre alt; durch das Alter hatte auch sein Gedächtnis etwas nachgelassen. Um ihn also anzugreifen und ihm eine Falle zu stellen, legte Aristoteles ihm eifrig Fragen vor, die ihn gewissermaßen widerlegen sollten, und bewies damit eindeutig seine Bosheit und Undankbarkeit. Deshalb gab Platon das Flanieren (*peripatos*) draußen auf und ging mit seinen Schülern innerhalb (des Hains des Heros Akademos, der »Akademie«[P]) auf und ab.

Τριῶν δὲ μηνῶν διαγενομένων ὁ Ξενοκράτης ἀφίκετο ἐκ τῆς ἀποδημίας καὶ καταλαμβάνει τὸν Ἀριστοτέλη βαδίζοντα οὗ κατέλιπε τὸν Πλάτωνα. ὁρῶν δὲ αὐτὸν μετὰ τῶν γνωρίμων οὐ πρὸς Πλάτωνα ἀναχωροῦντα ἐκ τοῦ περιπάτου, ἀλλὰ καθ' ἑαυτὸν ἀπιόντα εἰς τὴν πόλιν, ἤρετό τινα τῶν ἐν τῷ περιπάτῳ ὅπου ποτὲ εἴη ὁ Πλάτων· ὑπώπτευε γὰρ αὐτὸν μαλακίζεσθαι. ὁ δὲ ἀπεκρίνατο· »ἐκεῖνος μὲν οὐ νοσεῖ, ἐνοχλῶν δὲ αὐτὸν Ἀριστοτέλης παραχωρῆσαι πεποίηκε τοῦ περιπάτου, καὶ ἀναχωρήσας ἐν τῷ κήπῳ τῷ ἑαυτοῦ φιλοσοφεῖ.« ὁ δὲ Ξενοκράτης ἀκούσας παραχρῆμα ἧκε πρὸς Πλάτωνα, καὶ κατέλαβε διαλεγόμενον τοῖς σὺν ἑαυτῷ· ἦσαν δὲ μάλα συχνοὶ καὶ ἄξιοι λόγου καὶ οἱ μάλιστα δοκοῦντες τῶν νέων ἐπιφανεῖς. ἐπεὶ δὲ ἐπαύσατο τῆς ὁμιλίας, ἠσπάσατό τε ὡς τὸ εἰκὸς τὸν Ξενοκράτην φιλανθρώπως καὶ αὖ πάλιν ὁ Ξενοκράτης ἐκεῖνον ὁμοίως. διαλυθείσης δὲ τῆς συνουσίας οὐδὲν οὔτε εἰπὼν πρὸς τὸν Πλάτωνα ὁ Ξενοκράτης οὔτε ἀκούσας, συναγαγὼν τοὺς ἑταίρους καὶ τῷ Σπευσίππῳ πάνυ ἰσχυρῶς ἐπέπληξε παραχωρήσαντι τοῦ περιπάτου Ἀριστοτέλει, αὐτός τε ἐπέθετο τῷ Σταγειρίτῃ κατὰ τὸ καρτερὸν καὶ εἰς τοσοῦτον προῆλθε φιλοτιμίας, ὡς ἐξελάσαι αὐτὸν καὶ ἀποδοῦναι τὸ σύνηθες χωρίον τῷ Πλάτωνι.

3.20. Λυσάνδρῳ τῷ Σπαρτιάτῃ εἰς Ἰωνίαν ἀφικομένῳ οἱ κατὰ τὴν Ἰωνίαν ξένοι πολλὰ μὲν καὶ ἄλλα ἀπέπεμψαν ἀτὰρ οὖν καὶ βοῦν καὶ πλακοῦντα. ὁ δὲ ἀπιδὼν εἰς τὸν πλακοῦντα ἤρετο· »τί βούλεται τὸ πέμμα ἐκεῖνο εἶναι;« ὁ δὲ κομίζων ἀπεκρίνατο ὅτι ἐκ μέλιτος καὶ τυροῦ καὶ ἄλλων τινῶν ἐσκεύασται. ὁ δὲ Λύσανδρος »ἀλλὰ τοῦτο μὲν« εἶπε »τοῖς Εἵλωσι δότε· ἐλευθέρου γὰρ οὐκ ἔστι βρῶμα.« τὸν δὲ βοῦν προσέταξε κατὰ τὰ πάτρια σκευασθῆναι καὶ ἐδείπνησεν ἡδέως.

Nach drei Monaten kam Xenokrates von seiner Reise zurück und traf Aristoteles, wie er dort auf und ab ging, wo er Platon verlassen hatte. Als er bemerkte, dass Aristoteles mit seinen Bekannten nach ihrem Flanieren nicht zu Platon, sondern zu sich in die Stadt zurückkehrte, fragte er einen, der bei dem Flanieren dabei gewesen war, wo denn Platon sei; er befürchtete nämlich, der sei krank. Darauf antwortete dieser: »Er ist nicht krank, doch Aristoteles hat ihn gekränkt und ihn veranlasst, sein Flanieren aufzugeben, und so hat er sich zurückgezogen und philosophiert in seinem Garten.« Xenokrates höre dies und ging sofort zu Platon, den er beim Gespräch mit den Seinen antraf. Es waren zahlreiche beachtenswerte junge Leute, die unter ihren Altersgenossen besonders hervorragten. Nachdem das Gespräch beendet war, begrüßte Platon erwartungsgemäß freundlich den Xenokrates und Xenokrates jenen ebenso. Als die Zusammenkunft sich auflöste – es war kein weiteres Wort zwischen Platon und Xenokrates gefallen –, scharte Xenokrates die Schüler um sich und machte Speusippos heftige Vorwürfe, dass er das Flanieren (den *peripatos*) dem Aristoteles überlassen habe. Und diesem (Aristoteles) dem Stageiriten, setzte er heftig zu und ging in seinem Eifer so weit, dass er ihn vertrieb und Platon wieder seinen gewohnten Platz zurückgab.

3.20. Dem Spartaner Lysandros[G], der nach Ionien kam, schickten seine ionischen Gastgeber neben vielen anderen Geschenken auch ein Rind und einen Kuchen. Er aber sah den Kuchen an und fragte: »Was soll denn das für eine Leckerei sein?« Der Überbringer antwortete, sie sei aus Honig, Käse und anderen Zutaten bereitet. Lysandros aber sagte: »Gebt das den Heloten[G]; für einen freien Mann ist das keine Speise!« Doch das Rind ließ er nach heimatlicher Art zubereiten und verspeiste es mit großem Appetit.

Bei Athenaios 657b–c wird Ähnliches über Agesilaos II. angegeben.

3.21. Ἐπανήει ποτὲ ἐκ διδασκαλείου παῖς ἔτι ὢν Θεμιστοκλῆς. εἶτα προσιόντος Πεισιστράτου ὁ παιδαγωγὸς ἔφη τῷ Θεμιστοκλεῖ μικρὸν ἐκχωρῆσαι τῆς ὁδοῦ προσάγοντος τοῦ τυράννου. ὁ δὲ καὶ πάνυ ἐλευθερίως ἀπεκρίνατο· »αὕτη γὰρ« εἶπεν »αὐτῷ οὐχ ἱκανὴ ὁδός;« οὕτως ἄρα εὐγενές τι καὶ μεγαλόφρον ἐνεφαίνετο τῷ Θεμιστοκλεῖ καὶ ἐξ ἐκείνου.

3.22. Ὅτε ἑάλω τὸ Ἴλιον, οἰκτείραντες οἱ Ἀχαιοὶ τὰς τῶν ἁλισκομένων τύχας καὶ πάνυ Ἑλληνικῶς τοῦτο ἐκήρυξαν· ἕκαστον τῶν ἐλευθέρων ἓν ὅ τι καὶ βούλεται τῶν οἰκείων ἀποφέρειν ἀράμενον. ὁ οὖν Αἰνείας τοὺς πατρῴους θεοὺς βαστάσας ἔφερεν, ὑπεριδὼν τῶν ἄλλων. ἡσθέντες οὖν ἐπὶ τῇ τοῦ ἀνδρὸς εὐσεβείᾳ οἱ Ἕλληνες καὶ δεύτερον αὐτῷ κτῆμα συνεχώρησαν λαβεῖν· ὁ δὲ τὸν πατέρα πάνυ σφόδρα γεγηρακότα ἀναθέμενος <τοῖς> ὤμοις ἔφερεν. ὑπερεκπλαγέντες οὖν καὶ ἐπὶ τούτῳ οὐχ ἥκιστα, πάντων αὐτῷ τῶν οἰκείων κτημάτων ἀπέστησαν, ὁμολογοῦντες ὅτι πρὸς τοὺς εὐσεβεῖς τῶν ἀνθρώπων καὶ τοὺς θεοὺς καὶ τοὺς γειναμένους δι' αἰδοῦς ἄγοντας καὶ οἱ φύσει πολέμιοι ἥμεροι γίνονται.

3.23. Καλὰ μὲν οὖν Ἀλεξάνδρου τὰ ἐπὶ Γρανίκῳ καὶ τὰ ἐπὶ Ἰσσῷ καὶ ἡ πρὸς Ἀρβήλοις μάχη καὶ Δαρεῖος ἡττημένος καὶ Πέρσαι δουλεύοντες Μακεδόσι, καλὰ δὲ καὶ <τὰ> τῆς ἄλλης ἁπάσης Ἀσίας νενικημένης, καὶ Ἰνδοὶ δὲ καὶ οὗτοι Ἀλεξάνδρῳ πειθόμενοι· καλὸν <δὲ> καὶ τὸ πρὸς τῇ Τύρῳ καὶ τὰ ἐν Ὀξυδράκαις καὶ τὰ ἄλλα αὐτοῦ. τί γὰρ δεῖ νῦν στενοχωρίᾳ λόγου

3.21. Es ging einst von der Schule Themistokles[G], der noch ein Kind war, nach Hause. Als ihm da Peisistratos[G] entgegenkam, sagte der Paidagogos[A] zu Themistokles, dass er ein wenig aus dem Weg gehen solle, wenn der Tyrann näher komme. Der aber antwortete ganz freisinnig und sagte: »Ist dieser Weg für ihn denn nicht ausreichend?« Eine so edle und stolze Gesinnung zeigte Themistokles auch schon in jener Zeit.
Tatsächlich wurde Themistokles wohl erst nach Peisistratos' Tod geboren.

3.22. Als Ilion (Troia) erobert war, hatten die Achaier Mitleid mit dem Schicksal der Eroberten und verkündeten ganz griechisch folgendes: Jeder von den Freien solle beim Abzug ein beliebiges Stück seines Besitzes mit sich nehmen. Da nahm Aineias die heimischen Götterbilder, alles andere verschmähte er. Es freuten sich über die Frömmigkeit des Mannes die Griechen; so gestatteten sie ihm, noch ein zweites Stück aus seinem Besitz mitzunehmen. Aineias nahm seinen Vater, der schon sehr alt war, auf die Schultern und trug ihn davon. In völligem Erstaunen überließen die Griechen ihm all sein Hab und Gut, womit sie bewiesen, dass gegenüber frommen Menschen, die Götter und Eltern ehren, auch deren natürliche Feinde Milde walten lassen.
Vgl. Xenophon, Kynegetikos *1.15 (dem Ailianos wohl folgt) und zum Motiv Frg. 1 (s. u. S. 418f.). Ailianos' Leserschaft wird wohl eher die Version bei Vergil,* Aeneis *2.705–725, gekannt haben.*

3.23. Schön sind die Taten des Alexandros (d. Gr.)[G] am Granikos und bei Issos, seine Schlacht bei Arbela, sein Sieg über Dareios (III.)[G] und die Unterwerfung der Perser unter die Makedonen, schön sein Sieg über das ganze übrige Asien und dass selbst die Inder dem Alexandros untertan wurden. Schön ist auch, was Alexandros bei Tyros und bei den Oxydrakern (in Indien) vollbrachte und alle seine anderen Taten. Wozu soll ich jetzt auf wenig Raum

περιλαμβάνειν τοσαύτην ἀνδρὸς εἰς ὅπλα ἀρετήν; ἔστω δὲ καὶ τῆς Τύχης Ἀλέξανδρον ἀγαπώσης τὰ πλεῖστα, εἴ τις εἴη δύσερις. καλὸς δ' οὖν Ἀλέξανδρος μὴ ἡττώμενος τῆς Τύχης μηδὲ πρὸς τὴν ἐξ αὐτῆς εἰς αὐτὸν προθυμίαν ἀπαγορεύων.

Ἐκεῖνα δὲ οὐκέτι καλὰ Ἀλεξάνδρου. Δίου μηνός, φασι, πέμπτῃ ἔπινε παρ' †Εὐμαίῳ,† εἶτα ἕκτῃ ἐκάθευδεν ἐκ τοῦ πότου, καὶ τοσοῦτον ἐκείνης τῆς ἡμέρας ἔζησεν ὅσον ἀναστὰς χρηματίσαι τοῖς ἡγεμόσιν ὑπὲρ τῆς αὔριον πορείας, λέγων ὅτι ἔσται πρωΐ. καὶ ἑβδόμῃ εἱστιᾶτο παρὰ Περδίκκᾳ καὶ ἔπινε πάλιν καὶ ὀγδόῃ ἐκάθευδε. πέμπτῃ δὲ ἐπὶ δέκα τοῦ αὐτοῦ μηνὸς καὶ ταύτῃ ἔπινε καὶ τῇ ἑπομένῃ τὰ εἰθισμένα ἔδρα τὰ ἐκ τοῦ πότου. παρὰ Βαγώᾳ δὲ ἐδείπνησε τετράδι μετὰ εἰκάδα – ἀπεῖχε <δὲ> τῶν βασιλείων ὁ Βαγώα οἶκος δέκα σταδίους –, εἶτα τῇ τρίτῃ ἐκάθευδε. δυοῖν οὖν θάτερον, ἢ Ἀλέξανδρος κακῶς τοσαύτας τοῦ μηνὸς ἡμέρας ἑαυτὸν ζημιοῖ διὰ τὸν οἶνον ἢ οἱ ταῦτα ἀναγράψαντες ψεύδονται. ἔξεστι δὲ ἐκ τούτων ἐννοεῖν καὶ τοῦ λοιποῦ χρόνου τὰ ὅμοια αὐτοὺς λέγοντας, ὧν καὶ Εὐμένης ὁ Καρδιανὸς καὶ ἐκεῖνός ἐστι.

3.24. Ξενοφῶντι ἔμελε τῶν <τε> ἄλλων σπουδαίων καὶ οὖν καὶ ὅπλα καλὰ ἔχειν. νικῶντι γὰρ ἔλεγε τοὺς πολεμίους τὴν καλλίστην στολὴν ἁρμόττειν καὶ ἀποθνῄσκοντι ἐν τῇ μάχῃ κεῖσθαι καλῶς ἐν καλῇ τῇ πανοπλίᾳ· τῷ γὰρ ἀνδρὶ τῷ γενναίῳ ταῦτα εἶναι τὰ ἐντάφια τὰ ὡς ἀληθῶς κοσμοῦντα αὐτόν. λέγεται οὖν ὁ τοῦ Γρύλλου τὴν μὲν ἀσπίδα Ἀργολικὴν ἔχειν, τὸν δὲ

für Worte seine derart großen Waffenleistungen umfassend darstellen? Ich räume ein, dass das meiste ein Geschenk der (Schicksalsgöttin) Tyche[A] gewesen sein mag, die Alexandros besonders liebte, wenn das jemand bestreiten wollte. Doch ist schön, dass Alexandros nicht schlechter war als die Tyche und nicht müde wurde, ihre Gunst zu nutzen.

Folgende Taten des Alexandros sind aber nicht mehr schön: Am 5. des Monats Dios[A], sagt man, trank er bei Eumaios (*Name falsch überliefert*), am 6. schlief er dann seinen Rausch aus und war an jenem Tag nur so lange bei Bewusstsein, dass er aufstand und mit seinen Offizieren über den Marsch des nächsten Tages beriet und anordnete, man solle in aller Frühe aufbrechen. Am 7. war er bei Perdikkas[G] zu Gast und trank wieder, und am 8. schlief er. Und auch am 15. desselben Monats trank er; am folgenden Tag tat er, was nach dem Trinken üblich ist. Bei Bagoas speiste er am 27. – das Haus des Bagoas war 10 Stadien[G] vom Königspalast entfernt –, am 28. dann schlief er. Es gibt zwei Möglichkeiten: Entweder hat Alexandros an so vielen Tagen des Monats sich selbst auf üble Weise durch den Wein geschädigt oder die Leute, die das berichten, lügen. Daraus kann man den Schluss ziehen, dass sie auch über die übrige Zeit ähnliches gesagt haben; zu diesen gehört übrigens auch Eumenes[L] aus Kardia (*FGrHist* 117 F 2a).

Ob Glück oder Talent mehr zum Erfolg des Alexandros beitrugen, war wohl Thema der Rhetorikschule; vgl. die Proben bei Plutarch, Moralia *326b–345d.*

3.24. Xenophon[L] war an schönen Dingen gelegen; so wollte er auch schöne Waffen haben. Wenn er über die Feinde siege, sagte er, gebühre ihm die schönste Rüstung, und wenn er in der Schlacht sterbe, gehöre es sich, auch im Tod in einer schönen vollen Rüstung dazuliegen. Für einen tapferen Mann sei dies ja ein Grabschmuck, der ihn wirklich ziere. Man erzählt, dieser (Xenophon,) Sohn des Gryllos, habe einen Schild aus der Argolis besessen, einen attischen Brust-

θώρακα Ἀττικόν, τὸ δὲ κράνος Βοιωτιουργές, τὸν δὲ ἵππον Ἐπιδαύριον. φιλοκάλου δὲ ἔγωγε ἂν φαίην εἶναι ἀνδρὸς τὰ τοιαῦτα καὶ ἀξιοῦντος ἑαυτὸν τῶν καλῶν.

3.25. Ὁ Λεωνίδης ὁ Λακεδαιμόνιος καὶ οἱ σὺν αὐτῷ τριακόσιοι τὸν μαντευόμενον αὐτοῖς θάνατον εἵλοντο ἐν Πύλαις, καὶ ὑπὲρ τῆς Ἑλλάδος εὖ καὶ καλῶς ἀγωνισάμενοι τέλους ἔτυχον εὐκλεοῦς, καὶ δόξαν ἑαυτοῖς ἀθάνατον ἀπέλιπον καὶ φήμην ἀγαθὴν δι' αἰῶνος.

3.26. Πίνδαρος ὁ Μέλανος υἱός, Ἀλυάττου δὲ θυγατριδοῦς τοῦ Λυδοῦ, διαδεξάμενος τὴν Ἐφεσίων τυραννίδα πρὸς μὲν τὰς τιμωρίας πικρὸς ἦν καὶ ἀπαραίτητος, τά γε μὴν ἄλλα ἐδόκει φιλόπατρις εἶναι καὶ σώφρων, καὶ τοῦ μὴ δουλεῦσαι τὴν πατρίδα τοῖς βαρβάροις πολλὴν πρόνοιαν ἔθετο. ἔδειξε ταῦτα οὕτως ἔχειν ἐκεῖνα δήπου. ἐπεὶ γὰρ Κροῖσος ὁ πρὸς μητρὸς αὐτοῦ θεῖος καταστρεφόμενος τὴν Ἰωνίαν καὶ πρὸς τὸν Πίνδαρον πρεσβείαν ἀπέστειλεν ἀξιῶν Ἐφεσίους ὑπ' αὐτῷ γενέσθαι, ὁ δ' οὐκ ἐπείσθη, ἐπολιόρκει τὴν πόλιν Κροῖσος. ἐπεὶ δέ τις τῶν πύργων ἀνετράπη ὁ κληθεὶς ὕστερον Προδότης, καὶ ἐν ὀφθαλμοῖς ἑωρᾶτο τὸ δεινόν, συνεβούλευεν ὁ Πίνδαρος Ἐφεσίοις ἐκδήσαντας ἐκ τῶν πυλῶν καὶ τῶν τειχῶν θώμιγγας συνάψαι τοῖς κίοσι τοῦ τῆς Ἀρτέμιδος νεώ, οἱονεὶ τὴν πόλιν ἀνάθημα ἐῶντας εἶναι τῇ Ἀρτέμιδι, ἀσυλίαν διὰ τούτων ἐπινοῶν τῇ Ἐφέσῳ· ὁ δὲ συνεβούλευε προσελθόντας δεῖσθαι τοῦ Λυδοῦ. προβαλλομένων δὲ τὴν ἱκετηρίαν τῶν Ἐφεσίων γελάσαντά φασι τὸν Κροῖσον καὶ δεξάμενον πράως τὸ στρατηγηθὲν τοῖς μὲν Ἐφεσίοις συγχωρῆσαι τὴν μετ' ἐλευθερίας ἀσφάλειαν, τῷ δὲ Πινδάρῳ προστάξαι τῆς

panzer, einen boiotischen Helm und ein Pferd aus Epidauros. Derartige Dinge, möchte ich sagen, weisen auf einen Mann, der schöne Dinge liebte und sich der schönen Dinge auch für würdig hielt.
Vgl. Xenophon, Anabasis *3.2.7.*

3.25. Der Lakedaimonier Leonidas[G] und die 300 Männer, die mit ihm waren, nahmen den Tod, den ihnen das Orakel prophezeit hatte, freiwillig an den (Thermo)pylen auf sich. In ihrem tapferen Kampf für Griechenland fanden sie ein ehrenvolles Ende, und sie hinterließen unsterblichen Ruhm und einen guten Ruf für alle Zeiten.

3.26. Pindaros, Sohn des Melas, ein Tochtersohn (Enkel) des Lyders Alyattes, der die Tyrannis in Ephesos übernommen hatte, war bitter und unerbittlich im Verhängen von Strafen, sonst aber schien er die Heimat zu lieben und züchtig zu sein; er verwendete darauf viel Voraussicht, dass die Heimat nicht in die Gewalt der Barbaren gerate. Dass dem so war, bewies folgendes: Kroisos[G] (aus Lydien), der Bruder seiner Mutter, der Ionien in seine Gewalt bringen wollte, hatte auch an Pindaros eine Botschaft gesandt und gefordert, die Ephesier sollten sich ihm unterwerfen. Der aber war dazu nicht bereit; Kroisos belagerte die Stadt. Da stürzte einer der Mauertürme ein; er wurde später *Prodotes* (»Verräter«) genannt. Pindaros sah die Gefahr mit eigenen Augen und riet den Einwohnern von Ephesos, sie sollten von den Türmen und Mauern aus Seile spannen und sie an die Säulen des Artemistempels binden, als würden sie die Stadt als Weihgeschenk der Artemis übergeben. Damit wollte er erreichen, dass Ephesos als unverletzlich (*asylos*) gelte. Außerdem empfahl er, sie sollten zu dem Lyder gehen und ihn (um Gnade) bitten. Als die Ephesier ihm als Bittflehende den Ölbaumzweig entgegenstreckten, lachte Kroisos, sagt man, und erkannte gnädig die Kriegslist an; er sicherte den Ephesiern Sicherheit und Freiheit zu, dem Pindaros aber befahl er, die Stadt zu verlassen. Der ver-

πόλεως ἀπαλλάττεσθαι. ὁ δὲ οὐκ ἀντεῖπε, τῶν φίλων δὲ τοὺς συναπαίρειν αὐτῷ βουληθέντας παραλαβών, τὸν υἱὸν καὶ τῆς οὐσίας τὸ πλεῖστον τῇ πόλει παρακαταθέμενος καὶ ἕνα τῶν συνήθων Πασικλέα ἀποδείξας ἐπίτροπον καὶ τοῦ παιδὸς καὶ τῶν χρημάτων, ἀπῆρεν εἰς Πελοπόννησον, τυραννικοῦ βίου φυγὴν αὐθαίρετον ἀλλαξάμενος ὑπὲρ τοῦ μὴ ποιῆσαι τὴν πατρίδα ὑποχείριον Λυδοῖς.

3.27. Πέπυσμαι καὶ τοῦτον τὸν λόγον· εἰ δὲ ἀληθής ἐστιν οὐκ οἶδα· ὃ δ' οὖν πέπυσμαι, ἐκεῖνό ἐστι· Πλάτων ὁ Ἀρίστωνος ὑπὸ πενίας, φασί, καταπονούμενος ἔμελλεν ἐπὶ στρατείαν ἀποδημῆσαι· καταληφθεὶς δὲ ὑπὸ Σωκράτους ὠνούμενος ὅπλα ὁ Πλάτων ἀνεστάλη τῆς ὁρμῆς, διαλεχθέντος αὐτῷ τοῦ Σωκράτους ἃ εἰκὸς ἦν καὶ πείσαντος φιλοσοφίας ἐπιθυμῆσαι.

3.28. Ὁρῶν ὁ Σωκράτης τὸν Ἀλκιβιάδην τετυφωμένον ἐπὶ τῷ πλούτῳ καὶ μέγα φρονοῦντα <ἐπὶ τῇ περιουσίᾳ καὶ ἔτι πλέον> ἐπὶ τοῖς ἀγροῖς, ἤγαγεν αὐτὸν εἴς τινα <τῆς πόλεως> τόπον ἔνθα ἀνέκειτο πινάκιον ἔχον γῆς περίοδον, καὶ προσέταξε <τῷ Ἀλκιβιάδῃ> τὴν Ἀττικὴν ἐνταῦθ' ἀναζητεῖν. ὡς δ' εὗρε, προσέταξεν <αὐτῷ καὶ> τοὺς ἀγροὺς τοὺς ἰδίους αὐτοῦ διαθρῆσαι. τοῦ δὲ εἰπόντος· »ἀλλ' οὐδαμοῦ γεγραμμένοι εἰσίν,« »ἐπὶ τούτοις <οὖν>« εἶπε »μέγα φρονεῖς, οἵπερ οὐδὲν μέρος τῆς γῆς εἰσιν;«
Vgl. Stobaios 3.22.33.

3.29. Διογένης ὁ Σινωπεὺς συνεχῶς ἐπέλεγεν ὑπὲρ ἑαυτοῦ ὅτι τὰς ἐκ τῆς τραγῳδίας ἀρὰς αὐτὸς ἐκπληροῖ καὶ ὑπομένει· εἶναι γὰρ

weigerte dies nicht, nahm die von seinen Freunden mit, die bereit waren, ihn zu begleiten, überließ den Sohn und einen Großteil seines Besitzes der Stadt und machte einen seiner Verwandten, Pasikles, zum Vormund seines Sohnes und zum Verwalter seines Geldes. Dann ging er auf die Peloponnes, womit er freiwillig sein Leben als Tyrann mit der Verbannung tauschte, damit seine Heimat nicht in die Hände der Lyder falle.
Pindaros von Ephesos ist sonst nicht belegt; Alyattes war um 610-560 König von Lydien.

3.27. Ich habe auch folgenden *Logos*[L] gehört; ob er wahr ist, weiß ich nicht. Was ich gehört habe, ist folgendes: Platon[P], Sohn des Ariston, wollte, von Armut gedrückt, sagt man, (als Söldner) ins Feld ziehen. Von Sokrates ertappt, als er Waffen kaufen wollte, ließ Platon von seinem Vorhaben ab. Sokrates hatte sich nämlich mit ihm darüber unterhalten, was (von ihm) zu erwarten sei, und ihn überredet, sich der Philosophie zu widmen.

3.28. Sokrates[P], der erkannt hatte, wie verblendet Alkibiades[G] von seinem Reichtum war und wie stolz auf sein Vermögen und noch mehr auf seine Landgüter, führte ihn an eine Stelle der Stadt, wo eine Tafel mit einem Umriss der Erde aufgestellt war. Er forderte Alkibiades auf, Attika darauf zu suchen. Nachdem der es gefunden hatte, forderte er wiederum, er solle doch auch nachsehen, wo seine eigenen Ländereien seien. Als der (Alkibiades) sagte: »Aber sie sind doch gar nicht daraufgeschrieben!«, sagte er: »Und auf die bist du dann so stolz, wo sie nicht einmal einen Teil der Erde bilden?«
Vgl. Aristophanes, Wolken *206–217, mit freilich anderer Zielrichtung.*

3.29. Diogenes[P] aus Sinope sagte ständig über sich, dass er alle Flüche aus der Tragödie erfülle und ertrage; er sei ja

πλάνης ἄοικος πατρίδος ἐστερημένος
πτωχὸς δυσείμων βίον ἔχων [τὸν] ἐφήμερον.

καὶ ὅμως ἐπὶ τούτοις μέγα ἐφρόνει οὐδὲν ἧττον ἢ Ἀλέξανδρος ἐπὶ τῇ τῆς οἰκουμένης ἀρχῇ, ὅτε καὶ Ἰνδοὺς ἑλὼν εἰς Βαβυλῶνα ὑπέστρεψεν.

3.30. Ἀμοιβεὺς ὁ κιθαρῳδὸς σωφρονέστατος ἐλέγετο καὶ γυναῖκα ὡραιοτάτην ἔχων μὴ ὁμιλεῖν αὐτῇ, καὶ Διογένης ὁ τῆς τραγῳδίας ὑποκριτὴς <…>. Κλειτόμαχος δὲ ὁ παγκρατιαστὴς εἴ ποτε καὶ κύνας εἶδε συμπλεκομένους, ἀπεστρέφετο· καὶ ἐν συμποσίῳ εἴ τις ἀφροδίσιος λόγος παρερρύη, ἀναστὰς ἀπηλλάττετο.

3.31. Νικίας ὁ ζωγράφος τοσαύτην περὶ τὸ γράφειν σπουδὴν εἶχεν, ὡς ἐπιλαθέσθαι πολλάκις αὐτὸν τροφὴν προσενέγκασθαι προστετηκότα τῇ τέχνῃ.

3.32. Ἀλέξανδρος ὁ Φιλίππου, παῖς ὢν οὔπω πρόσηβος, ἐμάνθανε κιθαρίζειν. τοῦ δὲ διδάσκοντος κροῦσαι κελεύσαντος χορδήν τινα σὺν μέλει καὶ ἣν ἀπῄτει τὰ κιθαρίσματα, »καὶ τί διοίσει« ἔφη »ἐὰν ταύτην κρούσω;« ἑτέραν δείξας. ὁ δὲ οὐδὲν ἔφη διαφέρειν τῷ μέλλοντι βασιλεύσειν ἀλλὰ τῷ ἐπὶ τέχνῃ κιθαρίσειν μέλλοντι. ἔδεισε δὲ ἄρα οὗτος μὴ ὢν ἀπαίδευτος τὸ τοῦ Λίνου πάθος· τὸν γὰρ Ἡρακλῆ ὁ Λίνος ἔτι παῖδα ὄντα κιθαρίζειν ἐπαίδευσεν,

»unstet irrend, ohne Haus, des Vaterlands beraubt,
ein Bettler, schlecht gekleidet, der nur dem Tag lebt.«

(*TrGF* Adespotum Tragicum 284)

Und dennoch war er darauf nicht weniger stolz als Alexandros (d. Gr.)[G] auf seine Herrschaft über die *Oikoumene* (bewohnte Welt), als der auch die Inder unterworfen hatte und nach Babylon zurückgekehrt war.

3.30. Amoibeus[K], der Kitharoide[K], wählte, äußerst züchtig zu sein, und vereinigte sich sogar mit seiner Frau nicht, obwohl sie sehr jung und schön war. Auch der Tragödienschauspieler Diogenes[K] <*Lücke im Text, wohl:* vermied jede Art von Geschlechtsverkehr>. Wenn der Pankration-Kämpfer[S] Kleitomachos[S] auch nur zwei Hunde sah, die sich paarten, wandte er sich ab, und wenn jemand beim Symposion einen *Logos*[L] von Liebe von sich gab, stand er auf und entfernte sich.

Vgl. Ailianos, Tierkunde *6.1 (danach die Füllung der Textlücke).*

3.31. Der Maler Nikias[K] zeigte solchen Eifer beim Malen, dass er oft vergaß, Nahrung zu sich zu nehmen, da er ganz in der Kunst versunken war.

3.32. Alexandros (d. Gr.)[G], Sohn des Philippos (II.)[G], lernte schon als Kind, noch bevor er herangewachsen war, die Kithara[K] zu spielen. Als ihm sein Lehrer auftrug, eine bestimmte Saite zur Melodie anzuschlagen, die das Kithara-Lied erforderte, sagte er: »Und was macht es für einen Unterschied, wenn ich diese anschlage?« Dabei zeigte er auf eine andere. Der (Lehrer) aber sagte, es mache keinen Unterschied für einen, der König werden wolle, wohl aber für einen, der kunstvoller Kitharaspieler werden wolle. Er befürchtete nämlich, da er nicht ungebildet war, das Schicksal des Linos: Den Herakles nämlich hatte, als der noch ein Kind war, Linos im Kitharaspiel unterrichtet; als der aber allzu unmu-

ἀμουσότερον δὲ ἁπτομένου τοῦ ὀργάνου, ἐχαλέπηνε πρὸς αὐτὸν ὁ Λίνος. ὁ δὲ ἀγανακτήσας ὁ Ἡρακλῆς τῷ πλήκτρῳ τοῦ Λίνου καθίκετο καὶ ἀπέκτεινεν αὐτόν.

3.33. Σάτυρος ὁ αὐλητὴς Ἀρίστωνος τοῦ φιλοσόφου πολλάκις ἠκροᾶτο, καὶ κηλούμενος ἐκ τῶν λεγομένων ἐπέλεγεν

<αὐτίκ’ ἔπειτ’ ἀπ’ ἐμεῖο κάρη τάμοι ἀλλότριος φώς>
εἰ μὴ ἐγὼ τάδε τόξα φαεινῷ ἐν πυρὶ θείην,

τοὺς αὐλοὺς αἰνιττόμενος καὶ τρόπον τινὰ τὴν τέχνην ἐκφαυλίζων παραβολῇ τῇ πρὸς φιλοσοφίαν.

3.34. Ὅτι Λάκωσι καὶ Ῥωμαίοις νόμος ἦν μὴ ἐξεῖναί τινι ὀψωνεῖν μήτε ἃ βούλεται μήτε ὅσα βούλεται· προσέταττον γὰρ διά τε τῶν ἄλλων σωφρονεῖν τοὺς πολίτας καὶ διὰ τῆς τραπέζης οὐχ ἥκιστα.

3.35. Λόγος δέ τις διαρρεῖ καὶ οὗτος Ἀττικός, ὃς λέγει πρότερον ἐν Ἀκαδημίᾳ μηδὲ γελάσαι ἐξουσίαν εἶναι· ὕβρει γὰρ καὶ ῥᾳθυμίᾳ ἐπειρῶντο τὸ χωρίον ἄβατον φυλάττειν.

3.36. Ἀριστοτέλης ὅτε ἀπέλιπε τὰς Ἀθήνας δέει τῆς κρίσεως, πρὸς τὸν ἐρόμενον αὐτὸν τίς ἐστιν ἡ τῶν Ἀθηναίων πόλις ἔφη· »παγκάλη· ἀλλ’ ἐν αὐτῇ ὄγχνη ἐπ’ ὄγχνῃ γηράσκει, σῦκον δ’ ἐπὶ σύκῳ,« τοὺς συκοφάντας λέγων. καὶ πρὸς τὸν ἐρόμενον διὰ τί ἀπέλιπε τὰς Ἀθήνας, ἀπεκρίνατο ὅτι οὐ βούλεται Ἀθηναίους

sikalisch auf dem Instrument spielte, hatte ihn Linos getadelt. Dies hatte Herakles übel genommen, Linos mit dem Plektron (einem Metallstäbchen zum Anschlagen der Saiten) geschlagen und ihn getötet.

3.33. Der Flötenspieler Satyros[K] hörte oft den Philosophen Ariston[P] (*SVF* 337). Begeistert von dessen Worten, sagte er:

»Es soll ein Fremder mir den Kopf abschneiden,
wenn ich diese Geschosse nicht ins lodernde Feuer werfe.«

(Homer, *Ilias* 5.214–215)

Damit deutete er die Doppelflöte an und machte in gewisser Weise seine Kunst im Vergleich zur Philosophie schlecht.

3.34. (Man liest,) dass es bei den Lakonern und Römern ein Gesetz gab, es sei niemandem erlaubt, an Zukost zu kaufen, was oder wie viel er wollte. Sie erlegten nämlich ihren Bürgern auf, auch sonst züchtig zu sein, nicht zuletzt aber beim Essen.

Zu Speisegeboten in Sparta s.u. 14.7, zu vergleichbaren Regelungen in Rom etwa Aulus Gellius, Noctes Atticae *2.24.*

3.35. Ein *Logos*[L] ist verbreitet, und zwar in Attika, der besagt, dass man früher in der Akademie[P] nicht einmal habe lachen dürfen. Für Übermut und Leichtsinn nämlich suchte man diesen Ort unzugänglich zu bewahren.

Vgl. 8.13 und als Gegenbild 4.20.

3.36. Als Aristoteles[P] aus Furcht vor der Verurteilung Athen verlassen hatte, sagte er zu jemandem, der ihn fragte, was Athen für eine Stadt sei: »Eine sehr schöne, aber in ihr ›reifet stets Birne auf Birne heran und Feige auf Feige‹ (Homer, *Odyssee* 7.120–121).« Damit spielte er auf die sogenannten Sykophanten[A] (»Feigenanzeiger«) an. Und als der ihn fragte, weshalb er Athen verlassen habe, erklärte er, dass er nicht wolle, dass die Athener sich zweimal gegen die Philo-

δὶς ἐξαμαρτεῖν εἰς φιλοσοφίαν, τὸ περὶ Σωκράτην πάθος αἰνιττόμενος καὶ τὸν καθ' ἑαυτὸν κίνδυνον.

3.37. Νόμος ἐστὶ Κείων, οἱ πάνυ παρ' αὐτοῖς γεγηρακότες, ὥσπερ ἐπὶ ξένια παρακαλοῦντες ἑαυτοὺς ἢ ἐπί τινα ἑορταστικὴν θυσίαν, συνελθόντες καὶ στεφανωσάμενοι πίνουσι κώνειον, ὅταν ἑαυτοῖς συνειδῶσιν ὅτι πρὸς τὰ ἔργα τὰ τῇ πατρίδι λυσιτελοῦντα ἄχρηστοί εἰσιν, ὑποληρούσης ἤδη τι αὐτοῖς καὶ τῆς γνώμης διὰ τὸν χρόνον.

3.38. Ὅτι ἐν Ἀθήναις εὑρεθῆναι λέγουσι πρῶτον τὴν ἐλαίαν καὶ τὴν συκῆν, ἃ καὶ πρῶτον ἡ γῆ ἀνέδωκε. δίκας τε δοῦναι καὶ λαβεῖν εὗρον Ἀθηναῖοι πρῶτοι. καὶ ἀγῶνα τὸν διὰ τῶν σωμάτων πρῶτοι ἐπενόησαν καὶ ἀπεδύσαντο καὶ ἠλείψαντο. καὶ ἵππους ἔζευξε πρῶτος Ἐριχθόνιος.

3.39. Ὅτι βαλάνους Ἀρκάδες, Ἀργεῖοι δ' ἀπίους, Ἀθηναῖοι δὲ σῦκα, Τιρύνθιοι δὲ ἀχράδας δεῖπνον εἶχον, Ἰνδοὶ καλάμους, Καρμανοὶ φοίνικας, κέγχρον δὲ Μαιῶται καὶ Σαυρομάται, τέρμινθον δὲ καὶ κάρδαμον Πέρσαι.

3.40. Ὅτι οἱ συγχορευταὶ Διονύσου Σάτυροι ἦσαν οἱ ὑπ' ἐνίων Τίτυροι ὀνομαζόμενοι. ἔσχον δὲ τὸ ὄνομα ἐκ τῶν τερετισμάτων οἷς χαίρουσι [Σάτυροι]. Σάτυροι δὲ ἀπὸ τοῦ σεσηρέναι. Σιληνοὶ δὲ ἀπὸ τοῦ σιλλαίνειν· τὸν δὲ σίλλον ψόγον λέγουσι μετὰ παιδιᾶς δυσαρέστου. ἐσθὴς δ' ἦν τοῖς Σιληνοῖς ἀμφίμαλλοι

sophie versündigten, womit er auf das Leiden des Sokrates[P] und auf seinen eigenen Prozess anspielte.
Aristoteles verließ Athen 323 nach dem Tod Alexandros' d. Gr.

3.37. Ein Gesetz gibt es bei den Leuten von Keos: Die bei ihnen sehr alt Gewordenen laden einander wie zu einem Gastmahl oder einem festlichen Opfer ein, kommen zusammen, bekränzen sich und trinken den Schierlingsbecher, wenn sie sich bewusst werden, dass sie für Arbeiten, die dem Vaterland nützlich sind, unbrauchbar geworden sind, da ihnen der Verstand mit der Zeit ein wenig töricht geworden ist.
Strabon 10.5.6 C 486 gibt an, in Iulis auf Keos hätten sich die Sechzigjährigen vergiftet; vgl. u. 4.1 (Sardinien, Derbiken) sowie Herodot 1.216 (Massageten) und 3.99 (Padaier in Indien).

3.38. (Man liest,) dass in Athen, sagt man, zuerst der Öl- und der Feigenbaum entdeckt wurden, die dieses Land auch zuerst hervorgebracht hatte. Auch Urteile zu fällen und aufrechtzuerhalten erfanden die Athener als erste. Die Erfindung des körperlichen Wettkampfs erdachten sie als erste und entkleideten und salbten sich dabei. Der erste, der Pferde einspannte, war Erichthonios.

3.39. (Man liest,) dass die Arkader Eicheln, die Argiver Birnen, die Athener Feigen, die Tirynthier wilde Birnen als Mahlzeit hatten, die Inder Rohr, die Karmaner Datteln, Hirse die Maioter und die Sauromaten, Terebinthen und *kardamon* (eine Kresse-Art) die Perser.

3.40. (Man liest,) dass die Begleiter des Dionysos die Satyrn waren, die von einigen *Tityroi* genannt werden. Sie hatten den Namen von ihren zwitschernden Gesängen (*teretismata*), an denen sie Freude hatten. *Satyroi* (heißen sie) nach ihrem breiten Grinsen (*sairein*), *Silenoi* nach ihrem Spotten (*sillainein*) – *sillos* heißt ein bösartig scherzender Spott. Gewänder waren für die *Silenoi* Chitone[A] aus

χιτῶνες. αἰνίττεται δὲ ἡ στολὴ τὴν ἐκ τοῦ Διονύσου φυτείαν καὶ τὰ τῶν οἰνάδων [καὶ τὰ τῶν κλημάτων δάση].

3.41. Ὅτι τὸ πολυκαρπεῖν οἱ ἀρχαῖοι ὠνόμαζον φλύειν. ἐντεῦθεν τὸν Διόνυσον Φλεῶνα ἐκάλουν καὶ Προτρύγαιον καὶ Σταφυλίτην καὶ Ὀμφακίτην καὶ ἑτέρως πως διαφόρως.

3.42. Ἐλέγη καὶ Κελαινὴ Προίτου θυγατέρες. μάχλους δὲ αὐτὰς ἡ τῆς Κύπρου βασιλὶς εἰργάσατο. ἐπὶ μέρους δὲ τῆς Πελοποννήσου [καὶ] ἔδραμον, φασί, γυμναὶ μαινόμεναι, ἐξεφοίτησαν δὲ καὶ εἰς ἄλλας χώρας τῆς Ἑλλάδος, παράφοροι οὖσαι ὑπὸ τῆς νόσου. ἀκούω δὲ ὅτι καὶ ταῖς Λακεδαιμονίων γυναιξὶν ἐπέπεσέ τις οἶστρος βακχικὸς καὶ ταῖς τῶν Χίων. καὶ αἱ τῶν Βοιωτῶν δὲ ὡς ἐνθεώτατα ἐμάνησαν καὶ ἡ τραγῳδία βοᾷ. μόνας δὲ ἀφηνιάσαι τῆς χορείας ταύτης λέγουσι τοῦ Διονύσου τὰς Μινύου θυγατέρας Λευκίππην καὶ Ἀρσίππην καὶ Ἀλκιθόην. αἴτιον δὲ ὅτι ἐπόθουν τοὺς γαμέτας, καὶ διὰ τοῦτο οὐκ ἐγένοντο τῷ θεῷ μαινάδες. ὁ δὲ ὀργίζεται, καὶ αἱ μὲν περὶ τοὺς ἱστοὺς εἶχον καὶ ἐπονοῦντο περὶ τὴν Ἐργάνην εὖ μάλα φιλοτίμως· ἄφνω δὲ κιττοί τε καὶ ἄμπελοι τοὺς ἱστοὺς περιεῖρπον, καὶ τοῖς ταλάροις ἐνεφώλευον δράκοντες, ἐκ δὲ τῶν ὀρόφων ἔσταζον οἴνου καὶ γάλακτος σταγόνες. τὰς δὲ οὐδὲ ταῦτα ἀνέπειθεν ἐλθεῖν εἰς τὴν λατρείαν τοῦ δαίμονος. ἐνταῦθά τοι καὶ πάθος εἰργάσαντο ἔξω Κιθαιρῶνος, οὐ μεῖον τοῦ ἐν Κιθαιρῶνι· τὸν γὰρ τῆς Λευκίππης παῖδα ἔτι ἁπαλὸν ὄντα καὶ νεαρὸν διεσπάσαντο οἷα νεβρὸν τῆς μανίας ἀρξάμεναι αἱ Μινυάδες, εἶτα ἐντεῦθεν ἐπὶ τὰς ἐξ ἀρχῆς ᾖξαν μαινάδας· αἱ δὲ ἐδίωκον αὐτὰς διὰ τὸ ἄγος. ἐκ δὴ τούτων

doppelseitigem Fell. Diese Kleidung spielt auf den Wuchs der Pflanzen aus Dionysos und auf den der Weinstöcke an.
Tityrus ist bei Vergil, Eklogen, *und Theokrit,* Idyllen, *ein Schäfername.*

3.41. (Man liest,) dass die Alten »reiche Frucht zu tragen« *phlyein* nannten. Daher nannten sie den Dionysos *Phleon* (Gott des Reiche-Frucht-Tragens), *Protrygaios* (Gott der ersten Weinlese), *Staphylites* (Gott der Trauben), *Omphakites* (Gott der unreifen Trauben) und verschiedentlich anders.

3.42. Elege und Kelaine waren Töchter des Proitos. Liebestoll hatte sie die Königin von Kypros gemacht. Durch einen Teil der Peloponnes zogen sie und kamen, sagt man, nackt und rasend auch in andere Gebiete Griechenlands, von ihrer Krankheit getrieben. Wie ich hörte, befiel auch die Frauen der Lakedaimonier und die der Chier ein bakchantisches Rasen. Und wie die Frauen der Boioter in gottbegeisterter Verzückung rasten, schreit auch die Tragödie (wohl Euripides' *Bakchen*) heraus. Als einzige sollen sich diesem Treiben die Töchter des Minyas entzogen haben: Leukippe, Arsippe und Alkithoë. Der Grund dafür war, dass sie sich nach ihren Ehemännern sehnten und sich deshalb nicht an der schwärmerischen Verehrung des Gottes beteiligten. Der aber wurde (darüber) zornig. Sie waren am Webstuhl beschäftigt und arbeiteten sehr eifrig an ihrer Weberei (*Ergane*; s. o. 1.2). Plötzlich rankten sich Efeu und Reben um die Webstühle, und in den Wollkörben lauerten Schlangen, von der Decke kamen Wein- und Milchtropfen. Doch auch dies brachte die Mädchen nicht dazu, sich der Verehrung des Gottes anzuschließen. Dann jedoch begingen sie eine Untat, die – wenn sie auch nicht auf dem Kithairon geschah – der auf dem Kithairon nicht nachsteht: Den Sohn der Leukippe, der noch zart und jung war, zerrissen, als sei er ein Hirschkalb, die Minyas-Töchter und eilten von dort zu denen, die von Anfang

ἐγένοντο ὄρνιθες, καὶ ἡ μὲν ἤμειψε τὸ εἶδος εἰς κορώνην, ἡ δὲ εἰς νυκτερίδα, ἡ δὲ εἰς γλαῦκα.

3.43. Ἐν Συβάρει κιθαρῳδοῦ ᾄδοντος ἐν τῇ ἀγωνίᾳ, ἣν ἐπετέλουν τῇ Ἥρᾳ, στασιασάντων ὑπὲρ αὐτοῦ τῶν Συβαριτῶν καὶ τὰ ὅπλα λαβόντων ἐπ' ἀλλήλους, φοβηθεὶς ὁ κιθαρῳδὸς σὺν αὐτῇ στολῇ κατέφυγεν εἰς τὸν τῆς Ἥρας βωμόν· οἱ δὲ οὐδὲ ἐνταῦθα ἐφείσαντο τοῦ κιθαρῳδοῦ. ὀλίγῳ δὲ ὕστερον αἷμα ἐδόκει ἐν τῷ τῆς Ἥρας ναῷ ἀναβρύειν οὐδὲν ἔλαττον πηγῆς ἀενάου, Συβαρῖται δὲ ἔπεμψαν εἰς Δελφούς. ἡ δὲ Πυθία ἀπεκρίνατο·

βαῖν' ἀπ' ἐμῶν τριπόδων, ἔτι τοι φόνος ἀμφὶ χέρεσσι
πουλὺς ἀποστάζων ἀπὸ λαΐνου οὐδοῦ ἐρύκει.
οὔ σε θεμιστεύσω· Μουσῶν θεράποντα κατέκτας
Ἥρης πρὸς βωμοῖσι, θεῶν τίσιν οὐκ ἀλεείνας.
τοῖς δὲ κακῶς ῥέξασι δίκης τέλος οὐχὶ χρονιστὸν
οὐδὲ παραιτητόν, οὐδ' εἰ Διὸς ἔγγονοι εἶεν,
ἀλλ' αὐτῶν κεφαλῇσι καὶ ἐν σφετέροισι τέκεσσιν
εἱλεῖται, καὶ πῆμα δόμοις ἐπὶ πήματι βαίνει.

ἡ δὲ δίκη οὐκ ἐβράδυνε· Κροτωνιάταις γὰρ ἐναντία <τὰ> ὅπλα θέμενοι ἀνάστατοι ὑπ' ἐκείνων ἐγένοντο καὶ ἡ πόλις αὐτῶν ἠφανίσθη.

3.44. Νεανίσκοι τρεῖς εἰς Δελφοὺς ἀφικόμενοι θεωροὶ συμπολῖται κακούργοις περιτυγχάνουσιν. ὁ οὖν εἷς ἀπέδρα τοὺς λῃστάς, ὁ

an Mänaden geworden waren. Die aber verfolgten sie wegen ihrer Bluttat, und so wurden sie zu Vögeln: Die eine von ihnen verwandelte sich in eine Krähe, die zweite in eine Fledermaus und die dritte in eine Eule.

Mit Kypros (Zypern) wurde die dort schaumgeborene Göttin Aphrodite verbunden. Zur Untat auf dem Kithairon-Berg, wo Agaue und die anderen Mänaden (rasenden Frauen) Agaues Sohn Pentheus zerrissen, siehe Euripides, Bakchen *1118–1136 u. a.*

3.43. Als in Sybaris ein Kitharoide[K] in einem Wettkampf sang, der zu Ehren der Hera durchgeführt wurde, die Sybariten über ihn in Streit gerieten und mit Waffen aufeinander losgingen, flüchtete sich der Kitharoide mit seiner ganzen Ausrüstung zum Altar der Hera. Die aber ließen auch dort nicht von dem Kitharoiden ab. Wenig später schien Blut im Tempel der Hera hervorzusprudeln, nicht weniger als eine ständig fließende Quelle. Die Sybariten schickten (um Rat) nach Delphi. Die Pythia antwortete:

»Weiche von meinem Dreifuß, zu meiner steinernen Schwelle
wehrt dir den Zutritt das Blut, von dem deine Hände noch triefen.
Götterspruch geb' ich dir nicht! Ohne Scheu vor der Rache
der Götter hast du am Altar der Hera den Diener der Musen getötet.
Doch die Verbrecher ereilt nun unaufhaltsam die Strafe;
wär'n sie auch Söhne des Zeus, Vergebung wird ihnen nicht werden.
Doch Strafe wird treffen ihr eigenes Haupt und auch ihre Kinder,
und über ihr Haus wird kommen Leiden auf Leiden.«

(Parke/Wormell 1956, nr. 74).

Die Strafe verspätete sich nicht: Als sie nämlich gegen die Krotoniaten zu den Waffen griffen, wurden sie von diesen vernichtet und ihre Stadt zum Verschwinden gebracht.

3.44. Drei junge Männer, Bürger derselben Stadt, waren auf dem Weg nach Delphi zur Orakelbefragung, fielen aber Übeltätern in die Hände. Einer von ihnen entkam den Räubern, der zweite

δὲ δεύτερος αὐτῶν συνεπλάκη τῷ λοιπῷ τῶν κακούργων, τῶν ἄλλων προαναλωθέντων, καὶ <ὁ τρίτος αὐτῷ βοηθῶν> τοῦ μὲν ληστοῦ ἥμαρτεν, ὦσε δὲ τὸ ξίφος κατὰ τοῦ φίλου. τῷ ἀποδράντι οὖν ἡ Πυθία ἀνεῖλε τάδε·

ἀνδρὶ φίλῳ θνῄσκοντι παρὼν πέλας οὐκ ἐβοήθεις.
οὔ σε θεμιστεύσω· περικαλλέος ἔξιθι νηοῦ·

καὶ τῷ ἑτέρῳ δὲ ἀνεῖλε τάδε ἐρομένῳ τὴν Πυθίαν·

ἔκτεινας τὸν ἑταῖρον ἀμύνων· οὔ σ᾽ ἐμίανεν
αἷμα, πέλεις δὲ χέρας καθαρώτερος ἢ πάρος ἦσθα.

3.45. Φιλίππῳ φασὶ χρηστήριον ἐκπεσεῖν ἐν Βοιωτοῖς ἐν Τροφωνίου, φυλάττεσθαι δεῖν τὸ ἅρμα. ἐκεῖνον οὖν δέει τοῦ χρησμοῦ λόγος ἔχει μηδέποτε ἀναβῆναι ἅρμα. διπλοῦς οὖν ἐπὶ τούτοις διαρρεῖ λόγος. ὁ μὲν γάρ φησι τὸ τοῦ Παυσανίου ξίφος, ᾧ τὸν Φίλιππον διεχρήσατο, ἅρμα ἔχειν ἐπὶ τῆς λαβῆς διαγεγλυμμένον ἐλεφάντινον· ὁ δὲ ἕτερος, τὴν Θηβαϊκὴν περιελθόντα λίμνην τὴν καλουμένην Ἅρμα ἀποσφαγῆναι. ὁ μὲν πρῶτος λόγος δημώδης, ὁ δὲ οὐκ εἰς πάντας ἐξεφοίτησεν.

3.46. Σταγειριτῶν νόμος οὗτος καὶ πάντῃ Ἑλληνικός· »ὃ μὴ κατέθου« φησὶ »μὴ λάμβανε.«

3.47. Τιμόθεον τὰ μὲν πρῶτα ἐπῄνουν Ἀθηναῖοι· ἐπεὶ δὲ ἔδοξεν ἁμαρτεῖν ἃ ἔδοξεν, ἡ φθάνουσα αὐτὸν ἀνδραγαθία ἀλλ᾽ οὐδὲ ὀλίγον ἔσωσεν, οὐδὲ μὴν αἱ τῶν προγόνων ἀρεταί.

nahm mit dem letzten der Übeltäter den Kampf auf, nachdem die anderen zuvor getötet waren. Der dritte wollte ihm helfen, verfehlte aber den Räuber und stieß sein Schwert durch den Freund. Dem Weggelaufenen sagte die Pythia Folgendes:

»Dem sterbenden Freund nah eiltest du ihm doch nicht zu Hilfe!
Götterspruch geb ich dir nicht. Verlasse den herrlichen Tempel!«

Und dem anderen sagte sie auf seine Frage Folgendes:

»Getötet hast du den Freund, als helfen du wolltest; nicht befleckt
hat dich das Blut, deine Hände sind reiner als vorher.«

(Parke/Wormell 1956, nr. 575 und 576)

Vgl. van Groningen 1955.

3.45. Philippos (II.)[G] wurde, sagt man, ein Orakelspruch in Boiotien (in der Höhle) des Trophonios zuteil, er solle sich vor dem Wagen hüten (Parke/Wormell 1956, nr. 267). Aus Furcht vor dem Orakel hat er, so besagt ein *Logos*[L], niemals einen Wagen bestiegen. Hierüber nun geht der *Logos* auseinander. Der eine besagt, dass sich auf dem Schwertgriff des Pausanias, mit dem jener den Philippos ermordete, ein aus Elfenbein gestalteter Wagen befand, der andere, dass Philippos getötet worden sei, als er um den thebanischen See herumging, der den Namen »Wagen« trägt. Der erste *Logos* ist der gewöhnliche, der andere nicht allgemein verbreitet.
Der Name des Sees bezog sich auf die Stelle, an der im Mythos Amphiaraos auf der Flucht aus Theben mit seinem Wagen von der Erde verschluckt worden sei.

3.46. Bei den Leuten von Stageira gibt es folgendes ganz griechische Gesetz: »Was du nicht hinterlegt hast, das nimm nicht an dich!«

3.47. Den Timotheos[G] lobten anfangs die Athener. Als er aber einen Fehler gemacht zu haben schien, rettete ihn seine frühere Tapferkeit freilich nicht im geringsten, ebenso wenig die Verdienste seiner Vorfahren.

Θεμιστοκλῆς δὲ οὐδὲν ὤνητο οὔτε ἐκ τῆς ναυμαχίας τῆς περὶ Σαλαμῖνα οὔτε ἐκ τῆς πρεσβείας τῆς εἰς Σπάρτην· λέγω δὲ ἣν ἐπρέσβευσε κλέπτων τὴν τῶν Ἀθηναίων τείχισιν. ἔφυγε γὰρ κἀκεῖνος οὐ τὰς Ἀθήνας μόνον, ἀλλὰ καὶ τὴν Ἑλλάδα πᾶσαν.

Καὶ Παυσανίαν δὲ τὸν Λακεδαιμόνιον οὐδὲν ὤνησεν ἡ ἐν Πλαταιαῖς νίκη· ὑπὲρ δὲ ὧν ἐν Βυζαντίῳ ἐκαινούργει καὶ ἐνόει Περσικά, ὑπὲρ τούτων διέφθειρε καὶ τὴν χάριν τὴν ἐπὶ τοῖς πρώτοις.

Φωκίωνα δὲ ἡ εὐφημία ἡ καλοῦσα αὐτὸν Χρηστὸν οὐδὲν ὠφέλησεν, οὐδὲ τὰ πέντε καὶ ἑβδομήκοντα ἔτη, ἅπερ οὖν διεβίωσεν, οὐδὲν ἀδικήσας τοὺς Ἀθηναίους ἔμβραχυ· ἐπεὶ δὲ ἔδοξεν Ἀντιπάτρῳ τὸν Πειραιᾶ προδιδόναι, Ἀθηναῖοι κατέγνωσαν αὐτοῦ θάνατον.

Themistokles[G] hatte Nutzen weder von der Seeschlacht bei Salamis noch von seiner Gesandtschaftsreise nach Sparta; ich meine die, mit der er den Bau der Mauern Athens verheimlichte. Auch jener wurde nämlich verbannt und musste nicht nur Athen, sondern ganz Griechenland verlassen.

Auch dem Pausanias[G] aus Lakedaimon nützte der Sieg bei Plataiai (479) nichts. Dadurch, dass er in Byzantion Neuerungen einführte und persisch dachte, verdarb er auch die Gunst, die er aufgrund früherer Taten genoss.

Dem Phokion[G] nützte der gute Ruf, der ihm den Beinamen »der Rechtschaffene« verschafft hatte, nichts, auch nicht die 75 Jahre, die er gelebt hatte, ohne den Athenern auch nur geringes Unrecht zu tun. Als es so schien, als habe er dem Antipatros[G] den Piräus verraten, verurteilten ihn die Athener zum Tod.

Zur List des Themistokles im Zusammenhang mit dem Mauerbau s. Thukydides 1.89–93.

Δ

4.1. Λέγει τις νόμος Λευκανῶν, ἐὰν ἡλίου δύναντος ἀφίκηται ξένος καὶ παρελθεῖν ἐθελήσῃ εἰς στέγην τινός, εἶτα <οὗτος> μὴ δέξηται τὸν ἄνδρα, ζημιοῦσθαι αὐτὸν καὶ ὑπέχειν δίκας τῆς κακοξενίας ἐμοὶ δοκεῖ καὶ τῷ ἀφικομένῳ καὶ τῷ Ξενίῳ Διί.

Ὅτι Δαρδανεῖς τοὺς ἀπὸ τῆς Ἰλλυρίδος ἀκούω τρὶς μόνον λούεσθαι παρὰ πάντα τὸν ἑαυτῶν βίον, ἐξ ὠδίνων καὶ γαμοῦντας καὶ ἀποθανόντας.

Ἰνδοὶ οὔτε δανείζουσιν οὔτε ἴσασι δανείζεσθαι, ἀλλ' οὔτε θέμις ἄνδρα Ἰνδὸν οὔτε ἀδικῆσαι οὔτε ἀδικηθῆναι. διὸ οὐδὲ ποιοῦνται συγγραφὴν ἢ παρακαταθήκην.

Νόμος ἐστὶ Σαρδῷος, τοὺς ἤδη γεγηρακότας τῶν πατέρων οἱ παῖδες ῥοπάλοις τύπτοντες ἀνῄρουν καὶ ἔθαπτον, αἰσχρὸν ἡγούμενοι τὸν λίαν ὑπέργηρων ὄντα ζῆν ἔτι, ὡς πολλὰ ἁμαρτάνοντος τοῦ σώματος τοῦ διὰ τὸ γῆρας πεπονηκότος. τῶν δὲ αὐτῶν ἐστι νόμος τοιοῦτος· ἀργίας ἦσαν δίκαι, καὶ τὸν εἰκῇ ζῶντα ἔδει κρίνεσθαι καὶ διδόναι τὰς εὐθύνας ἀποδεικνύντα ὁπόθεν ζῇ.

Ἀσσύριοι τὰς ὡραίας γάμου παρθένους ἀθροίσαντες εἴς τινα πόλιν ἀγορὰν αὐτῶν προκηρύττουσι, καὶ ἕκαστος ἣν ἂν πρίηται ἀπάγει νύμφην.

Βύβλιος ἀνὴρ ἐν ὁδῷ περιτυχὼν οὐδὲν ὧν μὴ κατέθετο ἀναιρεῖται· οὐ γὰρ ἡγεῖται τὸ τοιοῦτον εὕρεμα ἀλλὰ ἀδίκημα.

Δερβίκκαι τοὺς ὑπὲρ ἑβδομήκοντα ἔτη βεβιωκότας ἀποκτείνουσι, τοὺς μὲν ἄνδρας καταθύοντες, ἀπάγχοντες δὲ τὰς γυναῖκας.

4

4.1. Es besagt ein Brauch der Lukaner: Wenn bei Sonnenuntergang ein Fremder kommt und bei jemandem um Obdach bittet und dieser den Mann dann nicht aufnimmt, wird er bestraft und muss für seine Ungastlichkeit Buße leisten, wie mir scheint, sowohl gegenüber dem Fremden wie auch gegenüber dem Zeus Xenios.

(Man liest,) dass die Dardaner aus Illyrien, wie ich höre, nur dreimal in ihrem ganzen Leben baden: bei der Geburt, bei der Hochzeit und nach dem Tod.

Die Inder verleihen kein Geld und wissen nichts vom Schuldenmachen, vielmehr ist es wider göttliches Recht, dass ein indischer Mann Unrecht tut oder erleidet. Deshalb schließen sie auch keine Verträge und geben sich keine Pfänder.

Ein sardinischer Brauch ist: Die Kinder erschlugen ihre Väter, wenn diese schon altersschwach geworden waren, mit Keulen und begruben sie; man hielt es nämlich für schändlich, wenn ein hochbetagter Greis weiterlee, da sein Körper ja, am Alter leidend, häufig den Dienst versage. Bei denselben ist auch Folgendes Brauch: Auf Faulheit stand Strafe, und wer in den Tag hinein lebte, musste sich vor Gericht rechtfertigen und erklären, wovon er lebt.

Die Assyrer versammeln ihre heiratsfähigen Jungfrauen in irgendeiner Stadt und kündigen dann deren Verkauf an. Und jeder, der eine gekauft hat, führt sie als Braut heim.

Wenn ein Mann in Byblos etwas auf der Straße antrifft, nimmt er es nicht an sich, sofern er es nicht hingelegt hat. So etwas wird nämlich nicht als Fund bezeichnet, sondern als Unrecht.

Die Derbiken (in Persien) töten jeden, der über 70 Jahre alt geworden ist: Sie schlachten die Männer als Opfer und erdrosseln die Frauen.

Κόλχοι δὲ τοὺς νεκροὺς ἐν βύρσαις θάπτουσι καὶ καταρράψαντες ἐκ τῶν δένδρων ἐξαρτῶσι.

Λυδοῖς ἦν ἔθος πρὸ τοῦ συνοικεῖν τὰς γυναῖκας ἀνδράσιν ἑταιρεῖν, ἅπαξ δὲ καταζευχθείσας σωφρονεῖν· τὴν δὲ ἁμαρτάνουσαν εἰς ἕτερον συγγνώμης τυχεῖν ἀδύνατον ἦν.

4.2. Νικόστρατον τὸν κιθαριστὴν λόγος τις περίεισι λέγων Λαοδόκῳ τῷ κιθαρῳδῷ διαφερόμενον ὑπὲρ μουσικῆς εἰπεῖν ὅτι ἄρα ἐκεῖνος μέν ἐστιν ἐν μεγάλῃ τῇ τέχνῃ μικρός, αὐτὸς δὲ ἐν μικρᾷ μέγας. οὐ μόνον δὲ ἄρα ἐστὶ σεμνὸν οἰκίαν αὐξῆσαι καὶ πλοῦτον, ἀλλὰ γὰρ καὶ τέχνην, εἴ γέ τι δεῖ προσέχειν Νικοστράτῳ εὖ καὶ καλῶς τοῦτο εἰπόντι.

4.3. Πολύγνωτος ὁ Θάσιος καὶ Διονύσιος ὁ Κολοφώνιος γραφέε ἤστην. καὶ ὁ μὲν Πολύγνωτος ἔγραφε τὰ μεγάλα καὶ ἐν τοῖς τελείοις εἰργάζετο τὰ ἆθλα, τὰ δὲ τοῦ Διονυσίου πλὴν τοῦ μεγέθους τὴν τοῦ Πολυγνώτου τέχνην ἐμιμεῖτο εἰς τὴν ἀκρίβειαν, πάθος καὶ ἦθος καὶ σχημάτων χρῆσιν <καὶ> ἱματίων λεπτότητας καὶ τὰ λοιπά.

4.4. Ἀκούω κεῖσθαι νόμον Θήβησι προστάττοντα τοῖς τεχνίταις καὶ τοῖς γραφικοῖς καὶ τοῖς πλαστικοῖς εἰς τὸ κρεῖττον τὰς εἰκόνας μιμεῖσθαι. ἀπειλεῖ δὲ ὁ νόμος τοῖς εἰς τὸ χεῖρόν ποτε ἢ πλάσασιν ἢ γράψασι ζημίαν τὸ τίμημα χιλίων δραχμῶν.

4.5. Εὐεργεσιῶν ἀπεμνήσθησαν καὶ χάριτας ὑπὲρ αὐτῶν ἀπέδοσαν, Θησεὺς μὲν Ἡρακλεῖ. Ἀιδωνέως γὰρ αὐτὸν τοῦ Μολοττῶν βασιλέως δήσαντος, ὅτε ἐπὶ τὴν γυναῖκα αὐτοῦ

Die Kolcher bestatten die Toten in Fellen; sie nähen sie ein und hängen sie an den Bäumen auf.

Bei den Lydern war es Brauch, dass die Frauen sich vor der Ehe als Hetären[A] Männern hingeben, damit sie, wenn sie einmal verheiratet waren, züchtig blieben. Wenn aber eine sich mit einem anderen verfehlte, war ein Pardon unmöglich zu erlangen.

Eine moderne Entsprechung zum Baden nennt Calder III 2000. Zum Heiratsmarkt vgl. allg. Herodot 1.196, zu den Kolchern vgl. etwa Apollonios Rhodios, Argonautika *3.200–209.*

4.2. Der Kitharaspieler[K] Nikostratos[K] sagte, so überliefert ein *Logos*[L], bei einem Streit über Musik mit dem Kitharoiden[K] Laodokos[K], dass dieser in einer großen Kunst klein sei, er selbst in einer kleinen Kunst groß. Es ist also nicht nur verdienstvoll, Haus und Reichtum zu mehren, sondern auch seine Kunst, wenn man jedenfalls auf Nikostratos hören möchte, der das sehr schön gesagt hat.

4.3. Polygnotos[K] aus Thasos und Dionysios[K] aus Kolophon waren beide Maler. Polygnotos malte das Große und errang mit dem Vollkommenen Preise. Dionysios ahmte bis auf die Größe die Kunst des Polygnotos mit Genauigkeit nach: Leidenschaft und Charakter, den Einsatz von Gebärden, die Feinheit der Himatia[A] und das übrige.

4.4. Ich höre, dass in Theben ein Gesetz besteht, das den Künstlern – sowohl Malern als auch Bildhauern – befiehlt, ihre Werke schöner als die Natur zu gestalten. Es bedroht das Gesetz diejenigen, die sie etwa hässlicher darstellen – gleich ob Plastik oder Gemälde – als Buße mit einer Strafe von 1000 Drachmen[A].

4.5. Im Gedanken an erwiesene Wohltaten erwiesen folgende ihren Dank: Theseus dem Herakles; Aidoneus (Hades), der Molosserkönig, hatte Theseus in Fesseln gelegt, als der mit Peirithoos wegen

ἦλθε μετὰ Πειρίθου ἁρπασόμενος αὐτὴν ὁ Θησεύς – οὐχ ἑαυτῷ σπουδάζων τὸν γάμον, ἀλλὰ γὰρ τῇ τοῦ Πειρίθου χάριτι τοῦτο δράσας –, Ἡρακλῆς εἰς τοὺς Μολοττοὺς ἀφικόμενος ἐρρύσατο τὸν Θησέα, καὶ διὰ ταῦτα ἐκεῖνος αὐτῷ βωμὸν ἀνέστησε.

Καὶ οἱ ἑπτὰ ἐπὶ Θήβας Πρώνακτι καὶ ἐκεῖνοι χάριτας ἀπέδοσαν. διὰ γὰρ αὐτοὺς ἀπολομένου τοῦ Πρώνακτος τὸν ἀγῶνα ἔθεσαν ἐπ' αὐτῷ, ὃν οἱ πολλοὶ οἴονται ἐπ' Ἀρχεμόρῳ τεθῆναι ἐξ ἀρχῆς.

Καὶ Ἡρακλῆς δὲ Νέστορι ἀπέδωκε χάριτας. Νηλέως γὰρ αὐτὸν οὐ βουλομένου καθῆραι, οἱ μὲν ἄλλοι παῖδες σύμψηφοι ἦσαν τῷ Νηλεῖ, ὁ δὲ Νέστωρ οὐχί. καὶ διὰ ταῦτα ἑλὼν τὴν πόλιν Ἡρακλῆς τὸν μὲν Νηλέα καὶ τοὺς ἄλλους αὐτοῦ παῖδας ἀπέκτεινεν, οὐ μόνον δὲ ἐφείσατο Νέστορος, ἀλλὰ καὶ τὴν βασιλείαν τὴν πατρῴαν ἔχειν ἔδωκε.

Καὶ Ἀθηναῖοι δὲ πανδημεὶ τοῖς Ἡρακλέους ἀπογόνοις ἀπέτισαν χάριτας. ἐπεὶ γὰρ καὶ ἐκείνων ὁ προπάτωρ εὐεργέτης ἐγένετο τοῦ Θησέως, οἱ Ἀθηναῖοι διὰ ταῦτα κατήγαγον αὐτοὺς εἰς Πελοπόννησον.

Καὶ Ἡρακλῆς δὲ ἀπέδωκε χάριτας τοῖς ἐκ Κλεωνῶν τριακοσίοις καὶ ἑξήκοντα. τούτοις γὰρ ἐπὶ τοῖς Μολιονίδαις συστρατεύσασιν αὐτῷ καὶ ἀποθανοῦσιν εὖ καὶ καλῶς ἀπέστη τῶν ἐν Νεμέᾳ τιμῶν, ἃς ἔλαβε παρὰ τῶν Νεμέων, ὅτε τὸν ἐπιχωριάζοντα αὐτοῖς καὶ λυμαινόμενον αὐτῶν τὰ ἔργα ἐχειρώσατο λέοντα.

Καὶ Μενεσθεὺς δὲ ὁ Πετεὼ περὶ τοὺς Τυνδαρίδας οὐκ ἐγένετο ἀχάριστος. ἐκβαλόντες γὰρ ἐκεῖνοι τοὺς Θησέως υἱοὺς καὶ τὴν μητέρα τὴν Θησέως Αἴθραν αἰχμάλωτον λαβόντες ἔδωκαν τὴν βασιλείαν τῷ Μενεσθεῖ. διὰ ταῦτα πρῶτος ὁ Μενεσθεὺς Ἄνακτάς τε καὶ Σωτῆρας ὠνόμασε.

seiner Frau gekommen war, um sie ihm zu rauben – Theseus wollte sie nicht für sich selbst zur Gemahlin, sondern tat es dem Peirithoos zuliebe –, doch als Herakles zu den Molossern kam, befreite er Theseus, und der errichtete ihm dafür einen Altar.

Auch (dankbar waren) die Sieben gegen Theben (die unter Polyneikes gegen das von dessen Bruder Eteokles beherrschte Theben zogen) dem Pronax (König von Argos). Als Pronax ihretwegen getötet worden war, veranstalteten sie ihm zu Ehren die Wettspiele (in Nemea)[S], die, wie die meisten meinen, anfangs zu Ehren des Archemoros (Opheltes, Königssohn aus Nemea) gestiftet waren.

Auch Herakles erwies dem Nestor seinen Dank. Neleus wollte den Herakles (wegen des Mordes an Iphitos?) nicht entsühnen, und alle seine Söhne hatten dem Urteil des Neleus zugestimmt, nur Nestor nicht. Deshalb nahm Herakles die Stadt (Pylos) ein und tötete den Neleus und seine Söhne, verschonte aber den Nestor nicht nur, sondern gab ihm sogar die Königsherrschaft seines Vaters.

Auch die Athener in ihrer Gesamtheit (wie schon Theseus dem Herakles, s. o.) erwiesen ihren Dank den Nachkommen des Herakles. Weil ihr Vorfahre dem Theseus geholfen hatte, führten die Athener sie auf die Peloponnes zurück.

Auch Herakles erwies seinen Dank den 360 aus Kleonai. Diese hatten nämlich mit ihm gegen die Molioniden (die Neffen des Augias) gekämpft und waren dabei ehrenvoll gefallen; ihnen trat Herakles die Ehrungen in Nemea ab, die er von den Nemeern erhielt, als er den Löwen bezwang, der ihr Gebiet heimgesucht und ihre Felder verwüstet hatte.

Auch Menestheus, Sohn des Peteos, war den Tyndariden (Dioskuren; s. o. 1.30) gegenüber nicht undankbar. Jene hatten die Söhne des Theseus vertrieben, Theseus' Mutter Aithra gefangen genommen und die Königsherrschaft dem Menestheus übergeben. Deshalb war Menestheus der erste, der sie als »Herren« und »Retter« bezeichnete.

Καὶ Δαρεῖος δὲ ὁ Ὑστάσπου παρὰ Συλοσῶντος λαβὼν ἱμάτιον ἔτι ἰδιώτης ὤν, ὅτε ἐγκρατὴς ἐγένετο τῆς βασιλείας, ἔδωκεν αὐτῷ τῆς πατρίδος τὴν ἀρχὴν τῆς Σάμου, χρύσεα χαλκείων φαίη τις ἄν.

4.6. Ὅτι ἡνίκα ἐβούλοντο Λακεδαιμόνιοι τὴν Ἀθηναίων ἀφανίσαι πόλιν, ἠρώτησαν τὸν θεόν, καὶ ἀπεκρίνατο τὴν κοινὴν ἑστίαν τῆς Ἑλλάδος μὴ κινεῖν.

4.7. Οὐκ ἦν ἄρα τοῖς κακοῖς οὐδὲ τὸ ἀποθανεῖν κέρδος, ἐπεὶ μηδὲ τότε ἀναπαύονται, ἀλλ᾽ ἢ παντελῶς ἀμοιροῦσι ταφῆς ἢ καὶ ἐὰν φθάσωσι ταφέντες, ὅμως καὶ ἐκ τῆς τελευταίας τιμῆς καὶ τοῦ κοινοῦ πάντων σωμάτων ὅρμου καὶ ἐκεῖθεν ἐκπίπτουσι. Λακεδαιμόνιοι γοῦν Παυσανίαν μηδίσαντα οὐ μόνον λιμῷ ἀπέκτειναν, ἀλλὰ γὰρ καὶ τὸν νεκρὸν ἐξέβαλον αὐτοῦ ἐκτὸς τῶν ὅρων, φησὶν Ἐπιτιμίδης.

4.8. Εἶτα τίς οὐκ οἶδε τὰς τῆς Τύχης μεταβολὰς ὀξυρρόπους καὶ ταχείας; Λακεδαιμόνιοι γοῦν Θηβαίων ἄρξαντες αὐτοὶ πάλιν ὑπ᾽ ἐκείνων οὕτως ἐχειρώθησαν, ὡς τοὺς Θηβαίους μὴ μόνον εἰς Πελοπόννησον ἀφικέσθαι, ἀλλὰ γὰρ καὶ τὸν Εὐρώταν διελθεῖν καὶ τὴν τῶν Λακεδαιμονίων τεμεῖν χώραν. καὶ ὀλίγου καὶ τὴν πόλιν κατέλαβον, εἰ μὴ Ἐπαμεινώνδας ἔδεισε μὴ Πελοποννήσιοι πάντες συμπνεύσωσι καὶ ὑπὲρ τῆς Σπάρτης ἀγωνίσωνται.

Διονύσιος ὁ τύραννος καταστὰς ὑπὸ Καρχηδονίων εἰς πολιορκίαν, οὐδεμιᾶς αὐτῷ σωτηρίας ὑποφαινομένης, αὐτὸς μὲν ἄθυμος ἦν καὶ ἐπενόει δρασμόν, τῶν δὲ ἑταίρων αὐτῷ τις, Ἑλλοπίδης ὄνομα, προσελθὼν ἔφατο· »ὦ Διονύσιε, καλὸν ἐντάφιον ἡ τυραννίς.« αἰδεσθεὶς οὖν ἐπὶ τούτῳ ἀνερρώσθη τὴν γνώμην,

Auch Dareios (I.)[G], Sohn des Hystaspes, der von Syloson (dem Bruder des Polykrates; s. u. 9.4) ein Himation[A] erhalten hatte, als er noch nicht König war, gab ihm dafür, als er an die Königsmacht kam, die Herrschaft über seine Vaterstadt Samos, womit er »Gold für Eisen« gab, wie man (mit Homer, *Ilias* 6.236) sagen könnte.

4.6. (Man liest,) dass die Lakedaimonier, als sie Athen (nach dessen Niederlage 404) zerstören wollten, den Gott (von Delphi) befragten; der gab zur Antwort, sie sollten den gemeinsamen Herd (Altar) Griechenlands nicht bewegen (Parke/Wormell 1956, nr. 171).

4.7. Den Schlechten bringt nicht einmal das Sterben Gewinn, da sie nicht einmal dann Ruhe finden, sondern entweder überhaupt kein Grab erhalten, oder ihnen aber, auch wenn sie zuvor bestattet wurden, diese letzte Ehre wieder genommen wird und sie aus dem gemeinsamen Hafen der Ruhe wieder vertrieben werden. So wurde von den Lakedaimoniern Pausanias[G] wegen seiner perserfreundlichen Gesinnung nicht nur ausgehungert, sondern auch sein Leichnam über die Grenzen geworfen, wie Epitimides[L] (vgl. *FGrHist* 566 F 159) berichtet.

4.8. Wer weiß denn nicht von den leichten und schnellen Wechseln der (Schicksalsgöttin) Tyche[A]? Die Lakedaimonier, die über die Thebaner geherrscht hatten, wurden später ihrerseits wieder von den Thebanern bezwungen, und zwar so, dass diese nicht nur auf die Peloponnes kamen, sondern auch den Eurotas überschritten und das Land der Lakedaimonier verwüsteten. Beinahe hätten sie sogar die Stadt eingenommen, wenn Epameinondas[G] nicht befürchtet hätte, alle Peloponnesier könnten sich vereinigen und für Sparta kämpfen.

Der Tyrann Dionysios (I.)[G] wurde von den Karthagern belagert. Als er nun keine Rettung mehr sah, wurde er mutlos und dachte an Flucht. Da trat einer seiner Gefährten, Ellopides, zu ihm sagte: »O Dionysios, ein schönes Totenkleid ist die Tyrannis!« Beschämt davon fasste er wieder Mut und bezwang mit einer

καὶ σὺν ὀλίγοις παμπόλλους μυριάδας κατηγωνίσατο, ἀλλὰ καὶ τὴν ἀρχὴν μείζω ἐποίησεν.

Καὶ Ἀμύντας δὲ ὁ Μακεδὼν ἡττηθεὶς ὑπὸ τῶν προσοίκων βαρβάρων καὶ ἀποβαλὼν τὴν ἀρχήν, γνώμην μὲν εἶχεν ὡς καὶ ἀπολείψων τὴν χώραν τελέως· ἠγάπα γὰρ εἰ δυνηθείη διασῶσαι αὑτὸν γοῦν μόνον. ἐπεὶ δὲ ἐν τούτοις ἦν, ἔφατό τις πρὸς αὐτὸν τὴν Ἐλλοπίδου φωνήν. καὶ μικρὸν χῶρον καταλαβὼν καὶ ἀθροίσας ὀλίγους στρατιώτας ἀνεκτήσατο τὴν ἀρχήν.

Ὅτι τὸν Ὦχον οἱ Αἰγύπτιοι τῇ ἐπιχωρίῳ φωνῇ Ὄνον ἐκάλουν, τὸ νωθὲς αὐτοῦ τῆς γνώμης ἐκ τῆς ἀσθενείας τοῦ ζῴου διαβάλλοντες. ἀνθ' ὧν ἐκεῖνος τὸν Ἆπιν πρὸς βίαν κατέθυσεν Ὄνῳ.

Δίων ὁ Ἱππαρίνου, φυγὰς ὢν ὑπὸ Διονυσίου, μετὰ δισχιλίων στρατιωτῶν αὖθις κατεπολέμησε, καὶ ὅ πρότερον αὐτὸς ἦν τοῦτο ἐκεῖνον εἰργάσατο, φυγάδα.

Συρακούσιοι δὲ ἐννέα τριήρεσι πρὸς ἑκατὸν καὶ πεντήκοντα τὰς τῶν Καρχηδονίων παραταξάμενοι κατὰ πολὺ ἐκράτησαν.

4.9. Πλάτων ὁ Ἀρίστωνος ἐν Ὀλυμπίᾳ συνεσκήνωσεν ἀγνῶσιν ἀνθρώποις, καὶ αὐτὸς ὢν αὐτοῖς ἀγνώς. οὕτως δὲ αὐτοὺς ἐχειρώσατο καὶ ἀνεδήσατο τῇ συνουσίᾳ, συνεστιώμενός τε αὐτοῖς ἀφελῶς καὶ συνδιημερεύων ἐν πᾶσιν, ὡς ὑπερησθῆναι τοὺς ξένους τῇ τοῦ ἀνδρὸς συντυχίᾳ. οὔτε δὲ Ἀκαδημίας ἐμέμνητο οὔτε Σωκράτους· αὐτό γε μὴν τοῦτο ἐνεφάνισεν αὐτοῖς,

kleinen Schar viele Zehntausende, ja, vergrößerte sogar sein Herrschaftsgebiet.

Amyntas (II.)[G] von Makedonien war von den benachbarten Barbaren besiegt worden und hatte seine Herrschaft verloren. Er fasste den Beschluss, das Land ganz zu verlassen, denn er war schon froh, wenn er nur sich allein retten könnte. Er war gerade dabei, dies zu tun, da sprach einer zu ihm die (eben genannten) Worte des Ellopides. Daraufhin besetzte er einen kleinen Platz, sammelte einige Soldaten und bemächtigte sich wieder der Herrschaft.

(Man liest,) dass die Ägypter den (Artaxerxes III.[G]) Ochos in ihrer Sprache »Esel« (Onos) nannten, womit sie die Trägheit seines Geistes durch den Vergleich mit der Dummheit dieses Tieres verspotteten. Das vergalt jener damit, dass er gewaltsam den Apis-Stier dem »Esel« opfern ließ.

Dion[G], Sohn des Hipparinos, der von Dionysios (II.)[G] vertrieben worden war, besiegte diesen mit 2000 Soldaten und vertrieb ihn ebenso, wie er selbst zuvor vertrieben worden war.

Die Syrakusaner kämpften mit 9 Trieren[A] gegen 150 Schiffe der Karthager und errangen einen überlegenen Sieg.

Epameinondas fiel nach seinem Sieg in Leuktra 371 in Sparta ein. Zu Dionysios I. (397) vgl. Isokrates, Archidamos *44–45, zu Amyntas (König 385–382) ebenda 46. Zu Artaxerxes III. betont Ailianos unten 6.8 und in* Tierkunde *10.28, dass er für sein Sakrileg bestraft wurde. Dions Sieg datiert auf 357; Ps.-Aristoteles,* Rhetorica ad Alexandrum *1429b18, weist den Sieg einer Streitmacht aus Korinth zu.*

4.9. Platon[P], Sohn des Ariston, wohnte in Olympia[S] (als Zuschauer) in einem Zelt zusammen mit Leuten, die er nicht kannte und denen er auch unbekannt war. Er teilte ganz einfach das Essen mit ihnen und verbrachte in allen Dingen den Alltag mit ihnen, so dass sich die Fremden über die Begegnung mit dem Mann sehr freuten. Er erwähnte weder die Akademie[P] noch Sokrates[P], einzig offenbarte er ihnen, dass er Platon heiße. Als die Fremden nach Athen kamen,

ὅτι καλεῖται Πλάτων. ἐπεὶ δὲ ἦλθον εἰς τὰς Ἀθήνας, ὑπεδέξατο αὐτοὺς εὖ μάλα φιλοφρόνως. καὶ οἱ ξένοι »ἄγε,« εἶπον »ὦ Πλάτων, ἐπίδειξον ἡμῖν καὶ τὸν ὁμώνυμόν σου, τὸν Σωκράτους ὁμιλητήν, καὶ ἐπὶ τὴν Ἀκαδημίαν ἥγησαι τὴν ἐκείνου, καὶ ἀποσύστησον τῷ ἀνδρί, ἵνα τι καὶ αὐτοῦ ἀπολαύσωμεν.« ὁ δὲ ἠρέμα ὑπομειδιάσας, ὥσπερ οὖν καὶ εἰώθει, »ἀλλ᾽ ἐγώ« φησιν »αὐτὸς ἐκεῖνός εἰμι.« οἱ δὲ ἐξεπλάγησαν εἰ τὸν ἄνδρα ἔχοντες μεθ᾽ ἑαυτῶν τὸν τοσοῦτον ἠγνόησαν, ἀτύφως αὐτοῦ συγγενομένου καὶ ἀνεπιτηδεύτως αὐτοῖς καὶ δείξαντος ὅτι δύναται καὶ ἄνευ τῶν συνήθων λόγων χειροῦσθαι τοὺς συνόντας.

Ὅτι Πλάτων τὸν Ἀριστοτέλη ἐκάλει Πῶλον. τί δὲ ἐβούλετο αὐτῷ τὸ ὄνομα ἐκεῖνο; δηλονότι ὡμολόγηται τὸν πῶλον, ὅταν κορεσθῇ τοῦ μητρῴου γάλακτος, λακτίζειν τὴν μητέρα. ᾐνίττετο οὖν καὶ ὁ Πλάτων ἀχαριστίαν τινὰ τοὺ Ἀριστοτέλους. καὶ γὰρ ἐκεῖνος τὰ μέγιστα εἰς φιλοσοφίαν παρὰ Πλάτωνος λαβὼν σπέρματα καὶ ἐφόδια, εἶτα ὑποπλησθεὶς τῶν ἀρίστων καὶ ἀφηνιάσας, ἀντῳκοδόμησεν αὐτῷ διατριβὴν καὶ ἀντιπαρεξήγαγεν ἐν τῷ περιπάτῳ ἑταίρους ἔχων καὶ ὁμιλητάς, καὶ ἐγλίχετο ἀντίπαλος εἶναι Πλάτωνι.

4.10. Εἶτα οὐκ ἦν τοῦ δήμου τοῦ Ἀθηναίων θεραπευτικὸς ὁ Ξανθίππου Περικλῆς; ἐμοὶ μὲν δοκεῖ. ὁσάκις γοῦν ἔμελλεν εἰς τὴν ἐκκλησίαν παριέναι, ηὔχετο μηδὲν αὐτῷ ῥῆμα ἐπιπολάσαι τοιοῦτον, ὅπερ οὖν ἔμελλεν ἐκτραχύνειν τὸν δῆμον, πρόσαντες αὐτῷ γενόμενον καὶ ἀβούλητον δόξαν.

4.11. Διογένης ἔλεγε καὶ τὸν Σωκράτην αὐτὸν τρυφῆσαι· περιειργάσθαι γὰρ καὶ τῷ οἰκιδίῳ καὶ τῷ σκιμποδίῳ καὶ ταῖς βλαύταις δὲ αἷσπερ οὖν ἐχρῆτο Σωκράτης ἔστιν ὅτε.

empfing er sie mit größter Freundlichkeit als seine Gäste. Da sagten die Gäste: »Auf, Platon, zeige auch deinen Namensvetter, den Schüler des Sokrates, führe uns zu seiner Akademie und mach uns mit dem Mann bekannt, damit wir auch von ihm etwas lernen.« Er lächelte still, wie es so seine Art war, und sagte: »Aber der bin ich ja selbst.« Sie aber erschraken darüber, dass sie einen so großen Mann, obwohl sie ihn doch bei sich hatten, nicht erkannt hatten, da er so bescheiden und anspruchslos im Umgang mit ihnen gewesen war und gezeigt hatte, dass er auch ohne seine üblichen Worte die Menschen, mit denen er zusammen war, für sich gewinnen konnte.

(Man liest,) dass Platon den Aristoteles[P] »Fohlen« nannte. Was wollte er mit diesem Namen? Bekanntlich schlägt ein Fohlen, wenn es sich an der Muttermilch satt getrunken hat, nach der Mutter aus. Platon spielte also auf Aristoteles' Undank an. Jener nämlich hatte von Platon das beste Fundament und Rüstzeug für die Philosophie erhalten, dann aber, als er die besten Lehren von ihm erworben hatte, die Zügel abgeworfen, eine Schule gegen ihn gegründet, war ihm im Peripatos[P] mit seinen Schülern und Anhängern entgegengetreten und bemüht, Platon zu bekämpfen.

Vgl. o. 3.19.

4.10. Hat um die Gunst des Volkes von Athen nicht Perikles[G], Sohn des Xanthippos, gebuhlt? Mir scheint das so! Sooft er nämlich vor der Volksversammlung auftreten sollte, wünschte er sich, es möge ihm ja kein Wort auf die Zunge kommen, das den Zorn des Volkes erregen könne, und ja keine unangenehme und unerwünschte Äußerung.

4.11. Diogenes[P] (Frg. 263 Mullach) behauptete, auch Sokrates[P] habe Luxus getrieben: Das Häuschen, das Ruhebett, die Sandalen, die Sokrates bisweilen zu tragen pflegte, seien nämlich viel zu aufwendig gewesen.

Zu Sokrates' Sandalen s. Platon, Symposion *174a.*

4.12. Ὁ Ζεῦξις ὁ Ἡρακλεώτης ὅτε τὴν Ἑλένην ἔγραψε, πολλὰ ἐχρηματίσατο ἐκ τούτου τοῦ γράμματος· οὐ γὰρ εἰκῇ καὶ ὡς ἔτυχε τοὺς βουλομένους ἀνέδην εἴα ὁρᾶν αὐτήν, ἀλλ᾽ ἔδει ῥητὸν ἀργύριον καταβαλεῖν, εἶτα οὕτω θεάσασθαι. ὡς οὖν μίσθωμα τοῦ Ἡρακλεώτου λαμβάνοντος ὑπὲρ τῆς γραφῆς, ἐκάλουν οἱ τότε Ἕλληνες ἐκείνην τὴν Ἑλένην Ἑταίραν.

4.13. Ἐπίκουρος ὁ Γαργήττιος <ἐκεκράγει> λέγων· »ᾧ ὀλίγον οὐχ ἱκανόν, ἀλλὰ τούτῳ γε οὐδὲν ἱκανόν.« ὁ αὐτὸς ἔλεγε ἑτοίμως ἔχειν καὶ τῷ Διὶ ὑπὲρ εὐδαιμονίας διαγωνίζεσθαι μᾶζαν ἔχων καὶ ὕδωρ. ταῦτα μὲν οὖν ἐννοῶν ὁ Ἐπίκουρος τί βουλόμενος ἐπῄνει τὴν ἡδονήν, εἰσόμεθα ἄλλοτε.
Vgl. Stobaios 3.18.29.

4.14. Πολλάκις τὰ κατ᾽ ὀβολὸν μετὰ πολλῶν πόνων συναχθέντα χρήματα κατὰ τὸν Ἀρχίλοχον εἰς πόρνης γυναικὸς ἔντερον καταρρέει. ὥσπερ γὰρ ἐχῖνον λαβεῖν μὲν ῥᾴδιον συνέχειν δὲ χαλεπόν, οὕτω καὶ τὰ χρήματα. καὶ Ἀνάξαρχος ἐν τῷ Περὶ βασιλείας φησὶ χαλεπὸν χρήματα συναγείρασθαι, χαλεπώτερον δὲ φυλακὴν τούτοις περιθεῖναι.

4.15. Ἱέρωνά φασι τὸν Σικελίας τύραννον τὰ πρῶτα ἰδιώτην εἶναι καὶ ἀνθρώπων ἀμουσότατον, καὶ τὴν ἀγροικίαν ἀλλὰ μηδὲ κατ᾽ ὀλίγον τοῦ ἀδελφοῦ διαφέρειν τοῦ Γέλωνος· ἐπεὶ δὲ αὐτῷ συνηνέχθη νοσῆσαι, μουσικώτατος ἀνθρώπων ἐγένετο, τὴν σχολὴν τὴν ἐκ τῆς ἀρρωστίας εἰς ἀκούσματα πεπαιδευμένα καταθέμενος. ῥωσθεὶς οὖν Ἱέρων συνῆν Σιμωνίδῃ τῷ Κείῳ καὶ Πινδάρῳ τῷ Θηβαίῳ καὶ Βακχυλίδῃ τῷ Ἰουλιήτῃ. ὁ δὲ Γέλων ἄνθρωπος ἄμουσος.

Μουσικώτατον δὲ λέγουσι καὶ Πτολεμαῖον γενέσθαι τὸν δεύτερον καὶ αὐτὸν νοσήσαντα.

4.12. Zeuxis[K] aus Herakleia, der die Helena gemalt hatte, verdiente an diesem Bild sehr viel. Er ließ es nämlich nicht wahllos und beliebig jeden, der dies wollte, ansehen. Vielmehr musste man eine bestimmte Summe zahlen, dann durfte man es betrachten. Und weil der Mann aus Herakleia für das Bild Geld nahm, nannten die Griechen damals jene Helena Hetäre[A].

4.13. Epikuros[G] aus Gargettos rief lautstark: »Wem wenig nicht genug ist, dem ist nichts genug!« Er sagte auch, er sei bereit, sich selbst mit Zeus über Glückseligkeit zu streiten, solange er nur Gerstenfladen und Wasser habe. Was Epikuros meinte, wenn er bei solchen Ansichten die Lust pries, werden wir an anderer Stelle erfahren.
Vgl. Diogenes Laërtios 10.131–132.

4.14. Oft fließt das mit vielen Mühen Obolos[A] für Obolos erworbene Geld, wie Archilochos[L] (Frg. 302 West) sagt, in den Hintern einer Hure. Wie man nämlich einen Igel zwar leicht fangen, aber schwer festhalten kann, so ist es auch mit dem Geld. Auch Anaxarchos[P] (*VS* 72 B 2) in seiner Schrift *Über die Königsherrschaft* sagt, es sei schwer, ein Vermögen zu erwerben, schwerer aber, es zu bewahren.

4.15. Man sagt, Hieron (I.)[G], der Tyrann von Sizilien, sei zunächst unwissend und völlig ungebildet gewesen, und in seiner Rauheit habe er sich nicht im geringsten von seinem Bruder Gelon[G] unterschieden. Als es jedoch einmal geschah, dass er erkrankte, wurde er ein sehr gebildeter Mann dadurch, dass er die durch seine Schwäche gewonnene Muße darauf verwandte, sich gelehrte Vorträge anzuhören. Als er wieder zu Kräften gekommen war, waren Simonides[L] aus Keos, Pindar[L] aus Theben und Bakchylides[L] aus Iulis bei ihm. Gelon aber war ein ungebildeter Mensch.

Sehr musisch gebildet war, wie man sagt, auch Ptolemaios II.[G], auch er durch Krankheit.

Λέγει δὲ καὶ Πλάτων τὸν Θεάγην φιλοσοφῆσαι δι᾽ οὐδὲν ἄλλο ἢ διὰ τὴν νοσοτροφίαν· εἴργουσα γὰρ αὐτὸν ἐκείνη τῶν πολιτικῶν συνήλασεν εἰς τὸν τῆς σοφίας ἔρωτα.

Τίς δὲ οὐκ ἂν νοῦν ἔχων συνηύξατο καὶ Ἀλκιβιάδῃ νόσον καὶ Κριτίᾳ καὶ Παυσανίᾳ τῷ Λακεδαιμονίῳ καὶ ἄλλοις; Ἀλκιβιάδῃ μὲν καὶ Κριτίᾳ, ἵνα μὴ ἀποδράντες Σωκράτους ὁ μὲν ὑβριστὴς γένηται καὶ ποτὲ μὲν φιλολάκων ᾖ, ποτὲ δὲ βοιωτιάζῃ τὸν τρόπον καὶ αὖ πάλιν θετταλίζῃ καὶ τοῖς Μήδων καὶ Περσῶν ἀρέσκηται ἐν Φαρναβάζου γενόμενος· τυραννικώτατος δὲ καὶ φονικώτατος ὁ Κριτίας γενόμενος καὶ τὴν πατρίδα ἐλύπησε πολλὰ καὶ αὐτὸς μισούμενος τὸν βίον κατέστρεψε.

Καὶ Στράτων δὲ ὁ Κορράγου εἰς δέον ἔοικε νοσῆσαι· εὖ γὰρ γένους ἥκων εὖ δὲ καὶ πλούτου οὐκ ἐγυμνάζετο. καμὼν δὲ τὸν σπλῆνα καὶ θεραπείας δεηθεὶς τῆς ἐκ τῶν γυμνασίων, τὰ μὲν πρῶτα ὅσον εἰς τὸ ὑγιᾶναι ἐχρῆτο αὐτοῖς, χωρῶν δὲ εἰς τὸ πρόσω τῆς τέχνης καὶ ἐν ἔργῳ τιθέμενος αὐτήν, Ὀλυμπίασι μὲν ἐνίκησεν ἡμέρᾳ μιᾷ πάλην καὶ παγκράτιον, καὶ τῇ ἑξῆς Ὀλυμπιάδι, καὶ ἐν Νεμέᾳ δὲ καὶ Πυθοῖ καὶ Ἰσθμοῖ.

Δημοκράτης ὁ παλαιστὴς καὶ αὐτὸς νοσήσας τοὺς πόδας, παριὼν εἰς τοὺς ἀγῶνας καὶ στὰς ἐν τῷ σταδίῳ, περιγράφων ἑαυτῷ κύκλον προσέταττε τοῖς ἀντιπαλαισταῖς ἔξω τῆς γραμμῆς αὐτὸν προέλκειν· οἱ δὲ ἡττῶντο ἀδυνατοῦντες. ὁ δὲ εὖ διαβὰς ἐν τῇ στάσει καὶ ἐγκρατῶς, στεφανούμενος ἀπῄει.

Es sagt auch Platon[P] (*Staat* 496bc), dass (sein Mitschüler) Theages mehr aus Sorge um seine Kränklichkeit Philosoph geworden sei; diese habe ihn nämlich an politischer Tätigkeit gehindert und veranlasst, seine Liebe der Weisheit zuzuwenden.

Welcher Vernünftige hätte nicht auch dem Alkibiades[G], dem Kritias[P], dem Lakedaimonier Pausanias[G] und anderen eine Krankheit gewünscht? (Ebenso) dem Alkibiades und dem Kritias, damit sie nicht von Sokrates[P] fortgelaufen wären und der eine von ihnen nicht zum Frevler geworden wäre und einmal ein Freund Spartas, dann ein Anhänger der Boioter, dann wieder es mit den Thessaliern gehalten und an den Sitten der Meder und Perser Gefallen gefunden hätte, als er bei (dem persischen Satrapen) Pharnabazos war. Kritias aber, der ein furchtbarer und blutrünstiger Tyrann geworden war, fügte seiner Vaterstadt viel Leid zu und starb, von Hass verfolgt.

Auch Straton[S], Sohn des Korrhagos, schien zur rechten Zeit erkrankt zu sein. Obwohl er nämlich von vornehmer Abstammung und sehr reich war, trainierte er nicht. Da erkrankte er an der Milz und brauchte zur Heilung das Training aus den *Gymnasia*[S]. Anfangs tranierte er nur gerade genug, um gesund zu werden, später aber machte er in seiner Kunst Fortschritte, gab sich Mühe damit und errang in Olympia an einem einzigen Tag den Sieg im Ringkampf und im Pankration[S], ebenso bei der nächsten Olympiade und bei den Nemeïschen, Pythischen und Isthmischen Spielen[S].

Als der Ringkämpfer Demokrates[S] am Fuß litt, ging er zu den Wettkämpfen, stellte sich im Stadion hin, zog einen Kreis um sich und forderte seine Gegner auf, ihn über die Linie zu ziehen. Diese aber waren dazu nicht imstande und unterlagen. Demokrates, der mit gespreizten Beinen fest auf seinem Platz stehengeblieben war, ging als Sieger hervor.

Stratons Siege fielen laut Pausanias 5.21.9–10 in die 178. Olympiade (68). Demokrates wird ebenda 6.17.1 erwähnt; eine Inschrift aus dem 3. Jh. (Inschriften von Olympia *39; s. u. S. 438) nennt ihn als Wohltäter.*

4.16. Ἐὰν προσέχῃ τις Καλλίᾳ, φιλοπότην αὐτὸν ἐργάσεται ὁ Καλλίας· ἐὰν Ἰσμηνίᾳ, αὐλητήν· ἀλαζόνα, ἐὰν Ἀλκιβιάδῃ· ὀψοποιόν, ἐὰν Κρωβύλῳ· δεινὸν εἰπεῖν, ἐὰν Δημοσθένει· στρατηγικόν, ἐὰν Ἐπαμεινώνδᾳ· μεγαλόφρονα, ἐὰν Ἀγησιλάῳ, καὶ χρηστόν, ἐὰν Φωκίωνι, καὶ δίκαιον, ἐὰν Ἀριστείδῃ, καὶ σοφόν, ἐὰν Σωκράτει.

4.17. Ἐδίδασκε Πυθαγόρας τοὺς ἀνθρώπους ὅτι κρειττόνων γεγένηται σπερμάτων ἢ κατὰ τὴν φύσιν τὴν θνητήν· τῆς γὰρ αὐτῆς ἡμέρας καὶ κατὰ τὴν αὐτὴν ὥραν ὤφθη ἐν Μεταποντίῳ, φασί, καὶ ἐν Κρότωνι, καὶ ἐν Ὀλυμπίᾳ δὲ παρέφηνε χρυσοῦν τὸν ἕτερον τῶν μηρῶν. καὶ Μυλλίαν δὲ τὸν Κροτωνιάτην ὑπέμνησεν ὅτι Μίδας ὁ Γορδίου ἐστὶν ὁ Φρύξ. καὶ τὸν ἀετὸν δὲ τὸν λευκὸν κατέψησεν ὑπομείναντα αὐτόν. ἀλλὰ καὶ ὑπὸ τοῦ Κόσα τοῦ ποταμοῦ διαβαίνων προσερρήθη, τοῦ ποταμοῦ εἰπόντος αὐτῷ· »χαῖρε, Πυθαγόρα.«

Ἔλεγε δὲ ἱερώτατον εἶναι τὸ τῆς μαλάχης φύλλον. ἔλεγε δὲ ὅτι πάντων σοφώτατον ὁ ἀριθμός, δεύτερος δὲ ὁ τοῖς πράγμασι τὰ ὀνόματα θέμενος. καὶ τὸν σεισμὸν ἐγενεαλόγει οὐδὲν ἄλλο εἶναι ἢ σύνοδον [εἶναι] τῶν τεθνεώτων. ἡ δὲ Ἶρις, ἔφασκεν ὡς αὐγὴ τοῦ ἡλίου ἐστί. καὶ ὁ πολλάκις ἐμπίπτων τοῖς ὠσὶν ἦχος, φωνὴ τῶν κρειττόνων. οὐχ οἷόν τε δὲ ἦν διαπορῆσαι ὑπέρ τινος αὐτῷ ἢ τοῖς λεχθεῖσί τι προσερωτῆσαι, ἀλλ᾽ ὡς χρησμῷ θείῳ οὕτως οἱ τότε προσεῖχον τοῖς λεγομένοις ὑπ᾽ αὐτοῦ. ἐπιστρεφομένου δὲ τὰς πόλεις αὐτοῦ διέρρει λόγος ὅτι Πυθαγόρας ἀφίκετο οὐ διδάξων ἀλλ᾽ ἰατρεύσων.

Προσέταττε δὲ ὁ αὐτὸς Πυθαγόρας καρδίας ἀπέχεσθαι καὶ ἀλεκτρυόνος λευκοῦ καὶ τῶν θνησειδίων παντὸς μᾶλλον καὶ μὴ χρῆσθαι βαλανείῳ μηδὲ βαδίζειν τὰς λεωφόρους· ἄδηλον γὰρ εἰ καθαρεύουσι καὶ αὐτὰ ἐκεῖνα.

4.16. Wenn jemand sich nach Kallias[G] richtet, wird Kallias ihn zum Trinker machen, nach Ismenias[K] zum Flötenspieler, aber zum Angeber nach Alkibiades[G] und zum Koch nach Krobylos, zum großen Redner nach Demosthenes[L], zum Feldherren nach Epameinondas[G], zum Großmütigen nach Agesilaos (II.)[G], zum Tüchtigen nach Phokion[G], zum Gerechten nach Aristeides[G] und zum Weisen nach Sokrates[P].

4.17. Es belehrte Pythagoras[P] die Menschen, dass er aus besserem Samen entstanden sei als sterbliche Wesen von Natur aus. Er wurde am selben Tag und zur selben Stunde, sagt man, in Metapontion und in Kroton gesehen. In Olympia[S] zeigte er seinen einen goldenen Schenkel. Und den Myllias aus Kroton erinnerte er daran, dass er der Phryger Midas, Sohn des Gordios, sei. Er streichelte auch den weißen Adler, der sich dies von ihm gefallen ließ. Und als er den Fluss Kosas überschritt, begrüßten ihn der Fluss und sagte zu ihm: »Sei gegrüßt, Pythagoras!«

Pythagoras sagte, am heiligsten sei das Malvenblatt. Ferner sagte er, das Weiseste von allen sei die Zahl, der zweite der, welcher den Dingen die Namen gegeben habe. Den Ursprung der Erdbeben führte er auf nichts anderes als auf Versammlungen von Toten zurück. Iris (der Regenbogen) aber, sagte er, ist der Glanz der Sonne. Und die Töne, die häufig an unsere Ohren dringen, sind die Stimmen der Mächtigeren (Götter). Es war nicht möglich, ihm gegenüber irgend etwas in Zweifel zu ziehen oder über etwas, was er gesagt hatte, weitere Fragen zu stellen; man hörte damals wie auf ein göttliches Orakel auf das, was von ihm gesagt wurde. Wenn er in den Städten umherreiste, verbreitete sich der Ruf, Pythagoras sei nicht gekommen, um zu lehren, sondern um zu heilen.

Es schrieb Pythagoras auch vor, dass man kein Herz essen solle, keinen weißen Hahn und vor allem kein Aas. Ferner solle man nicht ins Bad gehen und nicht auf den Landstraßen auf und ab gehen; es sei nämlich nicht sicher, ob auch diese rein seien.

Teilweise Doppelfassung zu 2.26 (s. die Anmerkung dort).

4.18. Ὅτε κατῆλθε Πλάτων εἰς Σικελίαν κλητός, πολλὰ ἐπὶ πολλοῖς ἐπιστείλαντος τοῦ Διονυσίου, καὶ ἀνήγαγεν αὐτὸν ἐπὶ τὸ ἅρμα ὁ [νέος] Διονύσιος, αὐτὸς μὲν ἡνιοχῶν, παραβάτην δὲ ποιησάμενος τὸν Ἀρίστωνος, τότε δή φασι Συρακούσιον ἄνδρα χαρίεντα καὶ τῶν Ὁμήρου μὴ ἀπαίδευτον, ἡσθέντα τῇ ὄψει ταύτῃ ἐπειπεῖν τὰ ἐξ Ἰλιάδος ἐκεῖνα, παρατρέψαντα ὀλίγον·

μέγα δ' ἔβραχε φήγινος ἄξων
βριθοσύνῃ· δεινὸν γὰρ ἄγεν βροτὸν ἄνδρα τ' ἄριστον.

Ὅτι ὑπόπτης ὢν εἰς πάντας ὁ Διονύσιος, ὅμως εἰς Πλάτωνα τοσαύτην ἔσχεν αἰδῶ, ὡς ἐκεῖνον μόνον εἰσιέναι πρὸς αὐτὸν μὴ ἐρευνώμενον, καίτοι Δίωνος αὐτὸν ἐπιστάμενος ἑταῖρον εἰς τὰ ἔσχατα εἶναι.

4.19. Φίλιππος ὁ Μακεδὼν οὐ μόνον ἐλέγετο εἶναι τὰ πολέμια ἀγαθὸς καὶ εἰπεῖν δεινός, ἀλλὰ καὶ παιδείαν ἀνδρειότατα ἐτίμα. Ἀριστοτέλει γοῦν χορηγήσας πλοῦτον ἀνενδεᾶ, αἴτιος γέγονε πολλῆς καὶ ἄλλης πολυπειρίας, ἀτὰρ οὖν καὶ τῆς γνώσεως τῆς κατὰ τὰ ζῷα· καὶ τὴν ἱστορίαν αὐτῶν ὁ τοῦ Νικομάχου διὰ τὴν ἐκ Φιλίππου περιουσίαν ἐκαρπώσατο. καὶ Πλάτωνα δὲ ἐτίμησε καὶ Θεόφραστον.

4.20. Δημόκριτον τὸν Ἀβδηρίτην λόγος ἔχει τά τε ἄλλα γενέσθαι σοφὸν καὶ δὴ καὶ ἐπιθυμῆσαι λαθεῖν καὶ ἐν ἔργῳ θέσθαι πάνυ σφόδρα τοῦτο. διὰ ταῦτά τοι καὶ πολλὴν ἐπῄει γῆν. ἧκεν οὖν καὶ πρὸς τοὺς Χαλδαίους [καὶ] εἰς Βαβυλῶνα καὶ πρὸς τοὺς μάγους καὶ τοὺς σοφιστὰς τῶν Ἰνδῶν. τὴν παρὰ τοῦ Δαμασίππου τοῦ πατρὸς οὐσίαν εἰς τρία μέρη νεμηθεῖσαν τοῖς ἀδελφοῖς τοῖς τρισί, τἀργύριον μόνον λαβὼν ἐφόδιον τῆς ὁδοῦ, τὰ λοιπὰ τοῖς ἀδελφοῖς εἴασε. διὰ ταῦτά τοι καὶ Θεόφραστος αὐτὸν ἐπῄνει, ὅτι

4.18. Als Platon[P] nach Sizilien gerufen wurde, wohin ihn immer und immer wieder Dionysios (II.)[G] eingeladen hatte, ließ Dionysios ihn den Wagen besteigen und lenkte ihn selbst und machte (Platon,) den Sohn des Ariston zum Beifahrer. Erfreut über diesen Anblick soll da ein Syrakusaner, der den Homer[L] gut kannte, folgende Verse aus der *Ilias* zitiert haben, wobei er sie ein wenig abwandelte:

»Unter der Last laut stöhnte die eichene Achse,
denn sie trug den gewaltigen Mann und den besten der Menschen.«

(Homer, *Ilias* 5.838–839)

(Man liest,) dass Dionysios, obwohl er allen Leuten gegenüber misstrauisch war, doch so viel Ehrfurcht vor Platon hatte, dass er allein ihn bei sich eintreten ließ, ohne ihn vorher zu untersuchen. Dabei wusste er, dass Platon ein äußerst vertrauter Freund des Dion[G] war.

4.19. Philippos (II.)[G] von Makedonien war, wie man sagte, nicht nur ein guter Heerführer und ein geschickter Redner, sondern er schätzte auch die Bildung sehr. Dadurch, dass er Aristoteles[P] mit Reichtum versah, wurde er Ursache für dessen viele Kenntnisse, insbesondere aber für dessen Wissen zur Tierkunde. Und die Forschung (*historia*) des (Aristoteles,) des Sohnes des Nikomachos, entstand als Frucht von Philippos' Reichtum. Auch Platon[P] und Theophrastos[P] schätzte er sehr.

4.20. Demokritos[P] aus Abdera war, wie ein *Logos*[L] besagt, in vieler Hinsicht weise, insbesondere auch darin, dass er zurückgezogen leben wollte und dies sehr stark anstrebte. Deshalb besuchte er viele Länder. Er kam also auch zu den Chaldaiern nach Babylon, zu den Magiern und zu den indischen Weisen. Von dem Vermögen, das von seinem Vater Damasippos stammte und das sich auf drei Brüder verteilte, nahm er lediglich das Geld für seine Reisen, den Rest überließ er seinen Brüdern. Deshalb lobt ihn auch Theophrastos[P]

περιῄει κρείττονα ἀγερμὸν ἀγείρων Μενελάου καὶ Ὀδυσσέως. ἐκεῖνοι μὲν γὰρ ἠλῶντο, αὐτόχρημα Φοινίκων ἐμπόρων μηδὲν διαφέροντες· χρήματα γὰρ ἤθροιζον, καὶ τῆς περιόδου καὶ τοῦ περίπλου ταύτην εἶχον τὴν πρόφασιν.

Ὅτι οἱ Ἀβδηρῖται ἐκάλουν τὸν Δημόκριτον Φιλοσοφίαν, τὸν δὲ Πρωταγόραν Λόγον. κατεγέλα δὲ πάντων ὁ Δημόκριτος καὶ ἔλεγεν αὐτοὺς μαίνεσθαι· ὅθεν καὶ Γελασῖνον αὐτὸν ἐκάλουν οἱ πολῖται. λέγουσι δὲ οἱ αὐτοὶ τὸν Ἱπποκράτην περὶ τὴν πρώτην ἔντευξιν ὑπὲρ τοὺ Δημοκρίτου δόξαν λαβεῖν ὡς μαινομένου· προϊούσης δὲ αὐτοῖς τῆς συνουσίας εἰς ὑπερβολὴν θαυμάσαι τὸν ἄνδρα. λέγουσι δὲ Δωριέα ὄντα τὸν Ἱπποκράτην ἀλλ' οὖν τὴν <τοῦ> Δημοκρίτου χάριν τῇ Ἰάδι φωνῇ συγγράψαι τὰ συγγράμματα.

4.21. Ὅτι παιδικὰ ἐγένετο Σωκράτους μὲν Ἀλκιβιάδης, Πλάτωνος δὲ Δίων. ὁ μέντοι Δίων καὶ ἀπώνητό τι τοῦ ἐραστοῦ.

4.22. Οἱ πάλαι Ἀθηναῖοι ἁλουργῆ μὲν ἠμπείχοντο ἱμάτια, ποικίλους δὲ ἐνέδυνον χιτῶνας· κορύμβους δὲ ἀναδούμενοι τῶν ἐν τῇ κεφαλῇ τριχῶν, χρυσοῦς ἐνείροντες αὐταῖς τέττιγας καὶ κόσμον ἄλλον πρόσθετον περιαπτόμενοι χρυσοῦ προῄεσαν. καὶ ὀκλαδίας αὐτοῖς δίφρους οἱ παῖδες ὑπέφερον, ἵνα μὴ καθίζωσιν ἑαυτοὺς εἰκῇ καὶ ὡς ἔτυχε. δῆλον δὲ ὅτι καὶ ἡ τράπεζα ἦν αὐτοῖς καὶ ἡ λοιπὴ δίαιτα ἁβροτέρα. τοιοῦτοι δὲ ὄντες τὴν ἐν Μαραθῶνι μάχην ἐνίκησαν.

(Frg. 513 Fortenbaugh/Huby/Sharples), er habe auf seinen Fahrten mehr zusammengetragen als Menelaos und Odysseus. Diese seien zwar umhergezogen, hätten sich aber in nichts von phoinikischen Händlern unterschieden. Sie sammelten nämlich Schätze und hatten dies als Grund ihrer Reisen zu Wasser und zu Lande.

(Man liest,) dass die Abderiten dem Demokritos den Namen *Philosophia* und dem Protagoras[P] den Namen *Logos*[L] gaben. Demokritos lachte alle aus und bezeichnete sie als wahnsinnig; daher nannten ihn seine Mitbürger auch *Gelasinos* (»Lacher«). Sie berichteten auch, (der Arzt) Hippokrates sei bei seiner ersten Unterhaltung mit Demokritos zu der Meinung gekommen, er sei wahnsinnig, nach näherem Kennenlernen aber sei er sein größter Bewunderer geworden. Sie sagen, dass Hippokrates, obwohl er Dorer war, Demokritos zuliebe seine Werke in ionischem Dialekt geschrieben habe.
Demokritos und Protagoras stammten beide aus Abdera. Zur Tradition, dass Hippokrates zur Heilung des Demokritos nach Abdera gerufen wurde, vgl. Ps.-Hippokrates, Briefe. *Zum Lachen vgl. 3.35 und 8.13.*

4.21. (Man liest,) dass der Geliebte des Sokrates[P] Alkibiades[G] war und der Geliebte des Platon[P] Dion[G]. Dion hatte freilich auch Nutzen von seinem Liebhaber.

4.22. Die Athener trugen früher purpurne Himatia[A] und darunter bunte Chitones[A]. Zu Knoten banden sie die Haare auf dem Kopf, steckten goldene Zikaden hinein und behängten sich auch noch mit weiterem Goldschmuck, den sie zusätzlich anlegten. Die Diener trugen ihnen Klappstühle nach, damit sie sich nicht einfach hinsetzen mussten, wie es sich ergab. Es ist offenkundig, dass auch ihre Tafel und ihre übrige Lebensweise recht üppig war. Obwohl sie aber so waren, haben sie (490) in der Schlacht bei Marathon gesiegt.
Vgl. Athenaios 512b–c (nach Thukydides 1.6). Die erdgeborene Zikade galt als Symbol für die Autochthonie der Athener.

4.23. Ὅτι Περικλέα καὶ Καλλίαν τὸν Ἱππονίκου καὶ Νικίαν τὸν Περγασῆθεν τὸ ἀσωτεύεσθαι καὶ ὁ πρὸς ἡδονὴν βίος εἰς ἀπορίαν περιέστησεν· ἐπεὶ γὰρ ἐπέλιπε τὰ χρήματα αὐτούς, οἱ τρεῖς κώνειον τελευταίαν πρόποσιν ἀλλήλοις προπιόντες ὥσπερ οὖν ἐκ συμποσίου ἀπέλυσαν.

4.24. Λεωπρέπης ὁ Κεῖος ὁ τοῦ Σιμωνίδου πατὴρ ἔτυχέ ποτε ἐν παλαίστρᾳ καθήμενος· εἶτα μειράκια πρὸς ἀλλήλους οἰκείως διακείμενα ἤρετο τὸν ἄνδρα πῶς ἂν αὐτοῖς ἡ φιλία διαμένοι μάλιστα. ὁ δὲ εἶπεν· »ἐὰν ταῖς ἀλλήλων ὀργαῖς ἐξιστῆσθε, καὶ μὴ ὁμόσε χωροῦντες τῷ θυμῷ εἶτα παροξύνητε ἀλλήλους κατ᾽ ἀλλήλων.«

4.25. Θράσυλλος ὁ Αἰξωνεὺς παράδοξον καὶ καινὴν ἐνόσησε μανίαν. ἀπολιπὼν γὰρ τὸ ἄστυ καὶ κατελθὼν εἰς τὸν Πειραιᾶ καὶ ἐνταῦθα οἰκῶν τὰ πλοῖα τὰ καταίροντα ἐν αὐτῷ πάντα ἑαυτοῦ ἐνόμιζεν εἶναι καὶ ἀπεγράφετο αὐτὰ καὶ αὖ πάλιν ἐξέπεμπε καὶ τοῖς περισωζομένοις καὶ εἰσιοῦσιν εἰς τὸν λιμένα ὑπερέχαιρε· χρόνους δὲ διετέλεσε πολλοὺς συνοικῶν τῷ ἀρρωστήματι τούτῳ. ἐκ Σικελίας δὲ ἀναχθεὶς ὁ ἀδελφὸς αὐτοῦ παρέδωκεν αὐτὸν ἰατρῷ ἰάσασθαι, καὶ ἐπαύσατο τῆς νόσου οὕτως. ἐμέμνητο δὲ πολλάκις τῆς ἐν μανίᾳ διατριβῆς καὶ ἔλεγε μηδέποτε ἡσθῆναι τοσοῦτον ὅσον τότε ἥδετο ἐπὶ ταῖς μηδὲν αὐτῷ προσηκούσαις ναυσὶν ἀποσωζομέναις.

4.26. Ξάνθος ὁ ποιητὴς τῶν μελῶν – ἐγένετο δὲ οὗτος πρεσβύτερος Στησιχόρου τοῦ Ἱμεραίου – λέγει τὴν Ἠλέκτραν τοῦ Ἀγαμέμνονος οὐ τοῦτο ἔχειν τοὔνομα πρῶτον ἀλλὰ Λαοδίκην.

4.23. (Man liest,) dass Perikles[G] und Kallias[G], Sohn des Hipponikos, und Nikias aus Pergase durch ihre Verschwendungssucht und ein Leben, das nur dem Vergnügen galt, in Armut gerieten. Als ihnen das Geld ausging, nahmen die drei als letzten Trunk den Schierlingsbecher, tranken einander zu und gingen aus dem Leben wie aus einem Symposion.
Vgl. Athenaios 537c. Wenn sich die Angaben auf die prominenten Träger jener Namen beziehen, sind sie falsch; s. Wehrli 1969a, 80.

4.24. Leoprepes aus Keos, der Vater des Simonides[L], saß einmal in der Palaistra (dem Ort, an dem Ringkämpfe geübt und durchgeführt wurden). Da fragten ihn zwei junge Männer, die sehr eng miteinander vertraut waren, wie ihre Freundschaft am ehesten Bestand haben könne. Er antwortete: »Wenn ihr dem Zorn aufeinander nicht nachgebt und euch nicht der Leidenschaft folgend gegeneinander aufstachelt.«

4.25. Thrasyllos aus Aixone litt an einem seltsamen und neuartigen Wahnsinn: Er verließ die Stadt, ging zum Piräus, wohnte dort und hielt alle Schiffe, die dort ankamen, für seine eigenen. Er führte Buch über sie, sandte sie wieder aus und freute sich sehr, wenn sie wohlbehalten in den Hafen einliefen. So lebte er viele Jahre in seinem Wahn. Als aber aus Sizilien sein Bruder heimkehrte, übergab der ihn einem Arzt zur Heilung; da hörte die Krankheit auf. Häufig jedoch dachte er daran, wie er sein Leben während seines Wahnsinns verbracht hatte, und sagte, nie habe er sich so gefreut wie damals, wenn die Schiffe, die ihn doch gar nichts angingen, wohlbehalten zurückkehrten.
Vgl. Athenaios 554e–f und s. Wehrli 1969a, 78.

4.26. Xanthos[L] (Frg. 2 Page), der Dichter – er war älter als Stesichoros[L] aus Himera –, sagt, dass Elektra, die Tochter Agamemnons, ursprünglich nicht diesen, sondern den Namen Laodike gehabt habe.

ἐπεὶ δὲ Ἀγαμέμνων ἀνῃρέθη, τὴν δὲ Κλυταιμνήστραν ὁ Αἴγισθος ἔγημε καὶ ἐβασίλευσεν, ἄλεκτρον οὖσαν καὶ καταγηρῶσαν παρθένον Ἀργεῖοι Ἠλέκτραν ἐκάλεσαν διὰ τὸ ἀμοιρεῖν ἀνδρὸς καὶ μὴ πεπειρᾶσθαι λέκτρου.

4.27. Ὅτι Παμφάης ὁ Πριηνεὺς Κροίσῳ τῷ Λυδῷ, τοῦ πατρὸς αὐτοῦ περιόντος, τριάκοντα μνᾶς ἐδωρήσατο. παραλαβὼν δὲ τὴν ἀρχήν, μεστὴν ἅμαξαν ἀργυρίου ἀπέπεμψεν αὐτῷ <Κροῖσος>.

Ὅτι Διογένης λαβὼν παρὰ Διοτίμου τοῦ Καρυστίου νόμισμα ὀλίγου ἔφη·

σοὶ δὲ θεοὶ τόσα δοῖεν ὅσα φρεσὶ σῇσι μενοινᾷς,
ἄνδρα τε καὶ οἶκον.

ἐδόκει δέ πως ὁ Διότιμος μαλθακώτερος εἶναι.

4.28. Φερεκύδης ὁ Σύριος τὸν βίον ἀλγεινότατα ἀνθρώπων κατέστρεψε, τοῦ παντὸς αὐτῷ σώματος ὑπὸ [τῶν] φθειρῶν ἀναλωθέντος· καὶ γενομένης αὐτῷ αἰσχρᾶς τῆς ὄψεως τὴν ἐκ τῶν συνήθων ἐξέκλινε συνουσίαν. ὁπότε δέ τις προσελθὼν ἐπυνθάνετο ὅπως διάγοι, διὰ τῆς ὀπῆς τῆς κατὰ τὴν θύραν διείρας τὸν δάκτυλον ψιλὸν γεγονότα τῆς σαρκὸς ἐπέλεγεν οὕτω διακεῖσθαι καὶ τὸ πᾶν αὐτοῦ σῶμα. λέγουσι δὲ Δηλίων παῖδες τὸν θεὸν τὸν ἐν Δήλῳ μηνίσαντα αὐτῷ τοῦτο ποιῆσαι. καθήμενον γὰρ ἐν Δήλῳ μετὰ τῶν μαθητῶν ἄλλα τε πολλά φασι περὶ τῆς ἑαυτοῦ σοφίας εἰπεῖν καὶ δὴ καὶ τοῦτο, μηδενὶ τῶν θεῶν θῦσαι, καὶ ὅμως οὐδὲν ἧττον ἡδέως βεβιωκέναι καὶ ἀλύπως, οὐ μεῖον τῶν ἑκατόμβας καταθυόντων. ὑπὲρ ταύτης οὖν τῆς κουφολογίας βαρυτάτην ζημίαν ἐξέτισεν.

Als Agamemnon ermordet worden war, Aigisthos Klytaimnestra geheiratet hatte und König geworden war, nannten die Argiver die Jungfrau, die unverheiratet war und älter wurde, Elektra, weil sie keinen Mann genommen und das Ehebett nicht kennengelernt hatte.
Ailianos erklärt den Namen Elektra als Verbindung des verneinenden Präfix a *mit* lektron *(»Ehebett«).*

4.27. (Man liest,) dass Pamphaës aus Priëne dem Lyder Kroisos[G], als dessen Vater noch lebte, 30 Minen[A] schenkte. Als Kroisos dann die Herrschaft übernahm, schickte er ihm dafür einen ganzen Wagen voll Geld.

(Man liest,) dass Diogenes[P] (Frg. 264 Mullach = 235 Giannantoni), als er von Diotimos aus Karystos eine kleine Münze erhielt, sagte:

»Mögen die Götter dir alles, was du dir wünschest, gewähren,
Gatten und Hausstand!« (Homer, *Odyssee* 6.180–181)

Es schien irgendwie Diotimos ein ziemlich weichlicher Mann gewesen zu sein.

4.28. Pherekydes[P] von Syrien beendete sein Leben auf die schmerzhafteste Weise unter den Menschen: Ihm wurde der ganze Körper von Läusen aufgefressen. Als sein Aussehen entstellt war, zog er sich aus dem Zusammensein mit den Gefährten zurück. Wenn einer kam und fragte, wie es ihm gehe, steckte er einen Finger, an dem gar kein Fleisch mehr war, durch die Luke der Tür und sagte, so gehe es ihm am ganzen Körper. Die Kinder der Delier sagen, dass der Gott in Delos (Apollon) ihm zürne und dies bewirke. Als er mit seinen Schülern auf Delos weilte, soll er über seine Philosophie unter manch anderem auch geäußert haben, dass er keinem Gott je geopfert habe und dennoch nicht weniger angenehm und sorgenfrei gelebt habe als Leute, die Hekatomben (Opfer von 100 Stieren) dargebracht hätten. Für dieses unbedachte Geschwätz also büßte er mit der schwersten Strafe.
Teilweise Doppelfassung zu 5.2.

4.29. Οὐ γὰρ δὴ δύναμαι πείθειν ἐμαυτὸν μὴ γελᾶν ἐπ᾽ Ἀλεξάνδρῳ τῷ Φιλίππου, εἴ γε, ἀπείρους ἀκούων εἶναί τινας κόσμους λέγοντος Δημοκρίτου ἐν τοῖς συγγράμμασιν, ὁ δὲ ἠνιᾶτο μηδὲ τοῦ ἑνὸς καὶ κοινοῦ κρατῶν. πόσον δὲ ἐπ᾽ αὐτῷ Δημόκριτος ἐγέλασεν <ἂν> αὐτός, τί δεῖ καὶ λέγειν, ᾧ ἔργον τοῦτο ἦν;

4.29. Ich kann mich nicht dazu bringen, nicht über Alexandros (d. Gr.)[G], Sohn des Philippos (II.)[G], zu lachen: Als er hörte, Demokritos[P] habe in seinen Abhandlungen gesagt, es gäbe unendliche Welten, ärgerte er sich darüber, dass er nicht einmal die eine allgemein bekannte unterworfen habe. Wie sehr Demokritos selbst über ihn gelacht hätte, wie müsste man das sagen, da dies ja seine Art war?

Zum Lachen des Demokritos s. o. 4.20.

Ε

5.1. Ταχὼς ὁ Αἰγύπτιος ἕως μὲν ἐχρῆτο τῇ ἐπιχωρίῳ διαίτῃ καὶ εὐτελῶς διεβίω, ὑγιεινότατα ἀνθρώπων διῆγεν· ἐπεὶ δὲ εἰς Πέρσας ἀφίκετο καὶ εἰς τὴν ἐκείνων τρυφὴν ἐξέπεσε, τὸ ἄηθες τῶν σιτίων οὐκ ἐνεγκών, ὑπὸ δυσεντερίας τὸν βίον κατέστρεψε, τῆς τρυφῆς ἀλλαξάμενος θάνατον.

5.2. Ὅτι Φερεκύδης <ὁ> Πυθαγόρου διδάσκαλος ἐμπεσὼν εἰς τὴν ἀρρωστίαν πρῶτον μὲν ἵδρου ἱδρῶτα θερμὸν ἰξώδη ὅμοιόν πως μύξαις, ὕστερον δὲ ἐθηριώθη, μετὰ δὲ ἐφθειρίασε. καὶ διαλυομένων τῶν σαρκῶν εἰς τοὺς φθεῖρας ἐπεγένετο τῆξις, καὶ οὕτω τὸν βίον μετήλλαξεν.

5.3. Ἀριστοτέλης τὰς νῦν Ἡρακλείους στήλας καλουμένας, πρὶν ἢ κληθῆναι τοῦτο, φησὶ Βριάρεω καλεῖσθαι αὐτάς· ἐπεὶ δ' ἐκάθηρε γῆν καὶ θάλατταν Ἡρακλῆς καὶ ἀναμφιλόγως εὐεργέτης ἐγένετο τῶν ἀνθρώπων, τιμῶντες αὐτὸν τὴν μὲν Βριάρεω μνήμην παρ' οὐδὲν ἐποιήσαντο, Ἡρακλείους δὲ προσηγόρευσαν.

5.4. Ὅτι ἀναθῆλαι λόγος ἐστὶ Δήλιος φυτὰ ἐν Δήλῳ ἐλαίαν καὶ φοίνικα, ὧν ἁψαμένην τὴν Λητὼ εὐθὺς ἀποκυῆσαι, τέως οὐ δυναμένην τοῦτο δρᾶσαι.

5

5.1. Solange der Ägypter Tachos die einheimische Kost aß und ohne Aufwand lebte, war er der gesündeste Mensch. Als er aber zu den Persern kam und deren Luxus verfiel, ertrug er die ungewohnte Art von Speisen nicht und starb an Dysenterie, tauschte also für den Luxus den Tod ein.
Tachos herrschte 362–360 in Ägypten; nach seinem Sturz floh er nach Persien.

5.2. (Man liest,) dass Pherekydes[P], der Lehrer des Pythagoras[P], einer Krankheit anheimfiel und zuerst warmen klebrigen Schweiß ausschwitzte, der wie Schleim war. Später verschlimmerte sich sein Zustand, dann kam die Läusekrankheit dazu. Als sich sein Fleisch auflöste, geriet er ganz in Zersetzung – und so beendete er sein Leben.
Teilweise Doppelfassung zu 4.28.

5.3. Aristoteles[P] (Frg. 678 Rose) behauptet, dass die heute sogenannten »Säulen des Herakles«, bevor sie so bezeichnet wurden, die des Briareos genannt wurden. Als aber Herakles Land und Meer gesäubert hatte und zum unbestrittenen Wohltäter der Menschen geworden war, ehrte man ihn, scherte sich nicht mehr um das Andenken des Briareos und benannte die Säulen nach Herakles.
Im Mythos galt Briareos als Sohn von Uranos (Himmel) und Ge (Erde).

5.4. (Man liest,) dass ein delischer *Logos*[L] besage, auf Delos wüchsen Pflanzen, Ölbaum und Dattelpalme, bei deren Berührung Leto sofort niedergekommen sei, die zuvor nicht hatte gebären können.
Leto gebar Apollon und Artemis. Die Dattelpalme im Heiligtum des Apollon auf Delos nennt schon Homer, Odyssee *6.162–163.*

5.5. Ἐπαμεινώνδας ἕνα εἶχε τρίβωνα καὶ τοῦτον ῥυπῶντα· εἴ ποτε δὲ αὐτὸν ἔδωκεν εἰς γναφεῖον, αὐτὸς ὑπέμενεν οἴκοι δι᾽ ἀπορίαν ἑτέρου. ἐν δὴ τούτῳ τῆς περιουσίας ὤν, τοῦ Περσῶν βασιλέως πέμψαντος αὐτῷ πολὺ χρυσίον, οὐ προσήκατο· καὶ εἴ γέ τι ἐγὼ νοῶ, μεγαλοφρονέστερος ἦν τοῦ διδόντος ὁ μὴ λαβών.

5.6. Ἄξιον δὲ καὶ τὸ Καλανοῦ τοῦ Ἰνδοῦ τέλος ἐπαινέσαι· ἄλλος δ᾽ ἂν εἶπεν ὅτι καὶ ἀγασθῆναι. ἐγένετο δὲ τοιοῦτον· Καλανὸς ὁ Ἰνδῶν σοφιστὴς μακρὰ χαίρειν φράσας Ἀλεξάνδρῳ καὶ Μακεδόσι καὶ τῷ βίῳ, ὅτε ἐβουλήθη ἀπολῦσαι αὐτὸν ἐκ τῶν τοῦ σώματος δεσμῶν, ἐγεγένητο μὲν ἡ πυρὰ ἐν τῷ καλλίστῳ προαστείῳ τῆς Βαβυλῶνος, καὶ ἦν τὰ ξύλα αὖα καὶ πρὸς εὐωδίαν εὖ μάλα ἐπίλεκτα κέδρου καὶ θύου καὶ κυπαρίττου καὶ μυρσίνης καὶ δάφνης, αὐτὸς δὲ γυμνασάμενος γυμνάσιον τὸ εἰωθός – ἦν δὲ καὶ αὐτὸ δρόμος –, ἀνελθὼν ἐπὶ μέσης τῆς πυρᾶς ἔστη ἐστεφανωμένος καλάμου κόμῃ. καὶ ὁ μὲν ἥλιος αὐτὸν προσέβαλλεν, ὁ δὲ αὐτὸν προσεκύνει, καὶ τοῦτο ἦν τὸ σύνθημα εἰς τὸ ἐξάπτειν τὴν πυρὰν τοῖς Μακεδόσι. καὶ τὸ μὲν δέδρατο, ὁ δὲ περιληφθεὶς <ὑπὸ> τῆς φλογὸς ἀτρέπτως εἱστήκει καὶ οὐ πρότερον ἀνετράπη πρὶν ἢ διελύθη. ἐνταῦθά φασιν ἐκπλαγῆναι καὶ τὸν Ἀλέξανδρον καὶ εἰπεῖν ὅτι μείζονας ἀντιπάλους αὐτοῦ Καλανὸς κατηγωνίσατο. ὁ μὲν γὰρ πρὸς Πῶρον καὶ Ταξίλην καὶ Δαρεῖον διήθλησεν, ὁ δὲ Καλανὸς πρὸς τὸν πόνον καὶ τὸν θάνατον.

5.7. Οἱ μὲν Σκύθαι περὶ τὴν ἑαυτῶν πλανῶνται· Ἀνάχαρσις δὲ ἅτε ἀνὴρ σοφὸς καὶ περαιτέρω προήγαγε τὴν πλάνην. ἧκε γοῦν εἰς τὴν Ἑλλάδα, καὶ ὁ Σόλων ἐθαύμασεν αὐτόν.

5.5. Epameinondas[G] hatte nur einen Tribon[A], und zwar einen schmutzigen. Wenn er ihn einmal zum Reinigen gab, blieb er zu Hause, da er keinen anderen hatte. Obwohl er in dieser Art von Umständen lebte, nahm er das viele Gold, das ihm der Perserkönig schickte, nicht an. Wenn ich das bedenke, so war er, der nichts nahm, großzügiger als derjenige, der gab.

5.6. Lobenswert ist auch das Ende des Inders Kalanos; ja, man könnte sagen, man müsse es auch bewundern. Es war von folgender Art: Nachdem der indische Weise Kalanos dem Alexandros (d. Gr.)[G], den Makedonen und dem Leben Lebewohl gesagt hatte, weil er sich aus den Fesseln des Körpers befreien wollte, wurde ihm in der schönsten Vorstadt von Babylon der Scheiterhaufen errichtet. Er war aus trockenen Stämmen und für den Wohlgeruch aus sehr erlesenen Zeder-, Lebensbaum-, Zypressen-, Myrten- und Lorbeerhölzern. Nachdem Kalanos sein gewohntes Training ausgeführt hatte – dies war ein Lauf –, stieg er hinauf und stellte sich in die Mitte des Scheiterhaufens, mit einem Kranz aus Schilf bekränzt. Als die Sonne mit ihren Strahlen ihn traf, verbeugte er sich vor ihr. Das war für die Makedonen das vereinbarte Signal, den Scheiterhaufen anzuzünden. Dies geschah, er aber blieb, obwohl er ringsum (vom Feuer) ergriffen wurde, unerschütterlich stehen und stürzte erst, als er tot war. Da, so sagt man, sei auch Alexandros erschrocken und habe gesagt, dass Kalanos größere Gegner als er besiegt habe. Er hatte über (die indischen Könige) Poros und Taxilas sowie über Dareios (III.)[G] im Kampf gesiegt, Kalanos aber über den Schmerz und den Tod.

Zu Kalanos s. o. 2.41. Vgl. Calder III 1983 und die Korrekturen dieser Ansicht durch Jones 1984 und Penella 1984 sowie Devine 1988.

5.7. Die Skythen ziehen durch ihr eigenes Land umher, Anacharsis[G] aber dehnte als weiser Mann seine Reisen auch weiter aus. Er kam also nach Griechenland, und Solon[G] bewunderte ihn.

5.8. Τὰ σκώμματα καὶ αἱ λοιδορίαι οὐδέν μοι δοκεῖ δύνασθαι. ἐὰν γὰρ στερεᾶς γνώμης λάβηται, καταλέλυται· ἐὰν δὲ ἀγεννοῦς καὶ ταπεινῆς, ἴσχυσε καὶ οὐ μόνον ἐλύπησε πολλάκις, ἀλλὰ καὶ ἀπέκτεινε. τούτων ἀπόδειξις ἐκεῖνα ἔστω, Σωκράτης μὲν οὖν κωμῳδούμενος ἐγέλα, Πολίαγρος δὲ ἀπήγξατο.

5.9. Ἀριστοτέλης ἀσωτευσάμενος τὰ ἐκ τοῦ πατρὸς χρήματα ὥρμησεν ἐπὶ στρατείαν, εἶτα ἀπαλλάττων κακῶς ἐν τούτῳ, φαρμακοπώλης ἀνεφάνη. παρεισρυεὶς δὲ εἰς τὸν περίπατον καὶ παρακούων τῶν λόγων, ἀμείνων πεφυκὼς πολλῶν εἶτα ἕξιν περιεβάλετο, ἣν μετὰ ταῦτα ἐκτήσατο.

5.10. Νηίτην στόλον Ἀθηναῖοι εἰργάζοντο ἑαυτοῖς ἀεὶ φιλοπόνως. κατὰ χρόνους δὲ τὰ μὲν κατορθοῦντες τὰ δὲ ἡττώμενοι ἀπώλεσαν τριήρεις μὲν ἐν Αἰγύπτῳ διακοσίας σὺν τοῖς πληρώμασι, περὶ Κύπρον δὲ πεντήκοντα καὶ ἑκατόν, ἐν Σικελίᾳ τετταράκοντα καὶ διακοσίας, ἐν δὲ Ἑλλησπόντῳ διακοσίας. ὁπλῖται δὲ ἀπώλοντο αὐτοῖς ἐν Σικελίᾳ μυριάδες τέτταρες, χίλιοι δὲ ἐν Χαιρωνείᾳ.

5.11. Ὁ Θρᾳκῶν βασιλεύς – τὸ δὲ ὄνομα λεγέτω ἄλλος –, ὅτε ὁ Ξέρξης ἐπὶ τὴν Ἑλλάδα ἐστράτευσεν, εἰς Ῥοδόπην τὸ ὄρος ἀπέδρα. τοῖς δὲ ἓξ παισὶν αὐτοῦ συνεβούλευε μὴ στρατεύειν ἐπὶ τὴν Ἑλλάδα – δῆλον δὲ ὅτι φιλέλλην ἦν ὁ ἀνήρ –. οἱ δὲ οὐκ ἐπείσθησαν· ὑποστρέψαντας δὲ αὐτοὺς πάντας ἐξετύφλωσε, μὴ ποιήσας Ἑλληνικά.

5.8. Spott und Verleumdung scheinen mir keine Macht zu haben. Wenn sie nämlich auf eine feste Haltung treffen, lösen sie sich auf, wenn sie aber auf eine feige und niedrige Haltung trafen, zeigten sie Wirkung, schufen oft Kummer, ja töteten sogar. Dafür soll jenes ein Nachweis sein: Als Sokrates[P] in einer Komödie verspottet wurde, lachte er, Poliagros (*PCG* Adespotum Comicum 708) aber erhängte sich.
Vgl. o. 2.13. Poliagros galt als buckliger Komiker.

5.9. Aristoteles[P], der das vom Vater ererbte Vermögen verprasst hatte, zog in den Krieg und trat dann, als es ihm dabei schlecht ergangen war, als Heilmittelhändler in Erscheinung (vgl. 9.22). Er schlich sich in den Peripatos[P] ein und hörte den *Logoi*[L] zu. Da er bessere Naturanlagen hatte als viele, eignete er sich schließlich an, über was er danach verfügte.
Vgl. Athenaios 354b–c, wo Epikuros als Quelle hierfür genannt wird.

5.10. Die Athener waren stets eifrig darum bemüht, eine Kriegsflotte für sich zu rüsten. Über die Zeit – teils bei Erfolgen, teils bei Niederlagen – verloren sie Triëren[A]: in Ägypten 200 mitsamt der Besatzung, bei Kypros 150, in Sizilien 240, im Hellespont 200. An Hopliten[A] verloren sie in Sizilien 40 000 und 1000 bei Chaironeia.
Vgl. Isokrates, Über den Frieden *86 (wohl Ailianos' Vorlage). Zu den ersten drei Verlusten s. Thukydides 1.110, 1.112 und 6–7. Die Niederlage bei Aigospotamoi am Hellespont ereignete sich 405, die Schlacht von Chaironeia gegen Philippos II. 338.*

5.11. Der Thrakerkönig – den Namen soll ein anderer nennen – floh, als Xerxes[G] den Feldzug gegen Griechenland unternahm, ins Rhodopegebirge. Seinen sechs Söhnen riet er, nicht gegen Griechenland zu ziehen – der Mann war offenbar ein Griechenfreund –, doch sie gehorchten nicht. Bei ihrer Rückkehr ließ er sie allesamt blenden, womit er aber etwas Nichtgriechisches tat.
Auch Herodot 8.116 gibt diese Geschichte ohne Namensnennung an.

5.12. Οὐ δύναμαι δὲ Ἀθηναίων μὴ οὐ φιλεῖν ταῦτα. ἐκκλησίας οὔσης Ἀθηναίοις παρελθὼν ὁ Δημάδης ἐψηφίσατο θεὸν τὸν Ἀλέξανδρον τρισκαιδέκατον. τῆς δὲ ἀσεβείας ὁ δῆμος τὸ ὑπερβάλλον μὴ ἐνεγκών, ζημίαν ἐτιμήσαντο τῷ Δημάδῃ ταλάντων ἑκατόν, ὅτι θνητὸν αὐτὸν δὴ τὸν Ἀλέξανδρον ὄντα ἐνέγραψε τοῖς Ὀλυμπίοις.

5.13. Ἦσαν δὲ ἄρα Ἀθηναῖοι δεινῶς εἰς τὰς πολιτείας εὐτράπελοι καὶ ἐπιτήδειοι πρὸς τὰς μεταβολὰς παντὸς μᾶλλον. βασιλείαν μὲν γὰρ ἤνεγκαν σωφρόνως ἐπὶ Κέκροπος καὶ Ἐρεχθέως καὶ Θησέως καὶ τῶν Κοδριδῶν κάτω, τυραννίδος <δὲ> ἐπειράθησαν ἐπὶ τῶν Πεισιστρατιδῶν, ἀριστοκρατίᾳ δὲ ἐχρήσαντο μέχρι τῶν τετρακοσίων· εἶτα ὕστερον δέκα τῶν πολιτῶν καθ’ ἕκαστον ἔτος ἦρχον τῆς πόλεως, τελευταῖον δὲ ἐγένετο ἀναρχία περὶ τὴν τῶν τριάκοντα κατάστασιν. ταύτην δὲ τὴν οὕτως ἀγχίστροφον μεταβολὴν τοῦ τρόπου εἰ ἐπαινεῖν χρή, ἀλλὰ ἔγωγε τοῦτο οὐκ οἶδα.

5.14. Νόμος καὶ οὗτος Ἀττικός· ὃς ἂν ἀτάφῳ περιτύχῃ σώματι ἀνθρώπου, πάντως ἐπιβάλλειν αὐτῷ γῆν, θάπτειν δὲ πρὸς δυσμὰς βλέποντα. καὶ τοῦτο δὲ ἦν φυλαττόμενον παρ’ αὐτοῖς· βοῦν ἀρότην καὶ ὑπὸ ζυγὸν πονήσαντα σὺν ἀρότρῳ ἢ καὶ σὺν τῇ ἁμάξῃ μηδὲ τοῦτον θύειν, ὅτι καὶ οὗτος εἴη ἂν γεωργὸς καὶ τῶν ἐν ἀνθρώποις καμάτων κοινωνός.

5.12. Nicht anders kann ich, als folgende Haltung der Athener zu preisen. Als die Athener eine Volksversammlung abhielten, hatte Demades[L] dafür gestimmt, Alexandros (d. Gr.)[G] (neben den Zwölf Olympischen Göttern) zum 13. Gott zu erklären. Ein solches Übermaß an Gottlosigkeit konnte das Volk nicht ertragen und verurteilte Demades zu einer Strafe von 100 Talenten[A], weil er Alexandros, der doch ein Sterblicher war, zu den Olympischen Göttern gerechnet hatte.
Zur Vergöttlichung von Alexandros d. Gr. s. o. 2.19 und u. 9.37. Athenaios 251b nennt 10 Talente.

5.13. Es waren die Athener in Bezug auf ihre Verfassung schrecklich wankelmütig und in höchstem Maße zu Veränderungen bereit. Die Königsherrschaft ertrugen sie züchtig unter Kekrops, Erechtheus, Theseus und später unter den Kodriden; Erfahrungen mit der Tyrannis machten sie unter den Peisistratiden[G]; in einer Aristokratie lebten sie bis zur Machtübernahme durch die 400. Später beherrschten dann alljährlich je 10 Bürger die Stadt, und schließlich hatten sie durch die Einsetzung der 30 (Tyrannen)[G] die Anarchie. Ob man diesen so raschen Wechsel der Gesinnung loben soll, weiß ich freilich nicht.
Dass Ailianos die Demokratie ignoriert, geht vielleicht auf die Einschätzung der Macht des Perikles bei Thukydides' (2.65) zurück; mit der Herrschaft der 400 ist wohl die im Jahr 411 gemeint, mit den 10 Bürgern die Zehn Strategen (s. o. 3.17).

5.14. Ein attischer Brauch ist auch dies: Wer den unbestatteten Leichnam eines Menschen findet, hat ihn vollständig mit Erde abzudecken und ihn mit der Blickrichtung nach Westen hin zu begraben. Auch folgendes war von ihnen zu beachten: Ein Ackerrind, das unter einem Joch den Pflug oder den Wagen zieht, soll man nicht opfern, denn es ist doch gleichsam auch ein Landarbeiter und hat Anteil an den Mühen der Menschen.
Vgl. u. 7.19 zur Grabausrichtung und 8.3 zum Fest der »Buphonia«.

5.15. Ὅτι δικαστήρια ἦν Ἀττικὰ περὶ μὲν τῶν ἐκ προνοίας ἀποκτεινάντων ἐν Ἀρείῳ πάγῳ, περὶ δὲ τῶν ἀκουσίως ἐπὶ Παλλαδίῳ· περὶ δὲ τῶν κτεῖναι μὲν ὁμολογούντων, ἀμφισβητούντων δὲ ὅτι δικαίως, ἐπὶ Δελφινίῳ ἐγίνοντο αἱ εὔθυναι.

5.16. Ὅτι ἐκ τοῦ τῆς Ἀρτέμιδος στεφάνου πέταλον χρυσοῦν ἐκπεσὸν ἀνείλετο παιδίον, οὐ μὴν ἔλαθεν. οἱ οὖν δικασταὶ παίγνια καὶ ἀστραγάλους προὔθηκαν τῷ παιδὶ καὶ τὸ πέταλον· ὁ δὲ καὶ αὖθις ἐπὶ τὸν χρυσὸν κατηνέχθη. καὶ διὰ ταῦτα ἀπέκτειναν αὐτὸν ὡς θεοσύλην, οὐ δόντες συγγνώμην τῇ ἡλικίᾳ, ἀλλὰ τιμωρησάμενοι διὰ τὴν πρᾶξιν.

5.17. Ὅτι τοσοῦτον ἦν Ἀθηναίοις δεισιδαιμονίας, εἴ τις πρινίδιον ἐξέκοψεν ἐξ ἡρῴου, ἀπέκτειναν αὐτόν. ἀλλὰ καὶ Ἀτάρβην, ὅτι τοῦ Ἀσκληπιοῦ τὸν ἱερὸν στρουθὸν ἀπέκτεινε πατάξας, οὐκ ἀργῶς τοῦτο Ἀθηναῖοι παρεῖδον, ἀλλ' ἀπέκτειναν Ἀτάρβην καὶ οὐκ ἔδοσαν οὔτε ἀγνοίας συγγνώμην οὔτε μανίας, πρεσβύτερα τούτων ἀμφοτέρων τὰ τοῦ θεοῦ ποιησάμενοι. ἐλέγετο γὰρ ἀκουσίως, οἱ δέ, μεμηνὼς τοῦτο δρᾶσαι.

5.18. Ἡ ἐξ Ἀρείου πάγου βουλὴ ἐπεί τινα φαρμακίδα συνέλαβον καὶ ἔμελλον θανατώσειν, οὐ πρότερον αὐτὴν ἀπέκτειναν πρὶν ἢ ἀπεκύησεν· ὅτε γὰρ συνελήφθη, ἔκυε. τὸ ἀναίτιον οὖν βρέφος ἀναλύοντες τῆς καταδίκης, τὴν αἰτίαν μόνην ἐδικαίωσαν τῷ θανάτῳ.

5.15. (Man liest,) dass Gerichtsprozesse über vorsätzlichen Mord in Athen auf dem Areopag, über unbeabsichtigten Totschlag beim Palladion stattfanden. Über Leute, die den Mord gestanden, ihn jedoch als gerechtfertigt bezeichneten, wurde beim Delphinion verhandelt.

5.16. (Man liest,) dass ein Junge ein goldenes Blatt, das aus dem Kranz (einer Statue) der Artemis gefallen war, aufgehoben hatte und dabei ertappt worden war. Die Richter legten nun Spielzeug und Würfel vor den Jungen hin und auch das Blatt. Er aber stürzte sich wieder auf das Gold. Deshalb ließen sie ihn als Tempelräuber töten, gewährten also kein Pardon angesichts seiner Jugend, sondern bestraften ihn gemäß seiner Tat.

5.17. (Man liest,) dass die Athener so gottesfürchtig waren, dass sie jeden töteten, der auch nur einen Schössling aus einem Heroon gefällt hatte. Aber auch über Atarbes, der den heiligen Vogel des Asklepios geschlagen und so getötet hatte, sahen die Athener nicht tatenlos hinweg, sondern ließen den Atarbes töten und gewährten weder wegen Unwissenheit noch wegen Wahnsinn Pardon; mehr als dies beides galt ihnen das Eigentum der Gottheit. Man sagte freilich, er habe es unabsichtlich getan, nach anderen im Wahnsinn.
Der dem Asklepios heilige Vogel mag der Hahn sein; vgl. Sokrates' letzte Worte bei Platon, Apologie *118a (»Wir schulden dem Asklepios noch einen Hahn.«)* .

5.18. Der Rat auf dem Areopag hatte eine Giftmischerin festgenommen und wollte sie zum Tod verurteilen. Doch sie töteten sie erst, als sie ihr Kind zur Welt gebracht hatte, denn als sie verhaftet wurde, war sie schwanger. So nahmen sie den unschuldigen Säugling von der Verurteilung aus und vollstreckten das Todesurteil nur an der Schuldigen.

5.19. Αἰσχύλος ὁ τραγῳδὸς ἐκρίνετο ἀσεβείας ἐπί τινι δράματι. ἑτοίμων οὖν ὄντων Ἀθηναίων βάλλειν αὐτὸν λίθοις, Ἀμεινίας ὁ νεώτερος ἀδελφὸς διακαλυψάμενος τὸ ἱμάτιον ἔδειξε τὸν πῆχυν ἔρημον τῆς χειρός. ἔτυχε δὲ ἀριστεύων ἐν Σαλαμῖνι ὁ Ἀμεινίας ἀποβεβληκὼς τὴν χεῖρα, καὶ πρῶτος Ἀθηναίων τῶν ἀριστείων ἔτυχεν. ἐπεὶ δὲ εἶδον οἱ δικασταὶ τοῦ ἀνδρὸς τὸ πάθος, ὑπεμνήσθησαν τῶν ἔργων αὐτοῦ καὶ ἀφῆκαν τὸν Αἰσχύλον.

5.20. Ταραντίνων πολιορκουμένων ὑπὸ Ἀθηναίων καὶ μελλόντων ἁλῶναι λιμῷ, οἱ Ῥηγῖνοι ἐψηφίσαντο μίαν ἡμέραν ἐν ταῖς δέκα νηστεύειν καὶ ἐκείνης τὰς τροφὰς ἐκχωρῆσαι Ταραντίνοις. ἀποστάντων οὖν αὐτῶν ἐσώθησαν, καὶ μεμνημένοι τοῦ πάθους ἑορτὴν ἄγουσι τὴν καλουμένην Νηστείαν οἱ Ταραντῖνοι.

5.21. Λέγει τις λόγος τὴν φήμην τὴν κατὰ τῆς Μηδείας ψευδῆ εἶναι· μὴ γὰρ αὐτὴν ἀποκτεῖναι τὰ τέκνα ἀλλὰ Κορινθίους. τὸ δὲ μυθολόγημα τοῦτο ὑπὲρ τῆς Κολχίδος καὶ τὸ δρᾶμα Εὐριπίδην φασὶ διαπλάσαι δεηθέντων Κορινθίων, καὶ ἐπικρατῆσαι τοῦ ἀληθοῦς τὸ ψεῦδος διὰ τὴν τοῦ ποιητοῦ ἀρετήν. ὑπὲρ δὲ τοῦ τολμήματος, φασί, τῶν παίδων μέχρι τοῦ νῦν ἐναγίζουσι τοῖς παισὶ Κορίνθιοι, οἱονεὶ δασμὸν τούτοις ἀποδιδόντες.

5.19. Der Tragödiendichter Aischylos[L] war aufgrund eines seiner Dramen wegen Gottlosigkeit verurteilt worden. Die Athener wollten ihn schon steinigen, da öffnete Ameinias[L], sein jüngerer Bruder, das Himation[A] und zeigte seinen Unterarm, an dem die Hand fehlte. Ameinias hatte sich (480) bei Salamis ausgezeichnet und dabei die Hand verloren; als erster Athener war er für seine Tapferkeit ausgezeichnet worden. Als die Richter das Leiden des Mannes sahen, dachten sie an seine Taten und ließen den Aischylos frei.
Gegen den Vorwurf, die Eleusinischen Mysterien verraten zu haben, verteidigte sich Aischylos laut Aristoteles, Nikomachische Ethik *1111a9 damit, er habe nicht gewusst, dass diese geheim seien. Bei Herodot 8.93 wird Ameinias von Pallene nicht als Bruder des Aischylos vorgestellt.*

5.20. Als die Bewohner von Tarent von den Athenern belagert wurden und aus Mangel an Nahrung erobert zu werden drohten, beschlossen die Bewohner von Rhegion, je einen von zehn Tagen zu fasten (*nesteuein*) und die Nahrungsmittel dieses Tages den Bewohnern von Tarent zu geben. Da zogen jene ab und sie waren gerettet; und zum Gedenken an das Unglück feiern die Bewohner von Tarent ein Fest, die sogenannte *Nesteia.*

5.21. Ein *Logos*[L] besagt, dass das, was man Medea nachsage, falsch sei: Nicht sie habe die Kinder getötet, sondern die Korinther. Dieses *Mythologema* über die Kolcherin und das Drama habe erst Euripides[L] auf Bitten der Korinther erdacht, wie man sagt; durch die Vortrefflichkeit des Dichters habe die Lüge die Wahrheit verdrängt. Wegen des Verbrechens an den Kindern bringen, wie man sagt, noch heute die Korinther den Kindern Totenopfer dar, als ob sie ihnen Tribut zahlten.
Im 2. Jh. n. Chr. gibt Pausanias 2.3.7 an, er habe am Ort jener Opfer eine Statue gesehen, der Kult selbst sei aber bereits nach der römischen Eroberung von Korinth 146 v. Chr. beendet worden.

ς

6.1. Ἀθηναῖοι κρατήσαντες Χαλκιδέων κατεκληρούχησαν αὐτῶν τὴν γῆν εἰς δισχιλίους κλήρους, τὴν Ἱππόβοτον καλουμένην χώραν, τεμένη δὲ ἀνῆκαν τῇ Ἀθηνᾷ ἐν τῷ Ληλάντῳ ὀνομαζομένῳ τόπῳ, τὴν δὲ λοιπὴν ἐμίσθωσαν κατὰ τὰς στήλας τὰς πρὸς τῇ βασιλείῳ στοᾷ ἑστηκυίας, αἵπερ οὖν τὰ τῶν μισθώσεων ὑπομνήματα εἶχον. τοὺς δὲ αἰχμαλώτους ἔδησαν, καὶ οὐδὲ ἐνταῦθα ἔσβεσαν τὸν κατὰ τῶν Χαλκιδέων θυμόν.

Λακεδαιμόνιοι Μεσσηνίων κρατήσαντες, τῶν μὲν γινομένων ἁπάντων ἐν τῇ Μεσσηνίᾳ τὰ ἡμίση ἐλάμβανον αὐτοὶ καὶ τὰς γυναῖκας τὰς ἐλευθέρας εἰς τὰ πένθη βαδίζειν ἠνάγκαζον καὶ τοὺς ἀλλοτρίους καὶ μηδέν σφισι προσήκοντας νεκροὺς κλαίειν. τῶν δὲ ἀνδρῶν τοὺς μὲν ἀπέλιπον γεωργεῖν, οὓς δὲ ἀπέδοντο, οὓς δὲ ἀπέκτειναν.

Ἀθηναῖοι δὲ ὕβρισαν καὶ ἐκείνην τὴν ὕβριν· εὐτυχίας γὰρ λαβόμενοι τὴν εὐπραγίαν σωφρόνως οὐκ ἤνεγκαν. τὰς γοῦν παρθένους τῶν μετοίκων σκιαδηφορεῖν ἐν ταῖς πομπαῖς ἠνάγκαζον ταῖς ἑαυτῶν κόραις, τὰς δὲ γυναῖκας ταῖς γυναιξί, τοὺς δὲ ἄνδρας σκαφηφορεῖν.

Σικυώνιοι δὲ Πελλήνην ἑλόντες τάς τε γυναῖκας τῶν Πελληνέων καὶ τὰς θυγατέρας ἐπ᾽ οἰκήματος ἔστησαν. ἀγριώτατα ταῦτα, ὦ θεοὶ Ἑλλήνιοι, καὶ οὐδὲ ἐν βαρβάροις καλὰ κατά γε τὴν ἐμὴν μνείαν.

Ἐπεὶ τὴν ἐν Χαιρωνείᾳ μάχην ἐνίκησεν ὁ Φίλιππος, ἐπὶ τῷ πραχθέντι αὐτός τε ἦρτο καὶ οἱ Μακεδόνες πάντες. οἱ δὲ Ἕλληνες δεινῶς αὐτὸν κατέπτηξαν καὶ ἑαυτοὺς κατὰ πόλεις ἐνεχείρισαν αὐτῷ φέροντες. καὶ τοῦτό γε ἔδρασαν Θηβαῖοι καὶ Μεγαρεῖς καὶ Κορίνθιοι καὶ Ἀχαιοὶ καὶ Ἠλεῖοι καὶ Εὐβοεῖς <καὶ> οἱ ἐν τῇ Ἀκτῇ

6

6.1. Als die Athener die Chalkidier besiegt hatten, teilten sie ihr Land in 2000 Landlose auf, und zwar die sogenannte *Hippobotos chora* (»Pferdezüchtergebiet«). Heilige Bezirke für Athene weihten sie am sogannten *Lelanton*-Platz, das übrige Gebiet verpachteten sie laut den Stelen bei der *Stoa Basileos*, wo sie nämlich die Verpachtungen aufgezeichnet hatten. Die Gefangenen legten sie in Fesseln, doch auch dann war ihr Zorn auf die Chalkidier noch nicht gestillt.

Als die Lakedaimonier die Messenier besiegt hatten, nahmen sie von allem, was Messenien hervorbringt, die Hälfte für sich. Sie zwangen die freien Frauen, als Klageweiber auf und ab zu gehen und fremde Tote, mit denen sie nichts verband, zu beweinen. Von den Männern schonten sie einen Teil, damit diese das Land bestellten, andere verkauften sie, wieder andere töteten sie.

Die Athener begingen auch folgenden Frevel: Als sie in ihren Unternehmungen Erfolg hatten, trugen sie das Wohlergehen nicht mit Züchtigkeit. Sie zwangen die Jungfrauen der Metöken[A], bei den Prozessionen für ihre Töchter Sonnenschirme zu tragen und die Frauen für ihre Frauen; die Männer ließen sie die Opfergefäße tragen.

Als die Sikyonier Pellene eingenommen hatten, stellten sie die Frauen und Töchter der Pellenier im Bordell zur Schau. Eine solche Wildheit, o ihr Griechengötter, galt nicht einmal bei den Barbaren als gut, soweit ich weiß!

Als die Schlacht bei Chaironeia (338) von Philippos (II.)[G] gewonnen war, waren er und alle Makedonen stolz auf den Erfolg. Die Griechen aber erschraken gewaltig und ergaben sich ihm Stadt für Stadt. So handelten die Bewohner von Theben, Megara, Korinth, Achaia, Elis, Euboia und alle in der *Akte* (der Küste der Argolis?). Philippos aber hielt die mit ihnen getroffenen Vereinbarungen nicht

πάντες. οὐ μὴν ἐφύλαξε τὰς πρὸς αὐτοὺς ὁμολογίας ὁ Φίλιππος, ἀλλ' ἐδουλώσατο πάντας, ἔκδικα καὶ παράνομα δρῶν.

6.2. Ὁ Ἁρματίδου τοῦ Θεσπιέως παῖς, παραγενόμενος σύμμαχος Λακεδαιμονίοις μετὰ καὶ ἄλλων πολιτῶν, τὰ μὲν πρῶτα ἐμάχετο εὖ καὶ καλῶς· καταναλωθέντων δὲ αὐτοῦ τῶν ὅπλων ψιλαῖς ταῖς χερσὶ πρὸς καθωπλισμένους ἀγωνιζόμενος, εὐκλεῶς τὸν βίον ἐτελεύτα. πατρόθεν οὖν τὸν νεανίαν προσεῖπον, κυδαίνων αὐτὸν Ὁμηρικῶς. τὸ δὲ ὄνομα αὐτοῦ εἴ τῳ ἐπιμελὲς εἰδέναι, ἀλλαχόθεν εἴσεται.

6.3. Ὅτι Λακεδαιμόνιοι Ἰσάδαν ἔτι παῖδα ὄντα καὶ μήπω τοῦ νόμου καλοῦντος αὐτὸν εἰς ὅπλα, ὅτι ἐκ τοῦ γυμνασίου ἐκπηδήσας ἠρίστευσεν, ἐστεφάνωσαν μέν, ὅτι δὲ πρὸ τῆς ἀπαιτουμένης ἡλικίας καὶ μὴ τὰ ἐπιχώρια ἔχων ὅπλα ὥρμησεν εἰς τοὺς ἐχθρούς, ἐζημίωσαν.

6.4. Ὁ μὲν Λύσανδρος ἐτεθνήκει, ὁ δὲ τὴν θυγατέρα αὐτοῦ ἔτι ζῶντος ἐγγυησάμενος, ἐπεὶ καὶ ἡ παῖς ἐρήμη πατρὸς ἀπελείπετο καὶ ὁ Λύσανδρος μετὰ τὴν τοῦ βίου καταστροφὴν ἀνεφάνη πένης ὤν, ὁ δὲ ἀνεδύετο ὁ ἐγγυησάμενος καὶ οὐδὲ ἔφασκεν ἄξεσθαι γυναῖκα. ἐπὶ τούτοις οἱ ἔφοροι τὸν ἄνδρα ἐζημίωσαν· οὔτε γὰρ Λακωνικὰ ἐφρόνει οὔτε ἄλλως Ἑλληνικά, φίλου τε ἀποθανόντος ἀμνημονῶν καὶ τῶν συνθηκῶν τὸν πλοῦτον προτιμῶν.

ein, sondern versklavte alle, womit er gegen Recht und Gesetz verstieß.
Herodot 5.77 nennt 4000 Siedler nach Athens Sieg 506. An der Stoa Basileos, *dem Sitz des* Archon Basileus *in Athen, wurden Beschlüsse auf Inschriften publiziert. Sparta eroberte Messenien im 8. und 7. Jh. (vgl. Tyrtaios Frg. 6 West). Philippos II. wird 8.15 anders charakterisiert.*

6.2. Der Sohn des Harmatides aus Thespiai, der zusammen mit anderen Bürgern den Lakedaimoniern (480 an den Thermopylen) zu Hilfe gekommen war, kämpfte zuerst sehr gut und schön; als dann aber seine Waffen verbraucht waren, musste er mit bloßen Händen gegen die bewaffneten Feinde kämpfen und beendete so ehrenvoll sein Leben. Ich habe den jungen Mann mit seinem Vatersnamen bezeichnet und ihn damit auf homerische Art geehrt. Seinen eigenen Namen wird, wer ihn wissen will, von anderer Stelle erfahren.
Herodot 7.227 gibt den Namen mit Dithyrambos an.

6.3. (Man liest,) dass die Lakedaimonier den Isadas, als er noch ein Kind war, noch nicht vom Gesetz zu den Waffen gerufen wurde, aber aus dem *Gymnasion*[S] fortlief und sich im Kampf auszeichnete, zwar bekränzten, aber weil er vor dem erforderlichen Alter und nicht mit den üblichen Waffen gegen die Gegner gezogen war, bestraften.
Vgl. Plutarch, Agesilaos *34 zu einer Heldentat des erwachsenen Isadas.*

6.4. Lysandros[G] war tot, doch hatte sich, als er noch lebte, ein Mann mit seiner Tochter verlobt. Als nun die Tochter ohne den Vater verlassen war und Lysandros[L] sich nach dem Lebensende als arm erwies, zog sich der Verlobte zurück und weigerte sich, sie zur Frau zu nehmen. Dafür bestraften die Ephoren[G] den Mann. Sein Verhalten war ja weder lakonisch noch sonst griechisch, wenn er von seinem toten Freund nichts mehr wissen wollte und den Reichtum höher bewertete als getroffene Vereinbarungen.
Vgl. u. 10.15.

6.5. Ὅτι Ἀθηναῖοι τοὺς εἰς Ἀρκαδίαν ἀποσταλέντας πρεσβευτάς, ἐπεὶ ἑτέραν ὁδὸν ἦλθον καὶ οὐ τὴν προστεταγμένην, καίτοι κατορθώσαντας, ὅμως ἀπέκτειναν.

6.6. Ἦ γὰρ οὐ καὶ ταῦτα Λακωνικά; νόμος ἐστὶ τοῖς Σπαρτιάταις τὸν παρασχόμενον υἱοὺς τρεῖς ἀτέλειαν ἔχειν φρουρᾶς, τὸν δὲ πέντε πασῶν τῶν λειτουργιῶν ἀφεῖσθαι, γαμεῖν δὲ ἀπροίκους ἔτι.

Βάναυσον δὲ εἰδέναι τέχνην ἄνδρα Λακεδαιμόνιον οὐκ ἐξῆν. φοινικίδα δὲ ἀμπέχεσθαι κατὰ τὰς μάχας ἀνάγκη ἦν· ἔχειν γὰρ τὴν χρόαν καὶ σεμνότητός τι· πρὸς ταύτῃ γε μὴν καὶ τὴν ῥύσιν τοῦ ἐπιγενομένου αἵματος ἐκ τῶν τραυμάτων ἔτι [δὲ] μᾶλλον ἐκπλήττειν τοὺς ἀντιπάλους, βαθυτέρας τῆς ὄψεως γινομένης καὶ φοβερωτέρας μᾶλλον.

Ὅτι οὐκ ἐξῆν ἀνδρὶ Λάκωνι οὐδὲ σκυλεῦσαι τὸν πολέμιον. οἱ δὲ καλῶς ἀγωνισάμενοι καὶ ἀποθανόντες θαλλοῖς ἀνεδοῦντο καὶ κλάδοις ἑτέροις καὶ δι᾽ ἐπαίνων ἤγοντο· οἱ δὲ τελέως ἀριστεύσαντες καὶ φοινικίδος αὐτοῖς ἐπιβληθείσης ἐνδόξως ἐθάπτοντο.

6.7. Ὅτε οἱ Λακεδαιμόνιοι τοὺς ἐκ Ταινάρου ἱκέτας παρασπονδήσαντες ἀνέστησαν καὶ ἀπέκτειναν – ἦσαν δὲ οἱ ἱκέται τῶν εἱλώτων –, κατὰ μῆνιν τοῦ Ποσειδῶνος σεισμὸς ἐπιπεσὼν τῇ Σπάρτῃ τὴν πόλιν ἀνδρειότατα κατέσεισεν, ὡς πέντε μόνας ἀπολειφθῆναι οἰκίας ἐξ ἁπάσης τῆς πόλεως.

6.5. (Man liest,) dass die Athener die nach Arkadien geschickten Gesandten trotz ihres Erfolgs töteten, als jene einen anderen und nicht den befohlenen Weg nahmen.
Dass hier Athen, nicht (wie zuvor 6.2–4 und danach 6.6–7) Sparta genannt wird, ist wohl ein Versehen des Autors oder der Kopisten.

6.6. Ist nicht auch das lakonisch? Ein Gesetz gibt es bei den Spartiaten, dass jeder, der drei Söhne hat, vom Kriegsdienst befreit ist, und wer fünf hat, von allen Leiturgien[A] befreit sei und zudem ohne Zahlung von Mitgift heiraten könne.

Ein Handwerk zu erlernen war für einen lakedaimonischen Mann nicht möglich. Ein rotes Gewand mussten sie in den Schlachten tragen, denn die Farbe habe eine gewisse Würde. Außerdem schrecke das aus den Wunden fließende Blut die Gegner noch stärker, weil es intensiver zu sehen sei und furchterregender wirke.

(Man liest,) dass ein lakonischer Mann den Feind auch nicht seiner Waffen berauben durfte. Wer tapfer gekämpft hatte und gefallen war, wurde mit Ölbaum- und anderen Zweigen bekränzt und genoss hohen Ruhm; wer sich besonders hervorgetan hatte, wurde in Purpur gehüllt und ehrenvoll bestattet.
Zur Heirat ohne Mitgift vgl. Aristoteles, Politik *1270b3. Die Privilegierung von Vätern dreier Söhne mag Ailianos' Lesepublikum an eine vergleichbare Regelung des Kaisers Augustus erinnert haben.*

6.7. Als die Lakedaimonier die Schutzflehenden vom Tainaron gegen göttliches Recht vertrieben und getötet hatten – es waren die Schutzflehenden aus den Reihen der Heloten[G] –, erschütterte durch den Zorn des Poseidon ein Erdbeben in Sparta die Stadt sehr heftig, so dass nur fünf Häuser aus der ganzen Stadt übrig blieben.
Vgl. Thukydides 1.128.2; dieser Aufstand der Heloten datiert vor 465.

6.8. Ἀρταξέρξην τὸν καὶ Ὦχον ἐπικληθέντα, ὅτε ἐπεβούλευσεν αὐτῷ Βαγώας ὁ εὐνοῦχος, ὃς ἦν Αἰγύπτιος, φασὶν ἀναιρεθέντα καὶ κατακοπέντα τοῖς αἰλούροις παραβληθῆναι· ἐτάφη δέ τις ἄλλος ἀντ' αὐτοῦ καὶ ἀπεδόθη ταῖς βασιλικαῖς θήκαις. [θεοσυλίαι μὴν τοῦ Ὤχου καὶ ἄλλαι μὲν λέγονται καὶ μάλιστα κατὰ τὴν Αἴγυπτον.] τῷ δὲ Βαγώᾳ οὐκ ἀπέχρησε τὸ ἀποκτεῖναι τὸν Ὦχον, ἀλλὰ γὰρ καὶ ἐκ τῶν μηρῶν αὐτοῦ λαβὰς μαχαιρῶν ἐποίησε, τὸ φονικὸν αὐτοῦ ἐνδεικνύμενος διὰ τούτων. ἐμίσησε δὲ αὐτόν, ἐπεὶ τὸν Ἆπιν ἐν Αἰγύπτῳ γενόμενος ἀπέκτεινε καὶ οὗτος, ὡς ὁ Καμβύσης πρότερον.

6.9. Ἐπεὶ καὶ ἐκ τῶν Ὁμήρου ποιημάτων ἧκεν εἰς Δελφοὺς λέγουσα δόξα παλαιόπλουτον εἶναι τὸ τοῦ Ἀπόλλωνος χωρίον ἐν τοῖς ἔπεσιν ἐκείνοις·

οὐδ' ὅσα λάινος οὐδὸς ἀφήτορος ἐντὸς ἐέργει
Φοίβου Ἀπόλλωνος Πυθοῖ ἐνὶ πετρηέσσῃ,

τοὺς Δελφοὺς ἐπιχειρῆσαι διασκάπτειν λόγος ἔχει τὰ περὶ τὴν ἑστίαν καὶ τὸν τρίποδα, γενομένων δὲ σεισμῶν περὶ τὸ μαντεῖον ἀνδρικῶν παύσασθαι σωφρονήσαντας.

6.10. Περικλῆς στρατηγῶν Ἀθηναίοις νόμον ἔγραψεν, ἐὰν μὴ τύχῃ τις ἐξ ἀμφοῖν ὑπάρχων ἀστῶν, τούτῳ μὴ μετεῖναι τῆς πολιτείας. μετῆλθε δὲ ἄρα αὐτὸν ἡ ἐκ τοῦ νόμου νέμεσις. οἱ γὰρ δύο παῖδες, οἵπερ οὖν ἤστην αὐτῷ, Πάραλός τε καὶ Ξάνθιππος, ἀλλὰ οὗτοι μὲν κατὰ τὴν νόσον τὴν δημοσίαν τοῦ λοιμοῦ ἀπέθανον, κατελείφθη δὲ ὁ Περικλῆς ἐπὶ τοῖς νόθοις, οἵπερ οὖν οὐ μετέσχον τῆς πολιτείας κατὰ τὸν πατρῷον νόμον.

6.8. Den Artaxerxes (III.)[G] mit dem Beinamen Ochos hat, als ihm der Eunuch Bagoas, der ein Ägypter war, auflauerte, wie man sagt, dieser getötet, in Stücke geschnitten und den Katzen vorgeworfen. An seiner statt wurde ein anderer begraben und in den Königsgräbern beigesetzt. Dem Bagoas genügte es nicht, Ochos getötet zu haben, er machte auch aus seinen Schenkelknochen Griffe von Dolchen, womit er seine Mordlust zeigte. Er hasste ihn, weil er, als er in Ägypten war, seinerseits den Apis-Stier getötet hatte, wie zuvor schon Kambyses[G].
Zum Apis-Stier s. o. 4.8.

6.9. Auch aus den Dichtungen des Homer[L] hatte sich die Kunde nach Delphi verbreitet, dass der Bezirk des Apollon uralten Reichtum aufweise, und zwar in folgenden Worten:

»Noch, was die steinerne Schwelle des Treffenden drinnen bewahret,
Phoibos Apollons Schatz, in Pythos steinernen Feldern.«
(Homer, *Ilias* 9.404–405)

Die Delphier versuchten daraufhin, wie ein *Logos*[L] besagt, um den Altar und den Dreifuß herum den Boden aufzugraben, doch als ein heftiges Erdbeben rings um die Orakelstätte geschah, wurden sie züchtig und hörten damit auf.

6.10. Perikles[G] schrieb als Feldherr der Athener das Gesetz auf, dass jemand, wenn er nicht auf beiden Seiten von Bürgern abstamme, nicht an der Politik teilhaben dürfe. Für dieses Gesetz aber traf ihn die (göttliche) Vergeltung: Seine beiden Söhne, Paralos und Xanthippos, starben an jener das ganze Volk heimsuchenden Krankheit, der Pest, und Perikles blieb mit seinen unehelichen Söhnen zurück, die nicht an der Politik teilhaben durften gemäß dem Gesetz ihres Vaters.
Teilweise Doppelfassung zu 13.24 Teil 2. Das Bürgerrechtsgesetz datiert auf 451/50, die Pest wütete im Jahr 429.

6.11. Γέλων ἐν Ἱμέρᾳ νικήσας Καρχηδονίους πᾶσαν ὑφ᾽ ἑαυτὸν τὴν Σικελίαν ἐποιήσατο. εἶτα ἐλθὼν εἰς τὴν ἀγορὰν γυμνὸς ἔφατο ἀποδιδόναι τοῖς πολίταις τὴν ἀρχήν· οἱ δὲ οὐκ ἤθελον, δηλονότι πεπειραμένοι αὐτοῦ καὶ δημοτικωτέρου ἢ κατὰ τὴν τῶν μονάρχων ἐξουσίαν. διὰ ταῦτά τοι καὶ ἐν τῷ τῆς Σικελίας Ἥρας ναῷ ἕστηκεν αὐτοῦ εἰκὼν γυμνὸν αὐτὸν δεικνῦσα καὶ ὁμολογεῖ τὴν πρᾶξιν τοῦ Γέλωνος τὸ ἐπίγραμμα.

6.12. Διονύσιος δὲ ὁ δεύτερος τὴν ἀρχὴν εἶχεν εὖ μάλα περιπεφραγμένην τοῦτον τὸν τρόπον. ναῦς μὲν ἐκέκτητο οὐκ ἐλάττους τῶν τετρακοσίων τετρήρεις καὶ πεντήρεις, πεζῶν δὲ δύναμιν εἰς δέκα μυριάδας, ἱππεῖς δὲ ἐννεακισχιλίους.

ἡ δὲ πόλις τῶν Συρακουσίων λιμέσιν ἐκεκόσμητο μεγίστοις, καὶ τεῖχος αὐτῇ περιεβέβλητο ὑψηλότατον, σκεύη δὲ εἶχεν ἕτοιμα ναυσὶν ἄλλαις πεντακοσίαις, τεθησαύριστο δὲ αὐτῇ καὶ σῖτος εἰς ἑκατὸν μεδίμνων μυριάδας καὶ ὁπλοθήκη νενησμένη ἀσπίσι καὶ μαχαίραις καὶ δόρασι. καὶ κνημῖδας περιττὰς καὶ θώρακας καὶ καταπέλτας <εἶχε> – ὁ δὲ καταπέλτης εὕρημα ἦν αὐτοῦ Διονυσίου –· εἶχε δὲ καὶ συμμάχους παμπόλλους. καὶ τούτοις ἐπιθαρρῶν ὁ Διονύσιος ἀδάμαντι δεδεμένην ᾤετο τὴν ἀρχὴν κεκτῆσθαι.

Ἀλλ᾽ οὗτός γε πρῶτον μὲν ἀπέκτεινε τοὺς ἀδελφούς, εἶδε δὲ καὶ τοὺς υἱοὺς βιαίως ἀποσφαγέντας καὶ τὰς θυγατέρας καταισχυνθείσας εἶτα ἀποσφαγείσας γυμνάς. οὐδεὶς δὲ τῶν ἀπ᾽ αὐτοῦ ταφῆς τῆς νομιζομένης ἔτυχεν· οἱ μὲν γὰρ ζῶντες κατεκαύθησαν, οἱ δὲ κατατμηθέντες εἰς τὸ πέλαγος ἐξερρίφησαν. τοῦτο δὲ ἀπήντησεν αὐτῷ, Δίωνος τοῦ Ἱππαρίνου ἐπιθεμένου τῇ ἀρχῇ. αὐτὸς δὲ ἐν πενίᾳ μυρίᾳ διάγων κατέστρεψε τὸν βίον γηραιός.

Λέγει δὲ Θεόπομπος ὑπὸ τῆς ἀκρατοποσίας τῆς ἄγαν αὐτὸν διαφθαρῆναι τὰς ὄψεις, ὡς ἀμυδρὸν βλέπειν· ἀποκαθῆσθαι δὲ

6.11. Gelon[G] besiegte bei Himera die Karthager und brachte so ganz Sizilien unter seine Herrschaft. Dann ging er unbekleidet auf die Agora[A] (von Syrakus) und verkündete, er gebe die Herrschaft den Bürgern zurück. Die aber wollten das nicht; sie hatten ihn nämlich als volksfreundlicher erlebt, als es die Macht von Monarchen ermöglicht. Deswegen steht im Tempel der sizilischen Hera sein Bild, das ihn unbekleidet darstellt, und die Inschrift bezeugt Gelons Tat. *Teilweise Doppelfassung zu 13.37. Gelons Sieg fand 480 statt.*

6.12. Dionysios II.[G] hatte seine Macht allseitig wohl abgesichert, und zwar auf folgende Weise: Er besaß nicht weniger als 400 Schiffe mit vier und mit fünf Ruderreihen (übereinander), etwa 100 000 Fußsoldaten und 9000 Reiter.

Die Stadt der Syrakusaner war mit sehr großen Häfen geschmückt; eine sehr hohe Mauer umgab sie, die eine Ausrüstung für nochmals 500 Schiffe bereithielt. Gespeichert waren in ihr etwa 1 000 000 Medimnen[A] Getreide; ein Zeughaus hatte Schilde, Schwerter, Speere, unzählige Beinschienen, Brustpanzer und Katapulte – das Katapult war eine Erfindung von Dionysios selbst. Auch sehr viele Bundesgenossen hatte er. Und im Vertrauen auf all das meinte er, seine Herrschaft sei mit unzerstörbaren Banden gesichert.

Doch dieser Mann tötete zuerst seine Brüder und sah dann, wie seine Söhne gewaltsam niedergemetzelt und seine Töchter, nachdem man sie zuvor geschändet hatte, nackt dahingeschlachtet wurden. Keines seiner Kinder erhielt die herkömmliche Bestattung: Die einen verbrannte man lebendig, die anderen zerstückelte man und warf sie ins Meer. Dies geschah, als Dion[G], Sohn des Hipparinos, sich der Herrschaft bemächtigte. Er selbst lebte in äußerster Armut und endete sein Leben als alter Mann.

Es sagt Theopompos[L] (*FGrHist* 115 F 283b), dass jener durch allzuviel Trinken von ungemischtem Wein seine Augen verdorben habe, so dass er nur noch schwach sehen konnte. Er habe in den

ἐν τοῖς κουρείοις καὶ γελωτοποιεῖν. καὶ ἐν τῷ μεσαιτάτῳ τῆς Ἑλλάδος ἀσχημονῶν διετέλει, βίον διαντλῶν ἀλγεινότατον {καὶ γεγονὼς διὰ τοῦτο γραμματοδιδάσκαλος ἐν Κορίνθῳ ἐτελεύτα γηραιός}. καὶ ἦν δεῖγμα οὐ τὸ τυχὸν τοῖς ἀνθρώποις εἰς σωφροσύνην καὶ τρόπου κόσμον ἡ τοῦ Διονυσίου ἐκ τῶν τηλικούτων εἰς οὕτω ταπεινὰ μεταβολή.

6.13. Καλῶς τὸ δαιμόνιον ἐπὶ τριγονίαν τυραννίδας μὴ ἄγον, ἀλλὰ ἢ παραχρῆμα ἐκτρῖβον τοὺς τυράννους πίτυος δίκην ἢ παίδων ἐξισχῦον. μνημονεύονται δὲ ὑφ᾽ Ἑλλήνων ἐξ αἰῶνος καὶ εἰς ἐγγόνους διαρκέσαι αἵδε, ἥ τε Ἱέρωνος ἐν Σικελίᾳ καὶ ἡ τῶν Λευκωνιδῶν περὶ Βόσπορον καὶ ἡ τῶν Κυψελιδῶν ἐν Κορίνθῳ.

6.14. Ἡμερώτατον δὲ Δαρείου τοῦτο τὸ ἔργον ἀκούω τοῦ παιδὸς τοῦ Ὑστάσπου. Ἀρίβαζος ὁ Ὑρκανὸς ἐπεβούλευσεν αὐτῷ μετὰ καὶ ἄλλων ἀνδρῶν οὐκ ἀφανῶν [τῶν] ἐν Πέρσαις· ἦν δὲ ἡ ἐπιβουλὴ ἐν κυνηγεσίῳ. ἅπερ προμαθὼν ὁ Δαρεῖος οὐκ ἔπτηξεν, ἀλλὰ

Barbierstuben gesessen und als Spaßmacher gewirkt. Und mitten in Griechenland habe er ein würdeloses Dasein geführt und das elendeste Leben ertragen {und wurde deshalb Grundschullehrer in Korinth und starb als alter Mann}. Als außergewöhnliches Schaustück für die Notwendigkeit von züchtigem und gebührendem Verhalten dient den Menschen sein Sturz aus solcher Höhe in solche Tiefe.
Vgl. Diodor 14.42.2, demzufolge Dionysios II. 398 mit dem Bau von Kriegsschiffen mit vier und fünf Ruderreihen übereinander begonnen hatte. Zum Fall Dionysios' II. s. auch u. 9.8; den in geschweiften Klammern wiedergegebenen Zusatz bietet nur die Epitome im Codex Vaticanus gr. 96 (»Φ«; s. o. S. 27).

6.13. Gut ist es, wenn das *Daimonion* (die Gottheit) eine Tyrannis nicht bis in die dritte Generation fortführt, sondern die Tyrannen entweder sofort mit Stumpf und Stiel ausrottet oder ihre Macht an den Kindern erweist. Erinnert werden von den Griechen folgende, die lange Zeit hindurch bis zu den Enkeln währten: die des Hieron (II.)[G] auf Sizilien, die der Leukoniden am Bosporos und die der Kypseliden in Korinth.
Eine »mit Stumpf und Stiel« beseitigte Pinie wächst nicht wieder; vgl. Herodot 6.37. Hieron II. gab seine Herrschaft 215 direkt an seinen Enkel weiter. Die Leukoniden (Spartokiden) herrschten am Thrakischen Bosporos (Straße von Kertsch) seit den 430er Jahren, Kypselos in Korinth seit etwa 657, sein Sohn Periandros seit etwa 625, dessen Neffe Psammetichos ab 585/4 für drei Jahre. Aristoteles, Politik *1315b11–39 beschreibt die Tyrannis als grundsätzlich kurzlebig und nennt als längste die von Sikyon, die 100 Jahre gehalten habe.*

6.14. Folgende großmütige Handlungsweise höre ich von Dareios (I.)[G], Sohn des Hystaspes: Aribazos aus Hyrkanien plante gemeinsam mit anderen nicht unbedeutenden Männern aus Persien einen Anschlag auf ihn. Dieser Anschlag sollte auf der Jagd stattfinden. Als Dareios davon vorab erfuhr, erschrak er nicht, sondern

προστάξας αὐτοῖς λαβεῖν τὰ ὅπλα καὶ τοὺς ἵππους, ἐκέλευσεν αὐτοῖς διατείνασθαι τὰ παλτὰ καὶ δριμὺ ἐνιδών »τί οὖν οὐ δρᾶτε τοῦτο« εἶπεν »ἐφ᾽ ὃ καὶ ὡρμήσατε;« οἱ δὲ ἰδόντες ἄτρεπτον ἀνδρὸς βλέμμα ἀνεστάλησαν τῆς ὁρμῆς. τὸ δέος δὲ αὐτοὺς κατέσχεν οὕτως, ὡς καὶ ἐκβαλεῖν τὰς αἰχμὰς καὶ ἀφάλασθαι τῶν ἵππων καὶ προσκυνῆσαι Δαρεῖον καὶ ἑαυτοὺς παραδοῦναι ὅ τι καὶ βούλοιτο πράττειν. ὁ δὲ διέστησεν ἄλλους ἄλλῃ, καὶ τοὺς μὲν ἐπὶ τὰ τῆς Ἰνδικῆς ὅρια ἀπέπεμψε, τοὺς δὲ ἐπὶ τὰ Σκυθικά. καὶ ἐκεῖνοι ἔμειναν αὐτῷ πιστοί, διὰ μνήμης ἔχοντες τὴν εὐεργεσίαν.

gebot ihnen, ihre Waffen und Pferde zu nehmen, und befahl ihnen, ihre Wurfspieße schussbereit zu halten. Während er sie scharf ansah, sagte er: »Warum tut ihr nicht das, wozu ihr euch aufgemacht habt?« Sie aber sahen den ungewandten Blick des Mannes und ließen von ihrem Vorhaben ab. Die Angst ergriff sie so sehr, dass sie die Lanzen wegwarfen, von den Pferden sprangen, die Proskynese (s. o. 1.21) vor Dareios durchführten und sich ihm auslieferten, auf dass er mit ihnen tue, was er wolle. Der aber trennte sie voneinander und schickte die einen hierhin, die anderen dorthin, und zwar die einen an die Grenze Indiens, die anderen ins Skythengebiet. Sie bewahrten ihm die Treue und vergaßen ihm seine Wohltat nicht.

Z

7.1. Σεμίραμιν τὴν Ἀσσυρίαν ἄλλοι μὲν ἄλλως ᾄδουσιν· ὡραιοτάτη δὲ ἐγένετο γυναικῶν, εἰ καὶ ἀφελέστερον ἐχρῆτο τῷ κάλλει. ἀφικομένη δὲ πρὸς τὸν τῶν Ἀσσυρίων βασιλέα κλητὴ κατὰ κλέος τῆς ὥρας, ὁ δὲ ἐντυχὼν τῇ ἀνθρώπῳ ἠράσθη αὐτῆς. ἡ δὲ ᾔτησεν ἐκ τοῦ βασιλέως τὴν βασίλειον στολὴν λαβεῖν [δῶρον] καὶ πέντε ἡμερῶν τῆς Ἀσίας ἄρξαι καὶ <πάντας> τὰ ὑπ' αὐτῆς προστattόμενα δρᾶσαι. καὶ οὐδὲ τῆς αἰτήσεως ἠτύχησεν. ἐπεὶ δὲ ἐκάθισεν αὐτὴν ὁ βασιλεὺς ἐπὶ τοῦ θρόνου καὶ ἔγνω διὰ χειρὸς καὶ γνώμης ἔχουσα πάντα, προσέταξε τοῖς δορυφόροις αὐτὸν τὸν βασιλέα κτεῖναι· καὶ οὕτω τὴν τῶν Ἀσσυρίων ἀρχὴν κατέσχε. λέγει δὲ ταῦτα Δείνων.

7.2. Στράτων ὁ Σιδώνιος λέγεται τρυφῇ καὶ πολυτελείᾳ ὑπερβάλλεσθαι σπεῦσαι ἀνθρώπους πάντας. καὶ Θεόπομπος ὁ Χῖος παραβάλλει αὐτοῦ τὸν βίον τῇ τῶν Φαιάκων διαίτῃ, ἥνπερ καὶ Ὅμηρος κατὰ τὴν ἑαυτοῦ μεγαλόνοιαν, ὥσπερ εἴθιστο, ἐξετραγῴδησεν. τούτῳ γε μὴν οὐχ εἷς παρῆν ᾠδὸς κατᾴδων αὐτοῦ τὸ δεῖπνον καὶ καταθέλγων αὐτόν, ἀλλὰ πολλαὶ μὲν παρῆσαν γυναῖκες μουσουργοὶ καὶ αὐλητρίδες καὶ ἑταῖραι κάλλει διαπρέπουσαι καὶ ὀρχηστρίδες. διεφιλοτιμεῖτο δὲ ἰσχυρῶς καὶ πρὸς Νικοκλέα τὸν Κύπριον, ἐπεὶ καὶ ἐκεῖνος πρὸς αὐτόν. ἦν δὲ ἡ ἅμιλλα ὑπὲρ οὐδενὸς σπουδαίου, ἀλλ' ὑπὲρ τῶν προειρημένων. καὶ πυνθανόμενοι παρὰ τῶν ἀφικνουμένων τὰ παρ' ἀλλήλοις, εἶτα ἀντεφιλοτιμοῦντο ἑκάτερος ὑπερβάλλεσθαι τὸν ἕτερον. οὐ μὴν εἰς τὸ παντελὲς ἐν τούτοις διεγένοντο· ἀμφότεροι γὰρ βιαίου θανάτου ἔργον ἐγένοντο.

7

7.1. Semiramis, die Assyrerin, besingen die einen so, die anderen anders. Sie war die schönste Frau, auch wenn sie sich kaum um ihre Schönheit kümmerte. Als sie zum König (Ninos) der Assyrer kam, auf den Ruf ihrer Schönheit hin gerufen, und er der Frau begegnete, verliebte er sich in sie. Doch sie bat den König um die Gunst, den Königsmantel nehmen und fünf Tage über Asien herrschen zu dürfen; alle sollten das von ihr Befohlene befolgen. Auch diese Bitte wurde ihr gewährt. Als der König sie nun auf den Thron gesetzt hatte und sie erkannte, dass alles in ihren Händen und in ihrer Macht lag, befahl sie den Leibwächtern, den König selbst zu töten. Und so erlangte sie die Herrschaft über Assyrien. Das berichtet Deinon[L] (*FGrHist* 690 F 7).

7.2. Straton aus Sidon soll danach gestrebt gehabt haben, an Luxus und Prunk alle Menschen zu übertreffen. Theopompos[L] aus Chios (*FGrHist* 115 F 114) vergleicht sein Leben mit der Lebensweise der Phaiaken, die Homer[L] (*Odyssee* 8.248) in der ihm eigenen erhabenen Weise, wie gewohnt, besingt. Er hatte nicht nur einen Sänger, der für ihn beim Essen sang und ihn bezauberte, sondern auch viele Frauen, die Musik machten, Flötenspielerinnen, Hetären[A] von großer Schönheit und Tänzerinnen. Er stand stark im Wettstreit mit Nikokles aus Kypros, wie auch jener mit ihm. Der Streit ging jedoch nicht um eine ernsthafte Sache, sondern um das eben Gesagte: Sie befragten die Ankömmlinge, was bei dem anderen vorgehe, dann mühten sie sich ehrgeizig, einer den anderen zu übertreffen. Freilich war das für sie nicht von ganz langer Dauer: Beide wurden Opfer eines gewaltsamen Todes.

Vgl. Athenaios 531a–d. Nikokles war 374/73 König in Salamis auf Zypern.

7.3. Ὅτι Ἀρίστιππος, ἑταίρων αὐτῷ τινων ὀδυρομένων βαρύτατα, πολλὰ μὲν καὶ ἄλλα πρὸς αὐτοὺς εἶπε λύπης ἀνασταλτικά, καὶ ταῦτά γε ἐν προοιμίῳ· »ἀλλ' ἔγωγε ἥκω παρ' ὑμᾶς οὐχ ὡς συλλυπησόμενος, ἀλλ' ἵνα παύσω ὑμᾶς λυπουμένους.«

7.4. Ὅτι Πιττακὸς πάνυ σφοδρῶς ἐπῄνει τὴν μύλην, τὸ ἐγκώμιον αὐτῆς ἐκεῖνο ἐπιλέγων, ὅτι ἐν μικρῷ τόπῳ διαφόρως ἔστι γυμνάσασθαι. ἦν δέ τι ᾆσμα ἐπιμύλιον οὕτω καλούμενον.

7.5. Καὶ Λαέρτης δὲ αὐτουργῶν ὑπὸ τοῦ παιδὸς πεφώραται καὶ φυτὸν ξύων, καίτοι γηράσκων βαθύτατα. ὁμολογεῖ δὲ καὶ Ὀδυσσεὺς αὐτὸς πολλὰ εἰδέναι καὶ τεχνίτης αὐτῶν εἶναι·

δρηστοσύνῃ [δ'] οὐκ ἄν μοι ἐρίσσειε βροτὸς ἄλλος,
πῦρ τ' εὖ νηῆσαι διά τε ξύλα δανὰ κεάσσαι.

καὶ τὴν σχεδίαν δὲ οὐ δεηθεὶς ναυπηγῶν, ἀλλὰ δι' ἑαυτοῦ τὴν ταχίστην εἰργάσατο. καὶ Ἀχιλλεὺς δέ, τρίτος ὢν ἀπὸ τοῦ Διός, αὐτὸς διακόπτει τὰ κρέα, δεῖπνον τοῖς παρὰ τῶν Ἀχαιῶν πρέσβεσιν ἀφικομένοις εὐτρεπίσαι σπεύδων.

7.6. Χιόνος ποτὲ πιπτούσης ἤρετο ὁ βασιλεὺς τῶν Σκυθῶν τινα εἰ ῥιγοῖ, γυμνὸν διακαρτεροῦντα. ὁ δὲ αὐτὸν ἀντήρετο εἰ τὸ μέτωπον ῥιγοῖ. τοῦ δὲ οὐ φήσαντος »οὐκοῦν« εἶπεν »οὐδὲ ἐγώ· πᾶς γὰρ μέτωπόν εἰμι.«

7.3. (Man liest,) dass Aristippos[P] (Frg. 89 Mannebach), als einige seiner Freunde ihm etwas vorjammerten, als Einleitung auch Folgendes gesagt habe: »Ich bin nicht zu euch gekommen, um mit euch zu wehklagen, sondern um euren Kummer zu stillen.«
Vgl. u. 14.6.

7.4. (Man liest,) dass Pittakos (s. o. 2.29) sehr lobend über die Mühle gesprochen habe. Zu ihrem Lobpreis führte er an, dass man hier auf kleinem Raum in verschiedener Weise trainieren könne. Es gab auch ein Lied, das sogenannte *epimylion* (»Mühlenlied«).
Das Mühlenlied erwähnt Plutarch, Moralia *157d–e: Thales habe bei einem Besuch in Eresos ein Mädchen singen hören »Mahle, Mühle, mahle, denn auch Pittakos mahlt, der König des großen Mitylene«.*

7.5. Laërtes wurde von seinem Sohn (Odysseus) dabei angetroffen, wie er eigenhändig arbeitete und einen Baumstamm glättete, obwohl er schon sehr alt war (Homer, *Odyssee* 24.226–227). Auch Odysseus sagt von sich, dass er vieles könne und ein Meister darin sei:

»Keiner dürfte mit mir in der Kunst des Bedienens sich messen,
Holz zum Feuer zu schichten und trockene Klötze zu spalten.«

(Homer, *Odyssee* 15.321–322)

Auch das Floß baute er sich alleine, ohne dafür einen Schiffbauer zu brauchen, und zwar in kürzester Zeit (Homer, *Odyssee* 5.228–262). Auch Achilleus, der doch ein Urenkel des Zeus war, zerschnitt selbst das Fleisch, das er den Gesandten der Achaier zum Mahl vorsetzen wollte (Homer, *Ilias* 9.206–221).

7.6. Als einmal Schnee fiel, fragte der Skythenkönig jemanden, der das nackt ertrug, ob er denn nicht friere. Der aber fragte seinerseits, ob er denn im Gesicht friere. Als dieser verneinte, sagte er: »Genauso friere auch ich nicht, denn ich bin ganz Gesicht.«

7.7a. Ὅτι Πυθέας ἐπέσκωπτεν εἰς Δημοσθένην τὸν Δημοσθένους, ἐπιλέγων αὐτῷ τὰ ἐνθυμήματα ἐλλυχνίων ὄζειν, ὅτι ἐκεῖνος διὰ τῆς νυκτὸς πάσης ἠγρύπνει φροντίζων καὶ ἐκμανθάνων ἃ ἔμελλεν ἐρεῖν ἐλθὼν εἰς τοὺς Ἀθηναίους.
Ausführlichere Fassung (7.7b) bei Stobaios 3.29.60; s. u. S. 424f. Testimonien zum Text.

7.8. Ὅτε Ἡφαιστίων ἀπέθανεν, Ἀλέξανδρος ὅπλα αὐτῷ εἰς τὴν πυρὰν ἐνέβαλε, καὶ χρυσὸν καὶ ἄργυρον τῷ νεκρῷ συνέτηξε καὶ ἐσθῆτα τὴν μέγα τιμίαν ἐν Πέρσαις. ἀπέκειρε δὲ καὶ τοὺς πλοκάμους τοὺς ἑαυτοῦ, Ὁμηρικὸν πάθος δρῶν καὶ μιμούμενος τὸν Ἀχιλλέα τὸν ἐκείνου. βιαιότερον δὲ καὶ θερμότερον ἐκείνου ἔδρασεν οὗτος, τὴν τῶν Ἐκβατάνων ἀκρόπολιν περικείρας καὶ τὸ τεῖχος αὐτῆς ἀφελόμενος. μέχρι μὲν οὖν τῆς κόμης τῆς ἑαυτοῦ Ἑλληνικὰ ἐδόκει μοι δρᾶν· ἐπιχειρήσας δὲ τοῖς τείχεσιν, ἀλλ' ἐνταῦθα ἐπένθει βαρβαρικῶς Ἀλέξανδρος ἤδη, καὶ τὰ κατὰ τὴν στολὴν ἤμειψε, θυμῷ καὶ ἔρωτι ἐπιτρέπων πάντα καὶ δακρύοις.

Ὅτι Ἡφαιστίων εἰς Ἐκβάτανα ἀπέθανε. διαρρεῖ δὲ λόγος Ἡφαιστίωνι μὲν ταῦτα εὐτρεπισθῆναι νεκρῷ, Ἀλέξανδρον δὲ αὐτοῖς ἀποθανόντα χρήσασθαι· μὴ γὰρ φθάσαι τὸ ἐπὶ τῷ μειρακίῳ τελεσθὲν πένθος, ἐπιλαβεῖν δὲ τὸν τοῦ Ἀλεξάνδρου θάνατον.

7.9. Εἶτα οὐκ ἔστι σωφροσύνη μεγάλη – ἐμοὶ μὲν δοκεῖ –, εἴ γε καὶ ἡ Φωκίωνος γυνὴ τὸ Φωκίωνος ἱμάτιον ἐφόρει καὶ οὐδὲν ἐδεῖτο οὐ κροκωτοῦ οὐ Ταραντίνου οὐκ ἀναβολῆς οὐκ ἐγκύκλου οὐ κεκρυφάλου οὐ καλύπτρας οὐ βαπτῶν χιτωνίσκων; ἠμπείχετο δὲ πρώτῃ μὲν τῇ σωφροσύνῃ, δευτέροις γε μὴν τοῖς παροῦσιν.

7.7a. (Man liest,) dass (der Redner) Pytheas[L] den Demosthenes[L], Sohn des Demosthenes, verspottete, indem er sagte, dass seine Gedanken nach Lampenöl röchen, da er die ganze Nacht über wach bleibe und dabei in Gedanken zurechtlege und auswendig lerne, was er sagen wolle, wenn er vor den Athenern auftrete.

7.8. Als Hephaistion[G] (s. u. 12.7) gestorben war, legte Alexandros (d. Gr.)[G] ihm Waffen auf den Scheiterhaufen und verbrannte Gold und Silber mit dem Leichnam und auch sein Gewand, das bei den Persern hohe Ehre hatte. Auch schnitt er sich die Locken ab und zeigte so in Nachahmung von Achilleus (Homer, *Ilias* 23.141) auf homerische Art seine Trauer. Doch noch gewaltsamer und hitziger als jener handelte er, als er die Mauern rings um die Burg von Ekbatana schleifen und gleichsam wegrasieren ließ. Bis zum Abschneiden der eigenen Haare scheint er mir in griechischer Art gehandelt zu haben, aber dass er Hand an die Mauern legte, war eine barbarische Art zu trauern. Alexandros legte auch Trauerkleidung an und überließ sich ganz seinem Gefühl, seiner Liebe und den Tränen.

(Man liest,) dass Hephaistion in Ekbatana starb. Es wird der *Logos*[L] erzählt, dass diese Vorbereitungen zwar für den toten Hephaistion getroffen worden seien, doch dann Alexandros bei seinem Tod zugute gekommen seien. Die Trauer um den jungen Mann war nämlich nicht vorüber, als gleich darauf Alexandros (in Babylon) den Tod fand.

7.9. Zeugt es nicht in der Tat von großer Züchtigkeit – wie ich meine –, wenn auch die Frau des Phokion[G] ein Himation[A] trug und kein safrangelbes Festkleid brauchte, kein tarentinisches Gewand, keinen Umhang, kein Oberkleid, kein Haarnetz, keinen Schleier und keine gefärbten kurzen Chitone[A]? Erstens hüllte sie sich darin, um züchtig zu sein, zweitens in das, was sie gerade hatte.

7.10. Τῇ Ξανθίππῃ δὲ ὁ Σωκράτης, ἐπεὶ οὐκ ἠβούλετο τὸ ἐκείνου ἱμάτιον ἐνδύσασθαι <καὶ οὕτως> ἐπὶ τὴν θέαν τῆς πομπῆς βαδίζειν, ἔφη· »ὁρᾷς ὡς οὐ θεωρήσουσα θεωρησομένη δὲ μᾶλλον βαδίζεις;«

7.11. Ῥωμαίων δὲ αἱ πολλαὶ γυναῖκες καὶ τὰ ὑποδήματα ταὐτὰ φορεῖν τοῖς ἀνδράσιν εἰθισμέναι εἰσίν.

7.12. »Δεῖ τοὺς παῖδας τοῖς ἀστραγάλοις ἐξαπατᾶν, τοὺς δὲ ἄνδρας τοῖς ὅρκοις.« οἱ μὲν Λυσάνδρου εἶναι λέγουσι τὸν λόγον, οἱ δὲ Φιλίππου τοῦ Μακεδόνος. ὁποτέρου δ᾽ ἂν ᾖ, οὐκ ὀρθῶς λέγεται κατά γε τὴν ἐμὴν κρίσιν. καὶ ἴσως οὐ παράδοξον εἰ μὴ τὰ αὐτὰ ἀρέσκει ἐμοὶ καὶ Λυσάνδρῳ· ὁ μὲν γὰρ ἐτυράννει, ἐγὼ δὲ ὡς φρονῶ δῆλον ἐξ ὧν μὴ τὸ λεχθὲν ἀρέσκει με.

7.13. Ἀγησίλαος ὁ Λακεδαιμόνιος γέρων ἤδη ὢν ἀνυπόδετος πολλάκις καὶ ἀχίτων προῄει, τὸν τρίβωνα περιβαλόμενος αὐτόν, καὶ ταῦτα ἑωθινὸς ἐν ὥρᾳ χειμερίῳ. ᾐτιάσατο δέ τις αὐτὸν ὡς νεανικώτερα τῆς ἡλικίας ἐπιχειροῦντα· ὁ δὲ »ἀλλ᾽ οἵ γε νέοι« φησὶ »τῶν πολιτῶν ὥσπερ οὖν πῶλοι πρὸς τὸν τέλειον ἀποβλέπουσιν ἐμέ.«

7.14. Τί δέ; οὐκ ἦσαν καὶ οἱ φιλόσοφοι τὰ πολέμια ἀγαθοί; ἐμοὶ μὲν δοκοῦσιν, εἴ γε Ἀρχύταν μὲν εἵλοντο ἑξάκις στρατηγὸν Ταραντῖνοι, Μέλισσος δὲ ἐναυάρχησε, Σωκράτης δὲ ἐστρατεύσατο τρίς, Πλάτων δὲ καὶ αὐτὸς εἰς Τάναγραν καὶ εἰς Κόρινθον. τὴν δὲ Ξενοφῶντος στρατείαν καὶ στρατηγίαν πολλοὶ μὲν καὶ ἄλλοι ᾄδουσι καὶ αὐτὸς δὲ ὁμολογεῖ ἐν τοῖς περὶ Κύρου λόγοις. Δίων δὲ ὁ Ἱππαρίνου τὴν Διονυσίου τυραννίδα

7.10. Zu Xanthippe[G] sagte Sokrates, als sie nicht sein Himation[A] anziehen wollte, um so als Zuschauerin zur Prozession zu gehen: »Du siehst: Du willst nicht auf und ab gehen, um zu sehen, sondern vielmehr, um gesehen zu werden!«
Bei Marcus Aurelius, Selbstbetrachtungen *10.20, zieht Xanthippe Sokrates' Gewand an.*

7.11. Bei den Römern pflegten die meisten Frauen genau dieselben Sandalen zu tragen wie die Männer.

7.12. »Man muss Jungen mit Würfeln, Männer mit Schwüren betrügen.« Die einen sagen, Lysandros[G] habe diesen Spruch gesagt, die anderen, Philippos (II.)[G] von Makedonien. Wer von den beiden es nun auch war: Es ist nach meinem Urteil nicht richtig gesagt. Vielleicht ist es ja nicht paradox, wenn ich nicht derselben Meinung bin wie Lysandros; der war ja ein Tyrann. Was ich jedoch denke, ist daraus ersichtlich, dass mir der Spruch nicht gefällt.

7.13. Agesilaos[G], der Lakedaimonier, ging, obgleich er schon ein alter Mann war, häufig barfuß und ohne Chiton[A] aus, nur den Tribon[A] übergeworfen, und dies frühmorgens zur Winterzeit. Es warf ihm einer vor, dass er sich jugendlicher gebe, als es seinem Alter zukäme. Er aber sagte: »Aber die jungen Bürger der Stadt schauen doch auf mich wie die Fohlen auf ein ausgewachsenes Pferd!«

7.14. Was denn? Waren nicht auch die Philosophen im Krieg tüchtig? Mir scheint das so, wenn etwa die Tarentiner den Archytas sechsmal zum Feldherren wählten, Melissos (*VS* 30 A 3) Flottenbefehlshaber war, Sokrates[P] dreimal in den Krieg zog, sogar auch Platon[P], und zwar gegen Tanagra und Korinth. Der Kriegszug des Xenophon[L] und sein Feldherrenamt werden von vielen besungen, und auch er selbst berichtet davon in seinem Werk (*Anabasis*) über Kyros (d. J.)[G]. Dion[G], Sohn des Hipparinos, löste die Tyrannis des

κατέλυσε. καὶ Ἐπαμεινώνδας βοιωταρχῶν ἐν Λεύκτροις ἐνίκησε Λακεδαιμονίους καὶ τῶν Θηβαίων καὶ τῶν Ἑλλήνων πρῶτος ἐγένετο. πολλὰ δὲ καὶ Ζήνων ὑπὲρ Ἀθηναίων ἐπολιτεύσατο πρὸς Ἀντίγονον. οὐδὲν γὰρ διοίσει εἴτε τις διὰ γνώμης ὤνησέ τινας εἴτε δι' ὅπλων.

7.15. Ἡνίκα τῆς θαλάσσης ἦρξαν Μιτυληναῖοι, τοῖς ἀφισταμένοις τῶν συμμάχων τιμωρίαν ἐκείνην ἐπήρτησαν, γράμματα μὴ μανθάνειν τοὺς παῖδας αὐτῶν μηδὲ μουσικὴν διδάσκεσθαι, πασῶν κολάσεων ἡγησάμενοι βαρυτάτην εἶναι ταύτην, ἐν ἀμουσίᾳ καὶ ἀμαθίᾳ καταβιῶναι.

7.16. Ὅτι Ῥώμη ὑπὸ Ῥώμου καὶ Ῥωμύλου ἐκτίσθη τῶν Ἄρεος καὶ Σιλβίας παίδων. ἦν δὲ αὕτη μία τῶν Αἰνείου ἀπογόνων.

7.17. Ὅτε εἰς Σικελίαν ἧκεν Εὔδοξος, χάριν αὐτῷ πολλὴν ὁ Διονύσιος τῆς ἀφίξεως ᾔδει. ὁ δὲ οὐδέν τι πρὸς ταῦτα θωπεύσας οὐδὲ ὑποδραμὼν »ἀφικόμην« εἶπεν »ὥσπερανεὶ πρὸς πανδοκέα ἀγαθόν, παρ' ᾧ κατήγετο Πλάτων,« ὁμολογήσας ὅτι μὴ δι' ἐκεῖνον ἀλλὰ διὰ τοῦτον ἀφίκετο.

7.18. Αἰγυπτίους φασὶ δεινῶς ἐγκαρτερεῖν ταῖς βασάνοις, καὶ ὅτι θᾶττον τεθνήξεται ἀνὴρ Αἰγύπτιος στρεβλούμενος ἢ τἀληθὲς ὁμολογήσει.

Παρὰ Ἰνδοῖς δὲ αἱ γυναῖκες τὸ αὐτὸ πῦρ ἀποθανοῦσι τοῖς ἀνδράσιν ὑπομένουσι. φιλοτιμοῦνται δὲ περὶ τούτου αἱ γυναῖκες [τοῦ ἀνδρός]· καὶ ἡ κλήρῳ λαχοῦσα συγκαίεται.

Dionysios (II.)[G] auf. Und Epameinondas[G] besiegte als Boiotarch (s. u. 13.42) in der Schlacht bei Leuktra (371) die Lakedaimonier und wurde der Erste der Thebaner und Griechen. Auch Zenon[P] war, als er bei Antigonos (II.)[G] weilte, für die Athener politisch tätig. Es wird keinen Unterschied machen, ob man jemandem mit Ratschlägen hilft oder mit Waffen.
Vgl. o. 3.17.

7.15. Als die Mitylenaier das Meer beherrschten, bestraften sie die Bundesgenossen, die abfielen, damit, dass ihre Kinder weder die Buchstaben noch Musik lernen durften, denn sie hielten es für die schwerste aller Strafen, ohne Musik und ohne Wissen dahinzuleben.
Thukydides nennt 1.13–14 in der Zusammenstellung von Meeresherrschaften Mitylene nicht.

7.16. (Man liest,) dass Rom von Romus (Remus) und Romulus, den Söhnen des Ares und der Silvia, gegründet wurde. Diese aber war eine der Nachkommen des Aineias.

7.17. Als Eudoxos[L] nach Sizilien kam, wusste Dionysios (II.)[G] ihm für sein Kommen größten Dank. Er aber sagte, ohne deswegen zu schmeicheln oder zu übertreiben: »Ich bin gekommen wie zu einem guten Wirt, bei dem Platon[P] abgestiegen ist.« Damit gab er zu verstehen, dass er nicht wegen jenem, sondern wegen diesem gekommen sei.

7.18. Die Ägypter, sagt man, ertragen die Folterungen sehr standhaft; eher sterbe ein Ägypter auf der Folter, als dass er das Wahre gestehe.

Bei den Indern verbrennen sich die Frauen, wenn ihre Männer gestorben sind, zusammen mit diesen auf demselben Scheiterhaufen. Es wetteifern die Frauen darum; das Los entscheidet, welche mit verbrannt wird.

7.19. Σόλων εἰς τὴν ὑπὲρ Σαλαμῖνος μάχην ἐστρατήγησε καὶ δύο νεῶν Μεγαρίδων κρατήσας μετεβίβασε ναυηγοὺς Ἀττικοὺς εἰς αὐτὰς καὶ τὰ τῶν πολεμίων ὅπλα τοῖς οἰκείοις περιθεὶς καὶ μεθορμισθεὶς δι' ἀπάτης πολλοὺς τῶν Μεγαρέων κατέκοψεν ἀνόπλους. ἐκράτησε δὲ καὶ τοῖς λόγοις αὐτῶν, οὐ λόγων δεινότητι ἀλλὰ δι' αὐτῶν τῶν ἐλέγχων τὸ πλέον ἐνεγκάμενος· ἀρχαίας γὰρ θήκας ἀνοίξας ἀπέδειξε πάντας Ἀθηναίους πρὸς δύσιν κειμένους κατὰ τὸ πάτριον αὐτοῖς ἔθος, τοὺς δὲ Μεγαρεῖς εἰκῇ καὶ ὡς ἔτυχε τεθαμμένους. ἔκριναν δὲ τὴν δίκην Λακεδαιμόνιοι.

7.20. Ἀνὴρ εἰς Λακεδαίμονα ἀφίκετο Χῖος, γέρων ἤδη ὤν, τὰ μὲν ἄλλα ἀλαζών, ᾐδεῖτο δὲ ἐπὶ τῷ γήρᾳ καὶ διὰ ταῦτα τὴν τρίχα πολιὰν οὖσαν ἐπειρᾶτο βαφῇ ἀφανίζειν. παρελθὼν οὖν εἰς τοὺς Λακεδαιμονίους καὶ τοιαύτην ὑποφαίνων τὴν κεφαλὴν ἐκεῖνα εἶπεν ὑπὲρ ὧν καὶ ἀφίκετο. ἀναστὰς οὖν ὁ Ἀρχίδαμος ὁ τῶν Λακεδαιμονίων βασιλεὺς »τί δ' ἂν« ἔφη »οὗτος ὑγιὲς εἴποι, ὃς οὐ μόνον ἐπὶ τῇ ψυχῇ τὸ ψεῦδος, ἀλλὰ καὶ ἐπὶ τῇ κεφαλῇ περιφέρει;« καὶ ἐξέωσε τὰ ὑπ' αὐτοῦ λεχθέντα, διαβάλλων τοῦ Χίου τὸν τρόπον ἐξ ὧν ἑωρᾶτο.
Vgl. Stobaios 3.12.19 (Keios statt Chios).

7.21. Οὐκ ἀπηξίου Καῖσαρ ἐπὶ τὰς Ἀρίστωνος θύρας φοιτᾶν, Πομπήιος δὲ ἐπὶ τὰς Κρατίππου. οὐ γάρ, ἐπεὶ μέγα ἐδύναντο, ὑπερεφρόνουν τῶν τὰ μέγιστα αὐτοὺς ὀνῆσαι δυναμένων, ἀλλ' ἐδέοντο αὐτῶν, καίτοι τοσοῦτοι ὄντες τὴν ἀξίωσιν. οὐ γὰρ ἄρχειν ὡς ἔοικεν, ἀλλὰ καλῶς ἄρχειν ἐβούλοντο.

7.19. Solon[G] war Feldherr in der Schlacht um Salamis. Als ihm zwei megarische Schiffe in die Hände fielen, unterstellte er sie attischen Kapitänen, rüstete die eigenen Leute mit den Waffen der Feinde aus, segelte hinüber und tötete durch eine List viele waffenlose Megarer. Er bezwang sie auch mit Worten, doch nicht durch kraftvolle Beredsamkeit, sondern durch die Überlegenheit seiner Beweisführung. Alte Gräber ließ er nämlich öffnen und zeigte, dass alle Athener nach dem väterlichen Brauch (mit der Blickrichtung) nach Westen lagen, die Megarer dagegen ganz zufällig, wie es sich gerade traf, bestattet waren. Den Schiedsspruch fällten die Lakedaimonier.
Vgl. o. 5.14.

7.20. Ein Mann aus Chios kam nach Lakedaimon; er war schon alt und ein Angeber. Er schämte sich seines Alters und versuchte deshalb, seine grauen Haare durch Färben zu verheimlichen. Als er nun mit diesem Kopf vor die Lakedaimonier trat und vorbrachte, weswegen er gekommen war, stand Archidamos, der König der Lakedaimonier, auf und meinte: »Wie kann denn vernünftig sein, was der uns da sagt, wo er die Lüge nicht nur in der Seele, sondern sogar auf dem Kopf herumträgt?« Und er hintertrieb dessen Vorschläge, indem er den Charakter des Chiers nach seinem äußeren Bild schlechtmachte.
Welcher König Archidamos gemeint ist, bleibt offen.

7.21. Nicht für unter seiner Würde hielt es Caesar[G], in das Haus des Ariston zu gehen, ebenso Pompeius[G] in das des Kratippos. Sie schauten nämlich nicht, bloß weil sie Macht hatten, auf Leute herab, die ihnen von großem Nutzen sein konnten, sondern wandten sich an sie, obwohl sie selbst so hohes Ansehen genossen. Sie wollten, wie es scheint, nicht herrschen, sondern gut herrschen.
Ariston von Aleandreia und Kratippos von Pergamon waren Philosophen des 1. Jh.s v. Chr.

Η

8.1. Ἔλεγε δήπου Σωκράτης περὶ τοῦ δαιμονίου τοῦ συνόντος αὐτῷ πρὸς Θεάγην καὶ Δημόδοκον καὶ πρὸς ἄλλους πολλούς. φωνὴν πολλάκις ἔφασκε ὁσίᾳ πομπῇ ἐγκεκληρωμένην αὐτῷ »ἥπερ ὅταν γένηται, ἀεί μοι« φησὶ »σημαίνει ὃ μέλλω πράττειν τούτου ἀποτροπήν, προτρέπει δὲ οὐδέποτε, καὶ αὖ πάλιν ἐάν τίς <μοι>« φησὶ »τῶν φίλων ἀνακοινῶται ὑπέρ του, καὶ ἐπιγένηται ἡ φωνὴ ἐκείνη, πάλιν ἀποτρέπει. καὶ ἐμοὶ μὲν αὕτη συμβουλεύει τοῦτο, ἐγὼ δὲ τῷ συμβουλευομένῳ μοι, καὶ οὐκ ἐῶ πράττειν, ἑπόμενος τῇ θείᾳ προρρήσει.« παρείχετο δὲ μάρτυρα Χαρμίδην τὸν Γλαύκωνος· ἀνεκοινώσατο γὰρ αὐτῷ εἰ μέλλοι ἀσκήσειν <στάδιον> εἰς Νεμέαν, καὶ εὐθὺς ἀπαρχομένου λέγειν <ἡ> φωνὴ ἐπεγένετο. καὶ ὁ Σωκράτης τὸν Χαρμίδην διεκώλυσεν ἔχεσθαι ὧν εἴχετο, [εἰπὼν] ὁ δὲ οὐκ ἐπείσθη· οὐ μὴν εἰς δέον ἀπήντησεν αὐτῷ ἡ σπουδή.

8.2. Ἵππαρχος ὁ Πεισιστράτου παῖς πρεσβύτατος ὢν τῶν Πεισιστράτου καὶ σοφώτατος ἦν Ἀθηναίων. οὗτος καὶ τὰ Ὁμήρου ἔπη πρῶτος ἐκόμισεν εἰς τὰς Ἀθήνας καὶ ἠνάγκασε τοὺς ῥαψῳδοὺς τοῖς Παναθηναίοις αὐτὰ ᾄδειν.

Καὶ ἐπ' Ἀνακρέοντα δὲ τὸν Τήιον πεντηκόντορον ἔστειλεν, ἵνα αὐτὸν πορεύσῃ ὡς αὐτόν. Σιμωνίδην δὲ τὸν Κεῖον διὰ σπουδῆς ἄγων ἀεὶ περὶ αὐτὸν εἶχε, μεγάλοις δώροις ὡς τὸ εἰκὸς πείθων καὶ μισθοῖς· καὶ γὰρ ὡς ἦν φιλοχρήματος ὁ Σιμωνίδης, οὐδεὶς ἀντιφήσει. ἔργον δὲ ἦν ἄρα τούτῳ τῷ Ἱππάρχῳ ἡ περὶ τοὺς πεπαιδευμένους σπουδή. καὶ ἐβούλετο ὑπὸ προσχήματι

8

8.1. Es sprach einmal Sokrates[P] über das *Daimonion*, das bei ihm war, zu (seinem Schüler) Theages (s. o. 4.15) und (dessen Vater) Demodokos und zu vielen anderen. Es werde ihm häufig, sagte er, durch göttliche Fügung eine Stimme zuteil, »die, sobald sie kommt, mir stets von dem abrät, was ich gerade tun will, niemals aber zurät. Weiterhin, wenn einer meiner Freunde«, so sagte er, »mich in irgendeiner Sache um Rat fragt und diese Stimme lässt sich hören, dann rät sie ebenfalls ab. Sie gibt zwar mir diesen Rat, ich aber gebe ihn dem Ratsuchenden weiter und lasse ihn nicht handeln, da ich der göttlichen Weisung folge.« Als Beweis führte er den Charmides, Sohn des Glaukon, an. Der hatte ihn nämlich um Rat gefragt, ob er in Nemea[S] am Stadionlauf teilnehmen solle; kaum hatte er begonnen zu sprechen, kam die Stimme. Und Sokrates riet Charmides von dem ab, was er vorhatte. Der aber hörte nicht auf ihn, doch sein Eifer brachte ihm nichts ein.
Vgl. Ps.-Platon, Theages *128d–e (dem Ailianos offenbar folgt). Dass Platon Autor des* Theages *ist, wird heute bestritten; vgl. Joyal 1996.*

8.2. Hipparchos[G], Sohn des Peisistratos, war der älteste der Söhne des Peisistratos und der weiseste unter den Athenern. Er brachte als erster die Epen des Homer[L] nach Athen und ordnete an, dass die Rhapsoden sie bei den Panathenaien (dem Jahresfest Athens) vortragen.

Er entsandte auch ein Schiff mit 50 Ruderern zu Anakreon[L], damit es ihn zu ihm bringe. Den Simonides[L] aus Keos hatte er mit Eifer ständig um sich und erwartungsgemäß mit großen Geschenken und Honoraren gewonnen. Dass Simonides geldgierig war, wird ja keiner bestreiten. Es war also dem Hipparchos am Bemühen um die gebildeten Leute gelegen. Er strebte danach, durch sein Beispiel

τῷ ἑαυτοῦ Ἀθηναίους παιδεύεσθαι καὶ βελτιόνων αὐτῶν ὄντων ἄρχειν ἔσπευδεν· οὐκ ᾤετο γὰρ δεῖν οὐδενὶ φθονεῖν σοφίας, ἅτε ὢν καλὸς καὶ ἀγαθός. λέγει δὲ Πλάτων ταῦτα, εἰ δὴ ὁ Ἵππαρχος Πλάτωνός ἐστι τῷ ὄντι [μαθητής].

8.3. Ὅτι Ἀττικὸν τοῦτο τὸ ἔθος, ὅταν ὁ βοῦς ἀποσφαγῇ, τῶν μὲν ἄλλων ἀποψηφίζονται, κρίνοντες ἕκαστον ἐν τῷ μέρει φόνου· καταγινώσκουσι δὲ τῆς μαχαίρας καὶ λέγουσι ταύτην ἀποκτεῖναι αὐτόν. καὶ ἐν ᾗ ταῦτα ἡμέρᾳ δρῶσι, Διπολίεια τὴν ἑορτὴν καλοῦσι καὶ Βουφόνια.

8.4. Πολίαρχόν φασι τὸν Ἀθηναῖον εἰς τοσοῦτον προελθεῖν τρυφῆς, ὥστε καὶ κύνας καὶ ἀλεκτρυόνας ἐκείνους οἷς ἔχαιρεν ἐκκομίζειν ἀποθανόντας δημοσίᾳ. καὶ ἐπὶ τὴν ἐκφορὰν αὐτῶν παρεκάλει τοὺς φίλους καὶ ἔθαπτεν αὐτοὺς πολυτελῶς καὶ ἐπιστήματα αὐτοῖς ἀναστήσας ἐπιγράμματα κατ᾽ αὐτῶν ἐνεκόλαπτεν.

8.5. Ὅτι Νηλεὺς ὁ Κόδρου τῆς βασιλείας ἀμοιρήσας ἀπέλιπε τὰς Ἀθήνας διὰ τὸ τὴν Πυθίαν Μέδοντι τὴν ἀρχὴν περιάψαι εἰς ἀποικίαν στελλόμενος. τῇ Νάξῳ δὲ προσωρμίσθη οὐχ ἑκών, ἀλλ᾽ ὑπὸ χειμῶνος βιασθείς· ἀπᾶραι δὲ βουλόμενον καταπνέοντες ἐναντίοι ἄνεμοι διεκώλυον. ἀποροῦντι δὲ αὐτῷ ὑπὲρ τῶν ἐνεστώτων, οἱ μάντεις ἔφασαν δεῖν καθαρθῆναι τὸ στρατόπεδον,

die Athener zu erziehen und so über edlere Menschen zu herrschen. Er war nämlich nicht der Meinung, dass man jemandem Bildung vorenthalten dürfe, da er ein vortrefflicher Mann war. Dies sagt Platon[P], sofern der (Dialog) *Hipparchos* wirklich ein Werk Platons ist.
Als Bewahrer der Epen Homers erscheint 12.14 Peisistratos, nicht sein Sohn. Dass Platon Autor des Dialogs Hipparchos *ist, wird heute bestritten.*

8.3. (Man liest,) dass Folgendes ein attischer Brauch ist: Wenn das Rind geschlachtet ist, werden die anderen freigesprochen, nachdem einer nach dem anderen des Mordes beschuldigt worden ist; sie verurteilen aber das Opfermesser und sagen, dieses habe das Rind getötet. Den Tag, an dem sie dies tun, nennen sie *Dipolieia*-Fest und *Buphonia* (»Rind-Tötung«).
Das Dipolieia-*Fest galt Zeus als* Polieus *(»Stadtbeschützer«). Die Verurteilung von Dingen nennt Pausanias 5.27.10 und 6.11.6 für andere Regionen. Zur Wertschätzung von Ackerrindern vgl. 5.14.*

8.4. Der Athener Poliarchos trieb, so sagt man, seinen Aufwand so weit, dass er sogar die Hunde und Hähne, an denen sein Herz hing, nach ihrem Tod öffentlich bestattete. Zu ihrem Begräbnis lud er seine Freunde ein, ließ die Tiere prunkvoll beisetzen und errichtete ihnen Grabsteine, auf denen Inschriften eingemeißelt waren.
Theophrastos, Charaktere *21.9 verspottet einen Mann, der seinem Hund einen Grabstein errichtet.*

8.5. (Man liest,) dass Neleus, Sohn des Kodros, der nicht König geworden war, Athen verließ, weil die Pythia (von Delphi) dem Medon die Herrschaft zugesprochen hatte (Parke/Wormell 1956, nr. 300). Er sei ausgewandert, um eine Ausgründung (Kolonie; vgl. o. 3.17) zu gründen. In Naxos ging er an Land, jedoch nicht freiwillig, sondern von einem Sturm dazu gezwungen. Wie er wieder abfahren wollte, hinderten ihn widrige Winde. Als er über seiner Lage ratlos war, sagten die Seher, die Mannschaft müsse entsühnt wer-

ὡς συμπλεόντων τινῶν οὐ καθαρῶν τὰς χεῖρας. προσεποιήσατο δὴ καὶ αὐτὸς ἀποκτεῖναί τινα παῖδα καὶ δεῖσθαι καθαρμοῦ· καὶ αὐτὸς ἀνεχώρησε καὶ τοὺς ἄλλους ἔπεισε τοὺς συνειδότας ἑαυτοῖς. οὗ γενομένου καὶ γνωσθέντων ἐκείνων αὐτοὺς μὲν ἀπέλιπεν, οἱ δὲ ᾤκισαν τὴν Νάξον.

Νηλεὺς δὲ εἰς τὴν Ἰωνίαν ἀφίκετο, καὶ πρῶτον μὲν ᾤκισε Μίλητον, Κᾶρας ἐξελάσας καὶ Μυγδόνας καὶ Λέλεγας καὶ ἄλλους βαρβάρους <...>, ἀφ᾽ ὧν αἱ δώδεκα πόλεις ἐκλήθησαν ἐν Ἰωνίᾳ. εἰσὶ δὲ αἵδε· Μίλητος Ἔφεσος Ἐρυθραὶ Κλαζομεναὶ Πριήνη Λέβεδος Τέως Κολοφὼν Μυοῦς Φώκαια Σάμος καὶ Χίος. καὶ ἄλλας δὲ πολλὰς ὕστερον ᾤκισε πόλεις ἐν τῇ ἠπείρῳ.

8.6. Τῶν ἀρχαίων φασὶ Θρᾳκῶν μηδένα ἐπίστασθαι γράμματα· ἀλλὰ καὶ ἐνόμιζον αἴσχιστον εἶναι πάντες οἱ τὴν Εὐρώπην οἰκοῦντες βάρβαροι χρῆσθαι γράμμασιν. οἱ δὲ ἐν τῇ Ἀσίᾳ, ὡς λόγος, ἐχρῶντο αὐτοῖς μᾶλλον. ἔνθεν τοι καὶ τολμῶσι λέγειν μηδὲ τὸν Ὀρφέα σοφὸν γεγονέναι, Θρᾷκα ὄντα, ἀλλ᾽ ἄλλως τοὺς μύθους αὐτοῦ κατεψεῦσθαι. ταῦτα Ἀνδροτίων λέγει, εἴ τῳ πιστὸς ὑπὲρ τῆς ἀγραμματίας καὶ ἀπαιδευσίας Θρᾳκῶν τεκμηριῶσαι.

8.7. Ἀλέξανδρος ὅτε Δαρεῖον εἷλε, γάμους εἱστία καὶ ἑαυτοῦ καὶ τῶν φίλων. ἐνενήκοντα δὲ ἦσαν οἱ γαμοῦντες καὶ ἰσάριθμοι τούτοις οἱ θάλαμοι. ἦν δὲ ὁ ἀνδρὼν ὁ ὑποδεχόμενος καὶ ἑστιῶν αὐτοὺς ἑκατοντάκλινος· καὶ ἑκάστη κλίνη ἀργυρόπους ἦν, ἡ δὲ αὐτοῦ χρυσόπους, καὶ κεκόσμηντο πᾶσαι ἁλουργοῖς καὶ ποικίλοις ἱματίοις ὑφῆς βαρβαρικῆς μεγατίμου. συμπαρέλαβε δὲ εἰς τὸ συμπόσιον καὶ τοὺς ἰδιοξένους καὶ κατέκλινεν ἀντιπροσώπους ἑαυτῷ. ἐν δὲ τῇ αὐλῇ εἱστιῶντο αἵ τε ἄλλαι

den, denn es gebe auf den Schiffen einige, deren Hände unrein seien. Er gab also vor, er habe selbst einen Jungen getötet und müsse sich von der Schuld reinigen. Er zog sich zurück und bewegte die anderen dazu, sich ihre Schuld einzugestehen. Als das geschehen war und damit jeder von ihnen bekannt war, ließ er sie zurück; sie aber siedelten sich auf Naxos an.

Neleus aber kam nach Ionien und gründete zuerst Milet, nachdem er die Karer, Mygdonier, Leleger und andere Barbaren vertrieben hatte (*Lücke im Text*), nach denen die zwölf Städte Ioniens benannt sind. Es sind dies folgende: Milet, Ephesos, Erythrai, Klazomenai, Priëne, Lebedos, Teos, Kolophon, Myus, Phokaia, Samos und Chios. Auch viele andere gründete er später auf dem Festland. *Die zwölf Städte (*Dodekapolis*) Ioniens nennt auch Herodot 7.95.*

8.6. Von den alten Thrakern beherrschte, so sagt man, keiner die Buchstaben; vielmehr hielten es alle Barbaren, die in Europa wohnen, für äußerst schändlich, sich der Buchstaben zu bedienen. Die in Asien aber, wie ein *Logos*[L] besagt, machten mehr Gebrauch von ihnen. Deshalb gibt es manche, die sich erdreisten zu behaupten, dass nicht einmal Orpheus (s. u. 14.21) gebildet war, da er ein Thraker war und dass vielmehr die Mythen über ihn Lügen seien. Dies sagt Androtion (*FGrHist* 324 F 54a), wenn man denn seinem Zeugnis über die fehlende Bildung und Erziehung der Thraker Glauben schenken will.

8.7. Als Alexandros (d. Gr.)[G] Dareios (III.)[G] besiegt hatte, richtete er für sich und seine Freunde ein Hochzeitsmahl. Es waren 90 Bräutigame, und ebenso groß war die Zahl der Brautgemächer. Im Speisesaal, in dem sie empfangen und bewirtet wurden, standen 100 Liegen. Jede Liege hatte silberne Füße, seine aber goldene, und alle waren mit purpurnen und bunten Himatia[A] aus kostbaren barbarischen Stoffen geschmückt. Zum Gastmahl zog Alexandros auch seine persönlichen Gastfreunde hinzu und wies sie auf die Liegen ihm gegenüber. Im Freien wurden die übrigen Truppen, die Fußsoldaten, die

δυνάμεις, αἱ πεζαὶ καὶ αἱ ναυτικαὶ καὶ οἱ ἱππεῖς, καὶ αἱ πρεσβεῖαι δὲ εἱστιῶντο καὶ οἱ παρεπιδημοῦντες Ἕλληνες. καὶ ἐγένετο τὰ δεῖπνα πρὸς σάλπιγγα, τὸ μὲν συγκλητικὸν μέλος ᾀδουσαν, ὅτε αὐτοὺς ἐχρῆν παριέναι ἐπὶ τὴν δαῖτα, τὸ δὲ ἀνακλητικόν, ὅτε ἐσήμαινεν ἀπαλλάσσεσθαι. πέντε δὲ ἡμέρας καθεξῆς τοὺς γάμους ἔθυεν. ἀφίκοντο δὲ καὶ μουσουργοὶ καὶ ὑποκριταί, οἱ μὲν κωμῳδίας οἱ δὲ τραγῳδίας, πάμπολλοι. ἦσαν δὲ καὶ ἐκ τῆς Ἰνδικῆς θαυματοποιοὶ διαπρέποντες, καὶ ἔδοξαν δὲ αὐτοὶ κρατεῖν τῶν ἄλλων τῶν ἀλλαχόθεν.

8.8. Κίμων ὁ Κλεωναῖος ἐξειργάσατο, φασί, τὴν τέχνην τὴν γραφικὴν ὑποφυομένην ἔτι καὶ ἀτέχνως ὑπὸ τῶν πρὸ αὐτοῦ καὶ ἀπείρως ἐκτελουμένην καὶ τρόπον τινὰ ἐν σπαργάνοις καὶ γάλαξιν οὖσαν. διὰ ταῦτά τοι καὶ μισθοὺς τῶν πρὸ αὐτοῦ πρῶτος ἔλαβεν ἁδροτέρους.

8.9. Ἀρχέλαον τὸν Μακεδόνων τύραννον – οὕτω γὰρ καὶ Πλάτων αὐτὸν ὀνομάζει, καὶ οὐ βασιλέα – τὰ παιδικὰ αὐτοῦ Κρατεύας ἐρασθεὶς τῆς τυραννίδος οὐδὲν ἧττον ἤπερ ἐκεῖνος τῶν παιδικῶν ἠράσθη, ἀπέκτεινε τὸν ἐραστήν [ὁ Κρατεύας Ἀρχέλαον], ὡς τύραννός τε καὶ εὐδαίμων ἀνὴρ ἐσόμενος. τρεῖς δὲ ἢ τέτταρας ἡμέρας τὴν τυραννίδα κατασχὸν τὸ μειράκιον, πάλιν αὐτὸς ἐπιβουλευθεὶς ὑφ᾽ ἑτέρων ἐτελεύτησεν. εἴη δ᾽ ἂν πρεπωδέστατον ἐπειπεῖν τῷδε τῷ Μακεδονικῷ δράματι τὸ ἔπος ἐκεῖνο·

τεύχων ὡς ἑτέρῳ τις ἑῷ κακὸν ἥπατι τεύχει.

Ὅτι διεψεύσατο αὐτῷ φασιν Ἀρχέλαος τῶν θυγατέρων μίαν δώσειν· ὅτε δὴ ἄλλῳ συνῴκισε τὴν παῖδα, ὑπεραγανακτήσας διέφθειρε τὸν Ἀρχέλαον.

8.10. Σόλωνα αἱρετὸν Ἀθηναῖοι προείλοντο ἄρχειν αὐτοῖς, οὐ γὰρ κληρωτὸν τοῦτον. ἐπεὶ δὲ ᾑρέθη, τά τε ἄλλα ἐκόσμησε τὴν πόλιν καὶ δὴ καὶ τοὺς νόμους τοὺς νῦν ἔτι φυλαττομένους

Schiffsmannschaften und die Reiter bewirtet, auch die Gesandten und die Griechen, die dazugekommen waren. Zum Mahl hörte man Trompetenklänge: Das Angriffssignal ertönte, wenn man zu Tisch gehen sollte, das Rückzugssignal, wenn das Zeichen zum Aufstehen gegeben wurde. Fünf Tage hintereinander feierte er die Hochzeiten. Gekommen waren auch zahlreiche Musikanten und Schauspieler, für Komödien wie auch für Tragödien. Es gab auch ausgezeichnete Gaukler aus Indien, die als die besten Gaukler aller Länder gelten.
Vgl. Athenaios 538b–f.

8.8. Kimon[K] aus Kleonai vollendete, wie man sagt, die Kunst des Malens, die noch im Werden begriffen und kunstlos und ohne Erfahrung von seinen Vorgängern ausgeübt worden war, die also gewissermaßen noch wie ein Säugling in den Windeln lag. Deshalb auch bekam er als erster eine bessere Bezahlung als seine Vorgänger.
Teilweise Doppelfassung zu 10.10.

8.9. Archelaos[G], der Tyrann der Makedonen – so nennt Platon[P] (*Alkibiades II*, 141d–e) ihn nämlich, nicht König –, liebte einen Knaben namens Krateuas, der die Tyrannis nicht weniger liebte als jener den Knaben. Er tötete seinen Liebhaber, um Tyrann und ein glücklicher Mann zu werden. Drei oder vier Tage hatte der junge Mann die Tyrannis inne, da wurde er selbst Opfer eines Anschlags und starb. Am besten würde auf dieses makedonische Drama jener Vers passen:

»Böses bereitet sich selbst, wer anderen Böses bereitet.«
(Kallimachos, *Aitia* I, Frg. 2, Z. 5 Pfeiffer).

(Man liest,) dass Archelaos ihm vorgetäuscht habe, er werde ihm eine seiner Töchter zur Frau geben, sagt man. Als er das Mädchen einem anderen angetraut hatte, wurde er zornig und tötete den Archelaos.

8.10. Den Solon[G] setzten die Athener als Archon[A] ein, und zwar durch Wahl, nicht durchs Los. Als er gewählt war, ordnete er die anderen Angelegenheiten der Stadt, insbesondere aber gab er ihr

συνέγραψεν αὐτοῖς. καὶ τότε ἐπαύσαντο οἱ Ἀθηναῖοι χρώμενοι τοῖς Δράκοντος· ἐκαλοῦντο δὲ ἐκεῖνοι θεσμοί. μόνους δὲ ἐφύλαξαν τοὺς φονικοὺς αὐτοῦ.

8.11. Οὐδὲν ἔτι θαυμάζομεν εἰ ἡ τῶν ἀνθρώπων φύσις θνητὴ οὖσα καὶ ἐφήμερος φθείρεσθαι αὐτοὺς ἀναγκάζει, ὅπου καὶ τοὺς ποταμοὺς ὁρῶμεν ἐπιλείποντας καὶ τῶν ὀρῶν δὲ τὰ ὑψηλότατα ἀκούομεν μειούμενα καὶ ἐκεῖνα. τὴν γοῦν Αἴτνην φασὶν οἱ πλέοντες ἐξ ἐλάττονος ὁρᾶν ἢ πρὸ τοῦ ἐβλέπετο· τὸ δὲ αὐτὸ τοῦτο καὶ τὸν Παρνασσὸν παθεῖν καὶ τὸν Ὄλυμπον τὸν Πιερικόν. οἱ δὲ ἔτι μᾶλλον δοκοῦντες τὴν τῶν ὅλων φύσιν κατεσκέφθαι λέγουσι καὶ τὸν κόσμον διαφθείρεσθαι αὐτόν.

8.12. Παράδοξόν γε, οὐ γάρ; <ἀλλ’> ἀληθές. ἐκπεσόντος Δημοσθένους ἐν Μακεδονίᾳ, Αἰσχίνης [δὲ] ὁ Ἀτρομήτου ὁ Κοθωκίδης καὶ ἐνευδοκίμει τοῖς Μακεδόσι καὶ πάμπολυ περιῆν τῶν πρέσβεων τῷ φρονήματι. αἰτία δὲ ἦν ἄρα τούτου τῷ Αἰσχίνῃ ἥ τε πρὸς Φίλιππον φιλία καὶ τὰ ἐξ αὐτοῦ δῶρα καὶ ὅτι πράως καὶ ἡδέως ἤκουεν αὐτοῦ ὁ Φίλιππος, μειλιχίῳ τῷ βλέμματι προσβλέπων καὶ ὑποφαίνων τὴν ἐξ αὐτοῦ εὔνοιαν. ἅπερ οὖν πάντα ἐφολκὰ ἦν εἰς τὴν παρρησίαν τῷ Αἰσχίνῃ καὶ τὴν τῶν λόγων εὔροιαν.

Οὐ μόνος δὲ τοῦτο ἔπαθε Δημοσθένης ἐν Μακεδονίᾳ, καίτοι δεινότατος ὢν εἰπεῖν, ἀλλὰ καὶ Θεόφραστος ὁ Ἐρέσιος. ἐξέπεσε γὰρ καὶ οὗτος ἐπὶ τῆς ἐξ Ἀρείου πάγου βουλῆς λέγων, καὶ ταύτην ἀπολογίαν προεφέρετο, ὅτι κατεπλάγη τὸ ἀξίωμα τοῦ συνεδρίου. πικρότατα οὖν ἀπήντησε καὶ ἑτοιμότατα πρὸς τοῦτον αὐτοῦ τὸν λόγον ὁ Δημοχάρης εἰπών· »ὦ Θεόφραστε, Ἀθηναῖοι ἦσαν ἀλλ’ οὐχ οἱ δώδεκα θεοὶ οἱ δικάζοντες.«

die Gesetze, die noch heute Gültigkeit haben. Von da an hörten die Athener auf, die Gesetze des Drakon[G] zu nutzen; jene Gesetze wurden *Thesmoi* (»Satzungen«) genannt. Nur seine Gesetze über Mord behielten sie bei.

8.11. Nicht mehr wundern wir uns darüber, dass die Natur der Menschen, die sterblich und vergänglich ist, sie zwingt, zu vergehen, denn wir sehen, dass auch die Flüsse versiegen, und hören, dass sogar die höchsten Gipfel der Berge kleiner werden. Den Ätna, sagt man, sehen die Seeleute nun erst aus größerer Nähe als früher. Dasselbe soll mit dem Parnassos und dem Olympos in Piërien geschehen. Die Leute, die als noch bessere Erforscher der Natur des Ganzen gelten, sagen, dass auch der Kosmos selbst zugrunde gehe.

8.12. Ist es nicht paradox? Aber es ist wahr! Als Demosthenes[L] in Makedonien beim Reden steckenblieb, war es Aischines[L], Sohn des Atrometos, aus Kothokidai, der durch seine Angeberei bei den Makedonen großes Ansehen errang und die anderen Gesandten überragte. Der Grund dafür war, dass Aischines freundschaftliche Gefühle für Philippos (II.)[G] hegte und ihm Geschenke zukommen ließ und dass dieser ihn gnädig und freundlich anhörte und ihm mit sanften Blicken sein Wohlwollen zeigte. All das war ein Ansporn für Aischines, so dass seine Worte frei und gut fließend dahinströmten.

Dies erlitt nicht nur Demosthenes in Makedonien, obwohl er doch ein so gewaltiger Redner war, sondern auch Theophrastos[P] aus Eresos. Auch er blieb stecken, als er vor dem Rat auf dem Areopag sprach, und er brachte vor, dass ihn die Würde der Versammlung erschreckt habe. Höchst bitter und schlagfertig wies Demochares[L] seine Rede zurück und sagte: »O Theophrastos, es waren Athener, nicht die Zwölf (Olympischen) Götter (vgl. 5.12), die zu Gericht saßen!«
Zur Gesandtschaftsreise von 346 vgl. Aischines 2.34.

8.13. Ἀναξαγόραν τὸν Κλαζομένιόν φασι μὴ γελῶντά ποτε ὀφθῆναι μηδὲ μειδιῶντα τὴν ἀρχήν. λέγουσι δὲ καὶ Ἀριστόξενον τῷ γέλωτι ἀνὰ κράτος πολέμιον γενέσθαι· Ἡράκλειτόν τε, ὅτι πάντα τὰ ἐν τῷ βίῳ ἔκλαεν.

8.14. Διογένης ὁ Σινωπεὺς ὅτε λοιπὸν ἐνόσει ἐπὶ θανάτῳ, ἑαυτὸν φέρων μόλις ἔρριψε κατά τινος γεφυρίου πρὸς γυμνασίῳ ὄντος καὶ προσέταξε τῷ παλαιστροφύλακι, ἐπειδὰν αἴσθηται ἀποπεπνευκότα αὐτόν, ῥῖψαι εἰς τὸν Ἰλισσόν. οὕτως ἄρα ὀλίγον ἔμελε Διογένει καὶ θανάτου καὶ ταφῆς.

8.15. Ἐν Χαιρωνείᾳ τοὺς Ἀθηναίους ἡνίκα ἐνίκησεν <ὁ> Φίλιππος, ἐπαρθεὶς [δὲ] τῇ εὐπραγίᾳ ὅμως λογισμοῦ ἐκράτησε καὶ οὐχ ὕβρισε· καὶ διὰ ταῦτα ᾤετο δεῖν αὐτὸν ὑπομιμνήσκεσθαι ὑπό τινος τῶν παίδων ἕωθεν ὅτι ἄνθρωπός ἐστι, καὶ προσέταξε τῷ παιδὶ τοῦτο ἔχειν ἔργον. καὶ οὐ πρότερον, φασίν, οὔτε αὐτὸς προῄει, οὔτε τις τῶν δεομένων αὐτοῦ παρ᾽ αὐτὸν εἰσῄει, πρὶν τοῦτο αὐτῷ τὸν παῖδα ἑκάστης ἡμέρας ἐκβοῆσαι τρίς. ἔλεγε δὲ αὐτῷ· »Φίλιππε, ἄνθρωπος εἶ.«
Vgl. Stobaios 3.22.6.

8.16. Σόλων ὁ Ἐξηκεστίδου γέρων ἤδη ὢν ὑπώπτευε Πεισίστρατον τυραννίδι ἐπιθήσεσθαι, ἡνίκα παρῆλθεν εἰς τὴν ἐκκλησίαν τῶν Ἀθηναίων καὶ ᾔτει φρουρὰν ὁ Πεισίστρατος. ὁρῶν δὲ τοὺς Ἀθηναίους τῶν μὲν αὐτοῦ λόγων ῥᾳθύμως ἀκούοντας, προσέχοντας δὲ τῷ Πεισιστράτῳ, ἔφη ὅτι τῶν μέν ἐστι σοφώτερος, τῶν δὲ ἀνδρειότερος. ὁπόσοι μὲν μὴ γινώσκουσιν ὅτι φυλακὴν λαβὼν περὶ τὸ σῶμα τύραννος ἔσται, ἀλλὰ τούτων μέν ἐστι σοφώτερος· ὁπόσοι δὲ γινώσκοντες

8.13. Anaxagoras[P] aus Klazomenai wurde, sagt man, nie mit einem Lachen oder Lächeln gesehen. Auch Aristoxenos (Frg. 7 Wehrli) war, wie es heißt, dem Lachen mit aller Kraft Feind; Herakleitos habe alles im Leben beweint.

Vgl. o. 3.35 und als Gegenbild o. 4.20. Der Philosoph Herakleitos (Heraklit) lebte um 544–483. Aristoxenos (um 354–300) war ein Schüler des Aristoteles.

8.14. Als Diogenes[P] aus Sinope (Frg. 303 Mullach = 100 Giannantoni) auf den Tod krank war und sich kaum noch schleppen konnte, warf er sich auf eine Brücke, die beim *Gymnasion*[S] lag, und gab dem Wächter der Palaistra (s. o. 4.24) den Auftrag, ihn, sobald er sehe, dass er sein Leben ausgehaucht habe, in den Ilissos zu werfen. So wenig bekümmerten den Diogenes Tod und Begräbnis.

8.15. Als bei Chaironeia (338) Philippos (II.)[G] die Athener besiegt hatte, war er stolz auf seinen Erfolg, blieb aber vernünftig und wurde nicht zum Frevler. Deshalb hielt er es für nötig, dass er morgens von einem seiner Sklaven daran erinnert werden musste, dass er ein Mensch sei, und so befahl er dem Sklaven, dies auszuführen. Und er ging, sagt man, nicht eher hinaus oder ließ einen der Bittsteller zu sich vor, solange ihm der Sklave dies nicht an jedem Tag dreimal zugerufen hatte. Er sagte zu ihm: »Philippos, du bist ein Mensch!«

Vgl. o. 6.1, wo Philippos II. anders charakterisiert wird.

8.16. Solon[G], Sohn des Exekestides, der schon ein alter Mann war, verdächtigte den Peisistratos[G], nach der Tyrannis zu streben, als Peisistratos vor die Volksversammlung der Athener trat und eine Leibwache forderte. Als er sah, dass die Athener seine Worte nur nachlässig anhörten, dem Peisistratos aber lauschten, sagte er, dass er klüger als die einen und tapferer als die anderen sei: Die einen erkennen nicht, dass er mit der Leibwache Tyrann sein werde; er sei klüger als diese. Die anderen erkennen es und schweigen; er sei

ὑποσιωπῶσι, τούτων ἀνδρειότερός ἐστιν. ὁ δὲ λαβὼν τὴν δύναμιν τύραννος ἦν. καθεζόμενος δὲ Σόλων πρὸ τῆς οἰκίας, τὴν ἀσπίδα καὶ τὸ δόρυ παραθέμενος ἔλεγεν ὅτι ἐξώπλισται καὶ βοηθεῖ τῇ πατρίδι ᾗ δύναται, στρατηγὸς μὲν διὰ τὴν ἡλικίαν οὐκέτι ὤν, εὔνους δὲ διὰ τὴν γνώμην. ὅμως οὖν Πεισίστρατος, εἴτε αἰδοῖ τῇ πρὸς τὸν ἄνδρα καὶ τὴν σοφίαν αὐτοῦ, εἴτε καὶ μνήμῃ τῶν ἐφ' ἡλικίας – λέγεται γὰρ αὐτοῦ παιδικὰ γενέσθαι –, οὐδέν γε ἔδρασε κακὸν Σόλωνα.

Ὁ δ' οὖν Σόλων ὀλίγῳ ὕστερον ὑπέργηρως ὢν τὸν βίον ἐτελεύτησεν, ἐπὶ σοφίᾳ καὶ ἀνδρείᾳ μεγάλην ἀπολιπὼν δόξαν. καὶ ἀνέστησαν αὐτῷ χαλκῆν εἰκόνα ἐν τῇ ἀγορᾷ· ἀλλὰ καὶ ἔθαψαν αὐτὸν δημοσίᾳ παρὰ τὰς πύλας πρὸς τῷ τείχει ἐν δεξιᾷ εἰσιόντων, καὶ περιῳκοδόμητο αὐτῷ ὁ τάφος.

8.17. Ὅτι Σκύθης ὁ Ἰνυκῖνος ὁ τῶν Ζαγκλαίων μόναρχος ἀνέβη εἰς Ἀσίαν παρὰ βασιλέα Δαρεῖον. καὶ αὐτὸν ἐνόμισε <Δαρεῖος> πάντων δικαιότατον ἀνδρῶν εἶναι, ὅσοι ἐκ τῆς Ἑλλάδος παρ' αὐτὸν ἀνέβησαν, ὅτι παραιτησάμενος βασιλέα ἀφίκετο εἰς Σικελίαν καὶ πάλιν ἐκ Σικελίας παρὰ βασιλέα ὀπίσω. τοῦτο δὲ Δημοκήδης ὁ Κροτωνιάτης οὐκ ἐποίησε, καὶ διὰ τοῦτο Δαρεῖος ὑπὲρ αὐτοῦ φλαύρως ἔλεγεν, ἀπατεῶνα λέγων καὶ ἀνθρώπων κάκιστον. ὁ οὖν Σκύθης ἐν Πέρσαις μέγα ὄλβιος ὢν γήρᾳ κατέστρεψε τὸν βίον.

8.18. Εὔθυμος ὁ Λοκρὸς τῶν ἐν Ἰταλίᾳ πύκτης ἀγαθὸς ἦν, ῥώμῃ τε σώματος πεπίστευται θαυμασιώτατος γενέσθαι· λίθον γὰρ μεγέθει μέγιστον δεικνύουσι Λοκροί, ὃν ἐκόμισε καὶ ἔθηκε πρὸ τῶν θυρῶν. καὶ τὸν ἐν Τεμέσῃ ἥρωα φόρους πραττόμενον

tapferer als diese. Peisistratos aber bekam die Streitkraft und wurde Tyrann. Solon setzte sich vor sein Haus, stellte Schild und Speer neben sich und sagte, dass er gerüstet sei und dem Vaterland helfe, wie er könne; er sei zwar wegen seines Alters nicht mehr Feldherr, jedoch mit seiner Haltung ein wohlgesinnter (Bürger). Dennoch tat Peisistratos – sei es aus Ehrfurcht vor dem Mann und seiner Weisheit, sei es in Gedanken an seine Jugend; er soll nämlich Solons Geliebter gewesen sein – dem Solon nichts Schlimmes.

Wenig später starb Solon in hohem Alter und hinterließ wegen seiner Weisheit und seines Mutes großen Ruhm. Man errichtete ihm auf der Agora[A] eine Bronzestaue und bestattete ihn auf öffentliche Kosten an der Mauer neben dem Tor rechts, wenn man die Stadt betritt, und sein Grab wurde umfriedet.

Laut Pausanias 1.16.1, stand eine Statue des Solon in Athen vor der Stoa Poikile *(s. o. S. 23).*

8.17. (Man liest,) dass Skythes aus Inykon, der Alleinherrscher von Zankle, nach Kleinasien zum Großkönig Dareios (I.)[G] ging. Und Dareios hielt ihn für den gerechtesten Mann von all denen, die aus Griechenland zu ihm gekommen waren. Er war nämlich mit Erlaubnis des Großkönigs nach Sizilien gegangen und von Sizilien wieder zurück zum Großkönig. Das hatte Demokedes aus Kroton nicht getan; deshalb sprach Dareios übel von ihm, indem er ihn als Betrüger und ganz schlechten Menschen bezeichnete. Skythes aber lebte in großem Wohlstand unter den Persern, bis er in hohem Alter sein Leben beschloss.

Skythes war Tyrann von Zankle und floh 496/95 zu Dareios (s. Herodot 6.24), Demokedes trat 522 in dessen Dienste (s. Herodot 3.130–137.)

8.18. Euthymos[S] aus Lokroi in Italien war ein guter Faustkämpfer; man glaubt, dass er wegen seiner Körperkraft sehr bewundernswert war. Einen Stein von riesiger Größe zeigen nämlich die Lokrer, den er aufgehoben und vor die Tür gestellt habe. Auch den Helden

παρὰ τῶν προσοίκων ἔπαυσεν· ἀφικόμενος γὰρ εἰς τὸ ἱερὸν αὐτοῦ, ὅπερ ἄβατον ἦν τοῖς πολλοῖς, διηγωνίσατο πρὸς αὐτὸν καὶ ἠνάγκασεν ὧνπερ ἐσύλησεν ἀποτῖσαι πλείω. ἐντεῦθέν τοι καὶ διέρρευσεν ἡ παροιμία ἡ λέγουσα ἐπὶ τῶν ἀλυσιτελῶς τι κερδαινόντων ὅτι αὐτοῖς ἀφίξεται ὁ ἐν Τεμέσῃ ἥρως. λέγουσι δὲ τὸν αὐτὸν Εὔθυμον καταβάντα ἐπὶ τὸν Καικῖνον ποταμὸν ὅς ἐστι πρὸ τῆς τῶν Λοκρῶν πόλεως ἀφανισθῆναι.

8.19. Ὅτι τοῦτο ἐπιγέγραπται Ἀναξαγόρᾳ·

ἐνθάδ᾽ ὁ πλεῖστον ἀληθείας ἐπὶ τέρμα περήσας
οὐρανίου κόσμου κεῖται Ἀναξαγόρας.

Ὅτι καὶ βωμὸς αὐτῷ ἵσταται καὶ ἐπιγέγραπται ᾗ μὲν Νοῦ ᾗ δὲ Ἀληθείας.

in Temesa, der von seinen Nachbarn Tribute eintrieb, hielt er an, denn er kam in sein Heiligtum, das für die Allgemeinheit unzugänglich war, maß sich mit ihm im Kampf und zwang ihn, sogar mehr als das herauszugeben, was er geraubt hatte. Von da stammt das Sprichwort, das man über Leute sagt, denen ein Gewinn keinen Nutzen bringt, dass ihnen der Held in Temesa gleichkomme. Euthymos aber, heißt es, ging zum Ufer des Flusses Kaikinos hinab, der vor der Stadt Lokroi fließt, und verschwand.

Euthymos siegte u. a. 472 bei den Olympischen Spielen im Faustkampf (vgl. Inschriften von Olympia *144; s. u. S. 438); vgl. auch Kallimachos,* Aitia *IV Frg. 98–99 Pfeiffer und Pausanias 6.6.4–6. Bei Temesa (Tempsa) nahe Lokroi nennt Strabon 6.1.5 C 255 einen Tempel des Helden Polites, eines Begleiters des Odysseus.*

8.19. (Man liest,) dass auf dem Grabstein des Anaxagoras[P] geschrieben stehe:

»Der am meisten zum Ziel der Wahrheit vordrang, als er erforschte
den himmlischen Kosmos, liegt hier in dem Grab: Anaxagoras.«

(Man liest,) dass auch ein Altar für ihn errichtet wurde, auf der einen Seite beschriftet mit »Für den Geist«, auf der anderen mit »Für die Wahrheit«.

Die Verse sind auch bei Diogenes Laërtios 2.15 *und in der* Anthologia Palatina *7.94 überliefert. Die Altarinschriften sind wohl eine spätere Erfindung.*

Θ

9.1. Ἱέρωνά φασι τὸν Συρακούσιον φιλέλληνα γενέσθαι καὶ τιμῆσαι παιδείαν ἀνδρειότατα. καὶ ὡς ἦν προχειρότατος εἰς τὰς εὐεργεσίας λέγουσι· προθυμότερον γὰρ αὐτόν φασι χαρίζεσθαι ἢ τοὺς αἰτοῦντας λαμβάνειν. ἦν δὲ καὶ τὴν ψυχὴν ἀνδρειότατος. ἀβασκάνως δὲ καὶ τοῖς ἀδελφοῖς συνεβίωσε τρισὶν οὖσι, πάνυ σφόδρα ἀγαπήσας αὐτοὺς καὶ ὑπ᾽ αὐτῶν φιληθεὶς ἐν τῷ μέρει. τούτῳ, φασί, καὶ Σιμωνίδης συνεβίωσε καὶ Πίνδαρος, καὶ οὐκ ὤκνησέ γε Σιμωνίδης βαρὺς ὢν ὑπὸ γήρως πρὸς αὐτὸν ἀφικέσθαι· ἦν μὲν γὰρ καὶ φύσει φιλάργυρος ὁ Κεῖος, προὔτρεπε δὲ αὐτὸν καὶ πλέον ἡ τοῦ Ἱέρωνος φιλοδωρία, φασίν.

9.2. Ὅτι ἐν Αἰγίνῃ ἐξ Ὀλυμπίας αὐθημερὸν διηγγέλη ἡ νίκη τοῦ Ταυροσθένους τῷ πατρὶ αὐτοῦ ὑπὸ φάσματος, φασίν. ἄλλοι δέ φασι περιστερὰν τὸν Ταυροσθένην ἐπαγαγέσθαι ἀπολιποῦσαν τοὺς ἑαυτῆς νεοττοὺς ὑγροὺς ἔτι καὶ ἀπτῆνας, νικήσαντα δὲ ἀφεῖναι τὴν πελειάδα, προσάψαντα πορφύραν αὐτῇ· τὴν δὲ ἐπειγομένην πρὸς τοὺς νεοττοὺς ἀπαυθημερίσαι ἐκ Πίσης εἰς Αἴγιναν.

9.3. Ὅτι διέθρυπτε τοὺς ἑταίρους Ἀλέξανδρος, τρυφᾶν ἐπιχωρῶν αὐτοῖς, εἴ γε καὶ Ἅγνων χρυσοῦς ἥλους ἐν ταῖς κρηπῖσιν ἐφόρει.

9

9.1. Hieron[G] von Syrakus war, wie man sagt, ein Freund der Griechen und schätzte Bildung aufs Stärkste. Zudem war er, wie es heißt, sehr bereitwillig, Wohltaten zu erweisen. Er hatte mehr Freude daran, sagt man, einen Gefallen zu tun, als die Bittenden daran, ihn anzunehmen. Er war aber auch sehr großmütig. Zwischen ihm und seinen drei Brüdern, mit denen er zusammenlebte, gab es keine Missgunst; er liebte sie sehr und wurde von ihnen ebenso wiedergeliebt. Bei ihm lebten, sagt man, auch Simonides[L] und Pindar[L]. Simonides hatte, obwohl er schon schwer an der Last des Alters trug, nicht gezögert, zu ihm zu kommen. Der Mann aus Keos war nämlich von Natur aus geldgierig; ihn zog Hierons Freigebigkeit an, sagt man.
Zu Hieron vgl. o. 4.15 und u. 12.25.

9.2. (Man liest,) dass in Aigina der Olympia-Sieg des Taurosthenes[S] noch am selben Tag seinem Vater durch ein Traumbild verkündet wurde, sagt man. Andere sagen, Taurosthenes habe eine Taube mitgenommen, die ihre frisch geschlüpften und noch ungefiederten Jungen zurückgelassen hatte. Nach seinem Sieg habe er die Taube fliegen lassen, nachdem er ein Purpurband an ihr befestigt hatte. Sie sei eilends noch am selben Tag von Pisa (Olympia) zu ihren Jungen nach Aigina zurückgekehrt.
Taurosthenes siegte laut Pausanias 6.9.3 bei den Olympischen Spielen 444. Die Taube hatte etwa 160 km zu fliegen. Dies ist die erste antike Erwähnung des Einsatzes einer Brieftaube.

9.3. (Man liest,) dass Alexandros (d. Gr.)[G] seine Freunde verdarb, indem er ihnen ihren Luxus gestattete: So trug etwa Hagnon gol-

Κλεῖτος δὲ εἴποτε μέλλοι τισὶ χρηματίζειν, ἐπὶ πορφυρῶν είμάτων βαδίζων τοὺς δεομένους προσίετο. Περδίκκᾳ δὲ καὶ Κρατερῷ φιλογυμναστοῦσιν ἠκολούθουν διφθέραι σταδιαῖαι τὸ μέγεθος, ὑφ' αἷς περιλαμβάνοντες τόπον εὐμεγέθη ἐν ταῖς καταστρατοπεδείαις ἐγυμνάζοντο. εἵπετο δὲ αὐτοῖς καὶ πολλὴ κόνις δι' ὑποζυγίων, εἰς τὰ γυμνάσια λυσιτελὴς οὖσα. Λεοννάτῳ δὲ καὶ Μενελάῳ φιλοθηροῦσιν αὐλαῖαι σταδίων ἑκατὸν ἠκολούθουν.

Αὐτῷ δὲ Ἀλεξάνδρῳ ἡ μὲν σκηνὴ ἦν κλινῶν ἑκατόν, χρυσοῖ δὲ κίονες πεντήκοντα διειλήφεσαν αὐτὴν καὶ τὸν ὄροφον αὐτῆς ἀνεῖχον, αὐτὸς δὲ ὁ ὄροφος διάχρυσος ἦν καὶ ἐκπεπόνητο ποικίλμασι πολυτελέσι. καὶ πρῶτοι μὲν Πέρσαι πεντακόσιοι οἱ καλούμενοι μηλοφόροι περὶ αὐτὴν ἐντὸς είστήκεσαν πορφυρᾶς καὶ μηλίνας ἠσθημένοι στολάς· ἐπ' αὐτοῖς δὲ τοξόται χίλιοι, φλόγινα ἐνδεδυκότες καὶ ὑσγινοβαφῆ· πρὸ δὲ τούτων οἱ ἀργυράσπιδες πεντακόσιοι Μακεδόνες. ἐν μέσῃ δὲ τῇ σκηνῇ χρυσοῦς ἐτίθετο δίφρος καὶ ἐπ' αὐτῷ καθήμενος Ἀλέξανδρος ἐχρημάτιζε, περιεστώτων αὐτῷ πανταχόθεν τῶν σωματοφυλάκων. περιῄει δὲ τὴν σκηνὴν περίβολος, ἔνθα ἦσαν Μακεδόνες χίλιοι καὶ Πέρσαι μύριοι. καὶ οὐδεὶς ἐτόλμα ῥᾳδίως προσελθεῖν αὐτῷ· πολὺ γὰρ ἦν τὸ ἐξ αὐτοῦ δέος ἀρθέντος ὑπὸ φρονήματος καὶ τύχης εἰς τυραννίδα.

9.4. Πολυκράτης ὁ Σάμιος ἐν Μούσαις ἦν καὶ Ἀνακρέοντα ἐτίμα τὸν Τήιον καὶ διὰ σπουδῆς ἦγε καὶ ἔχαιρεν αὐτῷ καὶ τοῖς ἐκείνου μέλεσιν. οὐκ ἐπαινῶ δὲ αὐτοῦ τὴν τρυφήν. Ἀνακρέων ἐπῄνεσε Σμερδίην θερμότερον τὰ παιδικὰ Πολυκράτους, εἶτα ἥσθη τὸ μειράκιον τῷ ἐπαίνῳ, καὶ τὸν Ἀνακρέοντα ἠσπάζετο σεμνῶς εὖ μάλα, ἐρῶντα τῆς ψυχῆς, ἀλλ' οὐ τοῦ σώματος· μὴ γάρ τις ἡμῖν

dene Nägel an den Schuhen. Wenn Kleitos mit Leuten Geschäfte machen wollte, ging er auf purpurnen Teppichen auf und ab und empfing so die Bittsteller. Für (seine Gefährten) Perdikkas[G] und Krateros, die gerne trainierten, wurden Leder-Zelte in der Größe von 1 Stadion[A] mitgenommen, die auf einem großen Platz im Lager aufgestellt wurden und unter denen sie trainierten. Es folgte ihnen auch viel Sand auf Lasttieren, wie er für *Gymnasia*[S] geeignet ist. Für Leonnatos und Menelaos, die gerne jagten, folgten Netze, die 100 Stadien groß waren.

Für Alexandros selbst gab es ein Zelt, in das 100 Liegen passten; 50 goldene Pfeiler waren verteilt und stützten das Zeltdach. Das Zeltdach selbst war golddurchwirkt und mit kostbaren bunten Stickereien versehen. Es standen innen ringsherum zuerst 500 Perser, die sogenannten »Apfelträger«, die mit purpurnen und quittengelben Gewändern bekleidet waren, nach ihnen 1000 Bogenschützen in flammenfarbiger und scharlachroter Kleidung, vor diesen wiederum die 500 makedonischen *Argyraspides* (»Silberschildner«, eine Eliteeinheit). In der Mitte des Zeltes stand ein goldener Stuhl, auf dem Alexandros sitzend seine Besucher empfing, auf allen Seiten von Leibwachen umgeben. Um das Zelt herum war eine Palisade, in der 1000 Makedonen und 10 000 Perser waren. Und niemand wagte so leicht, zu ihm zu kommen, so groß war die Furcht vor ihm, den Stolz und Glück zur Tyrannis erhoben hatten.

Vgl. Athenaios 539c–f, dem Ailianos offenbar folgt. Athenaios 514b nennt 1000 Apfelträger, die so wegen des Zeichens eines Apfels (oder einer Quitte) auf ihren Speeren benannt worden seien.

9.4. Polykrates von Samos war ein Musenfreund und verehrte den Anakreon[L] von Teos sehr, bemühte sich um ihn und hatte Freude an ihm und seinen Liedern. Nicht loben will ich seine Schwelgerei: Anakreon hatte den Smerdiës recht leidenschaftlich gelobt, den Geliebten des Polykrates. Der junge Mann freute sich über das Lob und verehrte den Anakreon gar sehr; der freilich liebte

διαβαλλέτω πρὸς θεῶν τὸν ποιητὴν τὸν Τήιον, μηδ' ἀκόλαστον εἶναι λεγέτω. ἐζηλοτύπησε δὲ Πολυκράτης ὅτι τὸν Σμερδίην ἐτίμησε καὶ ἑώρα τὸν ποιητὴν ὑπὸ τοῦ παιδὸς ἀντιφιλούμενον, καὶ ἀπέκειρε τὸν παῖδα ὁ Πολυκράτης, ἐκεῖνον μὲν αἰσχύνων, οἰόμενος δὲ λυπεῖν Ἀνακρέοντα. ὁ δὲ οὐ προσεποιήσατο αἰτιᾶσθαι τὸν Πολυκράτη σωφρόνως καὶ ἐγκρατῶς, μετήγαγε δὲ τὸ ἔγκλημα ἐπὶ τὸ μειράκιον ἐν οἷς ἐπεκάλει τόλμαν αὐτῷ καὶ ἀμαθίαν ὁπλισαμένῳ κατὰ τῶν ἑαυτοῦ τριχῶν. τὸ δὲ ᾆσμα τὸ ἐπὶ τῷ πάθει τῆς κόμης Ἀνακρέων ᾀσάτω· ἐμοῦ γὰρ αὐτὸς ἄμεινον ᾄσεται.

9.5. Θεμιστοκλῆς Ἱέρωνα ἥκοντα εἰς Ὀλυμπίαν, Ὀλυμπίων ἀγομένων, ἵππους ἄγοντα εἶρξε τῆς ἀγωνίας εἰπὼν τὸν μὴ μεταλαβόντα τοῦ μεγίστου τῶν κινδύνων τῶν πανηγύρεων μεταλαμβάνειν μὴ δεῖν· καὶ ἐπῃνέθη Θεμιστοκλῆς.

9.6. Ὅτι Περικλῆς ἐν τῷ λοιμῷ τοὺς παῖδας ἀποβαλὼν ἀνδρειότατα τὸν θάνατον αὐτῶν ἤνεγκε καὶ πάντας Ἀθηναίους εὐθυμότερον ἔπεισε τοὺς τῶν φιλτάτων θανάτους φέρειν.

9.7. Ἡ Ξανθίππη <ἔφη> μυρίων μεταβολῶν τὴν πόλιν <καὶ αὐτοὺς> κατασχουσῶν ἐν πάσαις ὅμοιον τὸ Σωκράτους πρόσωπον καὶ προϊόντος ἐκ τῆς οἰκίας καὶ ἐπανιόντος ἀεὶ θεᾶσθαι· ἥρμοστο γὰρ πρὸς πάντα ἐπιεικῶς, καὶ ἦν ἵλεως ἀεὶ τὴν διάνοιαν καὶ λύπης ὑπεράνω πάσης καὶ φόβου κρείττων παντὸς ὤν.

seine Seele, nicht seinen Körper. Niemand soll uns bei den Göttern (Anakreon,) den Dichter aus Teos verleumden und ihn zügellos nennen! Polykrates aber war eifersüchtig, dass jener den Smerdiës schätzte, und sah, dass der Dichter von dem Jungen wiedergeliebt wurde. Da schor Polykrates dem Jungen die Haare ab, um ihn zu beschämen und Anakreon damit traurig zu machen. Doch der tat in züchtiger und selbstbeherrschter Weise so, als gebe er nicht Polykrates die Schuld, sondern machte dem jungen Mann den Vorwurf, indem er ihn beschuldigte, aus Arroganz und Unwissenheit Waffen gegen seine eigenen Haare gerichtet zu haben. Das Lied auf den Verlust der Haare soll Anakreon (Frg. 69 Page) singen; er wird es ja besser singen als ich!
Polykrates war 538–522 Tyrann von Samos.

9.5. Themistokles[G] schloss den Hieron[G], der nach Olympia gekommen war, um an den Olympischen Spielen teilzunehmen,[S] mit seinen Pferden vom Wettkampf aus, wobei er sagte, wer an den größten Gefahren (nämlich der Abwehr der Perser) nicht teilgehabt habe, dürfe auch an den Festlichkeiten nicht teilnehmen; und Themistokles wurde dafür gelobt.

9.6. (Man liest,) dass Perikles[G], als er während der Pest seine Söhne verlor (s. o. 6.10), deren Tod sehr tapfer ertrug und allen Athenern zuredete, den Tod ihrer Liebsten standhafter zu ertragen.

9.7. Xanthippe (die Frau des Sokrates[P]) sagte, bei all den Zehntausenden von Veränderungen, welche die Stadt und sie alle betroffen hätten, habe das Gesicht des Sokrates, ob er aus dem Haus fortging oder zurückkehrte, stets den gleichen Anblick geboten. Er passte sich nämlich allem geduldig an, war immer freundlich, über jede Trauer erhaben und stärker als jede Angst.

9.8. Ὁ νέος Διονύσιος εἰς τὴν τῶν Λοκρῶν πόλιν παριὼν – εἴ γε [ἡ] Δωρὶς ἡ μήτηρ αὐτοῦ Λοκρὶς ἦν – τοὺς οἴκους τῶν μεγίστων τῶν ἐν τῇ πόλει καταλαμβάνων ῥόδοις καὶ ἑρπύλλοις καὶ ἄλλοις ἄνθεσι καταστρωννὺς τὰς τῶν Λοκρῶν θυγατέρας μετεπέμπετο καὶ συνῆν αὐταῖς ἀκολαστότατα. ὑπὲρ δὴ τούτου ἔτισε δίκην· ἐπειδὴ γὰρ αὐτοῦ ἡ τυραννὶς κατελύθη ὑπὸ Δίωνος, ἐνταῦθα οἱ Λοκροὶ τὴν γυναῖκα τοῦ Διονυσίου καὶ τὰς θυγατέρας κατεπόρνευσαν, καὶ ἀνέδην αὐταῖς ἐνύβριζον πάντες, μάλιστα οἱ προσήκοντες ταῖς παρθένοις ταῖς ὑπὸ Διονυσίου διεφθαρμέναις. ἡνίκα δὲ διακορεῖς ἐγένοντο ὑβρίζοντες, κεντοῦντες αὐτὰς ὑπὸ τοῖς ὄνυξι τοῖς τῶν χειρῶν βελόναις ἀπέκτειναν. τὰ δὲ ὀστᾶ κατέκοψαν ἐν ὅλμοις, καὶ τὰ κρέα τῶν ὀστῶν ἀφελόντες ἐπηράσαντο τοῖς μὴ γευσαμένοις αὐτῶν· εἰ δέ τι περιελείφθη ἐξ αὐτῶν, κατεπόντωσαν. ὁ δὲ ἐν Κορίνθῳ πολλαῖς καὶ ποικίλαις χρησάμενος βίου μεταβολαῖς διὰ τὴν ὑπερβάλλουσαν ἀπορίαν, τελευταῖον δὲ μητραγυρτῶν καὶ κρούων τύμπανα καὶ καταυλούμενος τὸν βίον κατέστρεψεν.

9.9. Δημήτριος ὁ Φαληρεὺς [ᾕρει τὰς πόλεις καὶ] τῇ ἑαυτοῦ τρυφῇ καταχρώμενος χίλια μὲν καὶ διακόσια τάλαντα πρόσοδον ἑαυτῷ περιεποιήσατο καθ᾽ ἕκαστον ἔτος καὶ ἐκ τούτων ὀλίγα μὲν εἰς τὸ στρατόπεδον ἐδαπάνα, τὰ δὲ λοιπὰ εἰς τὴν ἀκολασίαν τὴν ἑαυτοῦ. μύροις τε ἐρραίνετο [καὶ] αὐτῷ τὸ δάπεδον καὶ καθ᾽ ἑκάστην ἔτους ὥραν τὰ ἐνακμάζοντα τῶν ἀνθέων [ταῦτα] ὑπεσπείρετο αὐτῷ, ἵνα κατ᾽ αὐτῶν βαδίζῃ. ἦν δὲ καὶ πρὸς γυναῖκας ἀκόλαστος καὶ νεανικοῖς ἔρωσιν ἐπεχείρει. ἔμελε δὲ αὐτῷ καὶ καλῷ εἶναι εὐθετίζοντι τὴν τρίχα καὶ ξανθιζομένῳ καὶ ὑπαλειφομένῳ τὸ πρόσωπον παιδέρωτι. καὶ τοῖς ἄλλοις δὲ ἐχρίετο ἀλείμμασι, προσφιλοτιμούμενος τῇ ῥᾳθυμίᾳ.

9.8. Als der jüngere Dionysios (II.)[G] nach Lokroi kam – seine Mutter Doris war ja aus Lokroi –, nahm er sich die Häuser der Größten in der Stadt, bedeckte die Böden mit Rosen, wildem Thymian und anderen Blüten, ließ die Töchter der Lokrer zu sich kommen und schlief dann in schamlosester Weise mit ihnen. Dafür büßte er mit folgender Strafe: Als Dion[G] seine Tyrannis gestürzt hatte, machten die Lokrer seine Frau und seine Töchter zu Prostituierten; alle vergingen sich hemmungslos an ihnen, besonders die Verwandten der von Dionysios geschändeten Jungfrauen. Als sie genug vom Vergewaltigen hatten, trieben sie ihnen Nadeln unter die Fingernägel und töteten sie. Ihre Knochen zerstießen sie in Mörsern, zogen das Fleisch von den Knochen und verfluchten alle, die davon nicht kosteten. Was von ihnen doch noch übrigblieb, warfen sie ins Meer. Er (Dionysios II.) aber beendete sein Leben in Korinth, nachdem er nach vielen bunten Wechselfällen des Lebens schließlich als Bettelpriester der Großen Mutter(gottheit) zum Flötenklang die Handpauke geschlagen hatte.
Vgl. Athenaios 541c–e und zum Fall des Dionysios o. 6.12.

9.9. Demetrios von Phaleron[G] trieb Missbrauch mit seinem Luxus: Er verschaffte sich jährliche Einkünfte in Höhe von 1200 Talenten[A] und wendete davon nur wenige für das Heer auf, den Rest für seine Ausschweifungen. Mit Myrrhe war der Fußboden bei ihm besprengt und in der jeweiligen Jahreszeit blühende Blumen wurden für ihn verstreut, damit er auf ihnen auf und ab gehe. Er war auch gegenüber Frauen zügellos und versuchte sich auch in Knabenliebe. Er war sehr auf seine Schönheit bedacht, indem er sich sorgfältig die Haare ordnete und blond färbte und das Gesicht mit knabenhaftem Rouge schminkte. Er rieb sich auch mit anderen Salben ein, wobei er sich noch seines Leichtsinns rühmte.
Vgl. Athenaios 542c–d.

9.10. Ὁ Πλάτων, νοσεροῦ χωρίου λεγομένου εἶναι τῆς Ἀκαδημίας καὶ συμβουλευόντων αὐτῷ ἰατρῶν εἰς τὸ Λύκειον μετοικῆσαι, οὐκ ἠξίωσεν εἰπών· »ἀλλ' ἔγωγε οὐκ ἂν οὐδὲ εἰς τὰ ἄκρα τὰ τοῦ Ἄθω μετῴκησα ἂν ὑπὲρ τοῦ μακροβιώτερος γενέσθαι.«

9.11. Παρράσιος ὁ ζωγράφος ὅτι μὲν πορφυρίδα ἐφόρει καὶ χρυσοῦν στέφανον περιέκειτο μαρτυροῦσι καὶ ἄλλοι καὶ τὰ ἐπιγράμματα δὲ ἐπὶ πολλῶν εἰκόνων αὐτοῦ· ἠγωνίσατο δέ ποτε ἐν Σάμῳ, συνέτυχε δὲ ἀντιπάλῳ [οὐ] κατὰ πολὺ ἐνδεεστέρῳ αὐτοῦ εἶτα ἡττήθη. τὸ δὲ γράμμα ἦν αὐτῷ, ὁ Αἴας ὑπὲρ τῶν ὅπλων τῶν Ἀχιλλέως ἀγωνισάμενος πρὸς τὸν Ὀδυσσέα. ἡττηθεὶς δὲ εὖ μάλα ἀστείως ἀπεκρίνατο πρὸς τὸν συναχθόμενον αὐτῷ τῶν ἑταίρων ὁ Παρράσιος· ἔφη γὰρ αὐτὸς μὲν ὑπὲρ τῆς ἥττης ὀλίγον φροντίζειν, συνάχθεσθαι δὲ τῷ παιδὶ τοῦ Τελαμῶνος δεύτερον τοῦτο ὑπὲρ τῶν αὐτῶν ἡττηθέντι. κατεῖχε δὲ καὶ σκίπωνα χρυσᾶς ἕλικας ἔχοντα περιερπούσας, χρυσοῖς τε ἀνασπάστοις ἐπέσφιγγε τοὺς ἀναγωγέας τῶν βλαυτῶν. φασὶ δὲ αὐτὸν μήτε ἄκοντα μήτε ἐπιπόνως τὰ ἐν τῇ τέχνῃ χειρουργεῖν, πάνυ δὲ εὐθύμως καὶ ῥᾳδίως· καὶ γὰρ καὶ ᾖδε καὶ ὑπομινυρόμενος τὸν κάματον τὸν ἐκ τῆς ἐπιστήμης ἐπειρᾶτο ἐπελαφρύνειν. λέγει δὲ ταῦτα Θεόφραστος.

9.12. Ὅτι Ῥωμαῖοι Ἀλκαῖον καὶ Φίλισκον τοὺς Ἐπικουρείους ἐξέβαλον τῆς πόλεως, ὅτι πολλῶν καὶ ἀτόπων ἡδονῶν εἰσηγηταὶ τοῖς νέοις ἐγένοντο. καὶ Μεσσήνιοι δὲ ἐξέωσαν τοὺς Ἐπικουρείους.

9.10. Platon[P] weigerte sich, als es hieß, die Akademie[P] sei ein ungesunder Ort, und die Ärzte ihm den Rat gaben, in das Lykeion[P] überzusiedeln, und sagte: »Ich würde nicht einmal auf den Gipfel des Athos umziehen, nur um längerlebig zu werden!«
Die Bewohner des Berges Athos galten als besonders langlebig, vgl. etwa Lukian, Langlebige 5.

9.11. Dass der Maler Parrhasios[K] ein Purpurgewand trug und einen goldenen Kranz auf dem Kopf, bezeugen viele und insbesondere die Aufschriften auf vielen seiner Bilder. Einst nahm er in Samos an einem Wettbewerb teil, wo er auf einen Konkurrenten traf, der ihm in Vielem nachstand, unterlag aber doch. Sein Bild zeigte, wie Aias gegen Odysseus um die Waffen des Achilleus kämpft (Homer, *Odyssee* 11.541ff.). Nach seiner Niederlage antwortete Parrhasios sehr geistreich einem seiner Gefährten, der ihn bemitleidete. Er sagte, um die Niederlage kümmere er sich wenig, er leide aber mit (Aias,) dem Sohn des Telamon, der zum zweiten Mal in ein und derselben Sache unterlegen sei. – Er hatte auch einen Stab, der mit goldenen Verzierungen umwunden war. Mit goldenen Riemen zog er die Laschen seiner Sandalen fest. Er hat, sagt man, die Werke seiner Kunst weder unfreiwillig noch mühsam ausgeführt, sondern ganz fröhlich und leicht. Er beherrschte seine Kunst nämlich und versuchte die Mühen, die sie ihm bereitete, durch Singen und Summen dabei zu erleichtern. Es berichtet dies Theophrastos[P] (Frg. 552A Fortenbaugh/Huby/Sharples).
Vgl. Athenaios 543c–f.

9.12. (Man liest,) dass die Römer die Epikureer Alkaios und Philiskos aus der Stadt warfen, weil sie viele unangebrachte Vergnügungen bei den jungen Leuten einführten. Auch die Messenier verstießen die Epikureer.
Vgl. Athenaios 547a, der die Vertreibung der Epikureer in das Konsulatsjahr eines Lucius Postumus (173 oder 154) datiert. Die hier ge-

9.13. Διονύσιον τὸν Ἡρακλεώτην, <τὸν> Κλεάρχου τοῦ τυράννου υἱόν, ἀκούω ἐκ τῆς καθ' ἡμέραν ἀδηφαγίας καὶ τρυφῆς λαθεῖν ἑαυτὸν ὑπερσαρκήσαντα καὶ καταπιανθέντα. τὰ ἐπίχειρα γοῦν τοῦ κατὰ τὸ σῶμα μεγέθους καὶ τοῦ περὶ τὰς σάρκας ὄγκου ἐκαρπώσατο δύσπνοιαν. φάρμακον οὖν αὐτῷ τοῦδε τοῦ πάθους συνέταξαν οἱ ἰατροί, φασι, βελόνας λεπτὰς κατασκευάσαι μηκίστας, εἶτα ταύτας διὰ τῶν πλευρῶν καὶ τῆς κοιλίας διωθεῖν, ὅταν εἰς ὕπνον τύχῃ βαθύτερον ἐμπεσών. ἦν δὲ ἄρα τοῦτο ἐπιμελὲς ἐκείνοις δρᾶν, ἔστε ὅλη διὰ τῆς πεπωρωμένης καὶ τρόπον τινὰ ἀλλοτρίας αὐτοῦ σαρκὸς διεῖρπεν ἡ βελόνη· ἀλλ' ἐκεῖνός γε ἔκειτο λίθου διαφέρων οὐδέν. εἰ δὲ ἀφίκετο τὸ βέλος ἔνθα λοιπὸν ἦν αὐτῷ τὸ σῶμα ἐρρωμένον καὶ ἴδιον, ἀλλ' οὐκ ἐκ τῆς ἄγαν πιμελῆς ἀλλότριον, τηνικαῦτα καὶ ἐκεῖνος ᾐσθάνετο, καὶ ἠγείρετο ἐκ τοῦ ὕπνου. τοὺς δὲ χρηματισμοὺς ἐποιεῖτο τοῖς βουλομένοις αὐτῷ προσιέναι, κιβωτὸν τοῦ σώματος προβαλλόμενος. οἱ δὲ οὐ κιβωτόν φασιν ἀλλὰ πυργίσκον, ἵνα τὰ μὲν λοιπὰ αὐτοῦ μέρη ἀποκρύπτοιτο, τὸ δὲ πρόσωπον μόνον ὑπερέχων διαλέγοιτο, πονηράν, ὦ θεοί, ταύτην ἐκεῖνος τὴν στολὴν περιαμπεχόμενος καὶ θηρίου φρουρὰν μᾶλλον ἢ ἀνθρώπου ἐσθῆτα.

9.14. Φιλίταν λέγουσι τὸν Κῷον λεπτότατον γενέσθαι τὸ σῶμα. ἐπεὶ τοίνυν ἀνατραπῆναι ῥᾴδιος ἦν ἐκ πάσης προφάσεως, μολίβου, φασί, πεποιημένα εἶχεν ἐν τοῖς ὑποδήμασι πέλματα, ἵνα μὴ ἀνατρέπηται ὑπὸ τῶν ἀνέμων, εἴ ποτε σκληροὶ κατέπνεον. εἰ δὲ ἦν οὕτως ἀδύνατος ὥστε μὴ ἀντέχειν πνεύματι, πῶς οἷός τε ἦν τοσοῦτον φορτίον ἐπάγεσθαι; ἐμὲ μὲν οὖν τὸ λεχθὲν οὐ πείθει· ὃ δὲ ἔγνων ὑπὲρ τοῦ ἀνδρός, τοῦτο εἶπον.

nannten Messenier sind laut Suda *s. v. Epikuros die Bewohner der Landschaft Messenien in Arkadien auf der Peloponnes.*

9.13. Dionysios aus Herakleia, Sohn des Tyrannen Klearchos, war, wie ich höre, durch tägliches Fressen und Schwelgen unvermerkt überaus dick und fett geworden. Der Lohn für seine große Körpermenge und sein angeschwollenes Fleisch war Atemnot. Als Heilmittel gegen dieses Leiden verordneten die Ärzte, wie man sagt, man solle spitze und sehr lange Nadeln bereiten, um ihm dann damit Seiten und Bauch zu durchbohren, wenn er in tiefen Schlaf gefallen sei. Dies also hatten sie zu tun, bis die ganze Nadel sein gefühlloses, gleichsam ihm fremdes Fleisch durchbohrt hatte. Jener aber lag da wie ein Stein und bemerkte nichts. Wenn die Nadel dahin gekommen war, wo sein übriger gesunder und eigener Körper war, nicht der durch allzu viel Fett fremde, spürte er sie und erwachte aus dem Schlaf. Mit denen, die mit ihm sprechen wollten, machte er seine Geschäfte, indem er eine Kiste vor seinem Körper errichten ließ, nach anderen nicht eine Kiste, sondern einen kleinen Turm, damit die übrigen Teile verborgen blieben, das Gesicht allein aber beim Sprechen hervorsehe. O ihr Götter, ein solches Gewand hatte er da um sich herum, eher den Panzer eines Tieres als das Gewand eines Menschen!
Vgl. Athenaios 549a–c. Klearchos war Tyrann von Herakleia 390-353/52, Dionysios seit 337/36.

9.14. Philitas[L] von Kos hatte, wie es heißt, einen sehr mageren Körper. Da er nun bei jedem Anlass leicht umgeworfen wurde, trug er, sagt man, Bleisohlen in den Sandalen, damit er nicht von den Winden umgeworfen würde, wenn sie stark wehten. Wenn er aber so schwach war, dass er dem Wind nicht widerstehen konnte, wie war er dann imstande, eine so große Last zu bewegen? Mich überzeugt das Gesagte nicht; was ich über den Mann erfahren habe, das habe ich gesagt.
Vgl. Athenaios 552b (wohl Ailianos' Vorlage) und s. Cameron 1991.

9.15. Ὅτι ποιητικῆς ἁπάσης Ἀργεῖοι τὰ πρῶτα Ὁμήρῳ ἔδωκαν, δευτέρους δὲ αὐτοῦ ἔταττον πάντας. ποιοῦντες δὲ θυσίαν, ἐπὶ ξένια ἐκάλουν τὸν Ἀπόλλωνα καὶ Ὅμηρον. λέγεται δὲ κἀκεῖνο πρὸς τούτοις, ὅτι ἄρα ἀπορῶν ἐκδοῦναι τὴν θυγατέρα, ἔδωκεν αὐτῇ προῖκα ἔχειν τὰ ἔπη τὰ Κύπρια. καὶ ὁμολογεῖ τοῦτο Πίνδαρος.

9.16. Τὴν Ἰταλίαν ᾤκησαν πρῶτοι Αὔσονες αὐτόχθονες. πρεσβύτατον δὲ γενέσθαι Μάρην τινὰ καλούμενον, οὗ τὰ μὲν ἔμπροσθεν λέγουσιν ἀνθρώπῳ ὅμοια, τὰ κατόπισθεν δὲ ἵππου· καὶ αὐτὸ δὲ τοὔνομα εἰς τὴν Ἑλλάδα, φασίν, ἱππομιγὴς δύναται. δοκεῖ δέ μοι πρῶτος ἵππον ἀναβῆναι καὶ ἐμβαλεῖν αὐτῷ χαλινόν, εἶτα ἐκ τούτου διφυὴς πιστευθῆναι. μυθολογοῦσι δὲ αὐτὸν καὶ βιῶναι ἔτη τρία καὶ εἴκοσι καὶ ἑκατόν, καὶ ὅτι τρὶς ἀποθανὼν ἀνεβίω τρίς· ἐμοὶ δὲ οὐ πιστὰ δοκοῦσιν.

Ὅτι τὴν Ἰταλίαν φασὶν οἰκῆσαι ἔθνη πάμπολλα καὶ ὅσα οὐκ ἄλλην γῆν. τὸ δὲ αἴτιον, διὰ τὴν τῶν ὡρῶν εὐκρασίαν καὶ τὴν τῆς χώρας ἀρετὴν καὶ τὸ ἔνυδρον αὐτῆς καὶ τὸ πάμφορον καὶ τὸ εὔβοτον καὶ ὅτι ποταμοῖς ἐστι κατάρρυτος καὶ ὅτι θάλασσα ἀγαθὴ παράκειται αὐτῇ ὅρμοις πανταχόθεν διειλημμένη καὶ καταγωγαῖς ἀφθόνοις καὶ κατάρσεσιν. ἀλλὰ καὶ τὸ τῶν οἰκητόρων ἥμερον καὶ πρᾶον ἐπῆρε πολλοὺς εἰς τὴν μετοίκησιν. καὶ ὅτι πόλεις ᾤκησαν τὴν Ἰταλίαν πάλαι ἑπτὰ καὶ ἐνενήκοντα καὶ ἑκατὸν πρὸς ταῖς χιλίαις.

9.17. Κουφότητα ἔοικε κατηγορεῖν οὗτος ὁ λόγος ὁ λέγων περὶ Δημοσθένους ὅτι ἄρα τύφου αὐτὸν ὑπεπλήρουν καὶ οἱ ὑδροφοροῦντες, εἴ ποτε παριόντος αὐτοῦ ὑπὲρ αὐτοῦ τι ψιθυρίσαιεν. ὃς γὰρ καὶ ὑπ᾽ ἐκείνων ἐκουφίζετο καὶ ἐπαιρόμενος ἦν δῆλος, τίς ἦν, εἴ ποτε ὑπὸ τῆς ἐκκλησίας ἐκροτήθη;

9.15. (Man liest,) dass den ersten Rang in aller Dichtung die Argiver dem Homer[L] zuerkannten und alle an zweiter Stelle hinter ihn einreihten. Wenn sie ein Opferfest feierten, luden sie Apollon und Homer zum Opfermahl. Es wird dazu auch das erzählt, dass er, weil er nichts hatte, um seine Tochter zu verheiraten, ihr als Mitgift die *Kypria*[L] gab. Dem stimmt Pindar[L] (Frg. 265 Snell/Mähler) zu.

9.16. In Italien siedelten als erste Ureinwohner die Ausonen. Der älteste war, wie es heißt, ein gewisser Mares, dessen Vorderteil einem Menschen ähnlich war, das Hinterteil das eines Pferdes. Sein Name bedeutete in Griechenland, sagt man, »Mischpferd«. Mir aber scheint, dass er als erster ein Pferd bestieg und ihm den Zügel anlegte und dass er deshalb für doppelnaturig gehalten wurde. Man erzählt auch den Mythos, dass er 123 Jahre gelebt habe, dreimal gestorben und dreimal wieder zum Leben erwacht sei; mir aber erscheint dies nicht glaubwürdig.

(Man liest), dass sehr viele Volksstämme Italien bewohnten, so viel wie kein anderes Land, sagt man. Der Grund hierfür liegt in der guten Mischung der Jahreszeiten und der Güte des Bodens, seinem Wasserreichtum, seiner Fruchtbarkeit und seinem guten Weideland, auch daran, dass es von Flüssen durchzogen ist, günstig am Meer liegt und seine Küste überall von Ankerplätzen und zahlreichen Häfen und Landeplätzen unterbrochen ist. Doch auch die Sanftheit und Freundlichkeit der Einwohner verleitete viele zum Umsiedeln. (Man liest) auch, dass sie früher in Italien 1197 Städte bewohnten.

9.17. Dünkelhaftigkeit anzuklagen scheint der *Logos*[L], der über Demosthenes[L] besagt, dass es ihn sogar aufplusterte, wenn die Wasserträger über ihn tuschelten, wenn er einmal vorbeiging. Wer sich nämlich schon durch solche Leute in seinem Dünkel bestätigt sah und offenbar geschmeichelt war, was erst, wenn ihm in der Volksversammlung Beifall gespendet wurde?

9.18. Θεμιστοκλῆς ὁ Νεοκλέους ἑαυτὸν εἴκαζε ταῖς δρυσί, λέγων ὅτι καὶ ἐκείνας ὑπέρχονται οἱ ἄνθρωποι καὶ δέονται αὐτῶν, ὅταν ὕῃ, στέγην <τὴν> ἐκ τῶν κλάδων ποθοῦντες· ὅταν δὲ οὔσης εὐδίας παρίωσι, τίλλουσιν αὐτὰς καὶ περικλῶσιν. <καὶ αὐτὸς οὖν ἔλεγεν ὑπὸ τοῦ δήμου τὰ αὐτὰ πάσχειν.>

Ὁ αὐτὸς δὲ ἔλεγεν· »εἴ μοί τις ὁδοὺς δύο δείξειε, τὴν μὲν εἰς ᾅδου φέρουσαν, τὴν δὲ ἐπὶ τὸ βῆμα, ἥδιον ἂν τὴν ἑτέραν ἦλθον τὴν εὐθὺ τοῦ ᾅδου.«
Vgl. Stobaios 2.46.14.

9.19. Ἠρίστα ποτὲ Διογένης ἐν καπηλείῳ, εἶτα παριόντα Δημοσθένη ἐκάλει. τοῦ δὲ μὴ ὑπακούσαντος »αἰσχύνῃ,« ἔφη »Δημόσθενες, παρελθεῖν εἰς καπηλεῖον; καὶ μὴν ὁ κύριός σου καθ' ἑκάστην ἡμέραν ἐνθάδε εἴσεισι,« τοὺς δημότας λέγων καὶ τοὺς καθ' ἕνα, δηλῶν ὅτι οἱ δημηγόροι καὶ οἱ ῥήτορες δοῦλοι τοῦ πλήθους εἰσί.

9.20. Πλέων Ἀρίστιππος χειμῶνος ἐπιγενομένου πάνυ σφόδρα ἐταράττετο. ἔφη δέ τις τῶν συμπλεόντων· »ὦ Ἀρίστιππε, καὶ σὺ δέδοικας, ὡς οἱ πολλοί;« ὁ δέ· »καὶ μάλα γε εἰκότως· ὑμῖν μὲν γὰρ περὶ κακοδαίμονός ἐστι βίου ἡ σπουδὴ καὶ ὁ νῦν κίνδυνος, ἐμοὶ δὲ περὶ εὐδαίμονος.«

9.21. Θηραμένης ἔτυχεν ἐν οἰκίᾳ τινὶ διατρίβων, εἶτα ἐπεὶ προῆλθεν αὐτῆς, παραχρῆμα ἐκείνη κατηνέχθη. οἱ μὲν οὖν Ἀθηναῖοι ἄλλοι ἀλλαχόθεν αὐτῷ περιφύντες συνήδοντο ἐπὶ τῇ σωτηρίᾳ τῇ παραδόξῳ, ὁ δὲ παρὰ τὴν πάντων ἐλπίδα ἀπεκρίνατο· »ὦ Ζεῦ, εἰς τίνα με καιρὸν φυλάττεις;« καὶ μετ' οὐ πολὺν χρόνον ὑπὸ τῶν τριάκοντα ἀνῃρέθη, πιεῖν κώνειον κατακριθείς.

9.18. Themistokles[G], Sohn des Neokles, verglich sich mit den Eichen, indem er sagte, dass auch bei ihnen die Menschen unterschlüpfen und sie brauchen, wenn es regnet, weil sie sich nach dem Dach aus ihren Zweigen sehnen. Wenn sie jedoch bei schönem Wetter vorbeikommen, rupfen und brechen jene sie ab. Auch er selbst also, sagte er, erleide dasselbe vom Volk.

Er sagte auch: »Wenn mir jemand zwei Wege zeigte, einen, der zum Hades führt und einen zur Rednerbühne, würde ich lieber den davon gehen, der geradewegs zum Hades führt!«

9.19. Es frühstückte einmal Diogenes[P] in einer Kneipe, da lud er den vorbeikommenden Demosthenes[L] ein. Als der nicht darauf hörte, sagte er: »Schämst du dich, Demosthenes, in eine Kneipe zu gehen? Dein Herr geht doch täglich hier hinein!« Damit meinte er das Volk, und alle miteinander, und wies darauf hin, dass die Volksredner und Rhetoren Sklaven der Menge sind.

9.20. Es segelte Aristippos[P] (Frg. 87b Mannebach), als ein Sturm aufkam; da geriet er in große Aufregung. Es sagte einer der Mitreisenden: »O Aristippos, auch du fürchtest dich wie die gewöhnlichen Leute?« Er darauf: »Ja, ganz erwartungsgemäß: Euch nämlich geht es um die Sorge um ein unglückliches Leben und jetzt die Gefahr, mir um ein glückliches.«

9.21. Theramenes[G] hielt sich zufällig in einem Haus auf, das genau, als er er verließ, einstürzte. Während sich die anderen Athener, die ihn von allen Seiten umringten, über seine paradoxe Rettung mitfreuten, entgegnete er wider aller Erwarten: »O Zeus, für welche Zeit bewahrst du mich?« Kurz darauf wurde er von den 30 (Tyrannen)[G] getötet, indem er zum Trinken des Schierlingsbechers verurteilt wurde.

9.22. Λέγουσι τοὺς Πυθαγορείους πάνυ σφόδρα περὶ τὴν ἰατρικὴν σπουδάσαι τέχνην. καὶ Πλάτων δὲ φροντίδα εἰς αὐτὴν ἔσχε πλείστην καὶ Ἀριστοτέλης ὁ Νικομάχου καὶ ἄλλοι πολλοί.

9.23. Ἀριστοτέλης ἐνόσει ποτέ. προσέταξε δὲ αὐτῷ ὁ ἰατρὸς πρόσταγμά τι. καὶ ἐκεῖνος »μήτε ὡς βοηλάτην με« ἔφη »θεράπευε μήτε ὡς σκαπανέα, ἀλλὰ διδάξας πρότερον τὴν αἰτίαν, οὕτως ἕξεις ἕτοιμον πρὸς τὸ πείθεσθαι,« διδάσκων ἐκ τούτων μηδὲν χωρὶς αἰτίας προσφέρειν.

9.24. Σμινδυρίδης ὁ Συβαρίτης εἰς τοσοῦτον τρυφῆς ἐξώκειλε· καὶ γάρ τοι Συβαρίταις πᾶσιν ἔργον ἦν τρυφᾶν καὶ τῷ βίῳ διαρρεῖν, ὁ δὲ Σμινδυρίδης καὶ πλέον. φύλλοις ῥόδων γοῦν ἐπαναπεσὼν καὶ κοιμηθεὶς ἐπ᾽ αὐτῶν ἐξανέστη λέγων φλυκταίνας ἐκ τῆς εὐνῆς ἔχειν. σχολῇ γ᾽ ἂν οὗτος ἐπὶ χαμεύνης κατεκλίθη ἢ στιβάδος ἢ πόας ἐν προσάντει πεφυκυίας ἢ ταύρου δορᾶς, ὡς ὁ Διομήδης, πρεπούσης στρατιώτῃ σκληρῷ καὶ γενναίῳ·

ὑπὸ δ᾽ ἔστρωτο ῥινὸν βοὸς ἀγραύλοιο.

9.25. Πεισίστρατος ὅτε τῆς ἀρχῆς ἐγκρατὴς ἐγένετο, μετεπέμπετο τοὺς ἐν ταῖς ἀγοραῖς ἀποσχολάζοντας, καὶ ἐπυνθάνετο τί δή ποτε εἴη τὸ αἴτιον τοῦ ἀλύειν αὐτούς. καὶ ἐπέλεγεν· »εἰ μέν σοι τέθνηκε ζεῦγος, παρ᾽ ἐμοῦ λαβὼν ἄπιθι καὶ ἐργάζου· εἰ δὲ ἀπορεῖς σπερμάτων, παρ᾽ ἐμοῦ σοι γενέσθω,«δεδιὼς μὴ ἡ σχολὴ τούτων ἐπιβουλὴν τέκῃ.

9.22. Die Pythagoreer[P], sagt man, befassten sich sehr einfrig mit der Heilkunst. Auch Platon[P] widmete ihr die größte Aufmerksamkeit, ebenso Aristoteles[P], Sohn des Nikomachos, und viele andere.
Nikomachos, der Vater des Aristoteles, war Arzt am makedonischen Königshof; zu Aristoteles als Heilmittelhändler s. o. 5.9.

9.23. Aristoteles[P] war einmal krank. Es trug ihm der Arzt eine Anordnung auf; jener aber sagte: »Behandle mich nicht wie einen Ochsentreiber oder Ackerbauern, sondern lehre mich vorher die Ursache. So wirst du mich bereit zum Gehorchen finden.« Damit lehrte er, nichts ohne Angabe der Ursache zu bieten.

9.24. Smindyrides aus Sybaris (s. u. 12.24) trieb seine Schwelgerei so weit – allen Sybariten sind nämlich Luxus und Verweichlichung ein Anliegen, doch dem Smindyrides besonders – , dass er sich auf Rosenblättern niederlegte und schlief, dann aufstand und sagte, er habe von dem Bett Blasen bekommen. Schwerlich hätte er sich auf eine Streu aus Laub oder Gras, das am Hang gewachsen ist, gelegt oder auf eine Rinderhaut wie Diomedes, die dem rauen und wackeren Soldaten zukommt,

»am Boden gebreitet das Fell eines Rindes vom Feld«

(Homer, *Ilias* 10.155).

S. hierzu Wehrli 1969b, 72.

9.25. Als Peisistratos[G] die Macht ergriffen hatte, ließ er alle, die auf den Agorai[A] müßig waren, zu sich kommen und fragte sie, was der Grund dafür sei, dass sie untätig seien. Dazu sagte er: »Wenn dein Zugvieh gestorben ist, nimm eines von mir, geh fort und arbeite; wenn du kein Saatgut hast, sollst du es von mir bekommen.« Er fürchtete nämlich, dass ihr Müßiggang einen Aufstand hervorbringe.
Aristoteles, Verfassung von Athen *16.2–4, deutet die Maßnahme nicht als Verhinderung von Verschwörungen, sondern als Armenhilfe.*

9.26. Ζήνωνα τὸν Κιτιέα δι᾽ αἰδοῦς ἄγαν καὶ σπουδῆς ἦγεν Ἀντίγονος ὁ βασιλεύς. καί ποτε οὖν ὑπερπλησθεὶς οἴνου ἐπεκώμασε τῷ Ζήνωνι καὶ φιλῶν αὐτὸν καὶ περιβάλλων ἅτε ἔξοινος ὢν ἠξίου τι αὐτὸν προστάξαι, ὀμνὺς καὶ νεανιευόμενος σὺν ὅρκῳ μὴ ἀτυχήσειν αἰτήσαντα. ὁ δὲ λέγει αὐτῷ· »πορευθεὶς ἔμεσον,« σεμνῶς ἅμα καὶ μεγαλοφρόνως τὴν μέθην ἐλέγξας καὶ φεισάμενος αὐτοῦ, μήποτε διαρραγῇ ὑπὸ πλησμονῆς.

9.27. Ἀνδρὶ Λακωνικῷ μὲν χωριτικῷ δὲ ἐπέπληξέ τις πενθοῦντι πάνυ σφόδρα ἐκθύμως. ὁ δὲ ἀπλάστως ἀπεκρίνατο· »τί πάθω;« φησίν »οὐ γὰρ ἐγὼ αἴτιος τούτου, ἁ φύσις δέ μου ῥεῖ.«

9.28. Ἐπῄνει Σπαρτιάτης τὸ ἔπος Ἡσιόδου τὸ λέγον·

οὐδ᾽ ἂν βοῦς ἀπόλοιτ᾽, εἰ μὴ γείτων κακὸς εἴη,

ἀκούοντος Διογένους· ὁ δὲ εἶπε· »καὶ μὴν Μεσσήνιοι καὶ οἱ βόες αὐτῶν ἀπολώλασι, καὶ ὑμεῖς αὐτῶν ἐστε οἱ γείτονες.«

9.29. Τῆς νυκτὸς ἤδη προηκούσης ἐπάνεισί ποτε ἀπὸ δείπνου Σωκράτης. νεανίσκοι γοῦν ἀκόλαστοι προμαθόντες ἐνελόχησαν ἐπανιόντα, δᾷδας ἔχοντες ἡμμένας καὶ Ἐρινύων πρόσωπα. ἔθος δὲ ἦν αὐτοῖς καὶ ἄλλοις προσπαίζειν διὰ τὴν σχολὴν τὴν ἐπὶ τὰ χείρω. οὓς ἰδὼν ὁ Σωκράτης οὐ διεταράχθη, ἀλλ᾽ ἐπιστὰς ἠρώτα οἷα καὶ τοὺς ἄλλους ἢ ἐν Λυκείῳ ἢ ἐν Ἀκαδημίᾳ.

Ἑορτῆς οὔσης παρὰ τοῖς Ἀθηναίοις ἐφιλοτιμήσατο <ὁ> Ἀλκιβιάδης δῶρα πολλὰ πέμψαι τῷ Σωκράτει. τῆς οὖν Ξανθίππης καταπλαγείσης καὶ τὸν Σωκράτην λαβεῖν αὐτὰ ἀξιούσης,

9.26. Den Zenon[P] von Kition (*SVF* 289) hielt König Antigonos (II.)[G] sehr in Ehre und Ansehen. Einmal kam er völlig mit Wein abgefüllt im *Komos* (ausgelassenen Umzug) zu Zenon, küsste und umarmte ihn; betrunken, wie er war, bat er ihn, ihm etwas aufzutragen, und beschwor und versicherte in seinem Übermut mit einem Eid, er werde ihm keine Bitte abschlagen. Der aber sagte zu ihm: »Geh weiter und erbrich dich!« Würdevoll und zugleich großzügig tadelte er so dessen Rausch und bewahrte ihn davor, wegen Überfülle zu platzen.

9.27. Einem lakonischen Landmann warf jemand vor, dass er allzu heftig weine. Der aber antwortete schlicht: »Was soll ich tun? Nicht ich bin schuld daran: Meine Natur fließt.«

9.28. Es lobte ein Spartaner den Vers des Hesiod[L], der da lautet:

»Nicht vergeht ein Rind, wenn nicht schlecht ist der Nachbar.«

(Hesiod, *Werke und Tage* 348)

wobei Diogenes[P] dies hörte. Darauf sagte dieser: »Nun sind allerdings die Messenier und ihre Rinder zugrunde gegangen, und ihr seid ihre Nachbarn.« (Diogenes, Frg. 265 Mullach = 287 Giannantoni).

9.29. Als die Nacht schon vorgerückt war, kehrte einmal Sokrates[P] von einem Mahl heim. Einige freche Jugendliche, die das vorher erfahren hatten, lauerten dem Heimkehrenden auf, wobei sie brennende Fackeln und Masken von Erinyen (Rachegöttinen) hatten. Es war auch ihre Gewohnheit, andere zu verspotten, da sie Muße zu Bosheiten hatten. Als Sokrates sie sah, erschrak er nicht, sondern blieb stehen und befragte sie, wie sonst auch die anderen im Lykeion[P] oder in der Akademie[P].

Als ein Fest bei den Athenern stattfand, hatte Alkibiades[G] aus Angeberei mehrere Geschenke an Sokrates geschickt. Xanthippe[G] staunte darüber und bat Sokrates[P], er solle sie annehmen. Der aber

ὁ δὲ ἔφη· »ἀλλὰ καὶ ἡμεῖς τῇ φιλοτιμίᾳ τῇ τοῦ Ἀλκιβιάδου παραταξώμεθα, μὴ λαβεῖν τὰ πεμφθέντα ἀντιφιλοτιμησάμενοι.« ἐπεὶ δέ τις ἔφη πρὸς αὐτὸν ὅτι μέγα ἐστὶν ὧν ἐπιθυμεῖ τις τούτων τυχεῖν, ὁ δέ· »ἀλλὰ μεῖζόν ἐστι τὸ μηδὲ ἐπιθυμεῖν τὴν ἀρχήν.«

9.30. Ἀνάξαρχος ὅτε σὺν Ἀλεξάνδρῳ ἐστρατεύετο, χειμῶνος ἐπιγενομένου προμαθὼν ὅτι μέλλει ὁ Ἀλέξανδρος ἐν ἀξύλῳ ποιεῖσθαι χωρίῳ τὴν στρατοπεδείαν, [εἰς τὸν σταθμὸν] ὅσα εἶχε σκεύη, ταῦτα ἐκρίψας, τοῖς σκευοφόροις ἐπέθηκε ξύλα. ἐπεὶ δὲ εἰς τὸν σταθμὸν ἀφίκοντο καὶ ἐνέδει ξύλων, Ἀλεξάνδρου μὲν αἱ κλῖναι κατεκαίοντο, ἵνα ἑαυτὸν ἀλεᾶναι δυνηθῇ· ἐπεὶ δέ τις παρὰ Ἀναξάρχῳ πῦρ εἶναι ἤγγειλεν, ἀφίκετο παρ᾽ αὐτὸν καὶ ηὐλίσατο ἐν τῇ σκηνῇ τῇ Ἀναξάρχου. καὶ πυθόμενος τὴν προμήθειαν ὑπερεπῄνεσε, καὶ ὧν ἐξέρριψε διπλάσιον ἔδωκε καὶ σκεύη καὶ ἱμάτια ὑπὲρ τῆς τοῦ πυρὸς χρείας.

9.31. Ἀθλητὴς Κροτωνιάτης Ὀλυμπιονίκης ἀπιὼν πρὸς τοὺς Ἑλλανοδίκας, ἵνα λάβῃ τὸν στέφανον, ἐπίληπτος γενόμενος ἀπέθανε κατενεχθεὶς μετὰ πτώματος.

9.32. Φρύνην τὴν ἑταίραν ἐν Δελφοῖς ἀνέστησαν οἱ Ἕλληνες ἐπὶ κίονος εὖ μάλα ὑψηλοῦ. οὐκ ἐρῶ δὲ ἁπλῶς τοὺς Ἕλληνας, ὡς ἂν μὴ δοκοίην δι᾽ αἰτίας ἄγειν πάντας, οὓς φιλῶ πάντων μάλιστα, ἀλλὰ τοὺς τῶν Ἑλλήνων ἀκρατεστέρους. τὸ δὲ ἄγαλμα χρυσοῦν ἦν.

Καὶ αἱ Κίμωνος δὲ ἵπποι χαλκαῖ καὶ αὗται Ἀθήνησιν εἰκασμέναι ὅτι μάλιστα ταῖς Κίμωνος ἵπποις εἱστήκεσαν.

sagte: »Nein, wir wollen uns mit der Angeberei des Alkibiades[G] messen, indem wir unsererseits damit prahlen, die Geschenke nicht angenommen zu haben.« Als jemand zu ihm sagte, es sei eine große Sache, wenn man bekomme, was man begehre, sagte er: »Aber eine noch größere Sache ist es, von vornherein nichts zu begehren.«
Die Anekdote übersieht, dass es zu Sokrates' Zeiten weder das Lykeion noch die Akademie gab.

9.30. Als Anaxarchos[P] mit Alexandros (d. Gr.)[G] auf einem Feldzug war, der Winter herankam und er vorab wusste, dass Alexandros in einer baumlosen Gegend das Lager aufschlagen wollte, warf er alles fort, was er an Ausrüstung hatte, und belud seine Packtiere mit Holz. Als man am Lagerplatz angekommen war und kein Holz vorfand, verbrannte man die Speiseliegen des Alexandros, um sich wärmen zu können. Da meldete einer, bei Anaxarchos gebe es ein Feuer. Alexandros ging zu ihm und übernachtete im Zelt des Anaxarchos. Als er von dessen Vorsorge erfuhr, lobte er ihn überaus und gab ihm doppelt so viel an Ausrüstung und Himatia[A], wie er weggeworfen hatte, dafür, dass er an seinem Feuer gesessen hatte.

9.31. Ein Athlet aus Kroton ging als Olympiasieger[S] zu den Hellanodiken (Kampfrichtern), um den Kranz zu erhalten, doch ergriff ihn ein epileptischer Anfall und er starb, indem er zu Boden stürzte.

9.32. Die Hetäre[A] Phryne stellten die Griechen in Delphi auf einer sehr hohen Säule (als Statue) auf. Ich sage nicht die Griechen schlechthin, damit ich nicht den Eindruck erwecke, ich wolle alle beschuldigen, wo ich sie doch am meisten von allen liebe, sondern ich meine die ausschweifenderen Leute der Griechen. Die Statue war aus Gold.

Auch die Pferde des Kimon[S] waren (als Standbild) aus Bronze in Athen aufgestellt, die Kimons Pferden so sehr wie möglich glichen.
Laut Herodot 6.103 wurden die Pferde, mit denen Kimon seine Siege in Olympia errungen hatte, bei ihm bestattet.

9.33a. Μειράκιον Ἐρετρικὸν Ζήνωνι προσεφοίτησε πλείονα χρόνον. ἐπανελθὸν δὲ ἤρετο ὁ πατὴρ τί ἄρα μάθοι σοφόν. ὁ δὲ ἔφη δείξειν. χαλεπήναντος δὲ τοῦ πατρὸς καὶ πληγὰς ἐντείναντος, τὴν ἡσυχίαν ἀγαγὼν καὶ ἐγκαρτερήσας τοῦτο ἔφη μεμαθηκέναι, φέρειν ὀργὴν πατρός.
Ausführlichere Fassung (9.33b) bei Stobaios 4.25.39; s. u. S. 426f. Testimonien zum Text.

9.34. Διογένης εἰς Ὀλυμπίαν ἐλθὼν καὶ θεασάμενος ἐν τῇ πανηγύρει Ῥοδιακούς τινας νεανίσκους πολυτελῶς ἠσθημένους, γελάσας »τῦφος« ἔφη »τοῦτό ἐστιν.« εἶτα περιτυχὼν Λακεδαιμονίοις ἐν ἐξωμίσι φαύλαις καὶ ῥυπώσαις »ἄλλος« εἶπεν »οὗτος τῦφος.«

9.35. Ὁ δὲ Σωκράτης ἰδὼν τὸν Ἀντισθένην τὸ διερρωγὸς τοῦ ἱματίου μέρος ἀεὶ ποιοῦντα φανερόν, »οὐ παύσῃ« ἔφη »ἐγκαλλωπιζόμενος ἡμῖν;«

9.36. Ψάλτης Ἀντιγόνῳ ἐπεδείκνυτο. τοῦ δὲ πολλάκις λέγοντος· »τὴν νήτην ἐπίσφιγξον,« εἶτα πάλιν »τὴν μέσην,« ὁ δὲ ἀγανακτήσας ἔφη· »μὴ γένοιτό σοι οὕτω κακῶς, ὦ βασιλεῦ, ὡς ἐμοῦ ταῦτα ἀκριβοῦν μᾶλλον.«

9.37. Ἀνάξαρχος ὁ ἐπικληθεὶς Εὐδαιμονικὸς κατεγέλα Ἀλεξάνδρου ἑαυτὸν ἐκθεοῦντος. ἐπεὶ δὲ ἐνόσησέ ποτε Ἀλέξανδρος, εἶτα προσέταξεν αὐτῷ ὁ ἰατρᾶς ῥόφημα σκευασθῆναι, γελάσας ὁ Ἀνάξαρχος »τοῦ μέντοι θεοῦ ἡμῶν« εἶπεν »ἐν τρυβλίου ῥοφήματι αἱ ἐλπίδες κεῖνται.«

9.33a. Ein junger Mann aus Eretria studierte längere Zeit bei Zenon[P]. Als er zurückkehrte, fragte ihn sein Vater, was er denn Kluges gelernt habe. Er sagte, er werde es zeigen. Der Vater wurde zornig und teilte Schläge aus; er aber blieb ruhig, ertrug sie und sagte, er habe gelernt, die Wut des Vaters zu ertragen.

9.34. Als Diogenes[P] (Frg. 266 Mullach = 288 Giannantoni) nach Olympia[S] kam und in der Festversammlung einige aufwendig gekleidete junge Männer aus Rhodos sah, sagte er: »Eitelkeit ist das!« Als er dann auf Lakedaimonier in schäbigen, schmutzigen ärmellosen Gewändern traf, sagte er: »Eine andere Eitelkeit ist dies!«

9.35. Als Sokrates[P] wahrnahm, das Antisthenes[P] (Frg. 148A Decleva Caizzi = 15C Prince) stets den zerrissenen Teil des Himation[A] offenlegte, sagte er: »Willst du nicht aufhören, vor uns anzugeben?«

9.36. Ein Kitharaspieler[K] stellte sich Antigonos vor. Als dieser aber oft sagte: »Spanne die unterste Saite stärker«, dann wieder »die mittlere«, wurde er ungehalten und sagte: »Nie möge es dir so schlecht gehen, mein König, dass du dies genauer als ich verstehen musst!«
Plutarch, Moralia *67f erzählt dies von Philippos II. von Makedonien.*

9.37. Anaxarchos[P], der den Beinamen *Eudaimonikos* (»der Glückliche«) trug, verlachte Alexandros (d. Gr.)[G], der sich selbst zum Gott erklärte. Als Alexandros einmal krank war und der Arzt anordnete, ihm eine Mehlsuppe zu bereiten, lachte Anaxarchos und sagte: »Für diesen unseren Gott liegen die Hoffnungen in einer Schüssel Mehlsuppe!«
Zur Vergöttlichung des Alexandros d. Gr. vgl. o. 2.19 und 5.12.

9.38. Ὁ μὲν Ἀλέξανδρος εἰς τὴν Ἴλιον ἦλθεν. ἀνασκοποῦντι δὲ αὐτῷ φιλοπόνως τῶν τις Τρώων προσελθὼν τὴν λύραν ἐδείκνυεν Ἀλεξάνδρου. ὁ δὲ ἔφη· »προτιμησαίμην ἂν μᾶλλον ἰδεῖν τὴν Ἀχιλλέως.« ὑπέρευγε τοῦτο Ἀλέξανδρος· ἐπόθει γὰρ κτῆμα ἀγαθοῦ στρατιώτου, ᾧ προσῇδεν ἐκεῖνος τὰ τῶν ἀγαθῶν ἀνδρῶν κλέα. τοῦ δὲ Πάριδος τί ἄρα ᾖσεν ἡ λύρα, εἰ μὴ μέλη μοιχικὰ καὶ οἷα αἱρεῖν γυναῖκας καὶ θέλγειν;

9.39. Πῶς δὲ οὐκ ἂν φαίη τις γελοίους ἅμα καὶ παραδόξους τούσδε τοὺς ἔρωτας; τὸν μὲν Ξέρξου, ὅτι πλατάνου ἠράσθη. νεανίσκος δὲ Ἀθήνησι τῶν εὖ γεγονότων πρὸς τῷ πρυτανείῳ ἀνδριάντος ἑστῶτος τῆς Ἀγαθῆς Τύχης θερμότατα ἠράσθη. κατεφίλει γοῦν τὸν ἀνδριάντα περιβάλλων, εἶτα ἐκμανεὶς καὶ οἰστρηθεὶς ὑπὸ τοῦ πόθου, παρελθὼν εἰς τὴν βουλὴν καὶ λιτανεύσας ἕτοιμος ἦν πλείστων χρημάτων τὸ ἄγαλμα πρίασθαι. ἐπεὶ δὲ οὐκ ἔπειθεν, ἀναδήσας πολλαῖς ταινίαις καὶ στεφανώσας τὸ ἄγαλμα καὶ θύσας καὶ κόσμον αὐτῷ περιβαλὼν πολυτελῆ εἶτα ἑαυτὸν ἀπέκτεινε, μυρία προσκλαύσας.

Γλαύκης δὲ τῆς κιθαρῳδοῦ οἱ μέν φασιν ἐρασθῆναι κύνα, οἱ δὲ κριόν, οἱ δὲ χῆνα. καὶ ἐν Σόλοις δὲ τῆς Κιλικίας παιδός, Ξενοφῶντος, ἠράσθη κύων, ἄλλου δὲ ὡραίου μειρακίου ἐν Σπάρτῃ κολοιός.

9.40. Ὅτι Καρχηδόνιοι δύο κυβερνήτας εἰσῆγον εἰς τὴν ναῦν, ἄτοπον λέγοντες εἶναι δύο μὲν πηδάλια ἔχειν, τὸν δὲ

9.38. Alexandros (d. Gr.)[G] kam nach Ilion (Troia). Als er es sorgfältig besichtigte, kam einer der Troër hinzu und zeigte ihm die Lyra des Alexandros (Paris; vgl. Homer, *Ilias* 9.186). Er aber sagte: »Ich würde lieber die des Achilleus sehen!« Sehr gut sagte dies Alexandros! Er wollte nämlich den Besitz eines guten Soldaten sehen, auf dem jener den Ruhm tapferer Männer besungen hatte. Was aber hat die Lyra des Paris gespielt, wenn nicht verführerische Lieder, mit denen er Frauen eroberte und betörte?

9.39. Wer würde nicht folgende Arten von Liebe lächerlich und sonderbar nennen? Die des Xerxes[G], der in eine Platane verliebt war (s. o. 2.14)! Ein junger Mann in Athen von vornehmer Abstammung war in eine beim Prytaneion aufgestellte Statue der Agathe Tyche[A] (Göttin des guten Schicksals) sehr heftig verliebt, er küsste und umarmte die Statue, dann ging er verrückt und von Begierde angestachelt in die Ratsversammlung und erklärte unter flehenden Bitten, er sei bereit, die Statue zum Höchstpreis zu kaufen. Als er sie nicht dafür gewann, umwand er die Statue mit zahlreichen Bändern, bekränzte sie, opferte und legte ihr kostbaren Schmuck an, dann gab er sich unter zehntausend Klagen den Tod.

Glauke[K], die Kitharoidin[K], wurde, wie die einen sagen, von einem Hund geliebt, andere nennen einen Schafbock, wieder andere eine Gans. In Soloi in Kilikien wurde ein Junge namens Xenophon von einem Hund geliebt, ein anderer junger Mann in Sparta von einer Dohle.

Der Schluss steht so auch in Ailianos' Tierkunde *1.6 (vgl. auch 5.29 und 8.11). Das Prytaneion ist der Sitz der Prytanen, des Ältestenrats einer Polis.*

9.40. (Man liest,) dass die Karthager zwei Steuermänner auf ein Schiff brachten, wobei sie sagten, es sei unsinnig, dass das Schiff zwar zwei Steuerruder habe, doch der für die Mannschaft nütz-

λυσιτελέστατον τοῖς ἐμπλέουσι καὶ τὴν ἀρχὴν ἔχοντα τῆς νεὼς ἔρημον εἶναι καὶ μόνον διαδόχου καὶ κοινωνοῦ.

9.41. Ἔν τινι, φασί, συνδείπνῳ παρῆν Σιμωνίδης ὁ Κεῖος καὶ Παυσανίας ὁ Λακεδαιμόνιος. προσέταξεν οὖν ὁ Παυσανίας τῷ Σιμωνίδῃ σοφόν τι εἰπεῖν, ὁ δὲ γελάσας ὁ Κεῖος »μέμνησο« εἶπεν »ἄνθρωπος ὤν.« τοῦτο παραχρῆμα μὲν ἐξεφαύλισε Παυσανίας καὶ παρ᾽ οὐδὲν ἔθετο, ὑποτυφόμενος ἤδη εἰς τὸν τοῦ μηδίζειν ἔρωτα καὶ μεγαλοφρονῶν ἐπὶ τῇ πρὸς βασιλέα ξενίᾳ, ἴσως δὲ καὶ ὑπὸ τοῦ οἴνου παραφερόμενος. ἐπεὶ δὲ ἦν πρὸς τῇ Χαλκιοίκῳ καὶ διεπάλαιε τῷ λιμῷ καὶ ἔμελλεν ἀποθνήσκειν ἀνθρώπων ἀλγεινότατα, ἀλλὰ τηνικαῦτα ἐμνήσθη τοῦ Σιμωνίδου καὶ ἐξεβόησεν εἰς τρίς· »ὦ ξένε Κεῖε, μέγα τι ἄρα χρῆμα ἦν ὁ λόγος σου, ἐγὼ δὲ ὑπ᾽ ἀνοίας οὐδὲν αὐτὸν ᾤμην εἶναι.«

9.42. Ἀρταξέρξου ἀποκτείναντος τὸν πρεσβύτερον υἱὸν Δαρεῖον ἐπιβουλεύοντα, ὁ δεύτερος ἀξιοῦντος τοῦ πατρὸς σπασάμενος τὸν ἀκινάκην ἑαυτὸν πρὸ τῶν βασιλείων ἀπέκτεινε.

lichste Mann, der die Herrschaft über das Schiff hat, allein und ohne Stellvertreter und Gehilfen sei.

9.41. Bei einem Gastmahl, sagt man, waren Simonides[L] aus Keos und Pausanias[G] aus Lakedaimon zugegen. Nun forderte Pausanias den Simonides auf, irgendetwas Kluges zu sagen; der Mann aus Keos lachte und sagte: »Denke daran, dass du ein Mensch bist!« (vgl. 8.15). Diesen Ausspruch wies Pausanias sogleich verächtlich zurück und sagte, er sei nichtig, da er nämlich heimlich schon zu den Persern hielt und stolz auf die Gastfreundschaft des Großkönigs[G] war; vielleicht war er aber auch vom Wein verwirrt. Doch als er im Tempel der (Athene) Chalkioikos saß und mit dem Hunger rang und den für Menschen schrecklichsten Tod sterben sollte, da erinnerte er sich an Simonides und rief dreimal aus: »O Gastfreund aus Keos, eine großes Sache war dein Wort, ich aber habe aus Torheit gedacht, es sei nichts wert!«
Im Tempel der Athene Chalkioikos, der im Zentrum von Sparta stand, wurde Pausanias um 467 eingemauert, damit er verhungere; vgl. Thukydides 1,132ff.

9.42. Nachdem Artaxerxes (II.)[G] seinen ältesten Sohn Dareios, der einen Anschlag auf ihn geplant hatte, getötet hatte, zog der zweite (Ariaspes) auf die Forderung des Vaters hin sein Schwert und tötete sich selbst vor dem Palast.
Anders Plutarch, Artaxerxes *30.*

I

10.1. Φερενίκη τὸν υἱὸν ἦγεν εἰς Ὀλύμπια ἀθλεῖν. κωλυόντων δὲ αὐτὴν τῶν Ἑλλανοδικῶν τὸν ἀγῶνα θεάσασθαι, παρελθοῦσα ἐδικαιολογήσατο πατέρα μὲν Ὀλυμπιονίκην ἔχειν καὶ τρεῖς ἀδελφοὺς καὶ ἄγειν παῖδα Ὀλυμπίων ἀγωνιστήν· καὶ ἐξενίκησε τὸν δῆμον καὶ τὸν εἴργοντα νόμον τῆς θέας τὰς γυναῖκας, καὶ ἐθεάσατο Ὀλύμπια.

10.2. Εὐβάταν τὸν Κυρηναῖον ἰδοῦσα Λαῒς ἠράσθη αὐτοῦ θερμότατα καὶ περὶ γάμου λόγους προσήνεγκεν. ὁ δὲ φοβηθεὶς τὴν ἐξ αὐτῆς ἐπιβουλὴν ὑπέσχετο ταῦτα δράσειν· οὐ μὴν ὡμίλησεν αὐτῇ ὁ Εὐβάτας, σωφρόνως διαβιώσας. ἡ δὲ ὑπόσχεσις αὐτοῦ μετὰ τὴν ἀγωνίαν ἦν. νικήσας οὖν ἵνα μὴ δόξῃ διαφθεῖραι τὰς ὁμολογίας τὰς πρὸς τὴν ἄνθρωπον, εἰκόνα γραψάμενος τῆς Λαΐδος εἰς τὴν Κυρήνην ἐκόμισε, λέγων ἄγειν Λαΐδα καὶ μὴ παραβῆναι τὰς συνθήκας. ἀνθ' ὧν ἡ γυνὴ ἡ νόμῳ γημαμένη αὐτῷ παμμέγιστον ἀνδριάντα ἐν Κυρήνῃ ἀνέστησεν, αὐτὸν ἀμειβομένη τῆς σωφροσύνης.

10.3. Τὰ τῶν περδίκων νεόττια ἐπειδὰν τάχιστα τοὺς πόδας ἔξω ποιήσῃ τοῦ λέμματος, ἐντεῦθεν ἤδη δρομικώτατά ἐστι. τὰ δὲ τῶν νηττῶν νεόττια, ὅταν ἴδῃ φῶς, παραχρῆμα ἐξ ὠδίνων νήχεται. καὶ οἱ τῶν λεόντων δὲ σκύμνοι καταγνάφουσι τοῖς ὄνυξι τὰς μήτρας τῶν μητέρων πρὸς φῶς ἐπειγόμενοι.

10

10.1. Pherenike[S] brachte ihren Sohn zu den Olympischen Spielen. Als die Hellanodiken (Kampfrichter; vgl. 9.31) sie hinderten, den Wettkampf anzusehen, trat sie (vor dem Volk) auf und führte zu ihren Gunsten an, dass ihr Vater und drei Brüder Olympiasieger gewesen seien und sie ihren Sohn als Olympia-Teilnehmer bringe. Sie überwand das Volk und das Gesetz, das Frauen am Zuschauen hindert, und sah den Spielen zu.

10.2. Als Laïs den Eubatas[S] aus Kyrene sah, verliebte sie sich sehr heiß in ihn und trug ihm *Logoi*[L] wegen einer Ehe vor. Aus Furcht vor ihrer Nachstellung versprach er, dies zu tun. Eubatas aber schlief nicht mit ihr und lebte züchtig. Sein Versprechen galt für die Zeit nach dem Wettkampf. Nachdem er gesiegt hatte, ließ er, damit er die Übereinkünfte mit der Frau nicht breche, ein Bild von Laïs malen und brachte es nach Kyrene; er sagte, er »führe« Laïs und habe den Vertrag nicht gebrochen. Dafür errichtete ihm seine rechtmäßige Ehefrau eine riesige Statue in Kyrene zu Ehren seiner Züchtigkeit.
*Vgl. Pausanias 1.6.8. Eubatas ist u. a. als Sieger bei den Olympischen Spielen 408 belegt. Das Wort »führen« (*agein*) bedeutet auch »als Ehefrau heimführen«. Eine ähnliche Geschichte bietet Istros* FGrHist *344 F 55 über einen anderen Sportler.*

10.3. Die jungen Rebhühner können, sobald sie die Füße aus dem Ei gesetzt haben, schon vorzüglich laufen. Die jungen Enten schwimmen sofort nach dem Schlüpfen, wenn sie das Licht erblickt haben. Und die jungen Löwen kratzen mit ihren Krallen an der mütterlichen Gebärmutter, wenn sie ans Licht drängen.
Ailianos, Tierkunde *4.34 widerspricht dem.*

10.4. Ἀλέξανδρος ὁ Φιλίππου τρὶς τετρακόσια στάδια ἐφεξῆς μεθ' ὅπλων ὁδοιπορήσας, συμβαλὼν τοῖς πολεμίοις, πρὶν ἀναπαῦσαι τὸ στρατόπεδον, ἐπεκράτησε τῶν ἐχθρῶν.

10.5. Φρύγιος οὗτος <ὁ> λόγος· ἔστι γὰρ Αἰσώπου τοῦ Φρυγός. <ὁ δὲ λόγος φησὶ> τὴν ὗν, ἐάν τις ἅψηται αὐτῆς, βοᾶν καὶ μάλα γε εἰκότως· οὔτε γὰρ ἔρια ἔχειν <οὔτε γάλα> οὔτε ἄλλο τι <πλὴν τῶν κρεῶν>. παραχρῆμα οὖν ὀνειροπολεῖν τὸν θάνατον, εἰδυῖαν εἰς ὅ τι τοῖς χρησομένοις <αὐτὴ πέφυκε> λυσιτελὴς <εἶναι>. ἐοίκασι δὲ τῇ ὑὶ τῇ Αἰσώπου οἱ τύραννοι ὑποπτεύοντες καὶ δεδοικότες πάντα· ἴσασι γὰρ ὅτι ὥσπερ οὖν αἰιο ὗς ὀφείλουσι καὶ ἐκεῖνοι τὴν ψυχὴν πᾶσιν.
Vgl. Stobaios 4.8.24.

10.6. Ἐκωμῳδοῦντο εἰς λεπτότητα Σαννυρίων ὁ κωμῳδίας ποιητὴς καὶ Μέλητος ὁ τραγῳδίας ποιητὴς καὶ Κινησίας κυκλίων χορῶν καὶ Φιλίτας ποιητὴς ἑξαμέτρων. Ἀρχέστρατος δὲ ὁ μάντις ὑπὸ πολεμίων ἁλοὺς καὶ ἐπὶ ζυγὸν ἀναβληθεὶς ὀβολοῦ ὁλκὴν εὑρέθη ἔχων, ὥς φασι. καὶ Πανάρετος δὲ λεπτότατος ἦν· διετέλεσε μέντοι ἄνοσος. λέγουσι δὲ καὶ Ἱππώνακτα τὸν ποιητὴν οὐ μόνον γενέσθαι μικρὸν τὸ σῶμα καὶ αἰσχρὸν ἀλλὰ καὶ λεπτόν. ἀλλὰ καὶ Φιλιππίδης, καθ' οὗ λόγος ἐστὶν Ὑπερείδῃ, λεπτότατος ἦν. διὰ τοῦτο καὶ τὸ πάνυ κατισχνῶσθαι τὸ σῶμα πεφιλιππιδῶσθαι, φασίν, ἔλεγον. μάρτυς Ἄλεξις.

10.7. Οἰνοπίδης ὁ Χῖος ἀστρολόγος ἀνέθηκεν ἐν Ὀλυμπίοις τὸ χαλκοῦν γραμματεῖον, ἐγγράψας ἐν αὐτῷ τὴν ἀστρολογίαν τῶν ἑνὸς δεόντων ἑξήκοντα ἐτῶν, φήσας τὸν μέγαν ἐνιαυτὸν εἶναι τοῦτον.

10.4. Nachdem Alexandros (d. Gr.)[G], Sohn des Philippos (II.)[G], dreimal nacheinander je 400 Stadien[A] mit dem schwerbewaffneten Heer zurückgelegt hatte, traf er auf die Feinde. Ohne dem Heer zuvor eine Pause zu gönnen, besiegte er die Gegner.

10.5. Dies ist ein phrygischer *Logos*[L]; er stammt nämlich von dem Phryger Aisopos (Äsop). Der *Logos* besagt, dass das Schwein, wenn man es ergreift, schreit, und ganz passend: Es hat ja keine Wolle, keine Milch und nichts als Fleisch. Sofort ahnt es, dass es sterben muss, da es weiß, wozu es den Leuten, die es halten, nützlich ist. Dem Schwein des Aisopos gleichen die Tyrannen, die alle Leute verdächtigen und fürchten. Sie wissen nämlich, dass auch sie wie die Schweine allen mit dem Leben zu zahlen haben.
Der Fabel-Autor Aisopos wird ins 6. Jh. datiert.

10.6. In der Komödie verspottet wurden wegen Magerkeit der Komödiendichter Sannyrion[L], der Tragödiendichter Meletos[L], der (Dichter von) Reigentänzen (Dithyramben) Kinesias[L] sowie Philitas[L], ein Hexameterdicher. Als der Wahrsager Archestratos von Feinden ergriffen und auf die Waage gestellt wurde, zeigte sich, wie man sagt, dass er 1 Obolos[A] wog. Sehr dünn war auch Panaretos (ein Schüler des Arkesilaos[P]) und doch war er nie krank. Der Dichter Hipponax[L] war, so sagt man, ebenfalls nicht nur klein und hässlich, sondern auch mager. Aber auch Philippides[L], gegen den Hypereides[L] eine Rede gehalten hatte, war sehr mager. Deshalb nannte man, wie man sagt, »ganz abgezehrt sein« auch »philippidisch sein«; Zeuge dafür (ist) Alexis[L] (Frg. 148 Kassel/Austin).
Vgl. ausführlicher Athenaios 551b–552d. Zu Philitas s. o. 9.14.

10.7. Oinopides[L] aus Chios, der *Astrologos* (Sternenkundige), weihte in Olympia[S] eine Bronzetafel, auf der er die *Astrologia* (Sternenkunde) über 59 Jahre aufgezeichnet hatte, wobei er sagte, dies sei das »große Jahr«.

Ὅτι Μέτων ὁ Λευκονοιεὺς ἀστρολόγος ἀνέστησε στήλας καὶ τὰς τοῦ ἡλίου τροπὰς κατεγράψατο καὶ τὸν μέγαν ἐνιαυτόν, ὡς ἔλεγεν, εὗρε καὶ ἔφατο αὐτὸν [ὡς ἔλεγεν] ἑνὸς δέοντα εἴκοσιν ἐτῶν.

10.8. Ἀριστοτέλης ὁ Κυρηναῖος ἔλεγε μὴ δεῖν εὐεργεσίαν παρά τινος προσίεσθαι· ἢ γὰρ ἀποδιδόναι πειρώμενον πράγματα ἂν ἔχειν ἢ μὴ ἀποδιδόντα ἀχάριστον φαίνεσθαι.

10.9. Φιλόξενος λίχνος ἦν καὶ γαστρὸς ἥττων. λοπάδος οὖν ποτε ἑψομένης ἐν καπηλείῳ, τέως μὲν εὐφραίνετο καὶ ἑαυτὸν εἱστία τῇ ὀσμῇ· ἐπεὶ δὲ αὐτῷ ἐπετείνετο ἡ ὄρεξις καὶ ἡττᾶτο τῆς φύσεως – κακῆς γε οὔσης, ὦ θεοί –, τηνικαῦτα οὐκ ἐνεγκὼν προσέταξε τὸν παῖδα πρίασθαι τὴν λοπάδα. ἐπεὶ δὲ ἔφατο πωλεῖν αὐτὴν τὸν κάπηλον πολλοῦ, »ταύτῃ μᾶλλον ἡδίων ἔσται« φησίν, »εἰ πλείονος αὐτὴν ὠνήσομαι.« χρὴ δὲ καὶ τῶν τοιούτων μνημονεύειν, οὐκ εἰς ζῆλον αὐτῶν, ἀλλ' ὥστε φεύγειν αὐτά.

10.10. Ὅτε ὑπήρχετο ἡ γραφικὴ τέχνη καὶ ἦν τρόπον τινὰ ἐν γάλαξι καὶ σπαργάνοις, οὕτως ἄρα ἀτέχνως εἴκαζον τὰ ζῷα, ὥστε ἐπιγράφειν αὐτοῖς τοὺς γραφέας· »τοῦτο βοῦς, ἐκεῖνο ἵππος, ἐκεῖνο δένδρον.«

10.11. Ἤλγει τὸν ὦμον Διογένης ἢ τρωθείς, οἶμαι, ἢ ἐξ ἄλλης τινὸς αἰτίας. ἐπεὶ δὲ ἐδόκει σφόδρα ἀλγεῖν, τῶν τις ἀχθομένων

(Man liest,) dass der *Astrologos* Meton[L] aus Leukonion Säulen aufgestellt habe, auf denen er die Sonnenwenden eingetragen hatte. Er fand, wie er sagte, das »große Jahr« und behauptete, es dauere 19 Jahre.
Das »große Jahr« versucht eine Übereinstimmung von Mond- und Sonnenjahr herzustellen. Zu Meton vgl. u. 13.12 (wo er als Astronomos *bezeichnet wird).*

10.8. Aristoteles von Kyrene sagte, man dürfe keine Wohltaten annehmen. Entweder habe man nämlich Mühe, wenn man sie zu vergelten suche, oder man erscheine, wenn man sie nicht vergelte, als undankbar.
Aristoteles von Kyrene war ein Philosoph des 4. Jh.s.

10.9. Philoxenos war naschhaft und seinem Magen hörig. Als einmal ein Topf Essen in einer Kneipe gekocht wurde, genoss er das eine Zeit lang und weidete sich am Geruch. Als aber sein Appetit immer größer wurde und er seiner Natur unterlag – und die war, bei den Göttern, schlimm –, hielt er es nicht mehr aus und befahl seinem Diener, den Topf zu kaufen. Als der meinte, der Wirt werde einen hohen Preis verlangen, sagte er: »Um so besser wird es schmecken, je teurer ich ihn kaufe.« Auch so etwas muss man erwähnen, nicht zur Nachahmung, sondern als abschreckendes Beispiel.

10.10. Als die Malkunst in den Anfängen stand und gleichsam noch als Säugling in den Windeln lag, malte man die Gestalten so kunstlos, dass die Maler dazuschrieben: »Das ist ein Rind, jenes ein Pferd, jenes ein Baum.«
Teilweise Doppelfassung zu 8.8.

10.11. Schulterschmerzen hatte Diogenes[P] (Frg. 267 Mullach = 81 Giannantoni), wie ich meine, durch eine Verletzung oder aus

αὐτῷ κατεκερτόμει λέγων· »τί οὖν οὐκ ἀποθνῄσκεις, ὦ Διόγενες, καὶ σεαυτὸν ἀπαλλάττεις κακῶν;« ὁ δὲ εἶπε· »τοὺς εἰδότας ἃ δεῖ πράττειν ἐν τῷ βίῳ καὶ ἃ δεῖ λέγειν, τούτους γε ζῆν προσήκει,« ὧν καὶ αὐτὸς ὡμολόγει εἶναι. »σοὶ μὲν οὖν« ἔφη »οὐκ εἰδότι τά τε λεκτέα καὶ τὰ πρακτέα ἀποθανεῖν ἐν καλῷ ἐστιν· ἐμὲ δὲ τὸν ἐπιστήμονα ἐκείνων πρέπει ζῆν.«

10.12. Ἀρχύτας ἔλεγεν· »ὥσπερ ἔργον ἐστὶν ἰχθὺν εὑρεῖν ἄκανθαν μὴ ἔχοντα, οὕτω καὶ ἄνθρωπον μὴ κεκτημένον τι δολερὸν καὶ ἀκανθῶδες.«

10.13. Αἰτιᾶται Κριτίας Ἀρχίλοχον ὅτι κάκιστα ἑαυτὸν εἶπεν. »εἰ γὰρ μὴ« φησὶν »ἐκεῖνος τοιαύτην δόξαν ὑπὲρ ἑαυτοῦ εἰς τοὺς Ἕλληνας ἐξήνεγκεν, οὐκ ἂν ἐπυθόμεθα ἡμεῖς οὔθ' ὅτι Ἐνιποῦς υἱὸς ἦν τῆς δούλης, οὔθ' ὅτι καταλιπὼν Πάρον διὰ πενίαν καὶ ἀπορίαν ἦλθεν εἰς Θάσον, οὔθ' ὅτι ἐλθὼν τοῖς ἐνταῦθα ἐχθρὸς ἐγένετο, οὔτε μὴν ὅτι ὁμοίως τοὺς φίλους καὶ τοὺς ἐχθροὺς κακῶς ἔλεγε. πρὸς δὲ τούτοις« ἦν δ' ὅς »οὔθ' ὅτι μοιχὸς ἦν ᾔδειμεν ἂν εἰ μὴ παρ' αὐτοῦ μαθόντες, οὔθ' ὅτι λάγνος καὶ ὑβριστής, καὶ τὸ ἔτι τούτων αἴσχιον, ὅτι τὴν ἀσπίδα ἀπέβαλεν. οὐκ ἀγαθὸς ἄρα ἦν ὁ Ἀρχίλοχος μάρτυς ἑαυτῷ, τοιοῦτον κλέος ἀπολιπὼν καὶ τοιαύτην ἑαυτῷ φήμην.« ταῦτα οὐκ ἐγὼ Ἀρχίλοχον αἰτιῶμαι, ἀλλὰ Κριτίας.

10.14. Σωκράτης ἔλεγεν ὅτι ἡ ἀργία ἀδελφὴ τῆς ἐλευθερίας ἐστί. καὶ μαρτύριον ἔλεγεν ἀνδρειοτάτους καὶ ἐλευθεριωτάτους Ἰνδοὺς

irgendeinem anderen Grund. Da er große Schmerzen zu haben schien, sagte einer seiner Verächter aus Spott: »Warum stirbst du nicht, Diogenes, und machst deinem Leiden ein Ende?« Er aber sagte: »Die, die wissen, was man im Leben tun und was man sagen muss, müssen leben«; zu denen zählte er sich selbst. »Für dich«, sagte er, »der du weder weißt, was man sagen noch was man tun muss, wäre es gut zu sterben. Ich aber, der ich mich darauf verstehe, muss leben.«

10.12. Archytas[P] (*VS* 47) pflegte zu sagen: »So, wie es eine schwere Aufgabe ist, einen Fisch ohne Gräten zu finden, so auch einen Menschen ohne Trug und Tücke.«
Der Ausspruch spielt mit dem Wort akanthos *(»Gräte«, »Stachel«, übertragen »Tücke«).*

10.13. Kritias[P] (*VS* 88 B 44) warf Archilochos[L] (Frg. 295 West) vor, dass er sich selbst das Schlechteste nachgesagt habe. »Wenn jener nämlich«, sagt er, »nicht einen solchen Ruf über sich unter den Griechen verbreitet hätte, hätten wir nicht erfahren, dass er Sohn der Sklavin Enipo war, nicht, dass er aus Armut und Not Paros verließ und nach Thasos ging, nicht, dass er, dort angekommen, sich die Bewohner zu Feinden machte und nicht, dass er Freunde und Feinde gleichermaßen beschimpfte. Außerdem«, sagte er, »wüssten wir nicht, dass er ein Ehebrecher war, wenn wir nicht von ihm darüber unterrichtet worden wären, nicht, dass er lüstern und gewalttätig war und nicht – was die größte Schande ist –, dass er seinen Schild wegwarf. Archilochos war also kein guter Zeuge in eigener Sache, da er sich selbst einen solchen Ruf und Nachruhm hinterließ.« Dies mache nicht ich dem Archilochos zum Vorwurf, sondern Kritias.

10.14. Sokrates[P] sagte, dass der Müßiggang die Schwester der Freiheit sei. Zum Beweis nannte er die sehr tapferen und freien

καὶ Πέρσας, ἀμφοτέρους δὲ πρὸς χρηματισμὸν ἀργοτάτους εἶναι· Φρύγας δὲ καὶ Λυδοὺς ἐργατικωτάτους, δουλεύειν δέ.

10.15. Τὰς Ἀριστείδου θυγατέρας ἔτι αὐτοῦ περιόντος ἐμνηστεύοντο οἱ τῶν Ἑλλήνων δοκοῦντες διαφέρειν. ἔβλεπον δὲ ἄρα οὐκ εἰς τὸν βίον Ἀριστείδου, οὐδὲ ἐθαύμαζον αὐτοῦ τὴν δικαιοσύνην, ἐπεὶ τούτων γε εἰ ἦσαν ζηλωταί, κἂν μετὰ ταῦτα ἐπέμειναν τῇ μνηστείᾳ. νῦν δὲ ὁ μὲν ἀπέθανεν, οἱ δὲ οὐδὲν ἡγήσαντο εἶναι πρᾶγμα κοινὸν πρὸς τὰς κόρας· ἀποθανὼν γὰρ ἐγνώσθη ὁ παῖς Λυσιμάχου ὅτι πένης ἦν, ὅπερ καὶ ἀνέστειλεν ἐκείνους τοὺς κακοδαίμονας ἐνδόξου τε ἅμα καὶ σεμνοτάτου γάμου, παρ᾽ ἐμοὶ κριτῇ. – παραπλήσιον δὲ καὶ ἐπὶ Λυσάνδρου· μαθόντες γὰρ αὐτὸν εἶναι πένητα, τὸν γάμον ἀπέδρασαν.

10.16. Ἐπεὶ ὁ Ἀντισθένης πολλοὺς προὔτρεπεν ἐπὶ φιλοσοφίαν, οἱ δὲ οὐδὲν αὐτῷ προσεῖχον, τέλος ἀγανακτήσας οὐδένα προσίετο. καὶ Διογένην οὖν ἤλαυνεν ἀπὸ τῆς συνουσίας αὐτοῦ. ἐπεὶ δὲ ἦν λιπαρέστερος ὁ Διογένης καὶ ἐνέκειτο, ἐνταῦθα ἤδη καὶ τῇ βακτηρίᾳ καθίξεσθαι αὐτοῦ ἠπείλει· καί ποτε καὶ ἔπαισε κατὰ τῆς κεφαλῆς. ὁ δὲ οὐκ ἀπηλλάττετο, ἀλλ᾽ ἔτι μᾶλλον ἐνέκειτο φιλοπόνως, ἀκούειν αὐτοῦ διψῶν, καὶ ἔλεγε· »σὺ μὲν παῖε, εἰ βούλει, ἐγὼ δὲ ὑποθήσω τὴν κεφαλήν· καὶ οὐκ ἂν οὕτως ἐξεύροις βακτηρίαν σκληράν, ὥστε με ἀπελάσαι τῶν διατριβῶν τῶν σῶν.« ὁ δὲ ὑπερησπάσατο αὐτόν.

Inder und Perser, beides im Erwerbsleben ganz untätige Völker. Die Phryger und Lyder dagegen sind sehr arbeitsam, doch sind sie sklavisch.

Dies entspricht nicht den sonst üblichen Ansichten der klassischen Zeit über die Perser. Dass Sokrates Kenntnisse von Indien hatte, ist sonst nicht belegt; s. Wehrli 1969a, 72.

10.15. Um die Hand der Töchter des Aristeides[G] warben, als er noch lebte, Männer, die unter den Griechen als die Besten galten. Sie blickten aber nicht auf den Lebenswandel des Aristeides und bewunderten nicht seine Gerechtigkeit. Hätten sie nämlich diese Eigenschaften bewundert, wären sie auch später bei ihrer Brautwerbung geblieben. Nun aber starb Aristeides, und sie wollten mit seinen Mädchen nichts mehr zu tun haben. Denn bei seinem Tod stellte man fest, dass (Aristeides,) Sohn des Lysimachos, arm war. Das war auch der Grund, der jene Elenden von der, wie ich meine, angesehenen und zugleich höchst ehrenvollen Heirat abhielt. – Ähnliches wird auch von Lysandros[G] erzählt: Als die Bewerber erfuhren, dass er arm sei, liefen sie vor der Hochzeit davon.

Vgl. o. 6.4. Die Schlusspassage zu Lysandros hält Russell (bei Wilson 1979) für einen später hinzugefügten redaktionellen Verweis auf 6.4.

10.16. Als Antisthenes[P] (Frg. 138B Decleva Caizzi = 34C–2 Prince) viele zur Philosophie ermunterte, sie aber nicht auf ihn achteten, wurde er schließlich verärgert und ließ keinen mehr zu sich. Auch den Diogenes[P] schickte er aus seinem Umgang fort. Als aber Diogenes beharrlicher war und darauf bestand, drohte er ihm sogar, ihn mit dem Stock zu schlagen; einmal schlug er ihn auch auf den Kopf. Der aber ging nicht weg, sondern drängte noch eifriger in seinem Durst, ihn zu hören, und sagte: »Schlage mich, wenn du willst, ich werde meinen Kopf hinhalten, und du wirst keinen so harten Stock finden, dass du mich von deinem Unterricht vertreiben kannst.« Der aber gewann ihn überaus lieb.

10.17. Λέγει Κριτίας Θεμιστοκλέα τὸν Νεοκλέους πρὶν ἢ ἄρξασθαι πολιτεύεσθαι, τρία τάλαντα ἔχειν τὴν οὐσίαν τὴν πατρῴαν· ἐπεὶ δὲ τῶν κοινῶν προέστη εἶτα ἔφυγε, καὶ ἐδημεύθη αὐτοῦ ἡ οὐσία, κατεφωράθη ἑκατὸν ταλάντων πλείω οὐσίαν ἔχων. ὁμοίως δὲ καὶ Κλέωνι πρὸ τοῦ παρελθεῖν ἐπὶ τὰ κοινὰ μηδὲν τῶν οἰκείων ἐλεύθερον εἶναι· μετὰ δὲ πεντήκοντα ταλάντων τὸν οἶκον ἀπέλιπε.

10.18. Δάφνιν τὸν βουκόλον λέγουσιν οἱ μὲν ἐρώμενον Ἑρμοῦ, ἄλλοι δὲ υἱόν· τὸ δὲ ὄνομα ἐκ τοῦ συμβάντος σχεῖν. γενέσθαι μὲν αὐτὸν ἐκ νύμφης, τεχθέντα δὲ ἐκτεθῆναι ἐν δάφνῃ. τὰς δ' ὑπ' αὐτοῦ βουκολουμένας βοῦς φασιν ἀδελφὰς γεγονέναι τῶν Ἡλίου, ὧν Ὅμηρος ἐν Ὀδυσσείᾳ μέμνηται. βουκολῶν δὲ κατὰ τὴν Σικελίαν ὁ Δάφνις, ἠράσθη αὐτοῦ νύμφη μία, καὶ ὡμίλησε καλῷ ὄντι καὶ νέῳ καὶ πρῶτον ὑπηνήτῃ, ἔνθα τοῦ χρόνου ἡ χαριεστάτη ἐστὶν ἥβη τῶν καλῶν μειρακίων, ὥς πού φησι καὶ Ὅμηρος. συνθήκας δὲ ἐποίησε μηδεμιᾷ ἄλλῃ πλησιάσαι αὐτόν, καὶ ἐπηπείλησεν ὅτι πεπρωμένον ἐστὶν αὐτὸν στερηθῆναι τῆς ὄψεως, ἐὰν παραβῇ· καὶ εἶχον ὑπὲρ τούτων ῥήτραν πρὸς ἀλλήλους. χρόνῳ δὲ ὕστερον βασιλέως θυγατρὸς ἐρασθείσης αὐτοῦ, οἰνωθεὶς ἔλυσε τὴν ὁμολογίαν καὶ ἐπλησίασε τῇ κόρῃ. ἐκ δὲ τούτου τὰ βουκολικὰ μέλη πρῶτον ᾔσθη καὶ εἶχεν ὑπόθεσιν τὸ πάθος τὸ κατὰ τοὺς ὀφθαλμοὺς αὐτοῦ. καὶ Στησίχορόν γε τὸν Ἱμεραῖον τῆς τοιαύτης μελοποιίας ὑπάρξασθαι.

10.19. Εὐρυδάμας ὁ Κυρηναῖος πυγμὴν ἐνίκησεν, ἐκκρουσθεὶς μὲν ὑπὸ τοῦ ἀνταγωνιστοῦ τοὺς ὀδόντας, καταπιὼν δὲ αὐτούς, ἵνα μὴ αἴσθηται ὁ ἀντίπαλος.

10.17. Kritias[P] (*VS* 88 B 45) berichtet, Themistokles[G], Sohn des Neokles, habe, bevor er Staatsmann wurde, ein Vermögen von 3 Talenten[A] vom Vater gehabt. Nachdem er aber an der Spitze des Gemeinwesens gestanden hatte, dann verbannt und sein Vermögen konfisziert worden war, entdeckte man, dass er mehr als 100 Talente hatte. Ebenso soll auch Kleon, bevor er an die Spitze des Staates getreten war, nichts von seinem Besitz schuldenfrei gehabt haben. Danach jedoch hinterließ er ein Haus von 50 Talenten.

10.18. Der Rinderhirt Daphnis soll, wie die einen sagen, der Geliebte des Hermes gewesen sein, nach anderen sein Sohn. Den Namen habe er durch folgendes Geschehen: Er stammte von einer Nymphe ab, die ihn nach seiner Geburt in einem Lorbeerstrauch (*daphne*) ausgesetzt hatte. Die von ihm geweideten Rinder waren, wie man sagt, Geschwister der Rinder des Helios, die Homer in der *Odyssee* (12.127) erwähnt. Als Daphnis auf Sizilien Rinder weidete, verliebte sich eine der Nymphen in ihn und schlief mit ihm, der schön war und dem eben der erste Bart wuchs; das ist die Zeit, in welcher der jugendliche Reiz der schönen Jünglinge am größten ist, wie auch Homer an irgendeiner Stelle (*Ilias* 24.348) sagt. Sie schloss mit ihm einen Vertrag, dass er sich mit keiner anderen einlasse, und drohte ihm, er werde sein Augenlicht verlieren, wenn er dies breche. Sie hatten darüber eine gegenseitige Vereinbarung geschlossen. Als sich einige Zeit später eine Tochter des Königs in ihn verliebte, brach er betrunken das Versprechen und ließ sich mit dem Mädchen ein. Seitdem wurden zum ersten Mal die Hirtenlieder gesungen, und sie hatten das Leiden seiner Augen zum Inhalt. Als erster soll Stesichoros[L] aus Himera (Frg. 279 Page/Davies) mit solchen Liedern begonnen haben.

10.19. Eurydamas aus Kyrene siegte im Faustkampf. Zwar waren ihm vom Widersacher die Zähne ausgeschlagen worden, doch er hatte sie heruntergeschluckt, damit der Gegner es nicht merkt.

10.20. Ὅτι ὁ Πέρσης ἐπέστειλε πρὸς Ἀγησίλαον, φίλον αὐτὸν ἔχειν. ἀντεπέστειλε δὲ Ἀγησίλαος ὅτι οὐ δυνατὸν φίλον αὐτὸν Ἀγησιλάου ἰδίᾳ εἶναι· εἰ δὲ εἴη Λακεδαιμονίοις κοινῇ φίλος, δῆλον ὅτι καὶ αὐτοῦ ἔσται· ἐφ᾽ ἅπασι γὰρ καὶ ἐκεῖνον ἀριθμεῖσθαι.

10.21. Ὅτι τὸν Πλάτωνα ἡ Περικτιόνη ἔφερεν ἐν ταῖς ἀγκάλαις· θύοντος δὲ τοῦ Ἀρίστωνος ἐν Ὑμηττῷ ταῖς Μούσαις ἢ ταῖς Νύμφαις, οἱ μὲν πρὸς τῇ ἱερουργίᾳ ἦσαν, ἡ δὲ κατέκλινε Πλάτωνα ἐν ταῖς πλησίον μυρρίναις δασείαις οὔσαις καὶ πυκναῖς. καθεύδοντι δὲ ἑσμὸς μελιττῶν, Ὑμηττίου μέλιτος ἐν τοῖς χείλεσιν αὐτοῦ καθεῖσαι, ὑπῇδον τὴν τοῦ Πλάτωνος εὐγλωττίαν μαντευόμεναι ἐντεῦθεν.

10.22. Ὅτι Διώξιππος, παρόντος Ἀλεξάνδρου καὶ Μακεδόνων, ῥόπαλον λαβών, Κόρραγον τὸν Μακεδόνα ὁπλίτην μονομαχήσας καὶ ἐκκρούσας αὐτοῦ τὸ ξυστὸν καὶ ἁρπάσας τὸν ἄνδρα σὺν τῇ πανοπλίᾳ, ἐπιβὰς ἐπὶ τὸν αὐχένα αὐτοῦ κειμένου τὴν μάχαιραν ἣν ὑπέζωστο ὑφαρπάσας ἀπέκτεινε τὸν ὁπλίτην. ἐμισήθη δὲ ὑπὸ Ἀλεξάνδρου. ὁ δὲ ἀπογνούς, ὡς μισηθεὶς ὑπὸ Ἀλεξάνδρου, καὶ ἀθυμήσας ἀπέθανεν.

10.20. (Man liest,) dass der Perser(könig) dem Agesilaos[G] einen Brief schickte, er wolle ihn zum Freund haben. Agesilaos aber schrieb zurück, es sei nicht möglich, dass er ausschließlich Freund des Agesilaos sei. Würde er aber Freund aller Lakedaimonier, werde er selbstverständlich auch seiner; zu allen nämlich zähle auch er.

10.21. (Man liest,) dass den Platon[P] (seine Mutter) Periktione auf ihren Armen trug, als (sein Vater) Ariston auf dem Hymettos den Musen oder den Nymphen ein Opfer darbrachte. Während sie mit der heiligen Handlung beschäftigt waren, hatte jene den Platon in den nahe gelegenen Myrtensträuchern abgelegt, die reich belaubt und dicht waren. Als er schlief, setzte sich ein Bienenschwarm hin, legte Honig vom Hymettos auf seine Lippen und weissagte so summend die Beredsamkeit Platons.
Zu Platon und den Bienen vgl. u. 12.45.

10.22. (Man liest,) dass in Gegenwart des Alexandros (d. Gr.)[G] der mit einer Keule bewaffnete Dioxippos[S] einen Zweikampf gegen den Hopliten[A] Korrhagos von Makedonien ausfocht, ihm den Speer wegschlug, den Mann mit seiner gesamten Rüstung packte, den Fuß auf den Nacken des Liegenden stellte, ihm das Schwert, das er trug, wegnahm und den Hopliten tötete. Er fiel aber bei Alexandros in Ungnade. Niedergeschlagen, weil er von Alexandros gehasst wurde, und verzweifelt starb er.
Der Athlet Dioxippos wird 12.58 als Athener vorgestellt.

ΙΑ

11.1. Ὅτι Ὀρίκαδμος πάλης ἐγένετο νομοθέτης, καθ' ἑαυτὸν ἐπινοήσας τὸν Σικελὸν τρόπον καλούμενον <τοῦ> παλαίειν.

11.2. Ὅτι ἦν Ὀροιβαντίου <τοῦ> Τροιζηνίου ἔπη πρὸ Ὁμήρου, ὥς φασιν οἱ Τροιζήνιοι λόγοι. καὶ τὸν Φρύγα δὲ Δάρητα, οὗ Φρυγίαν Ἰλιάδα ἔτι καὶ νῦν ἀποσῳζομένην οἶδα, πρὸ Ὁμήρου καὶ τοῦτον γενέσθαι λέγουσι. Μελήσανδρος ὁ Μιλήσιος Λαπιθῶν καὶ Κενταύρων μάχην ἔγραψεν.

11.3. Ὅτι Ἴκκος ὁ Ταραντῖνος παλαιστὴς ὑπήρξατο σωφρονέστερον τὸν τῆς ἀθλήσεως χρόνον διαζῆν καὶ κεκολασμένῃ τροφῇ διαβιώσας καὶ Ἀφροδίτης ἀμαθὴς διατελέσας.

11.4. Ἀγαθοκλέα φασὶ τὸν Σικελίας τύραννον γελοιότατα <περὶ> τὴν κεφαλὴν ἀσχημονεῖν. ψιλουμένης γὰρ αὐτῆς, κατὰ μικρὰ ὑπορρεουσῶν αὐτῷ τῶν τριχῶν, ὁ δὲ αἰδούμενος προκάλυμμα κόμης ἐποιήσατο [τὸν] μυρρίνης στέφανον· καὶ ἦν πρόβλημα τῆς ψιλώσεως. ᾔδεσαν μέντοι τὸ φαλάκρωμα Συρακούσιοι καὶ τὴν εἰς αὐτὸν τῶν τριχῶν ἐπιβουλὴν οὐκ ἠγνόουν, ἐσιώπων δὲ διὰ τὸ τῶν τολμημάτων αὐτοῦ καὶ ἀσεβημάτων ἐμμανές.

11.5. Ἔθυόν τινες ἐν Δελφοῖς. τούτοις ἐπιβουλεύοντες Δελφοὶ εἰς τὰ κανᾶ, ἔνθα ἦν αὐτοῖς ὅ τε λιβανωτὸς καὶ τὰ πόπανα, ἐνέβαλον

11

11.1. (Man liest,) dass Orikadmos der Gesetzgeber für den Ringkampf wurde, da er sich die sogenannte sizilische Art des Ringens ausgedacht hatte.

11.2. (Man liest,) dass es Epen des Oroibantios aus Troïzen schon vor Homer[L] gab, wie die troïzenischen *Logoi*[L] besagen. Auch Dares[L] aus Phrygien, dessen *Phrygische Ilias* noch jetzt, wie ich weiß, erhalten ist, hat vor Homer gelebt, wie man sagt. Melesandros aus Milet beschrieb den Kampf der Lapithen und Kentauren.
Alle genannten Autoren sind fiktiv (vgl. FGrHist *607 F 2 und 51 F 6).*

11.3. (Man liest,) dass der Ringkämpfer Ikkos[S] aus Tarent damit begann, für die Zeit des Wettkampfs recht züchtig zu leben, maßvoller im Essen zu sein und sich ganz der Liebe enthielt.
Vgl. Ailianos, Tierkunde *6.1, wo als Quelle Platon (*Gesetze *839e–840a) angegeben ist.*

11.4. Agathokles[G], der Tyrann von Sizilien, verunstaltete sich, wie man sagt, in lächerlichster Weise seinen Kopf. Er wurde nämlich glatzköpfig, da ihm allmählich die Haare ausgingen. Er schämte sich und machte als Abdeckung einen Myrtenkranz. Es kannten aber die Syrakusaner seine Glatze und wussten von der Verschwörung seiner Haare gegen ihn, schwiegen aber wegen des Wahnsinns seiner Untaten und Verbrechen.
Agathokles (360-289) war seit 316 Tyrann von Syrakus auf Sizilien.

11.5. Es opferten einige Leute in Delphi; ihnen lauerten die Delphier auf und legten ihnen in die Körbe, in denen sie das Räucherwerk

τῶν ἱερῶν χρημάτων λάθρᾳ. λαβόντες οὖν αὐτοὺς ὡς θεοσύλας ἀπήγαγον ἐπὶ τὴν πέτραν καὶ κατεκρήμνισαν κατὰ τὸν Δελφικὸν νόμον.

11.6. Συνέβη τινὰ μοιχὸν ἁλῶναι ἐν Θεσπιαῖς· εἶτα ἤγετο διὰ τῆς ἀγορᾶς δεδεμένος. ἀφείλοντο οὖν αὐτὸν οἱ ἑταῖροι. ἐξήφθη οὖν στάσις καὶ συνέπεσε γενέσθαι φόνους πολλούς.

11.7. Ἔλεγεν Ἐτεοκλῆς ὁ Λάκων δύο Λυσάνδρους τὴν Σπάρτην μὴ ἂν ὑπομεῖναι, καὶ Ἀρχέστρατος ὁ Ἀθηναῖος ἔλεγε δύο Ἀλκιβιάδας τὴν τῶν Ἀθηναίων. οὕτως ἄρα αὐτῶν [καὶ οἱ] ἑκάτεροι ἦσαν ἀφόρητοι.

11.8. Ἵππαρχος ἀνῃρέθη ὑπὸ Ἁρμοδίου καὶ Ἀριστογείτονος, ὅτι ἐν τοῖς Παναθηναίοις κομίσαι κανοῦν τῇ θεῷ κατὰ τὸν νόμον τὸν ἐπιχώριον οὐκ εἴασε τὴν ἀδελφὴν τὴν Ἁρμοδίου, ὡς μὴ ἀξίαν οὖσαν.

11.9. Οἱ τῶν Ἑλλήνων ἄριστοι πενίᾳ διέζων παρὰ πάντα τὸν βίον. ἐπαινείτωσαν οὖν πλοῦτόν τινες ἔτι μετὰ τοὺς τῶν Ἑλλήνων ἀρίστους, οἷς ἡ πενία παρὰ πάντα τὸν βίον συνεκληρώθη. εἰσὶ δὲ οὗτοι, οἷον Ἀριστείδης ὁ Λυσιμάχου, ἀνὴρ πολλὰ μὲν ἐν πολέμῳ κατορθώσας καὶ τοὺς φόρους δὲ τοῖς Ἕλλησι τάξας. ἀλλ᾽ οὗτός γε ὁ τοιοῦτος οὐδὲ ἐντάφια ἑαυτῷ κατέλιπεν ἱκανά.

Καὶ Φωκίων δὲ πένης ἦν. Ἀλεξάνδρου δὲ πέμψαντος αὐτῷ τάλαντα ἑκατὸν ἠρώτα· »διὰ τίνα αἰτίαν μοι δίδωσιν;« ὡς δ᾽

und das Gebäck hatten, heimlich etwas von den heiligen Schätzen. Sie ergriffen sie dann als Tempelräuber, führten sie auf den Felsen und stürzten sie gemäß dem delphischen Gesetz hinab.
Aristophanes, Wespen *1446 (mit den Scholien) nennt als einen Betroffenen den Fabeldichter Aisopos (s. o. 10.5).*

11.6. Es geschah, dass ein Ehebrecher in Thespiai festgenommen wurde; danach wurde er in Fesseln über die Agora[A] geführt. Es entführten ihn nun seine Gefährten. Daraus entstand ein Aufruhr, und es geschah, dass es zu vielen Morden kam.

11.7. Es sagte Eteokles der Lakoner, dass zwei Männer wie Lysandros[G] Sparta nicht ertragen hätte, und der Athener Archestratos[L] sagte, dass zwei wie Alkibiades[G] der athenische Staat (nicht ertragen hätte). So unerträglich waren die beiden für sie.
Vgl. Athenaios 535d (demgegenüber Ailianos mehr angibt).

11.8. Hipparchos[G] wurde von Harmodios und Aristogeiton getötet, weil er bei den Panathenaien (s. o. 8.2) der Schwester des Harmodios nicht erlaubt hatte, den Korb für die Göttin nach dem heimischen Brauch zu tragen, da sie nicht würdig sei.
Vgl. Thukydides 6.56 (wohl Ailianos' Vorlage). Zur Ehre des Korbtragens vgl. etwa auch Aristophanes, Lysistrate *646.*

11.9. Die Besten der Griechen verbrachten ihr ganzes Leben in Armut. Manche sollen da noch Reichtum loben, nachdem den Besten der Griechen ihr ganzes Leben lang Armut beschieden war! Dies sind Leute wie Aristeides[G], Sohn des Lysimachos, ein Mann, der viel im Krieg leistete und die Abgaben für die Griechen festlegte –doch ein Mann von dieser Art hinterließ nicht einmal genug für sein Begräbnis!

Auch Phokion[G] war arm, doch als Alexandros (d. Gr.)[G] ihm 100 Talente[A] schickte, fragte er: »Aus welchem Grund gibt er mir das?« Als

εἶπον ὅτι μόνον αὐτὸν Ἀθηναίων ἡγεῖται καλὸν καὶ ἀγαθόν, »οὐκοῦν« ἔφη »ἐασάτω με τοιοῦτον εἶναι.«

Καὶ Ἐπαμεινώνδας δὲ ὁ Πολύμνιδος πένης ἦν. Ἰάσονος δὲ αὐτῷ πέμψαντος πεντήκοντα χρυσοῦς, ὁ δὲ »ἀδίκων« ἔφη »ἄρχεις χειρῶν.« δανεισάμενος δὲ παρά τινος τῶν πολιτῶν πεντήκοντα δραχμὰς ἐφόδιον εἰς Πελοπόννησον ἐνέβαλε. πυθόμενος δὲ τὸν ὑπασπιστὴν αὐτοῦ χρήματα εἰληφέναι παρά τινος τῶν αἰχμαλώτων, »ἐμοὶ μὲν« εἶπεν »ἀπόδος τὴν ἀσπίδα, σεαυτῷ δὲ πρίω καπηλεῖον, ἐν ᾧ καταζήσεις· οὐ γὰρ ἔτι κινδυνεύειν ἐθελήσεις, πλούσιος γενόμενος.«

Πελοπίδας δὲ ἐπιτιμώντων αὐτῷ τῶν φίλων ὅτι χρημάτων ἀμελεῖ πράγματος εἰς τὸν βίον λυσιτελοῦς, »νὴ τὸν Δία« εἶπε »λυσιτελές, ἀλλὰ Νικομήδει τούτῳ,« δείξας χωλόν τινα καὶ ἀνάπηρον.

Ὅτι Σκιπίων τέτταρα καὶ πεντήκοντα ἔτη βιώσας οὐδὲν οὔτε ἐπρίατο οὔτε ἀπέδοτο· οὕτως ἄρα ὀλίγων ἐδεῖτο, ἀσπίδα δὲ αὐτῷ τινος ἐπιδείξαντος εὖ κεκοσμημένην εἶπεν· »ἀλλὰ τόν γε Ῥωμαῖον ἄνδρα προσήκει ἐν τῇ δεξιᾷ τὰς ἐλπίδας ἔχειν, ἀλλ᾽ οὐκ ἐν τῇ ἀριστερᾷ.«

Ὅτι Ἐφιάλτης ὁ Σοφωνίδου πενέστατος ἦν. δέκα δὲ τάλαντα διδόντων αὐτῷ τῶν ἑταίρων, ὁ δὲ οὐ προσήκατο εἰπών· »ταῦτά με ἀναγκάσει αἰδούμενον ὑμᾶς καταχαρίσασθαί τι τῶν δικαίων, μὴ αἰδούμενον δὲ μηδὲ χαριζόμενον ὑμῖν ἀχάριστον δόξαι.«

11.10. Ζωίλος ὁ Ἀμφιπολίτης ὁ καὶ εἰς Ὅμηρον γράψας καὶ εἰς Πλάτωνα καὶ εἰς ἄλλους, Πολυκράτους μὲν ἀκουστὴς ἐγένετο· οὗτος δὲ ὁ Πολυκράτης καὶ τὴν κατηγορίαν ἔγραψε τὴν κατὰ Σωκράτους. ἐκαλεῖτο δὲ <ὁ> Ζωίλος οὗτος Κύων ῥητορικός. ἦν δὲ τοιοῦτος· τὸ μὲν γένειον αὐτῷ καθεῖτο, κέκαρτο δὲ ἐν χρῷ τὴν κεφαλήν, καὶ θοἰμάτιον ὑπὲρ τὸ γόνυ ἦν. ἤρα δὲ ἀγορεύειν

der sagte, dass er ihn als einzigen Athener für gut und edel halte, sagte er: »Also soll er mich auch so bleiben lassen!«

Auch Epameinondas[G], Sohn des Polymnis, war arm. Iason schickte ihm 50 (Talente) Gold, er aber sagte: »Mir unrecht zu tun beginnst du handgreiflich!« Er lieh sich von einem der Bürger 50 Drachmen[A] als Wegegeld und fiel in die Peloponnes ein. Als er erfuhr, sein *Hypaspistes* (Schildträger) habe Geld von einem Gefangenen genommen, sagte er: »Gib mir den Schild zurück, kauf dir eine Kneipe, in der du dahinleben kannst; du wirst ja kein Risiko mehr eingehen wollen, wo du reich geworden bist.«

Pelopidas[G] sagte, als ihm von seinen Freunden vorgeworfen wurde, dass er sich nicht um Geld kümmere, eine für das Leben nützliche Sache: »Bei Zeus, nützlich, aber nur für diesen Nikomedes dort« – und zeigte dabei auf einen hinkenden Verkrüppelten.

(Man liest,) dass Scipio[G], der 54 Jahre lang lebte, weder etwas gekauft noch verkauft habe. So gering waren seine Bedürfnisse, dass er, als ihm jemand einen schön verzierten Schild zeigte, sagte: »Nein, für einen römischen Mann gehört es sich, dass er seine Hoffnungen in der Rechten hat, nicht in der Linken.«

(Man liest,) dass Ephialtes[G], Sohn des Sophonides, sehr arm war. Als ihm seine Gefährten 10 Talente[A] gaben, nahm er sie nicht an und sagte: »Dies würde mich zwingen, aus Rücksicht auf euch zu euren Gunsten Recht zu sprechen oder aber ohne Rücksicht auf euch nicht gefällig zu sein und dann undankbar zu erscheinen.«

Langfassung von 2.43; vgl. Plutarch, Moralia *199f und 201d. Iason war Tyrann von Pherai um 380–370.*

11.10. Zoïlos[L] von Amphipolis, der Schriften gegen Homer[L] und Platon[P] und andere schrieb, war Hörer des Polykrates[L]. Dieser Polykrates schrieb auch die Anklage gegen Sokrates[P]. Genannt wurde dieser Zoïlos »redegewandter Hund«. Von dieser Art war er: Der Bart hing ihm herab, geschoren hatte er den Kopf bis auf die Haut, sein Himation[A] endete über dem Knie. Er liebte es, schlecht (über andere)

κακῶς, καὶ ἀπεχθάνεσθαι πολλοῖς σχολὴν εἶχε, καὶ ψογερὸς ἦν ὁ κακοδαίμων. ἤρετο οὖν αὐτόν τις τῶν πεπαιδευμένων διὰ τί κακῶς λέγει πάντας· ὁ δέ· »ποιῆσαι γὰρ κακῶς βουλόμενος οὐ δύναμαι.«

11.11. Ὅτι Διονύσιος ὁ Σικελὸς περὶ τὴν ἰατρικὴν ἔσπευδε καὶ αὐτός, καὶ ἰᾶτο καὶ ἔτεμνε καὶ ἔκαε καὶ τὰ λοιπά.

11.12. Πλακοῦντα ὁ Ἀλκιβιάδης μέγαν καὶ ἐσκευασμένον κάλλιστα διέπεμψε Σωκράτει. ὡς οὖν ὑπὸ ἐρωμένου ἐραστῇ πεμφθὲν [τὸ] δῶρον ἐκκαυστικὸν τὸν πλακοῦντα διαγανακτήσασα κατὰ τὸν αὐτῆς τρόπον ἡ Ξανθίππη ῥίψασα ἐκ τοῦ κανοῦ κατεπάτησε. γελάσας δὲ ὁ Σωκράτης »οὐκοῦν« ἔφη »οὐδὲ σὺ μεθέξεις αὐτοῦ.« εἰ δέ τις οἴεται περὶ μικρῶν με λέγειν λέγοντα ταῦτα, οὐκ οἶδεν ὅτι καὶ ἐκ τούτων ὁ σπουδαῖος δοκιμάζεται ὑπερφρονῶν αὐτῶν <ἐκείνων> ἅπερ οὖν οἱ πολλοὶ λέγουσιν εἶναι κόσμον τραπέζης καὶ δαιτὸς ἀναθήματα.

11.13. Ἄνδρα φασὶ Σικελιώτην οἷον βλέπειν ὀξὺ γενέσθαι ἐν Σικελίᾳ, ὥστε αὐτὸν ἐκ τοῦ Λιλυβαίου εἰς Καρχηδόνα τείναντα τοὺς ὀφθαλμοὺς μηδὲν τὰς ὄψεις σφάλλεσθαι. καὶ ἀποδεῖξαι λέγουσι τὸν ἀριθμὸν τῶν νεῶν τῶν ἀναγομένων ἐκ Καρχηδόνος· καὶ οὐκ ἐψεύσατο οὐδεμίαν.

zu sprechen, und hatte als Beschäftigung, sich vielen Leuten verhasst zu machen; schmähsüchtig war der unglückliche Mensch. Es fragte ihn einer der Gebildeten, warum er allen Böses nachrede; darauf er: »Weil ich Böses tun will, aber nicht kann.«
Hund (griechisch kyon*) erlaubt ein Wortspiel mit dem Namen der Philosophenschule der Kyniker.*

11.11. (Man liest,) dass Dionysios (I.)[G] von Sizilien sich auch selbst mit der Heilkunst befasste, heilte, schnitt, brannte usw.

11.12. Einen Kuchen schickte Alkibiades[G] dem Sokrates[P], einen großen und sehr schönen. Als ein Geschenk, das von einem Geliebten an einen Liebhaber geschickt wurde, um das Feuer zu schüren, warf (Sokrates' Frau) Xanthippe, die in der ihr eigenen Art ungehalten wurde, den Kuchen aus dem Korb und zertrat ihn. Sokrates lachte und sagte: »Also wirst auch du nichts davon haben!« Wenn jemand der Meinung ist, dass ich über Kleinigkeiten spreche, weiß er nicht, dass auch hieraus der edle Charakter zu erkennen ist, der all jenes verachtet, was die Masse für Schmuck des Tisches und Zierde des Mahles (vgl. Homer, *Odyssee* 1.152) hält.

11.13. Ein sizilischer Mann hat, so sagt man, so scharfe Augen gehabt, dass er, wenn er seine Augen von Lilybaion (auf Sizilien) nach Karthago richtete, sich in seinen Wahrnehmungen nicht täuschte. Er habe auch die Zahl der Schiffe, die von Karthago aus in See stachen, genannt und sich nicht um ein einziges geirrt.
Vgl. etwa Strabon 6.2.1 C 267.

IB

12.1. Ἀσπασία ἡ Ἑρμοτίμου θυγάτηρ ἡ Φωκαΐς ἐτράφη [μὲν] ἐν ὀρφανίᾳ, τῆς μητρὸς αὐτῆς ἀποθανούσης ἐν ὠδῖσιν. ἐκ δὴ τούτων ἐν πενίᾳ μὲν ἐτράφη ἡ Ἀσπασία, σωφρόνως μέντοι καὶ ἐγκρατῶς. ὄνειρος δὲ αὐτῇ συνεχῶς ἐπεφοίτα καὶ ἐμαντεύετο αὐτῇ χρηστόν, τὴν μέλλουσαν αὐτῆς τύχην ὑπαινιττόμενος, ὅτι καλῷ καὶ ἀγαθῷ συνέσται ἀνδρί. παῖς δ' ἔτι οὖσα, γίνεται αὐτῇ κατὰ τοῦ προσώπου φῦμα ὑπ' αὐτὸ τὸ γένειον καὶ ἦν ἰδεῖν μοχθηρὸν καὶ ἐλύπει τόν τε πατέρα καὶ τὴν παῖδα. δείκνυσιν οὖν αὐτὴν ὁ πατὴρ ἰατρῷ· ὁ δὲ ὑπέσχετο ἰάσεσθαι, εἰ λάβοι τρεῖς στατῆρας. ὁ δὲ ἔφατο μὴ ἔχειν, ὁ δὲ ἰατρὸς μηδὲ αὐτὸς εὐπορεῖν φαρμάκου φησί. καὶ ἠνιᾶτο ὥσπερ εἰκὸς ἐπὶ τούτοις ἡ Ἀσπασία καὶ ἀπελθοῦσα ἔξω ἔκλαεν· ἔχουσα <δ'> ἐν τοῖς γόνασι κάτοπτρον καὶ ὁρῶσα ἑαυτὴν ἐν αὐτῷ σφόδρα ἤλγει. ἀδείπνῳ δὲ οὔσῃ ὑπὸ τῆς ἀνίας ἀφίκετό οἱ εὖ μάλα εὔκαιρος ὕπνος, καὶ ἅμα τῷ ὕπνῳ [ἡ] περιστερὰ παραγίνεται, καὶ γενομένη γυνὴ »θάρρει« εἶπε »καὶ μακρὰ χαίρειν εἰποῦσα ἰατροῖς τε αὐτοῖς καὶ φαρμάκοις, σὺ δὲ τῶν τῆς Ἀφροδίτης στεφάνων τῶν ῥοδίνων ὅσοι ἂν ὦσιν ἤδη αὖοι τρίβουσα ἐπίπαττε τῷ φύματι.« ταῦτα ἀκούσασα ἡ παῖς καὶ δράσασα, τὸ φῦμα ἠφανίσθη· καὶ ἡ Ἀσπασία καλλίστη τῶν συμπαρθένων ἦν αὖθις, παρὰ τῆς καλλίστης τῶν θεῶν τὴν ὥραν ἀπολαβοῦσα.

Καὶ χαρίτων μὲν ἀφθονίαν εἶχεν, ὡς οὐκ ἄλλη παρθένος τῶν τότε· ἦν δὲ καὶ τὴν κόμην ξανθὴ καὶ οὔλη τὰς τρίχας ἠρέμα, ὀφθαλμοὺς δὲ εἶχε μεγίστους, ὀλίγον δὲ ἦν καὶ ἐπίγρυπος, τὰ δὲ ὦτα εἶχε βραχύτερα. ἦν δὲ αὐτῇ καὶ δέρμα ἁπαλόν· ἐῴκει δὲ ἡ χροιὰ ἡ κατὰ τοῦ προσώπου ῥόδοις. διὰ ταῦτά τοι οἱ

12

12.1. Aspasia, die Tochter des Hermotimos, aus Phokaia wuchs als (Halb-)Waise auf, da ihre Mutter bei ihrer Geburt gestorben war. Deshalb wurde Aspasia zwar in Armut erzogen, doch züchtig und selbstbeherrscht. Ein Traum kam immer zu ihr, der ihr Gutes verhieß und ihr als ihr künftiges Schicksal andeutete, dass sie mit einem schönen und edlen Mann zusammen sein werde. Als sie noch ein Kind war, bekam sie im Gesicht unterhalb des Kinns ein Geschwür. Es war hässlich anzusehen und bekümmerte den Vater und das Mädchen. Der Vater zeigte es einem Arzt; der versprach, es zu heilen, wenn er 3 Statere[A] erhalte. Der Vater betonte, er habe die nicht, der Arzt aber sagte, er habe auch keinen Überfluss am Heilmittel. Darüber war Aspasia erwartungsgemäß betrübt, ging hinaus und weinte. Sie hatte den Spiegel auf den Knien, sah sich darin und wurde sehr traurig. Vor Kummer hatte sie nichts gegessen, da überfiel sie gerade zur genau rechten Zeit der Schlaf. Im Schlaf erschien ihr eine Taube, die sich in eine Frau verwandelte und sagte: »Habe Mut und sage Ärzten und Heilmitteln ein großes Lebewohl. Nimm von den Rosenkränzen für Aphrodite diejenigen, die schon trocken sind, zerreibe sie und streue sie auf das Geschwür.« Dies hörte das Mädchen und handelte so – und das Geschwür war verschwunden. Aspasia war wieder die schönste unter den Jungfrauen ihres Alters, da sie von der schönsten der Göttinnen die Schönheit zurückerhalten hatte.

Aspasia hatte eine solche Fülle von Anmut wie keine andere der damaligen Jungfrauen: Ihr Haar war blond und sanft gewellt, sie hatte sehr große Augen, eine gering gebogene Nase und ganz kleine Ohren. Ihre Haut war zart; es glich die Farbe ihres Gesichts den Rosen. Deshalb nannten die Phokaier sie schon als Kind *Milto*

Φωκαεῖς ἔτι παιδίον οὖσαν ἐκάλουν Μιλτώ. ὑπέφαινε δὲ καὶ τὰ χείλη ἐρυθρά, καὶ οἱ ὀδόντες λευκότεροι χιόνος ἦσαν. ἦν δὲ καὶ τὰ σφυρὰ ἀγαθὴ καὶ οἵας Ὅμηρος λέγει τὰς ὡραιοτάτας γυναῖκας κατὰ τὴν ἑαυτοῦ φωνήν »καλλισφύρους« ὀνομάζων. φώνημα δὲ εἶχεν ἡδὺ καὶ ἁπαλόν· εἶπεν ἄν τις, λαλούσης αὐτῆς, ἀκούειν Σειρῆνος. πολυπραγμοσύνης δὲ ἁπάσης γυναικείας καὶ περιεργίας ἀπήλλακτο. ὁ μὲν γὰρ πλοῦτος φιλεῖ χορηγεῖν καὶ τὰ τοιαῦτα, πενομένη δὲ ἐκείνη καὶ τρεφομένη ὑπὸ πατρὶ καὶ αὐτῷ πένητι περίεργον μὲν οὐδὲν οὐδὲ περιττὸν εἰς τὸ εἶδος ἠράνιζεν.

Ἀφίκετο δέ ποτε παρὰ Κῦρον τὸν Δαρείου καὶ Παρυσάτιδος ἡ Ἀσπασία τὸν ἀδελφὸν Ἀρταξέρξου, οὐχ ἑκοῦσα οὐδὲ ἑκόντος αὐτὴν τοῦ πατρὸς ἀποπέμψαντος, ἀλλὰ γὰρ πρὸς βίαν, οἷα πολλάκις ἀπήντησεν ἢ πόλεων ἁλουσῶν ἢ τυράννων βιασαμένων ἢ σατραπῶν [πολλάκις]. εἷς γοῦν τῶν Κύρου σατραπῶν μετὰ καὶ ἄλλων παρθένων ἀνήγαγεν αὐτὴν πρὸς Κῦρον, καὶ τάχιστα τῶν ἄλλων παλλακίδων προετιμήθη διά τε ἤθους ἀφέλειαν καὶ τοῦ τρόπου τὸ αἰδῆμον καὶ ὅτι ἀπεριέργως καλὴ ἦν. συνεμάχετο δὲ πρὸς τὸ ὑπερφιλεῖσθαι καὶ ὅτι σύνεσιν εἶχε. πολλάκις γοῦν καὶ ὑπὲρ τῶν ἐπειγόντων ἐχρήσατο αὐτῷ συμβούλῳ Κῦρος, καὶ πεισθεὶς οὐ μετέγνω.

Ὡς δὲ ἦλθε τὸ πρῶτον πρὸς Κῦρον ἡ Ἀσπασία, ἔτυχε μὲν ἀπὸ δείπνου ὢν καὶ πίνειν ἔμελλε κατὰ τὸν τρόπον τὸν Περσικόν· μετὰ γὰρ τὸ ἐμπλησθῆναι τροφῆς οἱ Πέρσαι τῷ τε οἴνῳ καὶ ταῖς προπόσεσιν εὖ μάλα ἀποσχολάζουσιν, [οἱονεὶ] πρὸς τὸν πότον ὡς πρὸς ἀντίπαλον ἀποδυόμενοι. μεσοῦντος οὖν τοῦ πότου τέτταρες παρθένοι παράγονται τῷ Κύρῳ Ἑλληνικαί, ἐν δὲ ταῖς καὶ ἡ Φωκαῒς Ἀσπασία ἦν. ἦσαν δὲ κάλλιστα διεσκευασμέναι· αἱ μὲν γὰρ τρεῖς ὑπὸ τῶν οἰκείων γυναικῶν, αἳ ἔτυχον αὐταῖς συνανελθοῦσαι, διαπεπλεγμέναι τε ἦσαν τὰς κόμας καὶ διαπεποικιλμέναι τὰ πρόσωπα ἐντρίψεσι καὶ φαρμάκοις. ἦσαν

(»rötlich«). Es erschienen ihre Lippen rot; ihre Zähne waren weißer als Schnee. Sie war auch an den Knöcheln gut, so wie die schönsten Frauen bei Homer, die er mit dem ihm eigenen Ausdruck »schönfüßig« nennt (Homer, *Ilias* 14.319). Sie hatte eine liebliche und zarte Stimme; man hätte sagen können, wenn sie sprach, höre man eine Sirene (Fabelwesen, das mit seinem Gesang etwa die Gefährten des Odysseus verzauberte). Von aller weiblichen Geschäftigkeit und Verschwendung war sie frei. Der Reichtum verleitet nämlich gerne dazu; jene aber, die arm war und vom Vater, der selbst arm war, erzogen wurde, wünschte sich keine überflüssigen und unnützen Dinge für ihre Schönheit.

Es kam einmal Aspasia zu Kyros (d. J.)[G], Sohn des Dareios (II.)[G] und der Parysatis, Bruder des Artaxerxes (II.)[G], nicht freiwillig und auch nicht freiwillig vom Vater geschickt, sondern unter Zwang, wie dies ja oft geschieht, wenn Städte eingenommen werden oder Tyrannen oder Satrapen Gewalt ausüben. Einer der Satrapen des Kyros brachte sie also zusammen mit anderen Jungfrauen zu Kyros, und bald wurde sie den anderen Nebenfrauen vorgezogen wegen ihrer schlichten Art, ihres sittsamen Wesens und weil sie ungekünstelt schön war. Dazu, dass sie so sehr geliebt wurde, trug auch bei, dass sie Verstand hatte. Oft fragte Kyros sie bei wichtigen Dingen um Rat und bereute es nicht, wenn er dem Rat folgte.

Als Aspasia zum ersten Mal vor Kyros kam, war dieser gerade mit dem Essen fertig und wollte nach dem persischen Brauch trinken; nachdem sich nämlich die Perser an Speisen satt gegessen haben, erholen sie sich sehr schön mit Wein und Trinken und machen sich an den Trunk wie an einen Gegner. Mitten während des Trinkens wurden Kyros vier griechische Jungfrauen vorgeführt, unter ihnen war auch die Phokaierin Aspasia. Sie waren aufs Schönste geschmückt: Drei hatten nämlich von den Dienerinnen, die mit ihnen gekommen waren, kunstvoll geflochtene Haare und mit Einreibungen und Mittelchen gefärbte Wangen. Auch waren sie

δὲ καὶ ὑπὸ τῶν τροφέων δεδιδαγμέναι ὅπως τε ὑποδραμεῖν χρὴ τὸν Κῦρον καὶ τίνα τρόπον θωπεῦσαι καὶ προσίοντα μὴ ἀποστραφῆναι καὶ ἁπτομένου μὴ δυσχερᾶναι καὶ φιλοῦντος ὑπομεῖναι, ἑταιρικὰ εὖ μάλα μαθήματα καὶ διδάγματα <καὶ> γυναικῶν καπηλικῶς τῷ κάλλει χρωμένων ἔργα. ἔσπευδον οὖν ἄλλη ἄλλην ὑπερβαλέσθαι τῷ κάλλει. ἡ δὲ Ἀσπασία οὔτε ἐνδῦναι πολυτελῆ χιτῶνα ἐβούλετο, οὔτε περίβλημα περιβαλέσθαι ποικίλον ἠξίου, οὔτε λούσασθαι ὑπέμενεν, ἀνευφημήσασα δὲ θεοὺς πάντας ἐκάλει Ἑλληνίους καὶ Ἐλευθερίους τοὺς αὐτούς, καὶ τὸ τοῦ πατρὸς ὄνομα ἐβόα καὶ κατηρᾶτο ἑαυτῇ καὶ τῷ πατρί, δουλείαν σαφῆ καὶ ὡμολογημένην ὑπομένειν πιστεύουσα τὴν ἔξω τῆς συνηθείας περὶ τὸ σῶμα στολήν τε ἅμα καὶ περίεργον κατασκεύην. ῥαπισθεῖσα δὲ πρὸς ἀνάγκην ἐνέδυ, καὶ εἶκε τοῖς ἐπιτάγμασιν, ἀλγοῦσα ὅμως <ὡς> οὐ παρθενικὰ ἀλλ' ἑταιρικὰ πράττειν ἐβιάζετο. αἱ μὲν οὖν ἄλλαι παρελθοῦσαι ἀντέβλεπον τῷ Κύρῳ καὶ ὑπεμειδίων καὶ φαιδρότητα προσεποιοῦντο· ἥ γε μὴν Ἀσπασία ἑώρα κάτω, καὶ ἐρυθημάτων εὖ μάλα φλογωδῶν ἐνεπίμπλατο αὐτῆς τὸ πρόσωπον καὶ πεπλήρωντο οἱ ὀφθαλμοὶ δακρύων καὶ ἐκ παντὸς τοῦ τρόπου δήλη ἦν αἰδουμένη. ἐπεὶ δὲ ἐκέλευσε πλησίον αὑτοῦ τὰς ἀνθρώπους καθίσαι, αἱ μὲν ἐπείσθησαν καὶ πάνυ εὐκόλως, ἡ δὲ Φωκαῒς τῷ προστάγματι οὐδὲν προσεῖχεν, ἕως αὐτὴν ὁ ἀπαγαγὼν σατράπης πρὸς βίαν ἐκάθισεν. ἁπτομένου δὲ τοῦ Κύρου καὶ διασκοποῦντος τοὺς ὀφθαλμοὺς αὐταῖς καὶ τὰς παρειὰς καὶ τοὺς δακτύλους, αἱ μὲν ἠνείχοντο, ἡ δὲ οὐχ ὑπέμενεν· ἄκρᾳ γὰρ τῇ χειρὶ μόνον τοῦ Κύρου προσαψαμένου ἐξεβόησέ τε καὶ ἔφατο αὐτὸν οἰμώξεσθαι τοιαῦτα δρῶντα. ὑπερήσθη τούτοις ὁ Κῦρος. ἐπανισταμένης τε αὐτῆς καὶ πειρωμένης φεύγειν, ἐπεὶ καὶ τῶν μαζῶν προσήψατο, ἀλλὰ ἐνταῦθα μὲν ὑπερηγάσθη τὴν εὐγένειαν οὐ Περσικῶς ὁ τοῦ Δαρείου, ἀλλὰ καὶ ἀποβλέψας πρὸς τὸν ἀγοραστὴν »ταύτην μόνην« ἔφη »ἐλευθέραν καὶ ἀδιάφθορον ἤγαγες· αἱ δὲ λοιπαὶ καπηλικῶς ἔχουσι καὶ τοῦ εἴδους [ἔτι] καὶ τοῦ τρόπου <ἔτι> μᾶλλον.« ἐκ δὴ τούτων ὁ Κῦρος πλέον ταύτην ἠγάπησεν <ἢ> αἷς

von den Erzieherinnen unterwiesen worden, wie sie sich bei Kyros einschmeicheln und auf welche Weise sie ihm schöntun müssten, dass sie seine Annäherungen nicht abweisen, über seine Berührungen nicht unwillig werden und seine Küsse aushalten sollten: Ratschläge und Lehren für Hetären[A] und von Frauen, die mit ihrer Schönheit Geschäfte machen. Eine wollte nun schöner sein als die andere. Aspasia aber wollte den kostbaren Chiton[A] nicht anziehen und auch den bunten Umhang nicht umlegen; sie ließ sich auch nicht baden, sondern rief klagend zu allen Göttern Griechenlands, den Beschützern der Freiheit. Sie schrie den Namen des Vaters und verfluchte sich und ihn, da sie glaubte, dass sie die sichere und unabwendbare Sklaverei auf sich nehme mit der ungewohnten Kleidung und übertriebenen Aufmachung. Sie wurde geschlagen, zog sich dann gezwungenermaßen an und gab den Forderungen nach, wenn auch unter Schmerzen, weil sie gezwungen war, etwas zu tun, was die Art von Hetären, nicht von Jungfrauen ist. Die anderen sahen, als sie vor Kyros traten, ihm gerade ins Gesicht, lächelten und gaben sich heiter. Aspasia aber blickte nach unten und ihr Gesicht war von flammender Röte übergossen, die Augen voll Tränen, und aus ihrer ganzen Art wurde deutlich, dass sie sich schämte. Als er (Kyros) den Mädchen befahl, sich zu ihm zu setzen, gehorchten die anderen ihm ganz bereitwillig, die Phokaierin aber achtete nicht auf den Befehl, bis der Satrap, der sie hergebracht hatte, sie mit Gewalt hinsetzte. Dass Kyros sie berührte und ihre Augen, Wangen und Finger genau inspizierte, nahmen die anderen hin, sie aber duldete es nicht. Als er sie nur mit den Fingerspitzen berührte, schrie sie auf und betonte, er werde noch bejammern, was er tue. Darüber freute sich Kyros. Als sie aufstand und zu fliehen suchte, wie er ihre Brüste berührte, war über diese würdevolle Haltung (Kyros,) der Sohn des Dareios – ganz gegen Perserart – ganz erstaunt, und zum Einkäufer blickend sagte er: »Diese allein hast du als freie und unverdorbene gebracht; die übrigen sind käuflich nach ihrem Aussehen, mehr noch aber nach ihrer Art.« Aus diesem Grund also schätzte Kyros

ὡμίλησέ ποτε ἀνθρώποις. χρόνῳ δὲ ὕστερον ὑπερηράσθη μὲν ταύτης ὁ Κῦρος, ἀντηρᾶτο δὲ καὶ ὑπ' ἐκείνης, καὶ εἰς τοσοῦτον ἀμφοῖν ἡ φιλία προῆλθεν, ὡς ἐγγὺς ἰσοτιμίας εἶναι καὶ μὴ ἀπᾴδειν Ἑλληνικοῦ γάμου ὁμονοίας τε καὶ σωφροσύνης.

Ἀφίκετο οὖν τοῦ εἰς Ἀσπασίαν ἔρωτος καὶ εἰς Ἰωνίαν τὸ κλέος καὶ εἰς τὴν Ἑλλάδα πᾶσαν. πεπλήρωτο δὲ καὶ ἡ Πελοπόννησος τῶν ὑπὲρ Κύρου τε καὶ ἐκείνης λόγων, ἀλλὰ καὶ εἰς βασιλέα τὸν μέγαν ἧκεν ἡ δόξα· πεπίστευτο γὰρ δὴ ὅτι γυναικὸς ἄλλης μετ' αὐτὴν οὐκ ἠξίου πειραθῆναι Κῦρος. ἐκ δὴ τούτων εἰσῄει τὴν Ἀσπασίαν μνήμη τῶν ἀρχαίων φασμάτων, περιστερᾶς τε ἐκείνης καὶ τῶν ἐξ αὐτῆς λόγων καὶ ὅσα προεῖπεν ἡ θεός· καὶ ἐπίστευεν αὐτὴν ἐξ ἀρχῆς μελεδωνὸν αὐτῆς γεγονέναι καὶ ἔθυε τῇ Ἀφροδίτῃ τελεστήρια καὶ χαριστήρια. πρῶτον μὲν οὖν εἴδωλον χρυσοῦν ἀρκούντως μεγέθους ἔχον αὐτῇ κατεσκεύασεν. ἐνενοεῖτο δὲ τὸ ἄγαλμα τοῦτο Ἀφροδίτης εἶναι, καὶ πελειάδα αὐτῇ παρέστησε λιθοκόλλητον· καὶ ἀνὰ πᾶσαν ἡμέραν θυσίαις τε ἱλεοῦτο καὶ εὐφημίαις. ἀπέπεμψε δὲ καὶ Ἑρμοτίμῳ τῷ πατρὶ δῶρα πολλὰ καὶ καλά, καὶ πλούσιον αὐτὸν ἀπέφηνε. σωφροσύνῃ τε διέζη, ὡς αἱ Ἑλληνίδες γυναῖκες λέγουσι καὶ αἱ Περσίδες.

Ὅρμος ἐκομίσθη ποτὲ Κύρῳ ἐκ Θετταλίας, πέμψαντος τὸν ὅρμον Σκόπα τοῦ νεωτέρου – τῷ δὲ Σκόπᾳ κεκόμιστο ἐκ Σικελίας τὸ δῶρον –. ἐδόκει δὲ ὁ ὅρμος θαυμαστῇ τινι τέχνῃ καὶ ποικιλίᾳ ἐξειργάσθαι. πάντων οὖν, οἷς ἔδειξεν αὐτὸν ὁ Κῦρος, θαυμαζόντων, ὑπερησθεὶς τῷ κειμηλίῳ, παραχρῆμα εἰς Ἀσπασίας ἀφίκετο, μεσούσης ἡμέρας, καὶ καταλαβὼν αὐτὴν καθεύδουσαν, ὑποδὺς ὑπὸ θοἰμάτιον καὶ παρακλιθεὶς ἠρέμα, ἀψοφητὶ ἔμενεν αὐτὸς μὲν ἀτρεμῶν, ἐκείνη δὲ ἐκάθευδεν. ἐπεὶ δὲ διυπνίσθη καὶ ἐθεάσατο τὸν Κῦρον, περιπλακεῖσα αὐτῷ κατὰ τὸν συνήθη τρόπον ἐφιλοφρονεῖτο αὐτόν. ὁ δὲ ἐξελὼν ἐκ τοῦ κιβωτίου τὸν ὅρμον ἔδειξεν, ἐπειπὼν ὅτι ἄξιός ἐστιν οὗτος ἢ θυγατρὸς βασιλέως ἢ μητρός. τῆς δὲ ὁμολογούσης »ἰδού, δίδωμί σοι τοίνυν« φησὶν »αὐτὸν ἔχειν κτῆμα· καί μοι ὡς ἔχεις

sie mehr als alle anderen Frauen, mit denen er je Umgang hatte. Einige Zeit später verliebte sich Kyros heftig in sie und wurde auch von jener geliebt. Die Freundschaft der beiden wurde so stark, fast wie zwischen Gleichgestellten, und unterschied sich in Eintracht und Züchtigkeit nicht von einer griechischen Ehe.

Es kam nun der Ruf von seiner Liebe zu Aspasia bis nach Ionien und ganz Griechenland. Erfüllt war auch die Peloponnes von *Logoi*[L] über Kyros und jene Frau; ja, auch zum Großkönig[G] kam der Ruf. Man glaubte nämlich, dass Kyros nach ihr keine andere Frau mehr habe berühren wollen. Davon kam Aspasia die Erinnerung an die alten Traumbilder, jene Taube und ihre Worte und was die Göttin vorhergesagt hatte. Sie glaubte, dass jene sie von Anfang an beschützt habe und brachte der Aphrodite feierliche Dankopfer dar: Erst ließ sie ein goldenes Standbild von hinreichender Größe anfertigen; sie wollte, dass dies eine Statue der Aphrodite sei und gab ihr an die Seite eine mit Edelsteinen verzierte Taube. Und jeden Tag flehte sie mit Opfern und Gebeten um ihre Gnade. Sie schickte auch ihrem Vater Hermotimos viele schöne Geschenke und machte ihn zu einem reichen Mann. Züchtig führte sie ihr Leben, wie sowohl die griechischen als auch die persischen Frauen sagen.

Eine Kette wurde einmal dem Kyros aus Thessalien gebracht, die Skopas der Jüngere (vgl. 2.41) geschickt hatte; dem Skopas war sie als Geschenk aus Sizilien gebracht worden. Die Kette schien mit bewundernswerter Kunst und Buntheit ausgeführt zu sein. Alle, denen er die Kette zeigte, bewunderten sie, und so war er hocherfreut über das Kleinod und ging sofort in Aspasias Zimmer; es war Mittag. Er fand sie schlafend vor, kroch unter ihr Himation[A], schmiegte sich sanft an sie und blieb dort, ohne einen Laut und ohne eine Bewegung; jene aber schlief. Als sie aufwachte und Kyros sah, umarmte sie ihn in der gewohnten Weise und liebkoste ihn. Er nahm die Kette aus dem Kästchen und zeigte sie ihr, wobei er sagte, dass sie einer Tochter oder Mutter des Großkönigs[G] würdig sei. Sie stimmte zu, da sagte er: »Schau, ich gebe sie also nun dir und

περιθεμένη δεῖξον τὸν τράχηλον.« ἡ δὲ οὐχ ἡττήθη τοῦ δώρου, ἀλλ' εὖ μάλα σοφῶς καὶ πεπαιδευμένως ἀπεκρίνατο· »καὶ πῶς« ἔφη »τολμήσω Παρυσάτιδος δῶρον ἄξιον τῆς τεκούσης σε περιθέσθαι αὐτή; ἀλλὰ τοῦτον μὲν ἀπόπεμψον ἐκείνῃ, Κῦρε· ἐγὼ δέ σοι καὶ ἄνευ τούτου παρέξω καλὸν τὸν τράχηλον.« Ἀσπασία μὲν οὖν μεγαλοφρόνως καὶ ὑπὲρ τὰς γυναῖκας βασιλικῶς τὰ ἐναντία ἔδρασεν ἤπερ εἰώθασι γυναῖκες δρᾶν – φιλόκοσμοι γάρ εἰσι δεινῶς –· ὁ δὲ Κῦρος ἡσθεὶς τῇ ἀποκρίσει τὴν μὲν Ἀσπασίαν κατεφίλησεν, αὐτὰ δὲ ἕκαστα καὶ τῶν πραχθέντων καὶ τῶν λεχθέντων εἰς ἐπιστολὴν ἐγγράψας, ἀπέπεμψε πρὸς τὴν μητέρα σὺν τῷ ὅρμῳ. καὶ ἡ Παρύσατις λαβοῦσα τὸ δῶρον οὐδὲν ἔλαττον ἥσθη τοῖς ἐπεσταλμένοις ἢ τῷ χρυσῷ· καὶ ὑπὲρ τούτων ἠμείψατο τὴν Ἀσπασίαν μεγάλοις δώροις καὶ βασιλικοῖς· ηὔφρανε γὰρ αὐτὴν μάλιστα ἐκεῖνο, ὅτι καίτοι πάνυ σφόδρα εὐδοκιμοῦσα παρὰ τῷ παιδὶ αὐτῆς ἡ Ἀσπασία, ὅμως ἐν τῷ φιλεῖσθαι ὑπὸ Κύρου ἐβούλετο τῆς Κῦρον τεκούσης ἡττᾶσθαι. ἐπῄνεσε μὲν οὖν Ἀσπασία τὰ δῶρα, οὐ μὴν ἔφατο αὐτῶν δεῖσθαι, ἐπεὶ καὶ χρήματα ἧκεν αὐτῇ μετὰ τῶν δώρων πάμπολλα, ἀπέστειλε δὲ Κύρῳ εἰποῦσα· »πολλοὺς ἀνθρώπων τρέφοντί σοι γένοιτο ἂν ταῦτα λυσιτελῆ· ἐμοὶ δὲ σὺ ἀρκεῖς φιλούμενος καὶ κόσμος μοι εἶναι.« καὶ ἐκ τούτων οὖν, ὥσπερ εἰκός, τὸν Κῦρον ἐξέπληξε καὶ ἀναμφιλόγως ἐθαυμάζετο ἥδε ἡ γυνὴ καὶ διὰ τὸ κάλλος τὸ τοῦ σώματος καὶ ἔτι μᾶλλον διὰ τὴν εὐγένειαν τῆς ψυχῆς.

Ὅτε δὲ ἀνῃρέθη Κῦρος ἐν τῇ πρὸς τὸν ἀδελφὸν μάχῃ καὶ ἑάλω τὸ στρατόπεδον τοῦ Κύρου, μετὰ [καὶ] τῶν ἄλλων λαφύρων καὶ αὐτὴ ἑάλω, οὐκ εἰκῇ καὶ ὡς ἔτυχεν ἐμπεσοῦσα εἰς τοὺς πολεμίους, ἀλλ' ἀνεζήτησεν αὐτὴν σὺν πολλῇ τῇ φροντίδι ὁ βασιλεὺς Ἀρταξέρξης· ᾔδει γὰρ αὐτῆς τὸ κλέος καὶ τὴν ἀρετήν. ἐπεὶ δὲ αὐτὴν ἤγαγον δεδεμένην, ἠγανάκτει καὶ τοὺς μὲν τοῦτο δράσαντας εἰς δεσμωτήριον ἐνέβαλε, προσέταξε δὲ αὐτῇ δοθῆναι κόσμον πολυτελῆ. ἡ δὲ ἄκουσα καὶ ποτνιωμένη καὶ δακρύουσα ἐπὶ πολλοῖς ἐβιάσθη τὴν ἐκ βασιλέως στολὴν ἐνδῦναι· ἐθρήνει

du sollst sie als Besitz haben. Zeige mir, wie du sie umgelegt hast, deinen Hals!« Sie aber wurde von dem Geschenk nicht schwach, sondern klug und gebildet antwortete sie und sagte: »Wie könnte ich wagen, ein Geschenk, das deiner Mutter Parysatis würdig ist, selbst anzulegen? Vielmehr schicke du es ihr, Kyros! Ich werde dir auch ohne dies einen schönen Hals bieten.« Aspasia tat also großherzig und königlich über Frauenart hinaus das Gegenteil von dem, was Frauen sonst tun – die lieben Schmuck ja sehr! Kyros freute sich über diese Antwort und küsste Aspasia, schrieb aber jede Einzelheit des Geschehenen und Gesagten in einem Brief und schickte ihn mitsamt der Kette an seine Mutter. Als Parysatis das Geschenk erhielt, freute sie sich über den Bericht nicht weniger als über das Gold, und sie vergalt es Aspasia mit großen und königlichen Gaben. Es freute sie nämlich besonders, dass Aspasia, obwohl sie von Kyros doch so geehrt wurde, nicht wollte, dass die Mutter von ihrem Sohn weniger geliebt werde als sie. Aspasia lobte die Geschenke, betonte aber, sie brauche sie nicht. Und weil zusammen mit den Geschenken auch viel Geld gekommen war, schickte sie es Kyros, wobei sie sagte: »Für dich, der du viele Menschen ernährst, wird dies von Nutzen sein. Mir genügst du, wenn du geliebt wirst und mein Schmuck bist.« Darüber staunte Kyros, wie verständlich ist, und unbestreitbar genoss sie seine Bewunderung wegen der Schönheit ihres Körpers, aber mehr noch wegen des Adels ihrer Seele.

Als Kyros in der Schlacht gegen seinen Bruder (Artaxerxes II.) gefallen und sein Lager eingenommen war, wurde zusammen mit anderer Beute auch sie (Aspasia) gefangen. Es war kein Zufall, dass sie in die Hände der Feinde gefallen war, sondern König Artaxerxes hatte sie sehr sorgfältig suchen lassen; er kannte ja ihren Ruf und ihre Tugend. Als man sie ihm in Fesseln vorführte, wurde er zornig und warf diejenigen, die das getan hatten, ins Gefängnis und befahl, dass man ihr kostbaren Schmuck gebe. Sie aber hörte dies, jammerte und klagte. Nach langer Zeit wurde sie gezwungen, das vom König (geschenkte) Gewand anzulegen; sie war nämlich

γὰρ ἰσχυρῶς τὸν Κῦρον· ἐνδῦσα δὲ ἐφάνη καλλίστη γυναικῶν, καὶ παραχρῆμα ὁ Ἀρταξέρξης ἐφλέγετο καὶ κατετήκετο, καὶ πρώτην γε τῶν γυναικῶν ἦγε, καὶ εἰς ὑπερβολὴν ἐτίμα δι' ὧν ἔσπευδεν αὐτῇ χαρίζεσθαι, θαρρῶν ὅτι Κύρου μὲν ἀναπείσει ἐπιλαθέσθαι αὐτήν, διδάξει δ' οὖν αὐτὸν φιλεῖν οὐδὲν ἐκείνου ἧττον. καὶ ἔτυχε μὲν τῆς ἐλπίδος, ὀψὲ δὲ καὶ βραδέως· δεινὴ γὰρ ἡ εἰς Κῦρον εὔνοια ἐντακεῖσα τῇ Ἀσπασίᾳ δυσέκνιπτον ὡς ὅτι μάλιστα τὸ φίλτρον ἐνείργαστο αὐτῇ.

Χρόνῳ δὲ ὕστερον Τηριδάτης ὁ εὐνοῦχος ἀποθνῄσκει, κάλλιστος τῶν ἐν τῇ Ἀσίᾳ καὶ ὡραιότατος γενόμενος· κατέστρεψε δὲ ἄρα οὗτος τὸν βίον μειρακιούμενος καὶ ἐκ τῆς παιδικῆς ἡλικίας ἀνατρέχων, ἐλέγετο δὲ αὐτοῦ ἐρᾶν ὁ βασιλεὺς ἀνδρειότατα. ἐκ δὴ τούτων ἐπένθει βαρύτατα καὶ δριμύτατα ἤλγει καὶ δημοσίᾳ κατὰ πᾶσαν τὴν Ἀσίαν πένθος ἦν, χαριζομένων ἁπάντων βασιλεῖ τοῦτο. ἐτόλμα τε οὐδεὶς αὐτῷ προσελθεῖν οὐδὲ παραμυθήσασθαι· καὶ γὰρ ἐπίστευον ἀνιάτως αὐτὸν ἔχειν ἐπὶ τῷ συμβεβηκότι πάθει. τριῶν δὲ ἡμερῶν διελθουσῶν, στολὴν ἀναλαβοῦσα ἡ Ἀσπασία πενθικήν, ἀπιόντος τοῦ βασιλέως ἐπὶ λουτρόν, ἔστη δακρύουσα καὶ ὁρῶσα εἰς γῆν· ὁ δὲ ἰδὼν αὐτὴν ἐξεπλάγη καὶ ἤρετο τὴν αἰτίαν τῆς ἀφίξεως. καὶ ἐκείνη φησί· »λυπούμενόν σε, βασιλεῦ, καὶ ἀλγοῦντα ἀφῖγμαι παραμυθήσασθαι, εἴ σοι βουλομένῳ ἐστίν· εἰ δὲ χαλεπαίνεις, ἀπαλλάττομαι ὀπίσω.« ὑπερήσθη τῇ κηδεμονίᾳ ὁ Πέρσης καὶ προσέταξεν εἰς τὸν θάλαμον ἀνελθοῦσαν ἀναμεῖναι αὐτόν· ἡ δὲ ἔδρασε ταῦτα. ἐπεὶ δὲ ἐπανῆλθε, τὴν τοῦ εὐνούχου στολὴν ἐπὶ τῇ μελαίνῃ περιῆψε τῇ Ἀσπασίᾳ· καί πως ἔπρεψεν αὐτῇ καὶ τὰ τοῦ μειρακίου, καὶ ἔτι μᾶλλον τὰ τῆς ὥρας αὐτῇ πρὸς τὸν ἐραστὴν ἐξέλαμψεν. ἐπεὶ δὲ ἅπαξ ἐχειρώθη τούτοις ἐκεῖνος, ἠξίωσεν αὐτήν, ἔστ' ἂν ἀπομαρανθῇ τοῦ πένθους αὐτῷ ἡ ἀκμή, οὕτως ἐσταλμένην ὡς αὐτὸν παριέναι [αὐτήν]. καὶ ἐκείνη χαριζομένη ἐπείσθη αὐτῷ· καὶ μόνη τῶν κατὰ τὴν Ἀσίαν οὐ γυναικῶν μόνον, φασίν, ἀλλὰ καὶ τῶν τοῦ βασιλέως υἱῶν καὶ τῶν συγγενῶν

in heftiger Trauer um Kyros. Damit angetan, erschien sie als die schönste Frau; sofort war Artaxerxes entflammt und entbrannt. Zunächst ehrte er sie als erste seiner Frauen und brachte ihr durch seine Gunstbeweise ungewöhnliche Achtung entgegen, weil er zuversichtlich war, dass er sie dazu bringen werde, Kyros zu vergessen, und ihr beibringen wollte, dass er sie nicht weniger liebe als jener. Seine Hoffnung wurde erfüllt, wenn auch spät und langsam; es bildete ja die große Zuneigung zu Kyros, von der Aspasia durchdrungen war, ein Liebeselixier für sie, das nur schwer zu tilgen war.

Einige Zeit später starb der Eunuch Tiridates, der schönste und anmutigste in Asien. Er beendete sein Leben in ganz jungen Jahren, gerade vom Knaben zum jungen Mann geworden. Der König hatte ihn, wie man sagte, ganz heftig geliebt; deshalb war er in tiefer Trauer und litt bittersten Schmerz; ja, in ganz Asien gab es Trauer, weil alle dies dem König zuliebe taten. Es wagte aber niemand, zu ihm zu gehen und ihn zu trösten; sie glaubten nämlich, dass er untröstlich sei über den erlittenen Verlust. Nachdem drei Tage vergangen waren, legte Aspasia Trauerkleidung an, und als der König ins Bad gehen wollte, stand sie weinend und zu Boden blickend da. Er sah dies, erschrak und frage nach dem Grund ihres Kommens. »Dich in deinem Kummer, König, und in deinem Schmerz zu trösten bin ich gekommen, wenn es dir recht ist. Wenn es dir jedoch unangenehm ist, so gehe ich wieder.« Über diese Fürsorge freute sich der Perser sehr und er trug ihr auf, ins Zimmer zu gehen und ihn zu erwarten. So tat sie. Als er zurückgekommen war, legte er der Aspasia das Gewand des Eunuchen über ihr schwarzes Kleid. Irgendwie ging von ihr auch der Glanz des jungen Mannes aus, doch mehr noch leuchtete für den Liebenden ihre eigene Schönheit. Weil ihm davon aber einmal seine Sinne gefangen waren, bat er sie, bis der Gipfel der Trauer überwunden sei, in dieser Kleidung zu ihm zu kommen, und jene folgte dem ihm zuliebe. Und sie als einzige in ganz Asien, nicht nur von den Frauen, wie man sagt, auch von seinen Söhnen und Verwandten,

παρεμυθήσατο Ἀρταξέρξην, καὶ τὸ ἐκ τῆς λύπης ἰάσατο πάθος, εἴξαντος τοῦ βασιλέως τῇ κηδεμονίᾳ καὶ τῇ παραμυθίᾳ πεισθέντος συνετῶς.

12.2. Οὐδεὶς οὔτε πλάστης οὔτε γραφεὺς τῶν Διὸς θυγατέρων τὰ εἴδη παρέστησεν ἡμῖν ὡπλισμένα. ὁμολογεῖ δὲ τοῦτο ὅτι δεῖ τὸν ἐν Μούσαις βίον εἰρηνικόν τε ἅμα καὶ πρᾶον εἶναι.

12.3. Ἐπαμεινώνδας ὅτε ἐτρώθη ἐν Μαντινείᾳ καιρίαν, εἰς τὴν σκηνὴν κομισθεὶς ἔτι ἔμπνους Δαΐφαντον ἐκάλει, ἵνα ἀποδείξῃ στρατηγόν· οἱ δὲ ἔφασαν τεθνάναι τὸν ἄνδρα. εἶτα Ἰολαΐδαν καλεῖν διὰ ταχέων ἠξίου. ἐπεὶ δὲ καὶ αὐτὸς ἐλέχθη τεθνάναι, συνεβούλευσε διαλύσασθαι πρὸς τοὺς πολεμίους καὶ φιλίαν θέσθαι, ὡς μηκέτι στρατηγοῦ καταλελειμμένου ἐν Θήβαις.

12.4. Φασὶν Αἰγύπτιοι Σέσωστριν παρ' Ἑρμοῦ τὰ νόμιμα ἐκμουσωθῆναι.

12.5. Ὅτι Λαῒς ἡ ἑταίρα, ὥς φησιν Ἀριστοφάνης ὁ Βυζάντιος, καὶ Ἀξίνη ἐκαλεῖτο. ἤλεγχε δὲ αὐτῆς τὸ ἐπώνυμον τοῦτο τὴν τοῦ ἤθους ἀγριότητα.

12.6. Ὅτι γελᾶν ἔξεστιν ἐπὶ τοῖς μέγα φρονοῦσι διὰ τοὺς πατέρας, εἴ γε ἐν Ῥωμαίοις μὲν Μαρίου τὸν πατέρα οὐκ ἴσμεν, αὐτὸν δὲ θαυμάζομεν διὰ τὰ ἔργα· Κάτωνος δὲ τοῦ πρεσβυτέρου καὶ αὐτοῦ τὸν πατέρα ἀναζητεῖν χρή.

spendete Artaxerxes Trost und heilte den Schmerz seiner Trauer, denn der König gab ihrer Fürsorge nach und hörte einsichtig auf ihren Zuspruch.

Zur Schlacht bei Kunaxa zwischen Kyros d. J. und seinem Bruder Artaxerxes II. s. Xenophon, Anabasis *1.8. Vgl. Smith 2014, 254–261.*

12.2. Weder ein Bildhauer noch ein Maler hat uns die Gestalten der Töchter des Zeus in Waffen dargestellt. Dies bestätigt, dass ein den Musen gewidmetes Leben friedlich und sanft sein muss.

S. die umfangreichere Version u. 14.37.

12.3. Als Epameinondas[G] bei Mantineia tödlich verwundet ins Zelt getragen worden war, rief er noch lebend nach Daïphantos, um ihn zum Feldherren zu ernennen. Die Leute aber sagten ihm, der Mann sei gestorben. Dann verlangte er, schnellstens den Iolaïdas zu rufen. Als auch von diesem gesagt wurde, er sei gestorben, gab Epameinondas den Rat, sich mit den Feinden auszusöhnen und Freundschaft zu vereinbaren, da in Theben kein Feldherr übrig geblieben sei.

12.4. Es sagen die Ägypter, dass Sesostris von Hermes in den Gesetzen unterwiesen worden sei.

S. auch u. 14.34. Welcher ägyptische König namens Sesostris gemeint ist, bleibt offen.

12.5. (Man liest,) dass die Hetäre[A] Laïs, wie Aristophanes[L] von Byzantion (Frg. 366 Slater) sagt, auch *Axine* (»Streitaxt«) genannt wurde. Es tadelte dieser Beiname ihr ungestümes Wesen.

S. auch u. 14.35. Die Nachricht wird auch als FGrHist *347 F 2 zitiert.*

12.6. (Man liest,) dass man über Leute, die auf ihre Väter stolz sind, nur lachen kann, wo wir doch bei den Römern den Vater des Marius[G] nicht kennen, ihn selbst aber wegen seiner Taten bewundern. Auch den Vater von Cato[G] dem Älteren muss man lange suchen.

12.7. Ὅτι Ἀλέξανδρος τὸν Ἀχιλλέως τάφον ἐστεφάνωσε καὶ Ἡφαιστίων τὸν τοῦ Πατρόκλου, αἰνιττόμενος ὅτι καὶ αὐτὸς ἦν ἐρώμενος τοῦ Ἀλεξάνδρου, ὥσπερ Ἀχιλλέως ὁ Πάτροκλος.

12.8. Κλεομένης ὁ Λάκων τῶν ἑταίρων τῶν αὑτοῦ παραλαβὼν Ἀρχωνίδην κοινωνὸν ἐποιεῖτο τῶν πραγμάτων. ἐπώμνυεν οὖν, εἰ κατάσχοι <τὴν ἀρχήν>, πάντα σὺν τῇ αὐτοῦ κεφαλῇ πράττειν. κατασχὼν οὖν τὴν ἀρχήν, ἀποκτείνας τὸν ἑταῖρον αὑτοῦ καὶ ἀποκρίνας τὴν κεφαλὴν καὶ μέλιτι [ἐν σκεύει] ἐμβαλών, ὁπότε μέλλοι τι πράττειν, τῷ ἀγγείῳ προσκύψας ἔλεγεν ὅσα ἔπραττε, λέγων μὴ παρασπονδεῖν μηδὲ ἐπιορκεῖν, βουλεύεσθαι δὲ μετὰ τῆς Ἀρχωνίδου κεφαλῆς.

12.9. Τιμησίας ὁ Κλαζομένιος καλῶς ἐξηγήσατο τῶν Κλαζομενίων· ἦν γὰρ τῶν ἀγαθῶν ἀνδρῶν. ὅς γε μὴν εἴωθε κατισχύειν τῶν τοιούτων φθόνος, καὶ τοῦ Τιμησίου κατεκράτει. καὶ τὰ μὲν πρῶτα ὀλίγον ἔμελε φθονουμένῳ αὐτῷ, τῆς δὲ πατρίδος αὐτὸν ἐξελάσαι ἐκεῖνό φασι. παρῄει διὰ διδασκαλείου· οἱ δὲ παῖδες ἀφεθέντες ὑπὸ τοῦ διδασκάλου ἔπαιζον. γίνεται δὲ δύο παίδων ὑπὲρ γραμμῆς φιλοτιμία, καὶ ὁ εἷς ἐπώμοσεν· »οὕτω ἐγὼ Τιμησίου τὸν ἐγκέφαλον ἐξαράξαιμι.« τοῦτο ἐκεῖνος ἀκούσας καὶ ὑπολαβὼν ἀκρατῶς ἔχειν φθόνου καὶ δεινῶς ὑπὸ τῶν

S. auch u. 14.36. Sallust, Iugurtha *85, bietet eine Rede des Marius gegen diejenigen, die auf ihre Vorfahren übermäßig stolz sind.*

12.7. (Man liest,) dass Alexandros (d. Gr.)[G] das Grab des Achilleus bekränzte und Hephaistion[G] das des Patroklos; damit deutet er an, dass auch er der Geliebte des Alexandros sei, wie Patroklos der des Achilleus.
Die Deutung der Beziehung von Achilleus und Patroklos als homoerotisch mag auf Aischylos' verlorene Tragödie Myrmidones *(*TrGF *Aischylos F 130–141) zurückgehen; Kritik übt etwa Platon,* Symposion *179e–180a.*

12.8. Kleomenes aus Lakonien zog von seinen Gefährten den Archonides vor und machte ihn zum Teilhaber an seinen Angelegenheiten. Er schwor, wenn er die Herrschaft erlange, werde er nichts ohne dessen Kopf tun. Als er nun die Herrschaft erlangt hatte, tötete er den Gefährten, schlug ihm den Kopf ab und legte ihn in Honig, und immer, wenn er etwas tun wollte, beugte er sich zu dem Gefäß und sagte, was er tun wolle, wobei er angab, er verstoße nicht gegen Vertrag und Eid, sondern berate sich ja mit dem Kopf des Archonides.
Welcher Kleomenes gemeint ist, bleibt offen.

12.9. Timesias aus Klazomenai war ein guter Anführer der Klazomenier; er gehörte nämlich zu den guten Männern. Doch der Neid auf solche Menschen, der gewöhnlich um sich greift, galt auch Timesias. Anfangs kümmerte es ihn wenig, dass man ihn beneidete, doch vertrieb ihn, wie man sagte, der Neid aus der Vaterstadt: Er ging an einer Schule vorbei; die Kinder, die von ihrem Lehrer fortgeschickt worden waren, spielten. Es kommt zwischen zwei Kindern zum Streit um eine Ziellinie, und der eine schwor: »So wahr ich den Kopf des Timesias zerschmettere!« Jener hörte dies und nahm wahr, wie maßlos der Neid war und wie schrecklich ihn die Bürger hassten, wenn schon die Kinder ihn hassen,

πολιτῶν μεμισῆσθαι, εἴ γε καὶ οἱ παῖδες αὐτὸν μισοῦσι, μήτι γοῦν οἱ ἄνδρες, ἑκὼν ἀπῆλθε τῆς πατρίδος.

12.10. Αἰγινῆταί ποτε ἐδυνήθησαν τὰ μέγιστα ἐν τοῖς Ἕλλησιν, εὐφορίαν τινὰ χρημάτων καὶ εὐκαιρίαν λαχόντες· δύναμιν γὰρ ναυτικὴν ἔσχον καὶ ἦσαν μέγιστοι. ἀλλὰ καὶ ἐν τοῖς Περσικοῖς ἀγαθοὶ ἐγένοντο, καὶ διὰ ταῦτα καὶ τῶν ἀριστείων ἠξιώθησαν. καὶ πρῶτοι νόμισμα ἐκόψαντο καὶ ἐξ αὐτῶν ἐκλήθη νόμισμα Αἰγιναῖον.

12.11. Ὅτι Ῥωμαῖοι ὑπὸ τῷ λόφῳ τῷ Παλλαντίῳ Πυρετοῦ καὶ νεὼν καὶ βωμὸν ἱδρύσαντο.

12.12. Ὅτι ἐν Κρήτῃ ἐν Γορτύνῃ μοιχὸς ἁλοὺς ἤγετο ἐπὶ τὰς ἀρχὰς καὶ ἐστεφανοῦτο ἐρίῳ ἐλεγχθείς. τὸ δὲ στεφάνωμα κατηγόρει αὐτοῦ ὅτι ἄνανδρός ἐστι καὶ γύννις καὶ εἰς γυναῖκας καλός. καὶ ἔτι ἐπράττετο δημοσίᾳ εἰς στατῆρας πεντήκοντα καὶ ἀτιμότατος ἦν καὶ οὐδενός οἱ μετῆν τῶν κοινῶν.

12.13. Ἀφίκετο ἐξ Ἑλλησπόντου παρὰ τὴν ἑταίραν τὴν Ἀττικὴν τὴν Γνάθαιναν ἐραστὴς κατὰ κλέος αὐτῆς. παρὰ πότον οὖν πολὺς ἦν λαλῶν καὶ ἐδόκει φορτικός. ὑπολαβοῦσα οὖν ἡ Γνάθαινα »εἶτα οὐ σὺ μέντοι λέγεις« εἶπεν »ἥκειν ἐξ Ἑλλησπόντου;« τοῦ δὲ ὁμολογήσαντος, »καὶ πῶς« εἶπεν »οὐκ ἔγνως τῶν ἐκεῖ πόλεων τὴν πρώτην;« τοῦ δὲ εἰπόντος· »καὶ

geschweige denn die Männer, und verließ von sich aus die Vaterstadt.

Timesias gründete um 655 Abdera. Das Spiel mag ein Brettspiel (wie bei Platon, Theaitetos *181a) oder ein Tauziehen gewesen sein.*

12.10. Die Aigineten hatten einst den größten Einfluss unter den Griechen, da sie über eine Fülle von Schätzen und Reichtum verfügten: Sie besaßen nämlich eine Seestreitkraft und waren am stärksten. Aber auch in den Perserkriegen waren sie tapfer und wurden deshalb und wegen ihrer Heldentaten geschätzt. Auch prägten sie als erste Münzen, die nach ihnen »aiginetische Münze« genannt wurden.

Zum Erfolg Aiginas bei Salamis vgl. Herodot 8.93.

12.11. (Man liest,) dass die Römer unterhalb des Palatinischen Hügels für Febris einen Tempel und einen Altar errichteten.

Für Febris (»Fieber« als Schutzgottheit gegen das Malaria-Fieber) nennt Valerius Maximus 2.5.6 sogar drei Tempel in Rom.

12.12. (Man liest,) dass auf Kreta in Gortyn ein Ehebrecher, der ertappt worden war, vor die Behörden gebracht und mit Wolle bekränzt wurde, wenn er überführt wurde. Dieser Kranz beschuldigte ihn als unmännlich, Weichling und Frauenhelden. Auch wurden von ihm zugunsten der Gemeinde bis zu 50 Statere[A] eingezogen; zudem war er völlig ehrlos und hatte keinen Anteil mehr an den gemeinsamen Angelegenheiten.

Wiederholt u. 14.46a.

12.13. Es kam vom Hellespont zur attischen Hetäre[A] Gnathaina ein Liebhaber wegen ihres Ruhms. Während des Trinkens schwatzte er viel und erschien aufdringlich. Da fiel ihm Gnathaina ins Wort und sagte: »Hattest du nicht gesagt, dass du vom Hellespont kommst?« Als er bejahte, sagte sie: »Und wie kennst du dann nicht die erste der Städte dort?« Als er sagte: »Und welche ist das?«, antwortete sie

τίς ἐστιν;« ἡ δὲ ἀπεκρίνατο· »Σίγειον« καὶ ἐμμελῶς διὰ τοῦ ὀνόματος κατεσίγασεν αὐτόν.

12.14. Ἐρασμιώτατον καὶ ὡραιότατόν φασιν Ἑλλήνων μὲν γενέσθαι Ἀλκιβιάδην, Ῥωμαίων δὲ Σκιπίωνα. καὶ Δημήτριον τὸν Πολιορκητὴν λέγουσιν ὥρας ἀμφισβητῆσαι. Ἀλέξανδρον δὲ τὸν Φιλίππου ἀπραγμόνως ὡραῖον λέγουσι γενέσθαι· τὴν μὲν γὰρ κόμην ἀνασεσύρθαι αὐτῷ, ξανθὴν δὲ εἶναι· ὑπαναφύεσθαι δέ τι ἐκ τοῦ εἴδους φοβερὸν τῷ Ἀλεξάνδρῳ λέγουσιν. ὁ δὲ Ὅμηρος ὅταν τοὺς καλοὺς θέλῃ εὐλογῆσαι, δένδροις αὐτοὺς παραβάλλει·

ὁ δ' ἀνέδραμεν ἔρνεϊ ἶσος.

12.15. Τὸν Ἡρακλῆ λέγουσι τὰς ἐν τοῖς ἄθλοις σπουδὰς διαναπαύειν ταῖς παιδιαῖς. ἔπαιζε δὲ ἄρα ὁ Διὸς καὶ Ἀλκμήνης μετὰ παιδίων πάνυ σφόδρα. τοῦτό τοι καὶ ὁ Εὐριπίδης ἡμῖν ὑπαινίττεται, ποιήσας τὸν αὐτὸν τοῦτον θεὸν λέγοντα·

παίζω· μεταβολὰς γὰρ πόνων ἀεὶ φιλῶ.

λέγει δὲ τοῦτο παιδίον κατέχων.

Καὶ Σωκράτης δὲ κατελήφθη ποτὲ ὑπὸ Ἀλκιβιάδου παίζων μετὰ Λαμπροκλέους ἔτι νηπίου.

Ἀγησίλαος δὲ κάλαμον περιβὰς ἵππευε μετὰ τοῦ υἱοῦ παιδὸς ὄντος καὶ πρὸς τὸν γελάσαντα εἶπε· »νῦν μὲν σιώπα, ὅταν δὲ γένῃ πατὴρ αὐτός, τότε ἐξαγορεύσεις [πρὸς τοὺς πατέρας].«

Ἀλλὰ καὶ Ἀρχύτας ὁ Ταραντῖνος, πολιτικός τε καὶ φιλόσοφος ἀνὴρ γενόμενος, πολλοὺς ἔχων οἰκέτας, τοῖς αὐτῶν παιδίοις πάνυ σφόδρα ἐτέρπετο μετὰ τῶν οἰκοτρίβων παίζων· μάλιστα δὲ ἐφίλει τέρπεσθαι αὐτοῖς ἐν τοῖς συμποσίοις.

»Sigeion« und brachte ihn auf geistreiche Art durch den Namen der Stadt zum Schweigen.
Wiederholt u. 14.46b. Der Ortsname »Sigeion« kann als Wortform von sigan *(»schweigen«) gedeutet werden.*

12.14. Der anmutigste und schönste Mann war, wie man sagt, unter den Griechen Alkibiades[G], unter den Römern Scipio[G]. Auch Demetrios Poliorketes[G] erhob, heißt es, Anspruch auf Schönheit. Alexandros (d. Gr.)[G], Sohn des Philippos (II.)[G], soll von natürlicher Schönheit gewesen sein, seine Haare sollen lockig und er blond gewesen sein. Aber darunter zeigte sich, wie man sagt, etwas Schreckenerregendes im Aussehen des Alexandros. Homer[L] (*Ilias* 18.56 und 437) vergleicht schöne Menschen, wenn er sie preisen will, mit Bäumen:

»Er schwang sich empor wie ein Schössling.«

Wiederholt u. 14.46c.

12.15. Herakles, heißt es, erholte sich von den Mühen bei seinen Kämpfen mit Kinderspielen. Es spielte also (Herakles,) der Sohn des Zeus und der Alkmene, sehr gern mit Kindern. Das deutet uns auch Euripides[L] an, wenn er diesen Gott sagen lässt:

»Ich spiele. Abwechslungen bei den Mühen liebe ich ja immer.«
(Euripides, Frg. 864 Nauck)

Er sagt dies, während er ein Kind an der Hand hält.

Auch Sokrates[P] wurde einmal von Alkibiades[G] ertappt, wie er mit (seinem Sohn) Lamprokles spielte, der noch ein kleines Kind war.

Agesilaos[G] ritt, auf einem Rohrstock sitzend, mit seinem kleinen Sohn und sagte zu einem, der lachte: »Jetzt sei still! Wenn du einmal selbst Vater bist, dann magst du deine Gedanken äußern.«

Aber auch Archytas von Tarent, der Politiker und Philosoph war und viele Sklaven hatte, freute sich sehr über das Spielen mit den Kindern seiner Sklaven, die im Haus aufgezogen wurden. Am meisten liebte er es, sich mit ihnen beim Symposion zu amüsieren.
Wiederholt u. 14.46d.

12.16. Ὅτι ἀπήχθετο Περδίκκᾳ Ἀλέξανδρος ὅτι ἦν πολεμικός, Λυσιμάχῳ δέ, ἐπεὶ στρατηγεῖν ἀγαθός, Σελεύκῳ δέ, ὅτι ἀνδρεῖος ἦν. Ἀντιγόνου δὲ αὐτὸν ἐλύπει τὸ φιλότιμον. Ἀντιπάτρου δὲ τῷ ἡγεμονικῷ ἤχθετο, Πτολεμαίου δὲ τῷ δεξιῷ.

12.17. Ὅτι Δημήτριος τοσούτων ἐθνῶν ἡγεμονεύων ἐφοίτα εἰς Λαμίας τῆς ἑταίρας σὺν τοῖς ὅπλοις καὶ φορῶν τὸ διάδημα. αἴσχιστον μὲν οὖν ἦν αὐτῷ καὶ οἴκαδε μεταπέμψασθαι τὴν ἄνθρωπον· ὁ δὲ παρ' ἐκείνην ἐφοίτα φανερῶς. ἀλλ' ἔγωγε Θεόδωρον <ἂν> τὸν αὐλητὴν προτιμήσαιμι τοῦ Δημητρίου, ἐπεὶ τὸν Θεόδωρον μετεπέμπετο ἡ Λάμια, ὁ δὲ ὑπερεῖδε τὴν κλῆσιν.

12.18. Τὸν Φάωνα κάλλιστον ὄντα ἀνθρώπων ἡ Ἀφροδίτη ἐν θριδακίναις ἔκρυψε. λόγος δὲ ἕτερος ὅτι ἦν πορθμεὺς καὶ εἶχε τοῦτο τὸ ἐπιτήδευμα. ἀφικνεῖται δέ ποτε ἡ Ἀφροδίτη διαπλεῦσαι βουλομένη, ὁ δὲ ἀσμένως ἐδέξατο, οὐκ εἰδὼς ὅστις ἦν, καὶ σὺν πολλῇ <τῇ> φροντίδι ἤγαγεν ὅποι ποτὲ ἐβούλετο. ἀνθ' ὧν ἡ θεὸς ἔδωκεν ἀλάβαστρον αὐτῷ, καὶ εἶχεν αὐτὴ μύρον, ᾧ χριόμενος ὁ Φάων ἐγένετο ἀνθρώπων κάλλιστος· καὶ ἤρων γε αἱ γυναῖκες αὐτοῦ αἱ Μιτυληναίων. τά γε μὴν τελευταῖα ἀπεσφάγη μοιχεύων ἁλούς.

12.19. Τὴν ποιήτριαν Σαπφώ, τὴν Σκαμανδρωνύμου θυγατέρα, ταύτην καὶ Πλάτων ὁ Ἀρίστωνος καλὴν ἀναγράφει. πυνθάνομαι δὲ ὅτι καὶ ἑτέρα ἐν τῇ Λέσβῳ ἐγένετο Σαπφώ, ἑταίρα, οὐ ποιήτρια.

12.16. (Man liest,) dass Alexandros (d. Gr.)[G] den Perdikkas[G] hasste, weil der ein Kriegsmann war, den Lysimachos[G], weil er ein guter Heerführer war, und den Seleukos (I.)[G], weil er tapfer war. An Antigonos (I.)[G] schmerzte ihn der Ehrgeiz. An Antipatros[G] hasst er sein Führungstalent und an Ptolemaios (I.)[G] die Gewandtheit.
Ausführlichere Fassung u. 14.47a.

12.17. (Man liest,) dass Demetrios (Poliorketes)[G], Herrscher über so viele Völker, in das Haus der Hetäre[A] Lamia ging, und zwar mit seinen Waffen und das Diadem tragend. Sehr schändlich wäre es für ihn schon gewesen, wenn er die Frau hätte zu sich nach Hause kommen lassen; er aber ging sogar ganz offen hin zu ihr! Ich würde dem Flötenspieler Theodoros[K] den Vorzug vor Demetrios geben; den Theodoros hatte Lamia nämlich eingeladen, doch er hatte die Einladung abgelehnt.

12.18. Den Phaon, den Schönsten unter den Menschen, verbarg Aphrodite unter wildem Lattich. Ein anderer *Logos*[L] lautet, dass er Fährmann war und dies als seinen Beruf hatte. Es kommt aber einmal Aphrodite, die übersetzen will. Er nahm sie bereitwillig auf, ohne zu wissen, wer sie war, und brachte sie mit viel Umsicht dorthin, wohin sie wollte. Dafür gab ihm die Göttin ein Salbgefäß. Dieses enthielt eine Salbe, mit der sich Phaon einrieb und so zum Schönsten unter den Menschen wurde. In ihn verliebten sich auch die Frauen der Mitylenaier. Am Ende wurde er jedoch beim Ehebruch ertappt und getötet.

12.19. Die Dichterin Sappho[L], Tochter des Skamandronymos, wird auch von Platon[P], Sohn des Ariston, als schön beschrieben (Platon, *Phaidros* 235c). Ich erfahre, dass es auf Lesbos noch eine andere Sappho gab, eine Hetäre[A], keine Dichterin.
Bei Athenaios 596e verliebt sich die Hetäre in Phaon (s. o. 12.18).

12.20. Λέγει Ἡσίοδος τὴν ἀηδόνα μόνην ὀρνίθων ἀμοιρεῖν ὕπνου καὶ διὰ τέλους ἀγρυπνεῖν, τὴν δὲ χελιδόνα οὐκ εἰς τὸ παντελὲς ἀγρυπνεῖν, καὶ ταύτῃ δὲ ἀπολωλέναι τοῦ ὕπνου τὸ ἥμισυ. τιμωρίαν δὲ ἄρα ταύτην ἐκτίνουσι διὰ τὸ πάθος τὸ ἐν Θρᾴκῃ κατατολμηθὲν τὸ εἰς τὸ δεῖπνον ἐκεῖνο τὸ ἄθεσμον.

12.21. Αἱ Λακεδαιμονίων μητέρες, ὅσαι ἐπυνθάνοντο τοὺς παῖδας αὐτῶν ἐν τῇ μάχῃ κεῖσθαι, ἀλλὰ αὐταί γε ἀφικόμεναι τὰ τραύματα αὐτῶν ἐπεσκόπουν τά τε ἔμπροσθεν καὶ τὰ ὄπισθεν. καὶ εἰ μὲν ἦν πλείω τὰ ἐναντία, αἱ δὲ γαυρούμεναι καὶ σεμνὸν ἅμα καὶ βλοσυρὸν ὁρῶσαι τοὺς παῖδας εἰς τὰς πατρῴας ἔφερον ταφάς· εἰ δὲ ἑτέρως εἶχον τῶν τραυμάτων, ἐνταῦθα αἰδούμεναι καὶ θρηνοῦσαι καὶ ὡς ἔνι μάλιστα λαθεῖν σπεύδουσαι ἀπηλλάττοντο, καταλιποῦσαι τοὺς νεκροὺς ἐν τῷ πολυανδρίῳ θάψαι, ἢ λάθρᾳ εἰς τὰ οἰκεῖα ἠρία ἐκόμιζον αὐτούς.

12.22. Τιτόρμῳ φασὶ τῷ βουκόλῳ περιτυχεῖν τὸν Κροτωνιάτην Μίλωνα, μεγαλοφρονοῦντα διὰ τὴν ῥώμην τοῦ σώματος. θεασάμενος οὖν μέγαν τὸν Τίτορμον τὸ σῶμα ἰδεῖν, ἐβούλετο λαβεῖν αὐτοῦ ἰσχύος πεῖραν. ὁ δὲ Τίτορμος ἔλεγε μηδὲν μέγα ἰσχύειν, καταβὰς δὲ εἰς τὸν Εὔηνον καὶ θοἰμάτιον ἀποδὺς λίθον λαμβάνει μέγιστον, καὶ πρῶτον μὲν ἕλκει αὐτὸν πρὸς ἑαυτόν, εἶτα ἀπωθεῖ, καὶ δὶς καὶ τρὶς τοῦτο ἐποίησε, καὶ μετὰ ταῦτα αὐτὸν ἦρεν ἕως εἰς τὰ γόνατα, καὶ τέλος ἀράμενος ἐπὶ τῶν ὤμων ἔφερεν ὅσον ἐπ᾽ ὀργυιὰς ὀκτὼ καὶ ἔρριψεν· ὁ δὲ Κροτωνιάτης Μίλων μόλις τὸν λίθον ἐκίνησεν.

12.20. Es sagt Hesiod[L] (Frg. 312 Merkelbach/West), dass die Nachtigall der einzige Vogel sei, der nicht Anteil am Schlaf habe und der fortwährend wach sei. Die Schwalbe dagegen sei nicht ständig schlaflos, doch habe auch sie die Hälfte des Schlafes verloren. Diese Strafe verbüßen die beiden Vögel für das Leiden, das in Thrakien bei jenem verbrecherischen Mahl verübt wurde.
Im Mythos hatte Proknes Ehemann Tereus Proknes Schwester Philomela vergewaltigt und ihr die Zunge herausgeschnitten, damit sie nichts darüber sagen könne. Die Schwestern hatten als Rache den Sohn des Tereus geschlachtet und ihm als Mahlzeit vorgesetzt, woraufhin sie in Nachtigall und Schwalbe verwandelt wurden.

12.21. Die Mütter der Lakedaimonier, die erfuhren, dass ihre Söhne im Kampf gefallen waren, gingen selbst hin und begutachteten deren Wunden sowohl vorne als auch hinten. Waren es mehr auf der Vorderseite, waren sie stolz, trugen eine würdevolle und Ehrfurcht gebietende Miene zur Schau und bestatteten ihre Söhne in den Familiengräbern. Wenn hingegen die Wunden auf der anderen Seite waren, gingen sie voll Scham und Trauer davon, bemühten sich, möglichst unbemerkt zu bleiben, und ließen die Toten liegen, damit sie im Massengrab bestattet würden, oder aber sie brachten sie verstohlen in die heimischen Gräber.

12.22. Dem Rinderhirten Titormos soll einst Milon[S] aus Kroton begegnet sein, der auf seine Körperkraft sehr stolz war. Als er nun die riesige Statur des Titormos sah, wollte er eine Probe von dessen Kraft nehmen. Titormos aber sagte, er sei überhaupt nicht sehr stark, stieg zum Euënos hinab, zog sein Himation[A] aus und nahm einen sehr großen Stein. Zuerst zog er ihn zu sich heran, dann stieß er ihn wieder fort und tat dies zwei- oder dreimal. Danach hob er den Stein bis zu den Knien, schließlich nahm er ihn auf seine Schultern, trug ihn 8 Orgyien[A] weit und warf ihn dann ab. Milon aus Kroton aber konnte den Stein kaum bewegen.

Εἶτα δεύτερος ἆθλος τοῦ Τιτόρμου· ἐπὶ τὴν ἀγέλην ἦλθε καὶ στὰς ἐν μέσῳ τὸν μέγιστον ταῦρον ἄγριον ὄντα λαμβάνει τοῦ ποδός· καὶ ὁ μὲν ἀποδρᾶναι ἔσπευδεν, οὐ μὴν ἐδύνατο. παριόντα δὲ ἕτερον τῇ ἑτέρᾳ χειρὶ συναρπάσας τοῦ ποδὸς ὁμοίως εἶχε. θεασάμενος δὲ ὁ Μίλων εἰς τὸν οὐρανὸν τὰς χεῖρας τείνας ἔφατο· »ὦ Ζεῦ, μὴ τοῦτον Ἡρακλῆ ἡμῖν ἕτερον ἔσπειρας;« ἐντεῦθεν ῥηθῆναι λέγουσι τὴν παροιμίαν· »ἄλλος οὗτος Ἡρακλῆς.«

12.23. Ἀνθρώπων ἐγὼ ἀκούω φιλοκινδυνοτάτους εἶναι τοὺς Κελτούς. τῶν ᾀσμάτων γοῦν ὑποθέσεις ποιοῦνται τοὺς ἀνθρώπους τοὺς ἀποθανόντας ἐν τῷ πολέμῳ καλῶς. [καὶ] μάχονται δὲ ἐστεφανωμένοι, ἀλλὰ καὶ τρόπαια ἐγείρουσιν, ἅμα τε ἐπὶ τοῖς πεπραγμένοις σεμνυνόμενοι καὶ ὑπομνήματα αὐτῶν τῆς ἀρετῆς ἀπολείποντες Ἑλληνικῶς. οὕτως δὲ αἰσχρὸν νομίζουσι τὸ φεύγειν, ὡς μηδὲ ἐκ τῶν οἰκιῶν κατολισθαινουσῶν καὶ ἐμπιπτουσῶν πολλάκις ἀποδιδράσκειν, ἀλλὰ μηδὲ πιμπραμένων αὐτῶν περιλαμβανομένους ὑπὸ τοῦ πυρός. πολλοὶ δὲ καὶ ἐπικλύζουσαν τὴν θάλασσαν ὑπομένουσιν. εἰσὶ δὲ καὶ οἳ ὅπλα λαμβάνοντες ἐμπίπτουσι τοῖς κύμασι καὶ τὴν φορὰν αὐτῶν εἰσδέχονται, γυμνὰ τὰ ξίφη καὶ τὰ δόρατα προσείοντες, ὥσπερ οὖν ἢ φοβῆσαι δυνάμενοι ἢ τρῶσαι.

12.24. Σμινδυρίδην τὸν Συβαρίτην λέγουσιν ἐπὶ τοσοῦτον τρυφῆς ἐξοκεῖλαι, ὡς εἰς Σικυῶνα αὐτὸν ἀφικέσθαι μνηστῆρα Ἀγαρίστης τῆς Κλεισθένους καὶ ἐπάγεσθαι χιλίους μὲν μαγείρους, τοσούτους δὲ ὀρνιθευτὰς καὶ ἁλιεῖς χιλίους.

12.25. Ὤνηντο ἄρα καὶ Ὀδυσσεὺς Ἀλκινόου καὶ Ἀχιλλεὺς Χείρωνος καὶ Πάτροκλος Ἀχιλλέως καὶ Ἀγαμέμνων Νέστορος

Dann (kam) der zweite Wettkampf des Titormos: Er ging zur Herde, stellt sich in die Mitte und greift den größten wilden Stier am Bein. Der versuchte davonzulaufen, konnte aber nicht. Einen anderen Stier, der herankam, griff er mit der anderen Hand am Bein und hielt ihn ebenso fest. Als Milon das sah, hob er die Hände zum Himmel und rief: »O Zeus, du hast uns mit diesem hier doch nicht noch einen zweiten Herakles gezeugt?« Daher wird, wie man sagt, das Sprichwort genannt: »Er ist ein zweiter Herakles.«
Kurzfassung u. 14.47b.

12.23. Von den Menschen am meisten risikobereit sind, wie ich höre, die Kelten. Zum Gegenstand ihrer Lieder machen sie Menschen, die im Krieg schön gestorben sind. Sie kämpfen bekränzt und errichten auch Siegeszeichen, sowohl, um sich ihrer Taten zu rühmen, als auch, um ein Denkmal ihrer Tapferkeit nach griechischer Art zu hinterlassen. Für so schändlich halten sie es zu fliehen, dass sie oft selbst dann nicht davonlaufen, wenn ihre Häuser einstürzen und zusammenbrechen, ja nicht einmal, wenn diese verbrennen und sie selbst vom Feuer ergriffen werden. Viele harren auch aus, wenn das Meer über seine Ufer tritt. Manche stürmen sogar mit Waffen auf die Wellen ein und halten ihren Anprall aus, wobei sie die entblößten Schwerter und Lanzen hervorstrecken, als ob sie die Wellen in Furcht versetzen oder verwunden könnten.

12.24. Smindyrides aus Sybaris verstieg sich, heißt es, zu solchem Luxus, dass er, als er Freier der Agariste, der Tochter des Kleisthenes, war und nach Sikyon kam, 1000 Köche mitbrachte, ebenso viele Vogelfänger und 1000 Fischer.
Vgl. Athenaios 273c. Grundlage ist Herodot 6.126–131. Kleisthenes war Tyrann von Sikyon um 600–585; zu Smindyrides vgl. 9.24.

12.25. Nutzen hatten Odysseus von Alkinoos, Achilleus von Cheiron, Patroklos von Achilleus, Agamemnon von Nestor, Telemachos

καὶ Τηλέμαχος Μενελάου καὶ Ἕκτωρ Πολυδάμαντος, ἐν οἷς αὐτῷ προσεῖχε, καὶ οἱ Τρῶες Ἀντήνορος. καὶ οἱ Πυθαγόρειοι μὲν ὁμιληταὶ Πυθαγόρου ὤνηντο, οἱ Δημοκρίτειοι δὲ συγγενόμενοι Δημοκρίτῳ πολλῶν ἀπέλαυσαν. Σωκράτει δὲ εἰ προσεῖχον οἱ Ἀθηναῖοι, πάντα ἂν ἐγένοντο εὐδαίμονες καὶ ἐφιλοσόφουν. καὶ Ἱέρων δὲ ὁ Δεινομένους Σιμωνίδου τοῦ Κείου ἀπέλαυσε καὶ Πολυκράτης Ἀνακρέοντος καὶ Ξενοφῶντος Πρόξενος καὶ Ἀντίγονος Ζήνωνος. ἵνα δὲ [μοι] καὶ τῶν ἐμοὶ προσηκόντων οὐδὲν ἧττον ἤπερ καὶ οἱ Ἕλληνες προσήκουσι μνήσωμαι – διαφέρει δέ μοι καὶ τούτων, εἴ γε Ῥωμαῖός εἰμι –, καὶ Λεύκολλος Ἀντιόχου τι ὤνητο τοῦ Ἀσκαλωνίτου καὶ Μαικήνας Ἀρείου καὶ Κικέρων Ἀπολλωνίου καὶ ὁ Σεβαστὸς Ἀθηνοδώρου.

Πλάτων δὲ ἐμοῦ καίτοι σοφώτερος ὢν λέγει ὅτι καὶ Ζεὺς εἶχε σύμβουλον· τίνα δὲ καὶ ὅπως, παρ᾽ ἐκείνου μανθάνωμεν.

12.26. Ποτίστατοι γεγόνασιν ἄνθρωποι, ὥσπερ φασί, Ξεναγόρας ὁ Ῥόδιος, ὃν ἐκάλουν Ἀμφορέα καὶ Ἡρακλείδης ὁ πύκτης, καὶ Πρωτέας ὁ Λανίκης μὲν υἱός, Ἀλεξάνδρου δὲ τοῦ βασιλέως σύντροφος. καὶ αὐτὸς δὲ Ἀλέξανδρος λέγεται πλεῖστον πιεῖν ἀνθρώπων.

12.27. Ἡμερώτατά φασι τὸν Ἡρακλῆ προσενεχθῆναι τοῖς ἑαυτοῦ πολεμίοις· πρῶτον γὰρ τῶν ἐξ αἰῶνος νεκροὺς ὑποσπόνδους ἀποδοῦναι ταφησομένους, εἰωθότων τῶν τότε ὀλιγωρεῖν τῶν ἀνῃρημένων καὶ ἀπολείπειν αὐτοὺς κυνῶν δεῖπνον εἶναι. καὶ Ὅμηρος·

> ἑλώρια τεῦχε κύνεσσι

καὶ

> κυσὶν μέλπηθρα γενέσθαι.

von Menelaos, Hektor von Polydamas – soweit er auf ihn hörte – und die Troër von Antenor. Auch die Pythagoreier hatten von Pythagoras[P] Nutzen, die Demokriteier, die mit Demokritos[P] zusammen waren, hatten viel Gewinn. Wenn die Athener auf Sokrates[P] gehört hätten, wären sie in jeder Hinsicht glücklich und weise geworden. Ebenso Gewinn hatten Hieron[G], Sohn des Deinomenes, von Simonides[L] aus Keos, Polykrates von Anakreon[L], Xenophon[L] von Proxenos und Antigonos (II.)[G] von Zenon[P]. Damit ich auch die erwähne, die mich nicht weniger angehen als die Griechen – ich habe auch an ihnen Interesse, denn ich bin ja ein Römer: Auch Lucullus hatte etwas Nutzen von Antiochos aus Askalon, Maecenas von Areios (Didymos aus Alexandreia), Cicero[L] von Apollonios (Molon)[L] und Augustus[G] von Athenodoros (aus Tarsos).

Platon[P], der freilich doch klüger ist als ich, sagt, dass selbst Zeus einen Ratgeber hatte; in welcher Weise, erfahren wir bei ihm (Platon, *Zweiter Brief* 311ab).

12.26. Sehr starke Trinker waren, wie man sagt, Xenagoras aus Rhodos, den man »Amphore« nannte, der Faustkämpfer Herakleides[S] und Proteas, Sohn der Lanike, der mit König Alexandros (d. Gr.)[G] aufwuchs. Alexandros selbst soll am meisten von allen Menschen getrunken haben.

12.27. Sehr milde war, sagt man, Herakles seinen Feinden zugewandt. Als erster seit jeher gewährte er nämlich einen Waffenstillstand zur Bestattung (der Gefallenen), während man damals gewohnt war, sich um die Gefallenen nicht zu kümmern und sie den Hunden zum Fraß zu überlassen. So auch Homer:

»zur Beute machte den Hunden« (Homer, *Ilias* 1.4)

und

»den Hunden zum Spielball werde« (Homer, *Ilias* 17.255)

12.28. Λεωκόριον Ἀθήνησιν ἐκαλεῖτο τὸ τέμενος τῶν Λεὼ θυγατέρων Πραξιθέας καὶ Θεόπης καὶ Εὐβούλης. ταύτας δὲ ὑπὲρ τῆς πόλεως τῆς Ἀθηναίων ἀναιρεθῆναι λόγος ἔχει, ἐπιδόντος αὐτὰς τοῦ Λεὼ εἰς τὸν χρησμὸν τὸν Δελφικόν. ἔλεγε γὰρ μὴ ἂν ἄλλως σωθῆναι τὴν πόλιν, εἰ μὴ ἐκεῖναι σφαγιασθεῖεν.
Vgl. die freie Paraphrase in Suda *s. v. Leokorion (Λ 262); s. u. S. 426f. Testimonien zum Text.*

12.29. Πλάτων ὁ Ἀρίστωνος ἰδὼν Ἀκραγαντίνους καὶ οἰκοδομοῦντας πολυτελῶς καὶ ὁμοίως δειπνοῦντας εἶπεν ὅτι ἄρα οἱ Ἀκραγαντῖνοι οἰκοδομοῦσι μὲν ὡς ἀεὶ βιωσόμενοι, δειπνοῦσι δὲ ὡς αὔριον τεθνηξόμενοι. λέγει δὲ Τίμαιος ὅτι καὶ ἀργυραῖς ληκύθοις καὶ στλεγγίσιν ἐχρῶντο καὶ ἐλεφαντίνας κλίνας εἶχον ὅλας.

12.30. Ταραντίνοις ἐν ἔθει ἦν πίνειν μὲν ἐξ ἑωθινοῦ, μεθύειν δὲ περὶ πλήθουσαν ἀγοράν. εἰς τοσοῦτον δὲ ἄρα Κυρηναῖοι τρυφῆς ἐξώκειλαν, ὥστε Πλάτωνα παρεκάλουν, ἵνα αὐτοῖς γένηται νομοθέτης. τὸν δὲ ἀπαξιῶσαί φασι διὰ τὴν ἐξ ἀρχῆς ῥᾳθυμίαν αὐτῶν. ὁμολογεῖ δὲ καὶ Εὔπολις ἐν τῷ Μαρικᾷ ὅστις αὐτῶν εὐτελέστατος σφραγῖδας εἶχε δέκα μνῶν. παρῆν δὲ θαυμάζεσθαι καὶ τοὺς διαγλύφοντας τοὺς δακτυλίους.

12.31. Φέρε οἴνων Ἑλληνικῶν διὰ σπουδῆς ἰόντων ἐν τοῖς πάλαι ὀνόματα καταλέξω ὑμῖν. Πράμνειόν τινα ἐκάλουν, ἱερὸς δὲ ἦν ἄρα οὗτος τῆς Δήμητρος, καὶ Χῖος οἶνος ἐκ τῆς νήσου, καὶ Θάσιος ἄλλος, καὶ Λέσβιος. καὶ ἐπὶ τούτοις Γλυκύς τις ἐκαλεῖτο, πρέπων τῷ ὀνόματι τὴν γεῦσιν, καὶ Κρὴς ἄλλος. καὶ ἐν Συρακούσαις

12.28. Leokorion wurde in Athen der heilige Bezirk der Töchter eines gewissen Leos genannt, der Praxithea, Theope und Eubule. Sie wurden für die Stadt Athen getötet, wie ein *Logos*[L] besagt, nachdem Leos sie auf den delphischen Orakelspruch hin ausgeliefert hatte. Dieser hatte besagt, dass die Stadt nicht anders zu retten sei, als indem jene geopfert würden (Parke/Wormell 1956, nr. 209).

12.29. Als Platon[P], Sohn des Ariston, sah, wie aufwendig die Akragantiner ihre Häuser bauten und ebenso speisten, sagte er, die Akragantiner bauten, als ob sie ewig leben würden, und speisten, als ob sie morgen sterben müssten. Timaios[L] (*FGrHist* 566 F 26c) sagt, dass sie silberne Lekythen (Salbölfläschchen) und Schabeisen (zur Entfernung von Schmutz und Schweiß vom eingeölten Körper) benutzten und ganz aus Elfenbein gefertigte Liegen hatten.
Vgl. die Kurzfassung u. 14.48a.

12.30. Die Tarentiner hatten die Gewohnheit, vom frühen Morgen an zu trinken und um die Zeit, zu der sich die Agora[A] füllt, schon betrunken zu sein. Die Kyrenaier dagegen gingen in ihrem Luxus so weit, dass sie Platon[P] aufforderten, ihr Gesetzgeber zu werden. Er aber lehnte dies ab, wie man sagt, wegen ihres althergebrachten Leichtsinns. Auch Eupolis[L] bezeugt in (seiner Komödie) *Marikas* (Frg. 202 Kassel/Austin), dass der Bescheidenste unter ihnen Siegelringe im Wert von 10 Minen[A] besaß. Man könnte allerdings auch die Stempelschneider wegen ihrer Ringe bewundern.

12.31. Auf, die Namen der griechischen Weine, die in der alten Zeit geschätzt wurden, will ich euch aufzählen: *Pramneion* nannten sie einen; er war der Demeter heilig, dann *Chios*-Wein nach der Insel (Chios), dann *Thasios*- und *Lesbios*-Wein (aus Thasos bzw. Lesbos). Dazu wurde einer *Glykys* (»Süßer«) genannt, dessen Geschmack zum Namen passte, ein anderer *Kres* (aus Kreta) und bei den Syra-

Πόλλιος· ἐκλήθη δὲ ἀπό τινος ἐγχωρίου βασιλέως. ἔπινον δὲ καὶ Κῷον οἶνον, καὶ οὕτως αὐτὸν ἐκάλουν· καὶ Ῥόδιον, κατὰ τὰ αὐτὰ ὀνομάζοντες. τί δέ; οὐκ ἐκεῖνα τοῖς Ἕλλησι τρυφῆς ἀπόδειξις; μύρῳ γὰρ οἶνον μιγνύντες οὕτως ἔπινον, καὶ ὑπερησπάζοντο τὴν τοιαύτην κρᾶσιν· καὶ ἐκαλεῖτο ὁ οἶνος Μυρίνης. μέμνηται δὲ αὐτοῦ Φιλιππίδης ὁ τῆς κωμῳδίας ποιητής.

12.32. Πυθαγόρας ὁ Σάμιος λευκὴν ἐσθῆτα ἤσθητο καὶ ἐφόρει στέφανον χρυσοῦν καὶ ἀναξυρίδας. Ἐμπεδοκλῆς δὲ ὁ Ἀκραγαντῖνος ἁλουργεῖ ἐχρήσατο καὶ ὑποδήμασι χαλκοῖς. Ἱππίαν δὲ καὶ Γοργίαν ἐν πορφυραῖς ἐσθῆσι προϊέναι διαρρεῖ λόγος.

12.33. Κινέας ὁ Πύρρου ἰατρός, φασι, πρὸς τὴν βουλὴν τῶν Ῥωμαίων ἔγραψε δι᾽ ἀπορρήτων καὶ ᾔτει χρήματα καὶ ὑπισχνεῖτο ἀποκτενεῖν φαρμάκοις τὸν Πύρρον. οἱ δὲ οὐ προσήκαντο τὴν ὑπόσχεσιν· δι᾽ ἀρετῆς γὰρ ἴσασι Ῥωμαῖοι ἀγαθοὶ εἶναι, οὐ μὴν διὰ τέχνης καὶ πανουργίας καὶ ἐπιβουλῆς καταγωνίζεσθαι τοὺς ἐχθρούς. ἀλλὰ καὶ αὐτῷ τῷ Πύρρῳ τὴν γνώμην τοῦ Κινέου ἐξέφαναν.

12.34. Ἔρωτες ἡμῖν τῶν ἀρχαίων πολλοὶ μὲν καὶ ἄλλοι εἰς μνήμην ἐδόθησαν, καὶ οὗτοι δὲ οὐχ ἥκιστα. Παυσανίας μὲν γὰρ ἤρα τῆς ἑαυτοῦ γυναικός, Ἀπελλῆς δὲ τῆς Ἀλεξάνδρου παλλακῆς, ᾗπερ ὄνομα ἦν Παγκάστη, τὸ δὲ γένος Λαρισαία ἦν. ταύτῃ καὶ πρώτῃ, φασίν, ὁ Ἀλέξανδρος ὡμίλησεν.

kusanern einer *Pollios*; so wurde er nach einem der einheimischen Könige benannt. Sie tranken aber auch *Koïos*-Wein (aus Kos) und nannten ihn so, ebenso *Rhodios* (aus Rhodos), den sie in gleicher Weise bezeichneten. Was also? Ist folgendes nicht ein Beweis für den Luxus bei den Griechen? Sie mischten nämlich Myrrhenöl in den Wein und tranken ihn so; eine solche Mischung schätzten sie über die Maßen. Dieser Wein wurde *Myrhines* genannt. Es erwähnt ihn der Komödiendichter Philippides[L] (Frg. 40 Kassel/Austin).
Die Herkunft des Pramneion-Weines (vgl. schon Homer, Ilias *11.639 und* Odyssee *10.235) war bereits in der Antike unbekannt; s. Athenaios 30d. Dass Wein gewürzt wurde, ist nicht ungewöhnlich.*

12.32. Pythagoras[P] aus Samos hatte ein weißes Gewand, trug einen goldenen Kranz und weite Hosen. Empedokles von Akragas nutzte einen Purpurmantel und eherne Sandalen. Hippias und Gorgias[P] gingen in purpurner Kleidung herum, wie ein *Logos*[L] weithin besagt.
Empedokles (490–430) war ein Naturphilosoph, Hippias (um 400) ein Sophist.

12.33. Kineas, der Arzt des Pyrrhos, sagt man, schrieb heimlich an den Senat der Römer, verlangte Geld und versprach dafür, Pyrrhos mit Gift zu töten. Die aber gingen nicht auf das Angebot ein; sie verstehen ja, durch Mut gut zu sein, nicht mit List, Tücke und Hinterhalt ihre Gegner zu bezwingen. Vielmehr zeigten sie dem Pyrrhos selbst das Vorhaben des Kineas an.
Pyrrhos war 319–272 König von Epiros.

12.34. Es sind uns auch sonst viele Liebesbeziehungen der Alten überliefert, nicht zuletzt aber: Pausanias[G] liebte seine eigene Frau, Apelles[K] die Nebenfrau des Alexandros (d. Gr.)[G]; ihr Name war Pankaste und sie stammte aus Larissa. Mit ihr, sagt man, verband sich Alexandros als erster.

12.35. Ὅτι δύο Περίανδροι, ὁ μὲν σοφὸς ἦν, ὁ δὲ τύραννος. καὶ Μιλτιάδαι τρεῖς, ὁ τὴν Χερρόνησον κτίσας καὶ ὁ Κυψέλου καὶ ὁ Κίμωνος. Σίβυλλαι τέτταρες, ἡ Ἐρυθραία ἡ Σαμία ἡ Αἰγυπτία ἡ Σαρδιανή. οἱ δέ φασι καὶ ἑτέρας ἕξ, ὡς εἶναι τὰς πάσας δέκα, ὧν εἶναι καὶ τὴν Κυμαίαν καὶ τὴν Ἰουδαίαν. Βάκιδες τρεῖς, ὁ μὲν Ἐλεώνιος, ὁ δὲ Ἀθηναῖος, ὁ δὲ Ἀρκάς.

12.36. Ἐοίκασιν οἱ ἀρχαῖοι ὑπὲρ τοῦ ἀριθμοῦ τῶν τῆς Νιόβης παίδων μὴ συνᾴδειν ἀλλήλοις. Ὅμηρος μὲν ἓξ λέγει καὶ τοσαύτας κόρας, Λᾶσος δὲ δὶς ἑπτὰ λέγει, Ἡσιόδος δὲ ἐννέα καὶ δέκα, εἰ μὴ ἄρα οὐκ εἰσὶν Ἡσιόδου τὰ ἔπη, ἀλλ᾿ ὡς πολλὰ καὶ ἄλλα κατέψευσται αὐτοῦ. Ἀλκμὰν <δὲ> δέκα φησί, Μίμνερμος εἴκοσι, καὶ Πίνδαρος τοσούτους.

12.37. Ἀλέξανδρος ὅτε Βῆσσον ἐδίωκεν, ἐν ἀπορίᾳ γενόμενος τροφῶν, αὐτός τε ἥψατο τῶν καμήλων καὶ ὑποζυγίων ἄλλων καὶ οἱ σὺν αὐτῷ. τῶν τε ξύλων αὐτοὺς ἐπιλιπόντων ὠμὰ τὰ κρέα ἤσθιον. ἐπεκούρει δὲ αὐτοῖς τὸ σίλφιον πολὺ ὂν ὥστε τὰς σάρκας συνεκπέττειν.

Ἐν δὲ τῇ Βακτριανῇ οἱ στρατιῶται αὐτὰς τὰς κώμας κατελάμβανον, ὅτι οἰκοῦνται ἐκ τοῦ καπνοῦ συνιέντες, καὶ τὴν χιόνα ἀφαιροῦντες τῶν θυρῶν.

12.35. (Man liest,) dass es zwei Männer namens Periandros gegeben habe: Der eine war weise, der andere ein Tyrann. Ebenso gab es drei namens Miltiades[G]: Der eine besiedelte die Chersonnes, der zweite war Sohn des Kypselos, der dritte Sohn des Kimon. Sibyllen gab es vier: aus Erythrai, aus Samos, aus Ägypten und aus Sardeis. Einige nennen noch sechs weitere, so dass es insgesamt zehn seien, unter denen die aus Kyme und die aus Iudaia seien. Drei Männer namens Bakis gab es: aus Eleon, aus Athen und aus Arkadien.

Zu Periandros und Kypselos s. o. 6.13. Dass es zwei Träger des Namens Periandros gab (aus Korinth und aus Ambrakia), gibt auch Diogenes Laërtios 1.98 an. Bei Miltiades sind der erste und zweite von Ailianos Genannte identisch: Miltiades d. Ä., Sohn des Kypselos, besiedelte die Chersonnes; Miltiades d. J. siegte 490 bei Marathon (s. o. 2.25). Eine Sibylle ist eine Prophetin, ein Bakis ein Prophet.

12.36. Es scheinen die Alten über die Anzahl der Söhne der Niobe nicht einer Meinung zu sein: Homer[L] (*Ilias* 24.603) nennt sechs und ebenso viele Töchter, Lasos[L] (Frg. 5 Page) dagegen nennt zweimal sieben, Hesiod[L] (Frg. 183 Merkelbach/West) aber neunzehn – es sei denn, die Epen stammen nicht von Hesiod[L], sondern sind wie vieles andere ihm fälschlich zugeschrieben worden. Alkman[L] (Frg. 75 Page) aber sagt, es seien zehn, Mimnermos[L] (Frg. 19 West) zwanzig und Pindar[L] (Frg. 52n Snell/Mähler) ebenso viele.

12.37. Als Alexandros (d. Gr.)[G] den Bessos verfolgte und ihm die Nahrung ausging, machte er sich an die Kamele und die anderen Zugtiere, ebenso seine Begleiter. Und weil es an Hölzern fehlte, aßen sie das Fleisch roh. Es half ihnen das Silphion, das es reichlich gab, das Fleisch zu verdauen.

In Baktrien trafen die Soldaten sogar auf Dörfer, bei denen sie nur aus dem Rauch wahrnahmen, dass sie bewohnt seien, und wo sie den Schnee von den Türen wegräumen mussten.

12.38. Οἱ Σακῶν ἵπποι, ἐὰν ἀποβάλῃ τις τὸν δεσπότην, εἰς τὸ ἀναβῆναι αὐτὸν παρέστηκεν. ἐὰν δέ τις γῆμαι βούληται παρθένον, μονομαχεῖ τῇ παιδί. καὶ κρατήσασα μὲν αἰχμάλωτον ἄγεται καὶ κρατεῖ αὐτοῦ καὶ ἄρχει· ἐὰν δὲ νικηθῇ, ἄρχεται. μονομαχοῦσι δὲ ἄχρι νίκης, οὐ μέχρι θανάτου. πενθοῦντες δὲ οἱ Σάκαι εἰς οἴκους τινὰς ὑπάντρους καὶ κατασκίους ἀποκρύπτονται.

12.39. Περδίκκας ὁ Μακεδὼν ὁ συστρατευσάμενος Ἀλεξάνδρῳ οὕτως ἄρα ἦν εὔτολμος, ὥς ποτε εἰς σπήλαιον παρελθεῖν ἔνθα εἶχεν εὐνὴν λέαινα μόνος· καὶ τὴν μὲν λέαιναν οὐ κατέλαβε, τούς γε μὴν σκύμνους αὐτῆς κομίζων προῆλθε καὶ ἔδοξεν ἐπὶ τούτῳ θαυμάζεσθαι ὁ Περδίκκας.

Πεπίστευται δὲ οὐ μόνον παρὰ τοῖς Ἕλλησιν ἀλκιμώτατόν τε καὶ δυσμαχώτατον εἶναι θηρίον ἡ λέαινα, ἀλλὰ καὶ παρὰ τοῖς βαρβάροις. φασὶ γοῦν καὶ Σεμίραμιν τὴν Ἀσσυρίαν <ὅτι> οὐκ, εἴ ποτε εἷλε λέοντα ἢ πάρδαλιν κατέκτανεν ἢ ἄλλο τι τῶν τοιούτων, ἀλλ᾽ εἰ λεαίνης ἐγκρατὴς ἐγένετο, μέγα ἐφρόνει.

12.40. Τά τε ἄλλα ἐφόδια εἵπετο τῷ Ξέρξῃ πολυτελείας καὶ ἀλαζονείας πεπληρωμένα, καὶ οὖν καὶ ὕδωρ ἠκολούθει τὸ ἐκ τοῦ Χοάσπου. ἐπειδὴ ἔν τινι ἐρήμῳ τόπῳ ἐδίψησεν, οὐδέπω τῆς θεραπείας ἡκούσης, ἐκηρύχθη τῷ στρατοπέδῳ, εἴ τις ἔχει ὕδωρ ἐκ τοῦ Χοάσπου, ἵνα δῷ βασιλεῖ πιεῖν. καὶ εὑρέθη τις βραχὺ καὶ σεσηπὸς ἔχων. ἔπιεν οὖν τοῦτο ὁ Ξέρξης καὶ

Bessos, ein Satrap des Perserkönigs Dareios III., hatte diesen 330 ermordet. Die in der Antike hochgeschätzte Heilpflanze Silphion, die vor allem bei Kyrene wuchs, ist heute ausgestorben.

12.38. Die Pferde der Saken blieben stehen, wenn eines seinen Herrn abgeworfen hatte, damit er wieder aufsteigen konnte. Wenn jemand eine Jungfrau heiraten will, ficht er mit dem Mädchen einen Zweikampf aus. Und wenn sie überlegen ist, führt sie ihn als Gefangenen fort und ist sein Herr und Gebieter. Wird sie jedoch besiegt, wird sie beherrscht. Sie kämpfen bis zum Sieg, nicht bis zum Tod. Bei Trauer verbergen sich die Saken in gewisse unterirdische und lichtlose Wohnstätten.

12.39. Perdikkas[G] aus Makedonien, der mit Alexandros (d. Gr.)[G] in den Krieg zog, war so waghalsig, dass er einmal alleine in eine Höhle ging, in der eine Löwin ihr Lager hatte. Zwar traf er die Löwin nicht an, brachte aber ihre Jungen mit heraus. Es schien Perdikkas dafür bewundert worden zu sein.

Nicht nur bei den Griechen wird die Löwin für das streitbarste und am wenigsten bezwingbare Tier gehalten, sondern auch bei den Barbaren. Semiramis (s. o. 7.1), die Assyrerin, bildete sich, wie man sagt, nichts darauf ein, wenn sie einmal einen Löwen gefangen oder einen Panther oder ein Tier dieser Art getötet hatte, sondern nur, wenn sie eine Löwin bezwungen hatte.

12.40. Viel anderes folgte dem Xerxes[G] in seinem Tross, der mit kostbarem und großtuerischem Vorrat gefüllt war, vor allem aber führte er Wasser aus dem (Fluss) Choaspes mit sich. Als er einmal in einer wüsten Gegend Durst hatte und seine Dienerschaft noch nicht gekommen war, ließ er im Heer ausrufen, ob jemand Wasser aus dem Choaspes habe, um es dem König zu trinken zu geben. Es fand sich auch einer, der ein wenig schon brackiges Wasser hatte. Xerxes trank es und sah den Spender als seinen

εὐεργέτην τὸν δόντα ἐνόμισεν, ὅτι ἂν ἀπώλετο τῇ δίψῃ, εἰ μὴ ἐκεῖνος εὑρέθη.

12.41. Πρωτογένης ὁ ζωγράφος τὸν Ἰάλυσον, φασίν, ἑπτὰ ἔτεσι διαζωγραφῶν ἐξετέλεσεν. ὃν Ἀπελλῆς ἰδὼν τὸ μὲν πρῶτον ἔστη ἄφωνος, ἐκπλαγεὶς ἐπὶ τῇ παραδόξῳ θέᾳ, εἶτα ἀπιδὼν ἔφη· »καὶ ὁ πόνος μέγας καὶ ὁ τεχνίτης· ἀπολείπεταί γε μὴν τῆς χειρουργίας ἡ χάρις, ἧς ὁ ἀνὴρ εἰ τύχοι, ὁ πόνος αὐτοῦ τοῦ οὐρανοῦ ψαύσει.«

12.42. Κῦρον τὸν Μανδάνης ἔθρεψε, φασί, κύων, Τήλεφον δὲ τὸν Αὔγης καὶ Ἡρακλέους ἔλαφος, Πελίαν δὲ τὸν Ποσειδῶνος καὶ Τυροῦς ἵππος· ἀλλὰ καὶ τὸν Ἀλόπης. Ἀλέξανδρον τὸν Πριάμου ὑπὸ ἄρκτου φασὶ τραφῆναι, Αἴγισθον δὲ τὸν Θυέστου καὶ Πελοπίας ὑπὸ αἰγός.

12.43. Δαρεῖον ἀκούω τὸν Ὑστάσπου φαρετροφόρον Κύρου γενέσθαι. ὁ δὲ τελευταῖος Δαρεῖος, <ὁ> ὑπὸ Ἀλεξάνδρου νικηθείς, δοῦλος ἦν. Ἀρχέλαος δὲ ὁ Μακεδόνων βασιλεὺς δούλης υἱὸς ἦν τῆς Σιμίχης. Μενέλαος ὁ Φιλίππου πάππος εἰς τοὺς νόθους ἐτέλει. ὁ δὲ τούτου υἱὸς Ἀμύντας ὑπηρέτης Ἀερόπου καὶ δοῦλος ἐπεπίστευτο. Περσεὺς δέ, ὃν καθεῖλε Παῦλος ὁ Ῥωμαῖος, Ἀργεῖος μὲν γένος ἦν, ἀδόξου δέ τινος υἱός. Εὐμένης δὲ πατρὸς ἀπόρου καὶ τυμβαύλου πεπίστευται γενέσθαι. Ἀντίγονος ὁ Φιλίππου, ὁ καὶ ἑτερόφθαλμος καὶ ἐκ τούτου Κύκλωψ προσαγορευθείς,

Wohltäter an: Er wäre vor Durst vergangen, wenn jener sich nicht gefunden hätte.

12.41. Der Maler Protogenes[K] vollendete, wie man sagt, sein Bild des Ialysos in sieben Jahren. Als Apelles[K] es sah, stand er zuerst sprachlos da, überrascht von dem ungewöhnlichen Anblick, dann sah er weg und sagte: »Das Bemühen ist groß und auch der Künstler. Es fehlt dem Kunstwerk zwar (noch) die Anmut der Ausführung, doch wenn der Mann die trifft, wird seine Mühe den Himmel berühren!«
Plinius (23–79 n. Chr.) gibt an, das Bild sei im Templum Pacis *in Rom zu sehen (*Naturkunde *35.102); Plutarch (um 46–120 n. Chr.) berichtet dann, es sei bei einem Feuer verbrannt (*Demetrios *22).*

12.42. Den Kyros (II.)[G], Sohn der Mandane, nährte, so sagt man, eine Hündin, den Telephos, Sohn der Auge und des Herakles, eine Hirschkuh, den Pelias, Sohn des Poseidon und der Tyro, eine Pferdestute, ebenso auch den (Hippothoon,) Sohn der Alope; Alexandros (Paris; s. o. 9.38), Sohn des Priamos, soll von einer Bärin gesäugt worden sein, und Aigisthos, Sohn des Thyestes und der Pelopia, von einer Ziege.

12.43. Dareios (I.)[G], Sohn des Hystaspes, war, wie ich höre, der Köcherträger des Kyros (II.)[G]. Der letzte Dareios (III.)[G], der von Alexandros (d. Gr.)[G] besiegt wurde, war ein Sklave. Archelaos[G], der König der Makedonen, war Sohn der Sklavin Simiche. Menelaos, der Großvater des Philippos (II.)[G], war unehelich geboren. Sein Sohn Amyntas (II.)[G] war, glaubte man, Diener des Aëropos und Sklave. Perseus, den der Römer Paullus[G] besiegte, war zwar von der Abstammung her ein Argiver, doch Sohn eines unbedeutenden Mannes. Eumenes[L] soll von einem mittellosen Vater abstammen, der bei Begräbnissen die Flöte spielte. Antigonos (I.)[G], Sohn des Philippos, dem ein Auge fehlte und der deswegen »Kyklop« genannt wurde,

αὐτουργὸς ἦν. Πολυσπέρχων δὲ ἐλῄστευε. Θεμιστοκλῆς δέ, ὁ τοὺς βαρβάρους καταναυμαχήσας καὶ μόνος συνεὶς τὰς τῶν θεῶν ἐν τοῖς χρησμοῖς φωνάς, Θρᾴττης υἱὸς ἦν, καὶ ἐκαλεῖτο ἡ μήτηρ αὐτοῦ Ἀβρότονον. Φωκίων δὲ ὁ Χρηστὸς ἐπικληθεὶς πατρὸς μὲν δοίδυκας ἐργαζομένου ἦν, Δημήτριον δὲ τὸν Φαληρέα οἰκότριβα γενέσθαι λέγουσιν ἐκ τῆς οἰκίας τῆς Τιμοθέου καὶ Κόνωνος. Ὑπερβόλου δὲ καὶ Κλεοφῶντος καὶ Δημάδου, καίτοι προστατῶν γενομένων τοῦ δήμου τῶν Ἀθηναίων, οὐδεὶς ἂν εἴποι ῥᾳδίως τοὺς πατέρας. Καλλικρατίδας γε μὴν καὶ Γύλιππος καὶ Λύσανδρος ἐν Λακεδαίμονι μόθακες ἐκαλοῦντο. ὄνομα δὲ ἦν ἄρα τοῦτο τοῖς τῶν εὐπόρων <συντρόφοις>, οὓς συνεξέπεμπον τοῖς υἱοῖς οἱ πατέρες συναγωνιουμένους ἐν τοῖς γυμνασίοις. ὁ δὲ συγχωρήσας τοῦτο Λυκοῦργος <συνεχώρησε καὶ> τοῖς ἐμμείνασι τῇ τῶν παίδων ἀγωγῇ πολιτείας Λακωνικῆς μεταλαγχάνειν. καὶ Ἐπαμεινώνδας δὲ πατρὸς ἦν ἀφανοῦς. Κλέων δὲ ὁ Σικυωνίων τύραννος καταποντιστὴς ἦν.

12.44. Αἱ ἐν Σικελίᾳ λιθοτομίαι περὶ τὰς Ἐπιπολὰς ἦσαν, σταδίου μῆκος, τὸ εὖρος δύο πλέθρων. ἦσαν δὲ ἐν αὐταῖς τοῦ χρόνου τοσοῦτον διατρίψαντες ἄνθρωποι, ὡς καὶ γεγαμηκέναι ἐκεῖ καὶ παιδοποιῆσαι. καί τινες τῶν παίδων ἐκείνων μηδεπώποτε πόλιν ἰδόντες, ὅτε εἰς Συρακούσας ἦλθον καὶ εἶδον ἵππους ὑπεζευγμένους καὶ βόας ἐλαυνομένους, ἔφευγον βοῶντες· οὕτως ἄρα ἐξεπλάγησαν. τὸ δὲ κάλλιστον τῶν ἐκεῖ σπηλαίων ἐπώνυμον ἦν Φιλοξένου τοῦ ποιητοῦ, ἐν ᾧ, φασι, διατρίβων τὸν Κύκλωπα εἰργάσατο τῶν ἑαυτοῦ μελῶν τὸ κάλλιστον, παρ' οὐδὲν θέμενος τὴν ἐκ Διονυσίου τιμωρίαν καὶ καταδίκην, ἀλλ' ἐν αὐτῇ τῇ συμφορᾷ μουσουργῶν ὁ Φιλόξενος.

war ein Handarbeiter. Polysperchon war ein Räuber. Themistokles[G], der die Barbaren zur See besiegte und als einziger die Stimme der Götter in den Orakeln verstand, war Sohn einer Thrakerin; seine Mutter hieß Habrotonon. Phokion[G], genannt *Chrestos* (»der Tüchtige«), stammte von einem Vater, der Mörserkeulen herstellte. Demetrios von Phaleron[G] (Frg. 2b Wehrli) soll ein Sklave aus dem Hause des Timotheos[G] und des Konon gewesen sein. Von Hyperbolos und Kleophon und Demades[L], obwohl sie Führer des athenischen Volkes waren, könnte so leicht keiner die Väter nennen. Ja, (die Feldherren) Kallikratidas, Gylippos und Lysandros[G] zählten in Lakedaimon zu den *Mothakes*[G]; diesen Namen trugen die Gefährten der Reichen, die den Söhnen von den Vätern zur gemeinsamen körperlichen Ertüchtigung in den *Gymnasia*[S] mitgeschickt wurden. Lykurgos[G], der dies genehmigt hatte, genehmigte auch denen, die der im Knabenalter erhaltenen Erziehung treu blieben, das lakonische Bürgerrecht zu erlangen. Auch Epameinondas[G] war Sohn eines unbekannten Vaters. Kleon, der Tyrann der Sikyonier, war ein Seeräuber.

Die Angaben sind oft nicht verifizierbar oder gar falsch, so zu Dareios I und III., Menelaos und Kleophon.

12.44. Die Steinbrüche auf Sizilien in der Nähe von Epipolai (einem Bezirk von Syrakus) waren 1 Stadion[A] lang und 2 Plethren[A] breit. Manche Menschen blieben in ihnen so lange Zeit, dass sie dort heirateten und Kinder zeugten. Und einige dieser Kinder, die niemals eine Stadt gesehen hatten, liefen, wenn sie nach Syrakus kamen und Pferdegespanne sahen und Rinder, die vorübergetrieben wurden, schreiend davon; so sehr erschraken sie. Die schönste der Höhlen dort ist nach dem Dichter Philoxenos[L] benannt; in ihr hat er, wie man sagt, den *Kyklops* (Frg. 4d Page) geschaffen, das schönste seiner Lieder, wobei Philoxenos die Rache und Strafe des Dionysios (I.)[G] gering achtete und selbst noch im Unglück dichtete.

12.45. Φρύγιοι καὶ ταῦτα ᾄδουσι λόγοι· Μίδου τοῦ Φρυγὸς ἔτι νηπίου καθεύδοντος μύρμηκας εἰσέρπειν εἰς τὸ στόμα καὶ πάνυ φιλοπόνως καὶ φιλέργως εἰσφέρειν τοὺς πυρούς. Πλάτωνος δὲ μελίττας εἰς τὸ στόμα κηρίον ἐργάζεσθαι. καὶ Πινδάρῳ τῆς πατρῴας οἰκίας ἐκτεθέντι μέλιτται τροφοὶ ἐγένοντο, ὑπὲρ τοῦ γάλακτος παρατιθεῖσαι μέλι.

12.46. Διονύσιον δὲ τὸν Ἑρμοκράτους λέγουσι ποταμὸν διαβαίνειν· ἔφερε δὲ αὐτὸν ἵππος. καὶ ὁ μὲν ἵππος κατὰ τοῦ τέλματος ὠλίσθανεν, ὁ δὲ ἀποπηδήσας τῆς ὄχθης ἐλάβετο καὶ ἀπῄει, ὡς οὐκέτι τὸν ἵππον ὄντα αὐτοῦ ἀπολιπών. ὁ δὲ ἠκολούθησε καὶ χρεμετίσας ἐπέστρεψεν αὐτόν. καὶ ἐκεῖνος ἐλάβετο αὐτοῦ τῆς χαίτης καὶ ἔμελλεν ἀναβαίνειν, καὶ τῇ χειρὶ αὐτοῦ περιπίπτει μελιττῶν πλῆθος. ἔφασαν οὖν οἱ Γαλεῶται πρὸς τὸν Διονύσιον ἐρόμενον ὑπὲρ τούτων, ὅτι ταῦτα μοναρχίαν δηλοῖ.

12.47. Διονύσιος ἐλαύνει τῆς Σικελίας Δίωνα, τὴν δὲ γυναῖκα αὐτοῦ Ἀρήτην καὶ τὸν ἐξ αὐτοῦ παῖδα ἐφύλαττεν. ὕστερον δὲ τὴν γυναῖκα ἄκουσαν δορυφόρῳ αὐτοῦ <τῷ> πάντων μάλιστα θεραπευτῇ Τιμοκράτει γυναῖκα δίδωσι· Συρακούσιος δὲ τὸ γένος ἦν. Δίων δὲ παραλαβὼν Συρακούσας, ἀποδράντος εἰς Λοκροὺς Διονυσίου, ἐνταῦθα ἡ μὲν Ἀριστομάχη ἡ τοῦ Δίωνος ἀδελφὴ προσεῖπεν αὐτόν. ἡ δὲ Ἀρήτη εἵπετο δι᾽ αἰδοῦς ἐγκαλυπτομένη καὶ οὐ τολμῶσα προσειπεῖν ὡς ἄνδρα, ἐπεὶ βιασθεῖσα τὸν θεσμὸν τῆς πρὸς αὐτὸν εὐνῆς οὐ διεφύλαξεν. ἐπεὶ δὲ ὑπὲρ αὐτῆς ἀπελογήσατο ἡ Ἀριστομάχη, τὴν ἐκ τοῦ Διονυσίου ἀνάγκην καταλέξασα, ὁ Δίων προσηγάγετο τὴν γυναῖκα καὶ τὸν παῖδα καὶ εἰς τὴν οἰκίαν ἔπεμψεν.

12.45. Phrygische *Logoi*[L] besingen auch dies: Als der Phryger Midas noch ein Kleinkind war, seien ihm im Schlaf Ameisen in den Mund gekrochen und hätten mit großem Eifer und Fleiß Weizenkörner hineingetragen. Im Mund des Platon[P] dagegen sollen Bienen eine Wabe gebaut haben. Und als Pindar[L] aus seinem Vaterhaus ausgesetzt worden war, wurden Bienen seine Ammen, die ihm statt Milch Honig bereitstellten.
Zu Platon und den Bienen vgl. o. 10.21.

12.46. Dionysios (I.)[G], Sohn des Hermokrates, überquerte, wie man erzählt, einen Fluss; es trug ihn ein Pferd. Das Pferd aber glitt aus und fiel in den Schlamm; er sprang ab, erreichte das Ufer, ging davon und ließ das Pferd zurück, als ob es nicht mehr seines sei. Es folgte ihm aber und brachte ihn mit seinem Wiehern zur Umkehr. Er ergriff es an der Mähne und wollte gerade aufsteigen, da setzte sich ein Bienenschwarm auf seine Hand. Die Galeoten (Priester in Hybla auf Sizilien) sagten dem Dionysios, der sie darüber befragte, dass dies Monarchie offenbare.

12.47. Dionysios (II.)[G] vertrieb Dion[G] aus Sizilien, dessen Frau Arete jedoch und dessen Sohn ließ er bewachen. Später gab er die Frau gegen ihren Willen seinem Leibwächter Timokrates, der ihm von allen am meisten ergeben war, zur Gattin; der war von der Abstammung her Syrakusaner. Als Dion Syrakus wieder eingenommen hatte und Dionysios (II.) nach Lokroi fortgelaufen war, begrüßte ihn (den Dion) dort (in Syrakus) seine Schwester Aristomache. Arete folgte ihr; sie hatte vor Scham das Gesicht verhüllt und wagte nicht, Dion als ihren Mann anzureden, da sie unter Zwang das Ehegelübde ihm gegenüber nicht gehalten hatte. Doch als Aristomache sie verteidigte und den Zwang schilderte, den Dionysios (II.) ausgeübt hatte, führte Dion die Frau und den Sohn heraus und schickte sie in sein Haus.

12.48. Ὅτι Ἰνδοὶ τῇ παρά σφισιν ἐπιχωρίῳ φωνῇ τὰ Ὁμήρου μεταγράψαντες ᾄδουσιν οὐ μόνοι ἀλλὰ καὶ οἱ Περσῶν βασιλεῖς, εἴ τι χρὴ πιστεύειν τοῖς ὑπὲρ τούτων ἱστοροῦσιν.

12.49. Φωκίων ὁ τοῦ Φώκου πολλάκις στρατηγήσας κατεγνώσθη θανάτῳ, καὶ ἦν ἐν τῷ δεσμωτηρίῳ καὶ ἔμελλε πιεῖσθαι τὸ κώνειον. ἐπεὶ δὲ ὤρεξεν ὁ δήμιος τὴν κύλικα, οἱ προσήκοντες ἤροντο εἴ τι λέγοι πρὸς τὸν υἱόν. ὁ δέ· »ἐπισκήπτω αὐτῷ μηδὲν Ἀθηναίοις μνησικακεῖν ὑπὲρ τῆς παρ᾽ αὐτῶν φιλοτησίας, ἧς νῦν πίνω.« ὅστις δὲ οὐκ ἐπαινεῖ καὶ ὑπερθαυμάζει τὸν ἄνδρα, δοκεῖ μοι μέγα ὁ τοιοῦτος ἐννοεῖν οὐδέν.

12.50. Λακεδαιμόνιοι μουσικῆς ἀπείρως εἶχον· ἔμελε γὰρ αὐτοῖς γυμνασίων καὶ ὅπλων. εἰ δέ ποτε ἐδεήθησαν τῆς ἐκ Μουσῶν ἐπικουρίας ἢ νοσήσαντες ἢ παραφρονήσαντες ἢ ἄλλο τι τοιοῦτον δημοσίᾳ παθόντες, μετεπέμποντο ξένους ἄνδρας οἷον ἰατροὺς ἢ <καθαρτὰς> κατὰ Πυθόχρηστον. μετεπέμψαντό γε μὴν Τέρπανδρον καὶ Θαλήταν καὶ Τυρταῖον καὶ τὸν Κυδωνιάτην Νυμφαῖον καὶ Ἀλκμᾶνα – Λυδὸς γὰρ ἦν –. καὶ Θουκυδίδης δὲ ὁμολογεῖ ὅτι μὴ ἐσπουδασμένως περὶ παιδείαν εἶχον, ἐν οἷς λέγει περὶ Βρασίδου. λέγει γοῦν ὅτι ἦν <οὐδὲ> ἀδύνατος εἰπεῖν ὡς Λακεδαιμόνιος οἷον ὡς ἂν ἰδιώτης.

12.51. Μενεκράτης ὁ ἰατρὸς εἰς τοσοῦτον προῆλθε τύφου, ὥστε ἑαυτὸν ὀνομάζειν Δία. ἀπέστειλε δέ ποτε ἐπιστολὴν Φιλίππῳ τῷ Μακεδόνων βασιλεῖ τοιαύτην· »Φιλίππῳ Μενεκράτης ὁ Ζεὺς εὖ

12.48. (Man liest,) dass die Inder die Werke des Homer[L] in ihre einheimische Sprache übersetzt singen, und nicht nur sie, sondern auch die Perserkönige, falls man denen Glauben schenken darf, die über diese Völker schreiben.
Vgl. zur angeblichen Übersetzung von Homers Epen ins Indische Dion von Prusa (Chrysostomos) 53.6–7 und zu Epen im Barbarenland Deinon von Kolophon FGrHist *690 F 1–3 (bei Athenaios 633d).*

12.49. Phokion[G], Sohn des Phokos, der oft Feldherr gewesen war, wurde zum Tod verurteilt, war im Gefängnis und sollte den Schierlingsbecher trinken. Als schon der Scharfrichter den Becher reichte, fragten die Verwandten den Phokion, ob er noch etwas für seinen Sohn sagen wolle. Darauf er: »Ich lege ihm nahe, nicht schlecht über die Athener zu denken wegen des Liebestranks von ihnen, den ich nun trinke.« Wer diesen Mann nicht lobt und sehr bewundert, scheint mir keinen Sinn für Größe zu haben.
Vgl. Plutarch, Phokion *36 und* Moralia *189a–b.*

12.50. Die Lakedaimonier verstanden nichts von Musik; ihr Interesse galt Training und Waffen. Wenn sie aber doch einmal den Beistand der Musen brauchten, da eine Krankheit oder Wahnsinn oder etwa anderes von dieser Art die Gemeinde betroffen hatte, ließen sie gewissermaßen als Ärzte und Entsühner Fremde kommen, dem Pythischen Orakel (von Delphi) gemäß. Sie hatten Terpandros[L], Thaletas[L] und Tyrtaios[L] kommen lassen, den Kydonier Nymphaios[L], und Alkman[L]; der war ja ein Lyder. Auch Thukydides[L] bezeugt an der Stelle, wo er über Brasidas spricht (4.84.2), dass sie nicht um Bildung bemüht waren. Er sagt, für einen Lakedaimonier spräche Brasidas nicht einmal schlecht, als sei er ein Amateur.

12.51. Der Arzt Menekrates verstieg sich zu einer derartigen Selbstüberhebung, dass er sich selbst Zeus nannte. Er schickte einmal einen Brief an Philippos (II.)[G], den König der Makedonen, von fol-

πράττειν.« ἀντέγραψε δὲ καὶ ὁ Φίλιππος· »Φίλιππος Μενεκράτει ὑγιαίνειν. συμβουλεύω σοι προσάγειν σεαυτὸν ἐπὶ τοὺς κατὰ Ἀντίκυραν τόπους.« ᾐνίττετο δὲ ἄρα διὰ τούτων ὅτι παραφρονεῖ ὁ ἀνήρ.

Εἱστία ποτὲ μεγαλοπρεπῶς ὁ Φίλιππος, καὶ δὴ καὶ τοῦτον ἐπὶ θοίνην ἐκάλεσε, καὶ ἰδίᾳ κλίνην αὐτῷ ἐκέλευσε παρεσκευάσθαι, καὶ κατακλιθέντι θυμιατήριον παρέθηκε, καὶ ἐθυμιᾶτο αὐτῷ· οἱ δὲ λοιποὶ εἱστιῶντο, καὶ ἦν μεγαλοπρεπὲς τὸ δεῖπνον. ὁ τοίνυν Μενεκράτης τὰ μὲν πρῶτα ἐνεκαρτέρει καὶ ἔχαιρε τῇ τιμῇ· ἐπεὶ δὲ κατὰ μικρὸν ὁ λιμὸς περιῆλθεν αὐτὸν καὶ ἠλέγχετο ὅτι ἦν ἄνθρωπος καὶ ταῦτα εὐήθης, ἐξαναστὰς ἀπιὼν ᾤχετο καὶ ἔλεγεν ὑβρίσθαι, ἐμμελῶς πάνυ τοῦ Φιλίππου τὴν ἄνοιαν αὐτοῦ ἐκκαλύψαντος.

12.52. Ἰσοκράτης ὁ ῥήτωρ ἔλεγεν ὑπὲρ τῆς Ἀθηναίων πόλεως ὁμοίαν εἶναι ταῖς ἑταίραις. καὶ γὰρ νεανίσκους τοὺς ἁλισκομένους ὑπὸ τῆς ὥρας αὐτῶν βούλεσθαι <μὲν> συνεῖναι αὐταῖς, ὅμως δὲ μηδένα ἐντελῶς οὕτω παραφρονεῖν, ὡς ὑπομεῖναι ἂν συνοικῆσαί τινι αὐτῶν. καὶ οὖν καὶ τὴν Ἀθηναίων πόλιν ἐνεπιδημῆσαι μὲν εἶναι ἡδίστην, καὶ κατά γε τοῦτο πασῶν τῶν κατὰ τὴν Ἑλλάδα διαφέρειν, ἐνοικῆσαι δὲ ἀσφαλῆ μηκέτι εἶναι. ᾐνίττετο δὲ διὰ τούτων τοὺς ἐπιχωριάζοντας αὐτῇ συκοφάντας καὶ τὰς ἐκ τῶν δημαγωγούντων ἐπιβουλάς.

12.53. Ἐμὲ δὲ οὐ λέληθεν ὅτι τῶν μεγίστων πολέμων αἱ ἀρχαὶ δοκοῦσί πως εὐκαταφρόνητοι γεγονέναι. τὸν μὲν γὰρ Περσικὸν ἐκ τῆς Μαιανδρίου τοῦ Σαμίου πρὸς Ἀθηναίους διαφορᾶς τὴν

gender Art: »Dem Philippos wünscht Menekrates Zeus alles Gute!« Es antwortete Philippos: »Philippos wünscht Menekrates Gesundheit! Ich rate dir, dich nach Antikyra zu begeben.« Er spielte also darauf an, dass der Mann verrückt geworden sei.

Einst gab Philippos ein großartiges Gastmahl, und er hatte auch diesen (Menekrates) zum Schmaus geladen. Er ordnete an, dass für ihn eine gesonderte Liege bereitgestellt werde, und als jener sich hingelegt hatte, stellte er ein Räuchergefäß davor. Vor ihm also wurde Räucherwerk verbrannt, die anderen aber speisten – und es war ein großartiges Mahl! Menekrates aber war freilich anfangs standhaft und freute sich über die Ehrung. Als ihm aber nach kurzer Zeit der Hunger kam und ihm deutlich machte, dass er ein Mensch sei, und zwar ein törichter, stand er auf und ging mit den Worten davon, ihm sei übel mitgespielt worden, weil Philippos so geschickt seine Torheit enthüllt hatte.

Vgl. Plutarch, Moralia *191a und 213a; Athenaios 289d. In Antikyra wuchs Nieswurz, der als Heilmittel gegen Wahnsinn galt.*

12.52. Der Redner Isokrates[L] (*Apophthegmata* Frg. 1 Blaß) sagte von der Stadt Athen, sie sei den Hetären[A] gleich: Die jungen Männer, die von deren Schönheit ergriffen seien, wollten zwar gern mit ihnen schlafen, doch sei keiner so völlig verrückt, dass er es ertrage, mit einer von ihnen einen Hausstand zu gründen. Genauso sei es zwar sehr angenehm, als Fremder in Athen zu weilen – ja, darin zeichne sich die Stadt gegenüber allen anderen in Griechenland aus –, doch wenn man darin einen Hausstand habe, sei man gar nicht mehr sicher. Damit spielte er auf die vielen Sykophanten[A] an, die sich dort aufhalten, und auf die Nachstellungen der Demagogen.

12.53. Mir ist nicht verborgen geblieben, dass die Anlässe für die größten Kriege irgendwie ganz unbedeutend gewesen zu sein scheinen. Der Perserkrieg entstand aus einem Zwist zwischen Maian-

ἀρχὴν λαβεῖν φασι, τόν γε μὴν Πελοποννήσιον διὰ τὸ <κατὰ> Μεγαρέων πινάκιον, τὸν δὲ ἱερὸν καλούμενον ἐκ τῆς εἰσπράξεως τῶν δικῶν τῶν Ἀμφικτυόνων, τὸν δὲ κατὰ Χαιρώνειαν, φιλονεικησάντων Ἀθηναίων πρὸς Φίλιππον καὶ λαβεῖν οὐ θελησάντων <τὸν Ἁλόννησον, ἀλλ᾽ ἀπολαβεῖν>.

12.54. Ἀλέξανδρον Ἀριστοτέλης ὀργιζόμενον πραῦναι βουλόμενος καὶ παῦσαι χαλεπαίνοντα πολλοῖς, ταυτὶ πρὸς αὐτὸν γέγραφεν· »ὁ θυμὸς καὶ ἡ ὀργὴ οὐ πρὸς ἥττους, ἀλλὰ πρὸς τοὺς κρείττονας γίνεται· σοὶ δὲ οὐδεὶς ἴσος.« Ἀριστοτέλης τὰ δέοντα συμβουλεύων Ἀλεξάνδρῳ πολλοῖς ὠφέλημα γέγονεν, ἐξ ὧν καὶ τὴν πατρίδα κατῴκισε κατεσκαμμένην ὑπὸ τοῦ Φιλίππου.

12.55. Τοὺς ὑπὸ τῶν ἐλεφάντων ἢ ἐν ταῖς θήραις ἢ ἐν ταῖς μάχαις ἀποθανόντας οἱ Λίβυες θάπτουσι διαπρεπῶς καὶ ὕμνους τινὰς ᾄδουσιν. ἔστι δὲ τοῖς ὕμνοις [ἡ] ὑποθήκη ἐκείνη· ἀγαθοὺς ἄνδρας εἶναι [λέγει] τοὺς ἀντιπάλους γενομένους θηρίῳ τοσούτῳ· λέγουσι γὰρ καὶ τὸ ἐνδόξως ἀποθανεῖν ἐντάφιον εἶναι τῷ θαπτομένῳ.

12.56. Διογένης ὁ Σινωπεὺς ἔλεγε πολλά, τὴν ἀμαθίαν καὶ τὴν ἀπαιδευσίαν τῶν Μεγαρέων διαβάλλων, καὶ <ὅτι> ἐβούλετο

drios von Samos und den Athenern, wie man sagt, der Peloponnesische wegen des Erlasses gegen die Megarer, der sogenannte »Heilige Krieg« aus der Eintreibung der Bußgelder durch die Amphiktyonen und der bei Chaironeia (338), weil die Athener gegen Philippos (II.)[G] eingestellt waren und <Halonnesos nicht von ihm erhalten, sondern zurückerobern wollten.>.
Vgl. Ailianos, Tierkunde *11. 27. Das Megarische Psephisma schloss Megara 433 von den athenischen Märkten aus, der »Heilige Krieg« 356–346 wurde durch einen Konflikt über die Bebauung von Heiligem Land ausgelöst; für letzteres agierten die Amphiktyonen als Vertreter der am Heiligtum Beteiligten. Die Auseinandersetzung um Halonnesos, einen einst athenischen Stützpunkt vor der Küste Thrakiens, datiert auf 343/42.*

12.54. Weil Aristoteles[P] den wütenden Alexandros (d. Gr.)[G] zügeln und seinen Zorn, den er an vielen Leuten ausließ, besänftigen wollte, schrieb er an ihn wie folgt: »Unwillen und Zorn zeigt man nicht gegenüber Schwächeren, sondern gegenüber Stärkeren. Dir aber ist niemand ebenbürtig.« (Aristoteles, Frg. 659 Rose). Aristoteles riet dem Alexandros, was er tun solle, und wurde so für viele ein Gewinn; dazu gehörte, dass er auch seine Vaterstadt wiedergründete, die von Philippos (II.)[G] zerstört worden war.
Philippos II. hatte Aristoteles' Heimatstadt Stageira 349 zerstört.

12.55. Diejenigen, die von Elefanten auf der Jagd oder in Schlachten getötet werden, bestatten die Libyer mit großer Pracht und singen dabei bestimmte Hymnen. Bei diesen Hymnen ist das Thema folgendes: Gute Männer seien diejenigen, die einem so großen Tier zum Kampfgegner geworden sind. Sie sagen nämlich, dass ein ehrenvoller Tod dem Begräbnis des Toten Glanz verleihe.

12.56. Diogenes[P] aus Sinope sagte viel, womit er das Unwissen und die Unbildung der Megarer anprangerte, und auch, dass er lieber

Μεγαρέως ἀνδρὸς κριὸς εἶναι μᾶλλον ἢ υἱός. ᾐνίττετο δὲ ὅτι τῶν θρεμμάτων ποιοῦνται πρόνοιαν οἱ Μεγαρεῖς, τῶν παίδων δὲ οὐχί.

12.57. Ἡνίκα Ἀλέξανδρος ὁ Φιλίππου ἐπὶ τὰς Θήβας ἦγε τὴν δύναμιν, οἱ μὲν θεοὶ σημεῖα αὐτοῖς καὶ τέρατα ἀπέστελλον, προσημαίνοντες τὰς περὶ αὐτῶν ὅσον οὐδέπω τύχας· οἱ δὲ ὡς ᾤοντο ἐν Ἰλλυριοῖς Ἀλέξανδρον τεθνάναι, πολλὰ καὶ βλάσφημα εἰς αὐτὸν ἀπερρίπτουν. ἡ μὲν γὰρ ἐν Ὀγχηστῷ λίμνη φοβερὸν ἦχον ἀνέδωκε καὶ συνεχῆ καὶ ταύρου μυκήματι ἐῴκει· ἡ δὲ παρὰ τὸν Ἰσμηνὸν καὶ αὐτὰ τὰ τείχη ῥέουσα κρήνη καλουμένη Δίρκη καθαρῷ καὶ ἡδεῖ ῥέουσα ὕδατι παρὰ πάντα τὸν πρόσθεν χρόνον, ἄφνω καὶ παρ᾽ ἐλπίδα αἵματος ἀνεπλήσθη. Μακεδόσι δὲ ἐπίστευον Θηβαῖοι ἀπειλεῖν τὸ δαιμόνιον. ἐν δὲ τῷ κατὰ πόλιν ναῷ τῆς Δήμητρος ἀράχνη κατὰ τοῦ προσώπου τοῦ ἀγάλματος ἐξύφαινε τὴν ἑαυτῆς τέχνην καὶ τὸν ἱστὸν ὃν εἴωθεν ἐργάζεσθαι. τὸ δὲ τῆς Ἀθηνᾶς τῆς καλουμένης Ἀλαλκομενηΐδος ἄγαλμα αὐτομάτως κατεφλέχθη, πρὸς μὴ προσαχθέντος, καὶ ἄλλα πολλά.

12.58. Διώξιππος Ὀλυμπιονίκης ἀθλητὴς ὁ Ἀθηναῖος εἰσήλαυνεν εἰς τὰς Ἀθήνας κατὰ τὸν νόμον τῶν ἀθλητῶν. συνέρρει τοίνυν τὰ πλήθη καὶ ἄλλος ἀλλαχόθεν ἐκκρεμαννύμενος ἐθεῶντο αὐτόν· ἐν δὲ τοῖς καὶ γυνὴ κάλλει διαπρέπουσα ἀπήντησε τῇ θέᾳ. ἰδὼν δὲ αὐτὴν ὁ Διώξιππος παραχρῆμα ἡττήθη τοῦ κάλλους καὶ διετέλεσεν ἀποβλέπων τὴν ἄνθρωπον καὶ ἐπιστρεφόμενος καὶ εἰς πολλὰς τὸ πρόσωπον ἀλλάττων χροιάς. ἐκ δὴ τούτων πολλοῖς ἐγένετο κατάφωρος μὴ ἀργῶς ἰδὼν τὴν ἄνθρωπον. μάλιστα δὲ αὐτοῦ τὸ πάθος κατέγνω [χρυσοῦν κάτοπτρον

der Schafbock als der Sohn eines Megarers sein wolle. Damit spielte er darauf an, dass die Megarer für ihr Vieh Vorsorge treffen, für ihre Kinder aber gar nicht.
Vgl. Plutarch, Moralia *526c und Diogenes Laërtios 6.41 sowie Gnomologium Vaticanum 191.*

12.57. Als Alexandros (d. Gr.)[G], Sohn des Philippos (II.)[G], seine Streitmacht gegen Theben führte, sandten die Götter ihnen (den Thebanern) Zeichen und Wunder, mit denen sie ihnen Schicksalsschläge vorhersagten, die sie noch nie erlebt hätten. Doch da jene meinten, Alexandros sei in Illyrien gestorben, sprachen sie viele Lästerungen gegen ihn aus. Ja, der See bei Onchestos gab einen anhaltenden furchterregenden Laut von sich, der dem Brüllen eines Stieres ähnelte. Die nahe beim Ismenos und unmittelbar an den Stadtmauern fließende Quelle namens Dirke, deren Wasser zuvor stets rein und süß gewesen war, füllte sich plötzlich und unerwartet mit Blut; doch die Thebaner glaubten, das *Daimonion* (die Gottheit) drohe den Makedonen. Im Tempel der Demeter in der Stadt webte eine Spinne über dem Gesicht des Götterbildes ihr Kunstwerk, das Netz, das sie zu spinnen pflegt. Das Bild der Athena Alalkomeneïs entzündete sich von allein, ohne dass ein Feuer angelegt worden war, und vieles andere mehr.
Zur Spinne vgl. Pausanias 9.6.6.

12.58. Dioxippos[S], der Olympiasieger und Athlet aus Athen, zog in Athen nach Art der Athleten ein. Es lief also die Menge von allen Seiten zusammen, hing mit ihren Blicken an ihm und schaute ihn an. Unter ihnen war auch eine Frau von auffallender Schönheit, die zu diesem Schauspiel gekommen war. Als Dioxippos sie sah, war er sofort von ihrer Schönheit gefangen, sah die Person fortwährend an, drehte sich um und sein Gesicht wechselte vielfach die Farbe. Daraus war für viele erkennbar, dass er die Person nicht gleichgültig betrachtete. Am meisten hatte seine Leidenschaft Diogenes[P] aus

Κορινθιουργὲς ἐπιπράσκετο] Διογένης ὁ Σινωπεύς, καὶ πρὸς τοὺς πλησίον »ὁρᾶτε« εἶπε »τὸν ἀθλητὴν ὑμῶν τὸν μέγαν ὑπὸ παιδίσκης ἐκτραχηλιζόμενον.«

12.59. Πυθαγόρας ἔλεγε δύο ταῦτα ἐκ τῶν θεῶν τοῖς ἀνθρώποις δεδόσθαι κάλλιστα, τό τε ἀληθεύειν καὶ τὸ εὐεργετεῖν· καὶ προσετίθει ὅτι καὶ ἔοικε τοῖς θεῶν ἔργοις ἑκάτερον.

12.60. Συνουσία ποτὲ ἐγένετο Διονυσίῳ τῷ δευτέρῳ καὶ Φιλίππῳ τῷ Ἀμύντου. πολλοὶ μὲν οὖν ὡς τὸ εἰκὸς καὶ ἄλλοι λόγοι ἐπέρρευσαν, ἐν δὲ τοῖς καὶ ἐκεῖνο· ἤρετο ὁ Φίλιππος τὸν Διονύσιον πῶς τοσαύτην παρὰ τοῦ πατρὸς λαβὼν ἀρχὴν εἶτα οὐ διεσώσατο αὐτήν. ὁ δὲ ἀπεκρίνατο οὐκ ἔξω μέλους ὅτι »τὰ μὲν ἄλλα μοι κατέλιπεν ὁ πατήρ, τὴν δὲ τύχην, ᾗ ταῦτα ἐκτήσατο καὶ διεφύλαξεν, οὐκέτι.«

12.61. Θουρίοις ἐπέπλει Διονύσιος καὶ τριακοσίας ἦγεν ἐπ᾽ αὐτοὺς ναῦς ὁπλιτῶν πεπληρωμένας· βορρᾶς δὲ ἀντιπνεύσας τὰ σκάφη συνέτριψε καὶ τὴν δύναμιν αὐτοῦ τὴν ναυτικὴν ἠφάνισεν. ἐκ δὴ τούτων οἱ Θούριοι τῷ Βορρᾷ ἔθυσαν καὶ ἐψηφίσαντο εἶναι τὸν ἄνεμον πολίτην καὶ οἰκίαν αὐτῷ καὶ κλῆρον ἀπεκλήρωσαν καὶ καθ᾽ ἕκαστον ἔτος ἐπετέλουν αὐτῷ. οὔκουν Ἀθηναῖοι μόνοι κηδεστὴν αὐτὸν ἐνόμιζον, ἀλλὰ καὶ Θούριοι εὐεργέτην αὐτὸν ἐπέγραψαν. [Παυσανίας δέ φησιν ὅτι καὶ Μεγαλοπολῖται.]

Sinope erkannt; er sagte zu den Umstehenden: »Seht euren großen Athleten, der von einem Mädchen umgeworfen wird!«
Vgl. Plutarch, Moralia *521b. Der Athlet Dioxippos wird auch 10.22 erwähnt.*

12.59. Pythagoras[P] sagte, zweierlei sei von den Göttern den Menschen als Schönstes gegeben worden: die Wahrheit zu sagen und Gutes zu tun. Er fügte hinzu, dass beides dem Handeln der Götter gleichkomme.

12.60. Es gab einmal eine Begegnung von Dionysios II.[G] und Philippos (II.)[G], Sohn des Amyntas (II.)[G]. Erwartungsgemäß wurden auch sonst viele Worte gewechselt, darunter aber auch folgendes: Philippos fragte Dionysios, wie er, obwohl er von seinem Vater eine so große Herrschaft übernommen habe, diese dann nicht bewahrt habe. Der aber antwortete nicht ungeschickt: »Mein Vater hat mir zwar alles andere hinterlassen, das Glück, mit dem er dies erworben und bewahrt hat, aber nicht.«

12.61. Gegen Thurioi segelte Dionysios (I.)[G] und brachte 300 Schiffe gegen sie, voll mit Hopliten[A]. Ein widriger Nordwind zerschmetterte aber die Schiffe und vernichtete die Seestreitmacht. Dafür opferten die Einwohner von Thurioi dem Nordwind, beschlossen, dass der Wind Bürger der Stadt sein solle, wiesen ihm Haus- und Grundbesitz zu und brachten ihm jedes Jahr Opfer dar. Also betrachteten nicht nur die Athener diesen Wind als ihren Verwandten, sondern auch die Thurier bezeichneten ihn als Wohltäter.
Der Zug des Dionysios I. fand 379 statt; vgl. Jacquemin 1979. In Athen wurde dem Borrhas oder Boreas (der im Mythos als Entführer der Oreithyia galt, der Tochter des Königs Erechtheus) ein Tempel errichtet, da er die persische Flotte vertrieben hatte; s. Herodot 7.188–189. Den redaktionellen Zusatz am Ende [»Pausanias (8.36.6) sagt, dass auch die Megalopolitaner (dies taten).«] hat bereits Faber 1668 getilgt.

12.62. Νόμος καὶ οὗτος Περσικός· ἐάν τις μέλλῃ τι τῶν ἀπορρήτων καὶ τῶν ἀμφιλόγων συμβουλεύειν βασιλεῖ, ἐπὶ πλίνθου χρυσῆς ἕστηκε. καὶ ἐὰν δόξῃ παραινεῖν τὰ δέοντα, τὴν πλίνθον λαβὼν ὑπὲρ τῆς συμβουλῆς μισθὸν ἀπέρχεται· μαστιγοῦται δὲ ὅμως, ὅτι ἀντεῖπε βασιλεῖ. ἀνδρὶ δὲ ἐλευθέρῳ, κατά γε τὴν ἐμὴν κρίσιν, οὐκ ἀνταξίαν ἀντικρίνειν δεῖ ὑπὲρ τοῦ μισθοῦ τὴν ὕβριν.

12.63. Ἀρχεδίκης τις ἠράσθη τῆς ἐν Ναυκράτει ἑταίρας. ἡ δὲ ἦν ὑπερήφανος καὶ δεινῶς φορτικὴ καὶ ἁδροὺς ᾔτει μισθούς, καὶ λαβοῦσα πρὸς ὀλίγον ἂν ὡμίλησε τῷ δόντι, εἶτα ἀπέκλινεν. ἐρασθεὶς οὖν ὁ νεανίσκος αὐτῆς καὶ τυχεῖν μὴ δυνάμενος, ἐπεὶ μὴ πάνυ ἦν πλούσιος, ὄναρ αὐτῇ συνεγένετο καὶ παραχρῆμα ἐπαύσατο τῆς ἐπιθυμίας.

12.64. Ὁ μὲν Φιλίππου καὶ Ὀλυμπιάδος Ἀλέξανδρος ἐν Βαβυλῶνι τὸν βίον καταστρέψας νεκρὸς ἔκειτο, ὁ τοῦ Διὸς εἶναι λέγων. καὶ στασιαζόντων περὶ τῆς βασιλείας τῶν περὶ αὐτόν, ταφῆς ἄμοιρος ἦν, ἧς μεταλαγχάνουσι καὶ οἱ σφόδρα πένητες, τῆς φύσεως τῆς κοινῆς ἀπαιτούσης τὸν μηκέτι ζῶντα κατακρύψαι. ἀλλ᾽ οὗτός γε τριάκοντα ἡμέρας καταλέλειπτο ἀκηδής, ἕως Ἀρίστανδρος ὁ Τελμισσεύς, θεόληπτος γενόμενος ἢ ἔκ τινος ἄλλης συντυχίας κατασχεθείς, ἦλθεν εἰς μέσους τοὺς Μακεδόνας καὶ πρὸς αὐτοὺς ἔφη [τὸν] πάντων τῶν ἐξ αἰῶνος βασιλέων εὐδαιμονέστατον Ἀλέξανδρον γεγονέναι, καὶ ζῶντα καὶ ἀποθανόντα· λέγειν γὰρ τοὺς θεοὺς πρὸς πρὸς αὐτὸν ὅτι ἄρα ἡ ὑποδεξαμένη γῆ τὸ σῶμα, ἐν ᾧ τὸ πρότερον ᾤκησεν ἡ ἐκείνου ψυχή, πανευδαίμων τε ἔσται καὶ ἀπόρθητος δι᾽ αἰῶνος.

Ταῦτα μαθόντες πολλὴν εἰσεφέροντο φιλονεικίαν, ἕκαστος εἰς τὴν ἰδίαν αὑτοῦ βασιλείαν τὸ ἀγώγιμον τοῦτο ἄγειν ἐπιθυμῶν,

12.62. Ein persisches Gesetz ist auch dieses: Wenn jemand dem König in Angelegenheiten, über die nicht gesprochen werden darf oder die umstritten sind, einen Rat geben will, stellt er sich auf eine goldene Platte. Wenn sein Rat nützlich erscheint, darf er die Platte als Lohn für seinen Rat mitnehmen; dennoch wurde er ausgepeitscht, weil er dem König widersprochen hat. Einem freien Mann darf meiner Ansicht nach nicht die Züchtigung als ein angemessener Ausgleich für den Lohn erscheinen.

12.63. In Archedike, eine Hetäre[A] in Naukratis, hatte sich einer verliebt. Sie aber war anmaßend und dreist und forderte reichlichen Lohn, und wenn sie den bekommen hatte, vereinigte sie sich für kurze Zeit mit dem Geber, wandte sich dann von ihm ab. Der junge Mann, der sich in sie verliebt hatte, sie aber nicht erlangen konnte, weil er nicht sehr reich war, träumte einmal, er schlafe mit ihr – und sofort hörte seine Begierde auf.

12.64. Alexandros (d. Gr.)[G], Sohn des Philippos (II.)[G] und der Olympias, hatte in Babylon das Leben beendet und lag nun als Leichnam da, der sich doch Sohn des Zeus nannte! Und während seine Gefährten sich um die Königsherrschaft stritten, erhielt er kein Begräbnis, das doch selbst die ganz Armen bekommen. Die allen gemeinsame Natur erfordert es ja, jemanden, der nicht mehr lebt, zu begraben. Er aber blieb 30 Tage lang unbestattet, bis (der Seher) Aristandros aus Telmessos – sei es, dass er von einem Gott ergriffen oder von einer anderen Fügung veranlasst wurde – in die Mitte der Makedonen trat und zu ihnen sagte, dass von allen bisherigen Königen Alexandros der glücklichste gewesen sei, im Leben wie im Tod. Die Götter hätten ihm nämlich gesagt, dass das Land, das den Körper aufnehme, in dem früher seine Seele gewohnt habe, ganz glücklich und für alle Ewigkeit unzerstörbar sein werde.

Als sie dies erfuhren, legten sie großes Wetteifern an den Tag, und ein jeder wollte diese kostbare Fracht in sein eigenes König-

ἵνα κειμήλιον ἔχῃ βασιλείας ἀσφαλοῦς καὶ ἀκλινοῦς ὅμηρον. Πτολεμαῖος δέ, εἴ τι χρὴ πιστεύειν, τὸ σῶμα ἐξέκλεψε καὶ μετὰ σπουδῆς εἰς τὴν Ἀλεξάνδρου πόλιν τὴν κατ᾽ Αἴγυπτον ἐκόμισε. καὶ οἱ μὲν ἄλλοι Μακεδόνες τὴν ἡσυχίαν ἦγον, Περδίκκας δὲ αὐτὸν διώκειν ἐπεχείρησεν. οὐ τοσοῦτον δὲ ἔμελε τούτῳ τῆς εἰς Ἀλέξανδρον πολυωρίας καὶ τῆς εἰς τὸν νεκρὸν ὁσίας, ὅσον τὰ προλεχθέντα ὑπὸ τοῦ Ἀριστάνδρου ἀνέφλεγεν αὐτὸν καὶ ἐξῆπτεν. ἐπεὶ δὲ κατέλαβε τὸν Πτολεμαῖον, ὑπὲρ τοῦ νεκροῦ μάχη [καρτερὰ] πάνυ σφοδρὰ ἐγένετο, ἀδελφὴ τρόπον τινὰ τῆς ὑπὲρ τοῦ εἰδώλου τοῦ ἐν Τροίᾳ, ὅπερ Ὅμηρος ᾄδει λέγων ὑπὲρ Αἰνείου τὸν Ἀπόλλωνα εἰς μέσους ἐμβαλεῖν τοὺς ἥρωας. ἀνέστειλε δὲ τὴν ὁρμὴν τοῦ Περδίκκα ὁ Πτολεμαῖος· εἴδωλον γὰρ ποιησάμενος ὅμοιον Ἀλεξάνδρῳ κατεκόσμησεν ἐσθῆτι βασιλικῇ καὶ ἐνταφίοις ἀξιοζήλοις. εἶτα τοῦτο ἀναπαύσας ἐπὶ μίαν τῶν Περσικῶν ἁμαξῶν, τὸ ἐπ᾽ αὐτῆς κατεσκεύασε φέρτρον μεγαλοπρεπῶς ἀργύρῳ καὶ χρυσῷ καὶ ἐλέφαντι· καὶ τὸ μὲν ὄντως Ἀλεξάνδρου σῶμα λιτῶς καὶ ὡς ἔτυχε προὔπεμψε κρυπταῖς ὁδοῖς καὶ ἀτρίπτοις. ὁ δὲ Περδίκκας καταλαβὼν τὸ τοῦ νεκροῦ φάσμα καὶ τὴν διασκευασθεῖσαν ἁρμάμαξαν ἀνεστάλη τοῦ δρόμου, οἰόμενος ἔχειν τὸ ἆθλον· ὀψὲ δὲ ἔμαθεν ἀπατηθείς, ἡνίκα διώκειν οὐκ εἶχε.

reich bringen, um sie als Unterpfand für eine sichere und unerschütterliche Herrschaft zu besitzen. Ptolemaios (I.)[G] aber stahl, wenn man dem Glauben schenken kann, den Leichnam heimlich und brachte ihn in Eile in die Stadt des Alexandros (Alexandria) nach Ägypten. Die übrigen Makedonen bewahrten zwar Ruhe, Perdikkas[G] aber machte sich daran, ihn zu verfolgen. Nicht so sehr kümmerte ihn dabei die Achtung von Alexandros und der fromme Umgang mit dem Leichnam, vielmehr hatte das von Aristandros Vorhergesagte ihn entzündet und entflammt. Als er Ptolemaios eingeholt hatte, entbrannte um den Toten ein sehr heftiger Kampf, in gewisser Weise vergleichbar mit dem um das (Kult-)Bild in Troia, das – wie Homer[L] (*Ilias* 5.449) besingt – Apollon anstelle von Aineias mitten unter die Helden geworfen hatte. Ptolemaios hielt den Ansturm des Perdikkas auf; er ließ ein Abbild anfertigen, das Alexandros glich, schmückte es mit einem königlichen Gewand und kostbarsten Leichentüchern; dann bettete er es auf einem der persischen Wagen auf eine Bahre, die prachtvoll aus Silber, Gold und Elfenbein gefertigt war. Den wirklichen Leichnam des Alexandros schickte er, schlicht und so, wie er war, auf geheimen und unwegsamen Pfaden voraus. Als Perdikkas auf das Trugbild des Toten und auf den geschmückten Wagen traf, machte er in seinem Lauf halt, da er glaubte, den Kampfpreis in den Händen zu haben. Zu spät merkte er, dass er getäuscht worden war, als eine Verfolgung nicht mehr möglich war.

Zur verspäteten Bestattung des Alexandros d. Gr. vgl. u. 13.30.

IΓ

13.1. Λόγος οὗτος Ἀρκαδικὸς ὑπὲρ τῆς Ἰασίωνος Ἀταλάντης. ταύτην ὁ πατὴρ γενομένην ἐξέθηκεν· ἔλεγε γὰρ οὐ θυγατέρων ἀλλ᾽ ἀρρένων δεῖσθαι. ὁ δὲ ἐκθεῖναι λαβὼν οὐκ ἀπέκτεινεν, ἐλθὼν δὲ ἐπὶ τὸ Παρθένιον ὄρος ἔθηκε πηγῆς πλησίον· καὶ ἦν ἐνταῦθα ὕπαντρος πέτρα καὶ ἐπέκειτο συνηρεφὴς δρυμών. καὶ τοῦ μὲν βρέφους κατεψήφιστο θάνατος, οὐ μὴν ὑπὸ τῆς τύχης προὐδόθη· ὀλίγῳ γὰρ ὕστερον ὑπὸ κυνηγετῶν ἀφῃρημένη τὰ ἑαυτῆς βρέφη ἄρκτος ἧκε, σφριγώντων αὐτῇ τῶν μαζῶν καὶ βαρυνομένων ὑπὸ τοῦ γάλακτος. εἶτα κατά τινα θείαν πομπὴν ἡσθεῖσα τῷ βρέφει ἐθήλασεν αὐτό, καὶ ἅμα τὸ θηρίον ἐκουφίσθη τῆς ὀδύνης καὶ ὤρεξε τροφὴν τῷ βρέφει. καὶ οὖν καὶ αὖθις ἐπαντλοῦσα τοῦ γάλακτος καὶ ἐποχετεύουσα ἐπεὶ τῶν ἑαυτῆς μήτηρ οὐκ ἔμεινε, τῆς μηδέν οἱ προσηκούσης τροφὸς ἐγίνετο. ταύτην οἱ κυνηγέται παρεφύλαττον οἱ καὶ ἐξ ἀρχῆς ἐπιβουλεύσαντες τῷ θηρίῳ εἰς τὰ ἔγγονα αὐτῆς, καὶ αὐτὰ ἕκαστα τῶν δρωμένων κατασκεψάμενοι, ἀπελθούσης κατὰ συνήθειαν κατά τε ἄγραν καὶ νομὴν τῆς ἄρκτου, τὴν Ἀταλάντην ὑφείλοντο, καλουμένην τοῦτο οὐδέπω· αὐτοὶ γὰρ ἔθεντο αὐτῇ τὸ ὄνομα. καὶ ἐτρέφετο ἐν αὐτοῖς [ἐν] ὀρείῳ τῇ τροφῇ. κατὰ μικρὸν δὲ αὐτῇ τὰ τοῦ σώματος μετὰ τῆς ἡλικίας ἀνέτρεχε· καὶ ἤρα παρθενίας καὶ τὰς τῶν ἀνδρῶν ὁμιλίας ἔφευγε καὶ ἐρημίαν ἐπόθει, καταλαβοῦσα τῶν ὀρῶν τῶν Ἀρκαδικῶν τὸ ὑψηλότατον, ἔνθα ἦν καὶ αὐλὼν κατάρρυτος καὶ μεγάλαι δρῦς, ἔτι δὲ καὶ πεῦκαι καὶ βαθεῖα ἡ ἐκ τούτων σκιά.

13

13.1. Folgender arkadischer *Logos*[L] (handelt) von Atalante, der Tochter des Iasion: Als sie geboren war, setzte ihr Vater sie aus; er sagte, er brauche keine Töchter, sondern Söhne. Der Mann, der sie zum Aussetzen übernommen hatte, tötete sie aber nicht, sondern ging zum Partheniongebirge und legte sie in die Nähe einer Quelle. Dort war ein Fels mit einer Höhle und davor dichter Wald. Das Kind war zum Tod verurteilt, doch vom Schicksal wurde es nicht im Stich gelassen. Kurze Zeit später kam nämlich eine Bärin, der Jäger ihre eigenen Jungen genommen hatten und deren Zitzen von Milch strotzten und schwer waren. Da fand sie durch eine göttliche Fügung Gefallen an dem Kind und säugte es; so erleichterte sich das Tier gleichzeitig seine Schmerzen, während es dem Säugling Nahrung gab. Und auch später spendete die Bärin ihm vom Überfluss ihrer Milch und nährte das Kind, da sie für ihre eigenen Jungen nicht mehr Mutter sein konnte, und wurde so, ohne mit ihm verwandt zu sein, seine Amme. Die Jäger, die schon früher dem Tier wegen seiner Jungen nachgestellt hatten, lauerten der Bärin auf und beobachteten jede Einzelheit des Geschehens. Als nun die Bärin wie üblich auf Raub und Nahrungssuche weggegangen war, nahmen sie Atalante weg – bis dahin war sie noch nicht so genannt worden; diesen Namen gaben sie ihr. Sie wurde bei ihnen aufgezogen in der Lebensweise der Berge. Allmählich wuchs mit dem Älterwerden ihr Körper heran. Sie liebte die Jungfräulichkeit, floh den Umgang mit den Männern und suchte die Einsamkeit. So ließ sie sich auf dem höchsten Gipfel der arkadischen Berge nieder, wo eine von Wasser durchflossene Schlucht war und große Eichen, auch Fichten und davon tiefer Schatten.

Τί γὰρ ἡμᾶς λυπεῖ καὶ ἄντρον Ἀταλάντης ἀκοῦσαι, ὡς τὸ τῆς Καλυψοῦς τὸ ἐν Ὁμήρῳ; καὶ ἦν ἐν κοίλῃ τῇ φάραγγι σπήλαιον μέγα καὶ βαθὺ πάνυ, κατὰ πρόσωπον δὲ βαθεῖ κρημνῷ ὠχύρωτο. κιττοὶ δὲ αὐτὸ περιεῖρπον, καὶ ἐνεπλέκοντο οἱ κιττοὶ μαλακῶς <τοῖς> δένδροις καὶ δι' αὐτῶν ἀνεῖρπον. κρόκοι τε ἦσαν περὶ τὸν τόπον ἐν μαλακῇ φυόμενοι καὶ βαθείᾳ τῇ πόᾳ. συνανέτελλε δὲ αὐτοῖς καὶ ὑάκινθος καὶ ἄλλη πολλὴ χροιὰ ἀνθέων οὐ μόνον εἰς ἑορτὴν ὄψεως συντελεῖν δυναμένων, ἀλλὰ καὶ ὀσμαὶ ἐξ αὐτῶν τὸν ἀέρα τὸν κύκλῳ κατελάμβανον· καὶ παρῆν τῇ τε ἄλλῃ πανηγυρίζειν καὶ κατὰ τὴν εὐωδίαν ἑστιᾶσθαι. δάφναι τε ἦσαν πολλαί, φυτοῦ διὰ τέλους ἀκμάζοντος ἡδεῖαι προσιδεῖν κόμαι, καὶ ἄμπελοι δὲ πάνυ σφόδρα εὐθενούντων βοτρύων πρὸ τοῦ ἄντρου τεθηλυῖαι τὸ φιλεργὸν τῆς Ἀταλάντης ἐπεδείκνυντο. ὕδατά τε διατελῆ καὶ εἰσρέοντα καὶ καθαρὰ ἰδεῖν καὶ ψυχρά, ὅσον γε ἁψαμένῳ τεκμήρασθαι καὶ καταγνῶναι πιόντι, χύδην καὶ ἀφθόνως ἐπέρρει· τὰ δὲ αὐτὰ ταῦτα καὶ εἰς ἀρδείαν τοῖς δένδροις τοῖς προειρημένοις ἦν ἐπιτήδεια, συνεχῶς ἐπιρρέοντα καὶ εἰς τὸ ἔμβιον αὐτοῖς συμμαχόμενα. ἦν οὖν τὸ χωρίον χαρίτων ἀνάμεστον, καὶ σεμνότατόν τε ἅμα καὶ σώφρονα παρθενεῶνα ἐδείκνυεν.

Ἦν δὲ ἄρα τῇ Ἀταλάντῃ στρωμνὴ μὲν αἱ δοραὶ τῶν τεθηραμένων, τροφὴ δὲ τὰ τούτων κρέα, ποτὸν δὲ τὸ ὕδωρ. στολὴν δὲ ἤσθητο ἀπράγμονα καὶ τοιαύτην οἵαν μὴ ἀποδεῖν τῆς Ἀρτέμιδος· ἔλεγε γὰρ ζηλοῦν αὐτὴν καὶ ἐν τούτῳ καὶ ἐν τῷ παρθένος εἶναι διὰ τέλους ἐθέλειν. πεφύκει δὲ ὠκίστη τοὺς πόδας καὶ οὐκ ἂν αὐτὴν διέφυγεν οὔτε θηρίον οὔτε ἐπιβουλεύων αὐτῇ ἄνθρωπος· φυγεῖν <δ'> ἐθέλουσαν, ἀλλ' ἐνταῦθα μὲν οὐκ ἄν τις αὐτὴν κατέλαβεν. ἤρων δὲ αὐτῆς οὐχ ὅσοι μόνον αὐτὴν εἶδον, ἀλλ' ἤδη καὶ ἐκ φήμης ἠρᾶτο.

Φέρε δὲ καὶ τὸ εἶδος αὐτῆς, εἴ τι μὴ λυπεῖ, διαγράψωμεν· λυπεῖ δὲ οὐδέν, ἐπεὶ καὶ ἐκ τούτων προσγένοιτ' ἂν λόγων τε ἐμπειρία καὶ τέχνη. μέγεθος μὲν γὰρ ἔτι παῖς οὖσα ὑπὲρ τὰς τελείας ἦν

Was sollte uns hindern, von Atalantes Höhle zu hören, wie von der Grotte der Kalypso bei Homer[L] (*Odyssee* 5.56)? In einer hohlen Schlucht war eine sehr große und tiefe Höhle. Ihre Vorderseite war durch einen schroffen Felsabhang gesichert. Efeu wucherte um die Höhle, und seine Ranken, zart mit den Bäumen verflochten, wanden sich an ihnen empor. Krokusse gab es ringsum im weichen, tiefen Gras. Zugleich mit ihnen sprossten Hyazinthen empor und viele bunte Blumen, die nicht nur durch ihren Anblick den Augen Freude bereiten konnten, sondern auch der Duft von ihnen ergriff die Lüfte im ganzen Umkreis. So konnte man sich an vielem erfreuen und sich insbesondere auch am Duft laben. Es gab auch viele Lorbeerbäume, deren immergrünes Laub einen lieblichen Anblick bot; Weinstöcke, die vor der Höhle wuchsen und an denen reichlich Trauben gediehen, zeigten Atalantes Fleiß an. Aus ständig fließenden Quellen ergoss sich Wasser, dessen Klarheit man sehen und dessen Kälte man beim Hineinfassen fühlen und beim Trinken spüren konnte. Es war für das Bewässern der eben genannten Bäume nützlich, weil es ständig herbeiströmte und zu ihrem Gedeihen beitrug. So bot der Ort vielfältige Reize und zeigte die höchst ehrbare und züchtige Wohnstätte einer Jungfrau.

Als Lager dienten Atalante die Felle des erjagten Wildes, als Nahrung dessen Fleisch, als Getränk das Wasser. Als Kleidung trug sie ein kunstloses Gewand, und zwar von einer Art, die nicht anders als die der Artemis war; sie sagte, ihr wolle sie sowohl darin nacheifern als auch darin, ewig Jungfrau zu bleiben. Sie konnte sehr schnell laufen, und kein Tier entging ihr, auch kein Mensch, der ihr auflauerte. Wenn sie entkommen wollte, konnte dort niemand sie einholen. Es verliebte sich in sie nicht nur, wer sie sah, sondern schon auf ihren Ruf hin wurde sie geliebt.

Auf, nun wollen wir ihr Aussehen beschreiben, wenn nichts dagegen spricht. Es spricht aber nichts dagegen, zumal daraus meine Darstellung auch an Gewandtheit und Kunst gewinnen dürfte. An Größe überragte Atalante schon als Kind erwachsene Frau-

γυναῖκας· κάλλει δὲ ἤνθει ὡς οὐκ ἄλλη τῶν ἐν Πελοποννήσῳ παρθένων τῶν τότε. ἀρρενωπὸν δὲ καὶ γοργὸν ἔβλεπε, τοῦτο μὲν [καὶ] ἐκ τῆς θηρείου τροφῆς [ἐπεὶ δὲ θυμοειδὴς ἦν], ἤδη δὲ κἀκ τῶν ἐν τοῖς ὄρεσι γυμνασίων. <ἐπεὶ δὲ θυμοειδὴς ἦν,> κορικόν τε καὶ ῥαδινὸν οὐδὲν εἶχεν· οὐ γὰρ ἐκ θαλάμου προῄει, οὐδὲ ἦν τῶν ὑπὸ μητράσι καὶ τίτθαις τρεφομένων. τὸ δὲ ὑπέρογκον τοῦ σώματος οὐδὲ τοῦτο εἶχε καὶ μάλα γε εἰκότως, ἅτε ἐν τοῖς κυνηγεσίοις καὶ περὶ αὐτὰ τὰ γυμνάσια τὸ πᾶν σῶμα ἐκπονοῦσα. ξανθὴ δὲ ἦν αὐτῆς ἡ κόμη οὔ τί που πολυπραγμοσύνῃ γυναικείᾳ καὶ βαφαῖς ἅμα καὶ φαρμάκοις, ἀλλ᾽ ἦν φύσεως ἔργον ἡ χροιά. πεφοίνικτο δὲ καὶ ὑπὸ τῶν ἡλίων αὐτῇ τὸ πρόσωπον καὶ ἐρυθήματι ἐῴκει ἄντικρυς. τί δὲ οὕτως ὡραῖον <ἂν> γένοιτο ἄνθος, ὥσπερ οὖν καλὸν ἦν τὸ πρόσωπον αἰδεῖσθαι πεπαιδευμένης παρθένου; δύο δὲ εἶχεν ἐκπληκτικά· κάλλος ἄμαχον, καὶ σὺν τούτῳ καὶ φοβεῖν ἐδύνατο. οὐδεὶς ἂν αὐτὴν ἰδὼν ἠράσθη ῥᾴθυμος ἄνθρωπος, ἀλλ᾽ οὐδ᾽ ἂν ἐτόλμησεν ἀντιβλέπειν τὴν ἀρχήν· τοσαύτη μετὰ τῆς ὥρας κατέλαμπεν [ἡ] αἴγλη τοὺς ὁρῶντας. δεινὴ δὲ ἦν ἐντυχεῖν τά τε ἄλλα καὶ τῷ σπανίῳ. οὐ γὰρ ἂν αὐτὴν εὐκόλως οὐδεὶς εἶδεν· ἀλλ᾽ ἀδοκήτως καὶ ἀπροόπτως ἐπεφάνη διώκουσα θηρίον ἢ ἀμυνομένη τινά, ὥσπερ ἀστὴρ διᾴττουσα <δ᾽> ἐξέλαμπεν ἀστραπῆς δίκην. εἶτα ἀπέκρυπτεν αὐτὴν διαθέουσαν ἢ δρυμὼν ἢ λόχμη ἤ τι ἄλλο τῶν ἐν ὄρει δάσος.

Καί οἵ ποτε οἱ τὴν ὅμορον οἰκοῦντες, μεσούσης τῆς νυκτός, ἐρασταὶ θρασεῖς καὶ κωμασταὶ βαρύτατοι, ἐκώμασαν δύο τῶν Κενταύρων, Ὑλαῖός τε καὶ Ῥοῖκος. ἦν δὲ ἄρα ὁ κῶμος αὐτῶν οὔτε αὐλητρίδες οὔτε αὐτὰ δήπου τὰ τῶν μειρακίων τῶν κατὰ πόλιν, ἀλλὰ πεῦκαι μὲν ἦσαν, καὶ ταύτας ἐξάψαντες καὶ ἀναφλέξαντες ἐκ τῆς πρώτης τοῦ πυρὸς φαντασίας ἐξέπληξαν ἂν καὶ δῆμον, μήτι γοῦν μίαν παρθένον. κλάδους δὲ πιτύων

en; an Schönheit erblühte sie wie damals keine andere Jungfrau auf der Peloponnes. Ihr Blick hatte etwas Männliches und Wildes. Das kam von ihrer Ernährung durch ein Tier, besonders aber von ihrem Training in den Bergen. Da sie ungestüm war, hatte sie nichts Mädchenhaftes und Zierliches; sie kam ja nicht aus einem Frauengemach und war nicht von Müttern und Ammen erzogen. Auch überflüssiges Fett hatte sie nicht am Leib, was ganz natürlich war, da sie ja beim Jagen und Trainieren den ganzen Körper beanspruchte. Blond war ihr Haar, nicht durch mühsame weibliche Pflege und mit künstlichen Mittelchen gefärbt, vielmehr war es das Werk der Natur. Purpurn war von den Strahlen der Sonne ihr Gesicht und sah aus, als sei es von Röte übergossen. Welche Blüte aber könnte so reizvoll sein wie das schöne Gesicht einer Jungfrau, der die Scham vertraut ist? Durch zweierlei erregte sie Erstaunen: unwiderstehliche Schönheit und dass sie damit sogar Schrecken einflößen konnte. Keiner, der sie sah, hätte sich leicht in sie verliebt, ja er hätte nicht einmal gewagt, ihr anfangs ins Gesicht zu sehen, so hell war der Glanz, den ihre Schönheit auf den Betrachter ausstrahlte. Erschreckend war es auch sonst, ihr zu begegnen, besonders aber, weil es selten geschah, denn so leicht bekam sie keiner zu sehen. Unvermutet und unvorhergesehen erschien sie, wenn sie ein Tier jagte oder jemanden abwehrte. Wie ein Stern vorüberhuschend leuchtete sie auf wie ein Blitz (vgl. *TrGF* Adespotum Tragicum 14a), dann verbargen ein Eichenwald, dichtes Buschwerk oder sonst ein Dickicht auf dem Berge ihren Lauf.

Einmal huldigten zwei Kentauren, die in ihrer Nachbarschaft wohnten und zwei freche Liebhaber sowie die wildesten *Komastai* (Teilnehmer am *Komos*, dem ausgelassenen Umzug; s. o. 9.26) waren, ihr mitten in der Nacht mit einem ausgelassenen Umzug: Hylaios und Rhoikos. Bei ihrem *Komos* aber gab es keine Flötenspielerinnen und wohl überhaupt nicht gerade das, was junge Männer in der Stadt verwenden, sondern Fichten, die sie angezündet und in Brand gesetzt hatten; mit dem ersten Anblick des Feuers hät-

νεοδρεπεῖς ἀποκλάσαντες, εἶτα τούτους ἑαυτοῖς διαπλέξαντες εἰργάζοντο στεφάνους. συνεχῶς δὲ καὶ θαμινὰ ἐπικροτοῦντες ταῖς ὁπλαῖς διὰ τῶν ὀρῶν, συνεκκαίοντες καὶ τὰ δένδρα ἐπὶ τὴν παῖδα ἔσπευδον, κακοὶ μνηστῆρες, σὺν ὕβρει καὶ οἴστρῳ τὰ ἕδνα τῶν γάμων προεκτελοῦντες. τὴν δὲ οὐκ ἔλαθεν ἡ ἐπιβουλή· ἰδοῦσα δὲ ἐκ τοῦ ἄντρου τὸ πῦρ καὶ γνωρίσασα οἵτινές ποτε ἄρα ἦσαν οἱ κωμασταί, μηδὲν διατραπεῖσα μηδὲ ὑπὸ τῆς ὄψεως καταπτήξασα τὸ μὲν τόξον ἐκύκλωσεν, ἀφῆκε δὲ τὸ βέλος καὶ ἔτυχε τοῦ πρώτου μάλα εὐκαίρως. καὶ ὁ μὲν ἔκειτο, ἐπῄει δὲ ὁ δεύτερος οὐκέτι κωμαστικῶς ἀλλ' ἤδη πολεμικῶς, ἐκείνῳ μὲν ἐπαμῦναι θέλων ἑαυτοῦ δὲ ἐμπλῆσαι τὴν ὀργήν. ἀπήντησε δὲ ἄρα καὶ τούτῳ τιμωρὸς ὁ τῆς κόρης οἰστὸς ὁ ἕτερος. καὶ ὑπὲρ τῆς Ἰασίωνος Ἀταλάντης τοσαῦτα.

13.2. Μιτυληναῖος ἀνήρ, Μακαρεὺς ὄνομα, ἱερεὺς τοῦ Διονύσου, ὅσα μὲν οὕτως ἰδεῖν πρᾶος ἦν καὶ ἐπιεικής, ἀνοσιώτατος δὲ ἀνθρώπων τὰ μάλιστα. ξένου δὲ ἥκοντος παρ' αὐτὸν καὶ δόντος αὐτῷ παρακαταθήκην χρυσίου πλῆθος, ἐν τῷ μυχῷ τοῦ ἀνακτόρου τὴν γῆν διασκάψας ὁ Μακαρεὺς κατώρυξε τὸ χρυσίον. χρόνῳ δὲ ἀφικόμενος ὁ ξένος τὸ χρυσίον ἀπῄτει. ὁ δὲ εἰσαγαγὼν ἔνδον ὡς ἀποδώσων κατέσφαξε, καὶ τὸ χρυσίον ἀνώρυξεν, ἀντ' αὐτοῦ δὲ τὸν ξένον κατέθετο· καὶ ᾤετο, ὥσπερ τοὺς ἀνθρώπους, λανθάνειν οὕτω καὶ τὸν θεόν. πλὴν οὐκ ἀπήντησε ταῦτα ταύτῃ· πόθεν; χρόνου δὲ ὀλίγου διεληλυθότος, αἱ μὲν τοῦ θεοῦ τριετηρίδες ἀφίκοντο, ὁ δὲ ἔθυε μεγαλοπρεπῶς. καὶ ὁ μὲν περὶ τὴν βακχείαν εἶχεν, οἱ δὲ παῖδες αὐτοῦ, δύο ὄντες, ἔνδον ἀπελείφθησαν ἐν τῇ οἰκίᾳ καὶ μιμούμενοι τὴν τοῦ πατρὸς

ten sie selbst eine Volksmenge erschreckt, wie viel mehr noch eine einzelne Frau. Sie hatten frische Fichtenzweige abgebrochen und sich daraus Kränze geflochten. Pausenlos mit ihren Hufen rasselnd, zogen sie durch die Berge hin, entzündeten dabei die Bäume und eilten so zu dem Mädchen – schlechte Freier, die in Übermut und Raserei die Hochzeitsgeschenke verfrüht darbrachten. Ihr (Atalante) aber war ihr Vorhaben nicht verborgen geblieben. Als sie von der Höhle aus das Feuer sah und erkannte, wer die *Komastai* waren, spannte sie, ohne erschrocken oder durch den Anblick verängstigt zu sein, den Bogen, schoss den Pfeil ab und traf den ersten sehr genau. Der lag zwar am Boden, doch nun griff der zweite nicht mehr in *Komos*-Laune, sondern schon feindlich an, da er ihm zu Hilfe kommen und seiner eigenen Wut Genugtuung verschaffen wollte. Aber auch ihn traf der zweite strafende Pfeil des Mädchens. So viel über Iasions Tochter Atalante.

Zu Atalante vgl. Apollodoros, Bibliothek 3.9.2. *Vgl. Smith 2014, 261–267.*

13.2. Ein Mann aus Mitylene namens Makareus, ein Dionysospriester, war, soweit man das so sehen konnte, freundlich und anständig, doch tatsächlich der ruchloseste von allen Menschen. Als ein Fremder zu ihm gekommen war und ihm eine Menge Gold zu treuen Händen übergeben hatte, hob Makareus im Winkel des Tempels die Erde aus und vergrub das Gold. Nach einiger Zeit kam der Fremde und forderte das Gold zurück. Er aber führte ihn nach innen, als ob er es ihm geben wolle, tötete ihn, grub das Gold aus und legte an seiner Stelle den Fremden hinein. Er meinte, dies werde den Menschen ebenso wie der Gottheit verborgen bleiben. Allerdings kam es nicht so – wie auch? Nachdem ein wenig Zeit vergangen war, kam das alle drei Jahre gefeierte Fest des Gottes; Makareus brachte großartige Opfer dar. Während er nun mit der bakchischen (dem Dionysos geweihten) Feier beschäftigt war, blieben seine Söhne – es waren zwei – alleine im Haus zurück; sie

ἱερουργίαν τῷ βωμῷ τῷ πατρῴῳ προσῆλθον ἔτι καιομένων τῶν ἐμπύρων· καὶ ὁ μὲν νεώτερος παρέσχε τὸν τράχηλον, ὁ δὲ πρεσβύτερος ἠμελημένην εὑρὼν σφαγίδα τὸν ἀδελφὸν ἀπέκτεινεν ὡς ἱερεῖον, οἱ δὲ κατὰ τὴν οἰκίαν ἰδόντες ἀνεβόησαν. ἀκούσασα δὲ ἡ μήτηρ τῆς βοῆς ἐξεπήδησε, καὶ θεασαμένη τὸν μὲν νεκρόν, τὸν δὲ κατέχοντα ἔτι τὴν σφαγίδα ᾑμαγμένην, σχίζαν ἁρπάσασα τῶν ἐκ τοῦ βωμοῦ ἡμίκαυτον, ταύτῃ τὸν παῖδα ἀπέκτεινεν. ἧκε δὲ ἀγγελία πρὸς τὸν Μακαρέα, καὶ ἀπολιπὼν τὴν τελετὴν ὡς εἶχε, σὺν ὁρμῇ καὶ θυμῷ εἰσεπήδησεν εἰς τὴν οἰκίαν καὶ τῷ θύρσῳ ᾧ κατεῖχε τὴν ἑαυτοῦ γυναῖκα ἔκτεινεν. ἔκπυστα οὖν ἐγένοντο τὰ τολμηθέντα εἰς πάντας, καὶ συλληφθεὶς ὁ Μακαρεὺς καὶ στρεβλούμενος ὡμολόγησεν ὅσα ἐν τῷ ἀνακτόρῳ ἔδρασεν· ἐν αὐταῖς δὲ ταῖς κολάσεσι τὴν ψυχὴν ἀπέρρηξεν. ὁ δὲ παρανόμως σφαγεὶς διὰ τιμῆς ἦλθε δημοσίᾳ καὶ ἐτάφη τοῦ θεοῦ προστάξαντος. ἔτισεν οὖν ὁ Μακαρεὺς οὐ μεμπτὴν τὴν δίκην τοῦτο δὴ τὸ ποιητικὸν σὺν τῇ ἑαυτοῦ κεφαλῇ καὶ τῇ τῆς γυναικὸς καὶ οὖν καὶ τῇ τῶν παίδων προσέτι.

13.3. Ξέρξης ὁ Δαρείου παῖς, τοῦ Βήλου τοῦ ἀρχαίου διασκάψας τὸ μνῆμα, πύελον ὑελίνην εὗρεν, ἔνθα ἦν κείμενος ὁ νεκρὸς ἐν ἐλαίῳ. οὐ μὴν πεπλήρωτο ἡ πύελος, ἐνέδει δὲ ἀπὸ τοῦ χείλους εἰς παλαιστὴν ἴσως. παρέκειτο δὲ τῇ πυέλῳ καὶ στήλη βραχεῖα, ἔνθα ἐγέγραπτο· »τῷ ἀνοίξαντι τὸ μνῆμα καὶ μὴ ἀναπληρώσαντι τὴν πύελον οὐκ ἔστιν ἄμεινον.« ἀναγνοὺς δὲ ὁ Ξέρξης ἔδεισε καὶ προσέταξεν ἐπιχέαι ἔλαιον τὴν ταχίστην· οὐ μὴν πεπλήρωτο. ὁ δὲ πάλιν προσέταξεν ἐπιχέαι. αὔξησιν δὲ οὐκ ἐλάμβανεν, ἕως ἀπεῖπε μάτην ἀναλίσκων τὸ ἐπιχεόμενον. κατακλείσας δὲ [ὀπίσω] τὸν τάφον, <ὀπίσω> ἀπηλλάγη ἀδημονῶν. οὐ διεψεύσατο δὲ ἡ στήλη ὅσα προεῖπεν· ἀθροίσας γὰρ ἑβδομήκοντα μυριάδας

machten die Opferhandlung des Vaters nach und gingen an den Familien-Altar, auf dem noch das Opferfeuer brannte. Der jüngere hielt seinen Nacken hin, und der ältere, der das versehentlich liegen gebliebene Opfermesser gefunden hatte, tötete den Bruder wie ein Opfertier. Als die Leute im Haus das sahen, schrien sie laut auf. Als die Mutter das Geschrei hörte, lief sie hinaus, und als sie den Toten sah und den anderen noch mit dem blutigen Messer in der Hand, riss sie ein halbverbranntes Holzscheit vom Altar und erschlug damit den Sohn. Die Nachricht kam zu Makareus; der verließ die Feier, stürzte, wie er war, voll Eifer und Zorn in das Haus und tötete mit dem (bei den Dionysos-Feiern genutzten) Thyrsos-Stab, den er in den Händen hielt, seine Frau. Die Untat wurde bei allen bekannt. Makareus wurde ergriffen und legte auf der Folter ein Geständnis über das ab, was er im Tempel getan hatte. Doch noch während der Folter hauchte er sein Leben aus. Der von ihm heimtückisch Ermordete wurde öffentlich geehrt und bestattet, auf Weisung des Gottes. So erhielt Makareus seine verdiente Strafe und büßte, wie das Dichterwort (Homer, *Ilias* 4.161–162) sagt, mit seinem eigenen Haupt, dem seiner Frau und dazu dem seiner Kinder.

13.3. Als Xerxes[G], Sohn des Dareios (I.)[G], das Grabmal des alten Belos öffnete, fand er einen gläsernen Sarg, in dem der Tote in Öl lag. Der Sarg war aber nicht ganz gefüllt, es fehlte vom Rand ab vielleicht 1 Handbreit[A]. Neben dem Sarg stand auch eine kleine Stele; dort war geschrieben: »Dem, der das Grab öffnet und den Sarg nicht wieder füllt, wird nichts Gutes geschehen.« Als Xerxes das las, fürchtete er sich und befahl, schnellstens Öl nachzugießen; der Sarg aber wurde nicht voll. Wieder gab er Befehl, nachzugießen, aber es wurde nicht mehr, bis er es schließlich untersagte, nutzlos zu verschwenden, was man hineingoss. Er verschloss das Grab wieder und ging voll Grausen davon. Die Grabstele aber hatte nicht gelogen mit ihrer Vorhersage: Als er nämlich 700 000 Mann gegen die Griechen sammelte, ging das schlecht für ihn aus, und später,

ἐπὶ τοὺς Ἕλληνας, κακῶς ἀπήλλαξεν, εἶτα ἐπανελθὼν αἴσχιστα ἀνθρώπων ἀπέθανεν, ἀποσφαγεὶς νύκτωρ ἐν τῇ εὐνῇ ὑπὸ τοῦ υἱοῦ.

13.4. Ἀρχέλαος ὁ βασιλεὺς ἑστίασιν παρεσκεύασε πολυτελῆ τοῖς ἑταίροις. προϊόντος δὲ τοῦ πότου ζωρότερον πιὼν Εὐριπίδης ὑπήχθη πως κατ᾽ ὀλίγον εἰς μέθην· εἶτα συγκλιθέντα αὐτῷ Ἀγάθωνα τὸν τῆς τραγῳδίας ποιητὴν περιλαβὼν κατεφίλει, τετταράκοντα ἐτῶν που γεγονότα. τοῦ δὲ Ἀρχελάου πυθομένου εἰ καὶ νῦν ἔτι ἐρώμενος αὐτῷ δοκεῖ εἶναι, ἀπεκρίνατο· »ναὶ μὰ Δία· οὐ γὰρ μόνον τὸ ἔαρ τῶν καλῶν κάλλιστον, ἀλλὰ καὶ τὸ μετόπωρον.«

13.5. Ἐρασθῆναι πρῶτον γενναίων παιδικῶν λέγουσι Λάιον, ἁρπάσαντα Χρύσιππον τὸν Πέλοπος. καὶ ἐκ τούτου τοῖς Θηβαίοις ἓν τῶν καλῶν ἐδόκει τὸ τῶν ὡραίων ἐρᾶν.

13.6. Ἐν Ἡραίᾳ τῆς Ἀρκαδίας ἀκούω πεφυκέναι ἀμπέλους, ἐξ ὧν γίνεται οἶνος, ὃς τοῦ λογισμοῦ παράγει καὶ ἔκφρονας τοὺς ἄνδρας ποιεῖ, τὰς δὲ γυναῖκας τεκνοποιοὺς τίθησιν.

Ὅτι ἐν Θάσῳ δύο γένη φασὶν γίνεσθαι οἴνων· καὶ τὸν μὲν ἕτερον πινόμενον εἰς ὕπνον κατάγειν εὖ μάλα βαθὺν καὶ διὰ ταῦτα ἡδύν, τὸν δὲ ἕτερον ἀντίπαλον εἶναι τοῦ βίου καὶ ἀγρυπνίαν ἐμποιεῖν καὶ ἀνιᾶσθαι παρέχειν.

Ἐν δὲ Ἀχαΐᾳ περὶ Κερυνίαν οἶνος γίνεται, ὃς ταῖς βουλομέναις γυναιξὶν ἀμβλῶσαι συμμάχεται.

nach seiner Rückkehr, fand er den schmählichsten Tod: Er wurde nachts im Bett von seinem Sohn ermordet.

Als Grab des Belos galt eine große Pyramide, die dem Marduk geweiht war, einer Vegetationsgottheit. Laut Strabon 16.1.5 C 738 erwog Alexandros d. Gr. den Wiederaufbau des Monuments.

13.4. König Archelaos[G] bot seinen Freunden ein kostspieliges Gastmahl. Im Verlauf des Trinkgelages wurde Euripides[L], der den Wein recht wenig verdünnt trank, allmählich von einer gewissen Trunkenheit erfasst. Da umarmte er den Tragödiendichter Agathon[L], der (beim Trinkgelage auf der Liege) neben ihm lag, und küsste ihn, obwohl der etwa 40 Jahre alt war. Auf Archelaos' Frage, ob er ihn denn noch immer als Geliebten ansehe, gab er zur Antwort: »Ja, bei Zeus, denn nicht nur der Frühling der Schönen ist sehr schön, sondern auch der Herbst.« (*TrGF* 39 T 22a).

13.5. Der erste, der schöne Knaben liebte, war, wie man sagt, Laios, der den Chrysippos, Sohn des Pelops, entführte. Seitdem schien den Thebanern die Liebe zu hübschen Knaben als eine der schönen Sachen.

13.6. In Heraia in Arkadien wachsen, wie ich höre, Reben, aus denen ein Wein entsteht, der den Männern den Verstand verdreht und ihnen die Sinne raubt, die Frauen aber fruchtbar macht.

(Man liest,) dass es auf Thasos, so sagt man, zwei Weinsorten gibt. Der eine Wein versenke den, der ihn trinkt, in außerordentlich tiefen und daher süßen Schlaf, der andere dagegen sei ein Feind des Lebens und rufe Schlaflosigkeit und Schwermut hervor.

In Achaia wächst bei Kerynia ein Wein, der den Frauen, die abtreiben wollen, zur Seite steht.

Vgl. Athenaios 31e–f; s. auch Theophrastos, Historia plantarum *9.18.11.*

13.7. Ὅτε εἷλε τὴν Θηβαίων πόλιν Ἀλέξανδρος, ἀπέδοτο τοὺς ἐλευθέρους πάντας πλὴν ἱερέων. ἀφῆκε δὲ τῆς πράσεως καὶ τοὺς τοῦ πατρὸς ξένους – ὡμήρευσε γὰρ παρ' αὐτοῖς ὁ Φίλιππος ἔτι παῖς ὤν –, καὶ τοὺς συγγενεῖς δὲ τούτων ἀφῆκεν. ἐτίμησε δὲ καὶ τοὺς ἐγγόνους τοὺς τοῦ Πινδάρου, καὶ τὴν οἰκίαν αὐτοῦ μόνην εἴασεν ἑστάναι. ἐφόνευσε δὲ τῶν Θηβαίων εἰς ἑξακισχιλίους, αἰχμάλωτοι δὲ ἐλήφθησαν τρισμύριοι.

13.8. Λύσανδρον τὸν Λακεδαιμόνιον ἐν τῇ Ἰωνίᾳ διατρίβοντα τὰ Λυκούργου φασὶ νόμιμα ῥίψαντα ἐπίπονα ὄντα διατεθρύφθαι τὸν βίον.

13.9. Λάμια γοῦν ἡ Ἀττικὴ ἑταίρα εἶπεν· »οἱ ἐκ τῆς Ἑλλάδος λέοντες ἐν Ἐφέσῳ γεγόνασιν ἀλώπεκες.«

13.10. Ἐν μιᾷ ἡμέρᾳ δύο γυναῖκας ἠγάγετο Διονύσιος, Δωρίδα τὴν Λοκρίδα καὶ Ἀριστομάχην τὴν Ἱππαρίνου, Δίωνος δὲ ἀδελφήν· καὶ παρ' ἑκατέρᾳ ἀνεπαύετο ἐν τῷ μέρει. καὶ ἡ μὲν ἠκολούθει στρατευομένῳ, ἡ δὲ ἐπανιόντα ὑπεδέχετο.

13.11. Λόγος τις εἰς ἐμὲ ἀφίκετο λέγων αἴτιον Ἰσοκράτην γενέσθαι τὸν ῥήτορα τοῖς Πέρσαις καταδουλώσεως, ἧς ἐδουλώσαντο αὐτοὺς Μακεδόνες. τοῦ γὰρ πανηγυρικοῦ λόγου, ὃν Ἰσοκράτης ἐν τοῖς Ἕλλησιν ἐπεδείξατο, εἰς Μακεδονίαν ἐλθοῦσα ἡ φήμη, πρῶτον μὲν Φίλιππον ἐπὶ τὴν Ἀσίαν ἀνέστησεν· ἀποθανόντος δὲ ἐκείνου, Ἀλέξανδρον τὸν υἱὸν αὐτοῦ <τῶν> πατρῴων κληρονόμον τὴν ὁρμὴν τὴν τοῦ Φιλίππου διαδέξασθαι παρεσκεύασε.

13.7. Als Alexandros (d. Gr.)[G] die Stadt Theben eingenommen hatte, verkaufte er alle Freien außer den Priestern. Er nahm auch die Gastfreunde seines Vaters vom Verkauf aus – Philippos (II.)[G] war nämlich als Kind als Geisel bei ihnen gewesen – und ebenso deren Verwandte. Auch die Nachkommen des Pindar[L] ehrte er und ließ dessen Haus als einziges stehen. Er ließ von den Thebanern an die 6000 töten und macht 30 000 zu Kriegsgefangenen.
Zur Zerstörung Thebens durch Alexandros d. Gr. vgl. o. 3.6.

13.8. Lysandros[G] der Lakedaimonier hat, als er sich in Ionien aufhielt, die Satzungen des Lykurgos[G], sagt man, als zu beschwerlich verworfen und ein Luxusleben geführt.

13.9. Lamia, die attische Hetäre[A], sagte nun: »Die Löwen aus Griechenland sind in Ephesos zu Füchsen geworden.«
Vgl. Aristophanes, Frieden *1189–90; vielleicht war dies ein Sprichwort.*

13.10. An ein und demselben Tag heiratete Dionysios (I.)[G] zwei Frauen, Doris aus Lokroi und Aristomache, die Tochter des Hipparinos und Schwester des Dion[G]. Und abwechselnd teilte er mit beiden das Bett. Die eine begleitete ihn auf dem Feldzug, die andere empfing ihn, wenn er zurückkam.
Die Bigamie des Dionysios I. nennt auch Plutarch, Dion *3, ohne sie als Skandal zu beschreiben.*

13.11. Bei mir ist ein *Logos*[L] eingetroffen, der besagt, dass der Redner Isokrates[L] die Ursache für die Versklavung der Perser gewesen sei, mit der sie den Makedonen dienten. Der Ruhm des *Panegyrikos Logos*, den Isokrates[L] vor den Griechen vorgetragen hatte, war bis nach Makedonien gekommen und bildete den Anstoß, dass Philippos (II.)[G] gegen Asien rüstete. Als jener gestorben war, veranlasste diese Rede Alexandros (d. Gr.)[G], dessen Sohn und Erben seines Vaters, den Zug des Philippos fortzusetzen.

13.12. Μέτων ὁ ἀστρονόμος, μελλόντων ἐπὶ τὴν Σικελίαν πλεῖν τῶν Ἀθηναίων ἤδη [τῶν στρατευμάτων], καὶ αὐτὸς εἷς ἦν τοῦ καταλόγου. σαφῶς δὲ ἐπιστάμενος τὰς μελλούσας τύχας τὸν πλοῦν ἐφυλάττετο, δεδιὼς καὶ σπεύδων τῆς ἐξόδου ἑαυτὸν ῥύσασθαι. ἐπεὶ δὲ οὐδὲν ἔπραττεν, ὑπεκρίνατο μανίαν· καὶ πολλὰ μὲν καὶ ἄλλα ἔδρασε πιστώσασθαι τὴν τῆς νόσου δόξαν βουλόμενος, ἐν δὲ τοῖς καὶ τὴν συνοικίαν τὴν αὐτοῦ κατέπρησεν· ἐγειτνία δὲ αὕτη τῇ Ποικίλῃ. καὶ ἐκ τούτου ἀφῆκαν αὐτὸν οἱ ἄρχοντες. καί μοι δοκεῖ ὁ Μέτων ἄμεινον ὑποκρίνασθαι τὴν μανίαν τοῦ Ὀδυσσέως τοῦ Ἰθακησίου· ἐκεῖνον μὲν γὰρ ὁ Παλαμήδης κατεφώρασε, τοῦτον δὲ Ἀθηναίων οὐδείς.

13.13. Πτολεμαῖόν φασι τὸν Λάγου καταπλουτίζοντα τοὺς φίλους αὐτοῦ ὑπερχαίρειν. ἔλεγε δὲ ἄμεινον εἶναι πλουτίζειν ἢ πλουτεῖν.

13.14. Ὅτι τὰ Ὁμήρου ἔπη πρότερον διῃρημένα ᾖδον οἱ παλαιοί. οἷον ἔλεγον Τὴν ἐπὶ <ταῖς> ναυσὶ μάχην καὶ Δολώνειάν τινα καὶ Ἀριστείαν Ἀγαμέμνονος καὶ Νεῶν κατάλογον καὶ [που] Πατρόκλειαν καὶ Λύτρα καὶ Ἐπὶ Πατρόκλῳ ἆθλα καὶ Ὁρκίων ἀφάνισιν. ταῦτα ὑπὲρ τῆς Ἰλιάδος, ὑπὲρ δὲ τῆς ἑτέρας· Τὰ ἐν Πύλῳ καὶ Τὰ ἐν Λακεδαίμονι καὶ Καλυψοῦς ἄντρον καὶ Τὰ περὶ τὴν σχεδίαν <καὶ> Ἀλκίνου ἀπολόγους <καὶ> Κυκλώπειαν καὶ

Isokrates' Panegyrikos *wurde 380 publiziert; dass die Rede »vor den Griechen« (in Olympia?) vorgetragen wurde, ist nicht wahrscheinlich.*

13.12. Meton[L], der Astronom, war, als die Athener gerade nach Sizilien segeln wollten, auch selbst Teil der ausgehobenen Mannschaft. Da er genau die künftigen Geschicke kannte, suchte er sich der Fahrt zu entziehen, war voller Angst und darum bemüht, von dem Feldzug freizukommen. Als er nichts ausrichten konnte, täuschte er Wahnsinn vor und unternahm viel, um den Eindruck seiner Krankheit glaubhaft zu machen; so verbrannte er sein Wohnhaus, das neben der *(Stoa) Poikile* (s. o. S. 23) stand. Daraufhin gaben ihn die Archonten[A] frei. Mir scheint Meton den Wahnsinn besser vorgetäuscht zu haben als Odysseus aus Ithaka. Jenen nämlich überführte Palamedes, Meton aber keiner der Athener.
Vgl. Plutarch, Alkibiades *17 und* Nikias *13. Zu Meton vgl. o. 10.7. Nach einer nicht bei Homer belegten Geschichte soll Odysseus sich wahnsinnig gestellt haben, um nicht gegen Troia ziehen zu müssen; Palamedes habe ihn bloßgestellt (Hyginus,* Fabulae *95).*

13.13. Ptolemaios (I.)[G], Sohn des Lagos, hatte, sagt man, größte Freude daran, seine Freunde reich zu machen. Er sagte, es sei besser, reich zu machen als reich zu sein.

13.14. (Man liest,) dass die Alten die Epen Homers in einzelnen Teilen vorgetragen haben. So nannten sie diese etwa: der Kampf bei den Schiffen (*Ilias* 13), Dolonie (*Ilias* 10), Aristie Agamemnons (*Ilias* 11), Schiffskatalog (*Ilias* 2), Patroklie (*Ilias* 11), Auslösung (Hektors; *Ilias* 24), Leichenspiele für Patroklos (*Ilias* 16) und Bruch des Vertrages (*Ilias* 4). So viel von der *Ilias*, von dem anderen Epos: Ereignisse in Pylos (*Odyssee* 17), Ereignisse in Lakedaimon (*Odyssee* 4), Grotte der Kalypso (*Odyssee* 5), Geschichte des Floßes (*Odyssee* 5), Erzählungen bei Alkinoos (*Odyssee* 8), Kyklopie (*Odyssee* 9),

Νέκυιαν καὶ Τὰ τῆς Κίρκης <καὶ> Νίπτρα <καὶ> Μνηστήρων φόνον <καὶ> Τὰ ἐν ἀγρῷ <καὶ> Τὰ ἐν Λαέρτου.

Ὀψὲ δὲ Λυκοῦργος ὁ Λακεδαιμόνιος ἀθρόαν πρῶτος εἰς τὴν Ἑλλάδα ἐκόμισε τὴν Ὁμήρου ποίησιν· τὸ δὲ ἀγώγιμον τοῦτο ἐξ Ἰωνίας, ἡνίκα ἀπεδήμησεν, ἤγαγεν. ὕστερον δὲ Πεισίστρατος συναγαγὼν ἀπέφηνε τὴν Ἰλιάδα καὶ Ὀδύσσειαν.

13.15. Φασὶ παχύτατον γενέσθαι τὴν διάνοιαν οἱ τῆς κωμῳδίας ποιηταὶ τὸ δέρμα ἔχοντα ἀδιακόντιστον Πολύδωρόν τινα καὶ ἄλλον Κοικυλίωνα ὄνομα, ὅσπερ τὰ κύματα ἠρίθμει ὑπὸ τῆς ἄγαν μανίας. λόγος δέ τις καὶ Σαννυρίωνα τοιοῦτον γενέσθαι, ὃς ἐν τῇ ληκύθῳ τὴν κλίμακα ἐζήτει. καὶ Κόροιβον δὲ καὶ Μελιτίδην καὶ ἐκείνους ἀνοήτους φασίν.

13.16. Ἀπολλωνιᾶται πόλιν οἰκοῦσι γείτονα Ἐπιδάμνου ἐν τῷ Ἰονίῳ κόλπῳ. καὶ ἐν τοῖς πλησίον αὐτῆς χωρίοις ἄσφαλτός ἐστιν ὀρυκτὴ καὶ πίττα τὸν αὐτὸν ἐκ τῆς γῆς ἀνατέλλουσα τρόπον, ὃν καὶ αἱ πλεῖσται πηγαὶ τῶν ὑδάτων. οὐ πόρρω δὲ καὶ τὸ ἀθάνατον δείκνυται πῦρ. ὁ δὲ καιόμενος τόπος ἐστὶν ὀλίγος καὶ οὐκ εἰς μέγα διήκει καὶ ἔχει περίβολον οὐ πολύν, ὄζει δὲ θείου καὶ στυπτηρίας. καὶ περὶ αὐτόν ἐστι δένδρα εὐθαλῆ καὶ πόα χλωρά· καὶ τὸ πῦρ πλησίον ἐνακμάζον οὐδὲν λυπεῖ οὔτε τὴν τῶν φυτῶν βλάστην

Totenbeschwörung (*Odyssee* 11), Ereignisse bei Kirke (*Odyssee* 10), Fußwaschung (*Odyssee* 19), Freiermord (*Odyssee* 22), Ereignisse auf dem Land (*Odyssee* 14) und Ereignisse im Haus des Laërtes (*Odyssee* 24).

Viel später hat Lykurgos[G] aus Lakedaimon als erster die gesamte Dichtung Homers nach Griechenland gebracht; er brachte dieses Mitbringsel mit, als er aus Ionien gereist war. Danach hat Peisistratos[G] alles gesammelt und *Ilias* und *Odyssee* veröffentlicht.

Zur Sammlung der Homerischen Epen durch Peisistratos (oder seinen Sohn) vgl. o. 8.2.

13.15. Es bezeichnen die Komödiendichter (*PCG* Adespotum Comicum 72) als die größten Schwachköpfe einen gewissen Polydoros, der glaubte, dass seine Haut undurchschießbar sei, ferner einen namens Koikylion, der in seinem argen Wahn die Wellen zählte. Ein *Logos*[L] besagt, dass auch Sannyrion[L] von dieser Art war und in der *Lekythos* die *Klimax* gesucht habe. Koroibos und Melitides waren, wie es heißt, ebenfalls Verrückte.

Calder III 1973 betont, dass Lekythos *nicht nur »Salbölfläschchen«, sondern auch »rhetorische Ausschmückung« und* Klimax *nicht nur »Leiter«, sondern auch »rhetorische Steigerung« heißen kann; Sannyrion habe also törichterweise nach dem Wortsinn gesucht; Marcovich 1976 hält den Wortsinn für töricht genug. Vgl. Penella 1984.*

13.16. Die Leute von Apollonia bewohnen eine Stadt in der Nachbarschaft von Epidamnos am Ionischen Golf. In der Nähe von ihr gibt es Gruben-Asphalt (Bitumen) und aus der Erde dringt Pech in derselben Weise wie bei den meisten Quellen Wasser. Nicht weit davon wird auch das unsterbliche Feuer gezeigt. Der brennende Ort ist klein, erstreckt sich nicht weit und hat keinen großen Umfang; er riecht nach Schwefel und Alaun, und rings umher stehen grünende Bäume und frisches Gras. Das Feuer, das in ihrer Nähe glüht, schadet weder den Trieben der Bäume noch

οὔτε τὴν τεθηλυῖαν <πόαν>. καίεται δὲ τὸ πῦρ καὶ νύκτα καὶ μεθ' ἡμέραν, καὶ διέλιπεν οὐδέποτε, ὡς Ἀπολλωνιᾶται λέγουσι, πρὶν τοῦ πολέμου τοῦ πρὸς Ἰλλυριοὺς συμβάντος αὐτοῖς.

Ὅτι Ἀπολλωνιᾶται ξενηλασίας ἐποίουν κατὰ τὸν Λακεδαιμόνιον νόμον, Ἐπιδάμνιοι δὲ ἐπιδημεῖν καὶ μετοικεῖν παρεῖχον τῷ βουλομένῳ.

13.17. Πτήσσει Φρύνιχος ὥς τις ἀλεκτρυών· παροιμία ἐπὶ τῶν κακῶς τι πασχόντων. ὑποκρινομένου γὰρ Φρυνίχου τοῦ τραγικοῦ τὴν Μιλήτου ἅλωσιν οἱ Ἀθηναῖοι δακρύσαντες ἐξέβαλον δεδοικότα καὶ ὑποπτήσσοντα.

13.18. Διονύσιος ὁ τῆς Σικελίας τύραννος τραγῳδίαν μὲν ἠσπάζετο καὶ ἐπῄνει καὶ οὖν καὶ δράματα ἐξεπόνησε τραγικά, ἀλλοτρίως δὲ πρὸς τὴν κωμῳδίαν διέκειτο, ὅτι οὐκ ἦν φιλόγελως.

13.19. Ἔλεγεν ὁ Κλεομένης λακωνικῶς κατὰ τὸν ἐπιχώριον τρόπον τὸν Ὅμηρον Λακεδαιμονίων εἶναι ποιητὴν ὡς χρὴ πολεμεῖν λέγοντα· τὸν δὲ Ἡσίοδον τῶν Εἱλώτων, λέγοντα ὡς χρὴ γεωργεῖν.

13.20. Ἀνὴρ Μεγαλοπολίτης ἐξ Ἀρκαδίας, Κερκιδᾶς ὄνομα, ἀποθνῄσκων ἔλεγε πρὸς τοὺς οἰκείους ἐνθυμούμενος ἡδέως ἀπολύεσθαι τοῦ ζῆν· δι' ἐλπίδος γὰρ ἔχειν συγγενέσθαι τῶν μὲν

dem grünenden Gras. Es brennt das Feuer sowohl nachts wie am Tag und ist nie erloschen, wie die Apolloniaten sagen, bevor es den Krieg gegen die Illyrer gab.

(Man liest,) dass die Bewohner von Apollonia nach spartanischem Gesetz die Fremden aus ihrer Stadt vertrieben. Die Bewohner von Epidamnos aber erlaubten jedem, der wollte, zu ihnen zu ziehen und unter ihnen zu wohnen.
Apollonia (bei Fier in Albanien) und Epidamnos (Durrës) waren Kolonien von Korinth, nicht Sparta.

13.17. »Es zittert Phrynichos wie ein Hahn« – so lautet ein Sprichwort (*TrGF* 3 T 14) über Leute, denen es übel ergeht. Als nämlich der Tragiker Phrynichos[L] die *Eroberung Milets* aufführte, weinten die Athener und warfen den vor Angst Zitternden hinaus.
Vgl. Aristophanes, Wespen *1490; zu Phrynichos vgl. o. 3.8.*

13.18. Dionysios (I.)[G], der Tyrann von Sizilien, fand Gefallen an der Tragödie; er schätzte sie und verfasste auch selber tragische Dramen. Anders verhielt er sich gegenüber der Komödie, denn er war kein Freund des Lachens.
Dionysios I. soll mit einer Tragödie einen Wettbewerb in Athen gewonnen haben, s. TrGF *76 T 6.*

13.19. Es sagte Kleomenes (I.)[G] lakonisch in der für sein Land typischen Art, Homer[L] sei ein Dichter der Lakedaimonier gewesen, da er sagt, wie man Krieg führen müsse, Hesiod[L] aber einer der Heloten[G], weil er sagt, wie man Land bestellt.
Vgl. Plutarch, Moralia *223a.*

13.20. Ein Mann aus Megalopolis in Arkadien namens Kerkidas, der im Sterben lag, sagte zu seinen Angehörigen, er scheide frohgemut aus dem Leben. Er hoffe nämlich, von den Weisen mit Pythagoras[P] zusammenzukommen, von den Historikern mit He-

σοφῶν Πυθαγόρᾳ, τῶν δὲ ἱστορικῶν Ἑκαταίῳ, τῶν δὲ μουσικῶν Ὀλύμπῳ, τῶν δὲ ποιητῶν Ὁμήρῳ. καὶ ἐπὶ τούτοις, ὡς λόγος, τὴν ψυχὴν ἀπέλιπεν.

13.21. Ὅτι ἐν Κελαιναῖς τῇ δορᾷ τοῦ Φρυγὸς ἐὰν προσαυλῇ τις τὴν ἁρμονίαν τὴν Φρύγιον, ἡ δορὰ κινεῖται· ἐὰν δὲ εἰς Ἀπόλλωνα, ἀτρεμεῖ καὶ ἔοικε κωφῇ.

13.22. Πτολεμαῖος ὁ Φιλοπάτωρ κατασκευάσας Ὁμήρῳ νεών, αὐτὸν μὲν καλῶς ἐκάθισε, κύκλῳ δὲ τὰς πόλεις περιέστησε τοῦ ἀγάλματος, ὅσαι ἀντιποιοῦνται τοῦ Ὁμήρου.

Γαλάτων δὲ ὁ ζωγράφος ἔγραψε τὸν μὲν Ὅμηρον αὐτὸν ἐμοῦντα, τοὺς δὲ ἄλλους ποιητὰς τὰ ἐμημεσμένα ἀρυομένους.

13.23. Λυκοῦργος ὁ Λακεδαιμόνιος ὁ Εὐνόμου παῖς δικαίους βουληθεὶς ἀποφῆναι Λακεδαιμονίους, ὑπὲρ τούτου γε οὐ καλοὺς τοὺς μισθοὺς ἠνύσατο. ἀπήντησε γὰρ αὐτῷ τὸν ὀφθαλμὸν ἐκκοπῆναι ὑπὸ Ἀλκάνδρου, ὡς μέν τινές φασιν, ἐξ ἐπιβουλῆς λίθῳ βληθείς, ὡς δὲ ἄλλος διαφοιτᾷ λόγος, βακτηρίᾳ παθὼν τὸ πάθος. [λέγεται δὲ ὁ λόγος πρὸς τοὺς ἄλλα <μὲν> θελήσαντας, ἄλλων δὲ τυχόντας.] λέγει δὲ Ἔφορος αὐτὸν λιμῷ διακαρτερήσαντα ἐν φυγῇ ἀποθανεῖν.

kataios[L] (*FGrHist* 1 T 8), von den Musikern mit Olympos[K], von den Dichtern mit Homer[L]. Und mit diesen Worten, so erzählt man, hauchte er die Seele aus.

13.21. (Man liest,) dass in Kelainai, wenn jemand neben der Haut des Phrygers Marsyas auf der Flöte die phrygische Weise spielt, sich die Haut bewegt, wenn man aber die Weise auf Apollon spielt, bleibt sie unbewegt und scheint taub zu sein.
Im Mythos forderte der phrygische Satyr Marsyas den Gott Apollon zum Wettbewerb im Flötenspiel heraus; der Sieger sollte mit dem Unterlegenen machen dürfen, was er wolle. Apollon siegte und zog Marsyas die Haut ab, die bei Kelainai gezeigt wurde; vgl. Herodot 7.26.

13.22. Als Ptolemaios (IV.) Philopator[G] für Homer[L] einen Tempel errichtete, stellte er schön eine Sitzfigur von ihm auf und rings um die Plastik die Städte, die auf Homer Anspruch erheben.

Der Maler Galaton[K] schuf ein Bild von Homer, wie sich aus seinem Mund ein Strom ergoss und die anderen Dichter den Strom aufschöpften.
Ein zu dieser Figur passendes Epigramm überliefert ein Papyrus; s. Supplementum Hellenisticum *979. Zu den Städten, die als Homers Geburtsort gelten wollten, vgl. etwa* Anthologia Palatina *16.297–298.*

13.23. Der Lakedaimonier Lykurgos[G], Sohn des Eunomos, wollte die Lakedaimonier zu gerechten Menschen machen, bekam aber dafür keinen schönen Lohn. Es geschah ihm, dass ihm von Alkandros ein Auge ausgeschlagen wurde – wie manche sagen, durch einen mit Vorsatz geworfenen Stein, wie ein anderer *Logos*[L] (Anonymus *FGrHist* 596 F 19b) angibt, erlitt er den Verlust durch einen Stock. Ephoros (*FGrHist* 70 F 175) sagt, er sei durch konsequentes Fasten in der Verbannung gestorben.

13.24. Λυκοῦργος ὁ ῥήτωρ ἔγραψε μὴ ἐλαύνειν τὰς γυναῖκας ἐν τοῖς μυστηρίοις ἐπὶ ζευγῶν ἢ τῇ δρώσῃ τοῦτο ἐπηρτῆσθαι ζημίαν, ἥν γε ᾤετο <ὁ> τάξας ἀποχρῶσαν. πρώτη τῷ ψηφίσματι ἠπείθησεν ἡ τούτου γυνή, καὶ τὴν ζημίαν ἐξέτισε καταδικασθεῖσα. <λέγεται δὲ ὁ λόγος πρὸς τοὺς ἄλλα μὲν θελήσαντας, ἄλλων δὲ τυχόντας.>

Καὶ Περικλῆς ἔγραψε μὴ εἶναι Ἀθηναῖον, ὃς μὴ ἐξ ἀμφοῖν γέγονεν ἀστοῖν. εἶτα ἀποβαλὼν τοὺς γνησίους παῖδας ἐπὶ τῷ νόθῳ Περικλεῖ κατελέλειπτο. δῆλα δὲ ὅτι καὶ Περικλῆς ἐβούλετο μὲν ἕτερα, ἔτυχε δὲ ἑτέρων.

Κλεισθένης δὲ ὁ Ἀθηναῖος τὸ [δεῖν] ἐξοστρακίζεσθαι πρῶτος εἰσηγησάμενος αὐτὸς ἔτυχε τῆς καταδίκης πρῶτος.

Ζάλευκος ὁ Λοκρῶν νομοθέτης προσέταξε τὸν μοιχὸν ἁλόντα ἐκκόπτεσθαι τοὺς ὀφθαλμούς. ἃ τοίνυν μηδὲ προσεδόκησε, ταῦτα ὁ δαίμων αὐτῷ παρὰ τὴν δόξαν καὶ τὴν ἐλπίδα ἐπήγαγεν· ὁ γάρ τοι παῖς ἁλοὺς ἐπὶ μοιχείᾳ εἶτα ἔμελλε πείσεσθαι τὰ ἐκ τοῦ πατρῴου νόμου. ἐνταῦθα ἵνα μὴ διαφθαρῇ τὸ ἅπαξ κεκυρωμένον, ὑπέμεινεν αὐτὸς ὁ εἰσηγησάμενος ὑπὲρ τοῦ ἑτέρου τῶν τοῦ παιδὸς ὀφθαλμῶν ἀντιδοῦναι τὸν ἑαυτοῦ, ἵνα μὴ ὁ νεανίσκος τυφλωθῇ τελέως.

13.25. Πίνδαρος ὁ ποιητὴς ἀγωνιζόμενος ἐν Θήβαις ἀμαθέσι περιπεσὼν ἀκροαταῖς ἡττήθη Κορίννης πεντάκις. ἐλέγχων δὲ τὴν ἀμουσίαν αὐτῶν ὁ Πίνδαρος σῦν ἐκάλει τὴν Κόρινναν.

13.24. Der Redner Lykurgos beantragte, dass die Frauen bei den Mysterien nicht auf Wagen fahren dürfen, und wenn eine dies tue, solle sie mit einer Strafe belegt werden, die der Anordnende für angemessen halte. Als erste missachtete diesen Beschluss seine eigene Frau und sie zahlte die verhängte Buße. Dieser *Logos*[L] wird für die erzählt, die das eine wollen, doch etwas anderes erreichen.

Perikles[G] beantragte ein Gesetz, dass kein athenischer Bürger sei, wer nicht auf beiden Seiten von (athenischen) Bürgern abstamme. Als er dann seine ehelichen Söhne verlor, blieb ihm nur der uneheliche Sohn Perikles. Es ist offenkundig, dass auch Perikles etwas anderes gewollt hatte, als er erreichte.

Kleisthenes[G] von Athen, der als erster eine Verbannung durch den Ostrakismos (das Scherbengericht)[G] für notwendig erklärt hatte, war selbst der erste, der diesem Urteil anheimfiel.

Zaleukos, der Gesetzgeber der Lokrer, ordnete an, dass dem überführten Ehebrecher die Augen ausgestochen werden sollten. Was er aber nie vermutet hätte, verhängte der Daimon (Gottheit) wider die Erwartung und Hoffnung über ihn: Sein Sohn war nämlich beim Ehebruch ertappt worden und sollte nach dem von seinem Vater erlassenen Gesetz verurteilt werden. Damit nun das einmal in Kraft Gesetzte nicht umgestoßen werde, nahm es derjenige, der dies eingeführt hatte, auf sich, für das eine Auge seines Sohnes sein eigenes zu opfern, damit der junge Mann nicht völlig blind werde.

Über Perikles Doppelfassung zu 6.10. Lykurgos (390–324) war Redner und Politiker in Athen. Kleisthenes wurde nicht ostrakisiert.

13.25. Pindar[L], der Dichter, nahm an einem Wettstreit in Theben teil, geriet aber an ungebildete Hörer und unterlag fünfmal der Korinna[L]. Pindar warf ihnen Mangel an musischer Bildung vor und bezeichnete Korinna als Sau.

Charitonides 1921, 139f. vermutet eine Anspielung auf den Spruch σῦς αἰκάλλει κορώνην (»Die Sau schmeichelt dem Raben«), womit sowohl Korinna als auch das Publikum kritisiert werden.

13.26. Διογένης ὁ Σινωπεὺς ἔρημος ἦν καὶ μόνος ἀπέρριπτο, καὶ οὔτε τινὰ δι' ἀπορίαν ὑπεδέχετο, οὔτε τις αὐτὸν ἐξένιζε, τὸν ἄνδρα ἐκτρεπόμενος διὰ τὸ τοῦ τρόπου ἐλεγκτικὸν καὶ ὅτι ἦν πρὸς τὰ πραττόμενα καὶ λεγόμενα δυσάρεστος. ἠθύμει οὖν ὁ Διογένης <καὶ μᾶζαν> καὶ φύλλων ἄκρα ἤσθιε· ταῦτα γάρ οἱ παρῆν. τοῖς δὲ ἀποπίπτουσι τοῦ ἄρτου θρύμμασι μῦς ἐχρῆτο ἐπιφοιτῶν. ὁ οὖν Διογένης φιλοπόνως κατεσκέψατο τὸ πραττόμενον, καὶ μειδιάσας καὶ ἑαυτοῦ γενόμενος φαιδρότερός τε καὶ ἵλεως εἶπεν· »ὁ μὲν μῦς οὗτος τῆς Ἀθηναίων πολυτελείας δεῖται οὐδέν, σὺ δέ, ὦ Δίογενες, ἄχθῃ [φησὶ] ὅτι μὴ συνδειπνεῖς Ἀθηναίοις.« καὶ ἐπόρισεν ἑαυτῷ εὔκαιρον εὐθυμίαν.

13.27. Ὅτι τὸ Σωκράτους σῶμα πεπίστευτο κόσμιον καὶ σωφροσύνης ἐγκρατὲς γεγονέναι καὶ ταύτῃ· ἐνόσουν Ἀθηναῖοι πανδημεί, καὶ οἱ μὲν ἀπέθνῃσκον, οἱ δὲ ἐπιθανατίως εἶχον, Σωκράτης δὲ μόνος οὐκ ἐνόσησε τὴν ἀρχήν. ὁ τοίνυν τοιούτῳ συνὼν σώματι τίνα ἡγούμεθα ἐσχηκέναι ψυχήν;

13.28. Διογένης ἡνίκα ἀπέλιπε τὴν πατρίδα, εἷς αὐτῷ τῶν οἰκετῶν ἠκολούθει ὄνομα Μάνης, ὃς οὐ φέρων τὴν μετ' αὐτοῦ διατριβὴν ἀπέδρα. προτρεπόντων δέ τινων ζητεῖν αὐτὸν ἔφη· »οὐκ αἰσχρὸν Μάνην μὲν μὴ δεῖσθαι Διογένους, Διογένην δὲ Μάνους;« οὗτος δὲ ὁ οἰκέτης εἰς Δελφοὺς ἀλώμενος ὑπὸ κυνῶν διεσπάσθη, τῷ ὀνόματι τοῦ δεσπότου δίκας ἐκτίσας ἀνθ' ὧν ἀπέδρασεν.

13.29. Ἔλεγεν ὁ Πλάτων τὰς ἐλπίδας ἐγρηγορότων ἀνθρώπων ὀνείρους εἶναι.

13.26. Diogenes[P] aus Sinope war einsam und lebte als Verschmähter allein. Auch empfing er wegen seiner Armut niemanden, und keiner lud ihn ein, denn man mied den Mann wegen seiner besserwisserischen Art, und weil er an allem mäkelte, was man tat und sagte. Diogenes war ganz niedergeschlagen und aß Gerstenfladen und Blattspitzen; nur das hatte er ja. Die herabfallenden Brotkrumen nutzte eine Maus, die dazukam. Diogenes beobachtete aufmerksam das Geschehen, wurde wieder vergnügt und sagte lächelnd und heiter: »Diese Maus da braucht den Luxus der Athener nicht, und du, Diogenes, ärgerst dich, dass du nicht zusammen mit den Athenern tafelst!« Und so verschaffte er sich Frieden für sein Gemüt.

13.27. (Man liest,) dass Sokrates[P] als mäßig und die Züchtigkeit beherrschend angesehen wurde, auch wegen Folgendem: Die Athener waren alle krank; die einen starben, die anderen waren dem Tod nahe, allein Sokrates[P] aber war anfangs nicht krank. Wer nun einen solchen Körper hat, welche Seele zu haben müssen wir ihm dann zutrauen?
In Athen wütete 429 eine Pest; vgl. o. 6.10 und 13.24.

13.28. Als Diogenes[P] seine Heimat verließ, begleitete ihn einer seiner Sklaven namens Manes, der fortlief, weil er die Reiberei mit ihm nicht mehr ertrug. Als einige dazu rieten, ihn zu suchen, sagte er: »Ist es nicht beschämend, wenn Manes den Diogenes nicht braucht, Diogenes aber den Manes?« Dieser Sklave wurde, als er nach Delphi kam, von Hunden zerrissen und zahlte so dem (Spitz-) Namen seines Herrn die Strafe dafür, dass er fortgelaufen war.
Diogenes war Kyniker, griechisch kyon *heißt Hund.*

13.29. Es sagte Platon[P], dass die Hoffnungen Wachträume der Menschen seien.
Diogenes Laërtios 5.18 weist diesen Spruch, der für Platon sonst nicht belegt ist, dem Aristoteles zu.

13.30. Ὀλυμπιὰς ἡ Ἀλεξάνδρου πυθομένη ὅτι πολὺν χρόνον ὁ παῖς αὐτῆς ἄταφος μένει, βαρὺ ἀναστένουσα καὶ θρηνοῦσα εὖ μάλα λιγέως »ὦ τέκνον,« εἶπεν, »ἀλλὰ σὺ μὲν οὐρανοῦ μετασχεῖν βουλόμενος καὶ τοῦτο σπεύδων, νῦν οὐδὲ τῶν κοινῶν δήπου καὶ ἴσων πᾶσιν ἀνθρώποις μετασχεῖν ἔχεις, γῆς τε ἅμα καὶ ταφῆς,« καὶ τὰς ἑαυτῆς τύχας οἰκτείρασα καὶ τὸ τοῦ παιδὸς τετυφωμένον ἐλέγξασα.

13.31. Ξενοκράτης ὁ Χαλκηδόνιος, ὁ ἑταῖρος Πλάτωνος, τά τε ἄλλα ἦν φιλοικτίρμων καὶ οὐ μόνον φιλάνθρωπος, ἀλλὰ καὶ πολλὰ τῶν ἀλόγων ζῴων ἠλέει. καὶ οὖν ποτε καθημένου ἐν ὑπαίθρῳ, διωκόμενος βιαίως στρουθὸς ὑπὸ ἱέρακος εἰς τοὺς κόλπους αὐτοῦ κατέπτη. ὁ δὲ ἀσμένως ἐδέξατο τὸν ὄρνιν καὶ διεφύλαξεν ἀποκρύψας, ἔστε [ἂν] ὁ διώκων ἀπῆλθεν. ἐπεὶ δὲ ἠλευθέρωσεν αὐτὸν τοῦ φόβου, ἁπλώσας τὸν κόλπον ἀφῆκε τὸν ὄρνιν, ἐπειπὼν ὅτι μὴ ἐξέδωκε τὸν ἱκέτην.

13.32. Φησὶ Ξενοφῶν ὅτι Θεοδότῃ τῇ ἑταίρᾳ εἰς λόγους ἀφίκετο Σωκράτης, καλλίστῃ γυναικὶ οὔσῃ. ἀλλὰ καὶ τῇ Καλλιστοῖ ἦλθεν εἰς λόγους, ἣ ἔλεγεν· »ἐγὼ μέν, ὦ <παῖ> Σωφρονίσκου, κρείττων εἰμί σου· σὺ μὲν γὰρ οὐδένα τῶν ἐμῶν δύνῃ ἀποσπάσαι, ἐγὼ δέ, ἐὰν βούλωμαι, τοὺς σοὺς πάντας.« ὁ δέ· »καὶ μάλα γε εἰκότως· σὺ μὲν γὰρ ἐπὶ τὴν κατάντη αὐτοὺς πάντας ἄγεις, ἐγὼ δὲ ἐπὶ τὴν ἀρετὴν ἥκειν βιάζομαι· ὀρθία δὲ ἡ ἄνοδός ἐστι καὶ ἀήθης τοῖς πολλοῖς.«

13.33. Ῥοδῶπίν φασιν Αἰγυπτίων λόγοι ἑταίραν γενέσθαι ὡραιοτάτην. καί ποτε αὐτῆς λουομένης ἡ τὰ παράδοξα καὶ τὰ ἀδόκητα φιλοῦσα ἐργάζεσθαι Τύχη προὐξένησεν αὐτῇ οὐ τῆς γνώμης ἀλλὰ τοῦ κάλλους ἄξια. λουομένης γὰρ καὶ τῶν

13.30. Olympias, die Mutter des Alexandros (d. Gr.)[G], erfuhr, dass ihr Sohn lange Zeit unbestattet blieb, stöhnte heftig, weinte laut und sagte: »Du aber wolltest unbedingt dem Himmel angehören und hast jetzt nicht einmal das, was allen Menschen in gleicher Weise zuteil wird, Erde und Grab!« So beklagte sie ihr eigenes Geschick und gleichzeitig die Verblendung ihres Sohnes.
Zur verspäteten Bestattung des Alexandros s. o. 12.64.

13.31. Xenokrates (Frg. 101 Heinze) aus Chalkedon, der Gefährte des Platon[P], war auch sonst ein mitleidiger Mann und nicht nur menschenfreundlich, sondern er erbarmte sich auch der vernunftlosen Tiere. Als er nun einmal im Freien saß, fiel ihm ein Spatz, der von einem Falken gewaltsam verfolgt wurde, in den Gewandbausch. Er nahm den Vogel gerne bei sich auf und bot ihm Schutz, indem er ihn versteckte, bis der Verfolger fort war. Nachdem er ihn von seiner Furcht befreit hatte, faltete er den Gewandbausch auf, ließ den Vogel fliegen und meinte dazu, er habe den Schutzflehenden nicht ausgeliefert.

13.32. Es sagt Xenophon[L] (*Memorabilien* 3.11), dass Sokrates[P] mit der Hetäre[A] Theodote ins Gespräch kam, die eine sehr schöne Frau war. Auch mit Kallisto kam er ins Gespräch, die sagte: »Du (Sokrates,) Sohn des Sophroniskos, ich bin stärker als du! Du kannst mir nämlich keinen meiner Freunde abspenstig machen, ich dir dagegen, wenn ich will, alle.« Er aber sagte: »Das ist ganz passend: Du führst sie alle auf einem abschüssigen Weg, ich aber zwinge sie, zur Tugend zu kommen; dieser Weg aber führt steil bergauf und ist für die meisten ungewohnt.«

13.33. Rhodopis war, wie ägyptische *Logoi*[L] besagen, eine sehr schöne Hetäre[A]. Als sie einmal badete, bedachte die (Schicksalsgöttin) Tyche[A], die gerne paradoxe und unerwartete Dinge tut, sie mit einem Geschenk, das weniger ihres Verstandes als ihrer Schönheit würdig

θεραπαινίδων τὴν ἐσθῆτα φυλαττουσῶν, ἀετὸς καταπτάς, τὸ ἕτερον τῶν ὑποδημάτων ἁρπάσας, ἀπιὼν ᾤχετο· καὶ ἐκόμισεν εἰς Μέμφιν, δικάζοντος Ψαμμητίχου, καὶ εἰς τὸν κόλπον ἐνέβαλε τὸ ὑπόδημα. ὁ δὲ Ψαμμήτιχος θαυμάσας τοῦ ὑποδήματος τὸν ῥυθμὸν καὶ τῆς ἐργασίας αὐτοῦ τὴν χάριν καὶ τὸ πραχθὲν ὑπὸ τοῦ ὄρνιθος προσέταξεν ἀνὰ πᾶσαν τὴν Αἴγυπτον ἀναζητεῖσθαι τὴν ἄνθρωπον, ἧς τὸ ὑπόδημά ἐστι· καὶ εὑρὼν γαμετὴν ἠγάγετο.

13.34. Ὅτι τὸν Λέοντα ὁ Διονύσιος μετὰ τὴν πρόσταξιν τὴν κατ' αὐτοῦ ἀνευρὼν εἰς τρὶς τοὺς δορυφόρους ἐκέλευσεν ἀπάγειν, καὶ μετέγνω τρίς, καὶ καθ' ἑκάστην μεταπομπὴν κατεφίλει κλαίων καὶ καταρώμενος ἑαυτοῦ, ὅτι [ὅτε] ἔλαβε τὸ ξίφος. τελευτῶν ἡττηται τῷ φόβῳ, καὶ προσέταξεν ἀποσφαγῆναι εἰπὼν ὅτι »οὐκ ἔστιν, ὦ Λέον, σοι ζῆν.«

13.35. Λέγουσι φυσικοὶ ἄνδρες τὴν ἔλαφον καθάρσεως δεομένην σέσελιν ἐσθίειν, φαλαγγίων δὲ κνήσμασιν ἐχομένην καρκίνους.

13.36. Ὀλυμπιὰς τῇ Φιλίππου θυγατρὶ Εὐρυδίκῃ – ἦν δὲ ἄρα αὐτὴ ἐξ Ἰλλυρίδος γυναικὸς τῷ Φιλίππῳ γενομένη – προσέπεμψε κώνειον καὶ βρόχον καὶ ξίφος· ἡ δὲ αἱρεῖται τὸν βρόχον.

war. Während sie nämlich badete und die Dienerinnen ihre Kleidung bewachten, kam ein Adler herab, raubte einen ihrer Schuhe und flog davon. Er brachte den Schuh nach Memphis, wo (der ägyptische König) Psammetichos Gericht hielt, und warf ihm den Schuh in den Schoß. Psammetichos, erstaunt über die harmonische Form und die Anmut und Herstellungsart des Schuhs und über die Tat des Vogels, befahl, in ganz Ägypten die Frau zu suchen, deren Schuh dies sei. Als er sie gefunden hatte, machte er sie zu seiner Gattin.
Zu diesem antiken »Aschenputtel« vgl. Strabon 17.1.33 C 808 und s. Pignataro 2000.

13.34. (Man liest,) dass Dionysios (I.)[G] den Leon nach dem gegen ihn gesprochenen Urteil aufstöberte und dreimal seinen Leibwächtern befahl, ihn abzuführen, es dreimal bereute und nach jedem Rückruf ihn unter Tränen küsste und sich verfluchte, dass er zum Schwert gegriffen habe. Schließlich unterlag er seiner Angst und befahl ihn zu töten, wobei er sagte: »Es ist nicht für dich, Leon, zu leben!«.
Das Exzerpt verkürzt; mehr Details bietet Cicero, Tusculanae Disputationes *5.21.60: Dionysios I. gab sein Schwert einem (bei Cicero nicht namentlich genannten) Vertrauten, woraufhin ein anderer bemerkte: »Ihm kannst du bestimmt deine Sicherheit anvertrauen.« Der Schwertträger lachte, Dionysios ließ daraufhin beide hinrichten.*

13.35. Naturkundler berichten, dass die Hirschkuh, wenn sie eine Darmreinigung braucht, *Seseli* frisst, wenn sie aber von Giftspinnenbissen gequält wird, Krebse.
Vgl. o. 1.8, wo wilder Efeu als Heilmittel genannt wird.

13.36. Olympias[G] schickte der Eurydike, der Tochter des Philippos (II.)[G] – sie war dem Philippos von einer Frau aus Illyrien geboren worden – Schierlingsbecher, Strick und Schwert; sie wählte den Strick.
Eurydike war vielmehr die Tochter des Amyntas; sie wurde 317 ermordet.

13.37. Γέλων ὁ τῶν Συρακουσίων τύραννος τὴν τῆς ἀρχῆς κατάστασιν πραότατα εἶχε· στασιώδεις δέ τινες ἐπεβούλευον αὐτῷ. ἃ πυθόμενος ὁ Γέλων, εἰς ἐκκλησίαν συγκαλέσας τοὺς Συρακουσίους εἰσῆλθεν ὡπλισμένος [ὁ Γέλων], καὶ διεξελθὼν ὅσα ἀγαθὰ αὐτοῖς εἰργάσατο, καὶ τὴν ἐπιβουλὴν ἐξεκάλυψε καὶ ἀπεδύσατο τὴν πανοπλίαν, εἰπὼν πρὸς πάντας· »ἰδοῦ τοίνυν ὑμῖν ἐν χιτωνίσκῳ γυμνὸς τῶν ὅπλων παρέστηκα, καὶ δίδωμι χρῆσθαι ὅ τι βούλεσθε.« καὶ ἐθαύμασαν αὐτοῦ τὴν γνώμην οἱ Συρακούσιοι, οἱ δὲ καὶ τοὺς ἐπιβουλεύοντας παρέδοσαν αὐτῷ κολάσαι καὶ τὴν ἀρχὴν ἔδωκαν. ὁ δὲ καὶ τούτους εἴασε τῷ δήμῳ τιμωρήσασθαι. καὶ εἰκόνα αὐτοῦ οἱ Συρακούσιοι ἔστησαν ἐν ἀζώστῳ χιτῶνι· καὶ ἦν τοῦτο τῆς δημαγωγίας αὐτοῦ ὑπόμνημα καὶ τοῖς εἰς τὸν μετὰ ταῦτα αἰῶνα μέλλουσιν ἄρχειν δίδαγμα.

13.38. Ἰσχυρῶς Ὅμηρον ἐθαύμαζεν Ἀλκιβιάδης, καί ποτε διδασκαλείῳ παίδων προσελθὼν ῥαψῳδίαν Ἰλιάδος ᾔτει. τοῦ δὲ διδασκάλου μηδὲν ἔχειν Ὁμήρου φήσαντος, ἐντρίψας αὐτῷ κόνδυλον εὖ μάλα στερεὸν παρῆλθεν, ἐνδειξάμενος ὅτι ἐκεῖνος ἀπαίδευτός ἐστι καὶ τοιούτους ἀποφαίνει τοὺς παῖδας.

Οὗτος ἐπὶ κρίσιν καλούμενος θανατικὴν ἐκ Σικελίας ὑπὸ τῶν Ἀθηναίων οὐχ ὑπήκουσεν εἰπών· »εὔηθες τὸν ἔχοντα δίκην ζητεῖν [μὴ] ἀποφυγεῖν, ἐνὸν φυγεῖν.« εἰπόντος δέ τινος· »οὐ πιστεύεις τῇ πατρίδι τὴν περὶ σοῦ κρίσιν;« ὁ δὲ εἶπεν· »οὐδὲ τῇ μητρί· δέδοικα γὰρ μὴ ἀγνοήσασα καὶ σφαλεῖσα τοῦ ἀληθοῦς εἶτα τὴν μέλαιναν ἐμβάλῃ ἀντὶ τῆς λευκῆς ψῆφον.« πυθόμενος οὖν ὅτι θάνατος αὐτοῦ κατεγνώσθη ὑπὸ τῶν πολιτῶν, »δείξωμεν

13.37. Gelon[G], der Tyrann von Syrakus, übte seine Herrschaft sehr milde aus; einige Aufrührer planten aber einen Anschlag auf ihn. Als Gelon davon erfuhr, rief er die Syrakusaner zu einer Volksversammlung zusammen und ging bewaffnet hinein. Nachdem er durchgegangen war, was er ihnen alles Gutes getan hatte, deckte er den Anschlag auf und legte seine ganze Rüstung ab, wobei er zu allen sagte: »Seht, ich stehe hier vor euch im kurzen Chiton[A], von Waffen entblößt und liefere mich aus, damit ihr tun könnt, was ihr wollt.« Die Syrakusaner bewunderten seine Meinung; sie lieferten ihm die Verschwörer zur Bestrafung aus und übertrugen ihm die Herrschaft. Er aber überließ dem Volk den Vollzug der Strafe. Eine Statue stellten die Syrakusaner auf, die ihn im ungegürteten Chiton zeigt; es war dies ein Denkmal für seine Volksführung und eine Lehre für diejenigen, die nach jener Zeit herrschen würden.
Teilweise Doppelfassung zu 6.11.

13.38. Stark verehrte den Homer[L] Alkibiades[G]. Einst kam er in eine Schule für Kinder und bat um eine *Rhapsodia* (Darbietung) der *Ilias*. Auf die Antwort des Lehrers, er habe nichts von Homer, versetzte er ihm einen sehr festen Faustschlag und ging davon, nachdem er erklärt hatte, jener sei ungebildet und mache auch die Kinder zu solchen (Ungebildeten).

Als Alkibiades von den Athenern zu einem Prozess auf Leben und Tod aus Sizilien abberufen wurde, gehorchte er nicht und sagte: »Töricht wäre ein Angeklagter, wenn er einen Freispruch zu erreichen versucht, solange er in der Lage ist zu fliehen.« Jemand sagte: »Hast du kein Vertrauen in deine Vaterstadt bei deinem Prozess?« Er sagte: »Nicht einmal zu meiner Mutter; ich fürchte nämlich, dass sie aus Unkenntnis und im Irrtum über die Wahrheit (bei der Abstimmung im Volksgericht) den schwarzen Stimmstein statt des weißen einwirft.« Als er erfuhr, dass er von seinen Mitbürgern zum Tod verurteilt worden sei, sagte er: »Jetzt

οὖν« εἶπεν »ὅτι ζῶμεν,« καὶ ὁρμήσας πρὸς τοὺς Λακεδαιμονίους τὸν Δεκελεικὸν ἐξῆψε πόλεμον ἐπὶ τοὺς Ἀθηναίους.

Ἔλεγε δὲ μηδὲν παράδοξον ποιεῖν Λακεδαιμονίους ἀδεῶς ἐν τῷ πολέμῳ ἀποθνῄσκοντας· τὴν γὰρ ἐκ τῶν νόμων ταλαιπωρίαν ἀποδιδράσκοντας θάνατον ὑπὲρ τῶν πόνων <ὧν> ἔχουσι προθύμως ἀλλάττεσθαι.

Εἰώθει δέ, φασιν, ἐπιλέγειν ταῖς ἑαυτοῦ πράξεσιν ὅτι τὸν τῶν Διοσκούρων ζῇ βίον παρ᾽ ἡμέραν τεθνηκώς τε καὶ ἀναβιούς· εὐημερήσας γὰρ ἐν τῷ δήμῳ ἴσος θεοῖς νομίζεσθαι, κακῶς δὲ ἀπαλλάξας τῶν νεκρῶν μηδὲ ὀλίγον διαφέρειν.

13.39. Ἐφιάλτης, στρατηγοῦ ὀνειδίσαντος αὐτῷ τινος <τὴν> πενίαν, »τὸ δὲ ἕτερον« ἔφη »διὰ τί οὐ λέγεις, ὅτι δίκαιός εἰμι;«

13.40. Στρεπτῷ κειμένῳ ἐπὶ τῆς γῆς χρυσοῦ Περσικοῦ ὁ Θεμιστοκλῆς παρεστὼς <τῷ> παιδὶ εἶπεν· »οὐκ ἀναιρήσει, ὦ παῖ, τὸ εὕρεμα τόδε;« δείξας τὸν στρεπτόν· »οὐ γὰρ σὺ Θεμιστοκλῆς εἶ δήπου.«

Ὅτι ἠτίμασαν αὐτόν ποτε Ἀθηναῖοι, εἶτα ἐπὶ τὴν ἀρχὴν αὖθις παρεκάλουν· ὁ δέ· »οὐκ ἐπαινῶ τοὺς τοιούτους ἄνδρας, οἵτινες τὴν αὐτὴν ἀμίδα καὶ οἰνοχόην ἔχουσι.«

Πρὸς Εὐρυβιάδην τὸν Λακεδαιμόνιον ἔλεγέ τι ὑπεναντίον, καὶ <ὃς> ἀνέτεινεν αὐτῷ τὴν βακτηρίαν. ὁ δέ· »πάταξον μέν, ἄκουσον δέ.« ᾔδει δὲ ὅτι ἃ μέλλει λέγειν τῷ κοινῷ λυσιτελεῖ.

werden wir beweisen, dass wir leben!«. Er zog zu den Lakedaimoniern und begann den Dekeleïschen Krieg gegen die Athener.

Er sagte, es geschehe nichts Paradoxes, wenn die Lakedaimonier furchtlos im Krieg sterben. Da sie ja auf diese Weise den durch ihre Gesetze vorgeschriebenen Mühen entfliehen, tauschen sie den Tod gegen diese Mühen gerne ein.

Er pflegte, wie man sagte, über seine Taten zu erklären, dass er das Leben der Dioskuren lebe, indem er Tag um Tag im Wechsel sterbe und wieder lebendig werde. Habe er nämlich Erfolg, dann werde er vom Volk für den Göttern gleich gehalten, ginge es ihm hingegen schlecht, unterscheide er sich nur wenig von den Toten.

Zur Anekdote in der Schule vgl. Plutarch, Alkibiades *7 und* Moralia *186d, zum Prozess Thukydides 6.27–29.*

13.39. Ephialtes[G] sagte, als ein Feldherr ihm seine Armut zum Vorwurf machte: »Warum nennst du das Andere nicht, dass ich gerecht bin?«

13.40. Bei einem Halsband aus persischem Gold, das auf dem Boden lag, stand Themistokles[G] und sagte zu seinem Sohn: »Willst du, Kind, diesen Fund nicht aufheben?« Dabei zeigte er auf das Halsband. »Du bist ja nicht Themistokles!«

(Man liest,) dass die Athener ihn beleidigten, dann aber wieder an die Macht riefen. Darauf er: »Ich liebe die Männer nicht, die ein und dasselbe Gefäß als Nachttopf und als Weinkanne haben.«

Dem Lakedaimonier Eurybiades widersprach er in einer Sache; dieser hob drohend den Stock gegen ihn. Darauf er (Themistokles): »Schlage, aber höre!« Er wusste ja, dass das, was er sagen wollte, der Gemeinschaft nütze.

Zur Anekdote vom Halsband vgl. Plutarch, Themistokles *18 und* Moralia *808f, zu der mit Eurybiades ebd. 11 bzw. 185b.*

13.41. Ὀδυρομένου <τινὸς> τῶν μετὰ Φωκίωνος μελλόντων ἀποθνῄσκειν, εἶπεν ὁ Φωκίων· »εἶτα οὐκ ἀγαπᾷς, Θούδιππε, μετὰ Φωκίωνος ἀποθνῄσκων;«

13.42. Ἐπαμεινώνδας ἔφευγε δίκην θανάτου ἐπανελθὼν ἐκ τῆς Λακωνικῆς, ὡς ἐπιβαλὼν τῇ βοιωταρχίᾳ τέτταρας μῆνας παρὰ τὸν νόμον. τοὺς μὲν οὖν συνάρχοντας ἐκέλευσεν εἰς αὐτὸν τὴν αἰτίαν ἀναφέρειν ὡς ἐκβιασθέντας [ἄκοντας], αὐτὸς δὲ παρελθὼν εἰς τὸ δικαστήριον οὐκ ἔφη βελτίονας ἔχειν τῶν ἔργων τοὺς λόγους· εἰ δὲ μή, ἠξίου ἀποκτείνειν αὐτόν, ἐπιγράψαι μέντοι τῇ στήλῃ ὅτι μὴ βουλομένους Θηβαίους ἠνάγκασεν Ἐπαμεινώνδας τὴν μὲν Λακωνικὴν πυρπολῆσαι πεντακοσίοις ἐνιαυτοῖς ἀδῄωτον οὖσαν, οἰκίσαι δὲ Μεσσήνην δι᾽ ἐτῶν τριάκοντα καὶ διακοσίων, συντάξαι δὲ καὶ συναγαγεῖν εἰς ταὐτὸν Ἀρκάδας, ἀποδοῦναι δὲ τοῖς Ἕλλησι τὴν αὐτονομίαν. καὶ ἀφῆκαν αὐτὸν αἰδεσθέντες οἱ δικασταί. ἐπανελθόντα δὲ αὐτὸν ἐκ τοῦ δικαστηρίου Μελιταῖον κυνίδιον ἔσαινε. διὸ πρὸς τοὺς παρόντας εἶπε· »τοῦτο μὲν ἀποδίδωσιν εὐεργεσίας μοι χάριν, Θηβαῖοι δὲ πολλάκις ὑπ᾽ ἐμοῦ εὖ παθόντες ἔκρινάν με θανάτου.«

13.43. Ὅτι Τιμόθεος ὁ στρατηγὸς Ἀθηναίων ἐπιστεύετο εὐτυχὴς εἶναι· καὶ ἔλεγον τὴν Τυχὴν αἰτίαν εἶναι, Τιμόθεον δὲ οὐδενός, κωμῳδοῦντες ἐπὶ τῆς σκηνῆς. καὶ οἱ ζωγράφοι δὲ καθεύδοντα ἐποίουν αὐτόν, εἶτα ὑπὲρ τῆς κεφαλῆς ἀπῃώρητο ἑστῶσα ἡ Τύχη ἕλκουσα εἰς κύρτον τὰς πόλεις.

13.41. Als einer der Männer, die mit Phokion[G] sterben sollten, jammerte, sagte Phokion: »Bist du denn nicht froh, Thudippos, dass du zusammen mit Phokion stirbst?«
Vgl. Plutarch, Phokion *36 und* Moralia *189a.*

13.42. Epameinondas[G] wurde in einem Kapitalprozess angeklagt, als er aus Lakonien zurückkehrte: Er habe das Amt des Boiotarchen vier Monate gesetzeswidrig überzogen. Daraufhin befahl er seinen Amtsgenossen, sie sollten die Schuld auf ihn schieben, da er sie gezwungen habe. Er selbst trat vor das Gericht und sagte, er habe keine bessere Rede als seine Taten. Wenn dem nicht so sei, solle man ihn töten, aber auf den Grabstein schreiben, Epameinondas habe die Thebaner gegen ihren Willen gezwungen, Lakonien, das 500 Jahre lang nicht verwüstet worden war, zu brandschatzen, Messene nach 230 Jahren neu zu gründen, die Arkader an ein und demselben Ort zusammenzubringen und den Griechen die Autonomie wiederzugeben. Die Richter aber schämten sich und sprachen ihn frei. Als er aus dem Gericht zurückkehrte, wedelte sein Malteserhündchen zur Begrüßung mit dem Schwanz. Deshalb sagte er zu den Anwesenden: »Dieses hier weiß mir für meine Wohltaten Dank, die Thebaner aber, die von mir viel Gutes erfahren haben, machten mir einen Kapitalprozess!«
Vgl. Plutarch, Moralia *194a–c (wohl Ailianos' Vorlage). Als Leiter des boiotischen Bundes wurden die Boiotarchen (s. auch 7.14) für ein Jahr gewählt; 369 hatte Epameinondas diesen Zeitraum überschritten.*

13.43. (Man liest,) dass der athenische Feldherr Timotheos[G] als erfolgreich galt. Dass dafür allein die (Schicksalsgöttin) Tyche[A] die Ursache sei, in nichts aber Timotheos, sagten die Komödiendichter auf der Bühne. Auch die Maler stellten ihn schlafend dar, wobei über seinem Haupt aufrecht Tyche schwebte, die in einem Fischernetz die Städte hinterherzog.

Πυνθανομένου Θεμιστοκλέους τινὸς κατὰ τί μάλιστα ἥσθη ἐν τῷ βίῳ, ὁ δὲ ἀπεκρίνατο· »τὸ θέατρον ἰδεῖν Ὀλυμπίασιν ἐπιστρεφόμενον εἰς ἐμὲ εἰς τὸ στάδιον παριόντα.«

13.44. Τοὺς αὐτοὺς ἐπιτρόπους ἔσχε Θεμιστοκλῆς καὶ Ἀριστείδης ὁ Λυσιμάχου, καὶ διὰ ταῦτά τοι καὶ συνετράφησαν καὶ συνεπαιδεύθησαν <ὑπὸ> κοινῷ διδασκάλῳ. ἐστασιαζέτην δὲ ὅμως καὶ ἔτι παῖδες ὄντες, καὶ παρέμενεν αὐτοῖς ἡ φιλονεικία ἀπὸ τῆς πρώτης ἡλικίας καὶ εἰς ἔσχατον γῆρας.

13.45. Ὅτι Διονύσιος τὴν μητέρα διέφθειρε φαρμάκοις· Λεπτίνην δὲ τὸν ἀδελφὸν σῶσαι δυνάμενος ἐν τῇ ναυμαχίᾳ περιεῖδεν ἀπολλύμενον.

13.46. Πόλις ἐστὶ τῆς Ἀχαΐας αἱ Πάτραι. παῖς παρ' αὐτοῖς δράκοντα μικρὸν ἐπρίατο καὶ ἔτρεφε μετὰ πολλῆς τῆς κομιδῆς. αὐξηθέντος δὲ αὐτοῦ ἐλάλει πρὸς αὐτὸν ὡς πρὸς ἀκούοντα καὶ ἤθυρε μετ' αὐτοῦ καὶ συνεκάθευδεν αὐτῷ. εἰς μέγιστον δὲ μέγεθος ἐλθὼν ὁ δράκων ὑπὸ τῶν πολιτῶν εἰς ἐρημίαν ἀπηλάθη. ὕστερον δὲ ὁ παῖς νεανίας γενόμενος ἀπό τινος θέας ἐπανιών. λῃσταῖς περιπεσὼν μετὰ τῶν συνηλίκων, βοῆς γενομένης ἰδοὺ ὁ δράκων· καὶ τοὺς μὲν διεσκόρπισεν, οὓς δὲ ἀπέκτεινεν, αὐτὸν δὲ περιεσώσατο.

Als jemand den Themistokles[G] fragte, worüber er sich am meisten im Leben freue, antwortete er: »Das Schauspiel zu sehen, wenn bei den Olympischen Spielen[S] die Zuschauer sich mir zuwenden, wenn ich das Stadion betrete.«
Vgl. Plutarch, Moralia *194a–c, was Ailianos hier wohl nutzte.*

13.44. Dieselben Vormünder hatten Themistokles[G] und Aristeides[G], Sohn des Lysimachos; deshalb wurden sie auch zusammen erzogen und von einem gemeinsamen Lehrer unterrichtet. Dennoch waren sie selbst schon als Kinder zerstritten, und ihr Streit hatte von ihrer frühesten Kindheit bis ins höchste Alter Bestand.

13.45. (Man liest,) dass Dionysios (I.)[G] seine Mutter mit Giften tötete. Seinen Bruder Leptines ließ er, obwohl er ihn hätte retten können, bei einer Seeschlacht zu Grunde gehen.
Vgl. Plutarch, Moralia *338b–c (Dionysios I. erdrosselte seine Mutter).*

13.46. Eine Stadt in Achaia ist Patrai. Ein Junge hatte bei denen eine kleine Schlange gekauft und mit viel Sorgfalt aufgezogen. Als sie größer wurde, sprach er mit ihr, als ob sie ihm zuhörte, und spielte mit ihr und schlief mit ihr zusammen. Doch als die Schlange ihre größte Größe erreicht hatte, wurde sie von den Bürgern in eine Einöde vertrieben. Als später der Junge zum jungen Mann geworden war und von irgendeinem Schaustück zurückkehrte, fiel er mit seinen Altersgenossen Räubern in die Hände und auf das Geschrei hin – siehe, (es kam) die Schlange. Die einen verjagte, die anderen tötete, ihn selbst aber rettete sie.
Von einer zahmen Schlange handelt auch Ailianos, Tierkunde *6.63; als Besitzer wird dort ein Mann aus Arkadien genannt.*

ΙΔ

14.1. Ἀριστοτέλης ὁ Νικομάχου, σοφὸς ἀνὴρ καὶ ὢν καὶ εἶναι δοκῶν, ἐπεί τις αὐτοῦ ἀφείλετο τὰς ψηφισθείσας αὐτῷ ἐν Δελφοῖς τιμάς, ἐπιστέλλων πρὸς Ἀντίπατρον περὶ τούτων φησίν· »ὑπὲρ τῶν ἐν Δελφοῖς ψηφισθέντων μοι καὶ ὧν ἀφῄρημαι νῦν οὕτως ἔχω ὡς μήτε μοι σφόδρα μέλειν ὑπὲρ αὐτῶν μήτε μοι μηδὲν μέλειν.« οὐκ ἂν δὲ εἴη φιλοδοξία ταῦτα, οὐδ' ἂν καταγνοίην ἔγωγε τοιοῦτόν τι Ἀριστοτέλους, ἀλλ' εὖ φρονῶν ᾤετο μὴ ὅμοιον εἶναι ἀρχήν τινα μὴ λαβεῖν καὶ λαβόντα ἀφαιρεθῆναι. τὸ μὲν γὰρ οὐδὲν μέγα, τὸ μὴ τυχεῖν· τὸ δὲ ἀλγεινόν, τὸ τυχόντα εἶτα ἀποστερηθῆναι.

14.2. Ὅτι τοὺς παραβάντας ὅρκους τῶν βαρβάρων ἐπῄνεσεν Ἀγησίλαος, ὅτι τοὺς θεοὺς ἑαυτοῖς ἐχθροὺς ποιησάμενοι ταῖς ἐπιορκίαις, αὐτῷ φίλους καὶ συμμάχους κατεπράξαντο.

14.3a. Ὅτι Τιμόθεος πρὸς Ἀριστοφῶντα ἄσωτον ὄντα πικρότατα καθικόμενος αὐτοῦ εἶπεν· »ᾧ ἱκανὸν οὐδέν, ἀλλὰ τούτῳ γε αἰσχρὸν οὐδέν.«

Ausführlichere Fassung (14.3b) bei Stobaios 3.13.67; s. u. S. 424f. Testimonien zum Text.

14

14.1. Aristoteles[P], Sohn des Nikomachos, war ein weiser Mann und galt als solcher. Als ihm jemand die für ihn in Delphi beschlossenen Ehrungen wegnahm, schrieb er darüber einen Brief an Antipatros[G] und sagte: »Was die für mich in Delphi beschlossenen Ehrungen betrifft, die mir weggenommen worden sind, habe ich nun folgende Haltung: Weder liegt mir viel an ihnen noch liegt mir nichts an ihnen.« (Aristoteles, Frg. 666 Rose) Das dürfte wohl keine Ruhmesliebe sein – und selbst so etwas würde jedenfalls ich Aristoteles nicht verübeln –, sondern er war gut denkend der Meinung, es sei nicht dasselbe, ob jemand etwas von Anfang an nicht bekommt oder ob er etwas erhielt, ihm dies aber weggenommen wird. Nichts zu erlangen ist nämlich nicht schlimm, schmerzlich aber ist es, das Erlangte wieder zu verlieren.

*Eine Ehreninschrift für Aristoteles (*Syll.[3] *275; s. u. S. 438) ist in Delphi erhalten.*

14.2. (Man liest,) dass Agesilaos[G] den Barbaren, die ihre Eide gebrochen hatten, dankbar war, weil sie mit ihren Eidbrüchen sich selbst die Götter zu Gegnern, ihm jedoch zu Freunden und Bundesgenossen gemacht hätten.

Vgl. Xenophon, Agesilaos *1.12.*

14.3a. (Man liest,) dass Timotheos[G] zu Aristophon, der ein Verschwender war, griff ihn sehr bitte an und sagte: »Wem nichts genug ist, für den ist auch nichts schändlich.«

14.4. Ὅτι Ἀριστείδης ὁ Λοκρὸς ὑπὸ Ταρτησσίας γαλῆς δηχθεὶς καὶ ἀποθνῄσκων εἶπεν ὅτι πολὺ ἂν ἥδιον ἦν αὐτῷ δηχθέντι ὑπὸ λέοντος ἢ παρδάλεως ἀποθανεῖν, εἴπερ οὖν ἔδει τινὸς τῷ θανάτῳ προφάσεως, ἢ ὑπὸ θηρίου τοιούτου, τὴν ἀδοξίαν, ἐμοὶ δοκεῖν, ἐκεῖνος τοῦ δήγματος πολλῷ βαρύτερον φέρων ἢ τὸν θάνατον αὐτόν.

14.5. Οὐ μόνοις τοῖς ἀστοῖς ἐχρῶντο Ἀθηναῖοι πρὸς τὰς ἀρχὰς καὶ τὰς στρατηγίας <τοῖς> ἐπιτηδείοις, ἀλλὰ γὰρ καὶ ξένους προῃροῦντο καὶ τὰ κοινὰ αὐτοῖς ἐνεχείριζον, εἴπερ οὖν αὐτοὺς ἀγαθοὺς ὄντας κατέγνωσαν καὶ ἐπιτηδείους εἰς τὰ τοιαῦτα. Ἀπολλόδωρον <γοῦν> τὸν Κυζικηνὸν πολλάκις στρατηγὸν εἵλοντο ξένον ὄντα, καὶ Ἡρακλείδην τὸν Κλαζομένιον· ἐνδειξάμενοι γὰρ ὅτι ἄξιοι λόγου εἰσίν, εἶτα οὐκ ἔδοξαν ἀνάξιοι τοῦ Ἀθηναίων ἄρχειν εἶναι. καὶ ὑπὲρ μὲν τούτων ἐπαινεῖν χρὴ τὴν πόλιν μὴ καταχαριζομένην τἀληθὲς τοῖς πολίταις, ἀλλὰ νέμουσαν καὶ τοῖς γένει μὲν μὴ προσήκουσι, δι᾽ ἀρετὴν δὲ ἀξίοις τιμᾶσθαι.

14.6. Πάνυ σφόδρα ἐρρωμένως ἐῴκει λέγειν ὁ Ἀρίστιππος παρεγγυῶν τοῖς ἀνθρώποις μήτε τοῖς παρελθοῦσιν ἐπικάμνειν μήτε τῶν ἐπιόντων προκάμνειν· εὐθυμίας γὰρ δεῖγμα τὸ τοιοῦτο καὶ ἵλεω διανοίας ἀπόδειξις. προσέταττε δὲ ἐφ᾽ ἡμέρᾳ τὴν γνώμην ἔχειν καὶ αὖ πάλιν τῆς ἡμέρας ἐπ᾽ ἐκείνῳ τῷ μέρει, καθ᾽ ὃ ἕκαστος ἢ πράττει τι ἢ ἐννοεῖ. μόνον γὰρ ἔφασκεν ἡμέτερον εἶναι τὸ παρόν, μήτε δὲ τὸ φθάνον μήτε τὸ προσδοκώμενον· τὸ μὲν γὰρ ἀπολωλέναι, τὸ δὲ ἄδηλον εἶναι εἴπερ ἔσται.

14.4. (Man liest,) dass Aristeides aus Lokroi, der von einem tartessischen Wiesel gebissen worden war und im Sterben lag, sagte, es wäre ihm weit angenehmer, an einem Löwen- oder Pantherbiss zu sterben – wenn denn eine Todesursache nötig sei –, nicht an dem Biss eines solchen Tiers. Die Unrühmlichkeit des Bisses, scheint mir, ertrug jener schwerer als den Tod selbst.

14.5. Nicht nur Vollbürger nahmen die Athener als Amtsträger und Feldherren, soweit jene geeignet waren, sondern sie zogen oft sogar Fremde vor und übertrugen diesen die Gemeindeangelegenheiten, wenn sie jene als tüchtig und für solche Aufgaben geeignet erkannt hatten. Apollodoros aus Kyzikos wählten sie mehrfach zum Feldherren, obwohl er ein Fremder war, ebenso Herakleides aus Klazomenai. Da sie sich nämlich der allgemeinen Achtung als würdig erwiesen hatten, schienen sie auch nicht unwürdig, die Athener zu regieren. Und dafür muss man die Stadt loben, dass sie nicht auf Kosten der Wahrheit den Bürgern schmeichelte, sondern die Ehren auch denen zuerkannte, die der Herkunft nach nicht zu ihnen gehörten, durch ihre Tüchtigkeit aber Ehren verdienten.
Vgl. Platon, Ion *541c–d.*

14.6. Ganz treffend schien Aristippos[G] (Frg. 208 Mannebach) zu sprechen, wenn er den Menschen empfahl, sich weder nachträglich um die Vergangenheit noch vorab um die Zukunft Sorgen zu machen. Es sei dies nämlich ein Zeichen von Seelenruhe und Beweis eines heiteren Gemütes. Er lehrte, dass man den Sinn nur auf den jeweiligen Tag richten solle und wiederum von dem Tag nur auf den Teil, an dem jeder gerade etwas tut oder bedenkt. Nur das Gegenwärtige sei unseres, nicht das Vergangene und auch nicht das Erwartete. Das eine sei vergangen, das andere ungewiss, ob es sein werde.
Vgl. o. 7.3.

14.7. Λακεδαιμόνιος οὗτος ὁ νόμος· ὁ δὲ νόμος ἐκεῖνα λέγει· μηδένα Λακεδαιμονίων ἀνανδρότερον ὁρᾶσθαι τὴν χροιὰν ἢ τὸν ὄγκον τοῦ σώματος ἔχειν ὑπὲρ τὰ γυμνάσια· ἐδόκει γὰρ τὸ μὲν ἀργίαν ὁμολογεῖν, τὸ δὲ οὐχ ὁμολογεῖν ἄνδρα. προσεγέγραπτο δὲ τῷ νόμῳ [καὶ] διὰ δέκα ἡμερῶν πάντως τοῖς ἐφόροις τοὺς ἐφήβους παρίστασθαι γυμνοὺς δημοσίᾳ. καὶ εἰ μὲν ἦσαν εὐπαγεῖς καὶ ἐρρωμένοι καὶ ἐκ τῶν γυμνασίων οἱονεὶ διαγλυφέντες καὶ διατορευθέντες, ἐπῃνοῦντο· εἰ δέ τι χαῦνον ἦν αὐτοῖς τῶν μελῶν ἢ ὑγρότερον, ὑποιδούσης καὶ ὑπαναφυομένης διὰ τὴν ῥᾳθυμίαν πιμελῆς, ἀλλ' ἐνταῦθα μὲν ἐπαίοντο καὶ ἐδικαιοῦντο. ἐτίθεντο δὲ καὶ φροντίδα οἱ ἔφοροι καθ' ἑκάστην πολυπραγμονεῖν τὰ περὶ τὴν στολήν, ἵνα ἕκαστα αὐτῆς μὴ ἀπολείπηται τοῦ κόσμου τοῦ δέοντος. ἔδει δὲ ὀψοποιοὺς ἐν Λακεδαίμονι εἶναι κρέως μόνου· ὁ δὲ παρὰ τοῦτο ἐπιστάμενος ἐξηλαύνετο τῆς Σπάρτης, ὡς τὰ τῶν νοσούντων καθάρσια.

Οἱ αὐτοὶ Ναυκλείδην τὸν Πολυβιάδου ὑπερσαρκοῦντα τῷ σώματι καὶ ὑπέρπαχυν διὰ τρυφὴν γενόμενον εἰς τὴν ἐκκλησίαν τῶν θεωμένων κατήγαγον καὶ ἠπείλησαν αὐτῷ φυγῆς προστίμησιν, ἐὰν μὴ τὸν βίον ὃν ἐβίου τότε ὑπαίτιον ὄντα καὶ Ἰωνικὸν μᾶλλον ἢ Λακωνικὸν τοῦ λοιποῦ μεθαρμόσηται· φέρειν γὰρ αὐτοῦ τὸ εἶδος καὶ τὴν τοῦ σώματος διάθεσιν αἰσχύνην καὶ τῇ Λακεδαίμονι καὶ τοῖς νόμοις.

14.8. Δύο εἰκόνας εἰργάσατο Πολύκλειτος κατὰ τὸ αὐτό, τὴν μὲν τοῖς ὄχλοις χαριζόμενος, τὴν δὲ κατὰ τὸν νόμον τῆς τέχνης. ἐχαρίζετο δὲ τοῖς πολλοῖς τὸν τρόπον τοῦτον· καθ' ἕκαστον τῶν εἰσιόντων μετετίθει τι καὶ μετεμόρφου, πειθόμενος τῇ ἑκάστου ὑφηγήσει. προὔθηκεν οὖν ἀμφοτέρας· καὶ ἡ μὲν ὑπὸ πάντων

14.7. Lakedaimonisch war folgendes Gesetz; das Gesetz besagte: Kein Lakedaimonier darf ein unmännliches Erscheinungsbild bieten oder einen geschwollenen Leib haben, der für das Training ungünstig ist. Letzteres schien nämlich mit Trägheit übereinzustimmen, das andere nicht mit einem Mann. Hinzugeschrieben war dem Gesetz, dass sich die Epheben (jungen Männer) alle zehn Tage insgesamt den Ephoren[G] nackt öffentlich vorstellen mussten. Und wenn sie gut gebaut, kräftig und durch ihr Trainieren wie aus Stein gemeißelt oder Bronze gegossen waren, wurden sie gelobt. War aber an ihren Gliedern irgendetwas aufgedunsen oder schwammig, weil durch Trägheit eine etwas dickere Fettschicht gewachsen war, wurden sie dort geschlagen und bestraft. Die Ephoren legten auch Wert darauf, jeden Tag die Kleidung zu inspizieren, dass an ihr keine Einzelheit von der geforderten Ordnung abweiche. Köche durften in Lakedaimon nur Fleisch zubereiten; wer außerdem etwas zu kochen verstand, wurde als *katharsia* für Kranke (eine Art Sündenbock) aus Sparta vertrieben.

Eben diese (Ephoren) führten den Naukleides, Sohn des Polybiades, dessen Körper durch Völlerei übermäßig dick und fett geworden war, vor die Versammlung von Schaulustigen und drohten ihm als Strafe die Verbannung an, wenn er die Lebensweise, die er damals falsch geführt habe und die eher ionisch als spartanisch sei, nicht in Zukunft ändere. Sein Aussehen und seine körperliche Verfassung seien nämlich für Lakedaimon und die Gesetze eine Schande.

Vgl. Athenaios 550c–d. Zu Speisegeboten in Sparta vgl. 3.34.

14.8. Zwei Bildwerke schuf Polykleitos[K] über dasselbe Thema, das eine dem Geschmack der Masse entsprechend, das andere nach dem Gesetz der Kunst. Dem Geschmack der Menge kam er wie folgt entgegen: Nach dem Wunsch eines jeden, der herbeikam, änderte er etwas und gestaltete das Werk um, wobei er jedem Hinweis folgte. Dann stellte er beide Bildwerke aus: Das eine wurde von

ἐπηνεῖτο, ἡ δὲ ἑτέρα ἐγελᾶτο. ὑπολαβὼν οὖν ἔφη ὁ Πολύκλειτος· »ἀλλὰ ταύτην μὲν ἣν ψέγετε ὑμεῖς ἐποιήσατε, ταύτην δὲ ἣν θαυμάζετε ἐγώ.«

Ἱππόμαχος ὁ αὐλητὴς ἐπεὶ αὐτῷ μαθητὴς αὐλῶν ἥμαρτε μὲν κατὰ τὸ αὔλημα, ἐπῃνέθη δὲ ὑπὸ τῶν παρόντων, καθίκετο αὐτοῦ τῇ ῥάβδῳ καὶ ἔφη· »κακῶς ηὔλησας· οὐ γὰρ ἂν οὗτοί σε ἐπῄνουν.«

14.9. Ξενοκράτης ὁ Χαλκηδόνιος ὑπὸ τοῦ Πλάτωνος εἰς τὸ ἄχαρι σκωπτόμενος οὐδέποτε ἠγανάκτησε, φασίν, ἀλλὰ καὶ πρὸς τὸν παροξύνοντα αὐτὸν ὑπὲρ τούτου, ἵνα τι ἀποκρίνηται τῷ Πλάτωνι, ὁ δὲ καὶ πάνυ ἐμφρόνως κατασιγάζων τὸν ἄνδρα ἔφατο· »ἀλλὰ τοῦτο ἐμοὶ συμφέρει.«

14.10. Προείλοντο τοῦ Φωκίωνος Ἀθηναῖοι τὸν Δημάδην στρατηγεῖν. ὁ δὲ προτιμηθεὶς καὶ μέγα φρονῶν, προσελθὼν τῷ Φωκίωνι »χρῆσόν μοι« ἔφη »τὴν ῥυπαρὰν χλαμύδα, ἣν εἰώθεις φορεῖν παρὰ τὴν στρατηγίαν.« καὶ ὃς »οὐδέποτε« εἶπεν »οὐδενὸς ῥυπαροῦ σὺ ἀπορήσεις, ἔστ' ἂν ᾖς τοιοῦτος.«

14.11. Φίλισκος πρὸς Ἀλέξανδρον ἔφη ποτέ· »δόξης φρόντιζε, ἀλλὰ μὴ ἔσο λοιμὸς [καὶ μὴ μεγάλη νόσος], ἀλλὰ [εἰρήνη καὶ] ὑγεία,« λέγων τὸ μὲν βιαίως ἄρχειν καὶ πικρῶς καὶ αἱρεῖν πόλεις καὶ ἀπολλύειν δήμους λοιμοῦ εἶναι, τὸ δὲ ὑγιῶς, προνοεῖσθαι τῆς σωτηρίας τῶν ἀρχομένων· εἰρήνης ταῦτα ἀγαθά.

14.12. Ὅτι ὁ Περσῶν βασιλεὺς ὁδοιπορῶν, ἵνα μὴ ἀλύῃ, φιλύριον εἶχε καὶ μαχαίριον, ἵνα ξέῃ τοῦτο. καὶ τοῦτο εἰργάζοντο αἱ χεῖρες

allen gelobt, das andere verlacht. Daraufhin sagte Polykleitos: »Das hier, was ihr tadelt, habt ihr gemacht, das aber, was ihr bewundert, ich.«

Hippomachos[S], der Flötenspieler, schlug, als ihm ein Flötenschüler einmal einen Fehler machte, von den Anwesenden aber gelobt wurde, ihn mit dem Stock und sagte: »Schlecht hast du Flöte gespielt; sonst würden diese Leute hier dich ja nicht loben!«
Hippomachos wird 2.6 als Trainer vorgestellt.

14.9. Xenokrates aus Chalkedon (Frg. 103 Heinze) war nie ungehalten, wenn Platon[P] ihn wegen seines unfreundlichen Wesens verspottete, sagt man. Ja, als ihn jemand deswegen aufstachelte, er solle Platon doch darauf antworten, brachte er den Mann sehr besonnen mit den Worten zum Schweigen: »Aber dies hilft mir doch!«
Zu Xenokrates s. o .2.41.

14.10. Es zogen dem Phokion[G] die Athener den Demades[L] als Feldherren vor. Der fühlte sich geehrt, war stolz darauf, ging dann zu Phokion und sagte: »Überlasse mir die schmutzige Chlamys[A], die du beim Dienst als Feldherr zu tragen gewohnt warst!« Der aber sagte: »Niemals wird dir etwas Schmutziges fehlen, solange du ein solcher Mensch bist!« (Demades Frg. 44 de Falco).

14.11. Philiskos sagte einmal zu Alexandros (d. Gr.)[G]: »Trachte nach Ruhm, aber sei keine Pest, sondern Gesundheit!« Er sagte, dass das gewaltsame und strenge Herrschen, das Erobern von Städten und das Vernichten von Völkern der Pest zu eigen sei, gesund aber Vorsorge für das Wohl der Untertanen zu treffen; dies sei das Gute des Friedens.

14.12. (Man liest,) dass der Perserkönig, wenn er unterwegs war, um nicht untätig zu sein, ein Lindenholzbrettchen und ein Messerchen dabei hatte, um jenes zu glätten. Damit waren die Hände des Kö-

αἱ βασιλικαί· πάντως γὰρ οὐκ εἶχεν οὐ βιβλίον, οὐ διάνοιαν, ἵν' ἢ σπουδαῖόν τι καὶ σεμνὸν ἀναγινώσκῃ ἢ γενναῖόν τι καὶ λόγου ἄξιον βουλεύηται.

14.13. Πολλοῖς καὶ πολλάκις χρῆται τοῖς ἀντιθέτοις ὁ Ἀγάθων. ἐπεὶ δέ τις οἷον ἐπανορθούμενος αὐτὸν ἐβούλετο περιαιρεῖν αὐτὰ τῶν ἐκείνου δραμάτων, εἶπεν· »ἀλλὰ σύ γε, γενναῖε, λέληθας σεαυτὸν τὸν Ἀγάθωνα ἐκ τοῦ Ἀγάθωνος ἀφανίζων.« οὕτως ἐκόμα ἐπὶ τούτοις ἐκεῖνος, καὶ ᾤετο τὴν ἑαυτοῦ τραγῳδίαν ταῦτα εἶναι.

14.14. Στρατόνικον τὸν κιθαρῳδὸν ὑπεδέξατό τις ἀμφιλαφῶς· ὁ δὲ ὑπερήσθη τῇ κλήσει· καὶ γὰρ ἔτυχεν οὐκ ἔχων καταγωγήν, ἅτε εἰς ξένην ἀφικόμενος· ὑπερησπάζετο γοῦν τὸν ἄνδρα διὰ τὸ πρόχειρον τῆς κοινωνίας τῆς κατὰ τὴν στέγην. ἐπεὶ δὲ καὶ ἄλλον εἶδεν εἰσιόντα καὶ ἄλλον, καὶ τρόπον τινα ἄκλειστον αὐτοῦ τὴν οἰκίαν πᾶσι τοῖς καταλύειν προῃρημένοις, ἐνταῦθα ὁ Στρατόνικος ἔφη πρὸς τὸν ἀκόλουθον· »ἀπίωμεν ἐντεῦθεν, ὦ παῖ· ἐοίκαμεν γὰρ ἀντὶ περιστερᾶς ἔχειν φάτταν, ὑπὲρ οἰκίας εὑρόντες πανδοκεῖον.«

14.15. Λόγος τις διεφοίτα λέγων τοὺς Σωκράτους λόγους ἐοικέναι τοῖς Παύσωνος γράμμασι. καὶ γάρ τοι καὶ Παύσωνα τὸν ζωγράφον ἐκλαβόντα παρά τινος γράψαι ἵππον καλινδούμενον, τὸν δὲ γράψαι τρέχοντα. ἀγανακτοῦντος οὖν τοῦ τὸ πινάκιον ἐκδόντος ὡς παρὰ τὰς ὁμολογίας γράψαντος, ἀποκρίνασθαι τὸν ζωγράφον ὅτι »στρέψον τὸ πινάκιον καὶ [ὁ] καλινδούμενος

nigs beschäftigt; er hatte nämlich überhaupt kein Buch und keinen Verstand, damit er etwas Ernsthaftes und Ehrenwertes lese oder der ihn zu einem edlen oder der Rede werten Gedanken befähigte.

14.13. Viel und oft nutzt Agathon[L] (*TrGF* 39 T 24) Antithesen. Als jemand zur Verbesserung die Antithesen aus seinen Werken beseitigen wollte, sagte er: »Aber du, mein Lieber, hast vergessen, dass du so den Agathon aus dem Agathon ausmerzt!« So stolz war jener darauf und glaubte, dass darin das Wesen seiner Tragödien liege.

Die Vorliebe des Tragödiendichters Agathon für Antithesen parodiert Aristophanes, Thesmophoriazusen *146–147.*

14.14. Der Kitharoide[K] Stratonikos[K] war von jemandem mit offenen Armen aufgenommen worden. Er war über die Einladung sehr froh, denn er hatte gerade keine Bleibe, da er in ein fremdes Land gekommen war. Er war dem Mann also überaus dankbar für die Bereitwilligkeit, mit der er ihn aufgenommen hatte. Als er aber sah, dass einer nach dem anderen in das Haus kam, es also gleichsam jedem, der einkehren wollte, offen stand, sagte Stratonikos zu seinem Gefolgsmann: »Wir wollen von hier weggehen, mein Junge; wir haben offenbar statt einer Taube eine Wildtaube erwischt, statt eines Wohnhauses ein Gasthaus gefunden!«

Den Vergleich von Taube und Wildtaube bietet schon Platon, Theaitetos *199b; Ailianos verwendet ihn auch in* Brief *19.*

14.15. Es ging ein Wort um, dass die Worte des Sokrates[P] den Bildern von Pauson[K] glichen. Der Maler Pauson habe nämlich einmal von jemandem den Auftrag übernommen, ein Pferd zu malen, das sich wälzt, habe aber eines gemalt, das läuft. Als sich nun der Besteller des Bildes beschwerte, der Maler habe gegen die Vereinbarung gearbeitet, habe der Maler geantwortet: »Drehe das Bild um, und das laufende Pferd wird eines, das sich wälzt!« Auch die Worte

ἔσται σοι ὁ τρέχων.« καὶ τὸν Σωκράτην μὴ σαφῶς διαλέγεσθαι. εἰ γοῦν τις αὐτοῦ τοὺς λόγους στρέψαι, ὀρθότατα ἔχειν. οὐκ ἐβούλετο δὲ ἄρα ἀπεχθάνεσθαι τούτοις, πρὸς οὓς διελέγετο, καὶ διὰ τοῦτο αἰνιγματώδεις αὐτοὺς παρείχετο καὶ πλαγίους.

14.16. Ἱππόνικος ὁ Καλλίου ἐβούλετο ἀνδριάντα ἀναστῆσαι τῇ πατρίδι ἀνάθημα. ἐπεὶ δέ τις συνεβούλευσε παρὰ Πολυκλείτῳ κατασκευάσαι τὸ ἄγαλμα, οὐκ ἔφη προσέξειν τοιούτῳ ἀναθήματι, οὗ τὴν δόξαν οὐχ ὁ ἀναθεὶς ἀλλ᾽ ὁ ποιήσας ἕξει. δῆλον γὰρ ὡς οἱ ὁρῶντες τὴν τέχνην ἔμελλον τὸν Πολύκλειτον ἀλλ᾽ οὐκ ἐκεῖνον ἄγασθαι.

14.17. Σωκράτης ἔλεγεν Ἀρχέλαον εἰς τὴν οἰκίαν τετρακοσίας μνᾶς ἀναλῶσαι, Ζεῦξιν μισθωσάμενον τὸν Ἡρακλεώτην, ἵνα αὐτὴν καταγράφοι, εἰς ἑαυτὸν δὲ οὐδέν. διὸ πόρρωθεν μὲν ἀφικνεῖσθαι σὺν πολλῇ <τῇ> σπουδῇ τοὺς βουλομένους θεάσασθαι τὴν οἰκίαν· δι᾽ αὐτὸν δὲ Ἀρχέλαον μηδένα εἰς Μακεδόνας στέλλεσθαι, ἐὰν μή τινα ἀναπείσῃ χρήμασι καὶ δελεάσῃ, ὑφ᾽ ὧν οὐκ ἂν αἱρεθῆναι τὸν σπουδαῖον.

14.18. Ἀνὴρ Χῖος ὀργιζόμενος τῷ οἰκέτῃ »ἐγώ σε« ἔφη »οὐκ εἰς μύλην ἐμβαλῶ, ἀλλ᾽ εἰς Ὀλυμπίαν ἄξω.« πολλῷ γὰρ ᾤετο πικροτέραν, ὡς τὸ εἰκός, εἶναι τιμωρίαν ἐκεῖνος ἐν Ὀλυμπίᾳ θεώμενον ὑπὸ τῆς ἀκτῖνος ὀπτᾶσθαι ἢ ἀλεῖν μύλῃ παραδοθέντα.

14.19. Ἀρχύτας τά τε ἄλλα ἦν σώφρων καὶ οὖν καὶ τὰ ἄκοσμα ἐφυλάττετο τῶν ὀνομάτων. ἐπεὶ δέ ποτε ἐβιάζετό τι εἰπεῖν τῶν ἀπρεπῶν, οὐκ ἐξενικήθη, ἀλλ᾽ ἐσιώπησε μὲν αὐτό, ἐπέγραψε δὲ κατὰ τοῦ τοίχου, δείξας μὲν ὃ εἰπεῖν ἐβιάζετο, οὐ μὴν βιασθεὶς εἰπεῖν.

des Sokrates seien nicht klar gewesen, doch wenn man sie umgedreht hätte, seien sie ganz richtig geworden. Er wollte nämlich nicht bei denen verhasst werden, mit denen er sich unterhielt, und machte deshalb seine Worte rätselhaft und schief.

14.16. Hipponikos, Sohn des Kallias[G], wollte für das Vaterland eine Statue weihen. Als ihm aber jemand riet, das Bildwerk bei Polykleitos[K] anfertigen zu lassen, sagte er, dass er nicht an ein Standbild denke, wo den Ruhm nicht der Weihende, sondern der Künstler habe. Es war ja offenkundig, dass die Betrachter des Kunstwerkes Polykleitos und nicht ihn bewundern würden.

14.17. Sokrates[P] sagte, dass Archelaos[G] für sein Haus 400 Minen[A] ausgegeben habe, indem er den Zeuxis[K] aus Herakleia damit beauftragte habe, es auszumalen, für sich selbst aber gar nichts. Deshalb kämen zwar von überall her alle beliebigen Leute mit großem Eifer, um das Haus zu besichtigen, doch wegen Archelaos reise keiner nach Makedonien, wenn der ihn nicht mit Geld locke und mit Mitteln ködere, mit denen ein anständiger Mensch sich wohl nicht gewinnen lasse.

14.18. Ein Mann aus Chios, der seinem Sklaven zürnte, sagte: »Ich werde dich nicht in die Mühle, sondern nach Olympia bringen!« Er hielt es nämlich, wie es scheint, für eine härtere Strafe, in Olympia[S] als Zuschauer in der Sonne zu braten als einer Mühle als Mühlenarbeiter Mahlen übergeben worden zu sein.

14.19. Archytas (*VS* 47 A 11) war auch sonst züchtig und hütete sich insbesondere vor unanständigen Worten. Wenn er sich einmal gezwungen sah, etwas Anstößiges zu sagen, ließ er sich nicht dazu hinreißen, sondern verschwieg es, schrieb es aber an die Wand, womit er zeigte, was auszusprechen er sich gezwungen sah, aber nicht aussprach.

14.20. Συβαρίτης ἀνὴρ παιδαγωγός – καὶ γὰρ οὖν μετὰ τῶν ἄλλων Συβαριτῶν καὶ αὐτοὶ ἐτρύφων –, τοῦ παιδὸς ὃν ἦγε διὰ τῆς ὁδοῦ ἰσχάδι περιτυχόντος καὶ ἀνελομένου, ἐπέπληξεν αὐτῷ ἰσχυρότατα· γελοιότατα δὲ αὐτὸς τὸ εὕρημα παρὰ τοῦ παιδὸς ἁρπάσας κατέτραγεν. ὅτε τοῦτο ἀνελεξάμην ἐν ἱστορίαις Συβαριτικαῖς, ἐγέλασα· ἔδωκα δὲ αὐτὸ εἰς μνήμην, μὴ βασκήνας διὰ φιλανθρωπίαν γελάσαι καὶ ἄλλον.

14.21. Ὅτι Οἴαγρός τις ἐγένετο ποιητὴς μετ' Ὀρφέα καὶ Μουσαῖον, ὃς λέγεται τὸν Τρωϊκὸν πόλεμον πρῶτος ᾆσαι, μεγίστης οὗτος ὑποθέσεως λαβόμενος καὶ ἐπιτολμήσας ταύτῃ.

14.22. Ὅτι Τροιζήνιός τις τύραννος βουλόμενος ἐξελεῖν τὰς συνωμοσίας καὶ τὰς κατ' αὐτοῦ ἐπιβουλὰς ἔταξε τοῖς ἐπιχωρίοις μηδένα μηδενὶ διαλέγεσθαι μήτε κοινῇ μήτε ἰδίᾳ. καὶ ἦν τὸ πρᾶγμα ἀμήχανον καὶ χαλεπόν. ἐσοφίσαντο οὖν τὸ τοῦ τυράννου πρόσταγμα, καὶ ἀλλήλοις ἔνευον καὶ ἐχειρονόμουν πρὸς ἀλλήλους, καὶ ἐνεώρων δριμὺ καὶ αὖ πάλιν γαληναῖον καὶ βλέμμα φαιδρόν· καὶ ἐπὶ τοῖς σκυθρωποῖς καὶ ἀνηκέστοις ἕκαστος αὐτῶν συνωφρυωμένος ἦν δῆλος, τὸ τῆς ψυχῆς πάθος ἐκ τοῦ προσώπου τῷ πλησίον διαδεικνύς. ἐλύπει τὸν τύραννον καὶ ταῦτα, καὶ ἐπίστευε τέξεσθαί τι αὐτῷ πάντως κακὸν καὶ τὴν σιωπὴν διὰ τὸ τῶν σχημάτων ποικίλον. ἀλλ' οὖν ἐκεῖνος καὶ τοῦτο κατέπαυσε. τῶν τις οὖν ἀχθομένων τῇ ἀμηχανίᾳ καὶ δυσφορούντων καὶ τὴν μοναρχίαν καταλῦσαι διψώντων ἀφίκετο εἰς τὴν ἀγοράν, εἶτα ἔκλαε στὰς πολλοῖς ἅμα καὶ θαλεροῖς τοῖς δακρύοις. περιέστησαν οὖν αὐτὸν καὶ περιῆλθον τὸ πλῆθος καὶ

14.20. Ein Pädagoge[A] aus Sybaris[G] – mit den anderen Sybariten lebten auch die Pädagogen in Luxus – begleitete einen Jungen auf dem Weg, und als dieser eine Feige fand und aufhob, schimpfte er ihn kräftig. Lächerlicherweise aber nahm er den Fund dem Jungen weg und aß ihn auf. Als ich dies in den sybaritischen Forschungen las, musste ich lachen. In Erinnerung gerufen habe ich es, weil ich in meiner Menschenliebe auch anderen nicht vorenthalten will zu lachen.

14.21. (Man liest,) dass ein gewisser Oiagros[L] Dichter nach Orpheus und Musaios war. Er soll als erster den Troianischen Krieg besungen haben, also ein so großes Thema genommen und es gewagt haben.
Der mythische Dichter Oiagros wird sonst oft als Vater des ebenfalls mythischen Sängers Orpheus bezeichnet.

14.22. (Man liest,) dass ein Tyrann aus Troïzen die Verschwörungen und Anschläge gegen sich beenden wollte und darum den Landesbewohnern gebot, dass niemand mehr mit einem anderen reden dürfe, weder öffentlich noch privat. Das war eine unmögliche und schwierige Sache. Sie also umgingen schlau den Befehl des Tyrannen und gaben sich mit Kopf und Händen Zeichen, sahen sich finster an, dann wieder heiter und mit hellem Blick. Bei Kummer und Not zog ein jeder von ihnen offen sichtbar die Augenbrauen zusammen und zeigte seinen Mitmenschen den Schmerz seiner Seele durch den Gesichtsausdruck. Den Tyrannen störte auch das; er war überzeugt, dass auch das Schweigen mit seiner bunten Vielfalt an Gebärden irgendein Unheil für ihn hervorbringen werde. Jener also machte auch dem ein Ende; einer von denen aber, die über diese Unmöglichkeit verbittert und zornig waren und die Alleinherrschaft beseitigen wollten, kam auf die Agora[A], stellte sich hin und weinte mit vielen dicken Tränen. Die Menge umringte ihn von allen Seiten und brach ihrerseits ebenfalls in Tränen aus.

ὀδυρμῷ κἀκεῖνοι συνείχοντο. ἧκεν ἀγγελία παρὰ τὸν τύραννον ὡς οὐδεὶς αὐτῶν χρῆται νεύματι οὐκέτι, δάκρυα δὲ αὐτοῖς ἐπιχωριάζει. ὁ δὲ ἐπειγόμενος καὶ τοῦτο παῦσαι, μὴ μόνον τῆς γλώττης καταγινώσκων δουλείαν μηδὲ μόνον τῶν νευμάτων ἀλλ' ἤδη καὶ τοῖς ὀφθαλμοῖς τὴν ἐκ φύσεως ἀποκλείων ἐλευθερίαν, ᾗ ποδῶν εἶχεν ἀφίκετο σὺν τοῖς δορυφόροις, ἵνα ἀναστείλῃ τὰ δάκρυα. οἱ δὲ οὐκ ἔφθασαν ἰδόντες αὐτὸν καὶ τὰ ὅπλα τῶν δορυφόρων ἁρπάσαντες τὸν τύραννον ἀπέκτειναν.

14.23. Κλεινίας ἀνὴρ ἦν σπουδαῖος τὸν τρόπον, Πυθαγόρειος δὲ τὴν σοφίαν. οὗτος εἴ ποτε εἰς ὀργὴν προήχθη καὶ εἶχεν αἰσθητικῶς ἑαυτοῦ εἰς θυμὸν ἐξαγομένου, παραχρῆμα πρὶν ἢ ἀνάπλεως αὐτῷ ἡ ὀργὴ καὶ ἐπίδηλος γένηται ὅπως διάκειται, τὴν λύραν ἁρμοσάμενος ἐκιθάριζε. πρὸς δὲ τοὺς πυνθανομένους τὴν αἰτίαν ἀπεκρίνετο ἐμμελῶς ὅτι »πραΰνομαι.« δοκεῖ δέ μοι καὶ ὁ ἐν Ἰλιάδι Ἀχιλλεύς, ὁ τῇ κιθάρᾳ προσᾴδων καὶ τὰ κλέα τῶν προτέρων διὰ τοῦ μέλους εἰς μνήμην ἑαυτῷ ἄγων, τὴν μῆνιν κατευνάζειν· μουσικὸς γὰρ ὢν τὴν κιθάραν πρώτην ἐκ τῶν λαφύρων ἔλαβε.

14.24. Χρημάτων κατεφρόνησαν καὶ μεγαλοφροσύνην ἐπεδείξαντο ὁρῶντες ἐν πενίᾳ τοὺς πολίτας ὄντας πλουτοῦντες αὐτοὶ ἐν μὲν Κορίνθῳ Θεοκλῆς καὶ Θρασωνίδης, ἐν δὲ Μιτυλήνῃ Πρᾶξις. καὶ οὖν καὶ ἄλλοις συνεβούλευον ἐπικουφίσαι τῆς πενίας τὴν ἀνάγκην τοῖς ἀπορουμένοις. ἐπεὶ δὲ οὐκ ἔπειθον, ἀλλ' αὐτοί γε τὰ ἑαυτῶν ἀφῆκαν χρέα, καὶ ὤνηντο οὐκ εἰς ἀργύριον, ἀλλ' εἰς αὐτὴν τὴν ψυχήν· οἱ γὰρ μὴ ἀφεθέντες ἐπιθέμενοι τοῖς δανείσασι,

Zu dem Tyrannen kam die Meldung, dass niemand von ihnen mehr Zeichen mit dem Kopf gebe, doch jetzt Tränen üblich seien. Es drängte ihn, auch das zu beenden und nicht nur die Zunge und die Gesten zur Sklaverei zu verurteilen, sondern gar auch den Augen ihre von der Natur gegebene Freiheit zu beschneiden. So schnell er konnte, eilte er mit seinen Leibwächtern heran, um die Tränen abzuschaffen. Die Leute aber hatten ihn noch kaum erblickt, da raubten sie den Leibwächtern die Waffen und töteten den Tyrannen.

14.23. Kleinias war ein rechtschaffener Mann von seiner Art her, ein Pythagoreer[P] von der Philosophie her. Wenn ihn einmal der Zorn packte und er bemerkte, dass er sich in Wut steigerte, stimmte er sofort, bevor ihn der Zorn ganz erfüllt hatte und deutlich wurde, wie er gelaunt war, seine Lyra (Kithara[K]) und spielte auf ihr. Wenn ihn jemand nach dem Grund fragte, antwortete er schlagfertig: »Ich beruhige mich.« Mir scheint, dass auch Achilleus in der *Ilias*, wenn er zur Kithara singt und sich im Lied den Ruhm der Vorfahren in Erinnerung ruft, seinen Zorn besänftigt (Homer, *Ilias* 9.186). Musisch begabt, wie er war, hatte er ja als erstes die Kithara aus den Beutestücken genommen.
Vgl. Athenaios 624a (Chamaileon Frg. 4 Wehrli). Achilleus hatte die Kithara von Eëtion aus Imbros, einem Freund des Priamos, als Lösegeld für dessen von Achilleus gefangen genommenen Sohn Lykaon erhalten.

14.24. Geld verachteten und großzügig zeigten sich, wenn sie sahen, wie die Bürger Mangel litten, sie selbst aber reich waren, in Korinth Theokles und Thrasonides, in Mitylene Praxis. Sie gaben so auch anderen den Ratschlag, den Mittellosen die Not der Armut zu erleichtern. Als sie das nicht mit Überredung schafften, erließen sie selbst den Armen ihre Schulden. Dies nützte zwar ihren Finanzen nichts, wohl aber ihrer Seele. Die nicht Entschuldeten

προβαλόμενοι τῆς ὀργῆς τὰ ὅπλα καὶ εὐλογωτάτην χρείαν τὴν ἄμαχον καὶ τὴν ἐκ τῶν ἐπειγόντων ἀνάγκην, ἀπέκτειναν τοὺς δανειστάς.

14.25. Ἐστασίασάν ποτε πρὸς ἀλλήλους οἱ Χῖοι, ἀνδρειότατα νοσήσαντες νόσον ταύτην βαρυτάτην. ἀνὴρ οὖν ἐν αὐτοῖς πολιτικὸς τὴν φύσιν πρὸς τοὺς σπουδάζοντας τῶν ἑταίρων πάντας ἐκβάλλειν τοὺς ἐναντίους »μηδαμῶς« ἔφη· »ἀλλ' ἐπεὶ κεκρατήκαμεν, ὑπολειπώμεθά τινας, ἵνα μὴ τοῦ χρόνου προϊόντος, οὐκ ἔχοντες ἀντιπάλους, ἡμῖν αὐτοῖς ἀρξώμεθα πολεμεῖν.« καὶ εἰπὼν ἔπεισε· καὶ γὰρ ἔδοξε καλῶς λέγειν, ἐπεὶ οὕτως ἔλεγεν.

14.26. Ἀρκεσίλαον τὸν ἐξ Ἀκαδημίας Ἀνταγόρας ὁ ποιητὴς ἐλοιδορεῖτο προσφθαρεὶς αὐτῷ, καὶ ταῦτα ἐν τῇ ἀγορᾷ· ὁ δὲ σφόδρα μεγαλοφρόνως, ἔνθα ἑώρα μάλιστα συνεστῶτας πολλούς, ἐνταῦθα ἐπορεύετο διαλεγόμενος, ἵνα ὁ λοιδορῶν ἐν πλείοσιν ἀσχημονῇ. οἱ γοῦν ἀκούοντες ἀπεστρέφοντο καὶ μανίαν ἐπεκάλουν τῷ Ἀνταγόρᾳ.

14.27. Ἐγὼ δὲ ἐπαινῶ μάλιστα ἐκείνους, ὅσοι τὰ ὑποφυόμενα τῶν κακῶν φθείροντες ἀεί, ταῦτα ἐκκόπτουσι πρὶν ἢ δυνάμεώς τινος ἐπιλαβέσθαι. Ἀγησίλαος γοῦν συνεβούλευσεν ἀκρίτως ἀποκτείνειν τοὺς συνιόντας νύκτωρ ὑπὸ τὴν τῶν Θηβαίων εἰσβολήν.

14.28. Ὠνείδισέ τις τῷ ῥήτορι Πυθέᾳ ὅτι κακός ἐστιν. ὁ δὲ οὐκ ἠρνήσατο· τὸ γὰρ συνειδὸς οὐκ ἐπέτρεπεν αὐτῷ. ἀπεκρίνατο δὲ ἐκεῖνο, ἐλάχιστον χρόνον τῶν πεπολιτευμένων Ἀθήνησι

fielen nämlich mit den Waffen des Zorns und – der zwingendste Grund – ihrer aus der drückenden Lage entstandenen Not über ihre Gläubiger her und töteten sie.

14.25. In einem Bürgkrieg befanden sich einmal die Bewohner von Chios und litten heftig unter dieser sehr schweren Krankheit. Es gab nun aber unter ihnen einen Mann, einen geborenen Politiker, der zu seinen Gefährten sagte, als diese alle Gegner vertreiben wollten: »Keinesfalls! Nachdem wir gesiegt haben, wollen wir einige übrig lassen, damit wir nicht später aus Mangel an Gegnern anfangen, gegen uns selbst Krieg zu führen.« Dies sagte er und überzeugte sie so. Er schien ihnen schön zu sprechen, wenn er so sprach.
Vgl. Plutarch, Moralia *91d–92a, wo ein gewisser Demos spricht.*

14.26. Den Arkesilaos aus der Akademie[P] beschimpfte der Dichter Antagoras[L], als er zu seinem Unglück auf diesen traf, und das noch dazu auf der Agora[A]. Der ging ganz großmütig im Gespräch dorthin, wo er besonders viele Leute zusammenstehen sah, damit sein Kritiker vor einem größeren Kreis sein übles Verhalten zeige. Als die den Antagoras hörten, wandten sie sich ab und nannten ihn verrückt.

14.27. Ich lobe in höchstem Maße diejenigen, die Übel immer schon bei ihrem ersten versteckten Anzeichen vernichten und ausrotten, bevor sie irgendwelche Macht erlangen. So gab zum Beispiel Agesilaos[G] den Rat, ohne Urteil alle hinzurichten, die während des Einfalls der Thebaner nachts zusammengekommen waren.
Vgl. Plutarch, Agesilaos *32; die Maßnahme fiel in die Zeit der Belagerung Spartas durch die Thebaner unter Epameinondas 370/69.*

14.28. Jemand warf dem Redner Pytheas[L] vor, dass er ein schlechter Mensch sei. Der leugnete das nicht, da er sich dessen bewusst war, wandte aber ein, dass er von den in Athen Regierenden die kürzes-

γενέσθαι κακός· μέγα φρονῶν δῆλον ὅτι μὴ διὰ τέλους ἦν τοιοῦτος, καὶ ἡγούμενος μὴ ἀδικεῖν, ἐπεὶ μὴ τοῖς πονηροτάτοις παρενεβάλλετο. εὔηθες δὲ τοῦτο τοῦ Πυθέου· οὐ γὰρ μόνον ὁ ἀδικήσας κακὸς ἀλλὰ καὶ ὁ ἐννοήσας ἀδικῆσαι, παρά γε ἐμοὶ κριτῇ.

14.29. Ὅτι Λύσανδρος ἐκόμισεν εἰς Λακεδαίμονα χρήματα καὶ ἐδίδαξε τοὺς Λακεδαιμονίους παρανομεῖν εἰς τὸ πρόσταγμα τοῦ θεοῦ τὸ κελεῦον ἄβατον εἶναι χρυσῷ καὶ ἀργύρῳ τὴν Σπάρτην. τῶν οὖν φρονούντων τινὲς διεκώλυον, φρόνημα ἔτι κεκτημένοι Λακωνικὸν καὶ Λυκούργου καὶ τοῦ Πυθίου ἄξιον· οἱ δὲ προσέμενοι διεβλήθησαν καὶ ἡ ἐξ ἀρχῆς αὐτῶν ἀρετὴ κατὰ μικρὸν ὑπέληξεν.

14.30. Ἄννων ὁ Καρχηδόνιος ὑπὸ τρυφῆς ἐν τοῖς ἀνθρώπων ὅροις οὐκ ἠξίου διαμένειν, ἀλλ' ἐπενόει φήμας ὑπὲρ ἑαυτοῦ κατασπείρεσθαι κρείττονας ἢ κατὰ τὴν φύσιν, ἥνπερ οὖν ἔλαχεν. ὄρνιθας γάρ τοι τῶν ᾠδικῶν παμπόλλους πριάμενος ἔτρεφεν ἐν σκότῳ αὐτούς, ἓν διδάσκων μάθημα λέγειν· »θεός ἐστιν Ἄννων.« ἐπεὶ δὲ ἐκεῖνοι μίαν φωνὴν ταύτην ἀκούοντες ἐγκρατεῖς ταύτης ἐγένοντο, ἄλλον ἄλλοσε διαφῆκεν, οἰόμενος διαρρεῦσαι τῶν ὀρνίθων τὸ ὑπὲρ ἑαυτοῦ μέλος. οἱ δὲ τὸ πτερὸν ἀπολύσαντες ἅπαξ καὶ ἐλευθερίας λαβόμενοι καὶ εἰς ἤθη τὰ σύντροφα αὐτοῖς ἐλθόντες, τὰ οἰκεῖα ᾖδον καὶ τὰ ὀρνίθων ἐμουσούργουν, μακρὰ χαίρειν εἰπόντες Ἄννωνι καὶ μαθήμασι τοῖς ἐν τῇ δουλείᾳ.

14.31. Πτολεμαῖος ὁ Τρύφων – τοῦτο γὰρ αὐτὸν ἐκάλουν ἐκ τοῦ βίου –, γυναικὸς ὡραίας ἐντυχεῖν αὐτῷ βουλομένης, ὁ δὲ ἔφη· »ἀπηγόρευσέ μοι ἡ ἀδελφὴ παρὰ γυναικὸς καλῆς λόγον

te Zeit schlecht gewesen sei. Offenbar war er stolz darauf, dass er nicht die ganze Zeit so gewesen sei, und glaubte, kein Unrecht zu tun, da man ihn nicht zu den Schlimmsten zähle. Töricht ist das von Pytheas: Es ist ja nicht nur, wer Böses tut, schlecht, sondern auch, wer Böses im Sinn gehabt hat, wie jedenfalls ich meine.
Zu Pytheas vgl. o. 7.7.

14.29. (Man liest,) dass Lysandros[G] in Lakedaimon das Geld eingeführt und die Lakedaimonier gelehrt habe, gegen das Gebot des Gottes zu verstoßen, das bestimmte, dass Gold und Silber aus Sparta verbannt sein solle. Einige verständige Leute gingen dagegen vor, die sich noch eine lakonische und des Lykurgos[G] und des Pythischen Gottes (Apollon von Delphi) würdige Haltung bewahrt hatten; andere aber ließen es zu. Sie aber gerieten in schlechten Ruf und ihre anfängliche Tugend schwand allmählich dahin.

14.30. Der Karthager Hanno wollte aus Luxussucht die menschlichen Grenzen für sich nicht gelten lassen, sondern plante, sich ein höheres Ansehen unter den Leuten zu verschaffen, als es der Natur zukam, die er hatte. Er kaufte sich also eine große Anzahl Singvögel, zog sie im Verborgenen auf und lehrte sie, immer nur das eine zu sagen: »Ein Gott ist Hanno!« Die Vögel bekamen nur diesen einen Satz zu hören, und als sie ihn beherrschten, ließ er sie frei und den einen hierhin, den anderen dorthin fliegen, da er meinte, die Vögel würden das Lied über ihn verbreiten. Die aber hatten kaum die Flügel ausgebreitet und ihre Freiheit wiedergewonnen, da nahmen sie wieder ihre angeborenen Gewohnheiten an und sangen ihre eigenen Vogellieder; ein großes Lebewohl sagten sie dem Hanno und den Lehren aus ihrer Gefangenschaft.

14.31. Ptolemaios (VIII.) Tryphon[G] – diesen Beinamen hatte man ihm nämlich nach seiner Lebensweise gegeben – sagte, als eine schöne Frau ihn treffen wollte: »Meine Schwester hat mir verbo-

δέξασθαι.« ἡ δὲ ἀτρέπτως πάνυ καὶ ἐμμελῶς »παρὰ καλοῦ δ' ἂν λάβοις;« εἶπε. καὶ ἐκεῖνος ἀκούσας ἐπῄνεσε.

14.32. Λακεδαιμόνοις ἀνὴρ Τιμανδρίδας ὄνομα ἀποδημήσας τὸν υἱὸν ἀπέλιπε μελεδωνὸν τῆς οἰκίας. εἶτα ἐπανελθὼν χρόνῳ ὕστερον καὶ εὑρὼν τὴν οὐσίαν ποιήσαντα ἧς ἀπέλιπε πλείω, ἔφη πολλοὺς ἀδικεῖσθαι ὑπ' αὐτοῦ θεούς τε καὶ οἰκείους καὶ ξένους· τὰ γὰρ περιττὰ τῶν ὄντων εἰς ἐκείνους ἀναλίσκεσθαι ὑπὸ τῶν ἐλευθέρων. τὸ δὲ ζῶντα μὲν φαίνεσθαι πένητα, τελευτήσαντα δὲ καταφωραθῆναι πλούσιον, ἀλλὰ τοῦτο τῶν ἐν ἀνθρώποις ἐστὶν αἴσχιστον.

14.33. Διελέγετο ὑπέρ τινων ὁ Πλάτων, παρὼν δ' ὁ Διογένης ὀλίγον αὐτῷ προσεῖχεν. ἠγανάκτησεν οὖν ἐπὶ τούτοις ὁ Ἀρίστωνος καὶ ἔφη· »ἐπάκουσον τῶν λόγων, κύον.« καὶ ὃς οὐδὲν διαταραχθεὶς »ἀλλ' ἐγὼ« εἶπεν »οὐκ ἐπανῆλθον ἐκεῖσε ὅθεν ἐπράθην, ὥσπερ οἱ κύνες,« αἰνιττόμενος αὐτοῦ τὴν εἰς Σικελίαν ἐπάνοδον. εἰώθει δέ, φασιν, ὁ Πλάτων περὶ Διογένους λέγειν, ὅτι μαινόμενος οὗτος Σωκράτης ἐστίν.

14.34. Αἰγύπτιοί φασι παρ' Ἑρμοῦ τὰ νόμιμα ἐκμουσωθῆναι· οὕτω δὲ καὶ ἕκαστοι τὰ παρ' ἑαυτοῖς σεμνύνειν προῄρηνται. δικασταὶ δὲ τὸ ἀρχαῖον παρ' Αἰγυπτίοις οἱ ἱερεῖς ἦσαν. ἦν δὲ

ten, mit einer schönen Frau ein Gespräch aufzunehmen.« Sie war aber davon unbeeindruckt und sagte geschickt: »Mit einem schönen Jungen aber würdest du es aufnehmen?« Als jener dies hörte, lobte er sie.

Ptolemaios VIII. war mit seiner Schwester Kleopatra II. verheiratet. Er wurde auch Tryphon, *»Schwelger«, genannt.*

14.32. Ein Mann aus Lakedaimon namens Timandridas war verreist und hatte seinen Sohn als Verwalter des Hauses zurückgelassen. Dann kehrte er nach einiger Zeit zurück und stellte fest, dass sein Sohn den Besitz größer gemacht hatte, als er ihn hinterlassen hatte. Da sagte er, vielen sei von jenem Unrecht getan worden, Göttern, Hausangehörigen und Gästen. Den Überfluss an Besitz würden nämlich anständige Menschen für jene ausgeben; wenn ein Mensch zu Lebzeiten arm erscheine, nach seinem Tod aber als reich entlarvt werde, sei dies die größte Schande.

14.33. Es unterhielt sich Platon[P] in Anwesenheit von Diogenes[P] über irgendeine Sache; der aber gab ihm wenig Aufmerksamkeit. Darüber empörte sich (Platon,) der Sohn des Ariston, und sagte: »Hör dir die Worte an, Hund!« Der aber wurde davon nicht beunruhigt und sagte: »Ich bin nicht dorthin zurückgekehrt, wo man mich verkauft hat, wie die Hunde.« (Diogenes Frg. 183 Mullach = 59 Giannantoni) Damit spielte er auf Platons Rückkehr nach Sizilien an. Platon aber pflegte, wie man sagt, über Diogenes zu sagen, er sei ein rasender Sokrates[P].

Mit »Hund« (griechisch kyon*) bezieht sich Platon auf die Kyniker. Nach Diogenes Laërtios 3.18–23 war Platon bei seiner ersten Sizilienreise in Sklaverei geraten und hatte freigekauft werden müssen (s. o. 2.27).*

14.34. Die Ägypter behaupten, es sei Hermes gewesen, der ihnen die Gesetze gegeben habe (vgl. *FGrHist* 655 F 104); so aber suchen alle, ihre Geschichte auszuschmücken. Richter waren in alter Zeit

τούτων ἄρχων ὁ πρεσβύτατος, καὶ ἐδίκαζεν ἅπαντας. ἔδει δὲ αὐτὸν εἶναι δικαιότατον ἀνθρώπων καὶ ἀφειδέστατον. εἶχε δὲ καὶ ἄγαλμα περὶ τὸν αὐχένα ἐκ σαπφείρου λίθου, καὶ ἐκαλεῖτο τὸ ἄγαλμα Ἀλήθεια. ἐγὼ δὲ ἠξίουν μὴ λίθου πεποιημένην καὶ εἰκασμένην τὴν Ἀλήθειαν περιφέρειν τὸν δικαστήν, ἀλλ' ἐν αὐτῇ τῇ ψυχῇ ἔχειν αὐτήν.

14.35. Ὅτι Λαῒς καὶ Ἀξίνη ἐκαλεῖτο. ἤλεγχε δὲ αὐτῆς τὸ ἐπώνυμον τοῦτο τὴν τοῦ ἤθους ἀγριότητα καὶ ὅτι πολὺ ἐπράττετο, καὶ ἔτι μᾶλλον παρὰ τῶν ξένων, ἅτε ἀπαλλαττομένων θᾶττον.

14.36. Γελᾶν δὲ ἔξεστιν ἐπὶ τοῖς μέγα φρονοῦσι διὰ τοὺς πατέρας καὶ τοὺς ἄνω τοῦ γένους, εἴ γε Μαρίου μὲν τὸν πατέρα οὐκ ἴσμεν, αὐτὸν δὲ θαυμάζομεν διὰ τὰ ἔργα, καὶ Κάτωνα δὲ καὶ Σέρβιον καὶ Ὀστίλιον καὶ Ῥωμύλον.

14.37. Φιλῶ δὲ μήτε τὰ ἀγάλματα, ὅσα ἡμῖν ἡ πλαστικὴ δείκνυσι, μήτε τὰς εἰκόνας ἀργῶς ὁρᾶν· ἔστι γάρ τι τῆς χειρουργίας σοφὸν καὶ ἐν τούτοις. καὶ πολλὰ μὲν καὶ ἄλλα δύναταί τις καταγνῶναι ἔχοντα ταύτῃ, ἐν δὲ τοῖς καὶ ἐκεῖνο· τῶν Μουσῶν οὐδεὶς οὐδέποτε οὔτε γραφικὸς ἀνὴρ οὔτε πλαστικὸς οἷός τε ἐγένετο ψευδίστατα καὶ κίβδηλα καὶ ἀλλότρια τῶν Διὸς θυγατέρων τὰ εἴδη παραστῆσαι ἡμῖν. ἢ τίς οὕτως νεανικῶς ἐμάνη δημιουργός, ὥστε ὡπλισμένας ἡμῖν ἐργάσασθαι; ὁμολογεῖ δὲ τοῦτο ὅτι δεῖ τὸν ἐν Μούσαις βίον εἰρηνικόν τε ἅμα καὶ πρᾶον εἶναι καὶ ἄξιον ἐκείνων.

bei den Ägyptern die Priester. Der älteste von ihnen war das Oberhaupt und sprach über alle Recht. Er musste ein äußerst gerechter und schonungsloser Mensch sein. Er trug um den Hals ein Bild aus Saphir, und dieses Bild hieß *Aletheia* (»Wahrheit«). Ich hielte es freilich für richtiger, wenn der Richter die Wahrheit nicht als Bild aus Stein, sondern sie selbst in der Seele trüge.
S. o. 12.4.

14.35. (Man liest,) dass (die Hetäre[A]) Laïs auch *Axine* (»Streitaxt«) genannt wurde. Es tadelte dieser Beiname ihr ungestümes Wesen, aber auch, dass sie viel Geld einnahm, und zwar besonders von den Fremden, weil die schneller wieder fort waren.
S. o. 12.5.

14.36. Nur lachen kann man über Leute, die auf ihre Väter und die Vorfahren ihrer Sippe stolz sind, wo wir doch den Vater des Marius[G] nicht kennen, ihn selbst aber wegen seiner Taten bewundern, ebenso Cato[G], Servius[G], Hostilius[G] und Romulus[G].
S. o. 12.6.

14.37. Ich billige es nicht, Werke, wie sie uns die Bildhauerei zeigt, oder Gemälde gedankenlos anzuschauen. Es ist ja auch in ihnen eine gewisse Weisheit der Kunstfertigkeit enthalten. Dass dem so ist, kann man an vielen Beispielen erkennen, darunter an folgendem: Von den Musen hat noch nie ein Maler oder ein Bildhauer es fertiggebracht, unwahre, falsche und nicht zu den Zeustöchtern passende Bilder anzufertigen. Oder hätte ein Künstler je solchen jugendlichen Unsinn getrieben, dass er sie uns in Waffen gezeigt hätte? Das aber beweist, dass ein den Musen geweihtes Leben friedlich und ruhig und ihrer würdig sein muss.
S. die Kurzversion o. 12.2. Die Musen waren Töchter des Zeus.

14.38. Ἐπαμεινώνδου τοῦ Θηβαίου πολλὰ μὲν καὶ ἄλλα καλὰ οἶδα, ἐν δὲ τοῖς καὶ τόδε· ἔλεγε πρὸς Πελοπίδαν μὴ πρότερον ἀπαλλάττεσθαι τῆς ἀγορᾶς [ἡμέρᾳ] πρὶν ἢ φίλον τοῖς ἀρχαίοις τινὰ προσπορίσαι νεώτερον.

14.39. Ὁ Περσῶν βασιλεὺς – βούλομαι γάρ τι ὑμῖν καὶ φαιδρὸν εἰπεῖν – στέφανον εἰς μύρον βάψας – διεπέπλεκτο δὲ ῥόδων ὁ στέφανος – ἔπεμψεν Ἀνταλκίδᾳ πρεσβεύοντι ὑπὲρ εἰρήνης πρὸς αὐτόν. ὁ δὲ »δέχομαι μὲν« ἔφη »τὸ δῶρον καὶ ἐπαινῶ τὴν φιλοφροσύνην, ἀπώλεσας δὲ τὴν ὀσμὴν τῶν ῥόδων καὶ τὴν τῆς φύσεως εὐωδίαν διὰ τὴν ἐκ τῆς τέχνης κιβδηλίαν.«

14.40. Ἀλέξανδρος ὁ Φεραίων τύραννος ἐν τοῖς μάλιστα ἔδοξεν ὠμότατος εἶναι. Θεοδώρου δὲ τοῦ τῆς τραγῳδίας ποιητοῦ ὑποκρινομένου τὴν Ἀερόπην σφόδρα ἐμπαθῶς, ὁ δὲ εἰς δάκρυα ἐξέπεσεν, εἶτα ἐξανέστη τοῦ θεάτρου. ἀπολογούμενος δὲ ἔλεγε τῷ Θεοδώρῳ ὡς οὐ καταφρονήσας οὐδὲ ἀτιμάσας αὐτὸν ᾤχετο, ἀλλ' αἰδούμενος εἰ τὰ μὲν ὑποκριτοῦ πάθη οἷός τε ἦν ἐλεεῖν, τὰ δὲ τῶν ἑαυτοῦ πολιτῶν οὐχί.

14.41. Ὅτι Ἀπολλόδωρος πλεῖστον ἀνθρώπων πίνων οἶνον οὐκ ἀπεκρύπτετο τὸ ἑαυτοῦ κακόν, οὐδὲ ἐπειρᾶτο περιαμπέχειν τὴν μέθην καὶ τὰ ἐξ αὐτῆς κακά, ἀλλὰ καὶ ἐκ τοῦ οἴνου ὑπαναφλεγόμενος καὶ ὑπεξαπτόμενος ἐγίνετο φονικώτερος, πρὸς τῇ φύσει καὶ τὸ πῶμα ἔχων ἐνδόσιμον.

14.38. Von Epameinondas[G] aus Theben ist mir viel Gutes bekannt, darunter auch folgendes: Er sagte zu Pelopidas, er verlasse die Agora[A] nie eher, als bis er einen (neuen) Freund zu seinen alten hinzugewonnen habe.

14.39. Der Perserkönig – ich will euch ja auch etwas Fröhliches erzählen – tauchte einen Kranz in Duftöl – der Kranz war aus Rosen gewunden – und schickte ihn dem Antalkidas, der als Gesandter zu Friedensverhandlungen zu ihm gekommen war. Der sagte: »Ich nehme das Geschenk an und ehre es als Zeichen deines Wohlwollens, doch zerstört hast du den Duft der Rosen, ihren natürlichen Wohlgeruch, durch die künstliche Verfälschung.«
Ergebnis der Verhandlungen war der sog. Antalkidas- oder Königs-Friede von 387/86.

14.40. Alexandros, der Tyrann von Pherai, schien zu den hartherzigsten Menschen zu zählen. Als aber der Tragödiendichter Theodoros[L] als Schauspieler[K] mit viel Pathos die Rolle der Aërope spielte, brach er in Tränen aus, stand auf und verließ das Theater. Als Entschuldigung sagte er zu Theodoros, dass er nicht aus Missachtung oder Geringschätzung gegangen sei, sondern aus Scham darüber, dass die Leiden eines Schauspielers ihn zu Mitleid rühren könnten, die seiner eigenen Bürger aber nicht.
Alexandros war 369–358 Tyrann von Pherai in Thessalien. Zu Theodoros als Autor und Schauspieler vgl. TrGF *I nr. 265.*

14.41. (Man liest,) dass Apollodoros am meisten von allen Menschen Wein trank und dieses sein Übel nicht verheimlichte, ja nicht einmal versuchte, die Trunkenheit und die daraus folgenden Übel zu verbergen, sondern, wenn er vom Wein allmählich erhitzt und entflammt war, noch mordlüsterner wurde, weil zu seiner natürlichen Anlage noch der Trunk kam, der ihn anstachelte.
Apollodoros war im 3. Jh. Tyrann in Kassandreia (Nordgriechenland).

14.42. Ξενοκράτης ὁ Πλάτωνος ἑταῖρος ἔλεγε μηδὲν διαφέρειν ἢ τοὺς πόδας ἢ τοὺς ὀφθάλμοὺς εἰς ἀλλοτρίαν οἰκίαν τιθέναι· ἐν ταὐτῷ γὰρ ἁμαρτάνειν τόν τε εἰς ἃ μὴ δεῖ χωρία βλέποντα καὶ εἰς οὓς μὴ δεῖ τόπους παριόντα.

14.43. Ὁ μὲν Πτολεμαῖος, φασίν, – ὁπόστος δὲ αὐτῶν, ἐᾶν δεῖ – καθήμενος ἐπὶ κύβοις καὶ πεττεύων διετέλει· εἶτά τις αὐτῷ παρεστὼς ἀνεγίνωσκε τῶν κατεγνωσμένων τὰ ὀνόματα καὶ τὰς καταδίκας αὐτῶν προσεπέλεγεν, ἵνα ἐκεῖνος παρασημήνηται τοὺς ἀξίους θανάτου. Βερενίκη δὲ ἡ γαμετὴ αὐτοῦ λαβοῦσα τὸ βιβλίον παρὰ τοῦ παιδὸς εἶτα οὐκ εἴασε διαναγνωσθῆναι τὸ πᾶν, »οὐκ ἔδει« φήσασα »πάνυ σφόδρα προσέχοντα τὴν διάνοιαν ὑπὲρ ἀνθρώπου ψυχῆς λογίζεσθαι καὶ μὴ πρὸς παιδιᾷ γινόμενον;« οὐ γὰρ ὁμοίαν εἶναι τὴν πτῶσιν τὴν τῶν κύβων καὶ τὴν τῶν σωμάτων. πρὸς ταῦτα ὁ Πτολεμαῖος ἥσθη καὶ οὐδέποτε κυβεύων μετὰ ταῦτα ὑπὲρ [τῆς] ἀνθρώπου κρίσεως ἤκουσεν.

14.44. Λακωνικὸν μειράκιον ἐπρίατο χωρίον ὑπερεύωνον, εἶτα ἐπὶ τὰς ἀρχὰς ἤχθη καὶ ἐζημιώθη. τὸ δὲ αἴτιον τῆς καταδίκης ἐκεῖνο ἦν, ἐπεὶ νέος ὢν τὸ κερδαίνειν ὀξύτατα ἑώρα. ἦν δὲ Λακεδαιμονίων ἐν τοῖς μάλιστα ἀνδρικὸν καὶ τοῦτο, μὴ πρὸς μόνους πολεμίους παρατετάχθαι ἀλλὰ καὶ πρὸς ἀργύριον.

14.45. Γυναῖκας τῶν Ἑλλήνων ἐπαινοῦμεν Πηνελόπην Ἄλκηστιν καὶ τὴν Πρωτεσιλάου, Ῥωμαίων Κορνηλίαν καὶ Πορκίαν καὶ Κλοιλίαν. ἐδυνάμην δὲ εἰπεῖν καὶ ἄλλας, ἀλλ᾽ οὐ βούλομαι τῶν μὲν Ἑλλήνων εἰπεῖν ὀλίγας, ἐπικλύσαι δὲ τοῖς τῶν Ῥωμαίων ὀνόμασιν, ὡς ἂν μή μέ τις δοκοίη χαρίζεσθαι ἐμαυτῷ διὰ τὴν πατρίδα.

14.42. Xenokrates (Frg. 95 Heinze), der Gefährte des Platon[P], sagte, es mache keinen Unterschied, ob man die Füße oder die Augen in ein fremdes Haus eindringen lasse. In gleicher Weise vergehe sich nämlich, wer an Plätze blickt, die er nicht sehen soll, und wer an Orte geht, die er nicht betreten soll.

14.43. Ptolemaios[G] – der wievielte von ihnen, muss ungesagt bleiben – saß, wie man sagt, einmal beim Würfeln und spielte ständig weiter; dann las ihm jemand, der dabei stand, die Namen der Verurteilten vor und las dazu auch die Urteilssprüche, damit jener die benenne, die den Tod verdienten. Berenike aber, seine Gattin, nahm dem Sklaven das Büchlein weg und ließ nicht zu, dass alles verlesen werde, wobei sie sagte: »Muss man nicht besonders stark die Aufmerksamkeit auf das Leben von Menschen richten und entscheiden, nicht beim Spiel?« Es sei der Fall von Würfeln nicht mit dem von Körpern vergleichbar. Das verstand Ptolemaios und hörte danach nicht mehr beim Würfeln ein Urteil über einen Menschen.
Die Anekdote handelt von Ptolemaios III. und seiner Gattin Berenike II.

14.44. Ein junger Mann aus Lakonien hatte überaus billig ein Grundstück gekauft, wurde vor die Behörden geführt und bestraft. Der Grund für die Verurteilung war, dass er trotz seiner Jugend so scharf auf den Gewinn sah. Es galt bei den Lakedaimoniern auch das als besonders männlich, nicht nur den Feinden, sondern auch dem Geld zu widerstehen.

14.45. Griechische Frauen, die wir preisen, sind Penelope, Alkestis und (Laodameia,) die Frau des Protesilaos, römische sind Cornelia[G], Porcia[G] und Cloelia[G]. Ich könnte noch weitere nennen, doch ich will nicht einige wenige griechische und eine Vielzahl von römischen Namen nennen, damit es nicht so scheint, als wolle ich mir selbst mit meinem Vaterland schmeicheln.

14.46. Οἱ Μαιάνδρῳ παροικοῦντες Μάγνητες Ἐφεσίοις πολεμοῦντες ἕκαστος τῶν ἱππέων ἦγεν αὐτῷ συστρατιώτην θηρατὴν κύνα καὶ ἀκοντιστὴν οἰκέτην. ἡνίκα δὲ ἔδει συμμῖξαι, ἐνταῦθα οἱ μὲν κύνες προπηδῶντες ἐτάραττον τὴν παρεμβολήν, φοβεροί τε καὶ ἄγριοι καὶ ἐντυχεῖν ἀμείλικτοι ὄντες· οἱ δὲ οἰκέται προπηδῶντες τῶν δεσποτῶν ἠκόντιζον. ἦν δὲ ἄρα ἐπὶ τῇ φθανούσῃ διὰ τοὺς κύνας ἀταξίᾳ καὶ τὰ παρὰ τῶν οἰκετῶν δρώμενα ἐνεργῆ. εἶτα ἐκ τρίτου ἐπῄεσαν αὐτοί.

14.46a. Μοιχὸς ἐν Γορτύνῃ ἁλοὺς ἐπὶ τὰς ἀρχὰς ἤγετο, εἶτα ἐλεγχθεὶς ἐστεφανοῦτο ἐρίῳ. ἐνόει δὲ τοῦτο τὸ στεφάνωμα κατηγορεῖν αὐτοῦ ὅτι ἄνανδρός ἐστι καὶ γύννις καὶ εἰς γυναῖκας καλός. καὶ ἔτι ἐπράττετο δημοσίᾳ καὶ ἀτιμότατος ἦν ἀπὸ τούτου καὶ οὐδενός οἱ μετῆν τῶν κοινῶν.

14.46b. Ἀφίκετο ἐξ Ἑλλησπόντου παρὰ τὴν Ἀττικὴν ἑταίραν <τὴν> Γνάθαιναν ἐραστὴς ἀνὴρ κατὰ κλέος αὐτῆς. παρὰ πότον οὖν πολὺς ἦν λαλῶν καὶ ἐδόκει φορτικός. ὑπολαβοῦσα οὖν ἡ Γνάθαινα πρὸς αὐτὸν ἔφατο· »εἶτα σὺ μέντοι λέγεις ἥκειν ἐξ Ἑλλησπόντου;« τοῦ δὲ ὁμολογήσαντος, »καὶ πῶς« εἶπεν »οὐκ ἔγνως τῶν ἐκεῖ πόλεων τὴν πρώτην;« τοῦ δὲ εἰπόντος· »καὶ τίς ἐστιν αὕτη;« ἡ δὲ ἀπεκρίνατο· »Σίγειον« καὶ ἐμμελῶς διὰ τοῦ ὀνόματος κατεσίγασεν ἄρα αὐτόν.

Die drei Griechinnen wurden wegen der Treue zu ihren Ehemännern gepriesen. Vgl. Petrocelli 1996.

14.46. Als die Bewohner von Magnesia am Mäander gegen die Ephesier Krieg führten, nahm sich jeder Reiter als Mitstreiter einen Jagdhund und einen Sklaven als Speerwerfer mit. Wenn der Kampf schon hätte beginnen sollen, sprangen die Hunde hervor und verwirrten die Schlachtordnung, furchterregend, wild und schonungslos gegen alles, was ihnen begegnete. Die Sklaven aber sprangen vor ihre Herren und warfen ihre Speere. Aufgrund der zuvor von den Hunden angerichteten Unordnung waren auch die Handlungen der Sklaven wirksam. Dann, an dritter Stelle, gingen die Reiter selbst vor.
Von einem Krieg zwischen Magnesia und Ephesos in Kleinasien wohl im 7. Jh. berichtet Strabon 14.1.40 C 467.

14.46a. Einen in Gortyn ertappten Ehebrecher brachte man vor die Behörden, und wenn er überführt war, bekränzte man ihn mit Wolle. Dieser Kranz beschuldigte ihn, wie man meinte, als unmännlich, Weichling und Frauenhelden. Auch wurden von ihm zugunsten der Gemeinde (Mittel) eingezogen; zudem war er völlig ehrlos und hatte keinen Anteil mehr an den gemeinsamen Angelegenheiten.
Kurzfassung von 12.12.

14.46b. Es kam vom Hellespont zur attischen Hetäre[A] Gnathaina ein Liebhaber wegen ihres Ruhms. Während des Trinkens schwatzte er viel und erschien aufdringlich. Da fiel ihm Gnathaina ins Wort und sagte zu ihm: »Hattest du nicht gesagt, dass du vom Hellespont kommst?« Als er bejahte, sagte sie: »Und wie kennst du dann nicht die erste der Städte dort?« Als er sagte: »Und welche ist das?«, antwortete sie »Sigeion« und brachte ihn auf geistreiche Art durch den Namen der Stadt zum Schweigen.
Doppelfassung zu 12.13.

14.46c. Ὡραιότατοι καὶ ἐρασμιώτατοι λέγονται γενέσθαι Ἑλλήνων μὲν Ἀλκιβιάδης, Ῥωμαίων δὲ Σκιπίων. λέγουσι δὲ Δημήτριον τὸν Πολιορκητὴν ὥρας ἀμφισβητῆσαι. Ἀλέξανδρον δὲ τὸν Φιλίππου ἀπραγμόνως ὡραῖον γενέσθαι λέγουσι. τὴν μὲν γὰρ κόμην ἀνασεσύρθαι αὐτῷ, ξανθὴν δὲ εἶναι· ὑπαναφύεσθαι δέ τι ἐκ τοῦ εἴδους φοβερὸν τῷ Ἀλεξάνδρῳ λέγουσιν.

14.46d. Ὅτι κάλαμον περιβὰς Ἀγησίλαος ἵππευε μετὰ τοῦ υἱοῦ. καὶ πρὸς τὸν γελάσαντα »νῦν μὲν σιώπα« εἶπεν, »ὅταν δὲ γένῃ πατήρ, τότε ἐξαγορεύσεις.« καὶ τὸ Εὐριπίδου δὲ οὕτως ἔχον·

παίζω. μεταβολὰς γὰρ πόνων ἀεὶ φιλῶ

φιλεταιρίας δόξαν ἠνέγκατο.

14.47. Ὅτι Ζεῦξις ὁ Ἡρακλεώτης ἔγραψε τὴν Ἑλένην. Νικόμαχος οὖν ὁ ζωγράφος ἐξεπλήττετο τὴν εἰκόνα καὶ τεθηπὼς τὸ γράμμα δῆλος ἦν. ἤρετο οὖν τις αὐτὸν προσελθὼν τί δὴ παθὼν οὕτω θαυμάζοι τὴν τέχνην. ὁ δὲ »οὐκ ἄν με ἠρώτησας« εἶπεν »εἰ τοὺς ἐμοὺς ὀφθαλμοὺς ἐκέκτησο.« ἐγὼ δ᾽ ἂν φαίην τοῦτο καὶ ἐπὶ τῶν λόγων, ἀλλ᾽ εἴ τις ἔχοι πεπαιδευμένα ὦτα, ὥσπερ οὖν οἱ χειρουργοὶ τεχνικὰ ὄμματα.

14.47a. Λέγεται Ἀλέξανδρος ὁ Φιλίππου ζηλοτυπώτατα πρὸς τοὺς ἑταίρους διατεθῆναι καὶ βασκαίνειν μὲν πᾶσιν, οὐ μὴν διὰ τὰς αὐτὰς αἰτίας. ἀπήχθετο γὰρ Περδίκκᾳ μὲν ὅτι ἦν πολεμικός, Λυσιμάχῳ δὲ ἐπεὶ στρατηγεῖν ἀγαθὸς ἐδόκει, Σελεύκῳ δὲ

14.46c. Die schönsten und anmutigsten Männer waren, wie man sagt, unter den Griechen Alkibiades[G], unter den Römern Scipio[G]. Auch Demetrios Poliorketes[G] erhob, heißt es, Anspruch auf Schönheit. Alexandros (d. Gr.)[G], Sohn des Philippos (II.)[G], soll von natürlicher Schönheit gewesen sein, seine Haare waren, wie man sagt, lockig gewesen und er war blond. Aber darunter zeigte sich, wie man sagt, etwas Schreckenerregendes im Aussehen des Alexandros.
Kurzfassung von 12.14.

14.46d. (Man liest,) dass Agesilaos[G], auf einem Rohrstock sitzend, mit seinem Sohn ritt. Zu einem, der lachte, sagte er: »Jetzt sei still! Wenn du einmal Vater bist, dann magst du deine Gedanken äußern.« Und es gibt den Vers des Euripides[L], der wie folgt lautet:

»Ich spiele. Abwechslung bei den Mühen liebe ich ja immer.«
(Euripides, Frg. 864 Nauck)

Den Ruf der Liebe zu den Gefährten hatte er.
Kombination aus zwei Teilen von 12.15.

14.47. (Man liest,) dass Zeuxis[K] aus Herakleia die Helena gemalt hatte. Der Maler Nikomachos[K] war voller Staunen über das Bild und bewunderte das Gemälde offensichtlich. Es fragte ihn jemand, der dazukam, was er erlebe, dass er das Kunstwerk so bewundere. Er sagte: »Du würdest mich nicht fragen, wenn du meine Augen besäßest.« Dasselbe würde ich auch von den *Logoi*[L] sagen, doch nur, wenn einer mit gebildeten Ohren hört, wie die Schöpfer von Kunstwerken mit Künstler-Augen sehen.
Vgl. Plutarch Frg. 134(= Stobaios 4.20.34).

14.47a. Alexandros (d. Gr.)[G], Sohn des Philippos (II.)[G], war, sagt man, stets sehr eifersüchtig auf seine Gefährten und beneidete sie alle, freilich nicht aus denselben Gründen. Er hasste den Perdikkas[G], weil der ein Kriegsmann war, den Lysimachos[G], weil er ein guter Heerführer zu sein schien, und den Seleukos (I.)[G], weil er

ἐπεὶ ἀνδρεῖος ἦν· Ἀντιγόνου δὲ αὐτὸν ἐλύπει τὸ φιλότιμον, Ἀντιπάτρου δὲ ἤχθετο τῷ ἡγεμονικῷ, Πτολεμαίου δὲ τὸ δεξιὸν ὑφωρᾶτο, Ἀταρρίου ἐδεδίει τὸ ἄτακτον, τό γε μὴν νεωτεροποιὸν Πείθωνος.

14.47b. Ὅτι μέγαν τὸ σῶμα καὶ ἰδεῖν τοιοῦτον οἷον ἐκπλῆξαι γενέσθαι λέγεται Τίτορμον, γενναῖον δὲ οὕτως ὡς ἐλθόντα εἰς ἀγέλην ἀτιμαγέλην ταῦρον καὶ ὑβριστὴν λαβεῖν τοῦ ποδὸς ὡς μὴ ἀποδρᾶναι δύνασθαι βουλόμενον, καὶ παριόντα ἕτερον τῇ ἑτέρᾳ χειρὶ συναρπάσαι. ἅπερ οὖν θεασάμενος Μίλων ὁ Κροτωνιάτης ἀνατείνας εἰς τὸν οὐρανὸν τὰς χεῖρας »ὦ Ζεῦ,« ἔφατο »μὴ καὶ τοῦτον Ἡρακλῆ ἡμῖν ἔσπειρας;« ἐντεῦθεν τὸ τῆς παροιμίας· »ἄλλος οὗτος Ἡρακλῆς.«

14.48. Ὅτι Φίλιππος τῶν ἐν Μακεδονίᾳ δοκιμωτάτων τοὺς υἱεῖς παραλαμβάνων περὶ τὴν ἑαυτοῦ θεραπείαν εἶχεν, οὔτι που, φασίν, ἐνυβρίζων αὐτοῖς οὐδὲ διευτελίζων, ἀλλ᾽ ἐκ τῶν ἐναντίων καρτερικοὺς αὐτοὺς ἐκπονῶν καὶ ἑτοίμους πρὸς τὸ τὰ δέοντα πράττειν ἀποφαίνων. πρὸς δὲ τοὺς τρυφῶντας αὐτῶν καὶ εἰς τὰ ἐπιταττόμενα ῥᾳθύμως ἔχοντας διέκειτο, φασί, πολεμίως. Ἀφθόνητον γοῦν ἐμαστίγωσεν, ὅτι τὴν τάξιν ἐκλιπὼν ἐξετράπετο τῆς ὁδοῦ ὡς διψήσας καὶ παρῆλθεν εἰς πανδοκέως. καὶ Ἀρχέδαμον ἀπέκτεινεν, ὅτι προστάξαντος αὐτοῦ ἐν τοῖς ὅπλοις συνέχειν ἑαυτόν, ὁ δὲ ἀπεδύσατο· ἤλπισε γὰρ διὰ τῆς κολακείας καὶ ὑποδρομῆς χειρώσασθαι τὸν βασιλέα, ἅτε ἀνὴρ ἥττων τοῦ κερδαίνειν ὤν.

14.48a. Ὅτι Πλάτων ἰδὼν Ἀκραγαντίνους οἰκοδομοῦντας πολυτελῶς καὶ ὁμοίως δειπνοῦντας εἶπεν· »Ἀκραγαντῖνοι

tapfer war. An Antigonos (I.)[G] schmerzte ihn der Ehrgeiz. An Antipatros[G] hasste er ein Führungstalent und an Ptolemaios (I.)[G] die Gewandtheit; bei Atarrhios fürchtete er den Mangel an Ordnung und bei Peithon die aufständische Gesinnung.
Vgl. die Kurzfassung 12.16.

14.47b. (Man liest,) dass Titormos von riesiger Statur war, so dass ihn so zu sehen Furcht erregte, wie man sagt; er war so stark, dass er zu einer Herde ging und den größten wilden Stier am Bein griff, so dass der nicht weglaufen konnte, auch wenn er wollte; und einen anderen (Stier), der herankam, packte er mit der anderen Hand. Das sah Milon[S] aus Kroton, hob die Hände zum Himmel und rief: »O Zeus, du hast uns mit diesem hier doch nicht etwa noch einen Herakles gezeugt?« Daher das Sprichwort: »Er ist ein zweiter Herakles.«
Kurzfassung von 12.22.

14.48. (Man liest,) dass Philippos (II.)[G] die Söhne der angesehensten Makedonen zu sich nahm und sie in seinem Gefolge hielt, wobei er sie nicht, wie es heißt, irgendwie missbrauchte oder demütigte, sondern im Gegenteil zu harten Männern machte und zu bereitwilliger Pflichterfüllung erzog. Denjenigen, die verweichlicht waren und seine Aufträge nachlässig ausführten, war er feindlich eingestellt, sagt man. Den Aphthonetos also züchtigte er, weil er aus Durst seine Abteilung verlassen hatte, vom Weg abgewichen und in einer Schenke eingekehrt war. Den Archedamos tötete er, weil er auf seinen Befehl, in Waffen zu bleiben, diese abgelegt hatte; jener hatte nämlich gehofft, den König durch Schmeichelei und Kriecherei schon gewonnen zu haben, und war nur aufs Beutemachen aus.

14.48a. (Man liest,) dass Platon[P], als er sah, wie aufwendig die Akragantiner ihre Häuser bauten und wie sie auch so speisten, sagte:

οἰκοδομοῦσι μὲν ὡς ἀεὶ βιωσόμενοι, δειπνοῦσι δὲ ὡς αὔριον τεθνηξόμενοι.«

»Die Akragantiner bauen, als ob sie ewig leben würden, und speisen, als ob sie morgen sterben müssten.«
Kurzfassung von 12.29.

Fragmente und Testimonien

Fragmente

Frg. 1 aus Stobaios 3.17.28
Αἰλιανοῦ ἐκ τῆς Συμμίκτου ἱστορίας· »Χρύσιππος ὁ Σολεὺς ἐποιεῖτο τὸν βίον ἐκ πάνυ ὀλίγων, Κλεάνθης δὲ καὶ ἀπὸ ἐλαττόνων.«

Frg. 2 aus Stobaios 4.25.38
Αἰλιανοῦ ἐκ τῆς Συμμίκτου ἱστορίας· »Πρώτῃ καὶ ὀγδοηκοστῇ Ὀλυμπιάδι φασὶ τὴν Αἴτνην ῥυῆναι. ὅτε καὶ Φιλόνομος καὶ Καλλίας οἱ Καταναῖοι τοὺς ἑαυτῶν πατέρας ἀράμενοι διὰ μέσης τῆς φλογὸς ἐκόμισαν, τῶν ἄλλων κτημάτων καταφρονήσαντες, ἀνθ' ὧν καὶ ἀμοιβῆς ἔτυχον τῆς ἐκ τοῦ θείου· τὸ γάρ τοι πῦρ θεόντων αὐτῶν διέστη καθ' ὃ μέρος ἐκεῖνοι παρεγίνοντο. «

Frg. 3 aus Stobaios 4.55.10
Ἐκ τῆς Αἰλιανοῦ Συμμίκτου ἱστορίας· »Ὁ Σωκράτης, ἐπεὶ τὸ κώνειον ἔμελλε πίεσθαι, τῶν ἀμφὶ τὸν Κρίτωνα ἐρομένων αὐτόν, τίνα τρόπον ταφῆναι θέλει ›ὅπως ἂν ὑμῖν‹ ἀπεκρίνατο ›ᾗ ῥᾷστον.‹ «

Fragmente und Testimonien

Fragmente

Frg. 1 aus Stobaios 3.17.28

Von Ailianos aus der *Vermischten Forschung*: »Chrysippos von Soloi[P] führte sein Leben mit ganz wenig, Kleanthes[P] aber mit noch weniger (*SVF* 469).«

Chrysippos und Kleanthes waren stoische Philosophen.

Frg. 2 aus Stobaios 4.25.38

Von Ailianos aus der *Vermischten Forschung*: »In der 81. Olympiade (456) ist, so sagt man, der Ätna ausgebrochen. Damals hoben Philonomos und auch Kallias, beide Bewohner von Katane (Catania), ihre Väter auf und brachten sie mitten durch die Flamme, wobei sie die anderen Besitztümer gering schätzten, wofür sie eine vom Göttlichen gewährte Belohnung erhielten: Das Feuer nämlich trat, als sie liefen, ab der Stelle auseinander, an der jene eintrafen.«

*Vgl. zum Motiv o. 3.22 sowie die Silberdenare des M. Herennius von 108/07 (*RRC* 308; s. u. S. 438): Vorderseite – Haupt der Pietas nach rechts, dahinter die Inschrift PIETAS; Rückseite – Mann, nach rechts laufend, wohl den Vater auf der Schulter tragend, dahinter die Inschrift M·HERENNI.*

Frg. 3 aus Stobaios 4.55.10

Aus der *Vermischten Forschung* des Ailianos: »Als Sokrates[P] gerade den Schierlingsbecher trinken wollte und die um Kriton ihn fragten, auf welche Weise er bestattet werden wolle, antwortete er: ›So, wie es für euch am einfachsten ist.‹ «

Frg. 4 aus Stobaios 2.31.38
Αἰλιανοῦ· »Σωκράτης ὁ γενναῖος ᾐτιᾶτο τῶν πατέρων ἐκείνους, ὅσοι <μὴ> παιδεύσαντες αὑτῶν τοὺς υἱεῖς, εἶτα ἀπορούμενοι ἦγον ἐπὶ τὰς ἀρχὰς τοὺς νεανίσκους καὶ ἔκρινον αὐτοὺς ἀχαριστίας, ὅτι οὐ τρέφονται ὑπ᾽ αὐτῶν· εἶπε γὰρ ἀδύνατον ἀξιοῦν τοὺς πατέρας, μὴ γὰρ οἵους τε εἶναι τοὺς μὴ μαθόντας τὰ δίκαια ποιεῖν αὐτά.«

Frg. 5 aus *Suda* s. v. Aselgeia (Α 4140)
καὶ Ἀσελγής, ἐπὶ ἀνέμου ὁ σφοδρῶς πνέων. »πολὺς δὲ καὶ ἀσελγὴς τίκτεται ἐκεῖθι« φησὶν Αἰλιανὸς ἐν τῷ Περὶ ποικίλης ἀφηγήσεως· »γένεσις δὲ αὐτῷ αὐλῶνες βαθεῖς καὶ φάραγγες, δι᾽ ὧν ὠθούμενος ἐκτείνει λαβρότατος.«

Frg. 6 aus *Suda* s. v. Dos (Δ 1478)
καὶ Αἰλιανὸς Ποικίλῃ ἱστορίᾳ περὶ τῶν Ῥωμαίων γυναικῶν· αἳ δεξάμεναι παρὰ Πύρρου τὰ δῶρα, ἔφασαν, ἡ δὼς αὐταῖς πρέπειν καὶ ἀξία εἶναι τοῦ πέμψαντος Πύρρου, ἀνόσιον δὲ αὐταῖς εἶναι φορεῖν.«

Frg. 7 aus *Suda* s. v. Philothentes (Φ 445)
Αἰλιανὸς Ποικίλῃ ἱστορίᾳ· »ἐπ᾽ ἐλευθερίᾳ τινὲς Ῥωμαίοις φιλωθέντες· εἶτα μέντοι τὴν πίστιν, ἥπερ οὖν δεσμός ἐστι φιλίας, οὐκ ἐτήρησαν.«

Frg. 8 aus *Suda* s. v. Kake (Κ 146)
Αἰλιανὸς Ποικίλῃ ἱστορίᾳ· »οὐδεὶς οἰκέτης μνημονεύεται κάκῃ εἴξας προδοῦναι τὸν δεσπότην.« καὶ αὖθις· »ἀνάγκης καλούσης μὴ εἴκειν κάκῃ.«

Frg. 4 aus Stobaios 2.31.38

Von Ailianos: »Der noble Sokrates[P] kritisierte diejenigen Väter, die ihre eigenen Söhne nicht erzögen, dann aber, wenn sie in Geldnot kommen, die jungen Männer vor die Behörden führten und sie wegen Undankbarkeit anschuldigten, da sie von ihnen nicht versorgt würden; er sagte nämlich, etwas Unmögliches forderten die Väter, da diejenigen, die nicht alles gelernt hätten, was gerecht ist, dies auch nicht ausführen könnten.«

Frg. 5 aus *Suda* s. v. Aselgeia (A 4140)

»Aselges« (ungehemmt) ist auch für einen stark wehenden Wind (belegt). »Viel und ungehemmt wird dort (ein Wind) geboren«, sagt Ailianos in dem Werk *Über bunte Darlegung*: »Die Entstehung von ihm sind tiefe Klüfte und Schluchten, durch die er gestoßen wird und so ganz heftig austritt.«

Frg. 6 aus *Suda* s. v. Dos (Δ 1478)

Und Ailianos (schreibt) in der *Bunten Forschung* über die Frauen der Römer: »Als sie von Pyrrhos[G] die Geschenke erhalten hatten, sagten sie, dass die Gabe ihnen gefalle und des Absenders Pyrrhos würdig sei, dass es für sie aber gegen die Religion verstoße, sie zu tragen.«

Frg. 7 aus *Suda* s. v. Philothentes (Φ 445)

Ailianos (schreibt) in der *Bunten Forschung*: »Für die Freiheit sind manche den Römern zu Freunden geworden; dann aber hielten sie die Treue, die das Band der Freundschaft ist, nicht.«

Frg. 8 aus *Suda* s. v. Kake (K 146)

Ailianos (schreibt) in der *Bunten Forschung*: »Kein Haussklave ist in der Erinnerung, der dem Übel nachgab, den Herrn zu verraten.« Und wiederum: »Wenn die Notwendigkeit ruft, darf man dem Übel nicht nachgeben.«

Ähnlich Frg. 264 aus Suda s. v. Euermia (E 3442)

Frg. 190 aus Stobaios 3.29.58
Αἰλιανοῦ· »Σόλων ὁ Ἀθηναῖος ὁ Ἐξηκεστίδου παρὰ πότον τοῦ ἀδελφιδοῦ αὐτοῦ μέλος τι Σαπφοῦς ᾄσαντος ἥσθη τῷ μέλει καὶ προσέταξε τῷ μειρακίῳ διδάξαι αὐτόν. ἐρωτήσαντος δέ τινος διὰ ποίαν αἰτίαν τοῦτο ἐσπούδασεν, ὃ δὲ ἔφη ›ἵνα μαθὼν αὐτὸ ἀποθάνω.‹ «

Testimonien zum Text

Stobaios 2.46.14 Αἰλιανοῦ ≈ 9.18

Stobaios 3.12.19 Αἰλιανοῦ ≈ 7.20

Stobaios 3.13.67 Αἰλιανοῦ = 14.3b
Τιμόθεος ὁ Κόνωνος πρὸς Ἀριστοφῶντα τὸν Ἀζηνιέα πάντων ἄριστα ἔχοντα λόγον εἶπεν. ἐπεὶ γὰρ ἄσωτος ἦν ὁ Ἀριστοφῶν, πικρότατα αὐτοῦ καθίκετο ὁ Τιμόθεος εἰπών· »ᾧ ἱκανὸν οὐδέν, τούτῳ γε αἰσχρὸν οὐδέν.«

Stobaios 3.18.29 (ohne Namensnennung) ≈ 4.13

Stobaios 3.22.6 Αἰλιανοῦ Συμμίκτου ἱστορίας ≈ 8.15

Stobaios 3.22.33 Αἰλιανοῦ Ἱστοριῶν ≈ 3.28

Stobaios 3.29.60 Αἰλιανοῦ = 7.7b
Δημοσθένης ὁ Δημοσθένους, εἰ ἔμελλε τῆς ὑστεραίας ἔσεσθαι ἐκκλησία[ς], ἀλλὰ ἐκεῖνός γε διὰ τῆς νυκτὸς ἠγρύπνει πάσης, διαφροντίζων δηλονότι καὶ ἐκμανθάνων ταῦτα ἃ ἔμελλεν ἐρεῖν. ὁ τοίνυν Πυθέας ἐκ τούτων ἐμοὶ δοκεῖν ἀπέσκωπτεν εἰς αὐτόν, ἐπιλέγων αὐτοῦ τὰ ἐνθυμήματα ἐλλυχνίων ὄζειν.

Frg. 190 aus Stobaios 3.29.58
Von Ailianos: »Solon[G] von Athen, Sohn des Exekestides, freute sich, als sein Neffe eine Weise der Sappho[L] sang, über die Weise und forderte den jungen Mann auf, ihn zu unterweisen. Als aber jemand fragte, aus welchem Grund er sich so darum bemühe, sagte er: ›Damit ich sie lerne und dann sterbe.‹ «

Testimonien zum Text (s. o. S. 27)

Stobaios 2.46.14 »von Ailianos« ≈ 9.18

Stobaios 3.12.19 »von Ailianos« ≈ 7.20

Stobaios 3.13.67 »von Ailianos« = 14.3b.
Timotheos[G], Sohn des Konon, machte die bestmögliche Bemerkung gegenüber Aristophon aus Azenia. Da Aristophon ein Verschwender war, griff Timotheos ihn sehr bitter an und sagte: »Wem nichts genug ist, für den ist auch nichts schimpflich.«

Stobaios 3.18.29 (ohne Namensnennung) ≈ 4.13

Stobaios 3.22.6 »von Ailianos aus der *Vermischten Forschung*« ≈ 8.15

Stobaios 3.22.33 »von Ailianos aus den *Forschungen*« ~ 3.28

Stobaios 3.29.60 »von Ailianos« = 7.7b
Wenn am nächsten Tag eine Volksversammlung stattfinden sollte, blieb Demosthenes[L], Sohn des Demosthenes, die ganze Nacht über wach und legte dabei in Gedanken zurecht und lernte auswendig, was er sagen wollte. Deswegen also, scheint mir, verspottete Pytheas ihn und sagte, seine Einfälle röchen nach Lampenöl.

Stobaios 4.8.24 Αἰλιανοῦ ≈ 10.5

Stobaios 4.25.39 τοῦ αὐτοῦ = 9.33b
Μειράκιον Ἐρετρικὸν προσεφοίτησε Ζήνωνι πλείονος χρόνου, ἔστ' [ἂν καὶ] εἰς ἄνδρας ἀφίκετο. ὕστερον οὖν εἰς τὴν Ἐρετρίαν ἐπανῆλθεν, καὶ αὐτὸν ὁ πατὴρ ἤρετο ὅ τι ἄρα μάθοι σοφὸν ἐν τῇ τοσαύτῃ διατριβῇ τοῦ χρόνου. ὁ δὲ ἔφη δείξειν, καὶ οὐκ εἰς μακρὰν ἔδρασε τοῦτο. χαλεπήναντος γὰρ αὐτῷ τοῦ πατρὸς καὶ τέλος πληγὰς ἐντείναντος, ὁ δὲ τὴν ἡσυχίαν ἀγαγὼν καὶ ἐγκαρτερήσας τοῦτο ἔφη μεμαθηκέναι, φέρειν ὀργὴν πατέρων καὶ μὴ ἀγανακτεῖν.

Stobaios 4.32a.10 Αἰλιανοῦ ἐκ τῆς Συμμίκτου ἱστορίας ≈ 2.43

Stobaios 4.44.62 Αἰλιανοῦ Ἱστοριῶν ≈ 3.2

Stobaios 4.44.63 Αἰλιανοῦ Ἱστοριῶν ≈ 3.3

Stobaios 4.51 22 Αἰλιανοῦ Ἱστοριῶν ≈ 2.35

Stephanos von Byzantion, *Ethnika* s. v. Cherronesos
Χερρόνησος, πόλις ἐν τῇ κατὰ Κνίδον χερρονήσῳ, κατὰ Τριόπιον. ὁ πολίτης Χερρονήσιος. Αἰλιανὸς ἐν β' ἱστορικῆς διαλέξεως »Χερρονήσιοι δ' ἀπὸ Κνίδου«.

Suda s. v. Diaphorotes (Δ 832)
Διαφορότης: ἡ διαφορὰ, παρὰ Αἰλιανῷ.

Suda s. v. Leokorion (Λ 262)
Λεωκόριον· ἡρῷον ἐν μέσῳ τῷ Κεραμεικῷ. Λεὼς γὰρ ὁ Ὀρφέως υἱὸν μὲν ἔσχε Κύλανθον, θυγατέρας δὲ τρεῖς, Φασιθέαν, Θεόπην,

Stobaios 4.8.24 »von Ailianos« ≈ 10.5

Stobaios 4.25.39 »von demselben« = 9.33b
Ein junger Mann aus Eretria besuchte längere Zeit den Unterricht bei Zenon[P], bis er das (volle) Mannesalter erreichte. Dann kehrte er nach Eretria zurück, und sein Vater fragte ihn, was er denn in der langen Zeit dort Kluges gelernt habe. Er sagte, er werde es zeigen; kurze Zeit später tat er es. Der Vater wurde zornig auf ihn und teilte schließlich Schläge aus; er aber blieb ruhig, ertrug sie und sagte, er habe gelernt, die Wut der Eltern zu ertragen, ohne zu klagen.

Stobaios 4.32a.10 »von Ailianos aus der *Vermischten Forschung*« ≈ 2.43

Stobaios 4.44.62 »von Ailianos aus den *Forschungen*« ≈ 3.2

Stobaios 4.44.63 »von Ailianos aus den *Forschungen*« ≈ 3.3

Stobaios 4.51 22 »von Ailianos aus den *Forschungen*« ≈ 2.35

Stephanos von Byzantion, *Ethnika* s. v. Cherronesos
Cherronesos, eine Stadt auf dem Cherronesos bei Knidos, bei Triopion. Der Bürger (heißt) »Cherronesios«. Ailianos im 2. (Buch) der *Forschungs-Erörterung*: »Cherronesier von Knidos« (2.33).

Suda s. v. Diaphorotes (Δ 832)
Differenz: Der Unterschied, bei Ailianos (2.21).

Suda s. v. Leokorion (Λ 262)
Leokorion: Ein Heroon mitten auf dem Kerameikos. Leos, Sohn des Orpheus, hatte nämlich einen Sohn namens Kylanthos und drei Töchter namens Phasithea [sic], Theope und Eubule. Nach-

Εὐβούλην: ἃς ὑπὲρ τῆς χώρας σφαγιασθείσας ἔτι παρθένους ἐτίμησαν Ἀθηναῖοι τῷ ἡρῴῳ.

Suda s. v. Hyperxan (Υ 433)
Ὑπῆρξαν· προκατήρξαντο. »οὗτοι γὰρ πρῶτον ὑπῆρξαν ἀδικίης«. Ἡρόδοτος. καὶ Αἰλιανός· »ὁ δὲ ὑπήρξατο σωφρονεῖν.«

Testimonien zum Autor

Philostratos, *Leben der Sophisten* 2.31
(1) Αἰλιανὸς δὲ Ῥωμαῖος μὲν ἦν, ἠττίκιζε δέ, ὥσπερ οἱ ἐν τῇ μεσογείᾳ Ἀθηναῖοι. ἐπαίνου μοι δοκεῖ ἄξιος ὁ ἀνὴρ οὗτος, πρῶτον μέν, ἐπειδὴ καθαρὰν φωνὴν ἐξεπόνησε πόλιν οἰκῶν ἑτέρᾳ φωνῇ χρωμένην, ἔπειθ᾽, ὅτι προσρηθεὶς σοφιστὴς ὑπὸ τῶν χαριζομένων τὰ τοιαῦτα οὐκ ἐπίστευσεν, οὐδὲ ἐκολάκευσε τὴν ἑαυτοῦ γνώμην, οὐδὲ ἐπήρθη ὑπὸ τοῦ ὀνόματος οὕτω μεγάλου ὄντος, ἀλλ᾽ ἑαυτὸν εὖ διασκεψάμενος ὡς μελέτῃ οὐκ ἐπιτήδειον τῷ ξυγγράφειν ἐπέθετο καὶ ἐθαυμάσθη ἐκ τούτου. ἡ μὲν ἐπίπαν ἰδέα τοῦ ἀνδρὸς ἀφέλεια προσβάλλουσά τι τῆς Νικοστράτου ὥρας, ἡ δὲ ἐνίοτε, πρὸς Δίωνα ὁρᾷ καὶ τὸν ἐκείνου τόνον.

(2) Ἐντυχὼν δέ ποτε αὐτῷ Φιλόστρατος ὁ Λήμνιος βιβλίον ἔτι πρόχειρον ἔχοντι καὶ ἀναγιγνώσκοντι αὐτὸ σὺν ὀργῇ καὶ ἐπιτάσει τοῦ φθέγματος ἤρετο αὐτόν, ὅ τι σπουδάζοι, καὶ ὃς »ἐκπεπόνηταί μοι« ἔφη »κατηγορία τοῦ Γύννιδος, καλῶ γὰρ οὕτω τὸν ἄρτι καθῃρημένον τύραννον, ἐπειδὴ ἀσελγείᾳ πάσῃ τὰ

dem sie für das Land noch als Jungfrauen geopfert worden waren, ehrten die Athener sie mit dem Heroon.
Freie Paraphrase von 12.28.

Suda s. v. Hyperxan (Y 433)
Sie begannen: Sie fingen an. »Diese begannen als erste mit dem Unrecht« Herodot[L] (4.1.1). Und Ailianos: »Er begann, züchtig zu sein« (2.12)

Testimonien zum Autor (s. o. S. 8ff.)

Philostratos, *Leben der Sophisten* 2.31
(1) Ailianos war zwar ein Römer, sprach aber so gut Attisch wie die Athener aus dem Binnenland (von Attika). Dieser Mann scheint mir des Lobes würdig, erstens, weil er sich durch seinen Fleiß eine reine (griechische) Sprache erwarb, obwohl er in einer Stadt wohnte, die eine andere Sprache (das Lateinische) nutzte; zweitens, weil er zwar von denjenigen, die eine solche Gunst erweisen, den Sophistennamen erhalten hatte, es aber nicht glaubte, auch nicht Großes auf seinen Verstand hielt und sich nicht durch diesen Namen, der doch so geehrt war, zum Übermut verführen ließ. Vielmehr durchschaute er sich selbst, dass er für Lehrvorträge keine Anlage habe, verlegte sich auf das Schreiben und erwarb sich dadurch Bewunderung. Sein Stil ist im Ganzen einfach und hat etwas von der Schönheit und Kraft des Nikostratos, manchmal ahmt sie sogar den Dion (von Prusa) und dessen Stärke nach.

(2) Philostratos von Lemnos traf ihn einmal, als er eine Schrift in der Hand hielt und mit Affekt und lauter Stimme darin las. Er fragte ihn, was er studiere, und Ailianos erwiderte: »Ich habe eine Anklage gegen Gynnis (»Weichling«) ausgearbeitet; so nenne ich nämlich den Tyrannen, der zuletzt auf dem Thron saß (wohl

Ῥωμαίων ᾔσχυνε.« καὶ ὁ Φιλόστρατος »ἐγώ σε εἶπεν »ἐθαύμαζον ἄν, εἰ ζῶντος κατηγόρησας«. εἶναι γὰρ δὴ τὸ μὲν ζῶντα τύραννον ἐπικόπτειν ἀνδρός, τὸ δὲ ἐπεμβαίνειν κειμένῳ παντός.

(3) Ἔφασκε δὲ ὁ ἀνὴρ οὗτος μηδ᾽ ἀποδεδημηκέναι ποι τῆς γῆς ὑπὲρ τὴν Ἰταλῶν χώραν, μηδὲ ἐμβῆναι ναῦν, μηδὲ γνῶναι θάλατταν, ὅθεν καὶ λόγου πλείονος κατὰ τὴν Ῥώμην ἠξιοῦτο ὡς τιμῶν τὰ ἤθη. Παυσανίου μὲν οὖν ἀκροατὴς ἐγένετο, ἐθαύμαζε δὲ τὸν Ἡρώδην ὡς ποικιλώτατον ῥητόρων. ἐβίω δὲ ὑπὲρ τὰ ἑξήκοντα ἔτη καὶ ἐτελεύτα οὐκ ἐπὶ παισίν, παιδοποιίαν γὰρ παρῃτήσατο τῷ μὴ γῆμαί ποτε. τοῦτο δὲ εἴτε εὔδαιμον εἴτε ἄθλιον οὐ τοῦ παρόντος καιροῦ φιλοσοφῆσαι.

Suda s. v. Ailianos (AI 178)
Αἰλιανός, ἀπὸ Πραινεστοῦ τῆς Ἰταλίας, ἀρχιερεὺς καὶ σοφιστής, ὁ χρηματίσας Κλαύδιος· ὃς ἐπεκλήθη μελίγλωσσος ἢ μελίφθογγος· καὶ ἐσοφίστευσεν ἐν Ῥώμῃ αὐτῇ ἐπὶ τῶν μετὰ Ἀδριανὸν χρόνων.

Elagabal), weil er durch Ausschweifungen aller Art das Reich der Römer schändete!« »Ich würde dich bewundern«, sagte Philostratos, »wenn du ihn zu seinen Lebzeiten angeklagt hättest!« Den Tyrannen zu seinen Lebzeiten anzugreifen, das weise ja einen Mann aus, doch nach seinem Tod über ihn herfallen könne jeder.

(3) Es sagte dieser Mann von sich, er habe nie eine Reise in irgendeinen Teil der Erde außerhalb Italiens unternommen, nie ein Schiff bestiegen und nie das Meer befahren. Daher wurde er auch in Rom noch mehr gewürdigt, weil er seine Heimat in Ehren halte. Er war ein Schüler des Pausanias (von Kaisareia) und schätzte den Herodes (Atticus) als den vielfältigsten unter den Rednern. Er lebte über 60 Jahre und starb kinderlos, denn er hatte nie geheiratet und dadurch auf das Kinderzeugen verzichtet. Darüber, ob dies ein Glück oder ein Unglück sei, ist jetzt nicht zu philosophieren.

Elagabal war 218–222 n. Chr. römischer Kaiser. Philostratos bietet in demselben Werk, den Leben der Sophisten, *Biographien der hier genannten Redner Dion von Prusa »Chrysostomos« (1.7), Pausanias von Kaisareia (2.11) und Herodes Atticus (2.1). Nikostratos war laut* Suda *s. v. Nikostratos (N 404) Makedone und als Redner Zeitgenosse von Aristeides und Dion von Prusa zur Zeit des Kaisers Marcus Antoninus Pius (Kaiser 138–161 n. Chr.).*

Suda s. v. Ailianos (AI 178)

Ailianos, aus Praineste (Palestrina in Italien), Oberpriester und Sophist, nutzte den Namen Claudius und wurde mit Beinamen »Honigzunge« oder »Honigkehle« genannt; er war als Sophist in Rom selbst in der Zeit nach (dem Sophisten) Hadrianos (von Tyros) tätig.

Philostratos bietet in seinen Leben der Sophisten *eine Biographie des Hadrianos von Tyros (2.10).*

ANHANG

Zur Textgestaltung

Der Lesetext beruht auf der Edition von Mervin R. Dilts (1974). Aufgrund jüngerer Verbesserungen, die Nigel G. Wilson (1996 und 1997) gesammelt hat oder die separat publiziert worden sind (s. das Literaturverzeichnis u. S. 443ff.), weicht er an den im Folgenden genannten Stellen davon ab. Angegeben sind der *Tusculum*-Text und der Urheber der Lesart, dann die Veränderungen – *del(evit)* verweist auf eine Tilgung, *suppl(evit)* auf eine Ergänzung und *transp(osuit)* auf eine Umstellung – oder nach einer Klammer der Text bei Dilts.

1.2 <ἀράχνιον> suppl. Slothouwer
1.5 γοῦν Russell] δ'οὖν
1.15 δέδιε ἄρα Albini] δι' ἄρα
1.16 προκείσεσθαι Gesner] προκεῖσθαι
1.21 ὃν ἔτυχε φορῶν transp. Wilson
1.25 Ῥοδίῳ Wilson] Ῥόδιον
1.31 [τούτῳ] del. Wilson
1.32 βασιλεῖ Hercher] βασιλέα
1.32 χορηγήσαιμι Albini (χορήσαμι Codices)] κομίσαιμι Faber
1.32 <ἂν> … γενοίμην Hercher (mit den Codices)] γενήσομαι
1.34 συνείσομαι Wilson] συνέσομαι
2.4 οἱ δὲ ἄρχοντες Perizonius] καὶ οἱ ἄρχοντες
2.4 κατὰ τοῦ τυράννου Russell] κατ' αὐτοῦ
2.4 <ὁ Φάλαρις> suppl. Hercher
2.4 ἔφυν Hercher] ἔφυ
2.7 λαβόντι Anonymus, *Miscellaneae Observationes* 1733] δόντι
2.8 Τρωάσι Musgrave] Τρωσί
2.11 δειπνίζοντες Albini] δειπνοῦντες
2.13 ἀνδρικῶς Gesner] ἀνδρικῆς
2.17 [τὴν] del. Russell
2.23 <δὲ> suppl. Hercher
2.25 [καὶ ὁμολογοῦσι τοῦ αὐτοῦ μηνὸς πάντα] del. Hercher

2.27 στίβον Dilts in app.] στοῖχον
2.28 πολεμικὴν Kassel] πολιτικὴν
2.28 προγονικῶν Faber] γονικῶν
2.34 καί τινος Wilson] καί τινος καὶ
2.36 Ἰσοκράτης Wilson] Σωκράτης
2.44 [καὶ] del. Russell
3.1 αὐτομάτως Codex V] αὐτομάτου
3.1 ἔτι transp. Hercher
3.1 [ἐκ τῆς αὐτῆς δάφνης] del. Perizonius
3.1 ἑλὼν Wilson (ἐρῶν Codices)] οὖν
3.10 εἵλετο Codices] προείλετο
3.14 λόγος Codex V] ὁ λόγος
3.17 εἴ γε καὶ Codex x] εἴ γε
3.17 [καὶ] del. Korais
3.18 ἐκείνου διπλοῦν Richards] ἐκεῖνον διπλοῦν
3.18 δισχιλίων Korais] διασοσίων
3.19 ἀηδῆ Wilson] ἀήθη
3.23 <δὲ> Hercher
3.26 ὁ δ' οὐκ Jens] ὡς δ' οὐκ
3.26 ἑωρᾶτο Hercher] ἑώρα
3.33 <αὐτίκ' … φώς> suppl. Wilson
3.40 [καὶ τὰ τῶν κλημάτων δάση] del. Hercher
3.45 διαγεγλυμμένον Codex x] διαγεγραμμένον
4.1 <οὗτος> suppl. Wilson
4.8 ἐπενόει Hercher] ὑπενόει
4.17 φασί Hercher] φησί
4.20 [καὶ] del. Perizonius
4.27 <Κροῖσος> suppl. Perizonius
5.5 τοῦτον Diggle] αὐτὸν
5.15 ἐγίνοντο Hercher] γίνονται
6.1 κατὰ τῶν Codex V] τῶν
6.11 ἐπίγραμμα Perizonius] γράμμα
6.12 <εἶχε> suppl. Gesner
6.12 {καὶ …γηραιός} Codex Φ
7.2 (*bis*) ὑπερβάλλεσθαι Codex x bzw. Wilson] ὑπερβαλέσθαι
7.16 Σιλβίας Korais (Σερβίας Codices)] Σιλουίας
7.18 [τοῦ ἀνδρός] del. Perizonius] τοῦ πυρός

7.19 ναυηγοὺς Perizonius] στρατηγοὺς
8.5 <…> suppl. Russell
8.7 ᾄδουσαν Wilson] ᾀδούσης
8.13 μηδὲ Russell] μήτε
8.19 ᾗ … ᾗ Wilson] ὁ … ὁ
9.11 [οὐ] del. Scheffer
9.11 γράμμα Hercher] ἐπιγράμμα
9.11 ὑπομινυρόμενος West] ὑποκινυρόμενος
9.13 φρουρὰν Codices] φορίνην
9.26 αἰτήσαντα Wilson (αἰτήσας Codices)] τῆς αἰτήσεως
10.1 ἄγειν Cobet] αὐτὴ
10.3 καταγνάφουσι Anonymus bei Hercher] καταγράφουσι
10.21 τῇ ἱερουργίᾳ Eberhardt] τὴν ἱερουργίαν
10.21 Ὑμηττίου μέλιτος Codices] Ὑμήττιον μέλι
10.21 καθεῖσαι Charitonides] καθίσασαι
11.1 <τοῦ> suppl. Perizonius
11.4 <περὶ> suppl. Perizonius
11.11 ἔσπευδε Codex V] ἔσπευσε
11.12 <ἐκείνων> suppl. Wilson
12.1 εἷς γοῦν Codex V] εἷς οὖν
12.1 ἔτι transp. Perizonius
12.8 <τὴν ἀρχήν> suppl. Hercher
12.8 [ἐν σκεύει] del. Scheffer
12.14 εὐλογῆσαι Wilson] ἐλέγξαι
12.15 [πρὸς τοὺς πατέρας] del. Korais
12.20 ταύτῃ Korais] ταύτην
12.25 μνήσωμαι Wilson (μεμνήσωμαι Codex x)] μέμνωμαι
12.30 ὅστις αὐτῶν A. Gronovius] ὅτι αὐτῶν <ὁ>
12.43 <συντρόφοις> Wilson] <δούλοις>
12.43 τοῖς υἱοῖς Scheffer] αὐτοῖς
12.43 <συνεχώρησε καὶ> suppl. Jens
12.43 μεταλαγχάνειν Jens] μεταλαγχάνει
12.46 ὠλίσθανεν Wilson] ὤλισθεν
12.50 οἷον ὡς ἂν ἰδιώτης] del. Hercher
12.51 ἀπέστειλε] ἐπέστειλε
12.52 νεανίσκους J. Gronovius] [ἐκείνους]
12.53 <τὸν Ἁλόννησον, ἀλλ' ἀπολαβεῖν> suppl. Perizonius

12.55 [λέγει] del. Hercher
12.56 <ὅτι> suppl. Cuper
12.57 παρὰ τὸν Ἰσμηνὸν Hermann] περὶ τὸν Ἰσμηνὸν
12.61 [Παυσανίας δέ φησιν ὅτι καὶ Μεγαλοπολῖται.] del. Faber
12.64 [καρτερὰ] πάνυ σφοδρὰ Wilson] καρτερὰ πάνυ σφόδρα
13.1 οἱ καὶ Gesner] [καὶ] οἱ
13.1 μαλακῶς <τοῖς> Korais] μαλακῶς
13.1 κάλλει δὲ ἤνθει Codices und Jacoby] καλὴ δὲ ἦν
13.1 [καὶ] del. Hercher
13.1 ἐπεὶ δὲ θυμοειδὴς ἦν transp. Wilson
13.1 ταῖς ὁπλαῖς Röhl] τοῖς ὅπλοις
13.3 ὀπίσω tranpos. Wilson
13.6 ἔκφρονας τοὺς ἄνδρας J. Meyer] ἔκφρονας τοὺς Ἀρκάδας
13.6 ἀμβλῶσαι Wilson] <εἰς τὸ> ἀμβλῶσαι
13.14 <ταῖς> suppl. Wilson
13.19 λακωνικῶς Codex x] ὁ Λάκων
13.22 τοῦ ἀγάλματος Codices] τῷ ἀγάλματι
13.23 λέγεται τυχόντας in 13.24 transp. Wilson
13.24 [δεῖν] del. Hercher
13.26 <καὶ μᾶζαν> suppl. Scheffer
13.27 ἐσχηκέναι Wilson] εἶχε
13.34 τοὺς δορυφόρους Wilson] τοῖς δορυφόροις
13.34 ἑαυτοῦ Codices] αὐτῷ
13.37 [ὁ Γέλων] del. Hercher
13.44 <ὑπὸ> suppl. Hercher
14.5 <γοῦν> suppl. Russell
14.7 ἵνα ἕκαστα Wilson] εἰ ἕκαστα
14.11 [καὶ μὴ μεγάλη νόσος] und [εἰρήνη καὶ] del. Hercher
14.11 ὑγιῶς Dilts in app.] ὑγιείας
14.15 αὐτοῦ τοὺς λόγους Gesner] αὐτοὺς
14.22 Τροιζήνιός Perizonius] Τρύζος
14.33 ἐπάνοδον Korais] ὁδὸν
14.40 Ἀερόπην Codices] Μερώπην
14.43 καθήμενος Wilson] καθῆστο
14.43 οὐκ ἔδει Rutgers] οὐκέτι
14.43 [τῆς] del. Hercher
14.46d περιβὰς Bevegni] παραβὰς
14.48 ὡς διψήσας Codex V] διψήσας

Literaturverzeichnis

Ausgaben und Übersetzungen des Werks

Camillo PERUSCUS: Ailianou Poikilēs Historias biblia 14, Rom 1545

Giacobo LAVREO (Jacopo LORIO): I quatordici libri di Eliano di Varia historia, Venedig 1550

Conrad GESNER: Claudii Aeliani ... opera quae exstant omnia, Zürich 1556

Abraham FLEMING: Aelianus, A registre of hystories, London 1576

Justus VULTEJUS: Aeliani variae historiae libri xiiii, item rerum publicarum descriptiones ex Heraclide, Leiden 1587 / 1600 / 1613

Johannes SCHEFFER: Cl. Aeliani variae historiae libri XIV, Straßburg 1647 (1662)

Tanaquil FABER: Claudii Aeliani varia historia, Saumur 1668

Joachim KÜHN: Cl. Aeliani variae historiae libri XIV, Straßburg 1685

Jacobus PERIZONIUS: Claudii Aeliani Sophistae varia historia, Leiden 1701

Abraham GRONOVIUS: Cl. Aeliani Sophistae varia historia, Leiden 1731

Jean Henri Samuel FORMEY: Diversités historiques, traduites du grec d'Élien et enrichies de remarques, Berlin 1764

Bon-Joseph DACIER: Histoires diverses d'Élien, traduites du grec avec des remarques, Paris 1772

Johann Heinrich Friedrich MEINEKE: Des Claudius Aelianus vermischte Erzählungen, Quedlinburg 1775, 2. Aufl. 1787

Carl Gottlob KÜHN: Claudii Aeliani Sophistae varia historia et fragmenta, Leipzig 1780

Gottlieb Benjamin LEHNERT: Claudii Aeliani Sophistae varia historia et fragmenta, Leipzig 1794

Wilhelm LANGE: Griechisches Lesebuch, enthaltend die interessantesten Erzählungen aus Aelians vierzehn Büchern der Vermischten Geschichte, Halle 1797

Adamantios KORAIS: Prodromos Hellēnikēs Bibliothēkēs, periechōn Klaudiu Ailianu tēn Poikilēn Historian ..., Paris 1805

Ernst Karl Friedrich WUNDERLICH: Claudius Aelianus, Werke. Erste Abteilung: Vermischte Nachrichten, 3 Bände, Stuttgart 1839

Rudolf HERCHER: Aeliani de natura animalium, varia historia, epistolae et fragmenta, Porphyrii Philosophi de abstinentia et de antro nympharum, Philonis Byzantii de septem orbis spectaculis, Paris 1858

– Claudii Aeliani de natura animalium libri XVII, varia historia, epistolae, fragmenta, Bd. II, Leipzig 1866
– Claudii Aeliani varia historia, Leipzig 1870 (Nachdruck 1887)
Varvara P. Adrianova-Peretc u. a.: Elian, Pestrye Rasskazy, Moskau und Leningrad 1963 (*non vidi*)
Mervin R. Dilts: Claudius Aelianus, Varia Historia, Leipzig 1974
Hadwig Helms: Älian, Bunte Geschichten, Leipzig 1990
Alessandra Lukinovich und Anne-France Morand: Élien, Histoire variée (La roue à livres 12), Paris 1991
James G. DeVoto: Claudius Aelianus, Poikile Historia, Chicago 1995
Diane Ostrom Johnson: An English Translation of Claudius Aelianus' Varia Historia (Studies in Classics 2), Lewiston, Queenston und Lampeter 1997
Nigel G. Wilson: Eliano, Storie varie, trad. Claudio Bevegni, Mailand 1996
–: Aelian, Historical Miscellany (Loeb Classical Library 486), Cambridge / Mass. und London 1997
Juan Manuel Cortés Copete: Claudius Aelianus. Historias curiosas (Biblioteca clásica Gredos 348), Madrid 2006

Ausgaben der anderen genannten Zeugnisse und Werke

Inschriften – Luigi Moretti: Inscriptiones Graecae urbis Romae (*IGUR*), Bd. IV, Rom 1990 (s. o. S. 10); Wilhelm Dittenberger und Karl Purgold: Die Inschriften von Olympia, Berlin 1896 (s. o. S. 173 und 239); Wilhelm Dittenberger u. a.: Sylloge Inscriptionum Graecarum, 3. Aufl. (Syll.³). 4 Bde., Leipzig 1915-1924 (s. o. S. 385)
Münzen – Michael Crawford: Roman Republican Coinage (*RRC*), Cambridge 1974 (zu Frg. 2)
Ailianos, Briefe und Fragmente – Douglas Domingo-Forasté: Claudius Aelianus, Epistulae et Fragmenta, Stuttgart 1994 (s. aber die Rezension von Heinz-Günther Nesselrath, in: Bryn Mawr Classical Review 1995.09.06)
Ailianos »der Taktiker« – Kai Brodersen: Ailianos, Antike Taktiken / Taktika. Griechisch und deutsch, Wiesbaden 2017

Ailianos, Tierkunde – Alwyn F. SCHOLFIELD: Aelian, On Animals. Griechisch und englisch. 3 Bände, Cambridge / Mass. und London 1958–1959; Ursula und Kurt TREU: Claudius Aelianus, Die tanzenden Pferde von Sybaris, Leipzig 1978 (Auswahl); Gregory MCNAMEE: Aelian's On the Nature of Animals, San Antonio 2011 (Auswahl)

Arethas – Leendert G. WESTERINK: Arethae archiepiscopi Caesariensis scripta minora, Bd. I, Leipzig 1968

Aristoteles – Paul GOHLKE: Aristoteles, Tierkunde (Aristoteles, Lehrschriften Bd. 8,1), 2. Aufl. Paderborn 1957

Athenaios – Claus FRIEDRICH und Thomas NOTHERS: Athenaios. Das Gelehrtenmahl. 3 Bände in 5 Teilen, Stuttgart 1998–2001

Herodot – Christine LEY–HUTTON und Kai BRODERSEN: Herodot, Historien. Griechisch und deutsch, Stuttgart seit 2002

Hesiod – Albert VON SCHIRNDING: Hesiod, Theogonie. Werke und Tage. Griechisch und deutsch, München 1991

Homer, Ilias und Odyssee – Johann Heinrich VOSS: Homer, Ilias (1793) und Odyssee (1781), hg. v. Ernst HEITSCH und Günter HÄNTZSCHEL, Stuttgart 2010 (klassische Übersetzung)

Pausanias – Ernst MEYER und Felix ECKSTEIN: Pausanias, Reisen in Griechenland, 3 Bände, Zürich und München 1986–1989

Philon – Kai BRODERSEN: Reiseführer zu den Sieben Weltwundern. Philon von Byzanz und andere antike Texte, Frankfurt / Main und Leipzig 1992

Philostratos – Kai BRODERSEN: Philostratos, Leben der Sophisten. Griechisch und deutsch, Wiesbaden 2014

Platon – Rudolf RUFENER und Olof GIGON: Platon, Jubiläumsausgabe sämtlicher Werke, 8 Bände, Zürich und München 1974

Plutarch – Konrat ZIEGLER und Walter WUHRMANN: Plutarch: Große Griechen und Römer. 6 Bände, Zürich 1954–1965; Manuel VOGEL und Christiane WEISE: Plutarch, Moralphilosophische Schriften. 2 Bände, Wiesbaden 2012

Polyainos – Kai BRODERSEN: Polyainos, Strategika. Griechisch und deutsch, Berlin 2017

Stephanos von Byzantion – Margarethe BILLERBECK: Stephani Byzantii Ethnica. 4 Bände, Berlin 2006–2017

Stobaios – Otto HENSE und Curt WACHSMUTH: Ioannis Stobaei anthologium. 5 Bände, Berlin 1884–1912 (keine Übersetzung)

Suda – Ada ADLER: Suidae Lexicon. 5 Bände, Leipzig 1928–1938; englische Übersetzung nur online auf www.stoa.org/sol

Thukydides – Michael WEISSENBERGER: Thukydides, Der Peloponnesische Krieg. Griechisch und deutsch, Berlin 2017

Tzetzes – Petrus L. M. LEONE: Ioannis Tzetzae historiae, Neapel 2. Aufl. 2007

Xenophon – Peter JAERISCH: Xenophon, Erinnerungen an Sokrates. Griechisch und deutsch, München 1962

Ausgaben der bei Ailianos zitierten Fragmente

Nachstehend sind die Ausgaben zusammengestellt, deren Nummerierung für die Identifikation der Fragmente maßgeblich ist.

Adespotum s. Komikerfragmente, Tragikerfragmente

Alexis s. Komikerfragmente

Alkman und Stesichoros – Denys PAGE und Malcolm DAVIES: Melicorum Graecorum Fragmenta, Bd. I, Oxford 1991

Anakreon, Lasos, Philoxenos und Xanthos – Denys L. PAGE: Poetae Melici Graeci, Oxford 1962

Anaxarchos s. Vorsokratiker

Anaxilas s. Komikerfragmente

Androtion s. Historikerfragmente

Anonymes Epigramm – Denys L. PAGE: Further Greek Epigrams, Cambridge 1981; s. auch Historikerfragmente

Antisthenes – Fernanda DECLEVA CAIZZI: Antisthenis fragmenta, Mailand 1966; Susan PRINCE: Antisthenes of Athens, Ann Arbor 2015

Archilochos – Martin L. WEST: Iambi et elegi Graeci ante Alexandrum cantati, Bd. I, 2. Aufl. Oxford 1998

Archytas s. Vorsokratiker

Aristippos – Erich MANNEBACH: Aristippi et Cyrenaicorum fragmenta, Leiden 1861; s. auch Sokratiker

Ariston s. Stoikerfragmente

Aristophanes s. Komikerfragmente

Aristophanes von Byzantion – William J. SLATER: Aristophanis Byzantii fragmenta, Berlin 1986

Aristoteles – Valentin Rose: Aristotelis qui ferebantur librorum fragmenta, Leipzig 1886

Aristoxenos – Fritz Wehrli: Die Schule des Aristoteles, Bd. 2: Aristoxenos, 2. Aufl. Basel und Stuttgart 1967

Charon von Lampsakos, Damon und Deinon s. Historikerfragmente

Demades – Vittorio de Falco: Demade oratore. Testimonianze e frammenti, 2. Aufl. Neapel 1955

Demetrios von Phaleron – Fritz Wehrli: Die Schule des Aristoteles, Bd. 4: Demetrios von Phaleron, 2. Aufl. Basel und Stuttgart 1968

Diels / Kranz s. Vorsokratiker

Diogenes – Friedrich Wilhelm August Mullach: Fragmenta Philosophorum Graecorum, 3 Bände, Paris 1860–1881, spez. Bd. II 1867, 295–330; Gabriele Giannantoni: Socratis et Socraticorum Reliquiae, Bd. II, Neapel 1990, 227–509

Ephoros, Epitimides und Eumenes von Kardia s. Historikerfragmente

Eupolis s. Komikerfragmente

Euripides – August Nauck: Tragicorum graecorum fragmenta, 2. Aufl. 1889; s. auch Tragikerfragmente

FGrHist s. Historikerfragmente

Hesiod – Reinhold Merkelbach und Martin L. West: Fragmenta Hesiodea, Oxford 1967

Historikerfragmente – Felix Jacoby u. a.: Die Fragmente der griechischen Historiker (*FGrHist*), Leiden seit 1926

Isokrates – Friedrich Blass: Isocratis Orationes. Bd. 2, Leipzig 1879 (dazu Kai Brodersen: Zum Stand der Forschung über die Isokrates-Fragmente, in: Wolfgang Orth (Hg.): Isokrates: Neue Ansätze zur Bewertung eines politischen Schriftstellers, Trier 2003, 169–174)

Jacoby s. Historikerfragmente

Kallimachos – Rudolf Pfeiffer: Callimachus, 2 Bände, Oxford 1949–1953

Kassel / Austin s. Komikerfragmente

Komikerfragmente – Rudolf Kassel und Colin Austin: Poetae Comici Graeci (*PCG*). Berlin, seit 1984

Kratinos s. Komikerfragmente

Kritias s. Vorsokratiker

Kritolaos – Fritz Wehrli: Die Schule des Aristoteles, Bd. 10: Hieronymos von Rhodos, Kritolaos und seine Schüler, Basel und Stuttgart 1959

Lasos s. Anakreon

Menandros – Alfred Körte und Andreas Thierfelder: Menandri quae supersunt, 2 Bände, 2. Aufl. Leipzig 1959; s. auch *PCG* VI 2, 1998)

Mimnermos – Martin L. West: Iambi et Elegi Graeci ante Alexandrum cantati, Bd. II 2, 2. Aufl. Oxford 1992

Orakel von Delphi – Herbert W. Parke und Donald E. W. Wormell: The Delphic Oracle, Bd. II: The Oracular Responses. Oxford 1956

PCG s. Komikerfragmente

Persaios s. Stoikerfragmente

Philippides s. Komikerfragmente

Philoxenos s. Anakreon

Pindar – Bruno Snell und Herwig Maehler: Pindari carmina cum fragmentis, Bd. II, Leipzig und München 1989

Poseidippos – Paul Schott: Posidippi epigrammata collecta et illustrata, Berlin 1906

Sokratiker – Gabriele Giannantoni: Socratis et Socraticorum Reliquiae, 4 Bände, Neapel 1990

Stesichoros s. Alkman

Stoikerfragmente – Hans von Arnim: Stoicorum Veterum Fragmenta (*SVF*), 3 Bände, Leipzig 1903–1905 (dazu Bd. 4 [Indices] 1924)

Supplementum Hellenisticum – Hugh Lloyd-Jones und Peter J. Parsons: Supplementum Hellenisticum, Berlin 1983

Theophrastos – William W. Fortenbaugh, Pamela M. Huby und Robert W. Sharples: Theophrastus of Eresus. Sources for His Life, Writings, Thought and Influence, 2 Bände, Leiden 1992

Theopompos und Timaios s. Historikerfragmente

Tragikerfragmente – Bruno Snell, Stefan Radt und Richard Kannicht: Tragicorum Graecorum Fragmenta (*TrGF*). 5 Bände, Leipzig 1971–2004

Vorsokratiker: Hermann Diels und Walther Kranz: Die Fragmente der Vorsokratiker (*VS*), 3 Bände, 6. Aufl. Berlin 1952

Xanthos s. Anakreon

Xenokrates – Richard Heinze: Xenokrates. Darstellung der Lehre und Sammlung der Fragmente, Leipzig 1892 (s. auch Margherita Isnardi Parente: Senocrate – Ermodoro. Frammenti, Neapel 1982)

Zenon s. Stoikerfragmente

Studien zu Ailianos

Umberto ALBINI: Curiosità testuale, in: Studi italiani di filologia classica 3. ser. 3, 1985, 246–249

Claudio BEVEGNI: Angelo Poliziano, Miscellanea II, 6, 24, 31, 46, 59 (su Claudio Eliano), in: Carlo CARUSO und William SPAGGIARI (Hgg.): Filologia e storia letteraria. Studi per Roberto Tissoni. Rom 2008, 127–140

Artur BIEDL: Das große Exzerpt Φ (Studi e Testi 184), Vatikanstadt 1955 (spez. 52–60)

Glen W. BOWERSOCK: Greek Sophists in the Roman Empire, Oxford 1969

– (Hg.): Approaches to the Second Sophistic, University Park / Pennsylvania 1974

August BRUNK: Zu Aelians Varia Historia, in: Commentationes philologae in honorem sodalitii philologorum Gryphiswaldensis, Berlin 1887, 1–16

Walter BURKERT: Weisheit und Wissenschaft. Studien zu Pythagoras, Philolaos und Platon, Nürnberg 1962; engl.: Lore and Science in Ancient Pythagoreanism, Cambridge / Mass. 1972

William M. CALDER III: The Ladder in the Lekythos. Aelian, VH 13.15, in: Philologus 117, 1973, 141–142

– Aelian, Varia Historia 5.6, in: Classical Philology 78, 1983, 51

– Aelian, Varia Historia 4.1. An unnoticed modern parallel, in: Rheinisches Museum N. F. 143, 2000, 224

Alan CAMERON: How Thin Was Philitas? in: Classical Quarterly n. s. 41, 1991, 534–538

Maria Domitilla CAMPANILE: Eliano e la sua Varia Historia, in: Eugenio AMATO u. a. (Hgg.): Approches de la Troisième Sophistique. Hommages à Jacques Schamp (Collection Latomus 296), Brüssel 2006, 420–430

Chariton Ch. CHARITONIDES: Varia ad Varios, in: Mnemsoyne n. s. 49, 1921, 139–142

Wilhelm VON CHRIST: Geschichte der griechischen Literatur, 6. Aufl. umgearbeitet von Wilhelm SCHMID und Otto STÄHLIN (Handbuch der Altertumswissenschaft VII 2, 2), München 1924, spez. 786–791

Leopold COHN: Zu den Quellen des Aelian und Athenaeus. Erwiederung (*sic*), in: Philologus 52, 1894, 722–725

Peter CORSSEN: Der Abaris des Heraklides Ponticus, in: Rheinisches Museum N. F. 67, 1912, 20–47

Enrica CULASSO GASTALDI: Epigrafi, falsi e falsari tra antichità e rinascimento, in: Historika 4, 2014, 165–198 (zur »Villa Aeliani«)

Albert M. DEVINE: On the Letter of Calanus to Alexander (Aelian, Varia Historia 5.6), in: The Ancient World 18, 1988, 48

James DIGGLE: Aelian,Varia Historia 5.5, in: Classical Quarterly n. s. 49, 1999, 641

Mervin R. DILTS: The Manuscript Tradition of Aelian's Varia Historia and Heraclides' Politiae, in: Transactions and Proceedings of the American Philological Association 96, 1965, 57–72

– The Testimonia of Aelian's Varia Historia, in: Manuscripta 15, 1971, 3–12

– Rezension der Übersetzungen von DEVOTO 1995, OSTROM 1997 und WILSON 1997, in: American Journal of Philology 121, 2000, 328–331

Anton FRIDRICHSEN: Observationen zum Neuen Testament aus Aelians Varia Historia, in: Symbolae Osloenses 5, 1927, 60–66

Karl GERTH: Die zweite oder neue Sophistik, in: Realencyclopädie der classischen Altertumswissenschaft, Suppl.-Bd. VIII, Stuttgart 1956, 732–734

Bernard A. VAN GRONINGEN: Aelianus, V. H. III 44, in: Mnemosyne 8, 1955, 48

Friedrich HACKMANN: De Athenaeo Naucratita quaestiones selectae, Diss. Berlin 1912

Kurt HUBERT: Zur indirekten Überlieferung der Tischgespräche Plutarchs, in: Hermes 73, 1938, 307–328

Anne JACQUEMIN: Boreas ho Thourios, in: Bulletin de Correspondance Hellénique 103, 1979, 189–193

Christopher P. JONES: Ponos in Aelian Varia Historia 5.6, in: Classical Philology 79, 1984, 43–44

Mark A. JOYAL: Aelian, Varia Historia 8.1 and the Transmission of [Plato], Theages 128d2–3, in: Classical Quarterly n. s. 46, 1996, 297–298

Jan Fredrik KINDSTRAND: Claudius Aelianus und sein Werk, in: Aufstieg und Niedergang der römischen Welt (ANRW), Bd. II 34.4, Berlin und New York 1998, 2954–2996

Pantelis M. KONTOYANNIS: Ho Ailianos hōs mimētēs tou Herodotou exetazomenos, Diss. Erlangen 1914

Heinrich LÜBBE: De Aeliani Varia Historia, Diss. Münster 1886

John Marshall MACGREGOR: Studies and Diversions in Greek Literature, London 1937

Miroslav MARCOVICH: Aelian, Varia Historia 13.15, in: Živa antika 26, 1976, 49–51

Christoph W. MARSHALL: Aelian and Comedy. Four Studies, in: Ders. und Tom HAWKINS (Hgg.): Athenian Comedy in the Roman Empire, London u. a. 2016, 197–222

Robert J. PENELLA: Aelian Varia Historia 5.6 again, in: Classical Philology 79, 1984, 44

Corrado PETROCELLI: Eliano, Varia Historia XIV.45 e una congettura troppe fortunata del Perizonius, in: Quaderni di Storia 44, 1996, 165–175

Cecilia PIGNATARO: Rodopi (»Cenerentola«) e il faraone Psammetico (Eliano), in: Antonio Stramaglia (Hg.): Eros. Antiche trame greche d'amore (Le rane 28), Bari 2000, 267–270

Luisa PRANDI: Memorie storiche dei greci in Claudio Eliano (Centro Ricerche e Documentazione sull'Antichità Classica, Monografie 25), Rom 2005a

– Il ritratto di Alessandro Magno in un'opera miscellanea. Studi su Eliano, in: Biagio VIRGILIO (Hg.): Studi ellenistici, Bd. XVI, Pisa 2005b, 261–273

Bryan P. REARDON: Courants littéraires grecs des IIe et IIIe siècles après J.-C. (Annales littéraires de l'Université de Nantes 3), Paris 1971

Otto REGENBOGEN: Pamphila 1, in: Realencyclopädie der classischen Altertumswissenschaft, Bd. XVIII 3, 1949, 309–328 (spez. 323–324)

Felix RUDOLPH: De fontibus quibus Aelianus in componenda Varia Historia usus sit, in: Leipziger Studien 7, 1884, 1–138;

– Zu den Quellen des Aelian und Athenaios, in: Philologus 52, 1894, 652–663

Maria Teresa SCHETTINO: Il passato e il presente di Roma nell'opera di Eliano, in: Lucio TROIANI und Giuseppe ZECCHINI (Hgg.): La cultura storica nei primi due secoli dell'impero romano (Centro Ricerche e Documentazione sull'Antichità Classica, Monografie 24), Rom 2005, 283–307

– Viaggio nello spazio e nel tempo: critica di Eliano all'utopia di Teopompo?, in: Chiara CARSANA und Maria Teresa SCHETTINO (Hgg.): Utopia e

utopie nel pensiero storico antico (Centro Ricerche e Documentazione sull'Antichità Classica, Monografie 30), Rom 2008, 185–194

Karl Schmidt: De apophthegmatum quae sub Plutarchi nomine feruntur collectionibus, Diss. Greifswald 1879, spez. 68–73

Reinhold Schöner: De Claudio Aeliano, Diss. Breslau 1878

Steven D. Smith: Man and Animal in Severan Rome. The Literary Imagination of Claudius Aelianus, Cambridge 2014

Caroline Stamm: Vergangenheitsbezug in der Zweiten Sophistik? Die Varia Historia des Claudius Aelianus (Europäische Hochschulschriften III 977), Frankfurt a. M. 2003

Wilhelm Süss: Aristophanes und die Nachwelt (Das Erbe der Alten 2–3), Leipzig 1911

Paul Thouvenin: Der Gebrauch der erzählenden Zeitformen bei Aelianos, in: Jahrbücher für classische Philologie 151, 1895, 378–394

– Untersuchungen über den Modusgebrauch bei Aelian, in: Philologus 54, 1895, 599–619

Jacob Wackernagel: Griechische Miszellen, in: Glotta 14, 1925, 36–67 (= Ders.: Kleine Schriften, Bd. II, Göttingen 1955, 844–875), spez. 40–43 (848–851)

Fritz Wehrli: Die Schule des Aristoteles, Bd. 7: Herakleides Pontikos, Basel und Stuttgart 1969a

– Die Schule des Aristoteles, Bd. 9: Phainias von Eresos, Chamaileon, Praxiphanes, Basel und Stuttgart 1969b

Carina Weiss: Griechische Flussgottheiten in vorhellenistischer Zeit (Beiträge zur Archäologie 17), Würzburg 1984

Max Wellmann: Aelianus 11, in: Realencyclopädie der classischen Altertumswissenschaft Bd. I 1, 1893, 486–488

Ulrich von Wilamowitz-Moellendorff: Die griechische Literatur des Altertums, in: Ders. u. a. (Hgg.): Die griechische und lateinische Literatur und Sprache (Die Kultur der Gegenwart I 8), Berlin und Leipzig 1905, 1–236, 2. Aufl. Berlin und Leipzig 1907, 3–238

Frederick Williams: In and out of the rut. Callimachus Fr. 1.25–28 and Anniceris of Cyrene, in: Zeitschrift für Papyrologie und Epigraphik 110, 1996, 40–42

Nigel G. Wilson: A Note on Latinisms in Aelian, in: Sten Eklund (Hg.): Syncharmata. Studies in Honour of Jan Fredrik Kindstrand (Studia Graeca Upsalensia 21), Uppsala 2006, 211–216

Sachregister